新曲綫 New Curves | 用心雕刻每一本......
http://site.douban.com/110283/
http://weibo.com/nccpub

用心字里行间　雕刻名著经典

社会心理学精品译丛

社会心理学纲要

（第6版）

［美］戴维·迈尔斯　著
侯玉波　廖江群　等译

人民邮电出版社
北　京

图书在版编目（CIP）数据
社会心理学纲要：第6版 /（美）迈尔斯 著；侯玉波，廖江群 等译 .
—北京：人民邮电出版社，2014.10（2024.12 重印）
（社会心理学精品译丛）
ISBN 978-7-115-36869-0
I. ①社… II. ①迈… ②侯… ③廖… III. ①社会心理学—研究 IV. ① C912.6
中国版本图书馆 CIP 数据核字（2014）第 202038 号

David G. Myers
Exploring Social Psychology, 6th Edition
ISBN 0-07-803517-1

社会心理学纲要（第 6 版）

◆ 著　　[美] 戴维・迈尔斯
　译　　侯玉波　廖江群 等
　策　划　刘　力　陆　瑜
　责任编辑　赵延芹
　装帧设计　陶建胜

◆ 人民邮电出版社出版发行　北京市丰台区成寿寺路 11 号
　邮编　100061　电子邮件　315@ptpress.com.cn
　网址　http://www.ptpress.com.cn
　电话（编辑部）010-84931398　（市场部）010-84937152
　廊坊市都印印刷有限公司印刷
　新华书店经销

◆ 开本：710×1000　1/16
　印张：33.25
　字数：610 千字　2014 年 10 月第 1 版　2024 年 12 月第 3 次印刷
著作权合同登记号　图字：01-2014-4551

定价：98.00 元

本书如有印装质量问题，请与本社联系　电话：(010) 84937152

内容提要

大部分心理学教科书普遍存在一个问题，即每一章节的篇幅太长。很少有人能耐心地一口气读完某一章节。《社会心理学纲要》一书是戴维•迈尔斯和麦格劳—希尔出版公司打破出版传统，在《社会心理学》这本巨著的基础上进行改编而成。它将社会心理学的概念和研究成果以模块的形式来表现，使专业的学习内容符合读者的注意广度，便于大家汲取知识。读者就可以一次性读完一个模块，在每次放下本书时都会有一种完成阅读的成就感。

全书分为四大编，共 31 个模块。第一编（模块 1~2）为社会心理学导论，概括介绍了我们如何探索社会心理学，以及如何把玩社会心理学这场“游戏”。第二编（模块 3~11）探讨了社会思维：考察了个体对自身的感觉与其所处的社会环境之间的互动关系，以及我们形成对所处社会环境信念的方式；探寻了态度与行为之间的关系，最后把研究成果应用于临床心理学。第三编（模块 12~21）考察了社会影响：探讨了社会心理学关心的核心问题——社会影响的威力。第四编（模块 22~31）探索了社会关系：既涉及了“偏见”“攻击性”和“冲突”等人际关系中丑陋的方面，也涉及到“冲突解决”“吸引与亲密”以及“利他”等人际关系中好的方面。最后介绍了社会心理学应为改变生态屠戮做出应有的贡献。

本书采用崇尚实证与言而有据的表达风格，将各个学科的相关论述与社会心理学的有关理论和发现相结合，既适合于心理学专业的本科生、研究生以及该领域的研究者使用，也适合于没有心理学背景的广大读者参考阅读。

主编简介

彭凯平，清华大学心理学系系主任、教授、博导；美国加州大学伯克利分校心理学系终身教授、博导，社会及人格心理学专业主任、文化与认知实验室主任；具有国际影响力的著名华人心理学家。

本书是集体翻译的结晶，由国内心理学领域的10位学者通力合作完成，其中本书各模块的新增部分由清华大学的廖江群老师翻译，并对全书进行统稿。具体翻译分工依次为（按姓氏拼音顺序排列）：

侯玉波（北京大学）
（模块1、2、10、11、15、16、28、29、31）

金盛华（北京师范大学）
（模块24、25）

寇　彧（北京师范大学）
（模块26、27、30）

沈德灿（北京大学）
（模块3、4、5）

王　辉（北京大学）
（模块9）

乐国安（南开大学）
（模块12、13、17、18、19、20、21）

张志学（北京大学）
（模块6、7、8）

张智勇（北京大学）
（模块22、23）

郑全全（浙江大学）
（模块14）

译丛新序

1979 年，我在北京大学校园开始了我的心理学求学生涯，当时我们心理系的老师委婉地告诉我们，你们学心理学可能早了 20 年。老实说，年轻的我们当时并没有完全领会这句话的多重含义。

2004 年，我在美国伯克利加州大学的校园，开始了和新曲线出版咨询有限公司的合作，推荐出版《社会心理学精品译丛》。坦率地说，我并没有预料到这样一套关于人性、人情、人欲、人世的学术丛书，会有这么大的社会影响，成为中国出版界发行的最畅销的心理学丛书之一。

2013 年的今天，我已经到了清华校园。受清华大学之邀、加州大学之托，五年前我开始帮助清华大学恢复它历史上曾经辉煌的心理学系，并出任复建后的首任系主任。五年的国际穿梭，以及和国内心理学界同仁的共苦同甘，已经让我看到了中国社会心理学的兴起，等来了中国心理学的春天！

所以，当新曲线公司的同事们决定出版该丛书的十周年纪念版，不仅新增《社会认知：洞悉人心的科学》、《不确定世界的理性选择》、《社会冲突》、《社会心理学之旅》、《社会心理学纲要》等新品种，而且对《态度改变与社会影响》、《决策与判断》等原有品种的译文进行精益求精的再加工，将丛书以更加精致、高雅、系统的方式介绍给我们的读者，并邀请我为新书重新写序，我已经一点也不感到意外，并相信它一定会成为人们喜爱的优秀的心理学书籍。

那么，为什么短短几年社会心理学会在中国变得如此大受欢迎？甚至我们还可以问问，为什么清华大学要在 2008 年恢复它的心理学系？我觉得，中国的现代化是背后最主要的原因。正是在 2008 年，中国的人均 GDP 达到 3400 美元。根据经济学家在上世纪 40 年代提出的人均 3000 美元的现代化标准，这正式表明中国已经迈入现代化国家的门槛。美国是在 1962 年首先进入现代化国家的行列，英国是 1968 年，法国是 1972 年。

现代化国家的一个重要标志就是人变得比物更为重要。现代化之前，我们追求小康，以物质的丰富作为社会发展的目标，现代化以后，我们追求和谐、文化、美和幸福，以人民的尊严和完美生活为奋斗目标。这种变化，也不断反映在中国政府的执政理念变化上。从“全面建设小康社会”到“构建和谐社会”，从“建设文化强国”再到“建设美丽中国”，这些理念其实反映的正是中国社会的发展进步，特别是人民基本需求的变化和提升。心理学家马斯洛早就提出人类的需要层次理论，就是说人类从一开始衣食住行的生理需求，逐渐上升到安全、归属、爱和尊严的社会需求。再往上，就得有文化和知识的需求，以及对美的追求。人类最高级的需求就是马斯洛的自我实现，而其中一个很重要的心理指标就是幸福的巅峰体验。

2007年的中共十七大报告明确提出：“科学发展观，第一要义是发展，核心是以人为本。”那人又是什么？其实，人最重要的标志是他有心理活动。“人者，心之器也。”正是因为人类的心理活动，人生活得才有意义，才有价值。没有心理活动，人就是行尸走肉。

自然科学的研究对象，没有人类的心理，可以照样存在。没有人类，星空依然灿烂，太阳照常升落，但一旦人类的活动参与进来，星空就不仅仅是自然科学研究的对象，它就成为心理学的研究对象。在中国东海，北纬25°40′～26°、东经123°～124°34′之间有一片岛屿，这本来是一个地理科学的概念，是属于自然科学的知识，但当我们意识到，这片岛屿就是钓鱼岛列岛时，这个知识就变成社会心理学的研究范畴。它就有了感情、意识、行动。没有人类的思想和意识，自然世界本身是不会有特别的意义的。

科学发展，以人为本。它呼唤的其实就是社会心理学。因为社会就是人的集合；人的本质就是心理的载体。正是人类的心理活动，如需求、欲望、价值、信念、判断、决策、竞争、合作、冲突、博弈，等等，使得我们的生活更加丰富多彩，也更加复杂多变，需要更多的智慧、理性、善良、宽容和理解。

中国社会的发展变化为中国的社会心理学提出了无数引人入胜的问题。社会如何管理？创新如何推进？什么是中国人共同的民族意识？中华文化薪火相传，传的到底是什么？甚至还包括一些看起来肤浅、实际上很难回答的问题，比如，你幸福吗？

2000年，美国科学院组织了一批著名的学者讨论人类的未来科学究竟有哪些，他们的结论是 NBICS（纳米—生物—信息—认知—社会）。

“在下个世纪，或者在大约五代人的时期之内，一些突破会出现在纳米技术（消弭了自然的和人造的分子系统之间的界限）、信息科学（导向更加自主的、智能的机器）、生物科学和生命科学（通过基因学和蛋白质学来延长人类生命）、认知和神经科学（创造出人工神经网络并破译人类认知）和社会科学（理解文化信息，驾驭集体智商）领域，这些突破被用于加快技术进步的步伐，并可能会再一次改变我们的物种，其深远的意义可以媲美数十万代人以前人类首次学会口头语言知识。”

其中提出的社会科学问题——理解文化信息，驾驭集体智商——正是我推荐社会心理学精品译丛的初衷。丰富中国人民的社会文化生活，提高我们中国人的集体智商，这是这个时代赋予我们这些心理学工作者的责任，让我们大家一起为人民的心理幸福而奋斗。

彭凯平

清华大学心理学系伟清楼 501

2012 年 12 月 12 日

译丛序

社会心理学是在第二次世界大战后兴起的一门社会科学学科，它研究的是人的心理和社会现象之间的关系，试图探讨人的思想、情感和行为是如何受到其他人的影响，这些影响包括实际的、想象中的和推测出来的人际作用。社会心理学家通常思考的问题有：我们如何认识他人（社会认知），我们如何与他人打交道（社会互动）以及文化、社会、团体如何作用于我们（社会影响）等方面的内容。

众所周知，社会心理学研究向来有心理学的、社会学的和符号学的三种取向，其中心理学取向的社会心理学更强调实证的研究和对社会中个体心理的关注。本译丛以津巴多（Philip G. Zimbardo）主编的“麦格劳—希尔社会心理学系列丛书”为基础，从中遴选出精品（如《决策与判断》、《自我》、《亲密关系》、《态度改变与社会影响》），并在更大的范围内，补充一些在近年来有广泛影响的社会心理学新著。

十几年前，香港著名社会心理学家彭迈克（Michael Bond）就曾经说过：“心理学不幸是由西方人创建的，结果，西方的心理学研究了太多的变态心理和个性行为。如果心理学是由中国人创建的，那么它一定是一门强调社会心理学的基础学科。”确实，这门学科是我们中国人有可能做得比其他国家的学者更好的心理学领域，因为我们的文化几千年来就很强调人与他人、人与环境、人与社会的关系，而这些关系正好是社会心理学关注的焦点所在。可惜时至今日，中国的社会心理学并没有得到它所应有的关注。我们推出这套丛书的目的，一方面是为了让国内有志于学习、研究和应用社会心理学的各界人士较为系统地了解当代社会心理学的来龙去脉、重大发现以及最新前沿，而更重要的是，我们希望通过这套丛书，为推动中国社会心理学的发展以及提高中国社会心理学的国际影响贡献绵薄之力。

彭凯平

美国加州大学柏克利分校心理学教授

2004年9月

译者序

多年前，朋友让我推荐一本通俗易懂、雅俗共赏的社会心理学书籍时，我笑言这种著作还没有，等我以后有时间写吧。后来，我开设公共课，当许多非心理学专业的学生再次让我推荐通俗易懂的社会心理学教材时，我发现写是来不及了。不过，倒是想起了几年前进入我视野并且让我记忆犹新的一本书，即戴维·迈尔斯的《社会心理学纲要》(*Exploring Social Psychology*)，这本书既有科学性，严谨系统；又有艺术性，鲜活生动。

一直以来，对于翻译心理学作品，我都非常谨慎。在我看来，翻译也是一种创作，的确慢工才能出细活。这种慢功夫与我们快速的生活和工作节奏显然不太相称。然而，一旦看到求知欲强的学生们的现实需求，我想有必要翻译一本社会心理学的经典之作。适逢新曲线出版咨询公司要出版这本书，我忐忑地接受了新曲线的邀请来完成这本书的翻译工作。因为五年前我便已经读过这本书的英文版，开设全校公共课也借鉴了这本书，并且对戴维·迈尔斯的社会心理学经典教材实在是太熟悉了。

纵观国内有关社会心理学的翻译著作,《社会心理学纲要》可谓一枝独秀。“独”在她的写作理念，从内容到形式上体现出高度的人文关怀；“独”在作者真正从读者的阅读习惯来构建本书的内容；“独”在将知识和原理以符合读者的认知和记忆规律的模块来呈现，“独”在让读者能够轻松愉悦地掌握社会心理学的概念和研究成果。

咋看之下,《社会心理学纲要》像是对迈尔斯的经典教材《社会心理学》的缩写，但实际上本书构建知识和概念的逻辑体系并不一样。作者秉承科学的严谨态度和人文的活波形式，用研究的视角揭示和解释社会现象，解构大千世界中人类生活方方面面的问题；真实地再现了社会现象背后的心理学原理，拓展了人们的视野和思维。

本书包含社会心理学导论、社会思维、社会影响和社会关系四大编，侧重我们如何思维、如何相互影响和彼此联系的科学研究。每一编都包含若干个社会心理学知识模块，模块短小精悍，涵盖了迄今为止社会心理学的经典理论和研究成果，可谓麻雀虽小，五脏俱全。

最后，要特别说明的是，本书是以戴维·迈尔斯的《社会心理学》中文版为基础，本人翻译了全书的新增内容，并统稿审校而成。在书名和一些专有名词的选择上，我们反复斟酌，最终我们尊重原译作的译称。

在翻译过程中，尽管几易其稿，但译稿中难免有错译和不妥之处，请读者批评指正。

廖江群

2014 年 8 月 于清华园

目 录

详细目录

前　言

这是一本酝酿已久的书。一直以来，我发现心理学教科书普遍存在一个问题（包括我自己所写的教科书），即每一章节的篇幅过长。很少有人能耐心地一口气读完 40 多页的一个章节。为什么我们不能将专业内容变成便于大家汲取知识的模块呢？即把它们组织成 40 个篇幅为 15 页左右的章节，而非 15 个篇幅为 40 页左右的章节。这样以来，学生就可以一次读完一个模块，每次放下书时都会有一种完成任务的成就感。

因此，当麦格劳—希尔出版公司的心理学编辑 Chris Rogers 第一次建议我将那本 16 章共计 600 多页的《社会心理学》进行缩写，并重新组织成每个篇幅为 10 页左右的模块时，我欣然接受了。终于有一家出版商愿意打破传统，将学习材料变成符合学生注意广度的形式，将概念和研究成果以较小的单元来呈现。我们也希望不要加重学生消化新信息的负担，因此，保持了《社会心理学纲要》（*Exploring Social Psychology*）这本书的小巧与经济，我们希望老师们能补充其他的阅读内容。

从每一个模块吸引眼球的标题可以看出，我希望打破传统，将社会心理学以生动有趣的方式表述出来。每一个模块的写作都遵循着梭罗的自由主义精神："所有有生命的东西都能很容易地通过大众语言自然而然地表达出来。"不论是撰写《社会心理学》还是《社会心理学纲要》，我的目标都是要以严谨的科学态度和热枕的人文精神，以事实的缜密和智力的挑战为基调。我希望我能像新闻调查的记者一样来揭示社会心理学现象，为重要的社会现象提供最新的阐释，展现社会心理学家如何揭示和解释这些现象，同时反映出现象背后的人文价值。

在素材的选择上，我将社会心理学的范围定义为强调我们如何思维、如何相互影响和如何彼此联系的科学研究上。同时，我也强调那些与人文科学的智力传统相一致的社会心理学素材。通过传授文学、哲学、科学和通识教育等学科，我们试图拓展人们的思维和意识，将人从现实的禁锢中解放出来。社会心理学能为实现这些目标做出自己的贡献。许多学习“社会心理学”的大学生不一定主修心理学；他们中的大部分人会进入其他行业。我们通过探索与人类生活息息相关的主题，诸如信念、幻觉、独立性和依存性、爱和恨等，用告知和激励所有学生的方式来体现社会心理学的贡献。

致 谢

我仍然非常感谢在过去的十版《社会心理学》一书的出版过程中给予大量指导和批评意见的学者们。有了这些有心的同事和同仁给予的意见，比我独自来撰写这本书要好得多。

我不仅感谢克里斯·罗杰斯对本书的贡献，也感谢主编菲利普·津巴多（Philip Zimbardo）对我的鞭策。我和菲利普的友谊与日俱增，我敬重他的心理学天赋，把他作为一个重要的交流学习的对象。麦格劳—希尔的其他团队成员也在本书的出版过程中发挥了重要的作用。在新版的整个修订过程中，执行主编迈克·休格曼（Mike Sygarman）不断地鼓励我；感谢编辑部的组织协调人奥古斯汀·拉格瑞拉（Augustine Lagerrera）、发行编辑威金斯—克拉克（Jannice Wiggins-Clarke）和责任编辑马利·马加齐纳（Marley Magaziner）的大力支持。

特别感谢圣地亚哥州立大学的珍·温格（Jean Twenge）对模块 3（自我概念：我是谁？）和模块 4（自我服务偏差）的贡献。凭借她在自我和文化变革领域的渊博知识和深入研究，她对《社会心理学》第 10 版的内容做了更新和补充。

在这本书中，希望学院的凯瑟琳·布朗森（Kathryn Brownson）帮助我把《社会心理学》（第 10 版）的内容整理成各个模块，并为此书准备素材。我能够在麦格劳—希尔出版公司出版所有的书籍，我要感谢两个重要的人。一位是尼尔森·布莱克（Nelson Black），没有他的邀请，我就不会拿起笔来创作此书。另一位是珀伊特·杰克·里德尔（Poet Jack Ridl），他是我在希望学院的同事和写作指导，帮助我润色了本书。

对所有来自各界的大力支持，我心存感激。与他们共事对我来说是一种莫大的激励，这真是一段令人愉快的经历。

——戴维·迈尔斯

www.davidmyers.org

第一编

社会心理学导论

小说家赫尔曼·梅尔维尔写道："我们不能只为自己活着。因为我们的生活是由无数看不见的细线联系在一起的。"社会心理学家就是通过科学地探索人们彼此之间如何思考、如何影响以及如何彼此联系来研究这些关联的。

在本书中，前两个模块将介绍我们如何探索社会心理学，如何把玩社会心理学这场"游戏"。正因为社会心理学家形成和检验思想的方式本身就能够运用到生活中，因而，它能让我们以更聪明的方式去分析日常生活中的社会思维、社会影响和社会关系。

如果人们的直觉和常识绝对可靠，我们可能就不需要进行科学探究和批判性思维了。但是事实是，正如模块 2 所指出的，不管我们是反思现实生活事件还是研究结果，我们都很容易受强大的事后聪明式偏见的影响，这种偏见亦称为"我早就知道了"现象。

模　块

1

如何开展社会心理学研究

从前有一个男人，他的第二个妻子非常爱慕虚荣且自私。这个女人有两个同样虚荣又自私的女儿。但这个男人的亲生女儿却是个可爱又善良的姑娘。我们都知道，她就是灰姑娘。灰姑娘从一开始就明白，她最好是照着吩咐去做，默默忍受责骂，少去招惹她那两个姐姐和继母。

到后来，多亏仙女的帮助，灰姑娘才得以脱离困境，前去参加一个隆重的舞会。恰恰是在舞会上，灰姑娘引起了英俊王子的注意。再后来，当坠入爱河的王子在灰姑娘破破烂烂的房间里见到这个非常不起眼的心上人时，竟然未能马上认出她。

不可思议吧？这个童话故事让我们不得不承认情境所具有的魔力。当盛气凌人的继母在场时，这个温顺而不起眼的灰姑娘与王子在舞会上遇到的那个美丽出众的灰姑娘可谓判若两人。家里的灰姑娘战战兢兢，而舞会上的灰姑娘神采奕奕，举手投足、一颦一笑，自然大方。

法国哲学家让—保罗·萨特（Sartre, 1946）必然会欣然接受关于灰姑娘的故事，他曾写道：我们人类“首先存在于环境之中，我们不能脱离环境，环境塑造了我们，决定了我们的可能性”（pp.59-60）。

我们都是业余的社会心理学家，大家都喜欢观察身边人的行为。我们在观察别人的时候，会形成关于人们如何看待彼此，如何互相影响、相互联系的种种想法。专业的社会心理学家也做着同样的事情，只不过会更系统（通过形成理论），也更费力些（通常通过实验研究，在实验中创建微缩的社会情境以探求因果关系）。他们所做的研究涉及广泛的领域，据统计，25 000项研究中涉及了800万人（Richard & others，2003）。

理论的形成和验证

社会心理学家在思考人类的生存上着实煞费苦心，然而再也没有什么比这个更让人着迷了。当我们与人性角力以期发现它背后的隐秘时，可以把自己的想法与发现形成理论。**理论**（theory）是一套原则的整合，它们可以对所观察到的事件进行解释与预测。理论是科学的简略表达方式。

在日常交谈中，“理论”常常指“离事实还有些距离”——是从猜测到理论再到事实的信心阶梯上中间的那一格。因此，人们可能把达尔文的进化论仅当做一种理论。实际上，“进化论只是一种理论，地心引力论也只是一种理论，”美国高级科学联合会首席长官艾伦·莱施纳（Leshner，2005）如是说。人们常常认为地心引力论是事实，但是，事实其实是“当我们扔掉钥匙时，它落向地面”。地心引力论是对这些可见现象的一种理论解释。

但对于一个科学家来说，事实和理论完全是两回事。事实是对我们所观察到的一切达成了共识的陈述，而理论则是对事实进行总结与解释的观点。正如朱尔斯·亨利·彭加勒所言：“科学由事实构建，就如房屋由砖头搭建，”“但一堆事实并非就是科学，就如一堆砖头并非一幢房屋一样。”

理论不仅可以进行总结，同时它还隐含可验证的预测，这些预测被称为**假设**（hypotheses）。假设有几种不同的功能。首先，我们可以以证伪的方式来验证某理论。其次，预测可以为研究指明方向，有时假设会让研究者将目光投向他们从未考虑过的领域。再次，对于一个出色的理论来说，其预测性也使得它颇有应用价值。举例来说，一个完整的攻击理论可以预测出何时会发生攻击行为，这种行为又该如何控制。就像现代社会心理学的奠基者库尔特·勒温所断言的那样：“没有什么能比一种出色的理论更实用。”

请想象一下理论是如何构建的。比如，我们观察到当处在团体或人群中时，人们通常会变得十分暴躁，具有攻击性。由此我们或许可以提出这样的理论：成为团体中的一员使个体体会到了一种匿名感，从而降低了自我控制。我们如何能够验证这一理论呢？或许我们可以构想一项实验室实验（我正在检验这一理论），模拟电椅实施酷刑的场面。如果我们让一群人对一个无助的“受害者”实施惩罚性电击，但并没有人知道究竟是谁实施了电击，结果会是什么样子？这些人是否会如我们的理论所预测的那样，相比只让自己一个人实施电击而言，当一群人一起实施电击时，每个人是否会对“受害者”实施更强的电击？

我们也可以控制匿名性这个变量：如果人们藏在面具后面，他们是否会对“受害者”实施更强的电击？如果实验结果证实了我们的假设，它们同时也提示我们该理论可能具有的应用价值。如果警察佩戴醒目的警牌，开着写有可辨认身份的巨大数字的警车，或者录像记录他们拘捕的过程，那么警察暴力行为或许就会减少。而事实上，现在许多城市已经实施了上述措施。

但是，我们应该如何评价哪一个理论更好呢？一个好的理论应该具有以下特征：

- 能有效概括大量的观察结果；
- 能做出清晰的预测，以便于我们：
  - 确证或修正理论；
  - 激发新的探索；
  - 指出可能的应用方向。

当我们将某种理论扔进废纸篓时，并非因为经证明它是错误的。更确切地说，它们就像是旧汽车一样，需要用更新、更好的型号来替代。

相关研究：探寻自然的联系

你会在以后章节的阅读中逐渐领会大多数你将要学到的社会心理学的研究方法。不过，让我们先到幕后概览一下社会心理学是如何进行研究的。幕后的匆匆一瞥可能刚好让你能够欣赏随后将要讨论的一些发现，而对研究逻辑的理解，能让你对日常生活中所发生的社会事件做出正确的判断。

社会心理学研究随场所的不同而不同。研究既可以在实验室进行（在控制条件下），也可以在现场进行（日常生活场景中），称为**现场研究**（field research）。并且，它也随研究方法的不同而不同：可以是**相关研究**（correlational research）（探寻两个或多个因素之间的自然关系），或是**实验研究**（experimental research）（通过操纵一些因素来考察它们对其他因素的影响）。如果你想成为一个对报纸和杂志上所发表的心理学研究论文有着良好判断力的读者，那么弄清相关研究与实验研究的区别是十分必要的。

让我们先通过一些真实的例子来考察一下相关研究的优势（通常涉及自然场景中包含的重要变量），以及它的劣势（对于因果关系的解释较为模糊）。现在的心理学家正在把个人和社会因素与人类健康联系在一起。从事这方面研究的，包括苏格兰格拉斯哥大学的道格拉斯·卡罗尔，以及他的同事乔治·戴维·史密斯和保罗·贝内特（Carroll，Smith & Bennett，1994）等人。在对社会经济地位与健康关系的研究中，研究者们“闯入”了格拉斯哥的一个古老墓园。他们记下了墓碑上 843 个人的寿命，把寿命作为衡量健康的一个标准。他们还测量了墓碑的

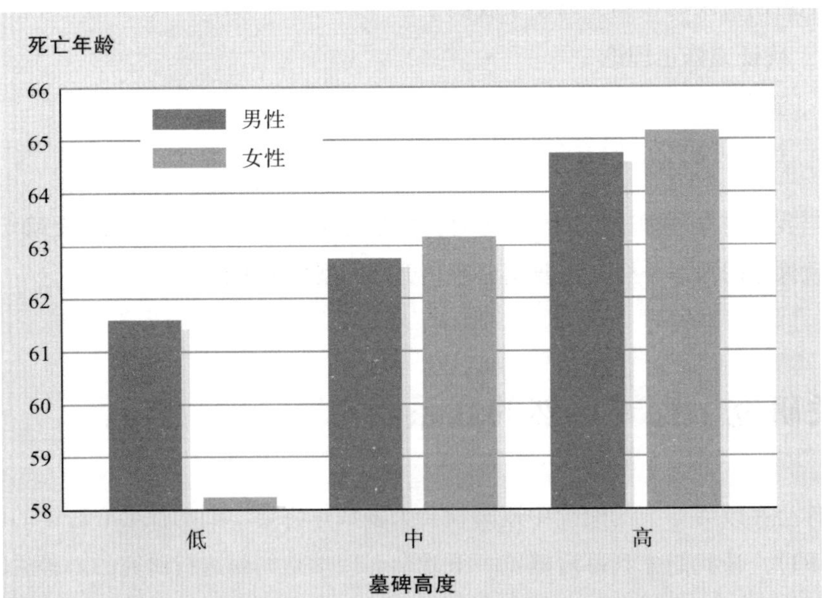

图 1–1

地位与长寿的相关。在那些纪念逝者的墓地中，墓碑越高，“主人”寿命越长。

高度，假设墓碑高度可以反映出墓地的造价，而造价则可以反映出富足程度，由此把墓碑高度作为衡量地位高低的一个标准。如图 1-1 所示，无论男性还是女性，墓碑越高，寿命越长。

卡罗尔及其同事报告了关于地位与寿命之间的关系，其他研究者使用这个年代的数据也得到了类似的结果。人口密度最低失业率也最低的苏格兰地区的人的平均寿命也最长。在美国，寿命与收入有关（更穷、更底层的人更有可能早逝）。在英国，现代人的寿命与职业地位有关。有一项对 17 350 个英国公务员进行的长达 10 年的跟踪研究发现，与高级的行政官员相比，那些专职行政人员的死亡率是前者的 1.6 倍。文书和劳工的死亡率则分别是行政官员的 2.2 倍和 2.7 倍（Adler & others，1993，1994）。跨越不同的时空，地位与健康之间的相关关系似乎是可信的。

相关和因果

地位与寿命的例子很好地说明了作为业余爱好者的外行与专业的社会心理学家可能都会犯的、也是最无法抗拒的思维错误：当两类因素，如地位与健康，放在一起时，很可能会得出一个因素影响另一个因素的结论！我们可以假设，地位在某种程度上可以保护某人不受疾病的威胁。或者，反过来也会成立吗？或许是健康促进了活力与成功。或许那些寿命长的人积累了更多的财富（使得他们能够拥有造价更高的墓碑）。又或者在两者的关系中存在第三个变量，例如饮食（富裕的人与工薪阶层的人吃的东西是否不一样）。相关表明两者之间存在一种关系，但这种关系并不一定是因果关系。相关研究可以预测变量的关系，但它并不表明改变一个变量（例如社会地位）将会导致另一个变量的改变（比如说健康水平）。

在大众心理学颇为混乱的思维背后便是相关与因果的混淆。再来看看另一个真实的相关——自尊与学业成绩。那些高自尊的孩子往往有较好的学习成绩。（就像任何一种相关一样，我们也可以反过来陈述：学业成绩更高的人具有更高的自尊。）你为什么做出这样的假定？

有些人认为“健康的自我概念”有利于个体成就的获得。那么，提升孩子的自我形象便可能会提高其学习成绩。正是相信了这一点，美国的 30 个州颁布了

170 多条增强个体自尊的条例。

但是还有一些人，其中包括心理学家威廉·戴蒙（Damon，1995）、罗宾·道斯（Dawes，1994）、马克·利里（Leary，1998）、马丁·塞利格曼（Seligman，1994，2002）以及罗伊·鲍迈斯特及其同事（Baumeister & others，2003，2005），他们对自尊是否真的是一块保护孩子不受学业失败（或是毒品滥用及少年犯罪）影响的盾牌表示怀疑。或许，事实是相反的：可能是问题与失败导致了低自尊。也可能是自尊往往反映了我们的真实状况。抑或自尊源于拼搏之后的成就感。干得好，你就会自我感觉良好；干得不好，你就会觉得自己是个傻瓜。一项对 635 名挪威学生的研究发现，拼写图表上个人名下的一列金色星星（通过正当努力获得的）以及令人敬仰的老师不断给予的褒奖，可以提高一个孩子的自尊心（Skaalvik & Hagtvet，1990）。或许，正如一项对近 6 000 名德国七年级学生所做的实验表明的那样，自尊与学业成绩之间的交互关系可能是双向的（Trautwein & Lüdtke，2006）。

还有一种可能是，自尊与成就之所以相关，是因为两者都与潜在的智力水平和家庭社会地位等因素有关。有两项研究支持这一可能性：其中一项研究的样本是 1 600 名美国男性青年，另一项研究的样本为 715 个明尼苏达青少年（Bachman & O'Malley，1977；Maruyama & others，1981）。当研究者运用统计方法去除智力与家庭地位的影响效应后，自尊与成就之间的相关也就不存在了。

相关研究的巨大优势在于，它通常发生在真实的场景中，在这些真实情境中，我们可以考察诸如种族、性别、社会地位等难以在实验室中操纵的变量。这种研究方法的最大劣势在于研究结果的模糊性。这一点是如此重要，以至于你在耳提面命了 25 次也没能听进去之后，还是要重复第 26 次：两个变量之间共同变化（相关）可以使我们运用一个变量对另一个变量进行预测，但是相关却并不能清楚解释因果关系。

实验研究：探寻因果关系

由于在自然相关的事物间辨别因果关系几乎是不可能的，这就促使大多数社会心理学家在切实可行而又不违背伦理道德标准的情况下，模拟日常生活创造实验情境。这些模拟场景与航空学中的风力甬道有几分相似。一开始，航天工程师们并非在复杂多样的自然环境中对各种飞行物体进行观察。航空环境与飞行物体两者本身的多变性实在是太复杂。于是，他们便构建了一种虚拟现实。这样一来，他们就可以控制风力条件和机翼结构。

控制：变量的操纵

就像航天工程师一样，社会心理学家也进行实验研究，只不过这些实验是模拟我们日常生活中的重要特征。通过一次改变一个或两个因素，即所谓的**自变量**（independent variables），实验者探察它们对结果会产生怎样的影响。正如风力甬道帮助航天工程师发现航天动力学的基本原理一样，实验使社会心理学家得以发现社会思维、社会影响以及社会关系的基本原则。

回顾历史，社会心理学家在其大约四分之三的研究中都采用了实验法（Higbee & others，1982），而超过三分之二的研究地点是实验室（Adair & others，1985）。为了说明什么是实验室研究，我们来分析“看电视与儿童行为之间的相关”的研究，这个经典的实验可以对看电视与儿童行为之间的关系做出因果解释。

儿童观看的暴力电视节目越多，他们就会表现出越严重的攻击倾向。儿童是在模仿他们从荧屏上看到的行为吗？我希望你们现在已经辨别出，这只是一个相关研究。图 1-2 提醒我们，可能存在另外两种因果关系解释。（它们分别是什么？）

因此，社会心理学家把看电视搬进了实验室，控制儿童观看暴力节目的数量。通过让儿童观看暴力节目或非暴力节目，研究者可以观察暴力节目的数量对儿童行为产生的影响。克里斯·博亚特兹及其同事（Boyzatzis & others，1995）给一群小学生（而非其他人群）放映了一集《恐龙战队》，它是 20 世纪 90 年代最流行且最暴力的儿童电视节目。在观看完电视节目之后，这些儿童在每两分钟的间隔内所表现出的暴力行为的数量是未观看节目儿童的 7 倍。我们将那些被观察到的暴力行为称为**因变量**（dependent variable）。这类实验表明，电视节目可能是导致儿童暴力行为的原因之一。

至此我们发现，实验研究的逻辑十分简单：通过建构并控制一个模拟的现实世界，我们可以改变一个因素，再改变另一个因素，从而发现这些因素如何单独

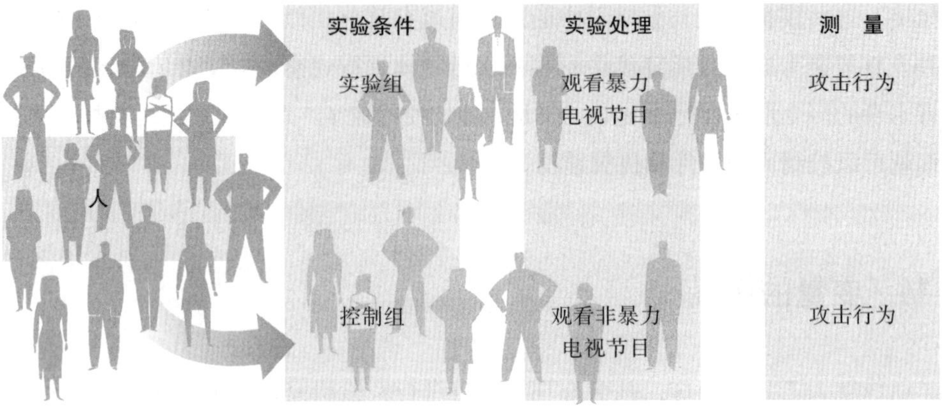

图 1–2

随机分配。将实验参与者随机分配到接受实验处理的实验条件之下，或是不接受实验处理的控制条件之下。这就给了研究者自信：之后两组间的差异在某种程度上是由实验处理造成的。

或联合起作用，对人们产生影响。现在我们更深入一步，来了解一下如何做实验。

任何一个社会心理学实验都有两个必不可少的组成成分。以上我们仅仅考虑了其中一部分——控制，即我们在操纵一个或更多自变量的同时，也应该尽量使其他因素保持不变。而第二部分则是随机分配。

随机分配：重要的平衡仪

让我们先来回忆一下，在相关研究的层面上，我们并不想假定肥胖导致了较低的社会地位（由于歧视的作用），或者观看暴力场景导致了攻击行为。一个调查研究者可能先去测量某些因素，然后运用统计方法剔除其他可能的相关因素，再回过头来看最初的相关是否仍然存在。但是，没有人能控制可以区分肥胖人群与非肥胖人群、观看暴力节目者与不观看暴力节目者的所有因素。可能那些观看暴力节目者，在教育水平、文化背景、智力水平甚至在研究者未考虑到的数十个因素上都会存在差异。

随机分配（random assignment）一下子便消除了这些额外因素的干扰。通过随机分配，每个人观看暴力节目的机会是相等的。这样一来，两组人将在其他任何可能的变量上（家庭地位、智力水平、教育程度以及初始攻击水平等方面）具有相同的平均水平。比如，高智商的人在两组中出现的机会应该是相等的。由于随机分配创建了两个同质的组，之后两组间出现的暴力行为差异就可以归因为惟一可以区分两组的那个因素上：参与者是否观看了暴力节目（图 1-2）。

实验研究的伦理道德问题

有关电视节目的实验说明了这样一个问题，即为什么有些实验在伦理道德问题上备受关注。社会心理学家不会让一组儿童长期观看暴力电视节目。他们只是在短时间内改变人们的社会经历，然后记录这种改变的影响。有些时候，实验处理是无害的，甚至是相当愉悦的，参加实验的人表示同意。但有些时候，研究者发现他们正处于无害与冒险之间的灰色地带。

当社会心理学家设计那些引发个体强烈的思想与情感的实验时，他们常常冒险游走在道德灰色地带中。实验并不一定要符合阿伦森、玛里琳・布鲁尔和梅瑞尔・卡尔史密斯（Aronson, Brewer, & Carlsmith, 1985）所称的**现世实在论**（mundane realism），即实验行为（举例来说，将实施电击作为研究攻击行为实验的一部分）并非要与真实生活中的行为一模一样。对于许多研究者来说，那是一种日常的写实主义，并不那么重要。但是实验应该符合**实验现实主义**（experimental realism），即让参与实验的人真实地投入实验中。研究者并不希望参与者有意识地去表演，或是应付了事；实验需要真实心理过程的参与。举例来说，迫使参与者选择给予他人重度还是中度电击的确是衡量攻击行为的一个现实标准。它确实起到了模拟真实攻击行为的作用。

为了做到实验现实主义，研究者有时候需要编个可信的故事来“蒙骗”参与者。例如在隔壁房间的人其实并没有受到电击，但研究者并不希望参与者知道这一点，否则就会将实验现实主义毁于一旦。基于这一考虑，大约有三分之一的社会心理学研究（尽管这个数字呈现出了下降趋势）在探寻真理的实验中使用了欺骗手段（Korn & Nicks，1993；Vitelli，1988）。

在设计那些会牵涉到伦理道德问题的实验时，研究者常常像是在走钢丝。意识到你正在伤害某些人，或是被置于强大的社会压力下，都可能会引起暂时的不快。这类实验又将那个老生常谈的问题提了出来：这一切值得吗？比起真实生活和“坦率的镜头”、真人秀电视节目中的歪曲，社会心理学家研究中使用的欺骗要短暂与温和得多。（一个网络真人秀节目欺骗了参与节目的女性，让她们为了一个英俊的“百万富翁”而竞争，但那个百万富翁实际上只是一个普通工人。）

大学道德委员会会评估社会心理学研究，以保证研究人道地对待人们，并且暂时的欺骗或痛苦是值得的。美国心理学会（2002 年）、加拿大心理学会（2000 年）以及英国心理学协会（2000 年）颁布的道德原则，严格要求研究者做到如下几点：

- 尽可能告知参与者与实验有关的情况，保证参与者的**知情同意**（informed consent）。
- 真诚。只有必要且实验目的的确非常重要时，才允许使用欺骗手段。不能出于“这会影响参与者的参与意愿”的考虑来使用欺骗手段。
- 保护参与者（和旁观者，如果有的话）不受伤害，不给参与者带来严重不适。
- 对参与者的个人信息保密。向参与者做出事后解释。在实验之后就向参与者作全面解释，包括所使用的欺骗手段。但如果反馈可能会给参与者带来痛苦或困扰，例如使他们意识到自己曾表现得很愚蠢或很残忍时，可以不做事后解释。

研究者必须提供充分的信息且考虑周到，确保参与者离开时的心情至少与来之前同样愉快。如果参与者由于学到什么而有所获益的话，那就更好了。当参与者得到尊重时，他们中很少有人会因自己被欺骗而耿耿于怀（Epley & Huff, 1998；Kimmel，1998）。事实上，就像那些为社会心理学辩护的人所言，教授们举办考试给学生带来的焦虑与痛苦，比研究者在实验中引发的焦虑要严重得多。

从实验室推广到生活

就像研究儿童、电视节目与暴力行为的实验研究所揭示的那样，社会心理学将日常生活的经历与实验室的分析融合到了一起。在整本书中，我们都会这么做。我们所用的绝大多数数据都来自于实验室研究，而绝大多数的例证则来自日常生活。社会心理学揭示了实验室研究与现实生活之间的有益互动。来自生活的灵感常会激发实验室研究，而研究又加深了我们对自己经历的理解。

这种相互影响在儿童观看电视节目的实验中已有所体现。人们在日常生活中的经历为相关研究指出了方向，而相关研究又进一步指引了实验研究的方向。那些有能力进行变革的电视节目与政府政策的制定者们，现在已经意识到了电视节目的影响力。无论是在实验室还是在现实生活中，有关电视影响力的研究都得到了颇为一致的结论，这些研究涉及助人行为、领导风格、抑郁以及自我效能感等方面。实验室中发现的效应是现实生活的写照。克雷格·安德森及其同事（Anderson & others，1999）指出："一般来说，心理学实验得到的是真实的心理过程，而绝非琐事。"

然而，在从实验室推论到现实生活时，我们仍需抱着谨慎的态度。尽管实验室揭示了人类存在的基本动力系统，但它仍然是一个简化了的、受控制的环境。它可以告诉我们当其他条件都保持不变时，变量 X 会产生怎样的效应；而在现实生活中，这个前提是不存在的。除此之外，正如你将会看到的那样，许多参与者都是大学生。尽管这可能会帮助你了解他们，但大学生群体远非是整个人类的一个随机样本。如果我们选取不同年龄、不同教育水平以及不同文化背景的人，还会得出同样的结果吗？这一直是个悬而未决的问题。

尽管如此，我们还是能够把人类思维和行动的*内容*（例如态度）与思维和行动的*过程*（例如，态度与行为*如何*互相影响）区别开来的。在不同的文化下，思维与行动的内容比其过程要多样化。不同文化背景的人群可能持有不同的观点，但这些观点的形成过程却很相似。例如，与美国本土大学生相比，波多黎各的大学生所报告的孤独感更强烈。然而，在两种不同的文化中，孤独感的成分却十分类似——羞怯、缺乏生活目标以及低自尊（Jones & Others，1985）。

尽管我们的行为可能千差万别，但却受同样的社会因素的影响。在千差万别的表象之下，我们之间有更多的相似而非差异。

模 块

2

你早就知道了吗

任何事物一经解释，都似乎稀松平常了。

——华生医生对夏洛克·福尔摩斯如是说

社会心理学关乎每个人的生活，它一直就在你的身边。数百年来，哲学家、小说家和诗人都以自己独特的视角，对社会行为进行诸多观察和评论。每天，人们都在观察、解释和影响着他人的行为。本书所陈述的许多结论人们都已经想到过，因而不足为奇。那么社会心理学仅仅是描述了对大多数人而言显而易见的事实吗?

作家卡仑·墨菲（Murphy，1990）持这样的观点："社会科学家日复一日地深入探索这个世界，他们也日复一日地发现人们的行为与所料想的丝毫不差。"近半个世纪之前，历史学家阿瑟·施莱辛格爵士（Schlesinger, 1949）就社会学家对美国第二次世界大战士兵的研究进行了类似的嘲讽。社会学家保罗·拉扎斯菲尔德（Lazarsfeld，1949）回顾了这些研究并提供了一份解释性评论的样例，我把其中一部分列举如下：

1. 受过良好教育的士兵比受教育水平低的士兵在适应方面遇到了更多问题。（比起那些“社会”大学的毕业生，知识分子更加不适应战斗带来的焦虑。）

2. 南方士兵比北方士兵更能适应炎热的南海岛屿气候。（南方人更适应炎热的气候。）
3. 白人士兵比黑人士兵更热衷于晋升。（多年的压迫会降低成就动机。）
4. 南方的黑人士兵更喜欢来自南方的长官而非来自北方的。（因为南方长官更习惯与黑人打交道，也更有技巧。）

当你阅读以上结论时，你是否觉得这些都是显而易见的常识？如果是这样的话，你可能会惊讶于拉扎斯菲尔德接下来的话：“这些陈述中的任何一条恰恰与实际发现的相反。”事实上，研究发现教育水平较低的士兵适应性更差。南方人并不比北方人更能适应热带气候。黑人士兵更热衷于晋升，等等。“如果我们一开始就给出了真正的研究结论（正如施莱辛格所感觉到的那样），读者也许会认为这些事实‘显而易见’。”

常识存在的一个问题是，我们在知道事实真相之后才想起它的存在。事后聪明总比先见之明来得容易。有实验表明，当得知实验结果时，人们便突然觉得实验结果不是那么令人惊讶，至少相对于那些得知实验程序或实验预期结果的人们而言是这样（Slovic & Fischhoff，1977）。

同样，在日常生活中，我们也常体验那种事后聪明。须臾间，我们因突然洞察了使事物得以发生的种种力量而不觉得惊诧了。不仅如此，我们还可能记错自己先前的观点（Blank & others，2008）。我们对将来事物的预见性判断可能出现错误，这种错误与对过去的错误记忆共同导致了**事后聪明式偏见**（hindsight bias，也被称为我早就知道了现象）。

因此，在大选或股市震荡发生之后，大多数的评论员对此并不感到意外：“该是整顿市场的时候了。”2005年，在由飓风卡特里娜号引发的新奥尔良大洪水之后，人们认为政府早该预测到这一情形：研究防洪大堤的承受力。统计数字显示，大多数居民没有汽车，也负担不起运输和住在城外的费用，对暴风强度的气象预报也清晰地预示着政府急需把安全措施和救济物品安置到位。就像丹麦哲学家、神学家索伦·克尔凯郭尔所说的那样：“生活是正着来活，却是倒着去理解。”

如果这个事后聪明式偏见深入人心的话，你可能就会感到自己早已知道这个现象。的确，几乎绝大多数心理学实验所得出的可信结论看起来都有些像常识，当然，这都是在你知道结果之后。

你可以尝试自己证明一下这个现象。找一组人，告诉其中一半人一种心理学发现，告诉另一半相反的结果。例如，告诉其中一半人：

> 社会心理学家发现，无论是择友还是坠入爱河，那些性格与我们不同的人对我们最有吸引力。古语说得好："异性相吸。"

而告知另一半人：

> 社会心理学家发现，无论是择友还是坠入爱河，那些性格与我们相似的人对我们最有吸引力。古语说得好："物以类聚，人以群分。"

先让人们解释这个结论，然后问他们是否对此感到诧异。无论他们被告知的是哪种结论，我们可以发现，他们都能很好地解释自己的那个结论，并且都不感到惊讶。

事实上，几乎任何结论都会因谚语格言的解释而变成常识。假如社会心理学家报告分离加深爱意，甲便回答道："你就靠这个混饭吃？谁都知道'小别胜新婚'。"如果结果表明分离会浇熄爱火，乙便回答道："我外婆都可以告诉你'人走茶凉'。"

当卡尔·泰根（Teigen，1986）让英国莱斯特大学的学生来评价格言与其对立面时，他一定乐了好一阵子。当看到格言"恐惧比爱强大"时，大多数人认为此言不差；但对于其反面"爱比恐惧强大"，学生们也作出了同样的评价。类似地，人们对真正的谚语"堕落的人不能帮助另一个堕落的人"给予很高的评价，而对其反面"堕落的人能够帮助另一个堕落的人"也给予了很高的评价。不过，我最欣赏的两句得到普遍认同的谚语是："智者造箴言，愚者重复之"（真正的谚语）和杜撰的语句"愚者造箴言，智者重复之"。

事后聪明式偏见给许多心理系学生带来了麻烦。有些时候，结果的确出人意料（例如，比起银牌获得者来说，奥运会铜牌获得者对自己的成绩更为满意）。更多的时候，你在教科书上学到的实验结论，它们看上去很容易，甚至显而易见。而之后当你进行多项选择测验时，面对多个看上去颇为可信的答案，任务难度会大大增加。备受打击的学生不免抱怨："真不知道是怎么搞的，我还以为自己都明白了。"

“我早就知道了”这一现象可能还会带来致命的后果。它可能令我们妄自尊大，高估了自己的智慧。不仅如此，由于结果看起来似乎具有预见性，所以我们更倾向于为那些事后看起来“显而易见”的错误决策而责备决策者，却并不因那些同样“显而易见”的正确决策去褒奖决策者。

从“9·11”那天早晨后开始回溯，指向灾难的种种信号看起来似乎非常明显。一份美国参议院的调查报告列出了这些被人忽视或被人误解的线索（Gladwell，2003）。其中包括，美国中央情报局知道基地组织的爪牙已经潜入了境内。一个美国联邦调查局的情报员呈给总部的一份备忘录是以这样的警告开头的：“联邦调查局和纽约市，本·拉登可能会将学生送到美国参加民办航空院校的联合行动。”联邦调查局忽视了这份准确的预警，也未能把它和其他一些预见恐怖分子可能会使用飞机作为武器的报告联系在一起。总统在度假期间收到一份名为“本·拉登决定袭击美国”的每日简报。“这些该死的笨蛋！”这看上去就是事后聪明式偏见，“他们怎么就没把所有这些线索串联起来？”

但就事后看来十分清晰明了的事情而言，事前却没有那么清晰可辨。情报机关里充斥着大量的“噪音”——在点滴有用信息的周围是堆积如山的无用信息。分析家们为此不得不就继续调查什么样的问题做出选择，而且只有当一条线索得到继续追踪后，才有机会使其与其他相关线索联系起来。在“9·11”之前的六年中，联邦调查局的反恐怖机构有 68 000 件事情毫无头绪。在事后聪明者眼中，那些极少的有用信息现在看起来是如此明显。

在 2008 年世界经济危机余波未平之际，很显然，政府的调控人员应该采取措施对抗那些倒霉的银行的贷款业务。但这些显而易见的事后聪明对美国的首席调控专家艾伦·格林斯潘来说却是不可预见的。当经济崩溃的时候，这位美联储主席正处于“难以置信的震惊”状态。

我们有时也会为自己所犯的“愚蠢错误”（没能更好地与人相处，或是没能更好地应对事情）而自责不已。当回头看时，我们就知道当初到底应该怎么做了。“我早就该想到期末的时候会有多忙，早就该开始写论文了。”但有时候我们会对自己过分苛刻。我们忘记了事后看来显而易见的事情在当时并非那么明显。

当内科医生得知病人的症状与死因时（解剖得出的结论），有时会颇为疑惑：怎么会做出如此不正确的诊断？其他那些只得知症状的内科医生并没有觉得错误的诊断如此明显（Dawson & others，1988）。倘若迫使陪审团从先见而非后见的角度出发，他们给玩忽职守者评定过失时是否会有所迟疑？

那么，我们应该得出怎样的结论：难道常识通常是错误的？有些时候的确如此。另外一些时候，常识是正确的，或者说正反两面都有道理：幸福是得知真相还是沉迷幻想？是与人共处还是离群索居？观点之多如大海之浩瀚，无论我们发现了什么，总有人对此有所预见。（马克·吐温曾经开玩笑说，亚当是惟一在口吐莲花之后还能确信自己是“天下第一人”的人。）但在众多争论中，哪一个最符合现实呢？科学研究可以清楚地说明在何种情况下常识是有效的。

问题是，常识并非总是错误的。更确切地说，常识总在事后证明是正确的。这样一来，我们便免不了误以为，我们现在知道的和过去知道的，比我们现在能做的和过去已经做的要多。而这恰恰是我们需要科学的理由：帮助我们区分真实与幻相，区分真正的预测与简单的事后聪明。

第二编

社会思维

本书揭示了一些与社会心理学相关的定义：有关我们彼此间如何思考（第二编）、如何相互影响（第三编）以及如何彼此联系（第四编）的科学研究。

在关于“社会思维”的这些模块中，我们考察了个体的自我感觉与其所处的社会环境之间的互动关系，例如，揭示了自利如何影响我们的社会判断。

随后的模块探索了我们对我们所处的社会环境形成信念的方式，这些方式令人惊讶，有时又相当有趣。我们拥有相当出色的直觉能力（也就是社会心理学家所说的自动化信息加工），然而，用至少一半这样的方式，我们的直觉通常会让我们感到失望。懂得这些方式不仅可以让我们变得谦逊，而且有助于我们保持思维敏捷，并让思维更接近现实。

我们将探寻态度和行为之间的关系：到底是我们的态度决定了我们的行为？还是我们的行为决定了我们的态度？抑或是兼而有之？

最后，我们将把这些概念和研究成果应用于临床心理学，不仅向大家说明临床直觉可能误入歧途的一面，而且向大家展示社会心理学家如何为临床医生对抑郁、孤独和焦虑的解释和治疗提供帮助。

模 块

3*

自我概念：我是谁

在当今的心理学界，自我是被研究得最多的主题，对任何主题的重视程度都无法超越它。在 2008 年的 PsycINFO（心理学研究的在线文献库）中，有 10 328 本书和文章摘要中出现了“自我”这个词条——这一数字是 1970 年的 12 倍。我们如何认识我们自己？我们能多准确地认识自己？什么决定了我们的自我概念？

我们世界的核心：我们的自我感觉

你可以用多种方式来完成下面这个句子“我是 ______”。（你可能会给出哪五种答案呢？）把这些答案综合起来，就是你的**自我概念**（self-concept）。

一个人最重要的部分就是自我。你知道自己是谁，自己的性别，了解自己的

* 模块3~5是由我和圣地亚哥州立大学心理学教授珍·温格（Jean Twenge）合著的。温格教授在社会拒绝和人格与自我的代际变化方面的研究已经在很多文章和著作中发表，包括《唯我的一代：为什么今天的美国年轻人更自信、更独断、更享有权利——却比以前任何时候更痛苦》（Generation Me: Why Today’s Young American Are More Confident, Assertive, Entitled—and More Miserable Than Ever Before，2006）和《自恋流行病：活在权利年代》［The Narcissism Epidemic：Living in the Age of Entitlement，坎培尔（W. Keith Campbell），2009］。

感受和记忆。

你的自我概念构成要素以及定义你的自我的那些特殊信念就是你的**自我图式**（self-schemas）（Markus & Wurf，1987）。图式是我们组织自己所处世界的心理模式。我们的自我图式也就是对自己的认识，比如身强力壮的、超重的、聪明的，等等，它强烈地影响着我们对社会信息的加工。这会影响我们如何感知、回忆和评价他人和自己。如果体育运动是你的核心自我概念（假如成为一名运动员是你自我图式的一部分），你就会特别注意别人的身体和技巧。你可能会很快地回忆出与运动有关的经验，而且你会特别记住与自我图式一致的信息（Kihlstrom & Cantor，1984）。自我图式构成了我们的自我概念，它可以帮我们分类和提取经验。

我们的自我感觉是我们生活的中心，即我们倾向于把自己看做舞台的中心，从而高估他人对我们的关注程度。例如，我们会高估我们惹人注意的程度。这种聚光灯效应（spotlight effect）意味着，我们往往会把自己看做一切的中心，并且直觉地高估别人对我们的关注度。

托马斯·吉洛维奇、维多利亚·麦维琪和肯尼斯·萨维斯基（Gilovich，Medvec，& Savitsky，2000）证实了这种聚光灯效应的存在。他们让康奈尔大学的学生穿上 Barry Manilow 牌子的 T 恤，然后进入一个还有其他学生的教室。穿此 T 恤的学生猜测，大约一半的同学会注意到这件 T 恤，而实际上只有 23% 的人注意到。

这种“聚光灯效应”不仅适用于我们另类的衣着和糟糕的发型，而且还适用于我们的情绪：焦虑、愤怒、厌烦、欺骗或吸引力（Gilovich & others，1998）。实际注意到我们的人比我们认为的要少。我们总能敏锐地觉察自己的情绪，于是就常常产生一种透明度错觉，即他人能一目了然我们的情绪。同样，我们也会高估自己的社交失误和公众心理疏忽。但是研究发现，我们所遭受的这些烦恼，别人通常注意不到，即使注意到也可能很快就会忘记（Savitsky & others，2001）。我们的自我意识程度越强，就会越信奉这种透明度错觉（illusion of transparency）（Vorauer & Ross，1999）。

自我与文化

你是如何完成前文中“我是 ______”这个句子的？你给出的是你个人特点

的信息，例如“我很正直”、“我很高”或“我很外向”，还是描述你的社会同一性的信息，例如“我是双鱼座的”、“我是快餐爱好者”或“我是基督教徒”？

对于某些人群而言（特别是那些西方工业文化中的人），**个人主义**（individualism）十分盛行，身份更多是独立的。青春期是与父母分离的时期，个体开始依靠自己，并且开始定义个人独立的自我。即便个体来到一片陌生的土地上，他的特性——作为有特殊能力、特点、价值和梦想的独特个体——也会完整地保留下来。西方文化中的心理学假定，定义你的可能自我，并相信你具有很强的自我控制能力，这会使你的生活富足。西方文学，从《伊利亚特》到《哈克贝利·费恩历险记》，大都赞美那些依靠自己成功的人。电影专门描写那些反抗制度的英雄。歌词中也常常鼓吹："我行我素"、"我是我自己"，并且推崇"至高无上的爱"——爱自己（Schoeneman，1994）。当人们经历过富裕、地位改变、城市化和大众传媒后，个人主义开始迅速发展起来（Freeman，1997；Marshall，1997；Triandis，1994）。

而亚洲、非洲和中南美地区的本土文化则把**集体主义**（collectivism）放在更重要的位置上。这种文化孕育了相互依存的自我（interdependent self）（Kitayama & Markus，1995）。这些文化中的人们喜欢进行自我批评，却很少自我肯定（Heine & others，1999）。马来西亚人、印度人、日本人和传统的肯尼亚人（例如马赛人），比澳大利亚人、美国人和英国人更可能用群体特性来填充“我是 _____”的句子（Kanagawa & others，2001；Ma & Schoeneman，1997）。集体主义国家的人们在聊天时很少使用代词“我”（Kanagawa & Kashima，1998，2003）。当语法或上下文能够清楚地表明主语时，个体会说“去看电影”，而不说“我去看电影”。

将文化鲜明地分为个人主义和集体主义似乎过于简单化了，因为任何文化中的个人主义都会在不同的个体之间有所差异（Oyserman & others，2002a，2002b）。有个人主义的中国人，也有集体主义的美国人，并且其中的大多数有时表现出无私，有时表现出自私（Bandura，2004）。这种差异同样存在于同一国家的不同区域以及不同的政治观点之间。在美国，夏威夷人和住在最南部的人，要比那些西部山区比如俄勒冈州和蒙大拿州的人表现得更为集体主义（Vandello & Cohen，1999）。保守派倾向于成为经济上的个人主义者（“不要征税或管制我”）和道德上的集体主义者（“制定法律来约束不道德行为”）；而自由主义者则倾向于成为经济上的集体主义者（支持全民健康保障）和道德上的个人主义者（“别拿法律来约束我”）。尽管存在很多个体和亚文化差异，研究者们还是继续把个人主义和集体主义作为文化变量进行研究（Schimmack & others，2005）。

如果你生长在西方文化下，别人会告诉你，你可以通过自己的作品、所做的决策、购买的商品甚至刺青和身体穿孔来“表现自己”。当被问及语言的作用时，美国学生更可能提及它的自我表达功能；而韩国学生却注重语言如何促进与他人的交流。美国学生也更倾向于把他们的选择视做表现自己的方式，并且会更加积极地评价自己的选择（Kim & Sherman，2007）。金和马库斯（Kim & Markus，1999）指出，个性化的广告板（“无咖啡因咖啡、单份的、小量的、高热量”）在北美的咖啡店里看起来很正常，但是在汉城就显得有些怪异了。韩国人不太重视表达自己的独特性，而更重视传统文化和分享行为（Choi & Choi，2002）。韩国的广告倾向于表现众人在一起，极少强调个人的选择和自由（Markus，2001；Morling & Lamoreaux，2008）。

一个具有*相互依赖*自我的人会有更强烈的归属感。当相互依赖型的人与家人、同事和朋友完全分开后，会失去那些定义自我的社会联系。他们并非只有一个自我，而是有很多个自我：与父母相处时的自我以及工作时的自我、与朋友一起时的自我（Cross & others，1992）。如图 3-1 和表 3-1 所示，相互依赖型的自我存在于社会关系中。袒露心声的交流比较少，大多是礼貌性交谈（Holtgraves，

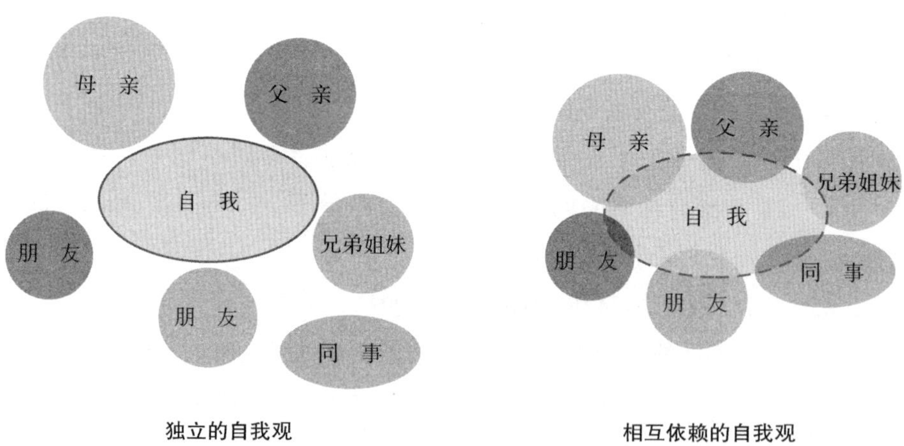

图 3-1

独立的或互相依赖的自我建构。独立的自我承认自我与他人的关系，但互相依赖的自我会更深入地融入他人（Markus & Kitayama，1991）。

表 3–1 自我概念：独立或互相依赖

	独 立	互相依赖
同一性	个人的，用个人特点和目标定义	社会的，用与他人的关系定义
看重	我——个人的成就和自我实现；我的权利和自由	我们——集体的目标和团结；我们的社会责任和关系
反对	从众	唯我主义
座右铭	“你要拥有真实的自我”	“任何人都不是孤立存在的”
支持的文化	个人主义的西方	集体主义的亚洲和第三世界

1997)，并且人们更多聚焦于寻求社会支持（Lalwani & others，2006）。社会生活目标不是为了提升个体自我，而是协调并支持其所在的群体。

文化与自尊

在集体主义文化中，自尊与“别人怎么评价我和我的群体”密切相关。自我概念具有可延展性（与特定的情境有关）而不是固定不变的（跨情境的持久性）。在一项研究中，有五分之四的加拿大学生认为自己在不同活动领域里仍然保持了自我（内在自我），而中国与日本学生的这一比例则仅为三分之一（Tafarodi & others，2004）。

在个人主义文化中，个体的自尊更多是个人的而不是关系的。对个人特性的威胁会比对群体特性的威胁更让人感到气愤和郁闷（Gaertner & others，1999）。

现在请你想象一下，集体主义文化中的日本大学生和个人主义的美国大学生会如何报告他们的积极情绪，比如高兴和得意？研究发现（Kitayama & Markus，2000)，对于日本学生来说，高兴伴随积极的社会交往而来——亲密感、友好和尊敬。而对美国学生而言，高兴通常伴随解脱的情绪——效能感、出众和骄傲。集体主义文化中的冲突常常发生在群体之间；而个人主义文化则会产生更多个体之间的争斗（如犯罪或离婚）（Triandis，2000）。

在美国进行了十年的教学和研究后，北山（Kitayama，1999）访问了他的日本母校——京都大学。当他介绍西方的独立自我的观点时，研究生们感到“震惊”。

"我坚持介绍西方的自我概念的观点（我的美国学生直观理解的观点）并最终说服他们真的相信，很多美国人对自我都有这种分离的想法。尽管如此，最后还是有一个学生深深地叹息道，'这确实是真的吗？'"

自我认识

希腊哲学家苏格拉底忠告我们："认识你自己。"我们定当努力为之。我们很快就形成了对自己的信念，而且在西方文化背景下，我们可以毫不迟疑地解释我们的感受和行为表现。但是我们对自己真正了解多少呢？

作家刘易斯（C. S. Lewis，1952，pp. 18-19）写道："在整个宇宙中有一件事，而且只有一件，我们对之的了解比我们能从外部观察学到的要多，这就是'我们自己'。可以这么说，我们拥有内在信息；我们知道内情。"当然，有时候我们以为自己知道，但是我们的内在信息往往是错的。这就是一些令人着迷的研究不可避免的结论。

解释我们的行为

你为什么会选择那所学校？你为什么要攻击室友？你为什么会爱上他（她）？有时候我们知道原因，而有时候我们不知道是为什么。当问及我们为什么会有这样的感受和表现时，我们会做出看似合理的回答。然而，当原因有点微妙时，我们的自我解释常常是错误的。我们会忽视一些重要因素，而夸大一些无关因素。研究发现，人们错误地把雨天忧郁症归因为生活的空虚（Schwarz & Clore，1983），而且人们都矢口否认媒体对自己的影响，但是却承认媒体会对他人产生影响。

还有一些研究也发人深思。研究要求人们在两三个月的时间内每天记录自己的心情（Stone & others，1985；Weiss & Brown，1976；Wilson & others，1982）。同时，他们也记录了一些可能影响自己心情的因素：星期几、天气、睡眠时间等等。研究最后要求人们判断每个因素在多大程度上影响了自己的心情。即使他们把注意力放在日常心情之上，他们对每个因素重要程度的认识与其实际的重要程度之间并没有什么关系。例如，人们会认为他们周一的心情会更糟糕，而事实上他们周一时的心情并不比其他工作日更差。这些发现给人们提出了这样一个令人不安的问题：我们对让自己高兴或不高兴的事情真正有多少洞察力？正如吉尔伯特在《撞上快乐》中所说的：对于那些可以使我们幸福的事情，我们通常是一个蹩脚的预言家（Gilbert，2007）。

预测我们的行为

人们在预测他们的行为时同样会犯错。麦克唐纳和罗斯指出，约会中的情侣往往过于乐观地预言他们的关系会天长地久。他们往往只看到积极的方面，感觉他们肯定会是永远的恋人。而其朋友和家人常常比他们有更好的了解（MacDonald & Ross，1997）。在滑铁卢大学开展的研究发现，学生对其室友恋爱持续时间的预测比对自己恋爱持续时间的预测更准确。住院医师们一般不太擅长预测自己在外科手术测试中的表现，但是同组的同事对彼此表现的预测却会出奇的精确（Lutsky & others，1993）。如果你恋爱了，你又想知道这段感情会持续多久，那么不要问你的心，去问你的室友吧。如果你想预测你的一些常规举动，例如你在打电话或看电视时笑的频率，你的亲密朋友能给出最精确的评估（Vazire & Mehl，2008）。

在行为预测中最常见的一个错误是低估我们完成一项任务的时间［被称为**规划谬误**（planning fallacy）］。波士顿的“大开挖”高速公路建设项目原本设想会用 10 年，但是实际上却用了 20 年。悉尼歌剧院预计会在 6 年内完工，但是却花了 16 年。一项研究让一些正在写毕业论文的本科生预测他们多久能写完。最后发现，一般学生会比他们预计的“最现实的”时间晚三周，而会比他们预计的“最糟糕的情况”晚一周（Buehler & others，2002）！但是，朋友和老师们却能够预测出他们何时才能完成论文。就像你应该问你的朋友们，你的恋爱关系能够维持多久一样，如果你想知道你什么时候能完成学期论文，那就去问你的室友或妈妈吧。或者你可以像微软那样：经理们可能会无意识地在软件开发者给出的预计完成时间上增加 30% 的时间，而如果项目中涉及新的操作系统，就可能要增加 50% 的时间（Dunning，2006）。

预测我们的感受

我们在做人生中的许多重大决定时，通常会考虑到未来的感受。和这个人结婚能一辈子都幸福吗？进入这个行业会有满意的工作吗？这次休假会是一次愉快的经历吗？抑或最后的结果更可能是离婚、失业和令人失望的假期？

有时候我们知道自己会有怎样的感觉——如果我们考试不及格，在大型比赛中获胜，或用半小时漫步来缓和我们的紧张情绪。我们知道什么会让自己愉快，什么会让自己担忧或感觉无聊。当然有时候，我们可能错误地预测自己的反应。如果在求职面试时被问起性骚扰的问题，你会有什么感受，伍德茨卡和拉弗朗斯（Woodzicka & LaFrance，2001）调查的女性大都回答她们会感到愤怒。然而，当实际问到这样的问题时，女性更多地体验到的是害怕。

"情感预测"的研究显示，人们很难预测自己未来情绪的强度和持续时间（Wilson & Gilbert，2003）。人们会错误地预测自己谈一场浪漫的恋爱、收到礼物、输掉选举、赢得比赛和被侮辱后的感受（Gilbert & Ebert，2002；Loewenstein & Schkade，1999）。下面是一些例子：

- 向男青年呈现引发性唤起的图片，然后使之进入一个充满激情的约会情境。在他们约会时要求他们"停止"，他们承认自己可能无法停止。如果事先没有向他们呈现过引发性唤起的图片，他们更倾向于否定其性侵犯的可能性。当没有性唤起时，个体很容易错误地预测性唤起的人的感觉和行为——这也就是为什么人们性欲强烈时会冒出意想不到的爱意表白，会容易意外受孕，以及性虐待者即使由衷发誓痛改前非却一再侵犯他人的原因。
- 饥饿的购物者会比那些吃了许多蓝莓松糕的人有更强的购物冲动（"那些油炸圈饼会很美味！"）（Gilbert & Wilson，2000）。当饥饿的时候，个体会错误地预测自己对油炸圈饼的食量。而当吃饱了以后，个体会认为深夜喝牛奶时再吃个油炸圈饼就没那么美味——当你已经吃了一两个的时候，购买的欲望会迅速下降。
- 失恋大学生经历的失落与烦恼会比他们所预期的要少（Eastwick & others，2007）。他们的痛苦感只是延续到他们认为它应该持续的时间，而心理打击并没有如他们想象的那么严重。欧洲运动员几乎都会高估下一场比赛失利带来的糟糕心情（van Dijk & others，2008）。

- 人们预测，当像飓风一样的自然灾害发生时，死亡人数越多，他们会越难过。而当 2005 年卡特里娜飓风来袭之后，研究者发现，学生们对死去 50 人或死去 1 000 人的感伤程度几乎没有差别（Dunn & Ashton-James，2008）。人们的悲伤是受什么影响呢？看受害者的图片是最重要的影响方式之一。难怪灾难之后电视上的那些令人心酸画面会对我们有如此之大的影响。
- 人们会高估暖冬、体重减轻、更多的电视频道或充裕的休闲时间对自己的积极影响。甚至一些极端的事件，比如中了彩票或意外瘫痪，对长期幸福的影响也会低于多数人的想象。

我们的直觉理论似乎是：我们想要，我们得到，我们快乐。如果这是事实，这一模块的字数就会少很多。实际上，吉尔伯特和威尔逊（Gilbert & Wilson，2000）指出，我们常常“错误地想要得到某些东西”。人们常常想去一个有阳光、海浪和沙滩的田园荒岛假期，但当他们一旦发现“自己多么需要平凡生活、智力刺激和可口零食”时，可能会颇为失望。我们通常会认为如果我们的候选人或小组赢得胜利，那我们会高兴很久。但多个研究显示，这些好消息带来的情绪痕迹消失得比自己预期的要快得多。

在消极事件之后我们尤其会倾向于表现出“影响偏见”。吉尔伯特及其同事（Gilbert & others, 1998）让教授的助手来预测他们获得或没有获得终身职位的几年后的快乐程度，多数人认为好结果对他们未来的快乐很重要。“失去工作会压垮我的生活目标，那是可怕的。”然而当事件过去几年后再调查时，那些没有得到职位的人与得到职位的人几乎同样快乐。威尔逊和吉尔伯特（Wilson & Gilbert，2005）说，影响偏见是很重要的，因为人们的“情感预报”——他们对自己未来情感的预测——会影响他们的决定。如果人们高估了快乐的强度和持续时间，那么他们可能去买一辆新车或者做个整容手术，结果却发现买车和整容的投资有点轻率。

举一个更具体的例子。吉尔伯特和威尔逊让我们想象：如果我们失去了非优势手，一年之后会有怎样的感觉。与现在相比，你会多快乐？

思考这件事的时候，你也许会认为这种不幸可能意味着：不能拍手，不能系鞋带，不能打篮球，不能弹钢琴。尽管你可能会永远为失去手而遗憾，但你在事件发生后的一段时间的快乐会受这一事件及其他所有事件”（Gilbert & Wilson，2000）的影响。因为关注（a）消极事件，人们会忽视（b）其他所有事件对快乐的贡献，所以就会过高地预期自己的痛苦。“你所关注的事不会带来你所认为的那样大的改变，”研究者斯卡迪和卡尼曼（Schkade & Kahneman，1998）如是说。

此外，威尔逊和吉尔伯特（Wilson & Gilbert，2003）还认为，人们往往忽视了自己心理免疫系统的速度和力量，包括合理化策略、淡然处之、原谅和限制情绪创伤等。在很大程度上，被我们忽视的心理免疫系统［吉尔伯特和威尔逊称之为*免疫忽视现象*（immune neglect）］让我们比预期更容易适应诸如残疾、恋人分手、考试不及格、丢掉工作以及个人与团队的失败等挫折。令人惊讶的是，吉尔伯特与其同事报告（Gilbert & others, 2004），相比轻微的愤怒（不能激活我们的防御机制），重大的消极事件（可以激活我们的心理防御机制）所引发的痛苦持续的时间反而更短。在大部分环境中，我们拥有令人惊讶的恢复力。

自我分析的智慧和错觉

引人注目的是，我们对什么会影响自己以及自己的行为与感受的直觉经常是完全错误的。但是我们也不要夸大这种情形。当行为的原因很明显，而正确的解释又符合我们的直觉时，这种自我觉知是准确的（Gavanski & Hoffman，1987）。当行为的原因对一个观察者来说显而易见时，那么它往往对我们所有人而言都是显而易见的。

我们对大部分心理事件都没有觉察。有关知觉和记忆的研究显示，我们对自己思维的*结果*比对思维的*过程*知道得要多。比如说，当我们在心中设置时钟来记录时间或在指定的时间唤醒我们时，或当我们在一个问题无意识地“孵化”后自发获得一种创造性灵感时，我们的确经历了心理的无意识工作。举例来说，具有创造性的科学家和艺术家，常常不知该如何报告其产生灵感的思维过程，尽管他们很了解结果。

威尔逊（Wilson，1985，2002）提出一个大胆的设想：控制我们社会行为的心理过程与解释我们行为的心理过程显然不同。我们的理性解释可能会因此忽略了实际上指引我们行为的内在态度。在 9 项实验中，威尔逊及其同事（Wilson，

1989，2008）发现，个体对事和人表现出的态度常常能较好地预测以后的行为。如果他们事先让被试分析自己的感受，那么他们的态度报告将变得无效。例如，情侣对于他们关系的幸福感可以很好地预测在几个月后他们是否会继续约会。但是，如果参与者在评价自己的幸福程度之前就已经列出其关系好坏的所有原因，那么之后他们的态度报告在预测未来情侣关系时变得无效！很显然，对彼此关系的分析会使个体更多地注意容易描述的因素，而事实上这些因素并没有关系中的其他方面重要。我们常常是“自己的陌生人”，威尔逊（Wilson，2002）如是说。

威尔逊及其同事（Wilson & others，2000）认为，这说明我们有**双重态度系统**（dual attitude system）。我们对人或事形成的自动的内隐态度通常与受意识控制的外显态度不同（Gawronski & Bodenhausen，2006；Nosek，2007）。例如，从儿童期开始，我们可能会对那些我们在口头上尊敬和欣赏的人保持一种习惯的、自动的恐惧或厌恶。威尔逊指出，尽管可能外显态度改变起来相对容易一些，但“内隐态度就像老习惯一样，改变起来非常缓慢”。然而，通过重复练习来形成新的态度，新的习惯态度就能够代替旧的态度。

米勒和特瑟（Millar & Tesser，1992）认为，威尔逊夸大了我们对自我认识的无知性。他们的研究指出，吸引人们对原因的注意会减少态度对由情感引发的行为预测的准确性。如果威尔逊提问时不让人们分析其恋爱关系，而是提问有关其感觉的问题（“你和伴侣在一起和分开时会有怎样的感受？”），那么态度报告可能更有预测力。其他行为领域（比如，根据花费、未来职业生涯发展等方面的考虑选择读哪一所学校，等等）似乎更受认知驱动。对于这些问题，分析原因可能比分析感觉更有用。尽管感觉有其理由，但有时头脑的理性是决定性的。

这些自我认识的局限性具有两种应用价值：第一是对于心理调查来说，自我报告常常是靠不住的，自我理解中的错误限制了主观个人报告的科学性。

其次，在我们的日常生活中，人们报告和解释其经验的真实性无法保证这些报告的有效性。我们知道，法庭上个人证言具有强大的说服力，但是这有可能是错误的。牢记这种潜在错误，可以帮助我们较少地产生受人胁迫和上当受骗之感。

模 块

4

自我服务偏见

我们大多数人都自我感觉良好。在对自尊的研究中，即使得分最低的人，给自己的打分也基本在中等范围。（一个低自尊的人也会用“有时”或“某种程度上”这种限定性形容词来给“我有些好主意”这样的句子打分。）在 53 个国家开展的自尊研究中，任何一个国家平均的自尊水平比其中位数都高（Schmitt & Allik，2005）。社会心理学中最富挑战性而且证据确凿的结论之一就是对**自我服务偏见**（self-serving bias）不良影响的担忧。

对积极和消极事件的解释

已有很多实验证明，当得知自己成功后，人们乐于接受成功的荣誉。他们把成功归结为自己的才能和努力，却把失败归咎于诸如“运气不佳”、“问题本身就无法解决”等这样的外部因素（Campbell & Sedikides，1999）。同样，在解释获胜的原因时，运动员一般会将其归因于自己；对于失败则会推脱给其他因素，诸如错误的暂停、不公平的判罚、对手过于强大或是黑哨（Grove & others，1991；Lalonde，1992；Mullen & Riordan，1988）。还有，考虑一下汽车司机们愿意为自己的事故承担多少责任？在保险单上，司机们总是这样描述他们的事故："不知从哪里钻出来一辆车，撞了我一下又跑了"；"我刚到十字路口，一个路障忽然弹起来挡住了我的视线，以至于我没看见别的车"；"一个路人撞了我一下，就钻到我车轮下面去了"（*Toronto News*，1977）。

自我服务偏见会导致婚姻不和、员工不满和讨价还价时的僵持局面（Kruger & Gilovich，1999）。所以，我们也就不必奇怪：为什么离婚者把婚姻破裂的责任归罪于对方（Gray & Silver，1990），或是经理把低业绩归咎于员工缺乏能力或不够卖力（Imai，1994；Rice，1985）。（而工人们则更愿意归因于一些外在的东西——供给不足、负担过重、同事太难相处、任务目标不可及。）同样，当人们得到比别人更多的奖励（如加薪）时，他们会认为奖励很公平（Diekmann & others，1997）。

我们总是将成功与自我相联系，而刻意避开失败对自我的影响，以此保持良好的自我形象。例如，"我的经济学原理考试得了 A"相对于"历史教授给了我个 C"，把失败或挫折归因于客观条件甚至别人的偏见，这总不会比承认自己不配获得成功更让人沮丧吧（Major & others，2003）。威尔逊和罗斯（Wilson & Ross，2001）指出，我们更乐意承认那些很久以前的缺点，认为那是"过去的我"所具有的。滑铁卢大学的学生们在描述上大学前的自己时，其肯定与否定的描述一样多。但在描述现在的自己时，肯定描述是否定描述的 3 倍之多。"我比原来见多识广了，也成熟了，今天的我比昨天更完善，"大多数人都这样肯定地说。过去的自己是笨蛋，今天的自己是冠军。

具有讽刺意味的是，我们的偏见会让我们无视自己的偏见。人们常说自己避免了自我服务偏见，但却认为别人持有这一偏见（Pronin & others，2002）。在冲突中，"偏见盲点"会产生很严重的后果。假如你正在和你的室友讨论谁来打扫卫生，如果你认为你的室友对此持有偏见，你将更可能发怒（Pronin & Ross，2006）。很显然，我们总是认为自己站在客观的角度，而所有其他人都带有偏见。

我们都高于平均水平吗

当人们拿自己和别人比较时，也会出现自我服务偏见。如果公元前 6 世纪的中国哲人老子的名言“是以圣人去甚，去奢，去泰 ”是正确的，那我们多数人都不太明智。在多数主观的、社会赞许的和普遍的维度上，大部分人都觉得自己比平均水平要好。和总体水平相比，大多数人都认为自己道德水平更高，更胜任自己的工作，更友善、更聪明、更英俊、更没有偏见、更健康，甚至更具洞察力，并且在自我评价时也更为客观。（见“聚焦：自我服务偏见——我们如何爱自己？让我们看看都表现在哪些方面 。”）

似乎每一个群体，都像加里森·基勒的小说《沃伯根湖》一样，“所有妇女都很强壮，所有男子都很英俊，所有孩子都出类拔萃。”大部分人都认为他们在将来会过得更好：如果我的现状不错，那么未来会更好（Kanten & Teigen，2008）。所有这一切，不禁让人想起弗洛伊德的一个经典笑话，一个丈夫对妻子说：“如果咱们俩中的一个先去世，我想我会搬到巴黎去住。”

迈克尔·罗斯和菲奥里·西科利（Ross & Sicoly，1979）观察了婚姻中的自我服务偏见。他们发现，年轻的加拿大夫妇通常认为，对于诸如打扫房间和照看孩子这样的家务活，自己实际承担的责任多于配偶认可的。最近一项对 265 对带孩子的已婚美国夫妇做的研究发现，丈夫们估计自己做了约 42% 的家务活，而妻子估计自己的丈夫只做了 33%。当研究者跟踪研究实际的家务活（通过雷达遥控装置对参与者的活动进行随机取样）时，他们发现丈夫实际上做了 39% 的家务活（Lee & Waite，2005）。一般的规律是：群体的每个成员对自己为共同工作所做贡献的评价之和总是超过百分之百（Savitsky & others，2005）。

我和妻子常把待洗的衣物放入卧室角落的衣篮里，每天早晨，我们中的一个人会把衣物放进去。当她说我应该对此负更多责任的时候，我在想，“嗯？ 75% 的时候都是我来做的呀！”于是我问她是否认为自己经常做这件事情，她回答说：“哦，75% 的时候都是我来做的。”

但是，假使要你估计自己到底多久才会干一次不常做的家务，如清扫炉灶，情况会是怎样呢？你很可能会说你做这些所用的时间少于 50%（Kruger & Savitsky，2009）。很显然，这种情况会发生是因为我们对自己行为的了解远多于对别人行为的了解，于是我们假设其他人的行为将不会比我们更极端（Kruger & others，2008；Moore & Small，2007）。如果你依稀记得你只清扫过几次炉灶，于是你就可能会假设自己不常清扫，你的爱人其实经常会去清扫。

在我们构建成功的定义时，上述主观因素会为我们提供一定的回旋余地

聚焦：自我服务偏见——我们如何爱自己？让我们看看都表现在哪些方面

专栏作家戴夫·巴里（Barry, 1998）提到："有一件东西是所有人都有的，无论年龄、性别、种族、经济地位或宗教背景，那就是在每个人的内心深处都相信，我们比普通人要强。"我们也相信我们在多数主观的和令人向往的特质上强于一般人，自我服务偏见体现在以下这些方面：

- 伦理道德。大多数生意人认为自己比一般生意人更道德（Baumhart，1968；Brenner & Molander，1977）。一项全美范围内的调查中有这样一道题目："在一个百分制的量表上，你会给自己的道德和价值观打多少分？"50% 的人给自己的打分在 90 分或 90 分以上，只有 11% 的人给自己的打分在 74 分或 74 分以下（Lovett，1997）。
- 工作能力。在一项调查中，90% 的企业经理评价自己的表现优于普通同事（French，1968）。在澳大利亚，86% 的人对自己工作业绩的评价高于平均水平，只有 1% 的人评价自己低于平均水平（Headey & Wearing，1987）。大多数外科医生认为自己患者的死亡率要低于平均水平（Gawande，2002）。
- 美德。在荷兰，大部分高中生认为自己比普通高中生更诚实，更有恒心，更有独创性，更友善且更可靠（Hoorens，1993，1995）。
- 聪明才智。大部分人觉得自己比周围的普通人更聪明，更英俊，更没有偏见（Public Opinion，1984；Wylie，1979）。当有人超过自己时，人们则倾向于把对方看成天才（Lassiter & Munhall，2011）。
- 包容度。在 1997 年的盖洛普民意测验中，只有 14% 的美国白人评价自己对黑人歧视程度达到或超过 5 分（0 分到 10 分）。可是在评价其他白人对黑人的歧视程度时，44% 的白人的打分达到或超过 5 分。
- 赡养父母。与兄弟姐妹们相比，多数成年人认为自己对年迈父母的赡养更多（Lerner & others，1991）。
- 健康。洛杉矶居民认为自己比大多数邻居更健康，而多数大学生认为他们将比保险公司预测的死亡年龄多活十年左右（Larwood，1978；C.R.Snyder，1978）。
- 洞察力。我们假定，人们的语言和行为能够体现他们的本质。我们个人的想法也是如此。因此，我们中的大多数人都认为，我们了解和理解他人，要多于他人了解和理解我们。我们也认为比起别人，我们更了解自己（Pronin & others，2001）。
- 吸引力。你是否有同我一样的经历，认为自己的大多数照片并不真实？当实验者给人们呈现一系列面孔时，包含自己原本的以及经过变形的具有更多或更少吸引力的自我面孔，人们倾向于将吸引力增强的面孔定义为自己真实的面孔（Epley & Whitchurch，2008）。

- 驾驶技术。多数司机——甚至大部分曾因车祸而住院的司机——都认为自己比一般司机驾车更安全且更熟练（Guerin，1994；McKenna & Myers，1997；Svenson，1981）。

如此看来，戴夫·巴里所言甚是。

（Dunning & others，1989，1991）。在评价自己的“运动能力”时，我可能会想到自己参加的篮球大赛，却不会记起自己担任少年棒球联赛球员时躲在右外场的痛苦日子。在评价自己的领导能力时，我会想象出一个和我的风格相近的伟大领袖的形象。通过为自己制订一个模棱两可的标准，我们每个人都会觉得自己是比较成功的。在美国大学入学考试委员会对 829 000 名高中高年级学生的调查中，没有人在“与人相处能力”这一主观而具有赞许性的维度上给自己的打分低于平均值，而且有 60% 的人的自评是在前 10%，另外 25% 的人则认为自己是最优秀的 1%！

研究者们开始怀疑：人们真的相信他们对自己在平均水平之上的自我评估吗？是不是他们的自我服务性偏见在这些问题的措辞上起到了一定作用（Krizan & Suls，2008）？当伊拉诺·威廉姆斯和托马斯·基罗维奇（Williams & Gilovich，2008）让人们在一项测试中用真钱做赌注来评估与他们相关的表现时，他们发现，是的，“人们真的相信其自我评估会得到提升。”

盲目乐观

乐观主义为人生预先假设了一条积极的道路。杰克逊·布朗（Brown，1990，p.79）写道：“那些乐天派们天天早晨都跑到窗前说，‘早安呀，上帝’；那些悲观者则会在窗前说，‘上帝啊，天怎么又亮了！’。”在 22 种文化下对 9 万多人开展的研究显示，大部分人对事物的看法偏向乐观，而非悲观（Fischer & Chalmers，2008）。而我们中的许多人，就像研究者尼尔·温斯顿（Weinstein，1980，1982）所形容的那样，“对未来的生活事件盲目乐观。”部分原因在于他们对别人命运的相对悲观（Hoorens & others，2008；Shepperd，2003）。例如，在罗格斯大学，学生们往往认为自己远比其他同学更可能找到好工作、领高额薪水和拥有自己的房子。而那些消极的经历，诸如酗酒成瘾、在 40 岁以前突发心脏病或遭遇枪击等，则更可能发生在别人身上而不是自己身上。

父母将他们的盲目乐观延伸到了孩子身上。他们假设与一般的孩子相比，他们的孩子更不可能辍学、患上抑郁症或者染上肺癌，更可能完成学业、保持健康的身体和乐观的心态（Lench & others，2006）。

盲目的乐观让我们更加脆弱。由于相信自己总能幸免于难，我们往往不去采取明智的预防措施。性活动频繁但不愿坚持避孕的女大学生们则认为，与学校中的其他女同学相比，自己意外怀孕的可能性不大（Burger & Burns，1988）。那些相信自己的驾驶技术在“平均水平之上”的老司机们在驾驶测试中失败的可能性是那些谦逊的司机们的四倍多，于是他们也被评定为“不安全的”（Freund & others，2005）。那些高估自己学习能力的大学新生经常会体验到自尊心和幸福感受挫的痛苦，而且更可能退学（Robins & Beer，2001）。

盲目乐观的人更有可能选择低年费和高利率的信用卡作为支付手段——对一般的借款人来说这是一种很差的选择，他们的利息费用远远超过了在年费上的那几美元的差异（Yang & others，2007）。因为信用卡发售方的主要利益来源就是利息收入，盲目乐观的消费者对他们来说就意味着更多的利益——更多的钱会从消费者的口袋里流出。

那些满不在乎地刷信用卡的人，那些不肯承认吸烟有害身体健康的人，还有那些陷入不幸关系里的人们，无一不提醒我们，盲目乐观如同傲慢一样，是注定要失败的。在赌博时，乐观者比悲观者更能坚持，即使不断地在输钱（Gibson & Sanbonmastu，2004）。如果经营股票或房地产的商人觉得自己的商业直觉远远超过自己的竞争对手，他们同样也可能会体验到深深的失落感。甚至是 17 世纪人类经济理性的捍卫者、经济学家亚当·斯密也预见到，人们会高估自己赢利的可能性。他认为，这种“对自己好运的荒谬的推断，”来源于“绝大多数人对自身能力过于自信的幻想”（Spiegel，1971，p.243）。

盲目乐观的现象似乎越来越多了。在 20 世纪 70 年代，一半的美国高中毕业生预测他们成年后将会成为“很好的”工作者——这是可获得的最高评价，因此这就相当于他们给了自己五星（顶级）。到 2006 年，有 2/3 的青少年相信他们将会达成这一目标——自己会置身于前 20% 的行列（Twenge & Campbell，2008）！更惊人的是，2000 年时，一半的高中毕业生都相信他们能拿到研究生学位，即使只有 9% 的人真的有可能做到（Reynolds & others，2006）。即使目标远大有利于成功，但是把目标定得太高的人会感到十分失望和抑郁，他们最终要学会使自己的目标更符合现实（Wrosch & Miller，2009）。

乐观主义确实比悲观主义更能增强个体自我效能感、促进健康和幸福感（Armor & Taylor，1996；Segerstrom，2001）。作为天生的乐天派，大多数人相信自己在未来生活的各个方面都会更幸福——这种信念有助于营造当前的快乐心态（Robinson & Ryff，1999）。如果乐天派的祖先比悲观派的祖先更有可能克服困难而生存下来，那么我们倾向于乐观就不足为奇了（Haselton & Nettle，2006）。

然而少量的现实主义，或者如朱莉·诺雷姆（Norem，2000）所谓的*防御性悲观主义*，可以把我们从盲目乐观的危险中拯救出来。防御性的悲观主义者会预见问题的发生，并能够促使自己进行有效的应对。正如一句中国成语所说，"居安思危"。自我怀疑可以激励学生的学习动机，而多数学生，尤其是那些认为自己注定低分的学生，在考试来临时都显示出过分的乐观（Prohaska，1994；Sparrell & Shrauger，1984）。那些过分自信的学生倾向于不做充分的准备。那些和他们能力相当但更焦虑的同伴们，则因为担心在未来的考试中失败而加倍努力学习，最后通常会获得较高的成绩（Goodhart，1986；Norem & Contor，1986；Showers & Ruben，1987）。以一种更直接、更现实的视角看待事物通常是很有帮助的。在一项研究中，学生们要预测他们的考试成绩。当这项考试是假设的时候，他们的预测超乎寻常的乐观；但是当考试真的来临时，他们对自己成绩的预测却出人意料的精确（Armor & Sackett，2006）。你可以在没有考试的时候夸夸其谈地赞美自己，但伴随接踵而来的考试，最好不要让自己看起来像个吹牛的傻瓜。

能够听取批评也很重要。"我经常告诉学生们一条绅士的规范，"大卫·邓宁（Dunning，2006）写道："如果两个人分别各自给予对方同样消极的反馈，他们至少应该考虑一下这些评论为真的可能性。"

悲观主义的思维和乐观主义的思维都具有力量。记住这句格言：学业上的成就既需要足够的乐观精神以支撑希望，同时也需要足够的悲观心态以激起关注。

虚假普遍性和虚假独特性

为了进一步增强我们的自我形象，我们常常表现出这样一种奇怪的倾向：过分高估或低估他人会像我们一样思考和行事的程度。在观点方面，我们过高地估计别人对我们观点的赞成度以支持自己的立场，这种现象被称为**虚假普遍性效应**（false consensus effect）（Kruenger & Clement，1994；Marks & Miller，1987；Mullen & Goethals，1990）。好像我们对世界的理解就是一种常识。

如果我们做错了事或是在任务中失败，我们可能会认为这些失误是正常的，以让自己安心。当某个人对别人说谎之后，他便开始觉得其他人也是不诚实的（Sagarin & others，1998），他便开始觉得其他人也像他那样思考和行事："我是说谎了，可别人不也都如此吗？"如果我们隐瞒个人所得税或吸烟行为，我们常常会觉得跟我们有同样行为的人也很多。如果我们对另一个人产生了性兴趣，我们也许会高估对方对自己的欲望。前《海岸救生队》演员大卫·赫索霍夫承认，"我的确打肉毒杆菌了，可别人也如此啊！"近来的四项研究指出：

- 在禁澡期间偷偷洗澡的人会认为很多人也正在做同样的事情（Monin & Norton，2003）。
- 剧烈运动后口渴的人会想象，与饥饿相比，迷路的徒步旅行者更可能会遭受口渴之苦。博文和洛温斯坦（Boven & Lowenstein，2003）的一项研究表明，88% 刚做完运动的口渴者会做出这样的猜测，而那些将要去运动的人中只有 57% 会这样想。
- 当人们自己的生活发生变化时，可能会认为整个世界也在发生变化。具有保护意识的新手父母们会认为世界更加危险。此外，节食减肥的人会认为食品广告更具欺骗性（Eibach & others，2003）。
- 对其他民族持有消极看法的人推测很多人都持有这种负面的刻板印象（Krueger，1996，2007）。因此我们对别人思维的感知可能会揭示出一些我们自己的东西。

有谚语说："我们并不是客观地看待事物，而总是从我们自己的角度出发来看待事物。"

虚假普遍性之所以会发生，是因为我们的归纳性结论只是来自一个有限的样

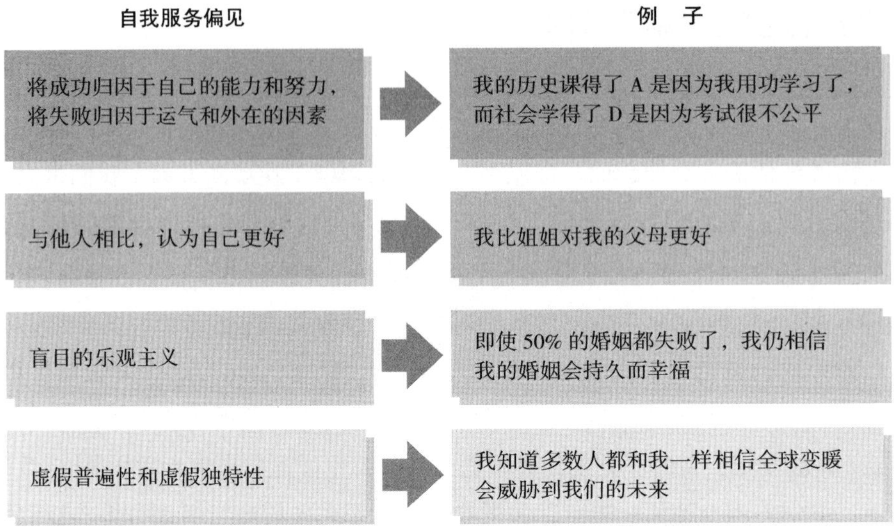

图 4–1
自我服务偏见如何起作用。

本，而这个样本显然还包括我们自己在内（Dawes，1990）。既然缺少其他信息，何不使用我们自己内心的“投射”呢？何不把我们自己的认识推及别人，用自己的反应作为线索来推断别人的反应呢？大部分人通常持有大众的观点，所以当人们假设自己处于大众中时，自己是正确的。此外，我们偏爱和那些同我们态度和行为相近的人交往，并透过这些熟悉者的眼光来评判世界。

而在能力方面，当我们干得不错或获得成功时，**虚假独特性效应**（false uniqueness effect）则更容易发生（Goethals & others，1991）。我们把自己的才智和品德看成是超乎寻常的，以完善自己的自我形象。这样，那些吸食大麻且系安全带的人会高估（虚假普遍性）其他吸食毒品者的数量，而低估（虚假独特性）系安全带的普遍性（Suls & others，1988）。这样我们就会觉得自己的失误是相对普遍的，而我们的优点却是非同寻常的。

总之，自我服务归因、自我恭维的比较、盲目乐观以及自身失败的虚假普遍性，所有这些倾向都是自我服务偏见的表现（见图 4-1）。

自尊动机

为什么人们会以一种自我提升的方式来看待自己呢？一种解释将自我服务偏见看做我们加工和记忆有关个人信息的副产品。将自己与他人相比较，要求我们去注意、评价、回忆自己和他人的行为。因此，这就增加了我们在信息加工的过程中出错的机会（Chambers & Windschitl，2004）。回想一下之前提到的一项研究，已婚者往往认为自己比配偶做更多的家务。正如迈克尔·罗斯和西科利（Ross & Sicoly，1979）所指出的，也许是因为我们更容易回想起自己做过什么，而往往很难回忆起自己没做过什么，或者仅仅是看到我们的伴侣在做？我能很容易想到自己捡起衣服的画面，但我很少能意识到自己置之不理的次数有多少。

这种有偏差的知觉难道仅仅是一种知觉错误，一种关于我们如何处理信息的非情感性倾向，还是出于自我服务的动机呢？研究已经证实了我们有多种动机。我们寻求自我认识，渴望评定自己的能力（Dunning，1995）。我们寻求自我证实，渴望验证我们的自我概念（Sanitioso & others，1990；Swann，1996，1997）。我们寻求自我确认，尤其希望能提升自我形象（Sedikides，1993）。自尊动机也促进了自我服务偏见的出现。正如社会心理学家巴特森（Batson，2006）猜度的那样："头脑是心脏的延伸。"

特瑟（Tesser，1988）的研究表明，"维持自尊"的动机可以预测许多有趣的现象，例如兄弟姐妹之间的摩擦。你是否有一个与你年龄相近的同性兄弟或姐妹？如果是的话，在你们成长的过程中，人们很可能会拿你们作比较。特瑟推测，如果人们对两个人中的一个人评价更高，就会促使另一个人以某种维护自尊的方式行事。（特瑟认为，拥有一个特别能干的兄弟或姐妹的人，其自尊会受到很严重的威胁。）因此，那些拥有一个相当能干的兄弟的人总能回忆起他们之间的不和；而那些和兄弟能力不相上下的人，反而往往想不起他们之间有什么摩擦。

自尊的威胁也可能发生于朋友之间，因为朋友的成功可能比陌生人的成功更具威胁性（Zuckerman & Jost，2001）。它同样可以在夫妻之间发生。尽管夫妻之间具有深厚的共同利益，但相同的事业目标仍然会使他们产生紧张和嫉妒（Clark & Bennett，1992）。当我们的搭档在一个对彼此都很重要的领域中脱颖而出的时候，我们会通过确认彼此之间的亲密关系来降低对自尊的威胁，例如告诉大家："那个很有能力的人是我的搭档，我们关系很密切"（Lockwood & others，2004）。

维持或增强自尊动机的意义是什么呢？马克·利里（Leary，1998，2004b，2007）认为，我们的自尊感犹如汽车上的油量表。人际关系对我们的生存和发展具有导向意义。因此，当我们遭遇威胁性的社会拒绝时，自尊指示表会警告我们，以促使我们更敏锐地觉察他人对我们的期望。研究证实，社会拒绝会降低我们的自尊，同时增强我们渴望被接纳的意愿。当我们被藐视或抛弃时，我们感到自己缺乏魅力，能力不足。这种痛苦如同仪表盘上闪烁的指示灯一样，会驱使我们通过行动来发展自我，并在其他地方寻求社会接纳和认同。

对自尊和自我服务偏见的反思

如果你像某些读者，至此你可能发现，自我服务偏见要么令人沮丧，要么与你偶有的不适感相反。的确，当那些带有自我服务偏见的个体面对在成就、吸引力或技能方面高其一筹的人时，会产生自卑感。而且，并不是每个人都持有自我服务偏见，确实有一些人正承受着低自尊的痛苦。积极的自尊确实有一些好处。

自我服务偏见的适应性

自尊有其阴暗的一面，也有其光明的一面。当发生好事时，相比于低自尊的人而言，高自尊者往往更能尽情享受并保持这种良好的感觉（Wood & others，2003）。谢莉·泰勒和她的同事（Taylor & others，2003）指出："相信自己比同伴拥有更多的天赋和积极的品质，能使我们对自己保持良好的感觉，而且这种对自我的正性评价，能为我们提供应付日常生活中的压力环境所需的资源。"

自我服务偏见及其归因方式也可以保护人们免受抑郁的伤害（Snyder & Higgins，1988；Taylor & others，2003）。不抑郁的人通常显示出自我服务偏见。不抑郁的人将他们的失败归于实验任务或者觉得它超出了自己的控制。而抑郁者的自我评价及其对他人如何看待他们的评价都没有表现出夸大。

自我服务偏见也可以帮助人们缓解压力。博纳诺及其同事（Bonnano et al.，2005）以目睹"9·11"事件的人或者从世贸中心逃出来的员工为被试，评估他们的情绪复原力。结果发现,那些表现出自我提升倾向的人其情绪具有更强的复原力。

格林伯格、所罗门和汤姆（Greenberg，Solomon & Pyszczynski，1997；Greenberg，2008）在他们的“恐怖管理理论”中提到了积极自尊适应性的一个理由：它可以缓解焦虑，包括我们对死亡的焦虑。童年时我们有这样的体验：如果我们达到了父母的要求，就会受到关爱和保护；如果我们没有达到要求，父母可能就会收回对我们的关爱和保护。这样，我们就把“良好的自我感觉”和安全感联系起来了。格林伯格等人认为，积极的自尊（良好的自我感觉和安全感）甚至可以使我们消除对最终死亡的恐惧。他们的研究表明，提醒人们终究要面临死亡（让人们写一篇关于死亡的短文）有利于个体肯定自我价值。而且,当面临威胁时,较强的自尊可以减轻焦虑。在 2004 年，也就是美国入侵伊拉克之后的一年，感到国家正处于威胁之中的伊拉克青少年报告有最高的自尊（Ford & others，2008）。

正如有关抑郁和焦虑的新研究所揭示的，在自我服务知觉中可能存在某种实践智慧。认为自己比真实中的自我更聪明，更强大，更成功，这也许是一种有利的策略。骗子们同样会显得诚实可信，如果他们相信自己很正直的话。相信自己更优秀同样会激发我们去努力（自我实现预言），并能在困境中保持希望（Willard & Gramzow，2009）。

自我服务偏见的不良适应

尽管自我服务偏见产生的自豪感可以帮助我们抵制抑郁，但它也会给人们带来一些不良适应。那些因自己出现社交困难而责备别人的人，往往比那些能够承认是自己的问题的人更不快乐（Anderson & others，1983；Newman & Langer，1981；Peterson & others，1981）。

施伦克尔等人（Schlenker，1976；Schlenker & Miller，1977a，1977b）的研究同样表明，自我服务知觉可以损害一个群体。大学期间，作为摇滚乐队的一名吉他手，施伦克尔注意到，“乐队里的每个成员总是高估自己对群体成功的贡献，而低估他们对失败所负的责任。许多很棒的乐队，都是由于这些自我赞扬倾向所引发的问题而解体的。”后来他成为佛罗里达大学的一名社会心理学家，对群体成员的自我服务知觉进行了研究。在 9 项实验中，他让参与者共同完成某些任务。

然后他故意告诉他们，他们的任务完成得很棒或是很糟。在所有的实验中，成功组的成员宣称自己为本组的成功所做的贡献要高于失败组的成员。

如果多数的群体成员都认为，虽然自己做出了非同寻常的贡献，但自己的报酬却太低且没有得到应有的赞赏，那就可能引发不和与嫉妒。大学校长和教务主任很容易发现这一现象，90% 以上的教职员工都认为自己比一般同事更杰出（Blackburn & others，1980；Cross，1977）。当宣布加薪时，有一半的人会得到平均水平或低于平均水平的薪金，难怪他们会觉得自己是不公平的受害者了。

自我服务偏见还会夸大人们对自己群体的评价，这一现象被称为群体服务偏见。当各个群体之间进行比较时，多数人都认为自己的群体是最棒的（Codol，1976；Jourden & Heath，1996；Taylor & Doria，1981）。

- 多数大学女生联谊会的成员都认为自己组的成员不像其他组的成员那样爱逞能和势利眼（Biernat & others，1996）。
- 53% 的荷兰成年人认为自己的婚姻或伴侣比其他大多数人的要好，只有 1% 的人认为自己的婚姻比其他人的差（Buunk & van der Eijnden，1997）。
- 66% 的美国人给自己长子所在公立学校的打分是 A 或 B，然而，几乎同样多（64%）的人给国家公立学校的打分是 C 或 D（Whitman，1996）。
- 大多数企业总裁和部门经理都会高估自己企业或部门的生产力和增长率（Kidd & Morgan，1969；Larwood & Whittaker，1977）。

人们带着赞许性的偏见来看待自己和他们的群体，这种现象当然不是新近才出现的。古希腊悲剧将狂妄和傲慢描述为悲剧性的缺陷。正如我们实验中的参与者一样，那些希腊悲剧人物并非有意地作恶，他们只是把自己看得太高了。在文学作品中，傲慢的危害同样被一遍遍地描写。在神学中，傲慢一向居于七宗罪之首。

如果把傲慢归属于自我服务偏见，那谦虚呢？是对自己的轻视吗？英俊的人觉得自己丑陋，聪明人觉得自己傻，这并非谦虚。虚伪的谦逊其实是为了掩饰个体认为自己真的优于众人的想法。（1996 年，詹姆斯·弗里德里希报告，大多数人在认为自己不比一般人更优秀的时候，反倒在心里庆幸自己更加优秀！）真正的谦逊，与其说是虚伪的谦虚，倒不如说是不太在意自己。它一方面让人们自由地为自己的专长而欣喜，另一方面也实事求是地认可他人的专长。

模　块

5

积极思维的力量

我们对社会心理学家所揭示的强有力的自我服务偏差已经进行了探讨。当大多数人认为自己比他人的道德水平更高且更应得到回报时，那么人与人之间以及国家与国家之间出现冲突就再正常不过了。

对自我服务偏差的研究揭示了人性的真谛。但是因为世界纷繁复杂，单一的真理无法让我们看到事实全貌。的确，已有人对这些人性真谛做了一个重要的补充。高自尊——一种自我价值感——具有适应性。与那些低自尊的人相比，高自尊的人更快乐、更少神经质、更少患溃疡和失眠症，更少对药物和酒精上瘾（Brockner & Hulton, 1978; Brown, 1991）。许多临床心理学家报告说，潜藏于人类绝望之下的是一种无力的自我接纳。

班杜拉（Bandura，1986）在他的研究中发现了积极思维的力量，并提出了**自我效能感**（self-efficacy）的概念，这是一种隐藏于积极思维力量背后的、关于智慧的学术观点。对自己能力与效率的乐观信念可以获得很大的回报（Bandura & others, 1999; Maddux & Gosselin, 2003）。自我效能感较高的儿童和成人更有韧性，较少焦虑和抑郁。他们还生活得更健康，并且有更高的学业成就。

自我效能就是自己在做事情时感觉到的胜任程度。如果你相信你能做好某件事，那么这种信念会带来什么不同吗？它取决于另一个因素：你能控制你的结果吗？例如，你可能觉得自己是一个不错的司机（高自我效能），但是又害怕被其他酒后驾车的司机危及安全（低控制）。你可能觉得自己是一个很有能力的学生或工人，但是又害怕因为自己的年龄、性别或外貌而受到歧视，因而，你可能认为自己前景黯淡。

控制点

“我没有社交生活。”一个40岁的单身男人对临床医学专业的学生杰里·法里斯抱怨。在法里斯的力劝下，这个病人参加了一场舞会，在那儿有好几位女士邀请他一起跳舞。“我只是有点儿幸运而已，”他在稍后报告说，“这可能不会再发生了。”当法里斯向他的导师朱利安·罗特报告这件事时，他明确了之前已经形成的想法。在罗特的实验和治疗中，有些人似乎一直“感觉发生在自己身上的事是受外部力量支配的，而还有一些人则感觉发生的事在很大程度上是受自己的努力和技巧所支配的”（Hunt，1993，p. 334）。

你是怎么认为的？人们通常是自己命运的主宰者，还是环境的牺牲品？他们是自己生活的编剧、导演和演员，还是自己处境的俘虏？罗特把这个维度称为**控制点**（locus of control）。与法里斯一起，他们设计了29组陈述来测量一个人的控制点。假如你在做这个测验，那么你更赞成哪些？

a. 从长远看，人们总有一天会得到他们在这个世界上应得的尊敬。	或	b. 不幸的是，不管人们多么努力，其价值并没有得到众人认可。
a. 我身上发生的事是由我自己导致的。	或	b. 有时候我感觉我无法控制自己的生活。
a. 一个普通人可能对政府决议有影响。	或	b. 这个世界是由少数有权势的人运转的，小人物无所作为。

在以上问题中（Rotter，1973），如果你大部分选择的是“a”，那么你可能会倾向于认为你的命运是由自己来控制的（内部控制点）；如果你大部分选择的是“b”，那么你可能会认为机会和外部力量决定了你的命运（外部控制点）。那些认为自己是内控的人更可能在学校表现优秀，成功戒烟，系安全带，直接处理婚姻

问题，有高工资，并且可以延迟满足以实现长远目标（Findley & Cooper，1983；Lefcourt，1982；Miller & others，1986）。

习得性无助与自我决定

动物研究也显示出具有控制感所带来的好处。被关入笼内而无法逃避电击的狗，会习得一种无助感。之后，这些狗就算处在可以逃避惩罚的情境中，也只会被动地畏缩。狗如果学会了自我控制（成功地逃避开最初的那些电击），会更容易适应新的情境。研究者马丁·塞利格曼（Seligman，1975，1991）指出，这种**习得性无助**（learned helplessness）在人类情境中也同样存在。例如，抑郁或压抑的人变得被动，是因为他们认为自己的努力没有任何作用。无助的狗和抑郁的人都丧失了意志，被动顺从，甚至死气沉沉（图 5–1）。

另一方面，人们可以通过训练他们的自我控制的“肌肉”来获得好处。这一结论源自梅根·欧腾和肯·陈（Oaten & Cheng，2006）在悉尼的麦考瑞大学做的实验。比如，通过每日练习、规律的学习和时间管理来练习自我控制的学生，在其他情境中（在实验室或在考试中）也表现出较强的自我控制能力。如果你在生活中的某个领域里发展好你的自律，那它也将惠及生活中其他的领域。

阿勒·兰格和朱迪斯·罗丁（Langer & Rodin，1976）通过用两种方法治疗康涅狄格疗养院的老年病人，证实了个人控制的重要性。一组慈善的看护者强调："我们的职责是让你们为这个家感到自豪和幸福。"他们给被动的病人以好意的、有同情心的普通照料。三周以后，多数病人被自己、研究者和护士评价为更加虚弱。兰格和罗丁的另外一组治疗方法则促进了个人控制，它强调选择的机会、影响疗养院政策的可能性，以及看护者的责任是“让你过任何想要的生活”。这些病人

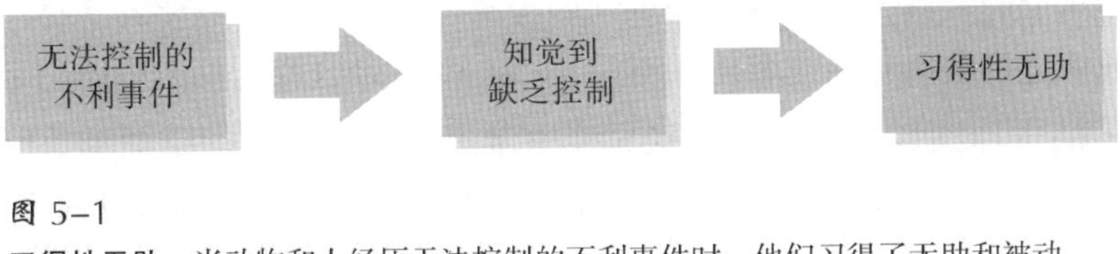

图 5–1

习得性无助。当动物和人经历无法控制的不利事件时，他们习得了无助和被动。

可以做些小决定和履行一定的责任。在接下来的三周里，这个组 93% 的病人表现出机敏、活力和快乐。

研究证明，促进个人控制的系统管理确实可以增强个体的健康和幸福（Deci & Ryan，1987）。下面还有一些例子：

- 对环境有一定控制权的囚犯——可以移动椅子，控制电视，并且开关电灯——会较少体验到压力，较少出现健康问题，并且较少有故意破坏的行为（Ruback & others，1986；Wener & others，1987）。
- 给工人完成任务的回旋余地并让他们拥有一些决定权，可以提高士气（Miller & Monge，1986）。所以，远程办公的职员在平衡工作和个人生活上会有更大的灵活度（Valcour，2007）。
- 收容在专门机构里的居住者如果可以自己选择早餐吃什么，什么时候去看电影，晚睡还是早起，那他们可能活得更久并且会更快乐（Timko & Moos，1989）。
- 庇护所里无家可归的人很少可以自己选择吃饭和睡觉的时间，更谈不上控制自己的隐私权了。因此，在寻找住处和工作时更可能产生被动和无助感（Burn，1992）。
- 在所有参与研究的国家中，那些认为自己有自主选择权的人们，拥有更强的生活满足感。在人们拥有更多自由的国家里，感到满足的公民也更多（Inglehart & others，2008）。

过多选择的代价

像自由和自我决定这样的好东西人们会嫌多吗？心理学家巴里・施瓦茨（Schwartz，2000，2004）认为，个人主义的现代文化存在“过度的自由”，反而导致人们生活满意度下降和临床抑郁症的增多。过多的选择可能会导致人们无所适从，或像施瓦茨所说的“自由的专制”。从 30 种果酱或巧克力中做出选择的人们表示出的选择满意度，比那些从 6 种中做出选择的人们的反而低（Iyengar & Lepper，2000）。更多的选择可能会带来信息超载，也带来更多后悔的机会。与那些仅仅依循课程学习的人相比，自己选择下学期学习课程的学生，更少为重要的考试而努力，且更容易被游戏和杂志所吸引。另一项研究发现，可以在一系列消费清单中进行选择的学生更少购买口味普通却健康的饮料（Vohs & others，2008）。所以，在从星巴克的 1 900 款产品组合或超级市场 4 000 项产品中进行选择时，你将对自己的选择更不满意，反而更倾向回家吃冰箱里的冰淇淋。

奚恺元和雷德·海斯蒂（Hsee & Hastie，2006）阐释了选择是如何强化后悔的。如果让员工们免费去巴黎或者去夏威夷旅行，他们会非常高兴；但是，如果让他们在两者之间进行选择，他们可能就不那么高兴了。选择去巴黎的人会后悔他们无法得到阳光的温暖和海水的滋润，选择去夏威夷的人会后悔他们将欣赏不到那些壮观的博物馆。最近的另一项研究也发现了同样的问题：来自 11 所大学的毕业生花了很多时间去寻找和评价各种各样的工作机会，但却以高薪和低满足感而告终（Iyengar & other，2006）。

在其他实验中，人们对无法反悔的选择（比如"最后大甩卖"中的选择决定）的满意度比对可以反悔的选择（当允许退款和更换时）的满意度要高。可笑的是，人们似乎喜欢和愿意为推翻这种选择的自由而付出代价。尽管这种自由"可能会抑制产生满足感的心理过程"（Gilbert & Ebert，2002）。

该原则可以解释一种奇怪的社会现象（Myers，2000a）：美国国家调查数据显示，过去人们对无法反悔的婚姻（"一次性成交"）表示了更高的满意度。现在，尽管有了更多的婚姻自由，人们却对他们拥有的婚姻表现出较低的满意度。

对自我效能的反思

积极思维的力量

尽管关于知觉到的自我控制的研究都相对较新，但是心理学家强调自我控制会影响我们的生活和实现自我潜能的观点却由来已久。赫雷修·阿尔杰的《从平民到富翁》丛书中"你能做好"这一主题就是他一直坚持的思想。20 世纪 50 年代，我们在诺曼·文森特·皮尔的畅销书《积极思维的力量》中发现了同样的思想："如果你以积极的方式思考，你就会得到积极的结果，这是显而易见的事实。"我们在许多鼓励人们以积极的心态取得成功的励志书籍和视频中也发现了这种观点。“你的思想和感受指向那里，你的经历就会指向哪里。”朗达·拜恩在其 2006 年的畅销书《秘密》中这样写道 ：“你会吸引所有你想要的东西——金钱、人和关系。”

自我控制的研究为我们的传统美德带来更多的信心，例如坚韧不拔和充满希望。但是，班杜拉（Bandura，2004）承认，社会说服（“你必须取得成功”）或自我说服（“我认为我能行，我认为我能行”）能从一定程度上提升个人的自我效能感。榜样的作用——看到相似的他人经过努力取得成功——也有助提升自我效能感。然而，自我效能最大的来源是*对成功的体验*。”“成功为一个人的效能感建立了坚定的信念。”如果你在减肥、戒烟或提高学习成绩方面的最初努力取得了成功，你的自我效能就会增强。如果女性凭借自己的力量击退了性侵犯，她们会觉得自己并不是那么容易受到攻击，不用再那么担心，并且更加感觉事情在自己的掌控之中（Ozer & Bandura，1990）。学业上取得成功的学生会对自己的学术能力做出更高的评价，从而激发其更加努力以取得更大的成就（Felson，1984 ；Marsh & Young，1997）。全力以赴并取得了成功会使人感到更加自信和有力量。

由罗伊·鲍迈斯特（Baumeister，2003）领导的研究团队认同以上观点。“仅仅因为如其所是而表扬所有孩子，其实就是在贬低表扬的价值，”他们声称，“认可好的表现……由于人们有更好的表现或行为，自尊随之提升，净效应就会强化好的行为并使之完善。这些结果有助于个体的幸福，同样有利于社会的进步。”这对于表扬和鼓励自尊会比较好。

因此，积极的思维给人以力量。但是让我们来回忆一下研究自我效能的初衷：任何一种真理，如果脱离了现实，就只能是半吊子真理。自我效能概念中的真理可以激励我们不要在逆境中轻言放弃，坚持而不惧失败，不断努力而不被自我怀疑所困扰。但是为了避免朝着这一真理的钟摆摆得过远，我们最好记住，它也不是全部的真理。如果积极思维能够实现任何事情的话，那么如果我们在婚姻不幸、贫穷或者抑郁时，我们就只能责备自己了。真丢脸！如果我们多努力些，更自律些，不那么傻，事情就不会像现在这样了。有时，困难常常反映了社会环境的残酷，如果我们意识不到这种困难，就会使我们因为别人的困难和失败而责怪他人，甚至责怪我们对自己过于严厉。具有讽刺意味的是，生活中最大的失望和最高的成就，都源于我们对自己最高的期望。梦想愈大，我们收获的会越多——然而失败的风险也会越大。

自尊的"阴暗面"

低自尊的人在生活中经常遇到各种困难，例如，挣钱少、药物滥用，而且患抑郁的可能性也更大（Salmela-Aro & Nurmi，2007；Trzesniewski & others，2006）。然而，两个变量的相关经常是由第三个变量引起的。低自尊者可能在小时候经历了贫穷、性虐待，或者父母吸毒，这一切都有可能引发日后的困难。可以肯定的是，在一项将这些因素都加以控制的研究中，研究者发现，自尊和负性结果之间的联系消失了（Boden & others，2008）。换句话说，年轻人遇到的问题并不是由低自尊引起的——童年期的遭遇可能才是罪魁祸首。

高自尊则确实有很多优势，它有利于培养主动、乐观和愉快的感觉（Baumeister & others，2003）。而那些在"很小的年龄"就有了性体验的男孩子倾向于有比平均水平更高的自尊。所以那些青少年团伙头目、极端种族主义者和恐怖主义者以及监狱中的暴力犯罪者也同样具有更高的自尊（Bushman & Baumeister，2002；Dawes，1994，1998）。鲍迈斯特及其合作者（Baumeister & others，2003）指出，"希特勒有非常高的自尊。"

自恋：当自尊变成了自负

高自尊如果参杂了自恋，或者掺杂了膨胀的自我感，就会变成大问题。大多数高自尊的人都重视个人的成功和与他人的关系。自恋者虽然通常有高自尊，但很少关心他人（Campbell & others，2002）。即使自恋者在早期是外向的和迷人的，但是从长远来看，他们以自我为中心常常导致许多关系问题（Campbell，2005）。

在一系列实验中，布什曼和鲍迈斯特（Bushman & Baumeister，1998）让大学生志愿者分别写一段话，之后他们会得到一些讽刺性的评价（"这是我所见过的最烂的文章"）。自恋分数高的人更有可能会用言语辱骂那些批评他们的人，而不会攻击表扬（"好文章！"）他们的人。这是受伤的自尊心引发了报复性行为。但是自尊又是怎么样的呢？是否仅仅是那些"不安全"的自恋者（那些自尊低的人）可能会辱骂他人。但事实证明，高自尊且高自恋的学生最具有攻击性。在教室的环境中依然如此——那些自尊和自恋都很高的人为了报复批评过他们的同学，最有可能给予其很低的评价（Bushman & others，2009；图5-2）。自恋者可以是迷

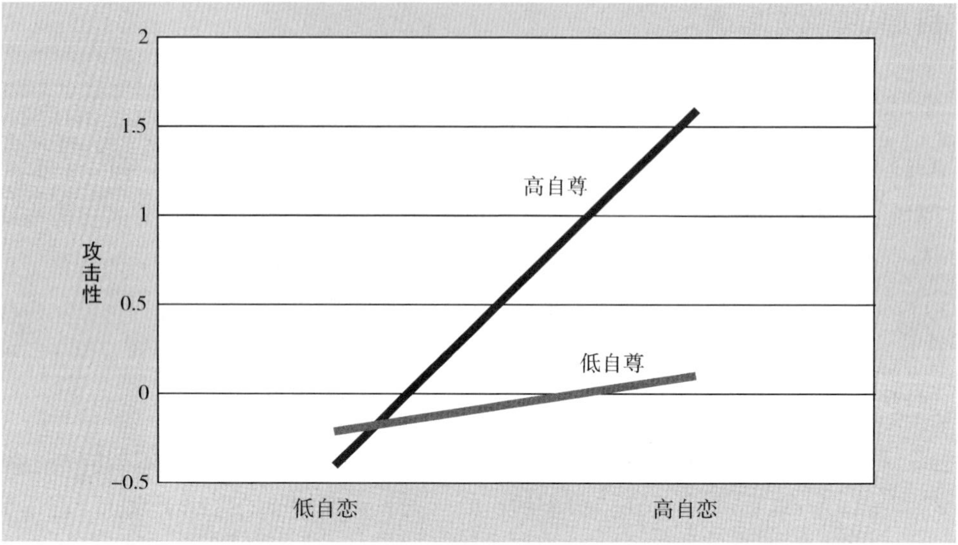

图 5–2

自恋、自尊和攻击性。自恋和自尊交互影响攻击性。在布什曼及其同事的实验中（Bushman & others, 2009），对同学的批评必报复的条件是：既要求自恋同时也要求高自尊。

人和有趣的。但正如一位智者所言："假如你能越过他们，上帝都会帮助你。"

鲍迈斯特（Baumeister，1996）说："那些满怀热情地倡导自尊运动的主张基本上不是幻想就是胡说八道。"他估计他"发表的有关自尊的研究可能比任何人都多……自尊的影响是微弱的，有限的，而且并不都是好的。"他指出，高自尊的人常常令人讨厌，而且常常喜欢插嘴打断别人，他们喜欢对人评头论足，而不是与人交谈（与那些害羞、谦虚、不爱出风头的低自尊的人相比）。"我的结论是，自律远远比自尊更有价值。"

那么，那些自我膨胀的人，是否在掩饰他们内在的不安全感？那些自恋的人，是否在内心深处厌恶自己？最近的研究发现，答案是"否"。在自恋人格特质量表中得分高的人在自尊量表中得分也很高。为了防止自恋者虚假地评价自己的自尊，研究者们做了一项实验。他们让大学生去玩一个电脑游戏，这个游戏要求他们尽可能快地按键去为"我"这个词搭配另一些词，这些词包括"好"、"极妙的"、"非常好"和"对"，还有一些词是"坏"、"可怕的"、"恐怖的"和"错"。自恋量表上的高分者会比其他人更快地将积极词与自己联系起来，而将消极词与自己匹配的速度却会比其他人更慢（Campbell & others，2007）。自恋者甚至能更快地识别出“坦率的”、“占优势的”和“坚定自信的”等词。我们可能以为一个自大的同学仅仅是为了掩盖其不安全感，但更有可能的是，他们从心底就认为自己极好。

经过数十年来对自我重要性的追踪研究，心理学家珍·温格（Twenge，2006；Twenge & others，2008）报告说，现在的年轻一代（她称之为“我这一代”）表现出了更多的自恋（比如，他们会认为，“如果让我来统治这个世界，世界会变得更好”，或者“我觉得我是一个很特别的人”）。自恋人格中的条目与物质主义相一致，如追求成名、膨胀的欲望、越来越少的忠诚关系和越来越多的“一夜情”、赌博和欺骗，这些特质都在随着自恋的增加而上升。

低自尊和安全型自尊

“积极的自我概念与消极行为之间的联系”这一研究发现与“低自尊者更容易面临各种临床问题”相矛盾。低自尊者面临的问题包括：焦虑、孤独和饮食障碍。当感觉很糟糕或受到威胁时，他们更倾向于透过有色眼镜来看待一切。他们注意并记住别人最坏的行为，并认为伴侣不爱自己（Murray & others，1998，2002；Ybarra，1999）。

安全型自尊的人——不是因为外在（例如成绩、长相、金钱和其他的赞美），而是因为自己的内在特质而感觉良好的人——一直处于健康的状态（Kernis，2003；Schimel & others，2001）。克罗克及其同事（Crocker & others，2002，2003，2004，2005）对密歇根大学的学生进行的研究证实了这一点。与自尊建立在内部因素（如个人品质）上的人相比，自尊主要依赖外部因素的人的自我价值感更脆弱，他们会经历更多的压力、愤怒、人际关系问题、吸毒、酗酒以及饮食障碍。

克罗克和帕克（Crocker & Park，2004）指出，具有讽刺意味的是，那些试图通过变漂亮、富有或受人欢迎来寻求自尊的人，对真正有利于提高生活质量的东西却视而不见。进一步讲，如果良好的自我感觉成为了我们的目标，我们就不易敞开心扉接受他人的批评，而是会更加倾向于去抱怨别人而不是与他们产生共鸣，更加强迫自己追求成功，而不是在行动过程中享受快乐。克罗克和帕克指出，时间久了，如此寻求自尊并不能满足我们对能力、人际关系和自主性的深层需求。对自我形象少关注一些，多注意开发自己的才能和发展人际关系，才会为你带来更大的幸福感。

模块

6

基本归因错误

后边的模块将揭示，对社会心理学家而言，最重要的研究课题是我们究竟在多大程度上会受到社会环境的影响。每时每刻，我们的内心活动和由此发出的言语和行为，都取决于我们所处的情境以及我们给情境所带来的影响。研究表明，两种情境下的微小差异有时会对人们的反应产生很大的影响。对于这一点我深有体会。同样是讲课，但在上午 8:30 和晚上 7:00 我会得到不同的待遇。上午 8:30，学生们会安静地注视并向我问候，而在晚上 7:00 时，我又不得不打断学生们如派对般的热烈讨论。虽然在每一种条件下都存在比其他人更健谈的人，但这两种环境间的差异超越了个体间的差异。

归因理论的研究者发现人们在归因时存在一个普遍性的问题。当我们解释他人的行为时，我们会低估环境造成的影响，而高估个人的特质和态度所造成的影响。因此，尽管知道在一天的不同时间上课会对课堂讨论产生不同的影响，我还是禁不住下结论说，晚上 7:00 上课的学生比上午 8:30 上课的学生更加外向。同样，我们会觉得人们摔倒是因为他们笨拙，而不会觉得是因为他们被绊了一下；我们会觉得人们微笑是因为他们高兴，而不会觉得是他们装作友好；我们会觉得人们在高速路上从我们旁边飞驰而过是因为他们好斗，而不会觉得是因为他们赶去开会快要迟到了。

这种个体在归因时低估情境因素作用的倾向，被李·罗斯（Ross，1977）称为**基本归因错误**（fundamental attribution error），这已在许多实验中得以证实。最早关于这方面的研究中，琼斯和哈里斯（Jones & Harris，1967）让杜克大学的学生阅读评论家有关支持或者反对 A 国领导人 C 的演讲稿。当告诉学生该演讲的立场由评论家自己选择的时侯，学生们有充分的理由认为这是评论家个人态度的反映。但如果告诉学生该演讲的立场是教练指派的，那么他们又会如何归因呢？人们只是假装支持某个立场时，会写出超出你预期的强有力的论据（Allison & others，1993；Miller & others，1990）。因此，尽管学生们知道评论家演讲中支持或反对 C 的立场是被指派的，但这并不影响他们认为评论家本人具有一定的支持或反对 C 的倾向（图 6-1）。人们似乎认为："对，我知道他是被指派的，不过，我认为他真的相信那种观点。"

在解释他人行为时，我们会犯基本归因错误，而对于自己的行为，我们却常用情境因素来解释。所以伊恩会将他自己的行为归因于情境（"我很生气，因为一切都乱套了"），但罗莎却认为"伊恩是一个脾气暴躁的人，因此他总是满怀敌意"。

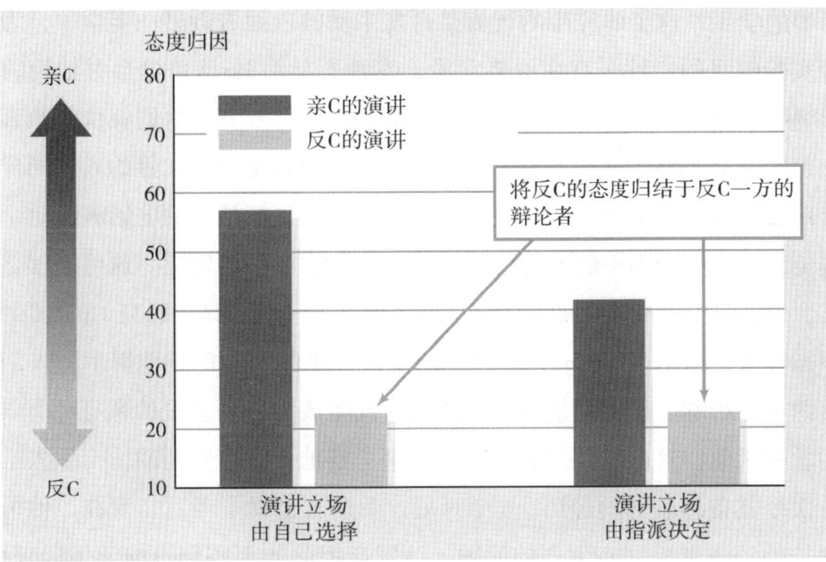

图 6-1

基本归因错误。当人们读一篇支持或者反对 C 的演讲时，他们通常将评论的立场归结于演讲者本人的态度，即使作者的立场是由辩论教练指派的。资料来源：Data from Jones & Harris, 1967.

当涉及到自己的时候，我们通常选用描述行为和反应的词语（“当……时我会感到很苦恼）。当涉及到他人的时候，我们更经常用那个人的特质如何来描述（“他是个令人讨厌的人”）（Fiedler & Others，1991；McGurire & McGurire，1986；White & Younger，1988）。当丈夫认为妻子批评自己是因为“平庸和冷淡”时，丈夫更容易有暴力倾向（Schweinle & Others，2002）。当妻子对两人间关系流露出不满时，会把最难听的话说给丈夫听，丈夫因此变得更加愤怒。

日常生活中的基本归因错误

如果我们了解了收银员说“谢谢，祝你今日愉快，”这句话是别人教的，我们还会不自觉地认为这个收银员是友好又有礼貌的吗？我们肯定知道如何对那些我们认为别有用心的行为打折扣的（Fein & Others，1990）。但是，让我们思考一下，当威廉姆斯学院的学生与一个假装热情友善或者孤僻冷淡的心理学研究生谈话时都发生了什么。研究员纳波利坦和戈瑟尔斯（Napolitan & Goethals，1979）事先告诉一半的学生，这个研究生的行为是自发主动的。而告诉另一半学生，为了达到这个实验的目的，她一直在假装友善（或者不友善）。该信息会对他们的评价产生影响吗？结果发现一点没有影响。如果她表现得友善，他们就认为她真的是一个友善的人；如果她表现得不友好，他们就推断她是个不友善的人。同样，当看一个口技表演中的木偶或者一个扮演“好人”或“坏蛋”的电影演员时，我们不可避免地产生“剧本中的行为就是演员的本色表演”的错觉。这可能就是《星际争霸》中扮演史巴克先生的摩伊把他的书取名为《我不是史巴克》的原因吧。

罗斯等人（Ross & others，1977）用令人深思的实验深刻地揭示了人们会低估社会约束的影响。该实验重现了罗斯从研究生成为一名教授的亲身经历。那些著名的教授用他们自己所精通的专业题目来考察他，这令罗斯的博士生入学面试成为一次令其备感耻辱的经历。6个月后，罗斯自己做了考官，现在，他可以在自己擅长的领域里提一些尖刻的问题。被罗斯提问的那些倒霉的学生后来承认，他们几乎就和罗斯半年前的感觉一样——对自己的无知非常不满，而对考官的睿智印象深刻。

在这项实验中，罗斯与阿玛比尔以及斯坦梅茨一起进行了一项模拟测验游戏。

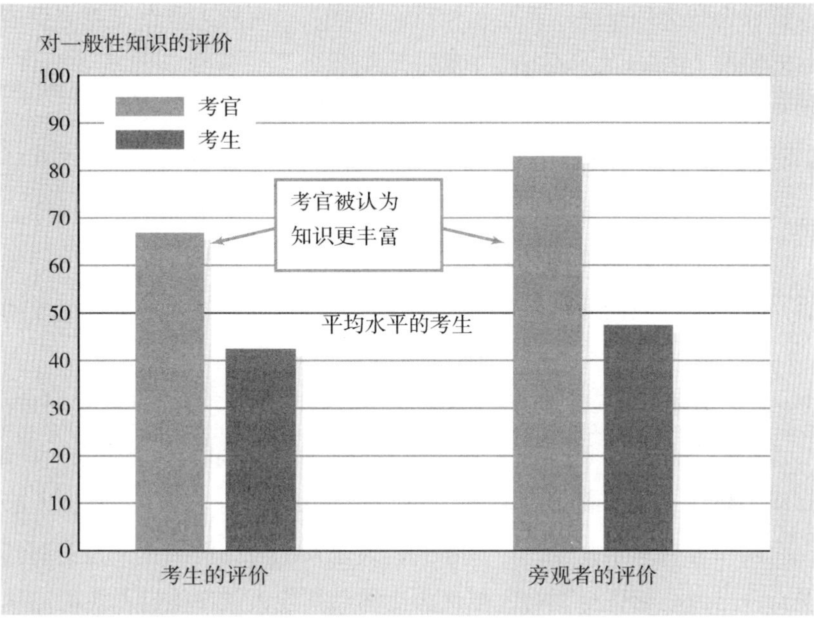

图 6–2

所有参加模拟测验游戏的考生和旁观者都认为，那些被随机安排到考官组里的学生都要比自己懂更多的知识。事实上，考官和考生的随机安排只不过从表面看上去好像考官显得更有知识而已。这种错误认识的确证明了基本归因偏差。资料来源：Data from Ross, Amabile, & Steinmetz, 1977.

他随机指定了一些斯坦福大学的学生扮演考官，一些学生扮演考生，其他一些学生作为旁观者。研究者要求那些作为考官的学生编制一些能够证明自己知识面丰富的难题。我们所有人都能想象到那些从个人擅长的领域出发而提出的问题会是什么样子："班布里奇岛在哪里？""苏格兰女王玛丽是怎么死的？""欧洲和非洲谁拥有更长的海岸线？"如果仅仅是这几个问题就使你觉得自己很无知，那么你就可以想象到这个实验的结果了。*

所有人都知道考官是占优势的。但考生和旁观者（不是提问者）都会错误地认为那些考官确实比考生懂得更多（图 6–2）。后续的研究表明，这些错误印象决

* 班布里奇岛横跨位于西雅图的普基特湾畔。玛丽被她的表姐，也就是皇后伊丽莎白一世，处以斩首之刑。虽然非洲大陆的面积是欧洲大陆的两倍还要多，但欧洲的海岸线却更长。（欧洲的海岸线更加曲折，拥有更多的海港和水湾，这也使得欧洲成为历史上重要的海上贸易地。）

不是较低社会智力的反映。甚至正相反，那就是聪明的人和社交能力强的人更容易犯归因错误（Block & Funder，1986）。

在日常生活中，那些拥有社会权力的人通常发起并控制谈话，而这通常会导致人们高估他们的知识和智力水平。例如，人们通常认为医学博士在其他许多与医学无关的领域也是专家。同样的，学生通常高估老师的智商。（就像上述实验所示，老师在他们所熟悉的领域扮演提问者的角色。）当这些学生中的某些人长大之后当了老师，他们通常会惊奇地发现，老师也不是像他们原来想象的那么有智慧。

要进一步举例说明基本归因偏误，我们只须仔细反观自己的经历就能发现。为了结识一些新朋友，比佛强装笑脸，小心翼翼地参加了一个聚会。在聚会上，别人都谈笑风生，大家都显得轻松愉快。比佛很奇怪："为什么其他人那么轻松自在，而我却害羞又紧张呢？"实际上，其他人也与比佛一样，也犯有同样的归因错误，自己内心紧张得要命，都认为比佛和其他人就像他们表现得那样自信而欢乐。

我们为什么会犯归因错误

现在，我们可以很清楚地看到人们在解释他人行为时存在一种偏见：我们通常忽略情境所起的重要作用。我们为什么会低估环境对他人行为的影响而不会低估环境对自己行为的影响呢？

观点和情境意识

不同的观点

归因理论学家指出，当观察他人和我们自己的亲身经历时，我们的观点会有所不同（Jones，1976；Jones & Nisbett，1971）。当我们作为行动者时，环境会支配我们的注意；而当我们观察别人的行为时，作为行为载体的人则会成为我们注意的中心，而环境变得相对模糊。

伯特伦·马莱（Malle，2006）通过分析 173 项实验总结出：行动者与观察者之间的偏差是极小的。当我们感觉某种行为是有意而为并且值得赞赏的，就会将它归因为我们自己的优点，而忽略情境的作用。只有当我们表现得不好的时候，我们才更有可能将行为归因于外部情境，而此时，某个旁观者则会不自觉地从我们的行为中推断出我们的内部特质。

在一些实验中，要求参与者观看审讯过程中嫌疑犯认罪的录像。如果他们从聚焦在嫌疑犯身上的摄像机的角度观看认罪过程，他们会认为罪犯的认罪是真诚的；如果他们从聚焦在审讯员身上的摄像机的角度观看，他们就会认为嫌疑犯是被迫认罪的（Lassiter & others，1986，2005，2007）。尽管法官引导他们不要犯这种错误，但聚焦点仍然会影响定罪判决（Lassiter & others，2002）。

在法庭上，大部分的录像都是聚焦在疑犯身上的。拉丝特和达德利（Lassiter & Dudley，1991）指出，就像我们所预见的那样，检察官将录像带播放给陪审团看，宣判有罪的概率几乎能达到百分之百。拉丝特报告，根据这项研究，新西兰在国内颁布了一项新政策，规定审问的录像必须给予审讯员和嫌疑犯同样多的关注，即都从侧面进行拍摄。

观点在随时变化

一旦曾经可见的行动者在记忆中变得模糊，观察者通常会分配给情境更多的权重。正如我们在上述琼斯和哈里斯（Jones & Harris，1967）的具有启发性的归因错误实验中所见，听到某人以某一指定的立场辩论后立刻做出归因的话，那么人们会假定那个立场就是辩论者自己真正的立场。伯格和帕默（Burger & Palmer 1991）则发现，一周之后再让他们做出归因时，他们会更多关注情境的限制。总统选举结束后的第二天，伯格和帕维里希（Burger & Pavelich，1994）询问投票者为什么会出现这种选举结果，大部分人认为该结果恰恰说明这个候选人很有个人魅力，这与其特殊的地位和身份分不开（特别是执政党的胜利者更可能如此）。当一年后询问另一些投票者同样的问题时，却只有三分之一的人将结果归因于候选人的人格特质。大部分人更加重视当时的环境因素，例如国家良好的状态和繁荣的经济。

下面我们来看看一些身边的例子：你通常是安静的、健谈的还是说这是由情境决定的呢？通常人们都会说“这取决于情境”。但是，当要求人们描述一位朋友时，或是描述他们5年前是什么样的，人们更经常做个人特质和性格的归因。研究者普罗宁和罗斯（Pronin & Ross，2006）指出，当我们回忆自己的过去时，我们就变得和旁观者一样了。对于我们中的大多数来说，“过去的你”并不是今天“现实中的你”。我们几乎将过去的自己（以及那个遥远未来的自己）看成是占据了我们身体的其他人。

这些实验都可以揭示出归因错误的原因：我们从自己关注的地方寻找原因。这一点在个人经历中有所体现，你可以思考这样一个问题：你认为你的社会心理学老师是一个健谈的人还是一个沉默寡言的人？

我猜你一定认为他（她）是一个非常外向的人。请仔细考虑一下：你的注意可能仅仅聚焦于老师在公众场合的行为，而这种情境要求一名老师必须具备健谈的能力。而老师本人所观察到的自己则是在许多不同环境中的自己——在教室，在会议中以及在家中。你的老师也许会说：“我很健谈？嗯，那取决于环境。当我上课或者和好朋友在一起时确实会表现得很外向。当我参加会议时或者处于一个陌生的环境中时，我会觉得很害羞。”因为我们可以看到自己的行为在不同情境中变化，所以与从他人的角度相比，我们更认为自己是多变的（Baxter & Goldberg，1987；Kammer，1982；Sande & others，1988）。“奈杰尔很紧张，菲奥娜很放松。而我是随情境而变的。”

文化差异

文化同样会影响归因错误（Ickes，1980；Watson，1982）。一个持有西方世界观的人，更可能认为是人本身而不是环境导致了事件的发生。在这种文化下，用内部原因解释人的行为更加受社会所赞许（Jellison & Green，1981）。“你能做到！”我们更多受西方积极思维文化中的通俗心理学所支配。你会得到你应得的，你值得拥有你所得到的。

在西方文化下成长起来的孩子学会了根据他人的人格特点来解释个体的行为（Rholes & others，1990；Ross，1981）。我在念一年级的儿子从学校给我带回来一个例子：他将零散的单词“gate the sleeve caught Tom on his”组合成了“The gate caught Tom on his sleeve（那扇门夹住了汤姆的袖子）”。他的老师从西方文化观来看这组单词，于是就认为这句话是错误的。老师给出的“正确”答案把起因锁定在了汤姆身上：“Tom caught his sleeve on the gate（汤姆让袖子夹进门里了）”。

在所有被研究过的文化中都存在基本归因错误（Krull & others，1999）。但是东亚文化下的人通常对环境的作用格外敏感。因此，当意识到社会环境的影响作用时，他们很少设想他人的行为与其内在特质相关（Choi & others，1999；Farwell & Weiner，2000；Farwell & Weiner，2000；Masuda & Kitayama，2004）。

某些语言是鼓励外部归因的。“我迟到了，”用西班牙俗语可以说成“闹钟使我起晚了。”在集体主义的文化下，人们很少会根据个人的人格倾向来进行归因（Lee & others，1996；Zebrowitz-McArthur，1988）。他们并不认为一个人的行为是其内在特质的反映（Newman，1993）。当谈及某人的行为时，印度教信徒不像美国人那样做出内在倾向的解释（“她是友好的”），而更愿意做出情境解释（“因为她的朋友和她在一起”）（Miller，1984）。

研究归因错误的必要性

基本归因错误具有基本性，原因是它用一种基本且重要的方式歪曲了我们的解释。英国、印度、澳大利亚和美国的研究者都发现，人们的归因倾向可以预测他们对穷人和失业人员的看法（Furnham，1982；Pandey & others，1982；Skitka，1999；Wagstaff，1983；Zucker & Weiner，1993）。那些将贫穷和失业归因为个人特质（“他们就是太懒、太没有追求了”）的人通常赞成不同情这些人的政策（图 6-3）。这种特质归因将行为归因于人们的性格倾向和特质。那些做出情境性归因的人（“如果你和我也住在那样拥挤的环境中，得不到良好的教育，还经常受到歧视，我们会富裕吗？”）则倾向于支持给予穷人更多直接帮助和支持的政治立场。

如果我们意识到归因错误，这会对我们有所帮助吗？我曾经参加过一些招聘职员的面试。有一位应聘者同时接受了我们六个人的面试，我们中的每一个人都有机会提了两到三个问题。面试结束后我暗自思忖：“这个人太呆板、太笨拙了。”第二个应聘者是我在喝咖啡时单独会见的，谈话不久我就觉得我们就像一对亲密

图 6-3

归因和反应。我们对他人消极行为的解释决定了我们对这种消极行为的感受。

的朋友。在我们谈话的过程中，我逐渐形成了她是一个“热情、有魅力、有意思的人”的印象。过后我才意识到基本归因错误，并且重新评价了我对这两个人的分析。我将第一个人的呆板和后来那个人的热情归结到了他们各自的人格特点上了；而后来我才发现，事实上，他们的行为差异更多地是因为他们所处的面试环境不同造成的。

模　块

7

直觉的力量与危害

什么是直觉的力量呢？它是指不经过推理和分析就迅速了解事情的能力吗？“直觉管理”的拥护者认为，我们应该转向直觉。他们认为评价别人的时候，我们应该借助右脑的非逻辑智慧。当我们要聘用或解雇某人，或者进行一项投资时，我们应该倾听我们的预感。在做出判断的过程中，我们应该像影片《星球大战》中的天行者卢克学习，不去理睬计算机系统的指挥，相信自己内心的力量。

直觉主义者认为，不经有意识的分析就可以获得重要的信息，这种观点对吗？怀疑论者则认为，直觉只不过是“我们认为自己是正确的，而不管实际上是否那样”，这两种观点哪一种正确呢？

启动实验表明，无意识确实控制我们的大部分行为。正如巴奇和沙特朗（Bargh & Chartrand，1999）解释的那样：“对绝大部分人来说，其日常生活并不取决于清醒的意图和经过深思熟虑的选择，而是受内部心理过程的控制，它通过加工环境特征而起作用，并且不受意识和指导的控制。”当交通灯变为红色时，我们下意识便做出反应，踩下刹车。确实，麦克雷和约翰斯顿（Macrae & Johnston，1998）认为：“几乎对每一件事情（例如开车、约会、跳舞）来说，要想去做它，行动直觉就必须和效率低下的（即缓慢、序列处理、耗用心理资源）受意识控制的工作相分离，否则我们什么也干不了。”

直觉的力量

17 世纪的哲学家、数理学家帕斯卡尔指出：“心灵的活动有其自身的原因，而理性却无法知晓。”三个世纪后，科学家们证实了这一观点的正确性。我们知道的比我们意识到自己知道的要多得多。关于无意识信息加工过程的研究证实了这一点，即我们对在自己头脑中正在发生的事情所知甚少（Bargh & Ferguson，2000；Greenwald & Banaji，1995；Strack & Deutsch，2004）。我们的思维只有一部分是受意识控制的（反应性的、深思熟虑的和有意识的），还有一部分则是自动化加工的（冲动的、无需努力的和无意识的），这超出了心理学家的想象。自动化的直觉思维不会出现在计算机屏幕上，而是发生在计算机屏幕外，在我们的视线外，在那些地方没有理性。请想象一下这些自动化思维的例子：

- 图式是自发地引导我们的知觉和解释的心理概念。我们是听到某个人谈论 sect（宗教教派）还是 sex（性），不仅取决于他所说的词语，而且取决于我们对所听内容的自动解释。
- 情绪反应通常是即刻的，在我们进行审慎的思考之前就已表现了出来。神经通路的捷径是将从眼睛和耳朵那里收集到的信息传送到脑区的感觉交换台（丘脑），并且下传至它的情绪控制中心（杏仁核），而这些过程都在与思维活动有关的皮层以任何形式进行介入之前发生（LeDoux，2002）。我们的祖先会不自觉地被灌木丛中莫名的声响吓一跳，而实际上并没有什么可怕的。但是与那些更偏向审慎思考的族人相比，如果这个声音是危险的动物发出的，那么我们的祖先倒更有可能生存下来并将这种基因传递给后代。
- 如果人们积累了足够多的专业知识，他们就可能凭直觉获得问题的答案。国际象棋大师凭直觉便可以识别有意义的棋形，而一个新手通常意识不到。因为大师们对于棋局中的线索信息早已烂熟于心，只要看一眼棋盘就知道如何走下一步棋。同理，打电话时我们只需听到第一个词便可以辨别出朋友的声音，尽管我们对自己如何做到这一点一无所知。
- 当面临快速决断却又缺乏专业知识时，我们的无意识思维就会引导我们做出令人满意的选择。这就是阿姆斯特丹大学的心理学家艾普·迪克特赫斯和他的合作者们（Dijksterhuis & others，2006a，2006b）通过实验所发现的。他们向参与者描述四间公寓然后让他们做决定。将需要做出即时决定的人和有充分时间分析信息的人相比，结果发现，对所做决定最满意的人是那些受到干扰和无法专心进行思考的人们。虽然这些发现存在争议（Gonzalez-Vallejo & others，2008；Newell & others，2008），但有一点似乎是正确的：当面对一个艰难的决定时，我们经常要花很多时间来考虑，甚至连睡觉都想着这事，然后，等着我们无意识的信息加工过程带来直觉结果。

我们对一些事物——事实、名字和过去的经验——的记忆是外显的（有意识的）。而对其他一些事物——技能和条件特征——的记忆则是内隐的，意识无从知晓。我们每个人都是如此，而这一点在那些无法形成外显记忆的脑损伤病人身上表现得更明显。这样的病人永远无法认出自己的医生，医生不得不每天都与她握手重新认识彼此。一天医生在手上粘了枚针，当医生和她握手时，她痛得跳了起来。当医生下次回来时，她依然无法认出他（外显的）。但是这个病人保存了内隐记忆，不愿意再和这位医生握手。

有关盲视的例子同样令人惊奇。当人们由于手术或中风失去一部分视皮层时，这部分视野可能会功能性地失明。当在他们失明的区域内呈现一系列的细棒时，他们会报告说什么也没有看到。而当要他们猜测刚才的细棒是水平呈现还是垂直呈现的时候，他们猜测得完全正确，当被告知“你猜对了”后，他们本人也大吃一惊。正如“记得”疼痛的握手的病人，他们知道的比自己意识到的要多。

人们认为人具有面孔识别能力是理所当然的。当你注视人脸时，你的大脑首先将视觉信息分割为诸如颜色、深度、运动和形状这样的附属维度，并同时对它们进行加工处理，然后再将这些成分整合起来。最后，你的大脑以某种方式将知觉到的影像与之前储存下来的影像进行对比。瞧，你迅速且毫不费力地认出了你的祖母。假如直觉是指不经过推理分析就立刻明白某件事的能力，那么知觉过程可以 100% 的算是直觉。

所以，许多习惯化的认知功能是在没有觉察的状态下自动且无目的地发生的。我们的心理机能很像一个大公司，首席执行官——受控制的意识——处理着最重要或者是最新异的事件，而将日常事情分配给各个子系统处理。这种资源分配方式使我们能够对许多情况做出快速、有效的反应。总而言之，我们的大脑所知道的比它告诉我们的要多得多。

直觉的局限性

我们已经了解到自动化思维可以使我们变“聪明”（Gigerenzer，2007）。洛夫特斯和克林格（Loftus & Klinger，1992）虽然不是替其他对直觉智慧持怀疑观点的认知心理学家说话，但他们指出：“无意识的普遍共识可能并不像先前研究者所认为的那样敏锐。”例如，尽管阈下刺激可以激发个体做出微弱的快速反应，即使达不到有意识唤醒水平也足够产生某种感觉，但并没有任何证据表明，用磁带播放包含商业内容的阈下信息能够“重构你的无意识心理活动”以帮助你获得成功。实际上，一项重要的证据表明，这些阈下信息做不到这一点（Greenwald，1992）。

社会心理学家不仅探索了我们易于出错的事后判断，还探索了我们的错觉——基于知觉的错误解释、想象和建构性的信念。米歇尔·加扎尼加（Gazzaniga，1992，1998，2008）指出，那些在手术中被切断了左右脑联系的患者会立即虚构出——并且确信——对自己迷惑不解的行为的解释。如果研究者将“四处走动”的指示通过屏幕呈现在这些患者非言语性的右脑半球，患者会起身并走几步，这时主管言语的左半球将会立刻形成一个听起来非常合理的解释（“我想要找点儿喝的”）。

“错觉思维”这一概念最近也出现在有关人们如何感知、存储和提取社会信息的许多文章中。正如知觉研究者试图通过对视错觉现象的探索，以揭示出一般的知觉机制一样，社会心理学家试图通过对错觉思维的研究揭示出我们一般的信息加工过程。这些研究者想要给我们描绘一幅日常社会思维的地图，并清楚地标出可能存在的危害。

当我们考察某些有效的思维模式时，一定要记住：关于人们如何创造出虚假信念的例证并不能支持一切信念都是虚构的这种观点（尽管如此，对虚假信念的了解有助于我们弄清楚它是怎样产生的）。

我们高估了自己判断的准确性

迄今为止，我们已经了解到我们的认知系统自动且高效地加工了大量信息。

但我们的效率却存在一种权衡现象，当我们解释自己的经历和构建记忆时，我们的自动化直觉有时会出错，并且我们通常意识不到这些缺点。对过去知识进行的判断中存在一种“智力自负”现象（“我早就知道了”），这种自负会影响对目前知识的评价和对未来行为的预测。尽管我们知道自己过去出过错，但我们对于未来的预期，如我们会在截止日期前完成任务、很好地维持婚姻关系和遵守锻炼计划，仍然相当乐观（Ross & Newby-Clark，1998）。

为了探讨这种**过度自信现象**（overconfidence phenomenon），卡尼曼和特韦尔斯基（Kahneman & Tversky，1979）向实验参与者呈现一些事实描述，要求他们填写在下面的空白处：“我有 98% 的把握确信新德里到北京的空中航线距离要大于____英里但小于____英里。”* 大部分参与者都显得过度自信：大约 30% 的正确答案都在他们 98% 的自信判断区间之外。

为了证实过度自信倾向是否扩展到了社会判断领域，邓宁等人（Dunning & others，1990）设计了一个小小的游戏，他们要求斯坦福大学的学生猜测一个陌生人对一系列问题的回答，如：“你是独自备战一次很难的考试还是和同学一起准备？”“你认为自己的笔记是整齐的还是凌乱的？”参与者一开始只清楚问题的类型但并不知道实际的问题，他们先要通过访谈了解目标个体的背景、爱好、学业兴趣、愿望、星座——任何他们认为有用的内容。接着，要求目标个体单独回答 20 个二选一的问题，然后这些访谈者对目标个体的答案做出预测并对自己预测的确信度进行评定。

在 63% 的情况下，访谈者猜对了答案，超过概率水平 13%，但是平均来看，他们对自己的猜测有 75% 的确信度。而当猜测自己室友的回答时，他们的命中率是 68%，但却自认为有 78% 的确信度。除此之外，那些最自信的人恰恰最有可能过度自信。人们在判断他人是否讲真话、估计约会对象的性史或室友的活动偏好上表现出了明显的过度自信（DePaulo & others，1997；Swann & Gill，1997）。

具有讽刺意味的是，*能力不足反而会助长过度自信倾向*。克鲁格和邓宁（Kruger & Dunning，1999）指出，对能力的认识也是需要能力的，那些在语法、幽默以及逻辑测验中得分最低的学生反而最有可能高估他们在这些方面的才能。那些不知道何谓好的语法和逻辑的人通常也不知道自己缺乏这些东西。如果让你写出

---

* 新德里和北京的空中距离是2500英里。

由“psychology”这个单词中所包含的字母组成的所有单词，你可能会自我感觉良好。但是当你的一个朋友提醒你忘记了某个单词时，你就会感觉自己有些愚蠢。卡普托和邓宁（Caputo & Dunning，2005）在实验中再次考察了这一现象，用以说明我们通过对自身缺陷的忽视来支撑着我们的自信心。下面的实验提示我们，“对自身不足的忽视”易发生于那些看起来容易的任务中，比如上面提到的包含“psychology”的构词任务。在那些困难的任务中，差的表现通常被归结为自身能力的不足（Burson & others，2006）。

这种对自身缺陷的忽视可以解释邓宁（Dunning，2005）的员工评估实验所得到的惊人结论：别人眼中的我们比我们自己眼中的自己要更加接近客观现实。在一项实验中，参与者观察某个人走进屋子、坐下、读一段天气预报，然后走出去（Borkenau & Liebler，1993）。仅仅依据这点信息，参与者对这个人的智商的估计与这个人真实的智力测验得分的相关就达到 0.30，而那个人对自己智商的估计与实际分数的相关也不过为 0.32！假如无知会产生虚假的自信，那么我们可能会问：呀！我们无法察觉的缺陷到底有哪些？

人们更善于预测自己的行为吗？为了搞清楚这 ·点，沃伦等人（Vallone & others,1990）在 9 月份开学的让大学在校生估计明年自己会不会有一门课不及格，申报一个专业，或者选择搬校外住等事情。尽管平均起来学生们对自己的预测有 84% 的确信度，但他们实际出错的比率几乎是预测率的两倍。即使那些对自己的预测具有 100% 的确信度的学生也出现了 15% 的错误。

让人们估计完成一项任务的可能性，例如一次学位考试，有研究发现，当人们远离“真相”时，他们的确信度最高。临近考试的时候，失败的可能性逐渐显露，而其确信度则明显下降（Gilovich & others，1993；Shepperd & others，2005）。比勒和他的同事们（Buehler & others，1994，2002，2003，2005）报告说：大部分学生同样很自信地低估了写论文和其他学位作业所需的时间。这并不是个别现象：

- “计划谬论”。今天你有多少空闲的时间？从现在起的一个月之内你觉得你又会有多少闲暇时间呢？我们中的大多数人乐观估计了自己完成任务的进度，因此错误估计了自己所拥有的闲暇时间（Zauberman & Lynch，2005）。同样，那些专业计划者通常会低估工程所需的时间和费用。1969 年，蒙特利尔市市长琼·德拉波自豪地宣称，他们将耗资 1.2 亿美元建设一个屋顶可以伸缩自如的体育场以供 1976 年奥运会使用。结果，这个屋顶在 1989 年才完工，并且仅屋顶便花费了 1.2 亿美元。1985 年，官方人员估计波士顿的“大坑”高速公路工程将花费 26 亿美元，1998 年完工。最后，实际工程耗资暴增到 146 亿美元，2006 年才最终完工。

- 股票经纪人的过度自信。投资专家在将自己的服务投入市场时通常伴随一种自信的假设，那就是他们能够获得超过股市的平均回报率。他们忘记了对于每一个股票经纪人和股民来说，在某一价格上喊“卖出”的同时会有另一个声音喊“买入”。而股价正是这种双向信心判断的平衡点。经济学家马尔基尔（Malkiel，2007）因此得出结论认为，由投资分析师选出的共同基金组合的表现并不比随机选出的股票更好。这似乎令人难以置信。
- 政治上的过度自信。过度自信的决定者可能会带来一场浩劫。充满自信的阿道夫·希特勒在 1939~1945 年间对整个欧洲发动了战争。充满自信的约翰逊在 20 世纪 60 年代将武器和士兵投入越南，试图挽救那里的政权。充满自信的萨达姆·侯赛因在 1990 年挥军侵入科威特，并在 2003 年宣称要打败入侵者。充满自信的布什宣称和平与民主将遍布自由的、欣欣向荣的伊拉克，大规模杀伤性武器将被销毁。

个体为什么会过度自信呢？为什么经历无法使我们的自我评价更客观一些呢？一方面，人们总是将过去错误的判断回忆为基本上是正确的。泰特洛克（Tetlock，1998，1999，2005）通过对许多学术界和政府专家的采访发现了这一点，他要求这些人——从 20 世纪 80 年代末的角度——为苏联、南非和加拿大的未来政府管理做规划。五年之后，苏联解体了，非洲变成了各种族和睦相处的民主政体，而加拿大继续维持着完整统一。这些专家对自己对这些转折性事件的预测有 80% 的确信度，但这些预测的实际正确率不足 40%。然而，在重新思考自己的判断之后，那些出错的人仍然相信他们基本上是正确的。“我基本上是正确的，”许多人说，“强硬派几乎已经取得了反戈尔巴乔夫政变的胜利。”“魁北克分离主义者几乎已赢得了关于分离的公民投票权。”“要不是德克勒克和曼德拉达成了一致，黑人占多数的南非在上台执政的转型中肯定会有更多的流血事件发生。”伊拉克战争是一个很好的想法，只是执行中出现了问题，许多支持伊拉克战争的人都以此为借口。在政治问题专家这个群体中——还有股评家、心理健康工作者和体育预言家——过度自信似乎是难以克服的。

人们往往会去寻找那些支持自己信念的信息。你也可以试一下，沃森（Wason，1960）通过给人们呈现符合某个规律的由三个数组成的系列——2、4、6——从而证实了这一点（规律只不过是任意三个以升序排列的数）。为了保证人们能够发现这一规律，沃森鼓励每个人生成一系列由三个数组成的数字组。每一次沃森都告诉他们数字组是否符合规律。当人们确信自己已经发现了其中的规律时，就可以停止并宣布出来。

这会出现什么结果呢？几乎没有人猜对但他们却又个个确信不疑：29 个人中，有 23 个人发现的规律是错误的。他们一般会形成关于该规律的错误信念（例如，逐次加 2），然后试图寻找支持性的例证（例如，检验 8、10、12），而并非尝试去证明自己的直觉不成立。与寻找证据证伪自己的信念相比，我们更愿意证实它们。我们把这种现象称作**验证性偏见**（confirmation bias）。

对过度自信的矫正

我们可以从对过度自信的研究中得到什么启发呢？一个启发是要对别人独断性的陈述保持谨慎。即便当人们看起来十分确信自己正确的时候，他们也可能是错的。自信和能力之间没有什么必然一致的关系。

有两种技巧可以成功地降低过度自信。一种是即时反馈（Lichtenstein & Fischhoff，1980）。在日常生活中，气象预报员和那些设定赌马赔率的人每天都会得到清晰的反馈信息。因此，这两个群体中的专家在预测自己的准确率时都做得十分出色（Fischhoff，1982）。

为了降低“计划谬论”的过度自信，人们可以分解任务——把任务分解成几个部分——并分别估计完成每个部分所需要的时间。科努尔和伊万斯（Kruger & Evans，2004）的报告指出，这样所估计出的完成时间会更现实些。

当人们开始思考为什么一个观点可能是正确的时候，该观点就开始看起来像是正确的了（Koehler，1991）。因此，另一种降低过度自信的方法就是让人们去设想自己的判断可能是错误的：迫使他们去考虑无法证实自己信念的信息（Koriat & others，1980）。经理们可以坚持要求所有的提案和建议都必须涉及导致它们可能无效的原因，以鼓励更多合理现实的判断。

尽管如此，我们在任何一点上都不应该低估人们的合理自信或摧毁他们的果断决策。在那些需要人们表现出智慧的时刻，那些缺乏自信的人无法毫不犹豫地说出或做出坚定的决定。虽然过度自信会让我们付出代价，但基于现实的自信是有适应意义的。

构建记忆

你是否同意下面的这段陈述？

> 记忆就好比大脑中的一个储物箱，我们将各种材料储存在其中，日后需要时可以再从中拿出来。偶尔，有些东西也会从“储物箱”中丢失，那时我们就说我们忘记了。

大约 85% 的大学生同意这种观点（Lamal，1979）。正像一则杂志广告中说的那样，“科学业已证实，生活中积累的经验可以非常完美地保存在记忆中。”

事实上，心理学的研究却得出了相反的结论。我们的记忆并不是我们记忆库中所存信息的精确复制品。相反，我们会在提取信息的同时对记忆进行建构。就像古生物学家根据化石推断出恐龙的实际样子那样，我们也是用自身当前的感受和期许将许多不连贯的信息碎片整合起来，重构我们的过去。因此，我们可以轻易地（无意识地）修正自己的记忆使其更符合我们当前的认识。我的儿子曾抱怨道：“我 6 月份的《板球》杂志怎么还没到，”当别人告诉他杂志在哪里时，他高兴地回应道：“噢，我就知道我曾经收到过。”

重构我们过去的态度

五年前，你对核能源持有什么观点？你又是怎么看待你们国家的总统或者首相的？你是怎么看待你的父母的？如果你的态度改变了，那么你认为改变的程度有多大呢？

一些研究者研究了上述问题，得出了令人气馁的结果。那些态度发生了改变的人，常常坚持认为自己一直以来都是这样想的。达里尔·贝姆和基思·麦康奈尔（Bem & McConnell，1970）在卡内基－梅隆大学的学生中进行了一项调查。调查内容是一个关于学生控制大学课程的问题。一周之后，这些学生同意帮忙写一篇短文以反对学生控制课程。写完文章之后，他们的态度转变为极力反对学生控制。当要求他们回忆在写文章之前自己是如何回答问题的，学生们表示"记得"自己当时的观点和现在的相同，并否认受到了实验的影响。

在观察到克拉克大学的学生同样否认了他们先前的态度之后，研究者威克森和莱尔德（Wixon & Laird，1976）发表评论，学生们改变自己态度的"速度、程度和确定性非常令人震惊"。正如乔治·瓦利恩特（Vaillant，1977）在对一些成人进行追踪研究之后所得出的结论："毛毛虫化茧成蝶之后会认为自己小时候是小蝴蝶，这种事太常见了。成长和成熟把我们都变成了说谎的人。"

积极的记忆构建的确可以美化我们的回忆。米切尔和汤普森（Mitchell & Thompson，1994，1997）及其同事指出，人们经常会给回忆蒙上一层玫瑰色——他们把一些细小的令人愉快的事件回想得比实际所经历的要美好得多。无论是参与了为期三周的自行车旅行的大学生，还是参加了澳大利亚旅行团的上点年纪的成人或是度假中的本科生，他们都报告说喜欢自己的旅途。但是他们在之后的回忆中，对这段经历的评价却更高了，将一些不愉快的或者无聊的事情最小化，将令人高兴的事情留在了脑海中。同样，我旅居苏格兰时的美好时光现在（回到办公室后我面对的是一堆紧迫的工作和干扰）被我美化成了纯粹的快乐。那些薄雾和小虫子都已模糊不清，而壮丽的景观、清新的海洋气息和我最爱的茶室却还历历在目。对于任何积极的经历，那些愉快的感觉有的存在于我们的预期里，有的存在于实际经历中，还有一些则留在玫瑰色的回忆里。

麦克法兰和罗斯（McFarland & Ross，1985）发现，当我们同他人的关系改变时，我们关于他人的回忆也会被改变。研究者让大学生评价他们的固定伴侣。两个月后，他们再次评价先前的伴侣。那些更加相爱的人倾向于认为他们是一见钟情，而那些已经分手的人则倾向于把自己的伴侣回忆成自私的或者是脾气不好的。

霍姆伯格和霍姆斯（Holmberg & Holmes，1994）发现了同样的现象。在393对新婚夫妇中，绝大部分的人报告说感到非常幸福。当两年之后再次对他们进行调查时，那些婚姻已经变质的人回忆说他们的婚姻从开始时就很糟糕。霍姆伯格和霍姆斯评价说，结果非常“恐怖”，“这种偏见导致了一种恶性循环。你对伴侣的看法越糟糕，你记忆中的他或她也就越糟糕。这只会更加坚定你现在的消极态度。”

这并不是说我们对过去的感觉毫无意识，只是当记忆模糊的时候，现在的感受主导了我们的回忆。让寡妇和鳏夫尝试回忆 5 年前配偶离世时自己的感受，结果发现他们现在的情感状态会影响到他们的记忆（Safer & others，2001）。病人回忆自己几天前的头疼时，他们现在的感觉决定着他们的回忆（Eich & others，1985）。每一代的父母都在为下一代的价值观哀叹，部分原因是他们错误地认为自己年轻时的价值观与自己现在的价值观很接近。而当每一代年轻人回忆自己的父母时，他们都会根据自己当前的感受将父母描述成令人愉快或令人悲伤的（Bornstein & others，1991）。

重构我们过去的行为

我们的记忆也会重构其他方面的过往行为。罗斯、麦克法兰和弗莱彻（Ross，McFarland，& Fletcher，1981）对滑铁卢大学的学生传达一条信息，使他们相信刷牙的必要性。之后，在一项完全不同的实验里，这些学生回忆起在此之前的两周内他们刷牙的次数比那些不知道此条信息的学生要多。同样，美国人报告他们抽烟的数量比实际上销售出去的烟支要少得多（Hall，1985）。并且人们回忆自己投票的数量要比实际记录的投票数量多（Census & Bureau，1993）。

社会心理学家格林沃尔德（Greenwald，1980）提出的这些结论与乔治·奥威尔的小说《1984》中的描写很相似，小说写道：“在记忆中，事情有必要按照期望的方式发生。”不错，格林沃尔德的确提到，我们都有一个“独裁的自我”，它改变我们的过去使其符合我们现在的观点。这样，我们会低估那些不好的行为，突出那些好的行为。

有时候，我们现在的观点是经过改良的，在这种情况下，我们可能将自己的过去回忆得与其实际情况更加不同。这种倾向可以解释一组比较一致又令人困惑的发现：平均来看，那些参加心理治疗、减肥项目、戒烟和锻炼的人实际上只表现出了适度的改善。但是他们通常报告说有很明显的收益（Myers，2010）。康韦和罗斯（Conway & Ross，1986）解释了为什么人们会在自我发展上花那么多的时间、精力和金钱，因为他们可能这样想："我现在可能是不完美的，但是我在此之前更糟糕，而且这些努力确实使我受益。"

模 块

8

非理性的原因

哪一物种更配得上灵长类的称谓——是聪明的人类吗？我们的认知能力在识别模式、处理语言以及加工抽象信息方面都超过了最智能的计算机。我们的信息加工能力也非常高效。我们在短时间内可以加工大量信息，我们擅长心理捷径。科学家们惊异于我们形成印象、判断和解释的速度与随意性。在大多数情况下，我们仓促间做出的概括——“那是危险的！”——具有适应意义。这种直觉判断增加了我们生存的机会。

但是，我们的适应性效率是需要付出代价的；仓促下结论有时会出错。那些有助于我们简化复杂信息的策略可能将我们引向误区。为了提高我们的批判性思维能力，我们首先来考虑四种非理性的原因——也就是人们形成或坚持错误信念的常见方式：

1. 我们先入为主的概念控制着我们的解释；
2. 我们更容易受到先验事物的影响，而不顾统计上的事实；
3. 我们错误地理解相关和控制；
4. 我们的信念可以形成自己的结论。

我们的先入之见控制我们的解释

人类心理有一种显而易见的事实：我们先入为主的概念指导我们如何知觉和解释信息。我们通过信念的有色眼镜去观察和解释世界。“确实，先入为主很重要，”人们承认先入为主的概念会影响社会判断，却从未意识到这种影响会有多大。

沃伦、罗斯和莱珀（Vallone，Ross，& Lepper，1985）开展的实验证明了先入为主到底有多重要。他们向支持以色利和支持阿拉伯的学生分别提供 6 段从网络上下载的关于 1982 年在黎巴嫩两所难民营屠杀难民的新闻片断。如图 8–1 所示，每一组被试都将新闻看成是对自己这边不利的。

这种现象很常见：球迷们总是认为裁判偏袒另一方。总统候选人和他们的拥护者几乎总是认为媒体对他们的理由无动于衷（Richardson & others，2008）。在 2008 年的美国总统竞选中，希拉里 · 克林顿的支持者、巴拉克 · 奥巴马的支持者以及约翰 · 麦凯恩的支持者都认为媒体对他们的参选人心存偏见，并且举出了具

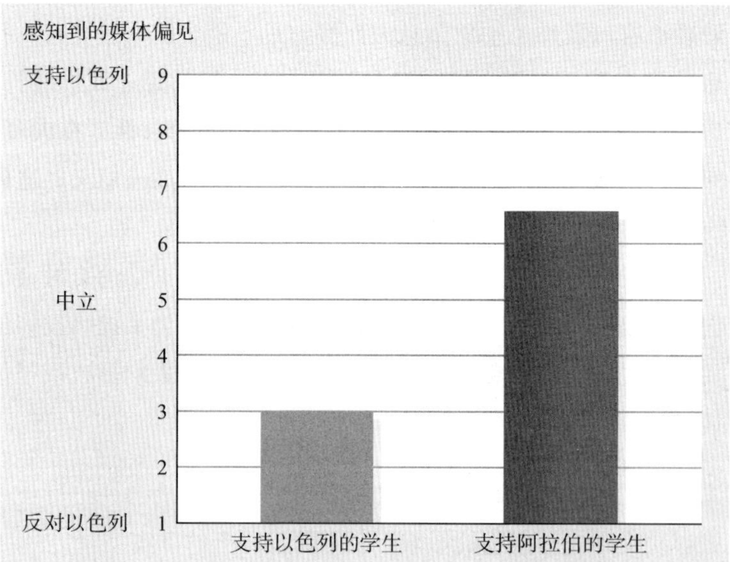

图 8–1

亲以色列和亲阿拉伯的学生在看了网络上描述“贝鲁特大屠杀”的新闻后，都认为这些报道是在极力反对自己的观点。资料来源：Date from Vallone, Ross & Lepper, 1985.

体事例，有时候这些偏见貌似性别歧视、种族歧视和年龄歧视。

但是这并不仅仅局限于粉丝和政客。每个地方的人都认为媒体和调解人站在对方的立场。“人总是主观的，”一家媒体评论这样说道（Poniewozik，2003）。事实上，可以利用人们对偏见的知觉来评价他们的态度（Saucier & Miller，2003）。告诉我你从哪里看到了偏见，我就能获得有关你所持态度的线索。

我们关于世界的假定有时候甚至会使矛盾的证据看起来是有利于自己的。例如，罗斯和莱珀协助洛德（Lord，1979）调查学生们对两种假想的研究结果的评价。这些学生中有一半支持死刑，而另一半学生则反对死刑。其中一项研究支持了死刑具有威慑力量的观点，而另一项研究的结果是反对死刑。结果是：支持和反对死刑的学生都较容易接受与他们观点相同的证据，而极力批评和反对与其观点相悖的证据。研究表明，即使同一个证据同时拥有两种观点也不会降低学生们对自己信念的支持，反而更起了促进作用。

这是否就是为什么政治、宗教和科学中模糊的信息通常会引发冲突的原因呢？美国总统竞选的电视辩论很大程度上会使辩论观点得到更多支持。那些明确支持某一候选人的人们在观看辩论后大约有十分之一左右会认为自己支持的候选人已经赢得了竞选（Kinder & Sears，1985）。

除了上述这些关于人们固有的社会和政治态度的研究外，研究者们还操纵了人们的先入之见，结果发现它对人们解释和回忆事件产生了惊人的影响。麦伦·罗斯巴特和柏米拉·比勒尔（Rothbart & Birrell，1977）让俄勒冈大学的学生评价图 8–2 中那个男人的面部表情。有一部分学生被告知他是盖世太保的领导人，二战中对在集中营难民身上实施野蛮的生化实验负有重要的责任。这部分学生很自然地将他的表情知觉成“冷酷无情”。（你能仅从平静的轻蔑表情中看到这些吗？）而另一部分学生被告知他是反纳粹组织地下运动的领导者，并勇敢地拯救了数以千计的犹太人。这些学生则认为他面容慈善，充满了热情。（你只需看看那富有同情心的眼神和微笑的嘴角。）

电影制作者可以通过操纵背景来控制人们对面部情绪的知觉。他们称之为“库勒乔夫效应”，这一效应是以一位俄罗斯导演库勒乔夫的名字命名的。这位导演能够巧妙地通过操纵观众的假设来引导他们做出推论。库勒乔夫制作了三个短片来说明这个现象。在短片当中，人们会首先看到如下三个镜头中的一个：一个死亡的女人，一盆汤，一个玩耍的女孩子。之后给人们呈现一个相同的画面，即

图 8–2

你也来判断一下。这个人到底是冷酷还是慈善？如果告诉你他是一个纳粹分子，你会不会觉得他的脸有什么不同？

一个演员的中性表情面孔。结果人们认为第一个短片中的演员的表情是伤感的；第二个短片中则是在沉思；第三个短片中是快乐的。

难忘的事件比事实更易令人动摇

设想以下问题：伊拉克和坦桑尼亚哪个国家的人口更多？（答案见下页）

你很可能会根据映入头脑中的例证来做答。如果某些例证在我们的记忆中是现成可得的——就像伊拉克人一样——那么我们就会觉得其他类似的例证是常见的。通常是这样的，所以我们经常运用这一认知规则进行判断，我们将其称为**易得性启发式判断**（availability heuristic）。简言之，我们越容易回想起某个东西，那个东西就越可能是真的。

但有时这个规则会欺骗我们。假如给人们听由女性的名人（詹妮佛·洛佩茨、维纳斯·威廉姆斯、希拉里·克林顿）和男性的非名人组成的一系列名字混合而成的名单（唐纳德·斯卡尔、威廉·伍德、梅尔·贾斯珀），那些名人的名字在随后的认知活动中更容易被人们识别。因此，大部分人会回忆说刚才听到了更多的女性名字（McKelvie，1995，1997；Tversky & Kahnman，1973）。与那些较难形象化的事件相比，那些鲜明的更容易形象化的事件，例如鲨鱼袭击或者那些症状很容易被形象化的疾病，可能同样会被认为是较容易发生的（MacLeod & Campbell，1992；Sherman & others，1985）。甚至那些小说、电影和电视中的虚构情节也会给人们留下印象，深深地影响我们随后的判断（Gerrig & Prentice，1991；Green & others，2002；Mar & Oatley，2008）。

易得性启发式判断的运用可以揭示出一条基本的社会思维规律：人们从一条一般公理演绎出一个具体例证的过程是缓慢的，但是，他们从某一个鲜明的例证归纳出一般公理的过程则是非常迅速的。毫无疑问，在听到或读完关于强奸、抢劫和殴打的故事之后，加拿大人十有八九会高估——通常幅度很大——与暴力有关的犯罪率（Doob & Roberts，1988）。同样，南非人看过一系列关于黑社会抢劫和杀戮的醒目大标题之后，对 1998 年至 2004 年间的暴力犯罪数量的估计翻了一番，但是实际情况是犯罪数量显著下降了（Wines，2005）。

易得性启发式判断可以解释为何生动的奇闻轶事通常会比统计信息更引人注目，以及为何感知到的风险和真实的风险间总是非常不匹配（Allison & others，1992）。我们因为禽流感（H1N1）而焦虑不安，但却没有耐心接种普通流感疫苗，其实有成千上万的人都死于普通流感。我们为了极为少见的儿童绑架事件焦虑不安，但我们却懒得给孩子扣安全带。我们害怕恐怖主义，但是对全球气候变化——“缓慢走向世界末日”——却无动于衷。简言之，我们为了小概率事件忧心忡忡，却忽略了大概率事件。这就是凯斯·桑斯坦（Sunstein，2007b）所谓的“概率性忽视”现象。

对我们大多数人来说，飞机失事的电视新闻片段是很容易联想起来的记忆，尤其是“9·11”之后，所以我们通常认为乘商用飞机旅行要比乘小汽车旅行风险更高。实际上，从 2003 年到 2005 年间，在同样距离的情况下出行，美国旅行者发生汽车事故死亡的概率是飞机失事的 230 倍（联邦安全委员会，2008）。在 2006 年，飞行安全委员会在报告中提到，在西方制造的商用飞机中，每 420 万次飞行中才有一次飞行事故（Wald，2008）。对大多数空中旅行者来说，旅行中最危险的一段便是驾车去往飞机场的路上。

在“9·11”事件之后不久，随着人们弃飞机旅行而改为陆路旅行，我估计如果 20% 的美国人放弃飞机而选择坐汽车的话，可以预期在接下来的一年中会增加 800 例交通死亡事故（Myers，2001）。一个好奇心强的德国研究者（为什么我没有想到这个？）检查了事故发生数据，结果发现在 2001 年的最后 3 个月的死亡人数比之前 5 年间每 3 个月的平均死亡人数多出了 350 人（Gigeranzer，2004）。从这点来看，“9·11”事件的恐怖袭击者，以一种令人察觉不到的方式——在美国的公路上——杀死了更多的人，多于他们所袭击的那 4 架飞机上的 266 名乘客。

至此，事实已经相当明确了，我们天真的统计直觉以及对统计结果的恐惧，并不是建立在计算和推理的基础上，而是受易得性启发式判断所带来的情绪的影响。在这本书出版之后，可能还会有一些不可思议的自然灾害或恐怖事件，而这些事件将会再次激发我们新的恐惧、警戒以及易得性启发资源。在媒体的强化下，恐怖主义者将会再次达到他们的目的，引起我们的关注、耗尽我们的资源，使我们的注意力偏离那些日常的、平淡无奇的、潜伏的危险，而它们才是能够通过时间的累积摧毁生命的，病毒每天夺走的生命相当于 4 架 747 飞机上满载的儿童数量（Parashar & others，2006）。但是另一方面，引人注目的事件也同样可以使我们警惕真正的风险。一些科学家称，2005 年的飓风卡特里娜和丽塔来袭前，引发了对全球变暖的关注，比如海平面升高、酿成极端天气，这注定成为大自然对抗大规模破坏的武器。

我们对相关和控制的误解

另一种影响我们日常生活的思维方式是我们试图在随机事件中寻找规律，这种倾向会令我们误入歧途。

上一页问题的答案：坦桑尼亚有 4000 万人口，远远超过伊拉克的 2800 万人口。大部分对伊拉克印象深刻的人都回答错误。

错觉相关

要在没有相关的地方看到相关很容易。当我们期待发现某种重要的联系时，我们很容易会将各随机事件联系起来，从而知觉到一种**错觉相关**（illusory correlation）。沃德和詹金斯（Ward & Jenkins，1965）向人们报告了一项假想的 50 天人工降雨试验的结果。他们告诉实验参与者在这 50 天中的哪几天人工降雨，哪几天下了雨。这些信息只是一堆随机信息的混合，有时人工降雨之后下了雨，而有时并没有下。尽管如此，人们仍然确信——与他们对于人工降雨效应的观点相一致——他们确实在人工降雨和下雨之间发现了相关。

另一些实验也证实了人们很容易将随机事件知觉为对自己信念的支持（Crocker，1981；Jennings & others，1982；Trolier & Hamilton，1986）。假如我们相信事件之间存在相关，我们更可能注意并回忆出某些支持性的证据。假如我们相信前兆与事件本身有联系，我们就会有意注意并记住前兆和稍后相继出现的一些事件。假如我们相信胖的女人比较不快乐，那么我们就会觉得自己看到了这样的联系，即使我们事实上并没有（Viken & others，2005）。一直以来，我们很少能注意或记住不寻常的事件之间的不一致。假如在我们想起某个朋友之后，恰好他打来电话，我们就会注意并记住这个联系。我们并不会去注意一直以来当我们想起某个朋友时，他之后并未打来电话的情况，或者我们接到我们未曾想念的朋友打来电话的情况。

控制错觉

将随机事件知觉为有联系的倾向往往容易产生一种**控制错觉**（illusion of control）——认为各种随机事件受我们的影响。这会驱使赌徒不断下赌注，也令我们其余的人去干各种不可能之事。

赌　博

兰格（Langer，1977）对赌博行为的研究证实了控制错觉的存在。当要求彩民出售彩票时，与那些由别人分配彩票号码的彩民相比，自己抽彩的彩民的要价是前者的四倍。与一个精明而自信的对手玩随机游戏会比与一个笨拙而紧张的对手玩时下的注要多得多。掷骰子和转动轮盘都会增加人们的信心（Wohl & Enzle，2002）。通过多种方法，研究者在 50 多项实验中一致发现，人们行动时往往认为他们能够预测并控制随机事件（Presson & Benassi，1996；Thompson & others，1998）。

对真实生活中赌博行为的观察验证了这一实验发现。掷骰子的人希望掷出小点时，出手相对轻柔，而希望掷出大点时，则出手相对较重（Henslin，1967）。赌博业正是依靠这一赌徒错觉而兴旺发达起来的。赌徒一旦赌赢了就归因于自己的技术或预见力。如果输了就是“差一点就成了”或者“倒霉”，或者对体育赌徒来说，也可能是由于裁判的一个错判或足球的一次奇怪的反弹所致（Gilovich & Douglas，1986）。

股票交易者同样喜欢由自己选择和控制股票交易而带来的“权力感”，就好像他们的控制比一个“有效率的市场”做得还要好。一个广告宣称网上投资“与控制有关”。唉，控制错觉导致人们过度自信，通常会给人们带来交易成本之外的损失（Barber & Odean，2001）。

趋均数回归

特韦尔斯基和卡尼曼（Tversky & Kahneman，1974）发现了另一条可能产生控制错觉的路径：我们没有认识到**趋均数回归**（regression toward the average）这一统计学现象。由于测验分数在一定程度上会随机上下波动，所以绝大部分上一次考试得分很高的人下一次的考试分数将稍有下降。因为他们第一次的分数达到了最高值，所以第二次的分数更可能下降（“回归”），趋向其自身的均值而不是继续将最高值推向更高。这就是为什么一个每次作业都完成得很出色的学生，即使并非每次都是最好的，也很可能会在课程结束时在班级内名列第一。反过来讲，在第一次考试中得分最低的学生很有可能在以后的考试中提高成绩。如果那些得分最低的学生在第一次考试后去老师那里寻求帮助，当其成绩提高时，老师可能会认为自己的辅导是有效的，尽管实际上它并未起任何作用。

事实上，当事情处于最低谷时，我们会尝试任何行为，而无论我们尝试什么——去看心理治疗师，开始一个新的节食和锻炼计划，阅读一本自助书——都更可能带来改善而非进一步恶化。有时我们会认识到事情不会持续停留在某一个极好或极坏的点上。（当极好或极差的时候，我们倾向于向平均数看齐。）

我们的信念可以产生证明自己的证据

我们的直觉信念抗拒现实的另一个原因是：有时直觉信念会引导我们按照能证明该信念的方式去行动。所以我们对他人的信念可能变成**自我实现预言**（self-fulfilling prophecies）。

罗伯特·罗森塔尔（Rosenthal，1985，2006）在其著名的关于“实验者偏见”的研究中发现，实验参与者会按着他们认为的实验者想要的结果来行动。在一项研究中，研究者要求参与者判断照片中出现的不同人的成功。研究者给所有参与者读相同的指导语，并给他们看同样的照片。尽管如此，那些期望参与者做出较高评价的研究者比那些期望参与者把照片中的人看做失败者的研究者获得的评价更高。更令人吃惊且富有争议的是，报告指出老师对学生的信念会产生类似的自我实现预言。如果老师相信一个学生数学很好，他会真的做得很好吗？让我们来做个实验验证一下吧。

教师的期望会影响学生的表现吗

老师对一部分学生的期望确实比对其他学生更高。如果你在学校有一个成绩比你好的兄弟或姐妹，如果你获得老师诸如“很有才华”或“学习能力不足”这样的评语，或者被认为是“能力很高”的或“能力一般”的学生，那么你可能已经意识到了这一点。可能和老师在办公室的谈话为你带来了超出自己实际水平的名声，也可能你的新老师仔细翻阅了你的学籍档案或发现了你的家庭有较高的社会地位。

这种期望的影响到底有多大？根据罗森塔尔的报告，在近 500 篇已经发表的实验研究中，只有 40% 的案例显示老师的期望会显著地影响学生的成绩

（Rosenfhal，1991，2002）。低期望不会毁掉一个有能力的儿童，高期望也不会奇迹般地将一个留级生变成优秀的毕业生。人的本性不是那么容易改变的。

然而，较高的期望确实会影响成就低的人，对他们来说老师的正面态度可能是一缕带来希望的清新空气（Madon & others，1997）。这些期望是如何传达的呢？罗森塔尔和其他研究者指出，老师对那些"潜力较高的学生"施以更多的关注、微笑和点头。老师也有可能花更多的时间教导这些有才华的学生，给他们设定更高的目标，更多地对他们家访，并给他们更多的时间来回答问题（Cooper，1983；Harris & Rosenthal，1985，1986；Jussim，1986）。

看完关于老师对学生期望的实验，让我也很想知道学生对老师的期望效应。毫无疑问，在课程开始之前你就已经听说了"史密斯教授很有趣"和"约翰教授是一个乏味的家伙"。费尔德曼等人发现（Feldman & Prohaska，1979；Feldman & Theiss，1982），这样的期望对学生和老师都有影响。在一项学习实验中，与对老师期望较低的学生相比，那些对教自己的老师抱有高期望（老师意识不到）的学生觉得老师更出色和有趣。此外，这些学生实际上学到的东西也更多。在随后的另一项实验中，引导女士们相信自己的男指导员是性别歧视者之后，这些女士们和这位男指导员的相处就不那么愉快，后来的表现也较差。她们对这些指导员能力的评价也低于那些没有将男指导员预期为性别歧视者的女士们（Adams & others，2006）。

这些结果全都是学生的看法导致的吗？还是老师同时也受到了自我实现预言的影响呢？在后续的实验中，费尔德曼和普罗哈斯卡录制了一些老师的录像并且让观看者评价他们的表现。当给某个老师指派的学生通过非言语行为传达出积极的期望时，该老师被评价为最有能力。

为了看一看是否在实际的课堂上也存在这种效应，一个由戴维·贾米森（Jamieson，1987）领导的研究小组对加拿大安大略省的四个高中班进行了实验研究，这四个班的一门课程由一位新调来的老师来教授。在个人访谈中，他们告诉其中两个班的学生，其他所有学生和研究者对这位新老师的评价都很高。研究发现，与对照班级相比，被赋予了更高期望的学生在上课时更专心。在学期末，他们也获得了更好的成绩并评价老师讲得更清楚。看起来，一个班里的学生对老师的态度和老师对学生的态度同样重要。

我们能从他人那里获得我们的期望吗

虽然研究者和教师的期望通常是相当准确的，但偶尔这种期望会表现为自我实现预言。但这种效应的可推广程度如何？我们能从别人那里获得我们的期望吗？研究表明，自我实现预言在工作情境中（拥有较高或较低期望的经理）、法庭上（指导陪审团的法官）和模拟的警务情境中（认为嫌疑犯有罪或无辜的审讯者）也同样存在（Kassin & others，2003；Rosenthal，2003，2006）。

自我实现预言会影响我们的人际关系吗？有时候，我们对那些我们对其怀有消极预期的人表现得友好，并引起了他们的善意回应，这种回应证伪了我们的预期。但在社会互动中另一个更为普遍的发现是：是的，我们确实可以在某种程度上获得我们预期的结果（Olson & others，1996）。

在实验室开展的游戏中，敌意几乎总是招致敌意：那些认为对手不合作的人很容易诱发对手的不合作（Kelley & Stahelski，1970）。如果每一个团体都将其他团体视为攻击性的、怨恨的和报复性的，自然会招致其他团体表现出这样的行为以自我防御，从而形成一种自我延续的恶性循环。在另一项实验中，人们预期自己和另一个来自不同种族的人互动。当参与者被引导而认为这个人不喜欢和自己不同种族的人来往的时候，他们表现出更多的愤怒，并对这个人表现出更多的敌意行为（Butz & Plant，2006）。同样地，我猜想妻子心情糟糕还是心情舒畅，这会影响我对她的行为，进而引发她的某些行为以验证我的信念。

那么当伴侣将对方理想化时是否更容易保持亲密关系呢？对伴侣品质的积极错觉会导致其自我实现？还是他们更经常表现出自我挫败，一次次地制造自己无法实现并最终会破灭的期望？桑德拉·默里等人（Murray & others，1996a，1996b，2000）对滑铁卢大学的恋人进行追踪研究，发现对伴侣持有积极的想法是好的预兆。理想化有助于减缓冲突，保持满意度，将自我知觉的青蛙变为王子和公主。当某人真爱并崇拜我们时，这有助于我们成为其想象中的那个人。

当约会中的情侣处理争执时，充满希望的乐天派和他们的伴侣倾向于认为双方都在做有建设性的努力。和那些持有更为悲观预期的人相比，他们会感到更多的相互支持，对争端处理结果的满意度也更高（Srivastava & others，2006）。在夫妻之间同样如此，那些担心伴侣不爱和不接受自己的人将微小的伤害解释为拒绝，导致他们贬损并疏远伴侣。那些对伴侣的爱和接受抱有信心的人表现出较少的自我防御，与伴侣的关系也更亲密（Murray & others，2003）。爱的确有助于创造出想象中的真实。

马克·斯奈德（Snyder，1984）在明尼苏达大学进行的一系列实验揭示出，一旦形成错误的社会信念，就可能引发他人做出某些行为反应以支持这些信念，这种现象称为**行为确证**（behavioral confirmation）。在一项经典的实验中，斯奈德等人（Snyder，Tanke，& Berscheid，1977）让男学生与他们认为有吸引力和没有吸引力的女性通电话（通过给他们呈现一张图片）。根据对通话过程中女性声音的分析发现，与被假想为无吸引力的女性相比，被假想为有吸引力的女性与男学生交谈时要热情得多。男性的错误信念会引导其行动方式，进而导致女性证实了男性关于美丽的女人会悦人心意的刻板印象，从而成为自我实现的预言。

期望也会影响儿童的行为。在观察了三个教室的垃圾量之后，理查德·米勒等人（Miller & others，1975）让老师和其他人反复在某一个班级讲教室应该保持整洁和干净。这一行为使废纸篓的垃圾量增加了 15%~45%，但这只是暂时的。另一个班级，同样也将 15% 的垃圾放进了废纸篓，但对这一行为进行反复的表扬，称赞他们保持得很整洁和干净。连续表扬 8 天，在两周后，这些儿童将 80% 的垃圾放进了废纸篓，符合了老师对他们的期望。反复告诉儿童们他们刻苦努力和真诚善良（而不是懒惰和自私），接着他们可能真的这样行事。

这些实验有助于我们理解社会信念，例如对残疾人或某一种族或某一性取向的人的刻板印象，如何促使个体进行自我确证。别人怎样对待我们可以反映出我们和别人怎样对待他们。

注意：像任何一种社会现象一样，确证他人期望的倾向是有限的。期望经常可以预测行为，因为它们有时还算准确（Jussim，2005）。

结　语

我们已经回顾了人们有时形成错误信念的原因。我们很难对这些实验置之不理：因为其中的大部分参与者来自高智商人群，通常是顶尖大学的学生。除此以外，人们的智力水平和他们是否容易产生不同的思维偏差，这两者是不相关的（Stanovich & West，2008）。一个人可以非常聪明，但做决定的时候可能表现得异常糟糕。

努力尝试还是不能消除思维上的偏见。即使用报酬来奖励正确的作答，从而激励参与者以最理想化的方式思考，某些偏见和扭曲仍然存在。正如斯洛维克指出的，这类错觉“有一种持久的性质，与知觉错觉并无不同”（Slovic，1972）。

社会认知心理学的研究因此可以映照出文学、哲学和宗教等领域对人性的各种不同的反思。许多心理学研究者花费毕生的心血去探索人类心理的神秘力量。我们足够聪明，可以破解自身的遗传密码，发明可以与人对话的电脑，以及将人类送上月球。为人类理性而三次欢呼吧。

两次欢呼是因为心智对于高效判断的偏向使我们的直觉难免会有误判。我们相当容易形成和保持错误信念。我们容易受先入之见和过度自信引导，被鲜活的轶闻甚至不可能存在的虚假相关和控制所说服，我们建构起自己的社会信念并继而影响他人去确证它们。正如小说家马德琳·恩格尔所言：“未经训练的智力是一件十分不准确的工具。”

模 块

9

行为与信念

“思想是一切行动之源。”

——爱默生,《散文集 : 第一集》, 1841 年

是先有观念，还是先有行为？是内在的态度先行，还是外在的行为先行？是个人的品格先行，还是个人的行动先行？我们是谁（内在的）？我们做什么（外在的）？这两者间的关系如何？对这种先有鸡还是先有蛋的问题存在不一致的观点。美国作家爱默生（Emerson，1841）写道:“思想是一切行动之源。”与之相反，英国首相本杰明·迪斯雷利（Benjamin Disraeli）说 :“思想是行动之子。”大多数人都同意爱默生的看法。在讲授、宣传和咨询背后，我们通常假设个体内在的信念决定外在的公众行为 : 如果我们想改变人们的行为，那么我们就需要改变他们的心灵和心智。

态度影响行为吗

态度（attitudes）是影响我们行为的信念和情感。如果我们认为某人对我们构

成威胁，我们就会不喜欢该人，并因此对其做出不友善的行为反应。假设态度指导行为，20 世纪四五十年代的社会心理学家研究了影响态度的因素。20 世纪 60 年代很多研究发现，人们的想法与感受对他们的行为方式的影响微乎其微，很多人都感到震惊（Wicker，1971）。在这些研究中，学生对待舞弊的态度与他们实际舞弊的可能性没有任何关系。人们对教会的态度，与他们下周末去教堂做礼拜只有适度的关联。人们自我描述的种族态度不能预测他们在实际中与其他种族交流时的行为。由此看来，人们是言行不一的。

这一事实大大地促进了 20 世纪七八十年代的更多研究。这些研究揭示，我们的态度确实会影响我们的行为，特别是在下面的三种条件下：

1. 当外在因素对我们的言行影响很小时。有时，我们通过调整我们自我报告的态度以取悦我们的听众。美国国会的一个例子可以生动地反映这一点。在一次非正式的投票中，国会以压倒性多数通过了给自己加薪的法案。但是在随后的公开投票中，又压倒性地驳回了这一法案。在某些情况下，社会压力也能导致我们的行动与态度不一致（例如，在社会压力下，有时好人会伤害他们并不讨厌的人）。当外部压力使得态度和行动之间的关系模糊不清时，我们反而可以更加清晰地看到两者之间的关系。
2. 当针对行为的态度比较具体时。人们在声称诚实的同时又谎报他们的税表，在提倡保护自然环境的同时又不回收旧物，或者在宣扬健康的同时却吸烟，而且还不参加体育锻炼。但是他们对待慢跑的特定态度能更好地预测他们是否会慢跑（Olson & Zanna，1981）；对于废品回收的态度能预测个体在废品回收中的参与行为（Oskamp，1991）；对避孕的态度也会影响他们的避孕行为（Morrison，1989）。
3. 当我们清醒地意识到自己的态度时。当我们按照习惯行事或者追随潮流时，态度并没有起到相应的作用。因为，如果我们的态度将要指导我们的行为，我们就必须停下来仔细想一想我们的态度是什么。因此，当我们具有自我意识时，也许就是对着镜子反省或回想我们的感受时，我们更容易遵循我们自己的信念（Fazio，1990）。同样，由重要的生活经历所产生的态度，也更容易被想起，进而也更容易在行动中体现出来。

由此可见，只有在其他影响相对较小，针对行为的态度比较具体，并且态度强大有力，或许因为某事根植于思想中时，某种态度才会影响我们的行为，我们才会依据态度行事。

行为影响态度吗

我们是否也经常相信我们所坚持的事情？的确如此。社会心理学的一个重要课题就是，我们不仅按照我们的行为习惯来思考，也经常按照我们的思维习惯来行动。很多证据都证明了态度追随行为。

角色扮演

角色（role）一词来源于戏剧，正如在戏剧中一样，它指的是那些处于特定社会位置的人被期望表现出的行为。当我们扮演一种新的社会角色时，起初我们可能觉得很虚假，但很快我们就会适应。

想想那些你刚进入一种新角色的时光，也许是你第一天上班或上大学。比如在你进入大学校园后的第一周，你也许会对新的社会环境非常敏感，努力表现得成熟，并避免做出高中时的一些行为。此时此刻你也许感到了强烈的自我意识。你会注意自己新的言语和行为方式，因为这对我们来说是陌生的。但某天我们会惊奇地发现，我们已经习惯于虚伪地卖弄自己，也变得十分自然了。这种角色就像我们的旧牛仔裤和T恤一样，已经与我们十分匹配了。

在一项研究中，斯坦福大学的心理系教授菲利普·津巴多（Zimbardo，1971；Haney & Zimbardo，1998，2009）设计了一项模拟的监狱实验，要求大学生志愿者在模拟的监狱里呆一段时间。津巴多想知道，到底是邪恶的犯人和恶毒的狱卒导致了监狱的残酷性，还是狱卒和犯人的角色令即便富有同情心的人也变得十分怨恨和冷酷。是人们使这个地方变得暴力了，还是这个地方使人们变得暴力了？

津巴多用抛硬币的方式，指派一些学生做狱卒。他给他们分发制服、警棍和哨子，并且命令他们按规章行事。另一半的学生则扮作犯人，他们穿着令人羞耻的囚服，并被关进单人牢房里。在经过了一天愉快的角色扮演之后，狱卒和犯人，甚至研究者，都进入了情境。狱卒开始贬损犯人，并且一些人开始制定残酷的污辱性规则。犯人崩溃、造反或者变得冷漠。津巴多（Zimbardo, 1972）报告说，“人们越来越分不清现实和幻觉、扮演的角色和自己的身份……在这个我们创造出来的监狱……正在同化我们，使我们成为它的傀儡。”随后津巴多发现社会病理学症状正在出现，他不得不在第六天放弃了这项本来计划为期两周的实验。

关键问题在于我们并非无力抵制我们所扮演的角色。在津巴多的模拟监狱中，在阿布格莱布监狱中（狱卒侮辱伊拉克战犯）以及其他产生暴行的情境中，有的人变成了虐待狂，而另一些人却没有（Reicher & Haslam，2007；Mastroianni & Reed，2006；Zimbardo，2007）。盐溶于水，沙却不会。所以约翰逊（Johnson，2007）指出，如果被置入一个烂苹果箩筐里，有的人会变成“烂苹果”，有些人则不会。行为是个人和情境的共同产物，监狱研究吸引来的也许正是那些具有潜在攻击性的志愿者们（McFarland & Carnahan，2009）。

角色扮演研究带来的启示不是人有时会成为毫无主动性的角色机器，而是虚幻（一个假想的角色）如何微妙地转化为现实的议题。在新的职业生涯中，比如教师、军人或商人，我们扮演的角色会塑造我们的态度。

所言即所思

人们经常通过措辞来取悦自己的听众。他们传播好消息比坏消息要快得多，并且会根据听众的立场来调整要说的内容（Manis & others，1974；Tesser & others，1972；Tetlock，1983）。当让人们口头或者书面上支持他们所怀疑的事情时，他们常常会为自己的欺骗行为感到不安。不过，他们会开始相信自己所说的话——假如他们不是受贿或被逼才这样做的。当一个人的话语缺乏令人信服的外在解释时，言语就会变成信念（Klaas，1978）。

托里·希金斯及其同事（Higgins & McCann，1984；Higgins & Rholes，1978）证实了言语是如何变为信念的。他让一些大学生阅读有关某人的人格描述，然后对一个听众总结该描述，这个听众一开始就很明确地喜欢此人或者不喜欢此人。当听众喜欢此人时，这些学生会总结一个更积极的评价。说过好话以后，他们自己也会更喜欢此人。让他们回忆自己读过的内容，他们会记起比实际更多的积极描述。简而言之，我们似乎倾向于根据听众来调整我们的讲话内容，并且之后也会相信这些歪曲的信息。

登门槛现象

大多数人都有这样的体会吧，在答应帮助某一团体或组织以后，许多时候我们最后的参与度会比最初设想得还要多，我们会发誓将来再也不答应这样的请求了。这是怎么发生的呢？与“行为决定态度”的理论一致，实验表明，如果想要别人帮你一个大忙，一条有效的策略是先请他们帮一个小忙。这一**登门槛现象**（foot-in-the-door phenomenon）被证实十分有效。研究者假扮成安全驾驶的志愿者，他们请求加利福尼亚人在院子前面安置巨大的、印刷比较粗糙的“安全驾驶”标志。结果只有 17% 的加利福尼亚人答应了。然后，研究者就请求其他人先帮一个小忙：问他们可以在窗口安置一个 3 英寸的“做一个安全驾驶者”的标志吗？几乎所有人都欣然答应了。两周后，76% 的人同意在他们的院子前竖立那个大而丑陋的宣传标志（Freedman & Fraser，1966）。一个挨家挨户跑来跑去的项目助理后来回忆道，不知道自己曾经拜访过哪些住户，“我完全糊涂了，有些人如此容易就被说服，而有些人却又如此地顽固不化”（Ornstein，1991）。

还有一些研究者通过利他行为证实了登门槛现象的存在。

- 帕特里夏·普利纳与其合作者（Pliner & others，1974）发现，在直接接触的情况下，多伦多郊区 46% 的住户会乐意向癌症群体捐款。而如果在前一天让他们配戴着一个宣传广告（如果他们都愿意这么做），那么募捐者的数量可能会是前者的两倍。
- 安杰拉·利普兹（Lipsitz & others，1989）发现，在献血结束后，用下面的话提醒献血者：“我们希望以后还能再见到你，好吗？［暂停等待回应］”，献血者再次露面的几率会从 62% 增长到 81%。
- 在互联网聊天室里，保罗·马基与其同事（Markey & others，2002）发出了求助的请求（“我的电子邮件出问题了，你能帮我发一封电子邮件吗？）。如果先请对方帮一个小忙（“我刚刚开始学习电脑，你可以告诉我怎么来看别人的文件吗？”），那么其获助次数会由 2% 增加到 16%。

- 尼古拉斯·吉根和塞琳·雅各布（Gueguen & Jacob，2001）通过邀请法国的互联网使用者签署反地雷的请愿书，从而使他们为儿童地雷受害者组织募捐的比率达到了原来的 3 倍（从 1.6% 增加到 4.9%）。

请注意，在这些实验以及其他 100 多项表现出登门槛现象的实验中，人们最初的顺从行为——在请愿书上签字，配戴一个宣传广告，陈述个人的意图——都是自愿的（Burger & Guadagno，2003）。我们不断发现，当人们承诺公众行为并且认为这些行为是自觉做出的时候，他们会更加坚信自己的所作所为。

社会心理学家罗伯特·西奥迪尼（Robert Cialdini）把自己形容为“易受骗者”。“在我的记忆里，我一直都是被小贩、募捐者或这类那类的骗子利用的傻瓜。”为了更好地了解为什么个体会对别人说“是”，他在各种销售、募捐和广告组织中接受了三年的训练，并最终发现了人们是如何利用“影响”这个武器的。他也将这种武器引入到简单实验的测试中。在其中一项实验中，西奥迪尼与其合作者（Cialdini，1978）发现了另一种登门槛现象，即一种被一些轿车经销商灵活运用的**低价法策略**（low-ball technique）。在顾客因为价格便宜答应买下一辆新轿车并开始办理买卖手续的时候，销售人员会在一些可选项上加价或与老板协商（老板表现出不愿意做这一买卖，因为“我们已经赔钱了”），从而消除价格优势。据说，与刚开始相比，更多的顾客会在高价下坚持购买。航空公司和旅店也运用上述策略，通过少量的座位或房间吸引大量的订单，然后希望顾客能够同意某一个更高的价位。

市场调查人员和推销员发现，即使顾客意识到存在一种利润动机，上述这种法则仍然有效（Cialdini，1988）。一个最初没有损失的承诺，如返还一张写有更多信息的卡片和一件赠品，答应去听有关投资的报告，经常会让我们做出更大的承诺。售货员有时会尝试将人们捆绑在购买协议上以发挥小承诺的威力。现在许多州已经立法，面对那些上门推销人员，顾客可以有几天的时间来考虑他们是否要做这笔交易。为了对抗这种法律效应，许多公司使用了一个被称为“防止顾客撤销协议的非常重要的心理辅助”的销售培训项目（Cialdini，1988）。他们只是简单地让顾客而非销售人员来填写合约。在顾客自己填写完以后，他们通常会坚持自己的承诺。

登门槛现象的确很值得研究。某些人试图诱导我们——在经济、政治或性方面——表现出顺从。现实的教训在于：在我们答应某一个小要求之前，应考虑一下随后会发生什么。

邪恶行为与道德行为

行为决定态度的定律也会引发不道德的行为。邪恶有时会来自逐渐升级的承诺。一种不起眼的恶行会侵蚀人的道德感，轻易引发一种更恶劣的行为。为了解释拉罗什富科的《道德箴言录》（Maxims，1665），想找到一个仅屈从于诱惑一次的人，比找到一个从来没有屈从于诱惑的人更难。当你说了一个小谎之后觉得，"嗯，这没什么，也并不是太坏。"那么或许你就会继续说更大的谎言。

邪恶行为影响态度的另一途径是我们意想不到的，即我们不仅伤害那些我们不喜欢的人，同时也不喜欢那些我们伤害的人。一些研究发现，伤害无辜——通过发表伤害性的言论或实施强烈的刺激——通常会导致攻击者去贬损受害者，以此为其行为的正当性辩护（Berscheid & others，1968；Davis & Jones，1960；Glass，1964）。人们会为自己的行为辩护，特别是当他们被哄骗、而非被强迫做某事的时候。当我们自愿地认可某种行为时，我们会为它承担更多的责任。

这种现象通常出现在战争时期。集中营的守卫刚开始工作时，他们有时会以较好的行为方式对待囚犯，但这不会长久。那些执行死刑的士兵也许起初会对自己的行为感到反感，但这种感觉也不会持久（Waller，2002）。他们通常会用不人道的绰号来侮辱敌人。

在和平年代，态度也会依从行为。一个奴役别人的群体很可能认为受奴役者生来就有受压迫的特质。参与判决的监狱工作人员（与其他工作人员相比）在判决执行过程中经历了"道德分离"，相信受害者就该得到这样的下场（Osofsky & others，2005）。行为和态度是互相支持的，有时会达到道德麻木的程度。人们越是伤害他人并同时调整自己的态度，其伤害行为越容易出现。于是，道德变异了。

在模拟"杀导致杀"的过程中，安迪·马腾斯和他的同事（Martens，2007）要求亚利桑那大学的学生去杀一些虫子。他们想知道：在练习阶段，杀死一些虫子会不会使学生想杀更多的虫子呢？为了找到答案，他们让一部分学生先看装在

图 9-1
杀导致杀。学生们最初认为自己杀了几只虫子，把它们扔进了这个杀虫机器，后来这些学生会杀更多的虫子（实际上没有虫子受到伤害）。

容器里的一只小虫，然后把它扔进磨咖啡的机器（如图 9-1），然后按按钮 3 秒钟。（实际上没有虫子被杀，在装置旁边有个隐藏的小管，虫子可以从那里溜走，只是用了碎纸声音来模仿杀生的声音。）与这部分学生相比，另一部分在练习中杀死了 5 只虫子的学生，在接下来的 20 秒钟杀了更多的虫子。

邪恶行为会塑造自我，但是幸好，道德行为也会塑造自我。据说当我们认为没有旁人在场的时候，我们的所作所为会反映出自己的性格。研究者给儿童提供诱惑物并使其相信周围无人旁观，以此来测试他们的性格。请想象一下，当儿童抗拒诱惑的时候会发生什么。在一项戏剧化的实验中，乔纳森·弗里德曼（Freedman，1965）向小学生介绍一个非常吸引人的电池机器人，并告诉他们当他离开屋子的时候不许他们玩。弗里德曼严厉地威胁其中一半孩子，而对另一半孩子则是温柔地告诫。这两种方法都有效地阻止了孩子。

几周后，另一个与先前的事件无明显的联系的研究者，让每个孩子在相同的房间中玩相同的玩具。在先前被严厉威胁过的孩子中，有 3/4 的孩子现在正与机器人自由地玩耍；但是先前被温柔地告诫过的孩子中有 2/3 仍然拒绝玩这个玩具。显然，制止可以足够严厉，以引出研究者想要的行为，也可以足够温柔以留给他们选择的权利。这些被温柔告诫的孩子们显然是有意识地不玩这些玩具，他们内化了自己的决定。道德行为，特别是当可以选择而不是被强制接受时，会影响道德思维。

此外，对他人的积极行为会增强对那个人的好感。给研究者或其他人以帮助，或辅导某个学生，通常会增强对受助者的好感（Blanchard & Cook，1976）。所以你要牢记：如果你想要更爱某人，就先表现得好像已经爱上他了。

1793 年，本杰明 · 富兰克林证实了为他人提供帮助会增强对其好感的观点。作为宾夕法尼亚州议会的秘书，富兰克林受到了另一个重要立法者的反对，于是他想着手把他拉拢过来：

> 我并不……打算通过卑躬屈膝地向他表示尊敬来博得其好感，而是在一段时间后采取另一种方式。当我听说他的图书馆里有一本非常难得的书后，我给他写了封信，表达了我十分渴望读到那本书的热切心情，并且恳求他将书借给我几天。他立即就寄给我了，而我在一周之内归还了，并强烈地表达了我的谢意。当我们再次在议会厅碰面的时候，他主动和我打招呼（他以前从来没这么做过），并且非常彬彬有礼；随后他甚至说他愿意在任何情况下随时准备帮助我。就这样我们成了好朋友，我们的友谊一直持续到他去世。

种族间的行为和种族态度

如果道德行为影响道德态度，那么种族间的积极交流能减少种族歧视吗？真的会像安全带的使用会促使更多人赞成使用安全带那样吗？这是美国最高法院 1954 年决定废除种族隔离制学校时，社会学家们的一部分证词。他们这样辩驳：如果我们要等待人心改变——通过鼓吹和教导——我们可能还要为种族平等等上很长一段时间。但是，如果我们将道德行为立法，那么我们就能在目前的情况下间接地影响人们的态度。

这种想法与“你无法为道德立法”的假设相冲突。然而态度确实随着种族隔离制度的废除而发生了改变。请思考在这项巨大的社会实验中的一些相关发现：

- 按照最高法院的决定，美国白人对综合学校的支持率增加了一倍多，现在几乎人人都支持这项决定。（有关过去和现在种族态度的其他例子，详见模块23。）
- 在颁布《人权法案》（1964年）后的十年，美国白人中认为自己的邻居、朋友、同事或同学全是白人的比率在每项上都下降了大概20%。种族间的交流行为正在增加。与此同时，美国白人中认为黑人应该有自由居住权的比率由65%提高到87%（*ISR Newsletter*，1975）。态度也正在改变。
- 通过减少不同宗教信仰、不同阶层和不同区域的人的种族态度差异，更多统一的全国性的反歧视法得以执行。在美国人的行动越来越一致的同时，他们的态度也越来越一致了（Greeley & Sheatsley，1971；Taylor & others，1978）。

洗　脑

许多人认为最强有力的社会教化来自于“洗脑”（brainwashing），这个词用于描述20世纪50年代朝鲜战争中发生在美国战俘身上的事。虽然“思想控制”的计划并不像洗脑一样不可抗拒，但结果仍然令人不安。数百战俘选择合作，只有21人坚持了下来直到得到许可回到美国，而他们中已经有许多人相信，虽然共产主义在美国不可能实现，但对于亚洲来说却是一件好事（Segal，1954）。

艾德加·施恩（Schein，1956）在美国战俘归家的途中对其中的许多人进行了访谈，他们报告了朝鲜人在对战俘洗脑过程中所使用的一种要求逐步升级的方法。狱卒们往往从一些细小的要求开始，然后逐渐提出一些更大的要求。“当一个囚犯被训练说出或者写出一件细小的事之后，紧接着就会被要求说出更重要的事情。”而且，战俘们通常被要求主动参与，以小组讨论的形式开展自我批评或者公开承认错误。一旦说出或写出一些东西，他们就会感到一种内在的需要，要使自己的信念与行为一致。这种需要通常使他们感到自己之前的所作所为是错误的。这种“开始细小—逐步升级”的策略是登门槛效应的有效应用，它在当今对恐怖分子和虐待狂的社会化中同样起作用。

社会行为对种族态度的影响表明存在一种可能性，即为了政治社会化而将社会影响运用于公众人群。对于20世纪30年代的许多德国人来说，参加纳粹集会、身披纳粹旗帜，特别是公众致意"嗨！希特勒"使其行为和信念之间产生了深刻的矛盾。历史学家理查德·格伦伯格（Grunberger，1971）报告说，对于那些怀疑希特勒的人，"那种'德国礼仪'是一种强有力的调节器。一旦决定吟诵它，作为一种公开的一致性行为，许多经历过这些的人……对于自己的言语和情感之间的矛盾深感不适。由于禁止发表自己的言论，所以他们试图有意识地强迫自己相信自己所说的话，以此来平衡心态"（p.27）。

从这些观察中，即角色扮演的影响，"登门槛"体验、道德和不道德行为、种族间的行为和洗脑，我们会得到一种很实用的启示：如果我们想用某种重要的方式来改变自己，最好不要等待洞察或灵感。有时候，我们需要行动，诸如开始写文章、打个电话或会见某人，即使我们不太喜欢这样做。为了强化我们的信念，先行动对强化信念有很大的益处。从这种意义上来说，信仰如同爱情；如果我们将它们深藏于心，它就会枯萎消亡。如果我们将它们付诸行动，那它们就会茁壮成长。

在继续阅读下面的内容之前，我让你来当一回理论家。先问一问你自己：在这些研究和现实生活的例子中，为什么态度会依从行为？为什么扮演某种角色或做一次演讲也可能会影响我们的态度？

为什么行为会影响态度

社会心理学家认同一点：我们的行动影响我们的态度，有时候它能够化敌为友，将对立转化为统一，将质疑者变成坚信者。社会心理学家的争议在于：为什么行为影响态度？

一种观点认为：为了给别人留下好印象，人们只是表达看似与他们的行为一致的态度。让我们诚实地面对自己吧。我们确实很关心外表——要不然我们为什么花这么多精力在衣服、化妆品或控制体重上呢？为了管理我们精心营造的印象，我们有时会调整自己的想法以取悦他人而不是冒犯他人。为了表现出一致性，我们有时会假装让态度与行为保持一致。

但事实并不总是这样的。实验证明，有时候真实的态度会随着行为而变化。

认知失调理论和自我知觉理论为我们提供了两种解释。

认知失调理论（Cognitive dissonance theory）是由费斯汀格（Festinger，1957）提出来的。他认为当存在两种思想和信念（“认知”）时，我们会感到紧张（“失调”），这种感觉是一种心理上的不一致。就像我们会说或会做一些令我们百感交集的事情一样。费斯汀格认为，为了减少这种已被唤醒的不愉快，我们要经常调整我们的想法。现在已经有 2 000 多项研究建立在这一理论的基础之上，这一理论具有惊人预测力（Cooper，1999）。

失调理论主要用来解释行为和态度之间的矛盾关系，这两者我们都能意识到。因此，如果我们感觉到失调，也许有些虚伪，我们就会产生改变自己的压力。这有助于解释在英美两国，与不吸烟者相比，吸烟者中认为抽烟很危险的比例要小很多（Eiser & others，1979；Saad，2002）。

2003 年伊拉克战争之后，负责国际政策态度项目的理事开始意识到，一些美国人试图减少他们的“认知失调体验”（Kull，2003）。这场战争主要起因于推测萨达姆·侯赛因（他不像其他残酷的独裁者）可能拥有威胁美国和英国的大规模杀伤性武器。战争伊始，仅有 38% 的美国人认为，即使伊拉克没有大规模杀伤性武器，这场战争也是正义的（Gallup，2003）。大约五分之四的美国人相信他们的军队会找到这些武器，并且支持这场刚刚发动的战争（Duffy，2003；Newport & others，2003）。

然而，美国人并没有在伊拉克找到这种武器，因而战争的大多数支持者体验到了失调。尤其是当他们意识到战争所带来的经济和人力损失，当他们看到伊拉克战后的混乱，欧洲和穆斯林国家汹涌的反美浪潮以及狂热的恐怖主义后，他们的这种感觉更加强烈了。国际政策态度项目记录道，为了减少这种不快的体验，一些美国人修正了关于政府对外开战的主要原因的记忆。这些原因现在被解释为：从残暴的和种族灭绝的统治下解放被压迫的人民，并为中东的和平与民主打下基础。战后三个月，曾经少数的支持性观点变为了多数观点：58% 的美国人在即使没有找到宣称中的大规模杀伤性武器的情况下仍然支持这场战争（Gallup，2003）。“他们是否找到了大规模杀伤性武器无关紧要，”共和党民意调查员弗兰克·伦兹解释说，“因为战争的根本原因发生了改变。”

在《犯错误了（但不是我干的）：我们为什么要为愚蠢的念头、错误的决定和有害的行为辩护？》一书里，社会心理学家塔维斯和阿伦森（Tavis & Aronson，

2007，p.7）向我们证明了，各党派的领导人在面对能够证明他们的决策或行为失误的明确证据时，他们会努力减少认知失调。塔维斯和阿伦森发现，这种现象是不分党派的："一个总统只要为自己的行为辩护，认为他掌握真理，那他就拒绝自我修正。"例如，民主党总统林登·约翰逊的传记作者描述他是如何坚持自己的信念的，即使深陷越南战争的困境，他却无视事实。而共和党总统乔治·布什在发动伊拉克战争后说，"从我今天所了解到的信息，我依然会做这个决定"（2005年），"我比任何时候都更加坚信，这是个正确的决定"（2006年），并且"战争……会带来高昂的生命和财富代价，但这些代价是必要的"（2008年）。

认知失调理论假设，我们需要维持一致的、积极的自我形象，这会促使我们采取一种能让我们的行为合理化的态度。**自我知觉理论**（self-perception theory）认为，假设这种动机不存在，当我们摇摆不定或态度不明确时，我们就会处在局外人的位置上，从外部观察自己，并推测自己的态度。就像安妮·弗兰克在她的日记中写道："我能观察我自己和我的行为，就像局外人观察一样。"她这样做了。因为她记录下人们听到有人敲门时的反应，我们才能够推断我们对敲门人的感受。

认知失调理论能够最好地解释，当我们的行动公然驳斥我们已知的态度时将会发生什么事情。例如，当我们伤害了自己喜欢的人时，我们会觉得很不安。我们就会试图把对方看作笨蛋，以降低这种不安。自我知觉理论能够更好地解释，当我们不确定自己的态度时会发生什么事情：我们通过观察自己的行为来推断自己的态度。如果我们借给新邻居一杯糖，尽管我们也不确定是否喜欢他们，但我们的这种帮助行为导致我们推断出我们喜欢他们。

达里尔·贝姆（Bem，1972）在提出自我知觉理论时假定，当我们不确定自己的态度时，我们会推测自己的态度，就像推测别人的态度一样。这同样适用于我们观察自己的行为。我们毫不掩饰地说或做就是自我展示。借用一句古老的谚语："我怎么知道我在想什么？只有当我自己听到自己在说什么，或看到自己在做什么的时候，我才能一目了然。"

针对如何解释态度依从行为效应的辩论，引发了数百项心理学实验研究。这些研究揭示了在认知失调和自我知觉过程中起作用的条件。就像科学界通常发生的那样，每种理论都只对某一种复杂的现实提供部分解释。只有当人的本性也很简单时，一种简单的理论才能描述它。呜呼哀哉，幸亏我们不是简单的生物，这就是在心理学研究者们高枕无忧之前还有很长的路要走的原因。

模 块

10

临床直觉

苏珊有自杀倾向吗？约翰该住进精神病院吗？如果汤姆被释放了，他会去杀人吗？临床心理学家经常面对这样的问题。他们不得不对人类行为做出准确的判断、建议和预测。

这些临床诊断同时也是社会判断。因此，它也极易受到虚假相关、事后聪明造成的过分自信和自我证实的诊断的影响（Maddux，1993）。接下来，我们将会看到，心理健康工作者清楚了解人们形成印象（和错误印象）的过程，将有助于他们避免发生严重的误诊。

相关错觉

正如我们在模块 1 中所看到的，一种给定的相关可能是有意义的，也可能没有意义；它主要取决于这种相关在统计意义上的普遍性。例如，如果你的两位同性恋朋友是蓝眼睛，那么是否意味着所有的同性恋都是蓝眼睛呢？当然不是！但是那些没有意识到虚假相关的人可能会这么认为。

正如我们在模块 8 中提到的，人们倾向于从那些不相关的地方发现相关关系。

如果我们预测两件事情有联系，例如，如果我们相信预感可以预测事情的发生，这时就容易出现虚假相关。即使向我们随机呈现一组数据，我们也可能只注意到那些预感和事件巧合联系在一起的例子，却忽略那些预感未被证实的例子。

像我们一样，临床学家也注意到了虚假相关。如果预期有性障碍的人更可能对罗夏墨迹测验做出特殊反应，那么临床学家会相信，在他们已有经验的基础上，他们曾见过这样的联系。为了探索这种知觉何时变成了虚假相关，心理学为我们提供了一种简单的方法：让一位临床心理学家主持并解释这种测验，让另一位临床学家评定同一被试的特征和症状。让不同的人重复这个过程。关于品尝甜食的证据：实际的测验结果与报告的症状相关吗？实验结果表明，一些测验确实有很强的预测性。然而，另一些测验，如罗夏墨迹测验和画人测验，其结果与报告的症状之间的相关远低于这些测验使用者的假设（Lilienfeld & others，2000，2005）。

那么，为什么临床学家还是对无所助益、模棱两可的测验表现得如此有信心呢？查普曼等人（Chapman & Chapman，1969，1971）进行的开创性实验帮助我们找到了原因。他们邀请了大学生和专业的临床学家一起研究测验成绩和诊断结果。如果学生或临床心理学家期望得到一种特殊的联系，那么，他们通常能获得这种相关，不管测验数据是否支持这种结论。例如，有些临床心理学家认为，多疑的人会在画人测验中画出奇异的眼睛，那么他们就会发现这种联系尽管在呈现给他们的例子中，实际上不多疑的人比多疑的人画出了更多的奇异的眼睛。这是因为，如果他们相信存在这样一种联系，他们可能更多地去注意支持这种联系的证据。眼见为实。

事后聪明

假如我们认识的人自杀了，我们会有什么反应？最常见的一种反应是，我们或者他（她）的亲人应该能预料并阻止其自杀：“我们早该知道！”在事后聪明的情况下，我们能发现自杀者的信号和向我们寻求帮助的请求。一项实验给参与者提供了一份对一名自杀的抑郁症患者的描述。与事先不知道该患者自杀的参与者相比，那些事先知道他自杀的参与者更倾向于报告他们“已经预见到”他的自杀（Goggin & Range，1985）。而且，如果参与者事先知道该患者自杀，他们对其家人的反应更加消极、负面。悲剧过后，一种“我早该知道”的现象会致使家人、朋友和治疗师陷入无限的负疚感之中。

罗森汉（Rosenhan，1973）和他的七位同事例举一个令人震惊的例子，旨在验证事后解释的潜在错误。为了测试心理健康工作者的临床洞察力，他们每个人预约了不同的精神病院的住院部，并抱怨说自己“耳鸣”。除了名字和职业是假的，他们如实报告了他们的生活史和情感状况，并且没有表现出任何进一步的症状。结果，他们大多被诊断为患有精神分裂症，并在住院部住了两三周的时间。随后，医院的治疗师从这些假病人的生活事件和住院表现中找到了“确认”和“解释”诊断结果的证据。罗森汉讲述了一个假病人的经历：这个病人告诉医生，幼年时他与母亲关系很好，但是与父亲疏远。在青春期和后来的日子里，他和父亲成了好朋友，和母亲的关系却变得疏远了。现在，他和妻子的关系非常亲密和融洽，除了偶尔会生气，两个人很少有矛盾。他也很少打孩子。

一位“知道”这个人患有精神分裂症的访谈者这样解释道：

> 这个 39 岁的白人男性……从童年开始就对亲密关系表现出相当矛盾的态度，并一直持续到现在。他与母亲的融洽关系到青春期就结束了。而他和父亲原来疏远的关系后来被他自己描述为非常亲密。他的感情缺乏稳定性。他努力想控制自己对孩子和妻子的情绪，但是这种努力被不时发生的争吵和打孩子的情况所破坏。他也提到他有几个好朋友，但可以感觉到在这些关系中他也很矛盾。

罗森汉后来告诉一些同行（这些人得知了他进行的有争议的实验后认为：这种错误不会在他们的医院发生），在接下来的三个月，将会有一个或更多的假病人预约他们的医院。三个月后，罗森汉问这些同行，在这三个月间住院的 193 名病人中有几个是假病人。结果在这 193 名新入院的病人中，有 41 名被至少一位医生认为是假病人。而事实上，没有一个病人是真正的“假病人”。

自我证实的诊断

迄今为止，我们已经讨论了心理健康临床心理学家有时会因为虚假相关和事后聪明的解释而遭到质疑。第三个与临床诊断有关的问题就是，病人往往会提供符合临床医生期望的信息。为了在实验情境中检验上述理论，想象你与一个未曾谋面的人初次约会，而对方事先得知你是一个放荡不羁、生性开朗的人。为了验证这种说法是否正确，约会时，他会不断地问你类似的问题，“你曾在别人面前做过很疯狂的事情吗？”而如果约会的对方事先得知你是一个害羞而沉默寡言的人，你对这个问题的回答会反映出一个不同的“你”吗？

在明尼苏达大学，斯奈德和斯旺（Snyder & Swann，1984）以及其他研究者合作开展了一系列巧妙的实验，他们给参与者一些有关他人特质的假设，并让他们加以检验。斯奈德和斯旺发现，人们总是通过寻找能够验证某一特质的信息来做测验。例如，在上面提到的那个初次约会的例子中，如果人们想验证某个人是否外向，他们就会问一些与外向有关的问题（“如果你想活跃一场聚会的气氛，你会怎么做？”）。当想验证一个人是否内向时，人们更可能会问，“是什么原因导致你不能真正地与人坦诚相见？”这些问题使得被预期外向的人表现得更加喜欢社交，而使被预期内向的人表现得更加害羞和保守。我们的假设把人们塑造成我们所期望的那一类人。

在印第安纳大学，法齐奥和同事（Fazio & others，1981）通过实验得到了相同的结果。他们同时发现，与那些被问及“内向问题”的参与者相比，被问及“外向问题”的参与者后来真的觉得自己更加开朗。而且，他们明显地变得更加开朗。结束测验后，实验者的同伴到休息室会见每个参与者，结果，实验者猜中参与者之前参加的是内向还是外向的测验的概率为70%。

在其他的实验中，斯奈德和同事（Snyder & others，1982）尝试让参与者搜索与他们被测验的特质相悖的行为。在其中一项实验中，他们告诉负责访谈的人，“尽量找出受访者那些与刻板印象不符合的方面。”在另一项实验中，斯奈德（Snyder，1981）宣布，谁编制的问题能发掘最多有关受访者的信息，谁就能得到25美元的奖励。然而，自我证实的偏见依然存在：人们在做外向特质测验时，仍然拒绝选择使用那些“内向”的问题。

通过斯奈德的实验，你应该明白为什么接受心理治疗的人，其行为总是符合治疗师的理论假设了吧（Whitman & others，1963）。雷诺和埃斯蒂斯（Renaud & Estess，1961）就个人生活史访谈了100位健康、成功的成年男性，他们惊讶地发现，这些受访者的童年都充满了“创伤性事件”，与某些人关系紧张，父母做出了糟糕的决定，这些因素通常被用来解释精神问题。当弗洛伊德学派的精神分析学家试图寻找早期童年经历中的创伤性事件时，他们往往都会发现他们的直觉得到了验证。所以，斯奈德（Snyder，1981）这样推测：

> 如果一位治疗师（错误地）相信男同性恋者在童年时期与母亲的关系不好，那么，他就很可能会小心翼翼地刺探这个男同性恋者回忆中与母亲间的紧张关系。但是，当他的来访者是异性恋者时，他就不会询问关于他们与母亲的关系问题。毫无疑问，任何人都会回忆起一些与母亲产生摩擦的事件，而这些摩擦事件可能只是偶然发生的、琐碎的事情。

19世纪的诗人罗伯特·勃朗宁预测到了斯耐德的结论："你脑子里想的是什么，你就会去寻找什么：你将会得到你期盼的结果。"

临床预测与统计预测

考虑到事后聪明和自我证实的诊断，我们也就不难理解，为什么临床医生和访谈者会对自己直觉的判断更有信心，而不是依据统计数据（例如，用过去的成绩和能力倾向测验的结果来预测学生在研究生院或职业学校的成绩）。但是，当研究者将统计预测和直觉预测相比较时，统计预测的结果往往是正确的。统计预测有时不够精确，但是直觉——即使是专家的直觉——更不可靠（Faust & Ziskin，1988；Meehl，1954；Swets & others，2000）。

在人们证明统计预测比直觉预测更可靠的30年后，米尔（Meehl，1986）找到了比以往更为有力的证据：

> 在社会科学中，对这个颇有争议的话题，众多研究得到的结果是一致的……当你进行了90项调查，从预测足球比赛的结果到肝病的诊断结果等一系列事件，在这些预测中，当只有6项调查的结果勉强能支持临床心理学家的预测时，那么，是该做出现实结论的时候了。

为什么还有那么多的临床心理学家继续使用罗夏墨迹测验和直觉来预测自杀假释者再次犯罪以及童年虐待的概率呢？米尔认为，部分源于纯粹的无知，部分源于“道德上的错误”：

> 假如我试图用低效的而非有效的手段来预测诸如大学生、罪犯或抑郁症患者的重要事件，而收取的费用却相当于我提高预测精确度所需的10倍，这就是很不道德的事情了。作为一名预测者，宣称像我这样的预测者会让人感觉更好、更有人情味，这只不过是个低劣的借口罢了。

这样的结果令人震惊。米尔（并未完全拒绝临床专家的知识）是否低估了我们的直觉呢？为了进一步验证米尔的研究结果，我们可思考一下研究生录取面试官对人的学习潜能的评价。道斯（Dawes，1976）解释了为什么在预测诸如研究生学习成绩之类的结果时，统计预测比单凭直觉的预测更准确：

> 为什么我们会认为，半小时的面试竟比综合了诸如GPA、GRE成绩和推荐信等标准化的评价变量能更好地选出合适的人？我认为最合理的解释就是人们高估了自己的认知能力。例如，试想一下，GPA成绩是怎么获得的。因为绝大多数大学毕业生申请读研时的GPA成绩都是三年半大学成绩的总结，这至少包括28门课程，如果学校是采用普遍的四年制，则至少需要包括50门课程成绩的总结……而面试者只用半小时来看某位申请者的档案或与其进行面谈，他们认为自己对申请者的评价能比三年半来20 ~ 40位教授的评价更准确……最后，如果一定要忽略GPA，那么惟一可能的理由就是这个申请者特别优秀，即使他的成绩并没有显示出这一点。哪些方法能比精心设计的能力倾向测验更能证明一个人的聪明程度呢？虽然美国教育考试服务中心存在很多缺陷，但我们真的能够认为自己的判断会比ETS的测验更好地衡量一个人的能力吗？

在他发表上述观点后的三十年，道斯（Dawes，2005）认为，使用缺乏证据的临床直觉而非统计预测进行判断是“不道德的”。

对更好的临床实践的启示

对心理健康工作者来说，本模块提供了以下四条启示：

1. 为了减少受虚假相关愚弄的风险，要意识到因为自己的期望而建立实际上不存在的关联，或者仅仅因为记忆中几个引人注意的事件支持这种相关，就错误地认为这种联系是普遍存在的。要信赖你的记录而不是你的记忆。
2. 为了减少因事后聪明偏见愚弄的风险，要认识到事后聪明是很具诱导性的：它能让你拥有过分的自信，并且因为未能预见事情的发生而过分自责。
3. 为了减少被自我证实诊断愚弄的风险，要防止自己只提问那些支持自己假设的问题的倾向，试着从相反的方向来思考并验证这些问题；要谨慎来访者虽然赞同你的说法，但实际上并不意味着你的话就正确（Garb，1994）。
4. 经常高估自己基于直觉的临床判断。

模块

11

临床治疗：社会认知的作用

如果你是一名大学生，偶尔，你可能会表现出轻微的抑郁症状。有时，你也许会对生活不满意，对自己的未来感到气馁和悲伤，没有胃口，精神萎靡，无法集中注意力，甚至会怀疑生命的价值。也许，你认为令人失望的学业成绩会危及你的职业目标；也许，一段关系的破裂使你陷入绝望。每当这些时候，关注于自我的焦虑只会让你更加沮丧。一项对 90 000 名美国大学生开展的调查显示，44% 的大学生报告说在过去一年的学校生活中，他们有时会感到十分沮丧，不知道如何应对（ACHA，2006）。对于约 10% 的男性和 20% 的女性而言，生活中的情绪低落期不仅仅是由负性事件引发的暂时性忧伤，而是持续数周的一段压抑经历，并且没有明显的缘由。

心理学家最感兴趣的前沿研究领域之一，就是与心理障碍相伴的认知过程。那些抑郁、孤独、害羞或是容易得病的人，他们的记忆、归因和期望是怎样的呢？作为被研究最多的精神障碍——抑郁症，许多新进的研究已经对这些问题做了初步的探索。

认知过程和抑郁

抑郁症患者倾向于用消极的方式思考问题。他们透过自己的黑色眼镜来看待生活。对于那些严重抑郁的人（感到没有价值、浑浑噩噩、对朋友和家庭不感兴趣、饮食和作息不规律的人）来说，这种消极的思维模式往往会进一步恶化他们的处境。他们极度消极的观点放大了痛苦的体验，忽略了美好的体验。他们将那些"想想你收到的祝福"或"向积极的一面看"等建议视为无望的不切实际。一名患抑郁症的年轻女性曾这样说："真实的我毫无价值，不能照顾自己。我变得冷漠和多疑，这让我在工作上无法取得进展"（Burns，1980，p.29）。

扭曲事实还是现实主义

是否所有抑郁症患者都不切实际地消极悲观呢？为了寻找这个问题的答案，阿洛伊和艾布拉姆森（Alloy & others，979；Alloy & others，2004）以轻度抑郁和正常的大学生为对象进行了研究。他们让这些大学生按键，并观察此键是否能控制随后的灯亮。结果让人惊讶：那些抑郁的大学生能相当准确地预测他们的控制程度，然而那些正常的大学生的判断却是歪曲的，他们夸大了自己的控制程度。这表明，尽管轻度抑郁的大学生倾向于自我关注，但是他们也更善解人意（Harkness & others，2005）。

这种令人惊讶的**抑郁现实主义**（depressive realism），又被称为"悲观而明智效应"（sadder-but-wiser effect），存在于一个人对自己的控制或技能的各种判断之中（Ackermann & DeRubeis. 1991；Alloy & others，1990）。泰勒（Taylor，1989，p.214）这样解释道：

> 普通人往往夸大自己的能力和受欢迎程度。抑郁症患者却不这样。普通人常常会在回忆过去时加上玫瑰色的光环。抑郁症患者（除了重度抑郁症患者）在回忆成功和失败的经历时会更加客观。普通人大多对自己持正性的评价。抑郁症患者既会描述自己正性的品质，也会描述负性的品质。普通人倾向于把成功归因于自己的能力，把失败的责任推给别人。而无论成功或失败，抑郁症患者都将原因归结为自己。普通人通常会夸大自己对于周围所发生的

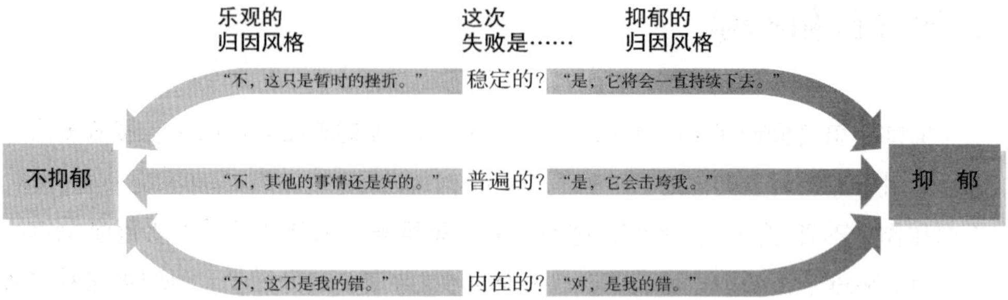

图 11-1

抑郁的解释风格。抑郁与一种消极的、悲观的失败归因方式相关联。

事情的控制能力。抑郁症患者就不太容易受这种控制的错觉的影响。普通人不现实地认为，未来会赐予他们很多美好的东西，而糟糕的事情会很少。抑郁症患者对未来有更现实的认识。事实上，与普通人相比，抑郁症患者从未表现出过分的利己、控制错觉和对未来的不现实预期这样的偏见。"悲观而明智"确实很适用于抑郁症患者。

抑郁症患者的思维方式取决于他们对责任的归因模式。试想一下：如果你因为考试不及格而责备自己，你可能会将原因归结为你自己不够聪明或者太懒惰，因此会觉得很郁闷。如果你将原因归结为考试不公平或其他不能由你控制的环境因素，那么你更可能会觉得很气愤。涉及 15 000 名被试的一百多项研究发现，抑郁症患者比正常人更多地表现出消极的**解释风格**（explanatory style）（Haeffel & others，2008；Peterson & Steen，2002；Sweeney & others，1986）。如图 11-1 所示，他们更倾向于将失败和挫折的原因归结为稳定的（"它将会一直持续下去"）、普遍的（"它会影响我做的每件事情"）和内在的（"这全是我的错"）因素。艾布拉姆森和同事（Abramson & others，1989）认为，这种消极的、过度泛化的和自我责备的思维，其结果就是一种令人沮丧的绝望感。

负性思维是抑郁的原因还是结果

抑郁症患者的认知特点向我们提出了一个"鸡与蛋"的问题：究竟是抑郁的心境导致了负性的思维，还是负性的思维导致了抑郁呢？

抑郁心境导致负性思维

毫无疑问，我们的心境影响我们的思维方式。当我们感到快乐时，我们的思维也是积极的。我们看见的和回忆的都是一个美好的世界。当我们的情绪跌入低谷时，我们的思维就会进入另外一种模式。玫瑰色的眼镜被摘去了，我们换上了黑色的眼镜。现在，恶劣的心境主导着我们对负性事件的回忆（Bower，1987；Johnson & Magaro，1987）。我们与他人的关系恶化，自我概念变得很糟糕，对未来的希望变得黯淡，他人的行为看起来更加险恶（Brown &Taylor，1986；Mayer & Salovey，1987）。当抑郁程度加深，我们的记忆和期望都急速下降；当抑郁症状消失时，我们的思维也变得明快起来（Barnett & Gotlib，1988；Kuiper & Higgins，1985）。例如，正发作的抑郁症患者在回忆起父母时，更多地认为自己受到了忽视和惩罚。但已治愈的抑郁症患者会像正常人一样用积极的方式回忆他们的父母（Lewinsohn & Rosenbaum，1987）。因此，当你听到抑郁症患者贬低他们的父母时，请记住：心境扭曲了他们的记忆。

赫特和同事（Hirt & others，1992）在对印第安纳大学篮球迷们开展的研究中发现，即使短暂的恶劣心境也可以使思维变得消极。球迷看到自己球队失利就会闷闷不乐，而看到自己的球队取胜时又会得意洋洋。研究者让他们预测球队未来的表现以及他们自己的表现。在某次失利之后，人们不仅对球队的未来持消极的预期，他们对自己在投标枪、猜字谜游戏和约会等方面的表现也都持更消极的预期。当事情没有按照我们的预期发展时，我们似乎会认为，它们将永远不会符合我们的预期了。

抑郁的心境也会影响行为。当我们患抑郁症时，我们倾向于表现为退缩、忧郁和哀怨。斯特拉克和科因（Strack & Coyne，1983）发现，抑郁症患者很现实地认为，别人并不欣赏他们的行为；他们的悲观主义和恶劣心境导致了社会拒绝（Carver & others，1994）。抑郁行为也会引发他人相应的抑郁。宿舍有抑郁症患者的大学生倾向于表现出一定的抑郁症状（Burchill & Stiles，1988；Joiner，1994；Sanislow & others，1989）。在约会的情侣中，抑郁也经常会互相传染（Katz & others，1999）。不过，一项对马塞诸塞州近 5 000 名市民开展的为期 20 年的追踪研究表明，快乐也是会传染的，当周围都是快乐的人时，这种快乐会延续一段时间（Fowler & Christaki，2008）。

负性思维导致抑郁心境

面对巨大的压力，我们很自然地会感到抑郁。失业、离异、被排斥、身体创伤……任何一种打击都会让我们怀疑自己，质疑自己存在的价值（Hamilton & others，1993；Kendler & others，1993）。此外，沉思带来的短时抑郁具有适应性，就像恶心和疼痛保护我们的身体远离毒素一样，这种抑郁可以保护我们，让我们放慢脚步，重新评价自己，然后以新的方式重新组织我们的能量（Watkins，2008）。在整个抑郁的静止状态中获得的洞察力会使我们找到与周围世界互动的更好策略。但有抑郁倾向的人对不良事件的反应总是过分地自我关注、反思和自责（Mor & Winquist，2002；Pyszczynski & others，1991），他们的自尊水平因成功而提升，又会因威胁而下降，上下波动很大（Butler & others，1994）。

为什么有些人很容易受轻微压力的影响呢？有证据表明，压力带来的思考会受消极归因风格的过滤和选择的影响，频繁的压力久而久之会导致抑郁（Robinson & Alloy，2003）。萨克斯和巴吉特尔（Sacks & Bugental，1987）让一些年轻女性接触一位陌生人，这个人有时会比较冷漠和不友好，从而营造出一种难堪的社会情境。与乐观的女性不同，那些有消极解释风格的女性（把不好的事情归因成稳定的、普遍的、内在的原因的那些女性），会因社交失败而感到抑郁。更重要的是，她们对以后遇见的人更多地表现出敌对行为。她们的负性思维导致了负性的情绪反应，进而产生了负性的行为。

苏姗·诺伦-霍克西玛（Nolen-Hoeksema，2003）报告说，这种抑郁思维在女性中更为普遍。当遇到困难时，男性往往会采取行动，而女性往往会思考困境，不过这种思考通常是“过度思考”。这也有助于解释为什么在青少年初期，与男性相比，女性受抑郁困扰的风险要多一倍（Hyde & others，2008）。

关于儿童、青少年和成人的非实验室研究都证实，那些具有消极解释风格的人在遇到糟糕的事情时更容易变得抑郁。一项为期两年半的研究对一部分大学生每六周进行一次观察（Alloy & others，1999）。研究结果表明，只有 1% 的持乐观思维风格的大学生在大学生活之初表现出抑郁症状，而 17% 的悲观思维风格的学生表现出抑郁症状。塞利格曼（Seligman，1991，p. 78）说过：“严重的抑郁，都是由早就存在的遭遇挫折所导致的悲观主义引发的。”更重要的是，那些经过治疗不再抑郁的患者，如果继续保持消极的解释风格，很可能在遇到负性事件时再次崩溃（Seligman，1992）。如果拥有乐观解释风格的人受到打击，他们通常很快就能恢复过来（Metalsky & others，1993；Needles & Abramson，1990）。

研究者莱文森和同事（Lewinsohn & others，1985）把这些发现整合为一种清晰的理解抑郁的心理学知识。在他们看来，抑郁症患者的负性自我形象、归因和期望是由负性体验引发的一种恶性循环，这些负性体验也许是学业或事业的失败，也许是家庭冲突或社会拒绝（见图 11-2）。这种想法催生出一种能极大地改变人们思维和行为方式的抑郁心境，而这种心境又进一步激发之后的负性体验、自责和抑郁情绪。实验表明，当轻度的抑郁症患者将注意转移到一些外部任务上时，他们的心境就会变得明朗起来（Nix & others，1995）。因此，抑郁与负性认知互为因果。

塞利格曼（Seligman，1991，1998，2002）认为，自我关注和自责能解释现在西方社会抑郁流行的现象。例如，在北美，现在的年轻人出现抑郁的可能性是他们祖父辈的三倍，尽管他们的祖父辈们生活水平更低，生活更艰辛（Cross-National Collaborative Group，1992；Swindle & others，2000）。塞利格曼认为，宗教信仰和家庭观念的淡化，加上个人主义的滋长，导致了现在的年轻人在面对挫折时的绝望和自责。在我们感到孤独，而又没有任何依靠时，失败的学业、事业和婚姻就会导致绝望。假如，像《财富》杂志上那条广告所说的那样，你可以"自己独立完成它"，凭借"你的冲劲、你的勇气、你的精力和你的野心"。那么，当你没有做到时，责任该由谁来负呢？在那些重视关系、和睦与合作的非西方国家里，严重的抑郁并不那么普遍，人们也很少将个人失败与负疚感和自责联系在一

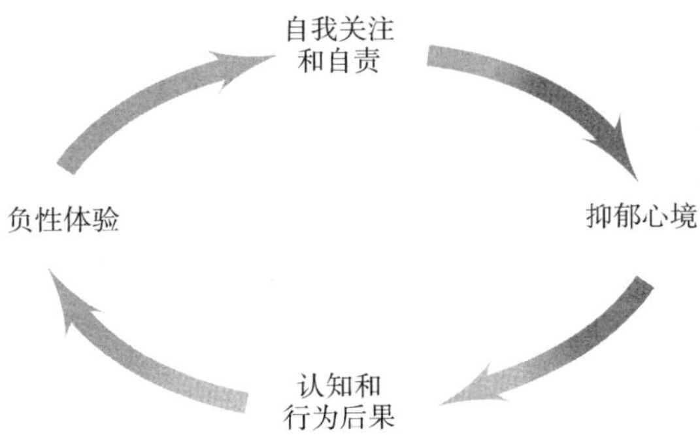

图 11-2
抑郁的恶性循环。

起。例如，在日本，抑郁症患者更倾向于报告他们因为使家人或合作者失望而感到羞愧（Draguns，1990）。

这些关于思维风格与抑郁关系的见解，促使心理学家们试图研究思维风格与其他心理问题的关系。那些被极度孤独、害羞或严重虐待所折磨的人们，是如何看待自己的呢？他们如何回忆自己的成功和失败？他们对自己的起起落落又是怎样归因的呢？

社会认知和孤独

如果把抑郁比作心理障碍中的感冒，那么孤独就可以视为头疼。孤独，无论是长期的还是暂时的，都是一种痛苦体验。人们发现社会关系不如想象中的那么丰富多彩和富有意义。在现代文化中，亲密的社会关系相对更少了，一项全美的调查发现，近 20 年来，值得与其谈论“重要事情”的美国人减少了三分之一。关于这一发现，罗伯特·普特南（Putnam，2006）报告说，他的数据似乎揭示了“显著的代际差异：相比他们的父母来说，婴儿潮出生的孩子更容易感到孤独，更加孤立无援。这种现象是因为他们出身双职工家庭、种族差异、互联网，还是郊区的随意扩展？每个人都有自己的解释。我认为罪魁祸首是由于电视，但是目前还没有统一的结论。”

其他研究者给出了不同的解释。在一项以荷兰成人为研究对象的研究中，吉尔维尔德（Gierveld，1987）发现，荷兰未婚或已订婚的成人更容易感到孤独。她推测，现代社会强调个人实现，贬低婚姻和家庭生活，这可能是“孤独的导火索”（同时也是抑郁的导火索）。与工作相关的流动性也导致了长期的家庭关系和社会纽带越来越少，同时导致了孤独的增加（Dill & Anderson，1999）。

然而，孤独并不等同于孤单。在热闹的聚会中，一个人也可能会感到孤独。皮弗（Pipher，2002）感慨道：“在美国，只有孤独，没有孤单；只有拥挤的人群，却没有可归属的团体。”在洛杉矶，她的女儿发现，“我的周围有一千万人，但却没有一个人认识我。”当缺乏社会联系、情感孤独（或者用实验让人们感到孤独）时，人们可以从物品、动物和超自然存在上发现类似人类特质来进行补偿，人们从中能发现友情（Epley & others，2008）。

一个人也可以完全孤单，但并不感到孤独。就像我此刻在离家 8 046 公里远的英国大学独立的办公楼里独自写这些文字时，我并不感到孤独。孤独感是感到被某一群体排斥、不被周围的人喜欢、不能和人分享自己的感受，或像个异类一样与周围环境格格不入（Beck & Young，1978；Davis & Franzoi，1986）。孤独者罹患高血压和心脏病的风险更高，并且随着年龄增长，身体的生理机能也加速衰弱（Hawkley & Cacioppo,2007）。在《孤独：人的天性和社会联结的需要》一书中，卡乔波和帕特里克（Cacioppo & Patrick，2008）阐述了孤独对我们身体和情感的影响，以及孤独对压力激素和免疫活动的影响。他人冷漠的眼神和轻视的态度也可能会引发个体的孤独，这种冷漠甚至会让人感到真实的寒冷。相对于回忆起被接纳的经验，人们在回忆其被排斥的经验时会觉得室温相对较低。在游戏中被排斥后，人们对热饮和热食物表现出更多的需要（Zhong & Leonardelli，2008）。

这种孤独感具有适应性。孤独可以向人们发出寻求社会联结的信号，这种联结有助于个体生存。甚至当孤独触动怀旧之情时——一种对过去的渴望——它有助于提醒人们去寻找社会联结（Zhou & others，2008）。

和抑郁症患者一样，长期孤独的人似乎也处于一种自我挫败的社会思维和行为的恶性循环中。像抑郁症患者一样，他们也具有一些消极的解释风格；他们觉得自己和他人交往时，总给对方留下不好的印象，他们会因为不良的社会关系而自责，并且认为绝大多数事情都不是自己能控制的（Anderson & others，1994；Christensen & Kashy，1998；Snodgrass，1987）。更严重的是，他们用消极的方式来认识他人。研究表明，孤独者与同性别的陌生人或大学室友搭档时，他们更容易对搭档形成负性认识（Jones & others，1981；Wittenberg & Reis，1986）。如图 11-3 所示，有时，孤独、抑郁和害羞会彼此互相强化。

这些负性的观点既反映了也加重着孤独者的体验。觉得自己不具有社会价值，对他人抱有消极看法，这些都会阻碍孤独者采取行动来减少他们的孤独。孤独者经常发现，在做自我介绍、打电话、参与团队活动时会感觉很困难（Nurmi & others，1996，1997；Rook，1984；Spitzberg & Hurt，1987）。然而，与轻度抑郁症患者一样，孤独者对他人更敏感，并且善于辨识不同的情绪表达（Gardner & others，2005）。同抑郁一样，孤独也受基因的影响，同卵双胞胎比异卵双胞胎更容易同时患中度到重度的抑郁（Boomsma & others，2006）。

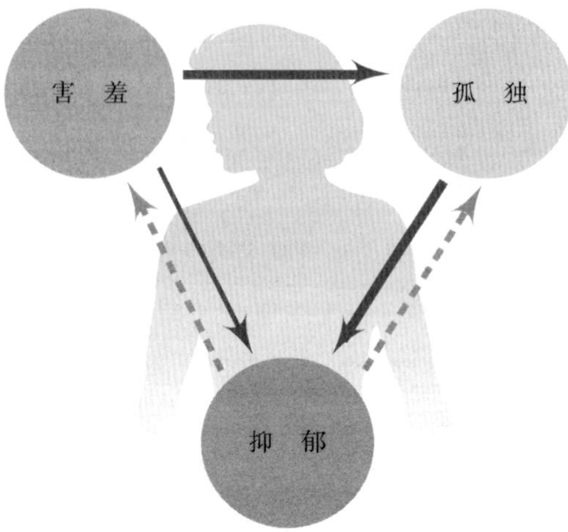

图 11–3

长期的害羞、孤独和抑郁之间的相互作用。实线箭头表示主要的因果关系，由迪尔和安德森（Dill & Anderson，1999）总结提出。虚线表示额外的影响。

社会认知和焦虑

害羞是一种社会焦虑的形式，其特征是过度的自我意识以及过度担心他人的想法（Anderson & Harvey，1988；Asendorpf，1987；Carver & Scheier，1986）。去应聘一份梦寐以求的工作，第一次和某个人约会，闯入一屋子陌生人当中，在一位重要的观众面前表演或是演讲（最常见的恐惧），这些事件几乎会让每个人都感到焦虑。某些人，尤其是那些害羞或极易尴尬的人，几乎在自己被评价的任何情境中都会感到焦虑。对这些人而言，焦虑更像是一种特质而非一种暂时的状态。

哪些因素会让我们在社会情境中感到焦虑？为什么有些人受困于自己的社会焦虑中？施伦克和利里（Schlenker & Leary，1982，1985；Leary & Kowalski，1995）用自我展示理论（self-presentation theory）对这些问题做出了解答。自我展示理论假设：我们都渴望用一种给别人留下美好印象的方式来展示自己。社会焦虑的含义显而易见：当我们想给他人留下好印象、但又怀疑自己能否做到时，我们就会感到焦虑。这个简单的原理有助于解释很多研究发现，每种发现都与你自己的体验息息相关。我们在下列情况下最容易感到焦虑：

- 和位高权重的人交往——他们对我们的印象对我们来说至关重要；
- 在一种评价情境中，例如第一次见准岳父母；
- 过于不自然（就像害羞的人经常做的那样），并将我们的注意力集中于自己和自己的行为上；
- 关注对我们的自我形象有重要意义的事情，例如专业会议上，一位大学教授要在同行面前阐述自己的观点；
- 身处一种新奇的或非结构化的情境中，例如第一次参加学校舞会或者第一次参加正式宴会，我们并不熟悉这些场合的社交规则。

在这些情况下，对大多人来说，我们自然的倾向就是小心翼翼地自我保护：少说话，避开那些显示自己无知的话题，言行谨慎，不要过分自信、友善和微笑。

与不害羞的人相比，害羞的、过分敏感的人（包括很多青少年）或多或少地把一些偶然事件看作是与自己有关的（Fenigstein，1984；Feingstein & Vanable，1992）。害羞、焦虑的人还会把情境过分个人化，这种倾向会导致焦虑的产生，在一些极端情况下会发展成偏执狂。他们常常会高估他人对自己的关注和评价。如果他们的头发没有梳理好或是脸上有痘痘，他们认为所有人都会注意到，并据此评价他们。其实，害羞者对自己的过分敏感也有清醒的认识。他们希望自己不再为脸红、别人的想法和接下来该说什么而焦虑。

为了减少这种社会焦虑，一些人会求助于酒精。酒精能通过降低自我意识而达到减轻焦虑的效果（Hull & Young，1983）。因此，长期害羞的人特别容易在遭受挫败时喝酒。然而，从酗酒中恢复之后，与不太害羞的人相比，当再次体验到压力或失败时，他们更容易焦虑。

焦虑和酒精滥用的多种症状也具有自我设限的功能。给自己贴上焦虑、害羞或受酒精影响的标签，就能为失败提供借口（Snyder & Smith，1986）。在这些症状的防御机制下，个体的自我能够被很安全地保护起来。“为什么我没有赴约？因为我是个害羞的人，所以人们不容易了解真实的我。”这类症状是一种用来解释负性结果的无意识的策略。

假如我们能为害羞的人提供另外一种能更为方便地解释他们的焦虑，以及由此带来的失败的说法，他们是否就能放弃使用这种策略呢？害羞的人可以因此而不再害羞吗？这正是布罗特和津巴多（Brodt & Zimbardo，1981）在对女大学生的研究中得出的结论。他们把一些害羞的和不害羞的女大学生带到实验室，让她们和一位英俊的男士谈话，这位男士是作为另一名被试身份出现的。在谈话开始前，她们被集中在一间屋子里并听到很大的噪音。实验者告诉其中一些害羞的女生，这种强烈的噪音将会使她们的心跳加速持续一段时间（没有告知另一些害羞的女生这条信息）。因此，这些害羞的女生在后来和那位男士谈话的时候，可以把自己心跳加剧和任何谈话过程中出现的困难都归咎于之前出现的噪音，而不是她们的害羞或是社交的适应不良。与那些没有事先被提供噪音的害羞女生相比，这些女生不再显得那么害羞。一旦谈话开始，她们就能流利地交谈下去并主动向那位男士询问一些问题。事实上，和其他那些害羞的女生相比（那些很容易就被那位男士指出是害羞的女生），他很难将她们与不害羞的女生区分开来。

社会心理治疗方法

我们已经探讨了与生活中从重度抑郁到极度羞怯，再到身体疾病有关的思维模式。问题是这些适应不良的思维方式需要治疗吗？不存在所谓的社会心理治疗法。但治疗是一种社会交往的过程，社会心理学家认为，社会心理学的原则可以整合到现有的治疗技术当中去（Forsyth & Leary，1997；Strong & others，1992）。下面我们对这三种方法展开讨论。

通过外显行为引发内在改变

在模块 9 中，我们探讨了一条简单但强有力的原理：我们的行为影响着我们的态度。我们的社会角色、言行和决定都对“我们是谁”有着深刻的影响。

与这种“态度追随行为”的原则相一致，一些心理治疗技术使用了行为疗法。

- 行为治疗师努力塑造病人的行为，并假设内在性情会随着行为变化而改变。
- 在自信训练中，个体首先在支持情境中通过角色扮演来练习自信，反复训练之后，个体会逐渐恢复在日常生活中的自信。
- 理性情绪治疗法认为，是我们自己导致了负性情绪的产生。因此，治疗师给病人布置“家庭作业”，让他们以一种有助于积极情绪产生的方式去说话、行事，挑战那些原有的负性行为方式。摒弃“自己没有吸引力”这一想法，开始主动和他人交往。

- 自助小组巧妙地使参与者在团体面前以全新的方式行事，例如，表达愤怒、哭泣，展现高自尊，表达积极情感。

所有这些技术都有一个共同的假设：如果我们用意志力来直接控制我们的感受，我们还可以通过我们的行为来间接地影响它。

实验证明，我们关于自我的诉说能够影响我们的感受。在一项实验中，实验者引导学生写自我赞美的散文（Mirels & McPeek，1977）。之后，另一个实验者让学生对自己进行私下评定。与被要求撰写社会评论的学生相比，写自我赞美散文的学生表现出更高的自尊。在另外几项实验中，琼斯和同事（Jones & others，1981；Rhodewalt & Agustsdottir，1986）让学生以自我美化或自我否定的方式来向面试者介绍自己。同样，这种公开的自我展示，无论是提升还是贬低，都会影响个体在自尊测验中的反应。言出必信，当我们评价自己时也是如此。

打破恶性循环

如果抑郁、孤独和社会焦虑是消极体验、消极思维模式和自我挫败行为所形成的恶性循环的结果，那么应该可以通过破坏任何一个环节来打破这种恶性循环。如改变环境，训练个体形成更为积极的行为方式，转变消极思维，等等。实验和经验表明，这的确可以做到，一些不同的治疗方法可以帮助人们从抑郁的恶性循环中解脱出来。

社会技能训练

抑郁、孤独和害羞不仅仅是个体的心理问题。身处抑郁症患者周围的人也会感到不愉快和压抑。正像孤独者和害羞者认为的那样，他们在社会情境中的表现确实不理想。针对这些问题，社会技能训练可能会有所帮助。通过观察并在安全情境中练习新的行为，个体可能会在其他情境行事时表现出更高的自信。

自如处理事务的收益能够强化个体的社会技能，进而促使其形成更加积极的自我知觉。黑默利和蒙哥马利（Haemmerlie & Montgomery，1982，1984，1986）的研究证明了这一点。他们以害羞、焦虑的大学生为研究对象，那些没有异性交往经验并紧张的实验参与者可能会对自己说："我没有约会过，所以我肯定不行，所以我不应该去追求任何人。"为了改变这种消极的信念和行为结果，黑默利和蒙哥马利引导这些学生与异性进行愉快的交流。

在其中一项实验中，在男性被试填写了社会焦虑问卷之后的两天里，每一天，实验者都引导他们与六位年轻女性被试中的每一位进行 12 分钟的交谈。男性被试以为这些女性也是被试。事实上，这些女性是实验者的合作者，她们会以一种自然、积极、友好的方式与每个男性参与者交谈。

实验证明，这两个半小时的谈话产生的积极效果十分显著。一个被试事后写道，"我从来没有遇到过这么多能够愉快交谈的女孩子。在与几个女孩聊天以后，我的自信心提高了，不再像之前那样紧张。"这些评价也被各种测量所支持。与控制组的男性被试不同，那些经历过交谈实验的男性被试在一周以及六个月之后的重测中，与女性有关的焦虑明显地降低了。当被安排独自与一个有吸引力的陌生女性在一起时，他们同样会更加自信地开始与其交谈。事实上，实验结束以后，他们也开始有了不定期的约会。

黑默利和蒙哥马利指出，值得注意的是，在这些变化发生的过程中，并没有咨询的介入。他们认为，其实正是因为没有咨询，才会发生这种变化。正是因为通过自己的努力而获得了成功，这些男性才能够把这种交往成功归因于自己的社交能力，而非其他别的因素。七个月后，研究者向被试做出了实验解释，但截至那个时候，足够多的正性强化已足以使这些被试将成功归因于自己的内在特质。黑默利（Haemmerlie，1987）总结道，"只要你不再拿外在因素为成功找借口，一事成，则事事成！"

解释风格疗法

抑郁、孤独和羞怯的恶性循环可以通过社会技能训练、改变自我知觉和改变消极的思维方式来打破。不过，存在这样一种状况，在吹毛求疵的朋友和家人的指责中，抑郁者、孤独者或害羞者会相信自己不具备良好的社交技能。对于这些人，具有针对性的方法是帮助他们转变对于自己和未来的消极信念，社会心理学家提出了这种有针对性的解释风格疗法（explanatory style therapy）（Abramson，1988；Gillham & others，2000；Greenberg & others，1992）。

有这样一个项目，它帮助抑郁的大学生改变他们的典型归因方式。莱登（Layden，1982）首先向抑郁的大学生解释了非抑郁者归因方式的好处（通过接纳成功带来的信心，并看环境是怎样使事情变糟的）。通过各种任务，她帮助学生观察他们自己是怎样解释成功和失败的。接下来是治疗阶段：莱登让他们中的每一个人记录下每天的成功与失败事件，并注意成功的原因有他们自己的因素，以及失败也有外在的因素。当这种归因训练结束一个月后，对这些学生进行重测，相比没有治疗的控制组，他们的自尊提高了，归因风格也变得更加积极。而且归因风格越积极，他们的抑郁就消失得越多。通过改变归因，他们改变了自己的情绪。

在强调行为和思维方式的改变能产生积极影响之后，我们应该提醒自己：它们也有局限性。社会技能训练和积极的思维方式，不可能将我们改变成人人喜爱和钦佩的常胜将军。而且，暂时的抑郁、孤独和羞怯是对严重的悲伤事件非常适当的反应。只是当这样的情绪长期存在且没有任何明确的原因时，它才需要去关注，并在必要之时去改变这些恶性循环式的思维和行为。

第三编

社会影响

社会心理学家不仅研究我们如何思考对方，即我们在前面那些模块中讨论的主题，而且也研究我们如何彼此影响和彼此联系。因此，在模块 12~21 中，我们将探讨社会心理学关心的核心问题：社会影响的威力。

这些影响我们但又看不见的社会力量是什么？它们的威力到底有多大？有关社会影响的研究有助于我们理解那些无形的却推动着我们的力量。这一编将向我们展示这些微妙的力量，尤其是性别态度的文化根源、社会服从的力量、说服的途径以及群体参与的结果。

了解了这些影响如何在日常生活情境中起作用之后，我们就可以更好地了解人们为什么会那样想以及会那样做。而且，我们也可以更好地抵御那些不良影响的操纵，并更好地把握我们自己的行为。

模 块

12

人类的自然天性和文化多样性

我们有哪些差异？又有哪些相似的地方？对于这个不断社会多元化的世界来说，这些都是核心问题，就像历史学家亚瑟·施勒辛格（Schlesinger，1991）所说："这是我们这个时代的爆炸性问题。"在这个由于种族、文化和性别差异而逐渐分化的世界中，我们能否学会接受我们的差异，尊重我们的文化认同感，并重新认识我们人类彼此间亲密关系的范畴呢？我相信我们能做到这一点。为什么我会这样认为呢，首先让我们来思考一下人性的进化和文化的根源。

进化与行为

在很多重要的方面，我们的相似性都大于差异性。作为拥有共同祖先的大家庭成员，我们不仅在生态学上具有共同点，还具有共同的行为倾向。我们都要睡眠，也会醒转，都会感到饥渴，并能够通过相同的机制习得语言。我们都偏爱甜味而不是酸苦，对颜色光谱的分辨也很类似。我们和整个地球上的同类都可以理解他人的皱眉和微笑。

来自不同地方的人构成了紧密联系的社会（四海之内皆兄弟）。我们加入团体，适应环境，并识别来自不同社会地位的人。我们会知恩图报，惩罚冒犯行为，并且会因为孩子的夭亡而悲伤。在婴幼儿时期，我们 8 个月左右就表现出对陌生人的恐惧。而长大后，我们会偏爱自己所属团体的成员。我们会以戒备或消极的态度对待那些持有不同态度和特性的个体。人类学家布朗（Brown，1991，2000）识别出了几百种这样普遍的行为和语言模式。仅以字母“V”开头的单词为例，所有的人类社会都会有动词（verbs）、暴力行为（violence）、探访（visiting）和元音（vowels）。

体现人性的普遍行为源自于我们的生物相似性。我们可能会说“我的祖先来自爱尔兰”，“我的根在中国”或者“我是意大利人”，但是人类学家在追溯我们的祖先时发现，在至少 10 万年前，我们都是非洲人（Shipman，2003）。为了应对气候变化和寻觅食物，更好地生存繁衍，很多祖先离开非洲，进入亚洲、欧洲、澳洲次大陆和美洲寻找新的家园。为了适应新环境，早期人类开始产生了许多新的变异。根据人类学量表的测量发现，这些变异是新近产生的并且表现在外貌上。比如，那些留在非洲的人有较深的肤色，这被哈佛大学心理学家史蒂文 · 平克（Pinker，2002）称为“热带地区所需的遮阳罩”，而那些迁徙到远离赤道的北极的人则进化出更浅的肤色，以便在缺少阳光直射的地区合成维生素 D。总之，从历史的角度来讲，我们都是非洲人。

正如史蒂文 · 平克（Pinker，2000，p.143）记载的那样，“人类还没有足够的时间来积累大量的新基因，因此目前只能暂时认定人类起源于非洲”。事实上，研究人类基因的生物学家已经发现：我们人类——甚至是像吉姆和惠子这样看起来截然不同的人——都是极其相似的，很像一个部落的不同成员。尽管人类的数量比黑猩猩更多，但黑猩猩之间的基因差异却比人类更大。

为了解释物种特性，英国博物学家查尔斯 · 达尔文（Darwin，1859）提出了进化论的观点，他主张重视基因的作用。与当代哲学家丹尼尔 · 丹尼特（Dennett，2005）“金牌应该奖给任何有最佳想法的人”的观点一样，达尔文也认为**自然选择**（natural selection）使进化得以进行。

这一观点可以概括为：

- 生物体有许多不同的后代；
- 这些后代在环境中互相竞争以求生存；

- 某些特定的生理和行为变异会提高他们在相应环境中繁殖和存活的概率；
- 存活下来的后代更有可能将他们的基因传递给下一代；
- 因此，随着时间的推移，族群特征可能会发生变化。

某些基因会增加物种生存和繁衍的几率，因此自然选择意味着这些基因的数量会越来越多。比如，在北极严寒的条件下，北极熊的那些可以形成白色厚实毛皮的基因就会在竞争中获胜并占据主导地位。

自然选择早已成为生物学研究的原则，而近来也成为心理学界的一条重要原则。**进化心理学**（evolutionary psychology，也译作“演化心理学”）不仅研究自然选择如何影响那些有利于适应特定环境的生理特征，如北极熊的毛皮、蝙蝠的声纳系统和人类的色彩视觉等，而且还研究那些有利于基因存活和延续的心理特征以及社会行为（Buss，2005，2007）。进化心理学家认为，我们人类就应该是现在这个样子，因为在我们祖先众多的后代中，自然选择了那些拥有我们如今特性的个体，比如，偏爱食用营养丰富、高能量的甜食，讨厌有毒食物的酸苦味道。而那些没有这类偏好的祖先不太可能存活下来以繁衍后代。

我们作为活动的基因机器，继承了祖先为了适应环境而形成的生理和心理遗产。我们渴望拥有任何有利于祖先生存、繁衍并养育后代的事物，并以此保证自己的生存和繁衍。“心脏的目的就是要输送血液，”进化学派心理学家巴拉什（Barash，2003）说，“而大脑的目的就是协调好我们的器官和行为，从而使进化取得最大的成功。这就是进化的真谛。”

进化论的观点强调我们人类共同的属性。我们不仅具有相似的食物偏好，而且对一些社会问题也会有同样的回答，例如，“我该信任谁，害怕谁？我应该帮助谁？我应该在什么时候和谁结婚？谁可以支配我？我又能控制谁？”进化心理学家认为，我们对这些问题所做出的情感和行为回答，与我们的祖先非常相似。

正是由于这些社会性的任务对世界各地的人都是一样的，所以人们才会倾向于做出类似的回答。例如，所有的人类都会按照权威和地位来对他人划分等级，而且每个人都相信经济公正（Fiske，1992）。进化心理学家强调这些普遍的特性乃经由自然选择进化而来。然而，文化则给我们提供了实现这些基本社会生活的具体规则。

文化与行为

也许我们人类最重要的共同点（或者说人类的标志）就是我们有学习和适应的能力。进化使我们有能力在变幻莫测的世界里创造性地生存，并能适应各种环境，从热带雨林到北极冰原。与昆虫、鸟类或兽类相比，自然对人类基因的控制并没有那么严格。然而，正是人类共有的生理基础使得我们具有了文化上的多样性。它可以令一种**文化**（culture）里的人们珍视决断、喜欢坦率或者接受婚前性行为，而另一种文化里的人们则可能完全相反。正如社会心理学家罗伊·鲍梅斯特（Baumeister，2005，p.29）所说："进化产生了我们的文化。"

进化心理学也承认社会环境的影响，认识到先天属性和后天养育共同塑造了我们。基因并不能决定一切，它们的表达还依赖于环境的影响，正如同我正饮用的茶叶需要热水冲泡才能入口留香。对新西兰年轻人的一项研究表明，即使是那些拥有易患抑郁变异基因的人，也只有当他们遭受重大的生活压力（如婚姻破裂）时才会患抑郁症（Caspi & others，2003）。压力和基因都不能单独引发抑郁症，只有两者共同作用才会产生这一结果。

人类能在自然选择中胜出，不仅在于我们拥有发达的大脑和强壮的肌肉，而且文化也在起作用。我们来到这个世界就已经做好了准备，要学习语言、与人交往、与人合作以获取食物、照料小孩和保护自己。因此，不论我们出生在何种文化背景下，自然都使得我们更易习得此种文化（Fiske & others，1998）。文化的观点强调了人类的适应性。孔子说："性相近，习相远。"世界文化研究者罗纳德·英格尔哈特和克里斯琴·韦尔泽尔（Inglehart & Welzel，2005）发现，我们现在依然"习相远"。尽管我们的教育水平在不断提高，但是"我们并未形成统一的'全球文化'，文化整合还没有出现。各个社会的文化继承是相当持久的"（p.46）。

文化多样性

人类语言、习俗和行为表现的多样性表明，我们的许多行为都受社会的影响，并非与生俱来。基因的影响是长期的。正如社会学家罗伯逊（Robertson，1987）所言：

> 美国人爱吃牡蛎，却不吃蜗牛；法国人爱吃蜗牛，却不吃蝗虫；祖鲁人爱吃蝗虫，却不吃鱼；犹太人爱吃鱼，却不吃猪肉；印度人爱吃猪肉，却不吃牛肉；俄国人爱吃牛肉，却不吃蛇肉；中国人爱吃蛇肉，却不吃人肉；新几内亚的加尔人却觉得人肉很美味。（p.67）

如果美国人都像世界其他地区的相同族群那样生活（有些美国人的确如此），那么文化多样性与美国人的日常生活就没多少关联。日本有 1.27 亿人口，其中 1.25 亿是日本人，内部的文化差异性很小。与之相反，纽约市的绝大多数居民每天都能遇到很多文化差异，因为在纽约 800 万人口中，三分之一以上的人不是美国本土出生的，而且最大族群也不超过总人口的 37%。

文化多样性会日益影响我们的生活。越来越多的人居住在同一个地球村中，通过电子邮件、大型客机和国际贸易等方式与同伴联系。文化融合已经不是什么新鲜事了。

面对不同文化，有时令人震惊。美国男性看到中东领导人和美国总统打招呼，亲吻面颊以示欢迎时，可能会感到不适。德国学生习惯于向教授致敬，偶尔看到美国学校中大多数教师办公室的门都敞开着，学生们可以自由驻足停留，一定会感到很奇怪。第一次来到麦当劳用餐的伊朗学生会很自然地在其纸袋中四处摸索吃饭的用具，直到发现其他人都是直接用手为止。你我的好习惯在很多地方都可能严重违背礼节。访问日本的外国人会发现学习日本的社会规则实在很麻烦：什么时候脱鞋，如何倒茶，什么时候赠送和打开礼物，以及如何对待地位较高或较低的人。

移民或难民的搬迁似乎在文化融合中发挥着重大的作用。19 世纪的英国作家拉迪亚德·吉卜林曾写道：“东方是东方，西方是西方，双方永不碰面。”但是今天，东方和西方、南方和北方几乎完全联系起来了。意大利有很多阿拉伯人，德国有很多土耳其人，英国有很多巴基斯坦人，其结果是友谊与冲突并存。每 5 个加拿大人和 10 个美国人中就有一人是移民。当我们与来自不同文化背景的人一起工作、玩乐或生活的时候，我们会更容易理解文化的差异和影响力。在充满冲突的世界里，实现真正的和平需要求同存异。

正如礼仪规则所示，所有的文化都有各自认可的得体行为。我们经常把这些社会期望或者**社会规范**（norms）视为一种强迫人们盲从传统的负面力量。社会规范确实可以成功而微妙地限制和控制我们的行为，以至于我们几乎察觉不到。就像在海底生活的鱼类一样，我们每一个人都深受文化环境的影响，以至于我们必须从中跳出来才能理解文化的影响。荷兰心理学家威廉·库曼和安顿·迪克（Koomen & Dijker，1997）说："当我们观察其他的荷兰人用外国人所谓的"荷兰方式"行事时，我们通常意识不到这些行为具有典型的荷兰特征。"

了解我们文化规范的最好方法是观察另一种文化，看看两种文化处事方式的异同。在苏格兰生活时，我告诉孩子们，欧洲人确实用左手拿叉子吃饭，但"我们美国人却认为先用左手切开肉，然后将叉子换到右手是礼貌的。我承认这缺乏效率，但这就是我们吃饭的方式。"

对于那些无法接受某种社会规范的人，此类规范似乎过于专断和偏狭。对于大多数西方人来说，日本人的一些礼节显得繁交缛节，但对于日本人来说则并非如此。然而，正如演员需要知道自己的台词，戏剧才能顺利演出一样，人们同样需要明白社会对自己的期待，社会行为才能顺利发生。社会规范可以使整个社会机器顺利运转。身处陌生的环境时，如果不了解其社会规范，我们会观察他人的行为，并相应调整自己的行为。

不同文化在外向程度、严守时间、打破规则以及私人空间等社会规范上存在差异。例如：

外向程度

对于比较拘谨的北欧（文化中的）人来说，热情开放的地中海（文化中的）人可能显得"热情、迷人、低效和休闲"；地中海人则觉得北欧人"高效、冷漠、过于看重时间"（Beaulieu，2004；Triandis，1981）。

严守时间

拉丁美洲的商人可能会在一次邀约宴会迟到之后，为北美朋友如此纠结于准时而费解。去日本旅游的北美人会对行人之间缺乏眼神交流而感到困惑。

打破规则

如果人们看到有人违反社会规则，比如违规在墙上乱涂乱画，他们就更可能以违反其他的规则的方式，比如乱扔垃圾，盲从违规的规范。科泽尔（Keizer，2008）领导的荷兰研究组做了 6 项实验，发现在看到他人违反社会规则后，人们违反社会规则的可能性增加了一倍。例如，附近的墙面没有乱涂乱画时，只有三分之一的自行车主会将车把上的无用传单扔到地上；而当墙面满是乱涂乱画时，超过三分之二的人都会这么做（图 12-1）。

私人空间

私人空间（personal space）是一种我们想要与他人维持的安全距离或缓冲的区域。随着情境的变化，安全区的大小也会改变。和陌生人在一起时，多数人都会保持相对较大的私人空间，大约 1.2 米或更大的距离。在不太拥挤的公车上、在休息室或图书馆，我们会保护自己的空间并尊重他人的空间。我们允许让朋友靠近些，通常相距半米或 1 米。

个体之间也存在差异，有些人的私人空间比其他人的大（Smith，1981；Sommer，1969；Stockdale，1978）。群体之间也存在差异：成人比儿童的距离大。男性彼此间的距离要比女性之间的距离大。不知何故，靠近赤道的文化圈偏爱更

图 12-1

糟糕的环境会引发堕落行为。在格罗宁根大学的一项研究中，如果附近的墙面干净，大多数人不会随地乱扔没用的传单；而如果墙面满是涂鸦，大多数人则会乱扔传单。

小的距离、更多的接触和拥抱。因此，英国和斯堪的纳维亚半岛的人比法国人和阿拉伯人更喜欢较远的人际距离。北美洲的人比拉丁美洲的人更喜欢较大的私人空间。

为了观察侵入他人私人空间引起的后果，你可以尝试突破他人的空间。你可以站在距离朋友 0.3 米左右的地方与其聊天，观察他是否会感到不安，眼睛看向别的地方，后退或者有其他不适的表现？这些表现都是研究者考察空间侵入的唤醒信号（Altman & Vinsel，1978）。

文化相似性

正是由于人类的适应性，才出现了多姿多彩的文化差异。然而在文化差异的表象下，跨文化心理学家发现了“内在的统一性”（Lonner，1980）。作为人类的成员，我们还发现差异行为背后的机制是相同的。例如，一个 4~5 岁的孩子，无论他 / 她来自哪里，都具备推测他人想法的“心理理论”（Norenzayan & Heine，2005）。无论来自哪种文化，当儿童看到玩具被人拿走，而另一位儿童并没有瞧见，他们就会推测这个孩子会认为玩具还在原来位置。

普遍的友谊规范

世界各地的人们也有一些共同的友谊规范。在英国、意大利、中国香港和日本进行的研究中，迈克尔·阿盖尔和莫妮卡·亨德森（Argyle & Henderson，1985）注意到在定义朋友角色的社会规范方面的某些文化差异，例如在日本，最重要的是不能当众批评朋友令其难堪。但也有一些普遍的规范：尊重朋友的隐私、交谈时要进行眼神的接触以及不泄漏彼此的秘密。

普遍的地位等级规范

罗杰·布朗（Brown，1965，1987；Kroger & Wood，1992）提出另外一种普通规范。无论人们处在何种等级系统，他们在对地位比自己高的人说话时通常会采用较为尊敬的语气，就好像是和陌生人聊天一样。而他们对地位较低的人说话则更像是同熟人和朋友聊天。病人会叫医生"某某医生"，而医生往往会以病人的名字来应答。学生和老师之间也以这种类似的非对等的方式称呼彼此。

很多语言有两种第二人称：尊敬的形式和随意的形式（例如，德语中的 *Sie* 和 *du*，法语中的 *vous* 和 *tu*，西班牙语中的 *usted* 和 *tú*）。人们通常对熟人和下属采用随意的形式——如亲密朋友和家人，甚至包括儿童和宠物。当陌生人用"*Sie*"而非"*du*"来称呼一个德国小孩时，这个少年会受到极大的鼓舞。

布朗普遍规范的第一部分——沟通的形式不仅反映社会距离也反映社会地位——与第二部分密切相关：亲密关系的进展往往控制在地位较高的人手中。在欧洲，大部分个体之间的交往都从礼貌的正式称谓"您"开始，逐渐向亲密的随意称谓"你"发展，很明显有人会控制这种亲密感的发展。你认为谁有这样的权力呢？在愉快的气氛中，年长者、富人或更杰出的人会提出："为什么我们不用'你'称呼彼此呢？"

这一规范也可以超越语言，扩展到每一种亲密关系的进展中。向别人借笔或者把手搭在别人肩膀上的行为，最好还是跟自己的熟人或者下属做，而不要对陌生人或者自己的上司这样做。同样，大学校长会首先邀请老师们到他家里去，而不是相反。在亲密关系的进展过程中，地位更高的人往往是关系发展的控制者。

乱伦禁忌

最知名的普适规范是对乱伦的限制：父母不可以和孩子发生性关系，兄弟姐妹之间也不可以发生性关系。尽管实际上乱伦的发生情况比心理学家原先估计的要多，但这一社会规范的确是普适的——所有的社会都不赞成乱伦。考虑到对于乱伦生育的生物学惩罚（出现与隐性基因相关的疾病），进化心理学家很容易理解为何世界各地的人们都反对乱伦。

战争规范

人类甚至制定了跨文化的战争规范。在杀敌的过程中，会有一些已经遵循了几百年的公认规则。比如，战士必须穿上可识别身份的制服，投降必须使用屈服的姿势，并且人道地对待战俘（如果在他们投降之前没有杀死他们，你还应该给他们提供食物）。这些规范尽管是跨文化的，但是并非所有文化都是如此。伊拉克的部队打出投降旗号后转而又进攻，以及把士兵伪装成平民百姓以安排伏击，他们就违反了这些规范。美国的一位军事发言人谴责道："这些行为是对战争法的最严重亵渎"（Clarke，2003）。

因此，有些规范具有文化特异性，也有些规范则是普适的。文化可以改变规范，但我们的遗传倾向——人类本性——却可以解释某些规范的普适性。因此，我们认为人性是普遍一致的，而后天养育具有文化特异性。

模 块

13

性别、基因和文化

人类的差异表现在很多方面——身高、体重、发色等等。但是对于自我概念和社会关系而言，最重要和最先适应的两个维度是：种族和性别（Stangor & others，1992）。

在后面的部分，我们会探讨种族和性别如何影响他人评价和对待我们的方式。现在，让我们来关注一下**性别**（gender）——与男女两性有关的特征。哪些行为是典型的男性期望行为？哪些行为是典型的女性期望行为？

哈里斯（Harris，1998）提到："人类基因共有 46 对染色体，其中 45 条与性别无关。"因此在身体特征和发育阶段的很多方面，男女两性非常类似，比如开始坐立、长牙和行走的年龄。同样，两性在很多心理特征上也极其相似，包括词汇量、创造性、智力、自尊和幸福感等。两性都有相同的情感和渴望，都宠爱他们的小孩，都有相似的大脑结构（尽管男性有更多的神经元，女性有更多的神经连接）。的确，珍妮特·希伯利·海德（Hyde，2005）通过对 46 项元分析（每一次统计分析都基于几十项研究）的检验发现，大多数研究变量的相同结果是性别相似。"异性"实际上与你几乎是相同的性别。

那么我们是否可以得出这样的结论：男人和女人除了一些生理特征以外，其本质完全相同？而且这些生理特征只在特定场合才有意义。事实上，男女之间仍然存在着一些差异，正是这些差异吸引了人们的注意并引发了许多相关研究。

在日常生活和科学研究中,差异总会引发人们的兴趣。与男性相比,女性平均:

- 脂肪含量高出 70%，肌肉含量少 40%，身高矮 13 厘米，体重轻 18 千克；
- 对味觉和声音更为敏感；
- 患焦虑症和抑郁症的几率是男性的两倍。

而与女性相比，男性平均：

- 进入青春期时间更晚（约晚两年），但是死亡时间较早（世界普遍早 4 年）；
- ADHD（注意力缺陷多动障碍）的病发率高出女性 3 倍，自杀率是女性的 5 倍，死于电击的人数是女性的 6 倍；
- 转动自己耳朵的能力更强。

20 世纪 70 年代，很多学者担心研究这类性别差异会强化性别刻板印象。性别差异会被解释成女性的缺陷吗？尽管这些研究结果证实了一些原有的女性刻板印象——如更少攻击性，更为关心他人，对社会关系更敏感——这些正是女性主义者与绝大多数人所欣赏的特性（Prentice & Carranza, 2002；Swim, 1994）。因而，许多人在评价他们的信念和感受时认为“女人”比“男人”更受欢迎就不足为奇了（Eagly，1994；Haddock & Zanna，1994）。

性别差异性

接下来我们比较一下两性在社会关系、支配性、攻击性和性特征等方面的异同。介绍了这些区别后，我们再思考如何用进化和文化的观点进行解释。性别差异是否反映了自然选择？抑或是文化建构的，即两性通常扮演的角色及其所处情境的反映？还是说基因和文化共同造成了这种性别差异？

独立性与联系性

男性在残酷竞争和养育关爱等见解和行为上存在个体差异，女性也一样。心理学家南希·霍多罗夫等人并未否认上述观点（Chodorow，1978，1989；Miller，1986；Gilligan & others，1982，1990），但是他们提出，女性比男性更重视亲密关系。

游　戏

埃莉诺·麦科比（Maccoby，2002）经过数十年对性别的发展研究发现，与男孩相比，女孩之间的谈话更加亲密，而且游戏也更少具有攻击性。女孩更偏向于在小群体中开展游戏，往往与一个朋友交谈，而男孩则更常进行大群体的活动（Rose & Rudolph，2006）。由于他们各自和同性别的人交往，所以男女之间的差异就会逐渐显现出来。

友　谊

对成年人而言，个人主义文化的女性更经常用人际关系的词汇来描述自己，更乐于接受别人的帮助，体验到更多与人际关系有关的情感，并努力使自己与他人的关系更加协调（Addis & Mahalik，2003；Gabriel & Gardner，1999；Tamres & others，2002；Watkins & othcrs，1998，2003）。男性谈话往往关注任务以及与大群体的关系，而女性则更多关注个人关系（Tannen，1990）。打电话时，女性和朋友的聊天时间更长（Smoreda & Licoppe，2000）。在电脑面前，女性花费更多的时间发送电子邮件以表达情感（Crabtree，2002；Thomson & Murachver，2001）。在群体中，女性之间会相互分享她们各自的生活，为他人提供更多的支持（Dindia & Allen，1992；Eagly，1987）。面临压力时，男性倾向于以“战或逃”来回应，通常以反抗来应对威胁。谢利·泰勒（Taylor，2002）指出，几乎在所有的研究中，遭遇压力的女人更需要他人的照顾和帮助，她们向家人和朋友寻求支持。在大学新生中，10 个男生中有 5 个认为“帮助有困难的人非常重要”，而女生每 10 个里面有 7 个人具有同样的想法（Sax & others，2002）。

职　业

费利西亚·普拉图及其同事（Pratto & others，1997）报告说，总体上，男性总是会被那些增强性别不平等的工作所吸引（检察官、广告策划人等）；女性则被那些减少性别不平等的工作所吸引（公设辩护人、慈善工作的宣传者）。对 64 万人工作偏好的研究发现，男性更看重报酬、晋升、挑战和权力，而女性则更看重工作时长、私人关系和助人机会（Konrad & others，2000；Pinker，2008）。确实，在北美大部分看护职业（如社工、教师、护士）的从业者中，女性比男性更多。而在世界范围内，与男性相比，女性的职业兴趣更多地指向人而非物（Lippa，2008a）。

家庭关系

拥有母亲、女儿、姐妹或祖母身份的女性可以很好地维系家庭（Rossi & Rossi，1990）。女性会花更多的时间照顾孩子和老人（Eagly & Crowley，1986）。女性用在购买礼物和贺卡的时间是男性的 3 倍，用 2~4 倍的时间处理私人信件，并且给朋友和家人打长途电话的次数要多 10%~20%（Putnam，2000）。当要求提供用于描绘自己的照片时，女性提供的照片更多地包含了父母和其他人（Clancy & Dollinger，1993）。尤其对于女性来说，相互支持的感觉对于婚姻满意度极为重要（Acitelli & Antonucci，1994）。

同理心

接受调查时，女性更倾向于将自己描述为具有**“同理心”**（empathy，也译作“共情”），即能够感受他人的感觉——为他人的喜悦而高兴，为他人的悲伤而哭泣。尽管在实验室条件下，同理心的性别差异并不那么显著，但它的确存在。在观看幻灯片或者听完故事以后，女孩会有更多的同理心反应（Hunt，1990）。在实验室或实际生活沮丧的情境下，女性比男性更可能为他人遭受相似的经历而表现出同理心（Batson & others，1996）。看到别人因犯错而痛苦，女性与同理心相关的脑区会显著激活，但是男性不会（Singer & others，2006）。女性更容易哭泣，也更多地报告因为他人的悲伤而难过（Eisenberg & Lennon，1983）。在盖洛普民意测验中，12% 的美国男性和 43% 的美国女性报告说因为伊拉克战争而哭泣（Gallup，2003）。

所有这些差异都有助于解释：与和男性的友谊相比，男女两性都认为与女性的友谊更加亲密、愉悦并且更易维持（Rubin，1985；Sapadin，1988）。当你需要别人共情和理解时，会向谁寻求帮助？两性都倾向于向女性倾诉自己的喜怒哀乐。

对两性同理心差异的一种解释是，女性解读他人情绪的能力更强。朱迪思·霍尔（Hall，1984）对 125 项考察两性对非言语线索敏感度的研究进行分析发现，总体而言，女性更善于解码他人的情绪线索。例如，呈现一段 2 秒钟的无声影片，画面是一位悲伤女性的面孔，女性能更准确地猜出她究竟是在批评别人，还是在谈论她的离婚事件。马斯特和霍尔（Mast & Hall，2006）报告说，女性回忆他人外貌的能力也显著优于男性。

最后，霍尔认为女性更擅长以非言语的方式表达情绪。根据科茨和费尔德曼（Coats & Feldman，1996）的报告，这一特点在表达积极情绪时尤为明显。研究者找到一些志愿者，让他们谈论令自己感到快乐、悲伤和生气的情境，并录下来。之后，研究者给实验参与者呈现 5 秒钟的静音录像，让他们猜测讲述者的心情。结果发现，在快乐情境中，参与者对女性情绪的推测更加准确。相反，男性在表达愤怒时似乎更加出色。

社会支配性

想象一下有这样两个人：一个“大胆、独裁、粗心、强势、坚强、独立和强壮”，而另一个“温柔、依赖、天真、感性、服从和弱小”。如果你觉得前者更像男人，而后者更像女人，那么按照约翰·威廉斯和德博拉·贝斯特（Williams & Best，1990a，p.15）所讲，你和很多人的想法一样。从亚洲到非洲，从欧洲到澳洲，人们对男人的评价离不开强势、进取和攻击等描述。而且，对 70 个国家近 80 000 人的研究表明：男人比女人更为重视权力和成就（Schwartz & Rubel，2005）。

这些观点、期望与事实是相符合的。几乎所有的社会男性都处于统治地位。而在已知的社会中，女性通常很难居于统治地位（Pratto，1996）。我们将看到，不同文化中性别差异的变化极大，不过在许多工业化国家，随着女性担任更多的管理和领导岗位，性别差异正在逐渐减小。但是我们还需看到：

- 2008 年，在全世界所有的立法委员中，女性只占 18%（IPU，2008）。

- 男性比女性更关心社会统治问题，更可能支持保守的政治候选人和维持男女不平等的措施（Eagly & others，2004；Sidanius & Pratto，1999）。2005年，美国男性对死刑和伊拉克战争的支持率比女性高得多（Gallup，2005；Newport，2007a）。
- 陪审团成员中男性大约占一半，但在选举的陪审团领袖中男性却占到 90%，并且大部分实验室小组的负责人也都是男性（Colarelli & others，2006；Davis & Gilbert，1989；Kerr & others，1982）。

因为男性占据较高的社会地位，所以最先发出约会邀请、负责驾车和买单的人也多为男性（Laner & Ventrone，1998，2000）。

男性交流的方式可以加强他们的社会权力。在领导角色并未清晰界定的情境下，男性倾向于采取专断的领导方式，而女性则倾向于采取民主的领导方式（Eagly & Carli，2007）。在领导角色中，男性擅长指示性和专注于任务的领导角色，而女性则擅长变革型的领导角色——采用灵活的社交技巧建立团队精神，这种领导形式受到越来越多的组织欢迎。男性比女性更强调胜利、领先以及控制他人（Sidanius & others，1994）。这也许能够解释为什么相比于群体内冲突，群体间竞争（如国际战争）发生时人们更偏好男性领导者（Van Vugt & Spisak，2008）。

男性也更爱冒险（Byrnes & others，1999）。一项对 35 000 个股票经纪账户的研究发现，“男性比女性更自负”，所以他们比女人的交易额多出 45%（Barber & Odean，2001）。因为交易有成本，也因为男人的交易更多地失败，所以他们对股市造成了 2.65% 的股价损失，而女性造成的损失为 1.72%。男性交易员更喜欢冒险，因此收益也更少。

在写作方面，女性更多使用联系性介词（比如 with）以及现在时态，更少使用数量性名词，更频繁使用现在时态。一个根据词汇使用和句型结构来判断性别的程序成功识别出 920 本英国小说及非文学作品中作者的性别，其准确率高达 80%（Koppel & others，2002）。

男性谈话的方式可以反映出他们对独立的关注，而女性更重视关系。男性更可能表现出权力欲——自信地谈话、直接打断他人、相互握手、更多地注视对方以及较少微笑（Leaper & Ayres，2007）。从女性角度考虑，她们更多采用间接方式影响他人——较少打断他人、更敏感、更礼貌、更谦虚。

那么是否可以断言（就像 20 世纪 90 年代一本畅销书的名字一样）男人来自火星，女人来自金星呢？事实上，如同凯・杜克斯和玛丽安娜・拉弗朗斯（Deaux & LaFrance，1998）提到的那样，男女之间不同的交谈方式可能与社会背景有关。我们赋予男性的大多数特征往往是属于那些处于更高社会地位的人的特性（不论男女）（Hall & others，2006）。例如，学生在和教授谈话时会比他们与同龄人谈话时更频繁地点头（Helweg-Larsen & others，2004）。男人——以及社会地位较高的人——在谈话时通常声音较大而且更容易打断他人（Hall & others，2005）。此外，个体还存在差异：有些男性总是犹豫不决和恭敬顺从，而有些女性则相对自信而且专断。很显然，认为男性和女性来自不同行星的说法太过于简单化了。

攻击性

心理学家把**攻击性**（aggression）定义为意图伤害他人的行为。在全世界，捕猎、打斗和战争等主要是男性从事的活动（Wood & Eagly，2007）。调查显示，男性承认自己比女性有更多的攻击行为。在实验中，男性确实表现出更多的身体攻击，比如实施（自以为真的）高强度电击（Knight & others，1996）。在加拿大，因谋杀而拘捕的男女比例为 9:1（Statistics Canada，2010）。在美国，92% 的囚犯是男性，男女比例超过 9:1（FBI，2009）。几乎所有自杀式的恐怖分子都是年轻男子（Kruglanski & Golec de Zavala，2005）。几乎所有死于战场上的人和死刑犯也是如此。

但是，性别差异会随着情境的不同而不同。在挑衅情境下，男女性别差异会大大缩小（Bettencourt & Kernahan，1997；Richardson，2005）。而且在一些伤害性较小的攻击形式中，比如说扇家人耳光、摔东西或者言语攻击等，女性的攻击行为并不比男性少（Björkqvist，1994；White & Kowalski，1994）。确实，约翰・阿彻（Archer，2000，2004，2007）根据数十项研究的统计分析指出，女性似乎会发起更多的间接攻击行为，例如散布恶意的流言。但是，无论在什么地方，无论处于哪个年龄阶段，男性都会更多地进行身体攻击，伤害他人。

性特征

在性态度和主张方面，也存在性别差异。尽管面对性刺激时，两性在生理和主观反应上“大同小异”（Griffitt，1987），但是，请思考：

- “我可以想象自己正愉悦地享受与不同伴侣的‘随意’性关系。”澳大利亚的一项调查显示，48% 的男性和 12% 的女性对此表示同意（Bailey & others，2000）。对 48 个国家和地区的研究表明，不同文化对性放纵的容忍程度存在差异，其中芬兰人的态度比较开放，支持乱交，而中国台湾人则相对忠贞，支持一夫一妻制（Schmitt，2005）。但在所研究的 48 个国家和地区中，男性比女性对性放纵表现出了更高的欲望。同样，BBC 调查了 53 个国家的 20 多万人，发现各地的男性都更强烈地同意“我有很强的性冲动”这种说法（Lippa，2008b）。
- 美国教育委员会近来调查了 25 万名大一新生，也发现了类似的结果。对于下面这一观点，“如果两个人真的彼此喜欢，那就可以发生性关系，即使他们认识的时间很短暂。”58% 的男生表示赞成，而只有 34% 的女生表示赞成（Pryor & others，2005）。
- 在一项调查中，随机抽取 3 400 名年龄在 18~59 岁之间的美国人，48% 的女性和 25% 的男性认为情感是他们发生第一次性关系的原因。在对性生活频率问题的回答上，19% 的女性和 54% 的男性回答“每天”或者“一天几次”（Laumann & others，1994）。类似地，加拿大人有 11% 的女性和 46% 的男性也会回答“一天几次”（Fischstein & others，2007）。

两性在性态度上的差异还反映在行为层面上。跨文化心理学家马修·西格尔及其同事（Segall & others，1990，p.244）报告说：“世界各地，几乎无一例外，男性比女性更可能发起性活动。”

与女同性恋相比，男同性恋报告，对随意的性关系更感兴趣，性爱频率更高，对视觉刺激的反应更强烈，更关心伴侣的性魅力（Bailey & others，1994；Peplau & Fingerhut，2007；Schmitt，2007）。女同性恋中有 47% 的人会结婚，而这几乎是男同性恋的两倍（24%）（Doyle，2005）。佛蒙特州的同性结合和马萨诸塞州的同性婚姻中，三分之二都是女性情侣（Belluck，2008；Rothblum，2007）。史蒂文·平克（Pinker，1997）观察说："并不是说男同性恋性爱次数更多，他们只是表现了正常男性的性需求，只不过对象也是男人罢了。"

确实，鲍迈斯特和凯塞琳·沃斯（Baumeister & Vohs，2004；Baumeister & others，2001）观察发现，男性不仅有更多的性幻想，性态度也更开放，会寻找更多的性伴侣，也更容易引发性唤醒，渴望更频繁的性生活，手淫次数更多，更不擅于独身生活，更少拒绝性爱，更容易冒险，花费更多的资源以便满足性需求，且更偏爱形式各异的性行为。一项研究询问了来自 52 个国家的 16 288 人，要求他们回答在未来一个月，他们渴望多少名性伴侣。结果发现，在单身人群中，29% 的男性和 6% 的女性报告说渴望一个以上的性伴侣（Schmitt，2003，2005）。同性恋和异性恋的结果一样（29% 的男同性恋和 6% 的女同性恋渴望一个以上的性伴侣）。

人类学家唐纳德·西蒙斯（Symons，1979，p.253）指出，"在世界各地，性都被理解为女性拥有而男性渴望的事物。"难怪鲍迈斯特和沃斯说，各地的文化都更重视女性而非男性的性行为，正如卖淫与求爱过程中所表现出来的性别不对称。男人一般提供金钱、礼物、赞美和承诺，含蓄地换取女性的性顺从。他们注意到，在人类的性经济中，女性很少为性买单。就像工会反对"不罢工的工人"一样，他们认为这种人会损害他们自身劳动的价值。大多数女性都会反对其他女人提供"廉价的性"，这会降低她们自身性行为的价值。在 185 个国家中，男人越少，少女怀孕率就越高——因为男人稀缺时，"女人们会以低价提供性的方式相互竞争以获得男性的许诺"（Barber，2000；Baumeister & Vohs，2004）。当女人缺少时（如中国和印度），女性性行为的市场价值就会上涨，她们会要求更高的求婚承诺。

性幻想也存在性别差异（Ellis & Symons，1990）。在以男性为受众的色情作品中，女性通常未婚且充满欲望；以女性为主要市场的爱情小说中，温柔的男主角总是会全身心地爱自己的心上人。看来并非只有社会学家才注意到这种性别差异。幽默评论家戴夫·巴里（Barry，1995）观察说："女人们可以为一部长达 4 个小时的电影而着迷，尽管整个情节就是一男一女向往发展出一段恋情，但最终却没有什么结果。而男人极其憎恨这样的事情。男人的向往一般只能持续 45 秒，而后就希望大家脱衣服，然后再来一场汽车追逐的戏。一部名为《飞车中的裸身男女》的影片会很吸引男人。"

进化与性别：与生俱来的行为

“你认为造成男女两性不同人格、兴趣和能力的原因是什么？”这是盖洛普公司（Gallup，1990）在一项全美调查中的一个问题。“这主要是由两性不同的养育方式还是由其生理差异造成的？”99% 的人回答了这一问题（显然没人质疑该问题的假设），其中选择后天教养和生理差异的人各占一半。

两性的确存在某些突出的生物性差异。男性天生有发达的肌肉以便狩猎，而女性天生有哺乳的能力。这种生物意义上的差异是否仅仅局限于生殖和运动系统呢？还是男女两性的基因、荷尔蒙以及脑机制的差异导致了上述的行为差异？

性别与择偶偏好

意识到两性在攻击性、支配性和性特征的差异在全世界都持续存在，进化心理学家道格拉斯·肯里克（Kenrick，1987）认为，“我们无法改变自己种群进化的历史，毫无疑问，我们彼此之间的一些差异受到这段历史的影响。”进化心理学家预测，如果两性面对的是完全相同的适应性挑战，那么两性之间就不会有任何差异（Buss，1995b）。两性都通过分泌汗液调节体温，在口味上都偏好有营养的食物，皮肤磨损时都会起老茧。但是进化心理学家同时预言，两性在约会、婚配以及繁殖行为等方面存在差异。

比如，让我们来思考一下男性在性活动中更高的主动性。正常的男性一生会产生亿万个精子，所以相比于卵子，精子要廉价很多（如果你是一个正常的男人，在读到这些文字的时候，你会产生 1 000 多个精子）。而且，女性孕育受精卵时，男性还可以与其他女性性交来增加自己基因传播的机会。生一个孩子，女人分娩需要用 9 个月，而男人可能只需要 9 秒。

因此，进化心理学家认为，女性会在意男性拥有的资源与做出的承诺，从而谨慎地选择繁殖机会。男性则会与其他男性竞争以获得传播基因的机会，因此男性寻找的是能够播种的肥沃土壤。女性寻求的则是那些能帮助她们整理花园的男人——资源丰富且感情专一的父亲，而不是那些朝三暮四的花花公子。女性择偶精挑细选，而男性择偶则贪多务得。至少理论上是这样。

此外，进化心理学家提出，在身体机能方面处于优势的男性总是很擅长接近女性。因为攻击性较弱的男性繁衍的几率较低，所以人类漫长的进化历程增强了男性的攻击性和支配性。那些使蒙特祖玛二世成为阿兹台克国王的基因特性很自然地通过他的 4 000 个女人遗传给了他的后代（Wright，1998）。如果我们的女性祖先能通过理解自己孩子和求婚者的情绪而获得益处的话，那么自然选择就会同样赋予女性理解情感的能力。在所有这些假设之下的原则是：自然会选择那些有助于基因遗传的特性。

这些过程几乎都是无意识的。很少有人会在痛苦中停下来思考，“我要把我的基因遗传给后代。”相反，像进化心理学家说的那样，我们天生渴望那种能增加基因遗传性的生活。情绪负责执行这种进化机制，就像饥饿促使人体摄取营养物质那样。

进化心理学家预测男性会努力为女性提供她们所需的外界资源和身体保护。雄孔雀会炫耀它们的羽毛，男人也会展示他们的财富。在一个实验中，如果一位年轻的男性和一位年轻的女性单独在房间里，他会把“拥有很多金钱”看得更加重要（Roney，2003）。格伦·威尔逊（Wilson，1994）认为“男性的成就最终会变成求爱的本钱”。女性可能会隆胸、去皱、抽脂，以满足男性所需的年轻、健康的外表（暗示着可受孕）。

巴斯和艾伦·范戈尔德（Buss，1994a；Feingold，1992a）确信女性和男性的择偶偏好可以证实上述假设。从澳大利亚到赞比亚，对 37 种文化进行的研究显示，生殖力旺盛的女性外表（如年轻的脸孔）对男性更加富有吸引力。而女性则被那些富有、强势和自信的男性所吸引，因为这表示男性有足够的资源保护和抚养后代。男性对女性外表的兴趣使他们成为世界上色情作品的主要消费者。但两性同样也存在相似性：不论是定居在印度尼西亚群岛还是圣保罗的市郊，男女都渴望友善、爱情和双方的相互吸引。

基于这些发现，巴斯（Buss，1999）报告说对此感到有点意外：“世界各地的男女在择偶偏好上的差异如此精确地符合进化学派的预测。就像我们对蛇、高度和蜘蛛的恐惧为我们提供了一扇窗，以了解进化过程中先祖们遭遇的生存危机一样，我们的择偶偏好同样为我们提供了一扇窗，以洞察祖先繁衍必需的一些资源。成功生存并繁衍的祖先所具有的偏好，一直延续到我们所有人。”

对进化心理学的反思

并非刻意驳斥自然选择（自然对身体和行为特征的选择确实增加了基因生存概率），批评者指出进化解释可能存在问题。进化心理学家有时会从某种结果（比如两性发起性行为的差异）出发，从结果倒推到行为从而提出某种解释，这种方法是倒推的机能主义，在 20 世纪 20 年代曾是心理学的主流理论。“为什么会出现那样的行为？因为那样的行为具备这样的功能。”你可能会发现，无论进化论还是机能主义都只是事后推测。生物学家保罗·埃利希和费尔德曼（Ehrlich & Feldman，2003）指出，如果采用这样的事后推测，进化论理论家几乎从不会犯错。当今的进化心理学家如同过去的弗洛伊德心理学派一般，批评者如此评述：不论发生什么，任何理论都可以进行修正更新。

防止事后推测偏差的方法是假设事件的其他发展方式。我们不妨想想，女性如果比男性更加强壮而且更富有攻击性。有些人会解释说：“当然啦，这样可以保护她们的孩子。”如果男性从来没有过婚外情，我们是否就很难发现这种忠诚背后的进化智慧呢？因为养育后代远比播种受精重要，所以，如果男女共同投入来养育孩子的话，那么双方都会受益。那些对伴侣和后代忠诚的男性会更容易确保后代的生存以成功地传递基因。一夫一妻制有助于增强男性对父系后裔的确定。（事实上，对于那些后代需要大量养育投入的人类和其他物种来说，它们为什么倾向于配对生活并实行一夫一妻制？进化学派基于倒推法提供了解释。）

进化心理学家认为批评他们的理论基于事后推测“完全错了”。他们认为，事后推测在文化解释中的作用并不小：为什么男女会有差异？因为文化塑造了他们的行为！当人们的角色随着时间和地点有所变化时，“文化”更多地是在描述那些角色而不是解释它们。而且进化心理学家认为他们的学说远远超越了事后推测，是一门利用动物行为数据、跨文化观察，以及激素、基因研究来检验进化学假设的实证性科学。与很多学科一样，观察激发理论进而产生可以检验的新预测。这些预测不但可以使我们对未注意到的现象有所警觉，而且可以证实、反驳或是修正理论。

进化心理学的批评者承认进化确实有助于解释我们人类的异同之处（一定程度的多样性有利于生存）。但是他们强调仅凭人类共同的进化传统无法预测人类婚姻模式中的文化变异（从一夫一妻到一夫多妻或者一妻多夫，以及交换夫妻的行为），而且它也无法解释为什么文化能够在短短几十年的时间内影响人们的行为模式。自然赋予我们最重要的特征似乎就是适应能力——学习和改变，因此我们可以认为其实是文化在塑造我们。

性别与荷尔蒙

如果基因预先设定了与性别有关的特性，它们肯定会通过影响我们的身体来表现这一点。在男性胚胎中，影响睾丸形成的基因会指导分泌睾丸素——影响他们雄性体征的男性荷尔蒙。研究发现，在胚胎形成时期接受了更多睾丸素的女孩长大后会比其他女孩表现出更多男子气（Hines，2004）。另外，有一些研究跟踪了那些没有男性生殖器而被当作女孩子抚养的男孩（Reiner & Gearhart，2004），大人虽然像女孩子一样打扮和对待他们，但是多数人最终还是会参与典型的男性游戏，并且认同自己的男性性别，而且通常没有情绪上的痛苦。

攻击行为的性别差异似乎受睾丸素的影响。给动物注射睾丸素会增加其攻击行为。有着极端暴力倾向的男罪犯体内往往有很高的睾丸素含量，国家橄榄球联队的运动员和狂欢兄弟会的成员也同样如此（Dabbs，2000）。此外，人类和猴子攻击行为的两性差异在生命早期就表现出来了（在文化发生影响之前），并且在成年后随着睾丸素水平的下降而趋于消失。当然这些证据都不是结论性的。总体来讲，这些证据让许多学者相信性激素确实有影响。但正如我们将要看到的，文化同样也是如此。

文化与性别

正如前面所述，文化是由大型群体共同拥有并能代代相传的一切事物——思想、态度、行为和传统。我们可以看到文化对观念的塑造力，比如男女两性的适当行为。而且人们违反社会期望时就会遭到文化的谴责（Kite，2001）。在各个国家，女孩会花更多的时间做家务和帮助照顾孩子，而男孩则把时间花在自由自在地玩游戏上（Edwards，1991）。即使在当代北美的双职工家庭中，也是男性完成家里大部分的修理工作，而女性负责照看孩子（Bianchi & others，2000；Fisher & others，2007）。这些对男女的行为期望界定了**性别角色**（gender role）。

那么，究竟是文化建构了这些性别角色，还是性别角色只是反映了男女的自然行为倾向？不同文化和时代的性别角色差异表明，文化确实会影响性别角色的建构。

因文化和时代而异的性别角色

尽管性别角色存在不平等，但是全球大多数的人们还是期望看到男女角色更加平等。夫妇两人一起工作、共同照顾孩子，或者丈夫外出工作而妻子呆在家里照顾孩子，这两种生活哪一种更令人满意？这是皮尔全球态度调查（Pew，2003）向 38 000 人提出的一个问题。44 个国家中有 41 个国家的大多数人都选择第一个答案。

但是国家之间的差异十分明显。埃及人反对世界多数派观点的比例是 2:1，而越南人赞成的比例则高达 11:1。世界经济论坛在 2008 年的全球性别差距报告（Global Gender Gap Report，2008）中指出，挪威、芬兰和瑞典男女平等程度最高，而沙特阿拉伯、乍得和也门最低。即使在工业化国家，妇女的地位也有很大差异。日本和德国的管理岗位中女性只占 1/10，而在澳大利亚和美国的管理岗位上，女性比例则接近 1/2（ILO，1997；Wallace，2000）。在北美，大多数的医生和牙医都是男性；在俄罗斯，大多数的医生是女性；而丹麦大多数的牙医是女性。

在刚刚过去的半个多世纪中——历史长河中的一小页——性别角色发生了巨大的变化。1938 年，只有 1/5 的美国人支持"已婚女性可以去工作挣钱，即使她的丈夫有能力养家糊口。"到 1996 年，4/5 的人都赞成这种观点（Niemi & others，1989；NORC，1996）。1967 年，美国 57% 的大学新生赞同"已婚妇女的活动应该限制在家庭范围内。"而到 2005 年，只有 20% 的人同意这一观点（Astin & others，1987；Pryor & others，2005）。（随着文化在这些问题上达成了共识，这些问题不会再出现在调查问卷上了。）

这一态度的转变伴随着行为的变化。1965 年，哈佛商学院还从未给女性颁发过学位；到 20 世纪末，30% 的毕业生都是女性。从 1960 年到 2005 年，美国医学院的毕业生中女性比例由 6% 上升到 50%，法学院则从 3% 上升到 50%（AMA，2004；Hunt，2000；Richardson，2005）。到 20 世纪 60 年代中期，美国已婚妇女花费在家务劳动上的时间是她们丈夫的 7 倍；而到 90 年代中期，该比例下降到了 2 倍（Bianchi & others，2000；Fisher & others，2007）。

从摩洛哥到瑞典，女性在国会中的席位在逐渐增加，这说明了不同文化下男女性别角色的变化（Inglehart & Welzel，2005；IPU，2008）。在如此短的时间内就有这么大的跨文化变化，说明进化和生物性并不能固化性别角色，时间对性别角色也会有影响。

结语：生物因素与文化因素

我们不必把进化和文化看作对立面。文化规范对我们的态度和行为有着微妙而强大的影响，但是它并不能独立于生物因素而起作用。所有的社会和心理因素归根结底仍然是生物因素。如果他人的期望能影响我们，那这其实也是我们生物程序的一部分。此外，我们人类生物遗传所能启动的过程，文化都能使之得以增强。如果基因和激素预先设定男性比女性更加具有攻击性，那么文化会借助社会规范期望男性坚强刚毅而女性温柔友善来增大这种差异。

生物和文化因素也存在**交互作用**（interaction）。遗传科学的进展表明，经验能利用基因促进大脑的发育过程（Quarts & Sejnowski，2002）：环境刺激能激活基因制造新的脑细胞以分化感受器。视觉经验能激活基因发展大脑视觉区，父母的爱抚能激活基因帮助后代应对未来的压力事件。基因并非一成不变，它会根据我们的经验适应性地做出反应。

如果生物特性会影响环境反应，生物因素和经验因素就会相互作用。男性身高比女性高 8%，肌肉为女性的 2 倍，因此他们的人生经历必然不同于女性。人类是否存在这样一条非常严格的文化规范：男性应该比他们的女性伴侣高。在一项美国的研究中，720 对已婚配偶中只有一对不符合上述规范（Gillis & Avis，1980）。依据事后之见，我们可以推测心理学的解释：也许身高优势有利于男性延续他们超越女性的社会权力。但是我们同样可以推测这一社会规范背后的进化

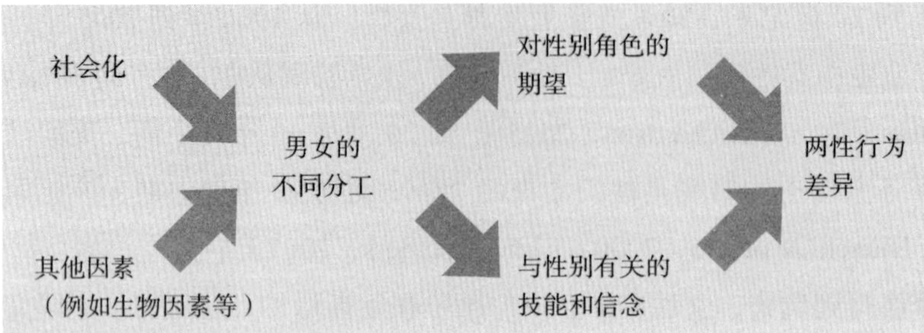

图 13-1

社会行为性别差异的社会角色理论。各种影响因素（包括童年经历等）使得男女两性具有不同的角色。正是对这些不同角色的期望和信念影响了男女两性的行为。

资料来源：Adapted from Eagly (1987) and Eagly & Wood (1991).

意义：如果人们偏好相同身高的伴侣，那么高大的男性和矮小的女性就可能找不到合适的伴侣了。既然如此，进化导致男性比女性更高，而文化也做出类似的规定。所以选择伴侣时的身高规范很可能就是生物因素和文化因素共同作用的结果。

艾利丝·伊格利和温迪·伍德（Eagly & Wood，1999；Wood & Eagly，1987）提出了生物因素与文化因素交互作用理论（图 13-1）。他们认为存在许多因素，包括生物影响和儿童期社会化，导致了男女两性不同的社会分工。成年以后，直接影响社会行为性别差异的是社会角色，此种角色反映了两性的劳动分工。男性由于生理上天赋的力量和速度，更适合需要体能的社会角色。而女性由于先天的分娩和哺乳能力，更适合抚育者的社会角色。于是男女两性就会各自倾向于表现那些符合角色期望的行为，并相应地塑造自己的技能和信念。因而天性和教养构成了一张“彼此交织的网”。随着角色分配变得更为平等，伊格利预测性别差异“将会逐渐缩小”。

模　块

14

好人是如何变坏的

你一定经历过这样的场面：当一场辩论赛或音乐会结束时，前排的粉丝们起立鼓掌。接着，紧邻粉丝后面的赞赏者也起立鼓掌。现在，起立鼓掌的浪潮波及到了后面较冷静的观众，他们也从舒适的椅子上站起来，给予了礼节性的喝彩。可是，你还想坐着（“这位演讲者根本就不代表我的观点”）。但是，当起立鼓掌的浪潮扫过时，你还会独自坐着吗？成为少数与众不同者，真的很不容易。除非你真的非常厌恶刚才听到的内容，不然你很可能会随着人群起立，至少短暂地应付一下。

研究**从众**（conformity）的心理学家们构建出微型的社会情境，即实验室微观文化，这种微观文化简化并模拟我们日常生活中社会影响的重要特征。让我们先来关注两组经典的实验。每一组实验都提供了一种研究从众的方法以及某些惊人的发现。

阿什的从众研究

所罗门・阿什（Asch，1907~1996）回忆起他少年时代参加传统的犹太教传统的逾越节家宴情形：

> 我问坐在身旁的叔叔为什么要开着门。他回答说："先知以利亚今晚会造访每个犹太家庭，从特意为他准备的杯子里呷一口葡萄酒。"
>
> 我对此感到很惊讶，又问："他真的会来吗？他真的会呷一口酒吗？"
>
> 叔叔说："如果你仔细地盯着，当门被推开时，你会看到——你注意杯子——你真的会看到酒少了一些。"
>
> 果然如此。我的眼睛盯着葡萄酒杯，下决心看看是否有变化。对我来说好像……酒杯边缘确实发生了变化，酒真的少了一点点（Aron & Aron，1989，p.27）。

数年以后，社会心理学家阿什在实验室里重演了孩提时代的那一经历。假设你要参加阿什的实验，坐在 7 个人一排的第 6 个位置。研究者告诉你这是一项知觉判断的实验，然后要求你判断，图 14–1 中的 3 条线段中哪一条与标准线段一样长。你很容易就可以看出是线段 2。当你前面的其他 5 个人都说是"线段 2"时，这没什么好奇怪的。

接下来的比较同样很简单，你觉得这是个简单的测试。但第三次判断却令你大吃一惊。尽管正确的答案是显而易见的，但第一个人答错了。在第二个人也给

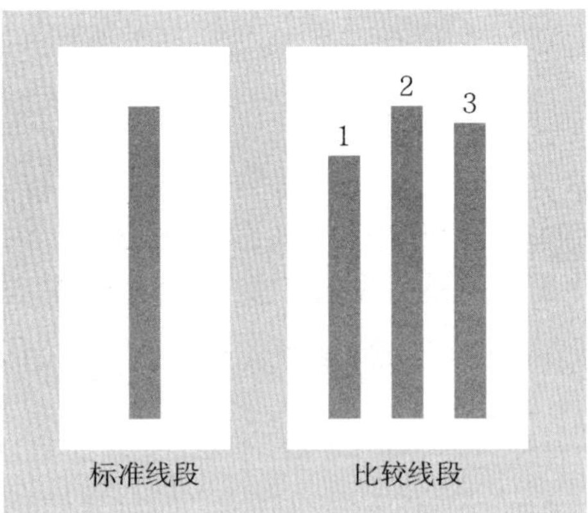

图 14–1

所罗门·阿什的从众实验所使用的图片。实验参与者要判断 3 条线段中哪一条与标准线段一样长。

出同样错误的答案时，你从椅子上站起来，使劲盯着卡片。第三个人也同意前面两人的答案。你张大嘴巴，浑身开始冒汗，“怎么回事？”你问自己，“是他们瞎了，还是我瞎了？”第四、第五个人也同意前面几个人的答案。接着，研究者看着你。现在，你面临着认识上的两难困境：“什么才是正确的呢？是同伴告诉我的正确呢，还是我的眼睛告诉我的正确呢？”

很多大学生在阿什的实验中都体验到这类冲突。控制组的大学生单独回答时正确率超过 99%。阿什想知道：如果其他几个人（经过研究者训练的研究助手）给出一致的错误答案，那么受其影响的大学生是否会给出违心的错误答案呢？尽管有些人从来不从众，但四分之三的人至少有过一次从众行为。总的看来，37% 的回答是从众的（还是应该说“相信他人”？）。当然，这也意味着 63% 的人没有从众。有学者（Hodges & Geyer，2006）注意到，该实验表明“有人不说实话时大多数人仍会说实话”。尽管有很多大学生表现出独立精神，但阿什（Asch，1955）认为从众的不良后果显而易见：“看上去聪明而善良的年轻人却愿意颠倒黑白，这的确令人担忧。我们不得不质疑教育体制以及指导我们行为的价值观。”

阿什的实验程序成为后来许多实验的范式。虽然这些实验缺乏日常从众的“世俗现实性”，却有“实验现实性”。在这种经历中人们变得情绪化。谢里夫和阿什的研究结果令人震惊，因为他们的实验没有涉及任何明显的从众压力——既无“团队合作”的奖励，也无针对个体的惩罚。

如果在这样小的压力下人们就表现出从众行为，那么，在直接强迫的情形下，他们会表现出何等可怕的服从行为？能强迫普通公民做出残忍的行为吗？可能你认为不能：他们的人性、民主、个人主义的价值观会使他们抗拒这种压力。此外，这些实验中轻松的口头表态与实际伤害他人的行为还有很大距离；人们决不会屈服于伤害他人的压力。人们真的会这样吗？社会心理学家斯坦利·米尔格拉姆（Stanley Milgram）很想知道这一答案。

米尔格拉姆的服从实验

耶鲁大学心理学家米尔格拉姆（Milgram，1965，1974）从 1961 年起用一系列的实验考察了权威与道德之间的冲突。米尔格拉姆的服从实验是社会心理学最著名也是最有争议的实验。斯坦福大学社会心理学家罗斯（Ross，1988）如此评论道："若要论社会科学历史上实证研究的贡献，可能无出其右。米尔格拉姆的服从实验是人类社会共同的智慧遗产（如历史事件、圣经寓言和古典文学）的一部分，伟大的思想家在探讨人类本性和思考人类历史时可以信手拈来，有如天成。"

下面是米尔格拉姆设计的场景，这位颇具创造性的艺术家撰写剧本并导演了剧情：两个人来到耶鲁大学心理实验室参加一项学习和记忆的研究。实验者穿着白大褂，严肃地解释说，本实验是一项考察惩罚对学习影响的尖端研究。实验要求其中一人（"教师"）教另一人（"学习者"）学习配对出现的单词，如果记忆错误，就要进行惩罚，给"学习者"逐渐施加增强的电击。为了分配角色，他们要从帽子里抽签。其中一人是性情温和的 47 岁的会计师，他是研究助手，假装说自己抽到了"学习者"签，并被领进隔壁房间。另一人是应征而来的志愿者，安排担当"教师"的角色。"教师"在体验一次轻微的电击后，看着研究者把"学习者"绑在椅子上，并在其手腕上缚上电极。

然后，"教师"和米尔格拉姆回到主房间（见图 14–2）。"教师"坐在"电击启动器"前，该仪器上有一排开关，每档相差 15 伏，从 15 伏一直到 450 伏。开关上写着"轻微电击""强电击""危险：高强电击"等等。在 435 伏和 450 伏的开关中间有"高危致命"（XXX）字样。研究者告诉"教师"，学习者每答错一次，"就在电击发生器上提高一个档次实施电击"。每次只要轻按开关，灯光就会闪烁，

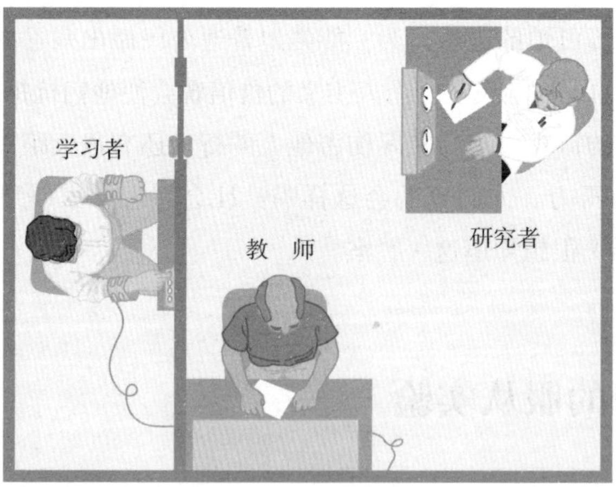

图 14–2

米尔格拉姆的服从实验。资料来源：Milgram, 1974.

继电器开关随之“咔嗒”一声响，电蜂鸣器就会嗡嗡地响起来。

如果“教师”服从研究者的要求，那么，他会在 75、90 和 105 伏时听到学习者的哼哼声。在 120 伏时学习者大喊电击太疼了。在 150 伏时学习者咆哮着:“实验者，把我从这里弄出去！我不再参加这个实验了！我拒绝继续做下去！”在 270 伏时学习者的抗议声成了痛苦的尖叫声,并坚持要出去。在 300 伏和 315 伏处，他会尖叫并拒绝回答。330 伏后他再也没有声音了。米尔格拉姆在“教师”询问和要求停止实验时说,学习者不回答就被视为回答错误。为了让“教师”继续实验，研究者采用了四种口头鼓励：

鼓励 1：请继续下去（或请继续）。

鼓励 2：该实验要求你继续进行下去。

鼓励 3：你继续进行下去是绝对必须的。

鼓励 4：你没有其他选择，必须进行下去。

你会进行到什么程度？米尔格拉姆给精神病学家、大学生和中产阶层等 110 人描述了这项实验。三个群体的人都认为自己会在 135 伏左右时不服从命令；没人想进行到 300 伏以上。考虑到自我估计可能会受到自利偏差的影响，米尔格拉姆要求他们估计其他人会进行到什么程度。实际上，没有一个人期望他人使用电击发生器中的“高危致命”（XXX）档（精神病学家估计大约 1 000 人中会有 1 人这样做）。

然而，当米尔格拉姆对 40 名男性（职业不同，20~50 岁）测试时，有 26 人（65%）一直进行到 450 伏。中途停止电击的人一般在 150 伏左右，此时学习者的抗议声听上去更为急迫（Packer，2008）。

我们想知道今天的人们会不会同样如此服从，伯格（Burger，2009）重复了米尔格拉姆的实验，尽管最高只到了 150 伏。实验结果表明：在 150 伏的时候，70% 的参与者仍然会服从，这一数字比米尔格拉姆的实验结果略低。在米尔格拉姆的实验中，在 150 伏仍会服从的参与者会大部分继续到最后。事实上，所有服从指令达到 450 伏的参与者（“教师”）都会一直继续实验，直到另外两项实验之后实验者喊停为止。

米尔格拉姆原来估计服从的人不会太多，并计划在德国重复实验以比较文化差异，但实际的研究结果却令他颇为不安（Milgram，2000）。米尔格拉姆没有去德国，但他将实验设计得令学习者的抗议更加引人关注。当在椅子上捆绑学习者时，“教师”会听到他提醒说“有轻微的心脏病”，并听到研究者再次保证“尽管电击可能很疼，但不会对人体造成永久性的伤害”。结果发现，学习者痛苦的抗议声并没起多大作用；40 名新的男性参与者中有 25 人（63%）完全服从了研究者的命令（图 14–3）。后来 10 项包括女性参与者的研究发现，女性的从众比例与男性相似（Blass，1999）。

实验参与者的服从令米尔格拉姆忧心忡忡。他所用的实验程序也令许多社会心理学家惶恐不安（Miller，1986）。这些实验里的“学习者”实际上没有受到任何电击（“学习者”离开了电椅，打开磁带录音机，播放抗议声）。然而，有批评者说，米尔格拉姆施加于参与者的伤害正是参与者施加于受害者的。他强迫参与者违背自己的意愿。实际上，许多“教师”确实体验到了极度的痛苦感。他们流汗、颤抖、紧咬嘴唇、说话结巴、痛苦呻吟，甚至爆发出无法控制的神经质般的大笑。一位《纽约时报》记者控诉说，“该实验对毫不知情的参与者所实施的残忍行为，使他们只好去引发别人的痛苦，以此相抵”（Marcus，1974）。

批评家也认为，参与者的自我概念可能会因此而改变。一位参与者的妻子对

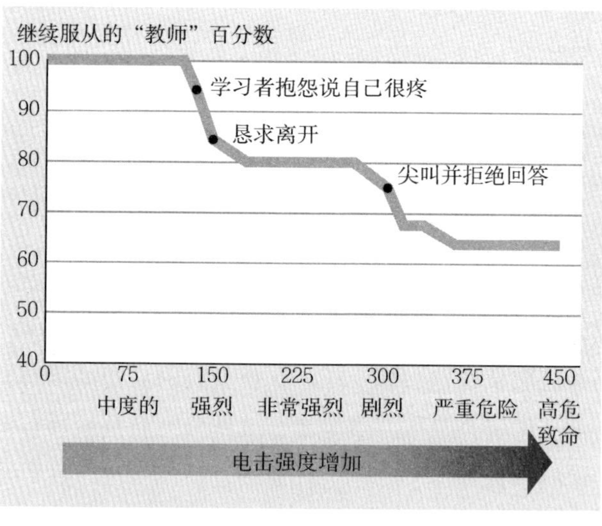

图 14–3

米尔格拉姆的服从实验。学习者做出各种表现下参与者的服从百分比。资料来源：From Milgram, 1965.

他说："你可以称你自己为艾希曼了"（指纳粹死亡集中营的执行官阿道夫·艾希曼）。哥伦比亚广播公司（CBS）改编了一部两小时的戏剧，描述了该研究的结果及其引发的争论。为这部戏剧做广告的《电视导报》评论道（Elms，1995），"罪恶的世界是如此恐怖，迄今为止还没有人敢于洞察其秘密！"

在为自己辩护时，米尔格拉姆总结了由 1 000 多个不同参与者所做的 20 多项实验所获得的经验教训。他也引用了参与者支持自己的一些评论，这些评论是在向参与者解释了实验目的和披露了欺骗程序之后获得的。随后的调查发现，84% 的参与者说他们很高兴参加该实验；只有 1% 的人表示遗憾。一年以后，精神病学家对痛苦体验较强烈的 40 名参与者进行了访谈，得出结论：不管暂时的应激如何，确实没有人受到伤害。

米尔格拉姆认为，对服从实验的道德批判是"极其夸张"的：

> 服从实验对参与者自尊的负面影响，与大学生参加一门普通课程的考试，但没有得到想要的学分相比，要小得多……我们似乎对考试失败导致的应激、紧张和自尊降低的结果已有相当的心理准备，而对于产生新知识的过程，我们却没有表现出一丁点宽容（Blass，1996）。

导致服从的因素

米尔格拉姆不仅揭示出人们服从权威的程度，他还考察了服从产生的条件。在进一步的实验里，他变化了各种社会条件，得到了从 0~93% 的服从率。结果发现，有四种因素会影响服从，即与受害者的情感距离、权威的接近性与正当性、机构的权威性和群体影响的释放效应。

与受害者的情感距离

米尔格拉姆实验的参与者在无法看到"学习者"（"学习者"也无法看到他们）的情况下，其行动表现出的同情最少。当受害者距离遥远，"教师"听不到抗议声时，几乎所有参与者都冷静地服从直到实验结束。相对于研究者的权威而言，这类情境把学习者对参与者服从的影响减小到了最低限度。但是，如果我们使学习者的抗辩与研究者的命令一样显而易见，将会出现什么情况呢？当学习者与参与者在同一房间时，那么，“只有”40% 的参与者表现出服从把实验进行到 450 伏。当要求教师把学习者的手强制按在电击板上时，那么，完全服从的比例下降到 30%。

在日常生活中也同样如此，我们很容易漠视那些与己无关或失去个性的人。甚至对于巨大的灾难，人们也无动于衷。刽子手常常用布蒙住受刑者的头，使其失去个性。战争法允许从 40 000 英尺高的地方对手无寸铁的村民投掷炸弹，但不允许对他们开枪射击。在与敌人进行近距离肉搏时，许多士兵既不开火，也不瞄准。这种违抗军令的行为，对于那些接到命令后以远距离火炮或飞机进行杀戮的军人来说是很罕见的（Padgett，1989）。

从积极一面讲，人们对于个性化的人是最富有同情心的。这就是人们在替未出生的胎儿、饥饿的难民或动物权利进行呼吁时，总是用令人感动的照片或描述来赋予其个性化的原因。也许最令人感动的是正在发育的胎儿的超声波图像。社会心理学家（Lydon & Dunkel-Schetter，1994）曾经问过准妈妈们，结果发现，当她们看到自己胎儿的身体被超声波图像清楚地显示出来时，她们对胎儿表现出更多的爱心。

权威的接近性与正当性

研究者亲临现场也会影响服从。当米尔格拉姆通过电话下达命令时，整个服从比例下降到了 21%（虽然许多人撒谎并且说自己听从了命令）。其他研究也证实，权威在空间上的接近性会增加服从率。轻微碰触一下手臂，会使人更愿意捐一个硬币，在请愿书上签名，或者品尝新的比萨饼（Kleinke，1977；Smith & others，1982；Willis & Hamm，1980）。

但是，权威必须是正当合理的。在米尔格拉姆实验的另一变式中，研究者假装接到一个电话，要离开实验室。研究者说，仪器可以自动记录数据，所以“教师”可以继续做实验。研究者离开后，另一个人代替研究者（实际上是研究者的另一个助手）来发布命令。该助手“命令”对每个错误回答增强一档电击，并且还有针对性地指导“教师”。这种情况下有 80% 的“教师”完全拒绝服从。助手装作厌恶这种违抗，并亲自坐在电击启动器前，试图代替“教师”实施电击。这时，大多数不满的参与者发出了抗议。一些人还试图拔下启动器的插头。一个高大的男子把助手从椅子里拽起来，并把他推出房间。参与者对不正当权威的反叛与之前在研究者面前常常表现出来的恭顺和礼貌形成了鲜明的对照。

对护士的服从行为研究也可以证实这一点。医生要求并不认识的护士给病人服用非常明显的过量药物（Hoffling & others，1966）。研究者把这项实验讲给一群护士和学护理的学生听，问她们会如何反应。几乎所有人都说自己不会服从命令。其中一人说她会这样回答："我很抱歉，先生，在没有处方的情况下我不会听从权威给病人服任何药，尤其是过量的药品和我不熟悉的药品。当然如果条件允许的话，我愿意去做，但是这不但违反医院的政策，也违背我的道德标准。"然而，当 22 名护士在接到医生给病人过量服药的电话命令后，只有一人例外，其余的护士毫不犹豫地服从了（直至在去病人的路上被拦截为止）。虽然并非所有护士都如此顺从（Krackow & Blass，1995；Rank & Jacobson，1977），但是，这些护士都是循规蹈矩的：医生（正当的权威）命令，护士服从。

在奇怪的"直肠耳朵疼"的案例中，我们可明显看到个体对合法权威的服从（Cohen & Davis，1981）。医生要求给右耳感染的病人耳朵里滴药。在处方上，医生把"滴入右耳"写成了"滴入直肠"。看了医生的处方后，顺从的护士把指定数量的药液滴入了顺从的病人的直肠里。

机构的权威性

如果权威的声望很重要，那么耶鲁大学的机构声望也可能使米尔格拉姆的实验命令变得合法化了。在实验后的访谈中，许多参与者说如果不是耶鲁大学的名声，他们坚决不会服从。为了考察真实情况，米尔格拉姆把实验地点移到康涅狄格州的布里奇波特市。他在一座并不豪华的商务大楼里成立了"布里奇波特研究会"。然后由同一批操作人员来实施那项"学习者有心脏病"的实验，你猜完全服从的比例是多少？虽然服从率（48%）仍然较高，但明显低于耶鲁大学的 65%。

群体影响的释放效应

这些经典实验好像表明从众都是消极的。但是，从众也可以是积极有效的。

社会心理学家（Fiske，Harris & Cuddy，2004）指出，冲进世贸大厦熊熊大火中的消防员是“非常勇敢”的，但他们也只是“部分地出于服从上级命令，部分地出于遵从极端的集体忠诚”。因而，我们可以从从众的释放效应角度来考虑。也许你会回忆起，当你面对不公正的教师，完全有理由指责他时，你还是犹豫了。后来同学们接二连三地纷纷指出不公平的事实后，你也跟着他们一起指责起来，这就是释放效应。米尔格拉姆也观察到了这种从众的释放效应。他让“教师”和两个助手“教师”一起实验，两个助手“教师”都公然反抗研究者，然后研究者命令那个真正的参与者（“教师”）一个人继续下去。参与者会吗？不会。通过模仿反抗的助手，90% 的参与者释放了自己。

对经典研究的反思

对米尔格拉姆研究结果的普遍反应是大家意识到这与近代世界史有异曲同工之处：纳粹德国的阿道夫·艾希曼辩解说：“我只是执行了命令而已”；威廉·卡利中校在 1968 年指挥了一场大屠杀，在越南米莱村杀死了数以百计的无辜平民后也是这样辩解；发生在伊拉克、卢旺达、波斯尼亚和科索沃的“种族大屠杀”也都这样辩解。

军方训练士兵服从上级。米莱大屠杀中的一位参与者回忆道：

> [上校卡利] 命令我开始射击。于是我就开始射击。我向人群发射了四个弹夹的子弹……他们乞求着，“不要，不要。”母亲紧紧护着孩子……我们一直不停地射击。他们挥动着手，乞求着。(Wallace，1969)

服从实验中“安全”的科研环境，毕竟不同于战争。而且战争和种族屠杀的大部分恶行和残暴程度远远超出了服从（Miller，2004）。

服从实验就社会压力的强度而言也与其他从众实验不同；服从实验的命令非常明确。没有强迫，人们不会残忍地行动。但是，阿施和米尔格拉姆的实验也有共同之处。两者都表明对权威的服从可以战胜道德。就强制人们违背自己的意愿而言，它们都成功了。这不仅仅是学术课题，而且还提醒我们注意自己现实生活中的道德冲突。这两个实验揭示并证实了某些为人熟知的社会心理学原理：行为与态度之间的联系以及情境的力量。

行为和态度

我们在模块 9 中讲到，当外界的影响作用超过了内在的信仰时，态度便无法决定行为。这些实验也生动地证实了这一点。当一个人单独行动时，个体几乎总能做出正确的反应。而个体单独反对群体就是另一码事了。

在服从实验中，强大的社会压力（研究者的命令）超越了力量较弱的因素（远方受害者的抗争）。“教师”在受害者的抗争和研究者的命令之间，在希望避免造成伤害和成为合格的参与者之间挣扎，绝大多数人选择了服从。

为什么参与者无法摆脱自己？他们是如何陷入圈套的？想象一下你作为“教师”参加另一个版本的米尔格拉姆实验，一个他从来没做过的实验。假定当学习者第一次答错时，研究者要求你按 330 伏的按钮快速电击他。在按了按钮后，你听到学习者发出的痛苦尖叫声，诉说自己心脏不好，乞求怜悯。你会继续做下去吗？

我想不会。在我们将这个假设的实验与米尔格拉姆的参与者的经历做比较时，请回忆一下人们一步一步陷入圈套的登门槛现象（模块 9）。米尔格拉姆实验中最初的惩罚是轻微的——15 伏——并没有出现抗议。“教师”也会同意继续做下去。当电击达到 75 伏，并听到学习者第一次呻吟声时，他们已经顺从 5 次了。而接下来的一次，研究者只要求“教师”实施比先前略微强一点的电击而已。在他们实施 330 伏电击时，已经是第 22 次服从了，“教师”早已降低了认知不协调感。此时，他们的心态与实验开始时的心态完全不同。个体外在的行为和内在的心理倾向可以彼此影响互相促进，有时还会螺旋式上升。正如米尔格拉姆所言（Milgram，1974，p.10）：

> 许多参与者严重地贬低受害者，就是为了“迫害”他。诸如“他非常愚蠢和固执，就应该电击”的言论很多。一旦电击了学习者，“教师”必然会认为他毫无价值，学习者的智力或性格缺陷是实施惩罚的最好理由。

20 世纪 70 年代初，希腊的军政府就是利用这种“谴责受害者”的方法来训练拷问官（Haritos-Fatouros，1988，2002；Staub，1989，2003）。正如纳粹德国早期训练党卫军官一样，军方根据候选者对权威的尊重和顺从来选择拷问官。但仅有这些特点还不能任命为拷问官。于是军方就安排受训者去看守囚犯，接着参加搜捕队，然后殴打囚犯，之后观看整个拷问过程，最后亲自动手拷问。就这样一步步地把一个服从的但其他方面仍正常的个体逐渐变成施暴的机器。顺从滋生了接纳。

美国马萨诸塞大学的社会心理学家欧文·斯托布（Ervin Staub）是大屠杀的幸存者，他非常了解这种把公民转变为刽子手的力量。根据对世界各地种族灭绝的研究，斯托布（Staub，2003）揭示了屠杀者的心理转变过程。屠杀者批评他人会引发轻视，轻视则会引发迫害行为，而当迫害合理化后就会导致暴行，接着便是杀戮，然后是大规模的屠杀。态度随着行动不断变化，又使行动合理化。据此，斯托布得出了令人不安的结论："人类竟能对屠杀他人的行为不以为然"（Staub，1989，p.13）。

但人类还具有英雄主义的品质。在纳粹大屠杀期间，法国一个小村庄（Le Chambon）保护了 5 000 名犹太和其他难民，他们本应流放押往德国。村民绝大多数是新教徒，村里的权威人物牧师教导他们"无论何时，只要敌人要求我们服从的命令有违福音书上的训诫，我们都要反抗"（Rochat，1993；Rochat & Modigliani，1995）。纳粹政府要他们交出犹太难民，村里的牧师树立了不服从的榜样："我不知道什么犹太人，我只知道人类。"不管战争有多可怕，他们从 1940 年开始一直坚持最初的承诺，在信仰的支持下，在权威的支持下，在互相支持下，一直对抗到 1944 年村子获得了解放。我们到处可以看到，对纳粹统治的反抗通常在很早就已出现了。最初的助人行为强化了忠诚态度，而忠诚导致了更多的助人行为。

情境的力量

在最近宾夕法尼亚州立大学的实验中，大学生同样发现很难说出挑衅他人的话语。让大学生假设自己要与 3 个人讨论，挑选其中一人到荒岛去生活。研究者要求他们想象其中一位男生，说了 3 句与性有关的话，例如，"我想岛上需要有更多的女人，以便使男人更满意。”大学生对这种性暗示的话会怎样反应呢？只有 5% 的人估计自己会无视这种言论，或者等待看看其他人的反应。但是，社会心理学家（Swim & Hyers，1999）研究发现，在学生讨论时让男助手说出这类话语时，结果 55%（而不是 5%）的人没有提出批判言辞。同样地，尽管人们预测自己看到别人有种族歧视的行为时会反感，比如在实验中避免与该种族主义者为伍；但实际情况是，人们碰到这类事件通常无动于衷（Kawakami & others，2009）。这些实验证实了社会规范所具有的压力，以及要预测行为，即使是我们自己的行为，也非常困难。

米尔格拉姆的实验也引发人们对恶行的思考。恶行有时由少数邪恶的家伙所为，他们常常表现为悬念小说和恐怖电影里的冷血杀手形象。现实世界我们能想到的有，希特勒对犹太人的种族屠杀，萨达姆·侯赛因对库尔德人实施的种族灭绝以及奥萨玛·本·拉登所密谋的恐怖事件等等。但是，恶行也会因社会因素而引发——就如同高温、潮湿和病菌可能使整筐苹果变坏。美国军警在阿布格拉布监狱虐待伊拉克囚犯的事件震惊了全世界，这些警察其实承受了很大的压力：他们被前来救援的人们辱骂，因同伴的死而愤怒，回家的时间被无限制地推迟以及处于松懈的管制之下——邪恶的情境产生邪恶的行为（Fiske & others，2004）。正如从众实验所示，社会情境有时会导致普通人赞同谬误或屈从暴行。

就像在复杂的人类社会中常常发生的那样，当最可怕的暴行从一系列的小恶行发展而来时，这一点显得尤其正确。德国公务员愿意处理大屠杀的文件，这使纳粹领导非常惊讶。当然，他们并没有屠杀犹太人；他们只是在做文书工作（Silver & Geller，1978）。当大家分散工作各司其职时，恶行似乎更易进行。米尔格拉姆对恶行的分隔作用进行了研究，他让另外 40 个人间接地参与实验。他们只负责学习测验，而其他人实施电击。结果发现 40 人里有 37 个人完全服从了。

日常生活也是如此，对恶行的听之任之常常会使之日积月累，尽管我们并不是有意识地去作恶。拖延同样是对恶行的无意识放任，会造成自我伤害（Sabini & Silver，1982）。某个学生知道就要交期末论文了，可他每次做论文时都分散注意力，一会儿玩视频游戏，一会儿看电视节目，这看起来没有什么大危害。但是，渐渐地，这个学生根本就无法完成论文了，他甚至没有意识到自己实际上已经决定不做该论文了。

人们可能认为，艾希曼和奥斯威辛死亡集中营的军官都是野蛮的恶棍。实际上，他们的邪恶受到恶毒的反犹太主义宣传的鼓动。单凭社会情境并不能解释为什么在同一街区或死亡集中营中，有些人表现出极端的残忍，也有人表现出英雄主义的仁慈。同样，纳粹军官站在我们面前时，未必就像怪物一样恐怖。在一天辛苦的工作后，这些军官会欣赏贝多芬和舒伯特的音乐来放松自己。参加 1942 年 1 月万塞会议制定纳粹大屠杀最后方案的 14 个人中，有 8 个人曾获得欧洲大学博士学位（Patterson，1996）。像绝大多数纳粹分子一样，艾希曼表面上和正常工作的普通人没什么两样（Arendt，1963；Zillmer & others，1995）。9・11 恐怖事件的主谋穆罕默德・阿塔，有报道说他曾是一个“好孩子”，是良好家庭出身的优秀学生。9・11 事件的第 20 个嫌疑犯札卡里斯・穆索伊在申请学习飞行课程和购买刀具时，十分有礼貌。他称呼妇女为“女士”。据说第二架撞向世贸中心大楼飞机的飞行员是一个和蔼可亲，生活悠闲的家伙，与撞向五角大楼的飞行员非常相像，后者“聪明、友好而且非常有礼貌”。如果这样的人住在我们隔壁，他们似乎与恶棍的形象根本不相符。他们也是“普通”人（McDermott，2005）。

米尔格拉姆（Milgram，1974，p.6）说：“我们研究的最基本的结论是，普通人即使心中并没有任何仇恨，只是做自己的本职工作，也可以成为可怕的破坏活动的执行者。”正如美国儿童电视节目《罗杰斯先生》常常提醒学前儿童那样：“好人有时也会做坏事。”在邪恶力量的支配下，善良的人们有时也会堕落，他们会对不道德的行为进行合理化的归因（Tsang，2002）。所以，正是这些普通的士兵最终会遵照命令枪杀手无寸铁的平民，普通雇员会遵从指示生产和配送伪劣产品，普通的群队成员也会听从指令残忍地折磨新成员。

模 块

15

说服的两条路径

说服（persuasion）无处不在，比如说政治、市场营销、求偶行为、亲子关系、谈判、传教和法庭判案等领域都可见说服的身影。社会心理学家试图理解导致态度产生有效和持久变化的影响因素。哪些因素会影响说服效果？而作为说服者，我们怎样才能有效地“教育”别人？

假设你是某企业市场部或者广告部的经理；或者是一个传教士，想在你的教区传播更多爱和仁慈的教义；或者你希望促进节能运动，鼓励母乳喂养，或者帮助某个政治候选人做宣传。为了使你自己和你所传达的信息更有说服力，你会怎样做？反过来，如果你不想受到这些诉求的影响，你又会采取什么策略呢？

为了回答这些问题，社会心理学家就像地质学家研究侵蚀一样研究说服：运用简单和可控的实验来观察各种因素所起的作用。这些因素的影响通常较小，但对不触及我们价值观的骑墙态度说服效果最好（Johnson & Eagly，1989；Petty & Krosnick，1995）。不过这些因素却使我们明白，只要有足够的时间，它们就能产生很大的影响作用。

两条路径

在选择策略时，你首先要确定：你是应该更关注建立强有力的中心论据呢？还是应该让你的信息通过与令人喜爱的外周线索相互联系而更具吸引力呢？说服研究者佩蒂和卡西奥普（Petty & Cacioppo, 1986; Petty & others, 2005）以及爱格莱和蔡金（Eagly & Chaiken, 1993）发现，通过这种中心或外周路径能使说服发挥作用。当人们需要全面系统地考虑问题时，可能更多地使用**中心路径说服**（central route to persuasion），即关注论据。如果信息成为强有力的论据，就能产生说服效果。如果信息是无力的论据，思维缜密的人就会很快注意到这些论据的不合理性，并对其进行反驳。

但是，有时论据是否有力并不重要。有时我们并没有在动机的驱使下去仔细思考。如果我们受到干扰或对问题不感兴趣，或者是太忙，可能不愿意花时间仔细推敲信息的内涵。此时，我们不会去考虑论据是否可信，而会采用**外周路径说服**（peripheral route to persuasion），即关注那些能令人不假思索就接受的外部线索，而不会注意论据是否令人信服。精明的广告商会调整广告迎合消费者。他们这样做有充分的理由。许多消费行为（比如购物时某个人自己决定购买某个牌子的冰激凌）都是在未经思索的情况下发生的（Dijksterhuis & others，2005）。一些很细微的事情都可能影响消费行为。比如喜欢德国音乐的人更可能购买德国酒，而另一些喜欢法国音乐的人就可能购买法国酒（North & others，1997）。户外广告牌和电视广告（在消费者面前往往一闪而过）通常会使用视觉图像作为外周线索。我们对食品、饮料、烟草和服饰等商品的看法往往是基于感觉而非逻辑。这类商品的广告通常也都使用外周视觉线索。烟草广告总是将香烟与美女及愉悦的形象联系在一起，而不会提供证据支持人们吸烟。饮料广告也是如此，例如宣传“实物”时配上充满活力的青年和快乐的北极熊形象。另一方面，对于杂志上刊登的计算机广告（感兴趣的理性消费者会花一定的时间进行评价），计算机生产商很少用好莱坞明星或者体育明星来做广告；相反，他们会向消费者提供产品的竞争力特点以及价格信息。

以上两种说服路径（一种外显、反思，另一种则内隐、自发）可以说是今日人类心智“双加工”模型的前兆。中心路径的加工通常能迅速改变人们外显的态度。而外周路径的加工则较缓慢地建立内隐的态度，它通过把态度目标和情绪反复关

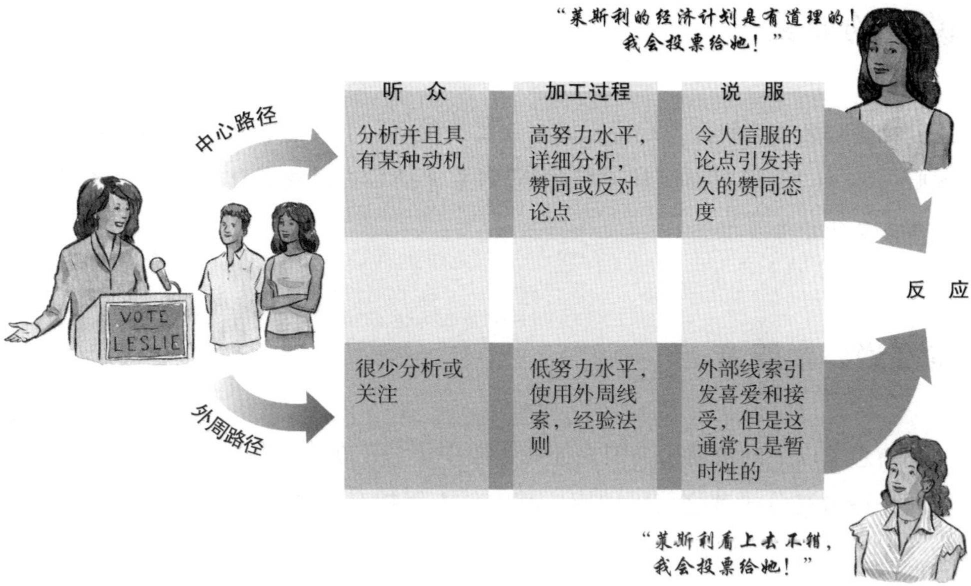

图 15-1

说服的中心路径和外周路径。计算机广告商通常使用中心路径，因为他们认为这些广告的受众需要系统地比较各种产品之间性能和价格的差异。而饮料的广告商则使用外周路径，他们仅仅是将自己的产品与魅力、愉快以及好心情联系在一起。中心路径的加工过程更可能产生态度的持久改变。

联而实现（Petty & Briňol，2008）。

我们没有时间仔细分析所有的问题，经常会采用外周路径，乐于使用一些简单而具有启发性的经验法则，例如“相信专家”或者“长信息更可信”（Chaiken & Maheswaran，1994）。我居住的社区最近要投票表决当地一所医院复杂的所有权问题。我没有时间也没有兴趣亲自研究这个问题（我需要专心撰写这本书），而且我发现，那些投赞成票的居民里既有我喜欢的人，也有专家。于是我便利用了简单的启发性策略：朋友或者专家值得信赖，并据此投票。我们还会使用其他一些启发性策略迅速做出判断：如果某个说服者表达清晰流利，富有魅力，用意良善并且论据充分（如果这些论据出处不同效果更好），我们通常会运用简单的外周路径，不假思索地接受这些观点（图 15-1）。

说服的要素

社会心理学家研究发现说服的主要要素包括以下四个部分：（1）说服者；（2）说服内容；（3）说服渠道和（4）说服对象。换言之，就是什么人用什么方法将什么信息传递给了谁？

谁在说？说服者

请想象以下的情境：美国人怀特年届中年，正在收看晚间新闻。电视正在播放一小撮激进分子焚烧美国国旗，其中一人用扩音器高喊道："当政府变得越来越令人难以忍受的时候，人民有权改变它或者废除它……这是人民的权利，也是人民的义务，让这样的政府见鬼去吧！"怀特先生很窝火地对他妻子嘟囔道："听这些人叫嚣这样的教条真是令人恶心。"接下来电视上播放一名总统候选人在反税收集会演讲中宣称："节约应当成为我们政府开支的指导原则。每一位政府工作人员都应当清醒地意识到腐败和浪费是非常严重的罪行。"怀特先生对这一论断明显感到满意，他放松地笑道："这才是我们需要的判断力嘛，这才像是我们的人呢！"

现在改变一下场景。设想怀特先生是在 7 月 4 日纪念独立宣言的演讲中听到这种"人民权利"的煽动性观点，同时还听到一位共和党议员宣读节约政府开支的方案，他现在会有不同的反应吗？

社会心理学家发现信息的传达方会影响接受方对信息的接受。在一项实验里，荷兰社会党和自由党的领袖在议会上用一样的话语表达相同的观点，但结果每一方的论点都只对本党的成员最有影响力（Wiegman，1985）。不仅信息本身非常重要，说服者同样重要。那么说服者的哪些特点会影响说服力呢？

可信度

众所周知，如果英国皇家科学院或者美国科学院提出锻炼身体的建议，人们会觉得比小报可信得多。但是源于信息源的**可信度**（credibility，可知觉到的专业性和可靠性）效应在数月之后就会消退。如果某位可靠的人传达的信息有说服力，那么这种影响会随着对信息源的淡忘或者信息源与信息自身的分离而消退。相形之下，那些不太可靠的人的影响力则会随着时间的流逝而增强（如果人们更好地记住了信息内容而非令这些信息大打折扣的原因）（Cook & Flay，1978；Gruder & others，1978；Pratkanis & others，1988）。这种因人们遗忘信息源或者遗忘其与信息之间的关系而导致的延迟性说服，就是**睡眠者效应**（sleeper effect）。

吸引力

大多数人都会否认体育和娱乐明星对某些产品的认可会影响自己。我们都清楚明星们对自己所推荐的产品其实知之甚少。此外，我们也并非偶然地偷听到詹妮佛·洛佩茨（Jennifer Lopez，美国最当红的女歌星和电影明星——编者注）谈论服饰和香水——这类广告的意图就是要说服我们。这类广告利用了有效说服者的另一个特征：**吸引力**（attractiveness）。

我们可能认为自己不会受他人的吸引力或者个人喜好的影响，但研究者发现了相反的结果。我们对于自己喜好的事物更可能做出回应，那些慈善募捐、糖果销售和产品促销的组织者深知这一点。甚至与他人短暂的谈话也足以增强我们对此人的喜好和对其影响的回应（Burger & others，2001）。个人喜好使我们敞开心扉，接受说服者的论证（中心路径说服），或者后来我们见到那些产品能引发积极的联想（外周路径说服）。

吸引力的表现途径众多。外表吸引就是其一。当长相俊美之人表述某个论点（尤其是感情方面的论点）时，往往具有更大的影响力（Chaiken，1979；Dion & Stein，1978；Pallak & others，1983）。

相似性也具有吸引力。正如模块 26 强调指出的，我们往往喜欢那些与我们相似的人，我们也会受他们的影响。一场反吸烟运动成功地利用了这一点，它通过广告突显青年偶像，质疑烟草公司的营销活动及其危害性（Krisberg，2004）。与我们行为相似或者不经意间模仿我们姿势的人，对我们来说似乎更有影响力。因此，培训销售人员有时要求他们“模仿顾客”：如果顾客的双臂或者双腿是交叉的，那你也应该这么做；如果她微笑了，你也要向她微笑。

再来看另一个例子：美国马里兰大学心理学系的登布罗斯基教授等人

（Dembroski，Lasater，& Ramirez，1978）给黑人中学生看一段倡议牙齿护理的录像。第二天，当牙医评价他们的牙齿清洁度时，发现观看黑人牙医录像（倡议时呈现过他们的面孔）的学生牙齿更为清洁。通常来说，人们对来自自己所属群体的信息回应更好（Knippenberg & Wilke，1992；Wilder，1990）。

说什么？信息内容

不仅说服者的自身特点会影响说服效果，说服的内容也同样重要。如果你要说服他人为希望工程捐款、戒烟或者捐钱救济全球饥荒，你可能很想知道怎样恰当地使用说服的中心路径。对于下列针锋相对的问题，常识似乎都能支持：

- 纯逻辑的还是饱含情感的信息更有说服力？
- 相差无几的观点还是截然相反的观点更有说服力？
- 只表达己方的观点，还是先接受对方相反的观点然后再反驳？
- 如果双方人员同时在场，例如社区会议上人们需要依次发言，那么先发言还是后发言占优势呢？

我们将逐一讨论这些问题。

理智与情感

假设你要筹划一项救济全球饥荒的活动。最好的说服办法是逐项列出论点并引用一大堆具体的统计数据，还是诉诸感情（例如讲述某个忍饥挨饿的孩子的感人故事）？当然，辩论可以兼具理智与情感。说服者可以把激情和逻辑结合起来。然而，哪一个更有影响力？是理智还是情感？我们或许会问，谁的话更正确呢？是莎士比亚笔下的莱桑德（《仲夏夜之梦》中的人物）说的："人类的意愿受到理智的支配"？还是查斯特菲尔德伯爵的忠告："劝服别人时请专注于他们的感觉、内心以及人性的弱点，但千万不要诉诸理智"？

答案取决于说服的对象。有良好教育背景或者善于分析思辨的人更容易接受理性的说服（Cacioppo & others，1983，1996；Hovland & others，1949）。有思想和积极参与的说服对象会选择中心路径，他们对具有逻辑性的论点回应最好。而不感兴趣的说服对象则会选择外周路径，他们更可能受自己对说服者喜好的影响（Chaiken，1980；Petty & others，1981）。

从美国总统大选前的访谈来看，很多选民的参与度并不高。选民对候选人的情感反应与对候选人的特质和称职行为的了解相比，前者更能预测投票倾向（Abelson & others，1982）。

好心情效应

如果说服对象心情愉快，信息的说服力更强。耶鲁大学心理学教授贾尼斯等人（Janis & others，1965；Dabbs & Janis，1965）发现，如果耶鲁大学的学生在阅读信息的同时能吃花生、喝可乐，那么更容易说服。类似地，肯特州立大学的心理学教授加利佐和亨德里克（Galizio & Hendrick，1972）研究发现，有着轻松吉他伴奏的民歌比无伴奏的民歌对学生的说服力更强。那些喜欢在轻音乐背景下的豪华午餐上洽谈商务的人对此肯定深有体会。

好心情通常可以增强说服力，一方面好心情能促进个体积极地思考，另一方面会把好心情与信息本身联系在一起（Petty & others，1993）。正如前面所提到的那样，如果人们心情愉快，就会透过快乐的“粉色眼镜”看世界。但他们会更匆忙、更冲动地做决定，更多地依赖外周线索（Bodenhausen，1993; Braverman，2005; Moons & Mackie，2007）。苦恼之人在做出反应之前会反复考虑，所以没有说服力的论据很难左右他们。（他们还会产生更多强有力的说服信息［Forgas，2007］。）因而，如果你的论证薄弱，你最好先给说服对象创造出一种轻松愉快的气氛，希望他们对你的信息产生好感，而不会仔细思索。

唤起恐惧效应

说服信息如果能引发说服对象的消极情绪反应，也有说服效果。当我们试图说服人们减少吸烟、更勤快地刷牙、注射破伤风疫苗或者小心驾驶的时候，呈现能唤起恐惧情绪的信息非常有说服力（de Hoog & others，2007; Muller & Johnson，1990）。给吸烟者展示吸烟的可怕后果能增加说服力，正是基于这一事实，加拿大政府要求烟草厂商在每包香烟上都要图示吸烟的危害（O’Hegarty & others，2007;

Peters & others，2007; Stark & others，2008）。但是，说服信息唤醒的恐惧情绪以多大强度为宜呢？是否应该只唤醒一丁点恐惧心理，以免人们因为太害怕而回避这些令人痛苦的信息？或者应该让他们堕入黑暗的恐惧深渊？美国威斯康星大学的心理学教授利文撒尔（Leventhal,1970）和亚拉巴马大学的心理学教授罗纳德·罗杰斯等人（Robberson & Rogers，1988）以及荷兰开放大学的心理学教授霍格等人（de Hoog & others，2007）发现，通常情况下，人们的恐惧程度越高，感觉越脆弱，说服效果越好。

激起说服对象的恐惧心理进行有效的说服，在呼吁人们戒烟、减少危险的性行为以及警告酒驾的广告里都得到广泛的应用。法国巴黎大学的心理学教授利维—勒博耶（Levy-Leboyer，1988）发现，激起恐惧反应的图片可以有效地改变法国青少年对烈酒和饮酒行为的态度，法国政府随即将这些吓人的图片加入了电视广告。

在一次有效的反吸烟宣传中，官方使用了生动的"事实"广告。在一个广告中，货车在一个不知名的烟草公司门前停下，年轻人卸下了 1200 个裹尸袋，占满了两个街区。身穿工服的烟草公司员工，好奇地从上面的窗户往下观望，一名少年手拿喇叭大喊："你知道烟草每天杀死多少人吗？我们要把这些尸体留在这里给你看，让你知道 1200 人是怎样死的"（Nicholson,2007）。然而，同时观看菲利普·莫里斯公司（Philip Morris，世界第一大烟草公司，总部设在美国纽约）强调理智的广告（广告告诫"理性思考，不要吸烟"）的人并不会因此而少吸烟，而更生动、更尖锐的广告则能显著地减少吸烟行为（Farrelly & others，2002，2008）。

唤起恐惧的信息还能使人们更多地进行体检，例如做乳房 X 光摄影检查，对乳房和睾丸做自检，以及检查皮肤癌的早期症状。研究者（Banks，Salovey，& others，1995）让那些没有做过乳房 X 光检查的 40~66 岁妇女观看一段乳房 X 光检查的录像。观看积极信息（强调做乳房 X 光检查能帮助你及早发现疾病以挽救你的性命）的人，12 个月内只有一半的人做了乳房 X 光检查；而观看恐惧信息（强调不做乳房 X 光检查会使你付出生命的代价）的人，12 个月内有 2/3 的人做了乳房 X 光检查。

人们之所以否认恐惧信息，是因为不知道怎样避免这种危险，恐惧信息显得非常强大，无法抗拒（Leventhal，1970；Rogers & Mewborn，1976）。因此，只有既让人们害怕威胁事件的严重性和可能性，又让他们意识到解决之道并感到有能力实施，恐惧信息才更有说服力（DeVos-Comby & Salovey，2002；Maddux & Rogers，1983；Ruiter & others，2001）。许多意在减少危险性行为的广告既使用“艾滋病杀手”的口号唤醒人们的恐惧心理，又提出了预防办法：禁欲，或者使用避孕套，或者保持性忠贞。

对谁说？听众

信息接受者同样非常重要。我们从信息接受者的年龄和思维习惯两个特点来进行分析。

年龄与说服

2008 年美国总统选举期间可以很明显地看出，麦凯恩更受年长的选举人的喜欢，而奥巴马则受年轻选举人的青睐。人们的社会和政治态度与自己的年龄有关。不同年龄的人往往持有不同的社会和政治态度。社会心理学家对此提出两种解释。其一是生命周期解释：态度随着人们的成长而逐渐改变（如变得更为保守）。其二是代际隔阂解释：老年人的态度与其年轻时基本上没什么两样，但与当今年轻人的态度不同，代沟由此而生。

目前大多数研究都支持代际隔阂理论。对年轻人和老年人长达数年的多次访谈研究发现，老年人的态度变化通常比年轻人更小。正如美国加州大学洛杉矶分校社会科学研究所的主任戴维・西尔斯（Sears，1979，1986）所言，研究者“几乎一致地证实了代际隔阂理论而非生命周期理论”。

然而，十几岁以及二十几岁的年轻人正处于世界观形成的重要时期（Koenig & others，2008; Kronsnick & Alwin，1989）。此时的态度还能发生变化，但一旦形成后往往到中年期都一直保持稳定。盖洛普公司对 12 万多人的访谈显示，在 18 岁时形成的政治态度——在喜爱里根的时代偏好共和党；在不欢迎乔治・布什的时代偏好民主党——会一直持续下去（Sliver，2009）。

因此，应该指导年轻人慎重地选择影响自己的社会因素，如参加的组织、浸染的媒体、扮演的角色等等。美国芝加哥大学知名的社会学教授詹姆斯・戴维斯

（Davis，2004）分析了美国民意研究中心（National Opinion Research Center）的档案，发现在 20 世纪 60 年代，美国 16 岁的年轻人自此之后在政治上比平均水平更开明。正如树的年轮多年之后会揭示干旱留下的痕迹一样，数十年之后的态度也可以揭示当年的事件，如 20 世纪 60 年代的越南战争及人权运动，这些事件塑造了青少年时期的思想。对许多人而言，这些年是态度和价值观形成的关键时期。

青少年期和成年早期是世界观定型的重要时期，部分原因在于此阶段的经历能给人留下深刻和持久的印象。美国密歇根大学社会学教授舒曼和斯科特（Schuman & Scott，1989）要求人们说出半个世纪以来一两件最重要的美国国内或国际事件，结果发现大部分人回忆的内容都是自己二十来岁时所发生的事件。对于那些在 16~24 岁期间经历过经济大萧条或二战的人来说，这些事件的影响大大超过了 20 世纪 60 年代早期的人权运动与肯尼迪遇刺事件，60 年代晚期的越南战争与成功登月以及 70 年代的女权运动（人们如果在 16~24 岁时经历后面这些事件同样会铭刻在心、永难磨灭）。因此，可以预测今天的年轻人会把诸如“9·11”和伊拉克战争等事件视为世界历史的转折点。

这并不是说年纪大的人不会变通。研究者（Glenn，1980，1981）发现，大多数人在五六十岁时持有的性观念以及种族态度比三四十岁时更开明。鉴于“性解放运动”始于 20 世纪 60 年代，并在 70 年代成为主流，那些中年人显然也在与时俱进。很少有人能丝毫不受文化规范变化的影响。而且，接近生命尽头的老年人态度可能再次变得容易改变，这大概是由于自身态度的强度有所减弱所致（Visser & Krosnick，1998）。

慎思与说服

中心路径说服的关键并不在于信息本身，而在于能否激发说服对象积极思考。人的大脑不是海绵，无法接受所有的信息。如果信息唤醒了有利的想法，就能说服；反之，如果激起相反的观点，就无法说服。

如果不想遭人反驳，请勿打草惊蛇引起对方警戒 什么情况会引起说服对象的反驳呢？预先知道有人试图说服你，很容易激起你的反驳之心。如果你不得不告诉家人你想退学，你很可能已经预料到他们会劝说你继续完成学业。于是你可能早就准备好一系列的论据，来反驳他们可能想到的所有理由。

加拿大多伦多大学的弗里德曼教授和加州大学洛杉矶分校的西尔斯教授（Freedman & Sears，1965）证实了在这种情况下试图说服人们很困难。他们预先告诉一组加利福尼亚的高中生，说他们将会听到一场演说："为什么不准年轻人驾车"。结果发现这些事先告诫过的学生并未改变原先的想法，而那些事先没有告诫过的学生则发生了改变。在法庭上也是如此，辩护律师有时会在原告出示证据之前，预先警示陪审团即将呈现的控诉证据。在模拟陪审中，这种"先声夺人"抵消了证据的不利影响（Dolnik & others，2003）。

分心会减少反驳　如果人们受到干扰而无暇反驳时，言语的说服力会增强（Festinger & Maccoby，1964；Keating & Brock，1974；Osterhouse & Brock，1970）。政治宣传通常会利用这种方法。一方面，政治广告中的声音文字为候选人做宣传，另一方面，视觉画面却吸引了我们大部分注意力，使我们无法仔细分析文字信息。说服信息较为简单时，分心的效果尤为显著（Harkins & Petty，1981；Regan & Cheng，1973）。尽管有些时候，干扰会妨碍我们对广告信息的加工。这可以帮助我们解释为什么在暴力和色情的电视节目中看到的广告往往记不住，也没有效果（Bushman，2005，2007）。

不太投入的说服对象会使用外周线索　前面分析了说服的两种路径——系统思考的中心路径以及利用启发式线索的外周路径。中心路径在分析论据及构思反应时有起止点，就如穿越城区的干道；而外周路径则载着人们直达目的地，就如环城的高速公路。善于思考的人表现出强烈的*认知需求*，喜欢仔细思考并偏好中心路径(Cacioppo & others,1996)。而喜欢节省脑力资源的人则表现出较低的认知需求，通常对于外周线索反应较快，比如说服者的吸引力以及周围环境的舒适度，等等。

根据这一简单的理论（*我们面对信息所产生的想法至关重要*），可以提出许多预测。如果我们积极性很高并且有能力思索时，尤其如此。大部分预测都得到了研究者（Axsom & others，1987；Haddock & others，2008; Harkins & Petty，1987）的证实。许多实验研究考察了激发人们思考的方法：

- 使用反问句。
- 使用多个演说者（例如让 3 个演说者各自叙述同一个观点，而不是由一个演说者说 3 次）。

- 使人们感到自己有责任传递和评价信息。
- 重复信息。
- 吸引人们集中注意力。

他们使用这些方法得出的一致结论是：激发思考可以使有说服力的信息更具说服力，并且（由于反驳的影响）使无说服力的信息更令人怀疑。

该理论也具有现实意义。有效的说服者不仅应该注重自己的形象以及所传达的信息，还应该注重说服对象可能会出现的反应。最好的教师总是能够鼓励学生积极思考。他们会以反问的方式提出问题，举出引人入胜的范例，还会用难题挑战学生。所有这些方法都可能使信息沿着中心路径来达到说服的目的。当课堂教学不太吸引人时，你可以建立中心路径的说服。如果你仔细思考教学材料并深入剖析论据，你很可能会把那门课教得更好。

1980 年，在美国总统竞选的最后几天里，双方势均力敌，里根成功地使用了反问句，激发选民思考他提出的问题。他在总统竞选辩论的总结性陈词里，以两个强有力的反问句开头，并且在剩下一周的竞选过程中经常反复地提到这些问题："你们是不是比四年前更富有呢？你们在商店里购物时是不是比四年前更轻松呢？"许多人给出了否定答案，然后里根大获全胜，其中有一部分功劳来自于他引导人们选择了说服的中心路径。

心理治疗中的两条说服路径

在咨询和心理治疗当中，说服具有极具建设性的应用。社会咨询心理学家斯特朗（Strong，1978，p.101）将其归于"应用社会心理学的分支领域"。到了 20 世纪 90 年代，越来越多的心理学家已经接受"社会影响以及对他人的影响是心理治疗的核心"这一观点。

对心理疗法影响的早期分析，集中于治疗师怎样成为可靠的专家、树立可信任的形象，以及他们的可信度怎样提升他们的影响（Strong，1968）。更多的近期分析更关注治疗师与来访者之间的互动关系如何影响来访者的思维，而不仅仅是关注治疗师（Cacioppo & others，1991；McNeill & Stoltenberg，1988；Neimeyer

& others，1991）。非本质的因素，例如治疗师的可信度，可能会让人产生这样的想法：治疗师的想法引导着来访者的想法。但是考虑周到的中心疗法能提供最持久的态度和行为的改变。因此，治疗师的目的不是要引出一位来访者对专家判断表面上的同意，而是要改变来访者自己的思维模式。

幸运的是，参加治疗的大部分来访者都想采取这种中心疗法，在治疗师的指导下深入地思考他们的问题。治疗师的任务只是提供意见，并提出适当的问题来引导积极有效的想法。治疗师的意见并不比他们让来访者产生的想法更重要。治疗师需要将事物用来访者能听懂的方式得到其同意，而不是用引起争辩的方式来说明，并允许来访者有时间有余地做出反应。例如，"你对我刚才所说的怎么看？"这样的问题才能够引起来访者的思考。

希萨克（Heesacker，1989）用一名 35 岁的男研究生戴夫的例子来说明这一问题。戴夫否认他存在潜在的药物滥用问题。咨询师了解到，戴夫是个喜欢有力证据的聪明人，于是试图说服他接受诊疗，参加一个治疗支持团体。咨询师说："好，如果我的诊断是错误的，我愿意更改它。但是让我们来看看药物滥用者的所有特征，以此来检验我诊断的准确性。"咨询师然后慢慢地检查每一项标准，并给戴夫时间去思考每一项标准。当这一切结束时，戴夫一下子靠到椅子上，喊道："我不敢相信，我是一个该死的酒鬼。"

在哲学家帕斯卡尔 1620 年的《思想录》中，他就已经预见了这一原理："人们通常对于自己发现的道理，比由别人发现的更加深信不疑。"这是一条值得铭记于心的原理。

模　块

16

教化与免疫

约瑟夫·戈培尔在1933~1945年间担任德国“大众启蒙”导师和宣传部长，他深刻地意识到了说服的力量。他曾经承诺，只要让他控制出版物、广播节目、电影和艺术，他就能够说服德国人接受纳粹思想和反犹太主义。另一名纳粹分子尤利乌斯·施特莱歇尔出版了一份名为《先锋报》的反犹太周报，发行量达到50万份；这份报纸也是他的密友希特勒惟一一份从头到尾阅读的报纸。施特莱歇尔同时也出版反犹太的儿童读物，并且和戈培尔一起在那些宣传纳粹思想的大众集会上发表演讲。

那么，戈培尔、施特莱歇尔和其他一些鼓吹种族歧视的纳粹分子的收效如何呢？是否正如盟军在纽伦堡审判施特赖歇尔时所断言的那样，给成千上万人的大脑里注入了毒药呢（Bytwerk，1976）？

虽然大部分德国人并没有听信纳粹分子的蛊惑而疯狂地仇恨犹太人，但的确有很多人动摇了。其中一部分人赞成反犹太措施，比如焚烧犹太教授的住宅，抵制犹太人运营的公司，把犹太人送进集中营。其余大部分人的态度要么变得犹豫不决，要么被迫参与了这场大规模的种族屠杀，或者至少默认了它的发生。如果没有数百万人的同谋，这场大屠杀或许根本就不会发生（Goldhagen，1996）。

皮尤研究中心（Pew Research Center，2003）就伊拉克战争做了一项名为“美国人与西欧人的分歧”的调查研究，恰好证实了说服的巨大力量。举例来说，战争前夕开展的调查显示，美国人支持与反对战争的比例为 2:1，而欧洲人则刚好相反（Burkholder，2003；Moore，2003；Pew，2003）。而战争爆发以后，美国人支持与反对战争的人数之比超过了 3:1（Newport & others，2003）。除了以色列，参与调查的所有西方国家都反对这场战争。

且不说发动这场战争是否明智，这留给历史来评判；但我们可以确信的一点是，美国人与其西方兄弟国家间的巨大分歧表明说服正在发挥作用。什么原因说服了美国人支持这场战争呢？又是什么原因说服了其他地方的人反对战争呢？

美国媒体上的说服信息正在（至少部分地）影响美国人的态度，导致一半的美国人相信萨达姆直接参与了 9·11 袭击，并且让 4/5 的人错误地认为在伊拉克会发现大规模杀伤性武器（Duffy，2003；Gallup，2003；Newport & others，2003）。美国弗吉尼亚大学的社会学家詹姆斯·戴维森·亨特（Hunter，2002）指出文化塑造是自上而下发生作用的，社会精英控制着信息和观念的传播。因此，美国人和其他国家的人所看到的伊拉克战争是不同的（della Cava，2003；Friedman，2003；Goldsmith，2003；Krugman，2003；*Tomorrow*，2003）。根据你的居住地和能接触到的媒体，你可能会听到“美国解放伊拉克”或者“美国入侵伊拉克”。

许多美国人认为，其他国家的媒体带有普遍的反美偏见，并且无视萨达姆的威胁。但是对于其他国家的人来说，美国媒体有着支持军方“根深蒂固的”偏见。如果不考虑哪方存有偏见或者哪种观点更正确，似乎有一点是很清楚的：由于人们的居住地不同，所以他们所接受（讨论和相信）的信息并不一样。说服的确起作用。

通过说服还可以推广健康的生活方式。美国疾病控制中心的报告显示，美国人的吸烟率已经下降到 21%，仅为 40 年前的一半，这部分地得益于宣传健康运动的兴起。加拿大统计报告显示，加拿大的吸烟率也存在同样的下降趋势。同时，美国大学新生的戒酒率有所提高——从 1981 年的 25% 增加到 2007 年的 41%（Prypr & others，2007）。

请看下面经典的例子：30 年来，阿尔·戈尔（美国政治人物，曾于 1993 年至 2001 年在比尔·克林顿执政时担任美国第四十五任副总统。由于在环球气候变化与环境问题上的贡献受到国际社会的肯定，因而与政府间气候变化专门委员会共同获得2007年度诺贝尔和平奖。——编者注）一直寻求解释公众“不愿面对的真相”。人类排放大量的二氧化碳进入大气中，正威胁着自己的未来。他报告说，越来越多的科学研究一致表明，温室气体将导致气候变暖，冰盖融化，海平面上升，极端天气多发和数以百万计的死亡。通过他的旅游节目（以及衍生的电影、图书、七大洲即时地球演唱会）和“气候保护联盟”，戈尔想要达成的目标完全就像詹姆斯·特劳布（Traub，2007）所说的“说服大众的项目”。戈尔向特劳布解释说：“最核心的挑战是扩张目前政治可能性的极限，今天还视为可行的外部边界，距离真正解决这场危机的边界还存在着很大的差距。”尽管如此，由于不断增多的证据和公众对气候变化的认识，他预计公众舆论会有突然的“非线性”转变。

戈尔的大众说服代表团、气候保护联盟和其他类似的大众说服任务是一种精神教育，抑或是一种灌输？

极端教化

1997年3月22日，马修·阿普尔怀特以及他的37名信徒认定，摆脱自己那仅仅是“臭皮囊”的身体，搭乘紧随哈雷彗星之后的飞碟通往天堂之门的时刻到了。他们将安眠药掺在布丁或苹果酱里，用伏特加酒冲服来使自己入睡，并用塑料袋绑住头部，以便自己能够在睡眠中窒息。同一天，在加拿大一个叫圣卡西米尔的法裔人村庄里，一栋农舍发生爆炸，5人死亡。这些人是散布在加拿大、瑞士和法国的74名太阳神教徒中的最后几位。这些人都希望自己能搭乘飞碟前往9光年以外的天狼星。

许多人都会问：是什么原因使得人们放弃了以往的信仰，而加入这一禁锢精神的群体呢？这种诡异行为是因为他们奇特的人格呢，还是体现了社会影响以及说服作用的正常动态变化？

请牢记以下两点。首先，我们只能做事后分析，只是事后使用说服原理进行分析归类，以此来解释那些稀奇古怪同时也令人担忧的社会现象。其次，解释人们信仰某些事物的原因并不能推论出这种信仰的正确性。这在逻辑上是完全不同的两个问题。宗教心理学可能会告诉我们，为什么有神论者相信上帝而无神论者却不相信上帝，但是它不能告诉我们哪一方是正确的。对任何一种信仰作出解释并非是为其辩护。所以，如果有人试图对你的信仰提出质疑并说道："你相信那个是因为……",你可能会想到大主教坦普尔对一位挑衅者的答复。那人说："那么，当然，大主教，问题是你相信自己的宗教是因为你的生长方式。" 大主教答道："这也有可能。但是，你认为我信仰宗教是因为我的生长方式，你有这样的想法也有可能因为你的生长方式。"

在最近的几十年里，一些**邪教组织**（cults）——有些社会学家更愿意称其为"新宗教运动"——已经引起了公众注意：文鲜明（Sun Myung Moon）的统一教团，琼斯（Jim Jones）的人民圣殿教，科瑞什（David Koresh）的大卫分支教以及阿普尔怀特（Applewhite）的天堂之门。

文鲜明将基督教以及对他自己的赞颂混在一起成为一个新的弥赛亚（Messiah，出自圣经，意指受上帝指派来凡间拯救世人的救世主。——译者注），在世界范围内吸引了众多追随者。文鲜明宣称："我的愿望就是你的愿望。" 许多人对此积极响应，把全部财产以及身家性命都献给了统一教团。

1978 年在圭亚那，914 名从旧金山追随而来的琼斯信徒，遵照他的命令，集体服下了掺有镇静剂、止痛剂以及致命氰化物的葡萄汁自杀身亡，全世界为之震惊。

1993 年，高中辍学的科瑞什利用他记忆经文的超强能力以及催眠天赋，控制了一个叫做大卫分支教的教派。一段时间之后，教派成员们慢慢交出了自己的银行存款以及财产。科瑞什还说服男教徒应过独身生活，而他却和他们的妻子及女儿上床，并且使他的 19 名"妻子"相信她们应当为他生儿育女。在一场枪战中，6 名教派成员和 4 名联邦警员遇难，之后他们遭到了围攻。科瑞什告诉他的追随者说他们不久就会死去，并且和他一起直接升上天堂。联邦警员们用坦克撞击该建筑物，喷射催泪瓦斯，但进攻结束时，还是有 86 人在大火中丧生，建筑物也被摧毁。

阿普尔怀特本没有多高的性兴趣。由于和学生发生同性恋行为而两次丢掉音乐教师的工作之后，他和另外 17 名与他一起自杀的天堂之门成员中的 7 名，通过阉割来追求一种无性的宗教虔诚（Chua-Eoan，1997；Gardner，1997）。1971 年，在一所精神病院里，阿普尔怀特和护士同时也是宇航爱好者的内特尔斯相识，内特尔斯向热切而具有感召力的阿普尔怀特指出了通往"下一个层次"的途径。通过满怀激情的鼓吹说教，他说服他的追随者们与家庭断绝关系、禁止性生活、停止使用药物并散尽个人钱财，并承诺用宇宙飞船拯救他们。

怎么会发生这样的事情呢？什么原因让这些人如此俯首帖耳？我们能归咎于受害者的性格特质吗？他们是容易上当的傻瓜或是呆头鹅吗？或者那些我们熟悉的从众、顺从、失调、说服以及群体影响的原理也可以用来解释他们的行为——把他们放在和我们相同的层面上，这些影响因素同样会塑造我们的行为，只不过我们未遇见而已？

态度依从行为

正如模块 9 反复提到的一点，人们通常会内化那些自主、公开和反复做出的承诺。邪教的领导者们似乎深谙此道。

顺从导致了接纳

刚加入邪教的人很快便会认识到成员身份并非无足轻重。他们很快就会被塑造成为组织内的活跃分子。邪教组织里的典礼仪式以及公开的游说和筹款，可以强化那些新成员对成员身份的认同感。在一些社会心理学实验中，人们逐渐相信那些他们亲眼所见的事情（Aronson & Mills，1959；Gerard & Mathewson，1966），所以，新成员也会成为邪教忠实的拥护者。成员越忠诚，就越想去证实这一点。

登门槛现象

我们是怎样受人诱骗以至于做出如此剧变的人生承诺？人们很少会突然、有意识地下决定。我们通常不会立即决定说："我要和主流宗教决裂，加入邪教。"而那些邪教的征募者也不会在大街上碰到人就说："嗨！我是统一教团的成员，你愿意加入我们吗？"相反，他们的征募策略恰恰利用了登门槛技巧。统一教团的征募者会请人们吃饭，并且度过一个充满温馨友情的周末，共同谈论生活的哲学。周末结束时，他们会邀请那些参与者和他们一起唱歌、活动和讨论。然后，力劝那些有可能入会的人参加长期训练性的宗教娱乐。最后，那些活动逐渐变得越来越艰巨：恳求捐献财物以及试图招募新成员。

一旦加入邪教后，教徒们开始会发现财物的捐献是自愿的，之后就会变成强制要求。琼斯最初要求信徒捐出 10% 的收入，不久便涨为 25%。最后，他要求信徒上交他们的所有财产。工作量同样也变得越来越多，劳神费力。曾是邪教成员的斯道恩回忆了这段渐变的过程：

任何事情都不是一蹴而就的。这就是琼斯取得巨大成功的原因所在。你会慢慢地放弃一些东西，同时要忍受的事物也越来越多，但这些都是一步一步进行的。那是很奇妙的一种感觉，因为你可能偶尔会坐起来感慨道：哇，原来我可以放弃这么多东西！我确实忍受了许多。但是这种节奏如此缓慢，以至于让你觉得既然已经做了这么多了，再多做一点又何妨呢？（Conway & Siegelman，1979，p.236）

说服的因素

我们用在模块 15 中讨论过的说服的四个因素来分析邪教的说服过程：谁（说服者）对谁（说服对象）说了什么（说服内容）？

说服者

成功的邪教群体肯定有一个魅力超凡的领导者，可以吸引和支配追随者。就像说服实验那样，可信的说服者在教徒心中是专家和值得信赖的人，例如统一教团的“教父”文鲜明。

琼斯运用“读心术”来建立自己的信誉。新成员在进入教堂进行宣誓之前必须首先确认其个人信息。这时他的助手会立刻给那人的家里打电话说：“你好！我们正在做一项调查，想问你几个问题。”一个曾是其成员的人回忆说，宣誓时，琼斯会叫出那人的名字，并且说：

你以前见过我吗？嗯，你住在某某地方，你的电话号码是多少多少。在你的卧室里放着什么东西，然后，你家的沙发上放着那样一个枕头……现在你能记起我曾经到过你家吗？（Conway & Siegelman，1979，p. 234）

轻信也会影响说服效果。邪教研究专家辛格（Singer，1979）注意到，中产阶级的白人青年更容易被说服，因为他们容易轻信他人。他们缺少草根青年的那种“街头智慧”（知道怎么抗拒推销的诱惑），以及上等阶层青年的戒备（从小就警惕绑架者）。许多邪教成员都是被他们自己信任的人（朋友或亲戚）拉入伙的（Stark & Bainbridge，1980）。

说服信息

生动、感性的信息以及群体给那些孤独和忧郁的人所带来的温暖和包容，都是极具吸引力的：相信大师，加入我们的大家庭；我们有答案，唯一的救赎之道。这些信息通过演讲、小组讨论以及直接的社会压力等各种各样的渠道不断在耳边回响。

说服对象

邪教的新成员通常都很年轻，不到 25 岁，处在思想相对开放的时期，其态度和价值观都还不十分稳定。其中有些人，就像琼斯的追随者，受教育程度比较低，喜欢简单易懂的信息，不善于争辩。但是大多数信众是受过教育的中产阶级，他们被理想观念冲昏了头，以致对那些自称无私实则贪婪、貌似关心他人实则冷漠无情的人服服帖帖，而没能看出其中的矛盾。

加入邪教的人通常正处于人生的转折点，或者面临个人危机、外出度假或是远离家乡独自生活。他们有某种需要，而邪教徒们恰好给他们的疑惑指出了答案（Singer，1979；Lofland & Stark，1965）。梅德在她的 T 恤衫商店倒闭后加入了天堂之门。摩尔在 19 岁时入会，那时他刚刚高中毕业，正在寻找人生方向。社会和经济的剧变，似乎给那些能对困境做出超简单解释的人提供了蛊惑人心的契机（O’Dea，1968；Sales，1972）。

同样地，在中东地区（以及诸如巴厘岛、马德里、伦敦等），大多数携带自杀炸弹的人都处在青春期和成年期的过渡阶段。正如邪教新成员一样，他们处在那些权威的、有宗教导向的说服者的影响之下。蛊惑的声音不断向他们灌输这样的思想：把自己作为“活生生的殉道者”，自我毁灭的瞬间即是他们通往英雄主义和天赐之福的大门。为了克服求生的意愿，每个成员都要做出公开承诺：留下遗嘱，写下告别信，拍摄告别录像。所有这一切，使人产生了一种有去无回的心理暗示（Kruglanski & Zavala，2005）。这通常发生在相对孤立的小团体中，群体影响会煽动对敌人的憎恨之情。

群体效应

邪教也证明了下一模块的主题：群体具有塑造其成员观点和行为的力量。邪教组织通常会将成员与其先前的社会支持系统分离，同时也避免他们和其他异教成员相互接触。这样可能会出现一种“社会内爆”的现象：外部联系逐渐减弱，直到群体的社会性作用完全指向群体内部，每一个人都只和群体成员联系（Stark & Bainbridge，1980）。一旦与家人和朋友失去了联系，他们就无法进行反驳。这时，群体会向他们提供认同感并且混淆事实。由于邪教反对或惩罚不一致的声音，所以表面上的意见统一显然有助于消除任何些许的怀疑。另外，压力以及情绪的唤醒往往会缩小人们的注意范围，使人们“更容易接受那些毫无根据的观点，顺从社会压力，并倾向于诋毁本组织之外的人”（Baron，2000）。

阿普尔怀特和内特尔斯最初起家的时候只有两个人，他们互相强化彼此异常的想法——这种现象被精神病学家称为“两个人的精神错乱”。随着越来越多的人加入，群体的社会孤立更强化了这种荒谬的想法。正如网络共谋理论所示，虚拟组织同样可以滋生偏执和妄想。天堂之门就擅长于在网络上进行征募。

然而，这些方法（增强行为的忠诚度、说服以及群体孤立）的力量并不是无限的。统一教团成功招募进来的成员还不到旁观其活动人数的十分之一（Ennis & Verrilli，1989）。大多数曾加入天堂之门的人在那个灾难日之前就离开该组织了。科瑞什会综合使用说服、胁迫以及暴力来维持统治。随着琼斯的要求越来越苛刻，他自己也不得不更多地利用胁迫来控制信众。他对那些逃离的成员实施伤害性恐吓，打击不顺从的成员，还会为了压制不顺从的成员而使用药物。最终，在施加精神控制的同时，他也滥用成瘾性物质的力量。

邪教施加影响的方法在某些方面和我们所熟悉的群体影响方法很相似。兄弟会和妇女联谊会的成员报告说，邪教对潜在的入会者最初“爱的轰炸”和他们的

“招新”时期并没有什么两样。成员们有意滥用各种入会仪式来使新会员感觉良好。在入会阶段，由于邪教切断了新成员与他们没有入会的老朋友的联系，所以他们往往会觉得自己孤立无援。他们就会花时间来研究新群体的历史和规则。他们为新群体的利益而投入自己的时间，并遵从群体的一切要求。结果就变成了忠心耿耿的新成员。

这与那些帮助药物和酒精上瘾者康复的治疗群体很是相似。狂热的自助组织会形成一个具有很强凝聚力的“社会茧子”，有极端激进的思想，并且对成员的行为施加深刻的影响（Galanter，1989，1990）。

我之所以选择兄弟会、妇女联合会、自助组织以及心理治疗为例，并不是为了诋毁它们，而是要证实最后两个观点。首先，如果我们把“新宗教运动”归因于领导者的神秘力量或者其追随者罕见的软弱性，那么我们会误认为自己可以抵制这种社会控制技术。事实上，我们自己所在的群体——以及那些数不清的政治领导人、教育工作者以及其他的说服者们——已经在我们身上成功地运用了这些策略。教育与蛊惑、启蒙与洗脑、转变与胁迫以及心理治疗与精神控制之间的界限并非泾渭分明。

其次，琼斯以及其他邪教领导者滥用说服这一事实并不能说明说服的本质是邪恶的。核反应的能量既可以用于发电，给我们带来光明，又可以摧毁我们的城市。性的力量既可以让我们尽情表达和赞颂已经承诺的爱情，又可以让人们为了满足私欲而伤害别人。说服的力量让我们能够去启发或欺骗他人。了解了说服可以用于作恶后，这警示我们，作为科学家和普通公民，都应该抵制将说服用于不道德的行为。但是，说服本身并没有本质的善恶优劣之分，其作用是建设性的还是毁灭性的取决于我们运用的目的和方法。因为说服有时具有欺骗性而去谴责说服就像因噎废食一样。

抵制说服：态度免疫

在深入分析了“说服武器”之后，我们再来考虑一些抵制说服影响的策略。我们如何才能抵制令人生厌的说服呢？

借助于逻辑推理，了解充分的信息，有意识地主动思考，我们确实可以抵制谬误和谎言。如果在信任光环的笼罩下，维修工人的制服和医生的头衔迫使我们无条件地赞成，那么我们可以反思一下自己对权威的习惯性反应。在投入时间和钱财之前我们可以先搜寻更多的信息。我们可以对那些不明白的事情提出质疑。

加强个人承诺

有另一种抵制压力的方法：在别人进行判断之前，先对自己的立场做出公开表态（事前承诺）。公开站在自己信念的一边之后，你就不太容易再受到别人观点的影响（或者我们应该说，不那么“变通”了）。

挑战信念

怎样可以使人们对某些观点深信不疑呢？美国密苏里大学的心理学家基斯勒（Kiesler，1971）通过实验给我们提供了一种方法：温和地攻击他们的立场。基斯勒发现，已经信任某种观点的人受到攻击时会促使他们发起反击，但是在攻击强度还不能完全驳倒他们时，他们会变得更为投入和坚定。基斯勒解释说：“当你对那些笃信不疑的人们发起攻击而攻击的强度又不那么强烈时，你会激发他们采取更为极端的行为来维护其信念。从某种意义上来讲，他们的笃信程度会逐渐加强，因为与他们信念一致的行为数量增加了。”（Kiesler，p.88）你可能会回忆起辩论赛中的情境，随着辩论双方的争论越来越激烈，双方的观点也会越来越走向极端。

引发反驳

温和的攻击能够引起说服对象的抵抗，还有另外一个原因。就像注射疫苗以抵御疾病那样，再薄弱的观点也会引发反驳，这就能为更强烈的反击做好准备。耶鲁大学心理学教授麦圭尔（McGuire，1964）在一系列的实验中证实了这一点。麦圭尔想知道：我们是否可以像注射疫苗抵制病毒一样，使人们对说服具有免疫力？是否存在类似**态度免疫**（attitude inoculation）这样的东西？我们是否能够让人们在一种“无菌的意识形态环境”中成长——人们所持的观点不会受到任何质疑——然后激起他们的精神防御？或者给他们提供反驳该信念的少许资料，这是否可以让他们日后具备抵御说服的能力？

这正是麦圭尔所做的。首先，他收集了一些众所周知的常识，例如“尽可能在每天餐后刷牙是明智之举”等。随后，他发现当该信条遇到大量具有一定可信度的攻击时，人们较容易受其影响（例如，一位声望很高的权威人士说，刷牙次数过多可能会破坏牙龈）。但是，假如在他们的信条被攻击之前，先让他们接受对于该信念的一个小小挑战作为“预防针”，并且让他们读或写一篇关于驳斥这种轻微攻击观点的文章，那么他们抵制更强烈攻击的能力就会有所增强。

不过，还请读者牢记，有效的免疫必须激起我们的防御，但又不至于摧毁我们的防御系统。后续实验表明，如果人们已经产生了抵制，但却觉得自己做得很差劲（反驳苍白无力），他们的态度就会被削弱，更有可能受到后面说服的影响（Tormala & others，2006）。抵制说服还会消耗个体自我控制系统的能量。因而，抵制之后不久，我们就可能变得筋疲力尽，而更容易受说服的影响，这可能是因为疲劳或其他自我控制的努力（如节食）削弱了我们的态度（Burkley，2008）。

美国亚利桑那州立大学的说服研究专家西奥迪尼（Cialdini，2003）及其同事赞同适当的反驳是抵制说服的绝佳方法，但是他们想知道个体在对竞争对手的广告做出回应时，如何才能进行有效的反驳。他们建议说，答案就是进行“有毒寄生者”式的反驳，也就是将毒药（强有力的反驳）与寄生者（看到对手广告时能唤起对方观点的提取线索）结合起来。他们的研究发现，如果参与者事先看到了附在熟悉政治广告上的反驳信息，那么他们很难被这个广告说服。因此再次观看这一广告同样会让人们想起尖锐的反驳信息。举例来说，反吸烟的广告有效地利用了这一点，它们对“万宝路男人”广告进行了二次创新，同样是在条件恶劣的野外场景中，但是其中的牛仔却衰老不堪，并且不停地咳嗽。

现实生活中的应用：免疫工程

让孩子具有抵制同伴吸烟压力的免疫力

德克萨斯大学公共卫生专家麦卡利斯特（McAlister，1980）率领的研究小组

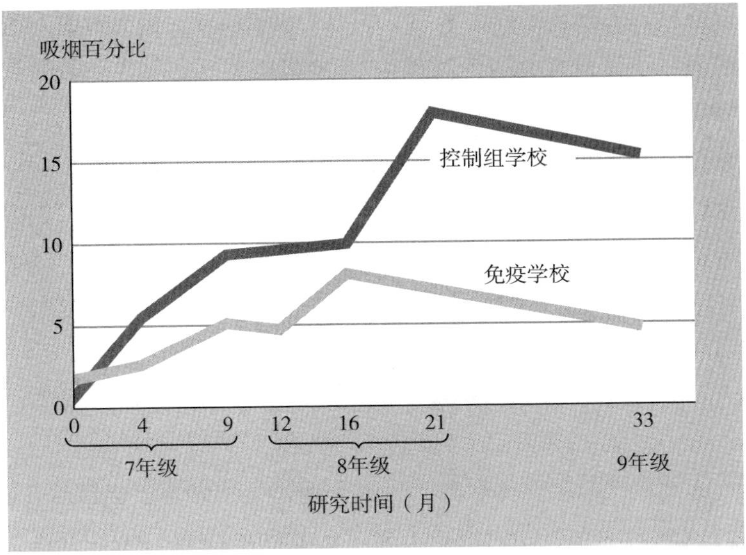

图 16–1

态度免疫对儿童吸烟行为的影响。“注射过疫苗”的中学里，吸烟学生的百分比远远低于采用一般吸烟教育方法的匹配控制组学校。资料来源：Data from McAlister & others, 1980; Telch & others, 1981.

给中学七年级学生“注射”预防同伴吸烟压力的“疫苗”。他们教育那些七年级学生对吸烟广告做出这样的反应：就如暗示女性戒烟的广告，教导说：“假如她无法摆脱香烟，就不能算真正地获得了解放。”学生们还进行角色扮演游戏，如果不吸烟就会被同伴叫做“小鸡”；他们会这样回答：“假如吸烟只是为了给你留下什么印象的话，我倒宁愿自己真的是一只小鸡。”对七年级和八年级的学生一直持续进行若干次这样的活动，那些打过“疫苗”的学生吸烟的比率只有另外一所中学的一半，而两所学校学生家长的吸烟率一样（如图 16–1）。

其他一些研究小组也证实了这种预防程序——当然有时需要其他生活技能的训练作为补充——能够减少青少年吸烟（Botvin & others，1995，2008；Evans & others，1984；Flay & others，1985）。大多数新研究都强调抵制社会压力的策略。其中一项研究是给 6~8 年级的学生们放映抵制吸烟的电影，或者提供戒烟的信息同时参加拒绝吸烟的角色扮演活动（Hirschman & Leventhal，1989）。一年半之后，观看反吸烟电影的学生有 31% 的人开始吸烟。而参加角色扮演的学生只有 19% 的人开始吸烟。

戒烟以及反毒品教育工程也采用了其他的说服原理。请有吸引力的同龄人进行宣讲，唤醒学生们自身的认识过程（“有些事是需要你思考一番的”），要求学生作出公开承诺（做出一个有关吸烟的理性决策，并且连同自己的推理过程，在全班同学面前公布）。这些预防吸烟的说服计划中，有些只需要 2~6 个小时的上课时间，仅仅使用准备好的印刷材料或录像资料即可。如今，任何希望通过社会心理学的方法来防止青少年吸烟的学校或教师都能够做到这一点，简单易行，成本较低，并且有望减少青少年未来的吸烟率和降低有关的健康费用。

给孩子免疫以抵制广告的诱惑

瑞典、意大利、希腊、比利时、丹麦和爱尔兰都严格限制针对儿童的广告，而且欧洲其他国家一直都在讨论是否要采取相同的措施（McGuire，2002）。美国加利福尼亚州立大学莱文教授曾在《说服的力量：我们如何买进卖出》一书中指出，一个普通的美国儿童每年要看 1 万多条商业广告。他说：“20 年前，孩子们喝的牛奶是汽水的两倍。正是拜广告所赐，这个比例现在颠倒过来了”（2003，p.16）。

1981 年，一份来自菲利普·莫里斯公司（烟草商每年花费 112 亿美元做广告，菲利普·莫里斯公司是其中的巨头）研究人员的报告显示，吸烟者通常在青少年时期就形成了所谓的“最初品牌选择”（FTC，2003）。“如今的年轻人很可能就是未来稳定的消费者，绝大多数的吸烟者都是从十几岁时开始的”（Lichblau，2003）。这可以解释为什么一些烟草公司会通过广告、组织晚会、提供免费香烟（通常在一些学生也喝酒的场合）不遗余力地向大学生进行营销，所有这些都是它们把香烟推销给“入门级”烟民营销计划的一部分（Farrell，2005）。

为了削弱广告的影响力，研究者一直在探讨如何使孩子们对电视广告产生免疫力。有研究表明，儿童尤其是 8 岁以下的儿童：（1）不能很好地分辨电视节目和商业广告，并且难以知晓其说服目的；（2）会不加分辨地相信电视广告的内容；（3）会恳求或逼迫父母购买广告商品（Adler & others，1980；Feshbach，1980；Palmer & Dorr，1980）。孩子们看起来是广告商们的最爱：轻信、易受影响，这使销售变得简单容易。

鉴于以上研究结果，民间组织对这些商品的广告商们提出了批评（Moody，

1980）："如果精明世故的广告商，花几百万美元做广告把不健康的产品卖给单纯、轻信的孩子们，那么这只能称为剥削。"在《母亲对广告商的宣言》（Motherhood Project，2001）中，美国妇女的广泛联合就是这种愤怒的表现：

> 对我们而言，孩子是无价之宝。对你们来说，孩子仅仅是顾客，而儿童是一块极富开采价值的顾客群体……那些训练有素并且富有创造力的专家对孩子进行研究、分析、说服以及操纵后发现，满足和创造消费者的需求与欲望之间的界限变得越来越模糊了……那些令人心动的信息，诸如"你今天该休息一下了""尝试你自己的方式""跟着你的感觉走""放手去做吧""没有任何限制"和"抓住你的愿望了吗？"这些话语证实了广告和营销传递出这样一种主要信息：即生活就是自私自利、及时享乐和物质至上。

另一方是从广告获利的人，他们宣称广告可以帮家长教会孩子消费技巧，而且，更重要的是，还可以为儿童电视节目提供资金。在美国，联邦贸易委员会受到学术界研究结果和政治压力的推动，对于是否应该对面向未成年人的垃圾食品广告以及限制级电影制定新的限制这一问题上保持中立。

同时，研究者发现市中心七年级的孩子如同八年级的孩子一般，能批判性地看待广告——有"抵抗传媒的技能"——也能更好地抵抗同伴压力，并且不太可能像九年级的孩子那样饮酒（Epstein & Botvin，2008）。

研究者想知道能否教会儿童抵制欺骗性的广告。在其中的一项研究中，由加州大学洛杉矶分校的教育心理专家费什巴赫（Feshbach，1980；Cohen，1980）率领的研究小组给洛杉矶地区的小学生们上了 3 节半小时的广告分析课。孩子们通过观看广告并参加讨论来增强抵抗广告的免疫力。例如，在看完一段玩具广告后，他们会立即得到那个玩具，研究者要求他们尝试像广告中所呈现的那样玩这个玩具。这样的经历能够帮助孩子们建立对广告更现实的理解。

态度免疫的意义

要抵制洗脑，最好的方法并不是对当前信念进行更大强度的教化灌输。如果父母们担心自己的孩子可能会成为邪教分子，那么他们最好能够给孩子们讲解各种邪教，并帮助孩子抵制那些诱人的请求。

基于上述理由，宗教教育者应该对在教堂和学校里建立“无菌意识形态环境”保持警惕。能接触到各种观点的人辨别能力更强，面对说服力强而非说服力弱的辩论时更可能改变观点（Levitan & Visser，2008）。如果对个体观点的质疑遭到反驳，更可能巩固而非动摇个体的立场；如果这些威胁资讯可以在其他有类似想法的个体身上得到验证时更是如此（Visser & Mirabile，2004）。邪教是这样运用这条原则的：提前警告其成员，他们的家人和朋友会攻击邪教的思想和理念。当预期的挑战出现时，成员已经做好了反驳的充分准备。

另一层意义是针对说服者提出的：应该本着宁缺毋滥的原则，效果不佳的说服还不如没有。你知道这是为什么吗？那些拒绝说服的个体会对以后更进一步的说服产生免疫力。让我们来看看美国普林斯顿大学心理学教授达利和库珀（Darley & Cooper，1972）所做的实验，他们要求学生们写一篇支持严格限制着装的文章。由于这和学生们自己的立场相违背，并且文章会发表出来，所以所有的人都断然拒绝，即使有报酬也不干。拒绝报酬之后，学生们对自己反对限制着装的观点更加坚定，而且更加极端。在对限制着装做出公然抵制的决定后，学生们的反对态度变得更加坚定。那些曾经拒绝过戒烟劝说的人很可能对以后的任何劝说都有了免疫力。效果不佳的劝说，不但达不到目的，反而会引起说服对象的防御心理，使得他们对于随后的劝说变得更加“铁石心肠”，不为所动。

作为有批判精神的思想者，我们应该从免疫研究中得到一些启发。你能否在接受某些确凿的信息之前就抵制错误信息呢？做一个积极的聆听者。强迫自己去抗辩。换言之，不要简单地倾听，而是要做出反应。如果信息经受不住仔细推敲，那就说明这些信息还不够真实。如果信息经得起分析，那么它对你的影响会更为持久。

模　块 17

纯粹他人在场

我们的社会不仅仅由 68 亿个体组成，它同时包括了 193 个国家和地区、400 万个地方性社区、2 000 万个经济组织，以及几亿个其他正式或非正式的群体——约会中的恋人、一起散步的家人、正在训练的士兵等等。那么，这些群体是如何影响个体的呢？

我们来探讨社会心理学最基本的问题：纯粹他人在场会不会影响我们？“纯粹在场”是指在场的他人实际上只是被动的观众或**共同的参与者**，并不具有互动性和竞争性，也不会实施奖励或惩罚。他人在场是否会影响当事人的长跑、用餐、打字或考试成绩？寻找该问题答案的过程就是科学揭秘的过程。

纯粹他人在场

一个多世纪以前，美国印第安纳大学的心理学家特里普利特（Triplett，1898）注意到：自行车手在一起比赛时，他们的成绩要比各自单独骑行时的成绩好。在把自己的直觉发现（他人在场能提高作业水平）公布于众之前，特里普利特首先对此进行了实验室研究。在实验中，他要求儿童以最快的速度在渔用卷轴上缠线，结果发现，儿童一起绕线要比单独缠线快得多。

随后的实验发现，他人在场能够提高人们做简单乘法和划掉字母等任务的速度，同时证实了他人在场能提高简单动作任务（比如，保持一根金属棒与一个在转盘上转动的硬币大小的圆盘接触）的准确性（Allport，1920；Dashiell，1930；Travis，1925）。这种**社会助长作用**（social facilitation）同样也会发生在动物身上。当有同类在场时，蚂蚁能挖掘出更多的沙子，小鸡会吃更多的谷物，交配中的老鼠会表现出更多的性活动（Bayer，1929；Chen，1937；Larsson，1956）。

不过现在就下结论似乎还为时过早。另一些研究发现，在完成某些任务时，他人在场会妨碍当事人的表现。有同类在场时，蟑螂、长尾小鹦鹉、金丝雀学会走迷宫的速度都变慢（Allee & Masure，1936；Gates & Allee，1933；Klopfer，1958），这种干扰效应在人类中也会发生。他人在场会降低人们学习无意义音节、走迷宫游戏以及演算复杂乘法问题的效率（Dashiell，1930；Pessin，1933；Pessin & Husband，1933）。

如果说他人在场有时能提高个体的作业成绩，有时却会妨碍作业成绩，这些研究结果似乎自相矛盾。这种说法与典型的英格兰天气预报相比，也好不到哪儿去，那儿的天气预报一会儿说今天可能是晴天，过一会儿又说可能会下雨。到1940年为止，这个领域的研究几乎停滞不前，并且一直沉寂了25年，直到心理学家扎荣茨（Robert Zajonc）提出新理论，学界对社会助长的研究才再度兴起。

社会心理学家扎荣茨想把这些看似互相矛盾的发现融合到一起。正如科学界常有的灵光一闪一样，扎荣茨（Zajonc，1965）善于借力打力，触类旁通。他受到了实验心理学著名定律的启示：唤醒能够增强任何优势反应的趋势。唤醒会提高简单任务的作业成绩，因为在这些简单任务中“优势”反应往往是正确反应。人们在唤醒状态下，完成简单的字谜任务，如辨别打乱了字母顺序的单词，比如“*akec*”，是最快的。而在复杂任务中，正确答案往往不是优势反应，所以，唤醒增强的是错误反应。因此，在更困难的字谜任务中，比如 *theloacco*，紧张的人成绩会更差。

扎荣茨提出的理论能够解开社会助长作用之谜吗？假设人们会因他人在场而唤醒或振奋，似乎很有道理（Mullen & others，1997）；大部分人都还记得有人旁观时会变得紧张或兴奋。如果社会唤醒能促进优势反应，就应该会提高简单任务的作业成绩，并且会降低困难任务的作业成绩。

根据上述解释，令人迷惑不解的结果就可以理解了。在渔用卷轴上绕线，做简单乘法题，或者吃东西等都是一些简单任务，这些任务的正确反应都是人们掌握得非常好的反应或很自然的优势反应。毫无疑问，他人在场会提高这些任务的作业成绩。而学习新材料，走迷宫游戏，或者解复杂的数学题等都是一些较难的任务，这些任务的正确反应很难一下子就做出来。在这种情况下，他人在场就会增加个体错误反应的次数。可见，同一个规律：唤醒能促进优势反应，在两种情况下都有效了（见图 17-1）。突然之间，先前看起来互相矛盾的结果也不再矛盾了。

扎荣茨的解决方案是如此的简单而出色，这令其他社会心理学家们想到了赫胥黎第一次读达尔文的《物种起源》后的想法：“怎么以前从来就没这样想过呢，我是多么的愚蠢啊！”当扎荣茨指出来之后，这个道理就似乎显而易见了。然而，也有可能是因为戴着有色眼镜，产生后见之明偏差，所以那些矛盾的结果看起来融合得如此完美。扎荣茨的这个解决方案能经受住实验的直接检验吗？

在对 25 000 个志愿者参与者进行了差不多 300 项研究之后，证实这个解决方案仍旧有效（Bond & Titus，1983；Guerin，1993，1999）。随后的实验也以不同的方式验证了这个规律：无论优势反应是正确反应还是错误反应，社会唤醒都会促进这种优势反应。心理学家亨特和希勒里（Hunt & Hillery，1973）发现，他人在场时，学生们学习走简单迷宫所需时间会变少，而学习走复杂迷宫所需时间会增加（和蟑螂是一样的！）。迈克尔等人（Michael & others，1982）发现，在一个学生社团里面，优秀的台球选手（在隐蔽观察条件下击中 71% 的选手）在有四位观察者来观看他们表现的情况下，他们的成绩会更好（80% 的击中率）。而差劲的选手（先前平均击中率为 36%）在被密切观察的条件下表现更差（击中率只

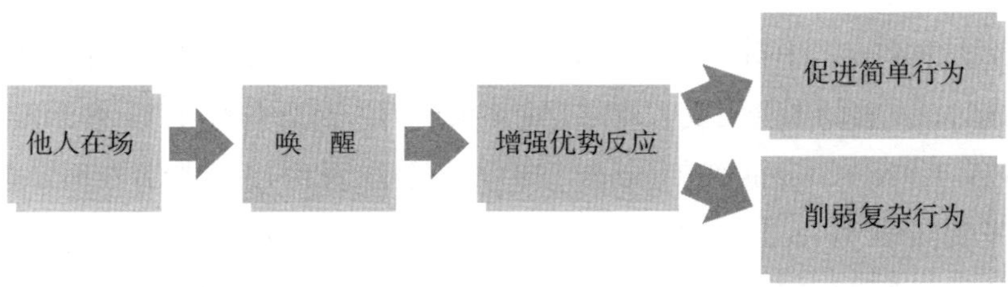

图 17-1

社会唤醒效应。扎荣茨提出，他人在场可以增强个体的优势反应（正确反应仅仅出自简单或掌握得非常好的任务中），这一观点可以很好地解释这种看似矛盾的研究结果。

有 25%)。

由于运动员们所表现的都是熟练掌握的技能，这就有助于解释为什么观众的支持性反应常常能够激励他们表现出最佳状态。在对加拿大、美国、英国举行的总计 8 万项大学体育赛事或专业体育赛事的研究显示：主场队会赢 60% 的比赛(棒球和橄榄球会少一些，篮球和足球会多一些)。这种主场优势有可能源于运动员对主场环境的熟悉，较少的旅途劳顿，对领土控制的优越感，或者观众欢呼时增强的团队认同感(Zillmann & Paulus，1993)。

拥挤现象：众多他人在场

综上所述，人们的确对他人在场有所反应。但是，观察者的在场真的会激发人们的唤醒状态吗？当面临压力时，身边拥有一个伙伴可能会让你感到安慰。可是，他人在场时，人们的出汗量增加，呼吸加快，肌肉收缩次数增加，血压升高并且心跳加速(Geen & Gange，1983；Moore & Baron，1983)。在完成有挑战性任务时，甚至一群热心观众的在场也可能会使个体的表现比平时更差(Butler & Baumeister，1998)。你在第一次钢琴独奏会上的表现不会因为亲友团的到场而有所改善。

他人的影响效应会随着人数的增加而递增(Jackson & Latané，1981；Knowles，1983)。有时候庞大的观众群体所激起的唤醒状态和有意注意，甚至会干扰熟练掌握的、自动化的行为，例如讲话。在极大的压力情境下，我们很容易结巴。当口吃者面对一大群听众时，会比只对一两个人讲话时更加口吃(Mullen，1986)。

身处一大群人之中对个体的积极或消极反应都会有增强作用。当人们在一起坐得很近时，友善的人会更受人欢迎，而不友善的人会更令人讨厌(Schiffenbauer & Schiavo，1976；Storms & Thomas，1977)。美国哥伦比亚大学心理学教授弗里德曼及其同事(Freedman & others，1979，1980)对该校学生以及安大略科学中心的访问学者进行了一系列的实验，他们让一个研究助手和其他参与者一起听搞笑的磁带或者看喜剧电影。当所有人在一起坐得很近的时候，助手更容易诱导参与者发笑或者鼓掌。正如戏剧导演和体育迷们所认为的那样，坐满人的屋子就是好屋子，这一点也已经得到研究的证实（Aiello & others，1983；Worchel & Brown，1984）。

也许你已经注意到了：35 人的班级坐在正好能容纳 35 人的教室里会比散坐在 100 人的大教室里感觉更温馨、更活跃。部分原因是我们和别人坐得很近时，更容易注意别人并且融入他们的笑声和掌声中去。另一方面，加州大学欧文分校的埃文斯教授（Evans，1979）发现，拥挤也会增强唤醒状态。他对马萨诸塞大学的学生进行了一些测试。学生们每 10 人为一组，每组人会待在一个 7×10 米大小的房间或一个 2×4 米大小的房间。结果发现，待在拥挤的房间里的参与者比待在宽敞房间里的参与者心率更快，血压也更高（唤醒的指标）。研究者（Nagar & Pandey，1987）对印度大学生做的一项研究也发现，拥挤使人在完成复杂任务时更容易出错。由此可见，拥挤能增强唤醒状态，而唤醒能促进优势反应。

他人在场引起唤醒的原因

在他人面前时，你会变得振奋而把自己擅长的事情做得更好（除非你已经过度唤醒或者太在乎自己的表现）。然而在同一情境下，你原本觉得困难的事情就会显得更不可能实现了。那么，他人在场是如何引起人们的唤醒的呢？有证据表明可能是以下三种因素：评价顾忌、分心以及纯粹在场（Aiello & Douthitt，2001; Feinberg & Aiello，2006）。

评价顾忌

社会心理学家科特雷尔推测，观察者在场使我们焦虑的原因是我们想知道别人怎么样评价我们。为了检验**评价顾忌**（evaluation apprehension）是否存在，科特雷尔及其同事（Cottrell & others，1968）让观察者蒙上眼睛，结果发现与可以自由观察的观众所引起的效应不同，仅仅蒙上眼睛并没有改善优势反应。

其他实验也证实了科特雷尔的结论：如果人们认为在场的观察者正在评价自己，那么他们的优势反应就会明显改善。有这样一项实验，加利福尼亚大学的长跑者在跑道上跑步时会遇到一位坐在草地上的女士。如果这位女士是面对着他们的，那么与她背对着他们相比，长跑者跑步的速度会更快一些（Worringham & Messick，1983）。

评价顾忌也有助于解释以下问题：

- 为什么与比自己稍微优秀一点的人一起工作时，人们的表现会最好（Seta，1982）？
- 为什么一个高层领导小组的唤醒状态会在意见无关痛痒之人加入时会有所降低（Seta & Seta，1992）？
- 为什么那些最担心别人对自己评价的人往往最容易受他人在场影响（Gastorf & others，1980；Geen & Gange，1983）？
- 为什么在场者是密切注意人们行动的陌生人时，社会助长效应最大（Guerin & Innes，1982）？

他人评价引发的自我关注也会干扰我们熟练掌握的自动化行为（Mullen & Baumeister，1987）。如果篮球运动员过分关注自己，在关键投篮时刻分析自己的身体移动，那他就很可能无法命中。

分 心

研究者（Sanders & others，1978；Baron，1986）对评价顾忌进行了更深入的研究。他们认为，参与者在考虑共事者会如何行动，或者观众会如何反应时，参与者已经分心了。这种注意他人和注意任务之间的冲突，会使认知系统负荷过重，于是就引起了唤醒。我们都“受到分心的影响”。不仅他人在场会引起唤醒，有时其他分心物的出现，比如光线的突然照射，也会引起唤醒（Sanders，1981a，1981b）。

纯粹在场

然而，扎荣茨认为，即使在没有评价顾忌或没有分心的情况下，他人的“纯粹在场”也会引发一定程度的唤醒。前面提到过在动物身上也存在社会助长效应。这暗示社会唤醒机制在动物界也十分普遍。（动物也许并不能有意识地关注其他动物对自己的评价。）在人类社会中，许多长跑者都会因为有人跟他们一起跑而得到激励，即便那些一起跑的人既不是他们的竞争对手，也不会对他们进行评价。

这里有必要提醒一下，正确的理论能精确简约地概括客观现实；它能简化并且归纳总结各种各样的观察资料。社会助长理论在这方面做得很好。它是许许多多研究结果的简单概述。完善的理论也应该能提供明确的预期，这些预期会（1）有助于该理论的验证和修正；（2）引导全新的探索；（3）对实际应用提出建议。社会助长理论已经明确地提出了前两种预期:（1）理论基础（他人在场会引发唤醒，并且这种社会唤醒会提高个体的优势反应）已经得到证实了，而且（2）这个理论给这一沉寂已久的研究领域带来了新的生机。

预期（3）是否也能用于实际？我们可以对可能的应用做一些有根据的推测。在许多新写字楼里，用一些低矮的隔离物划分出的宽敞、开放的办公区域已经替代了私人办公室。意识到他人在场是有助于个体提高熟练任务的作业成绩，还是会干扰其对复杂问题的创造性思维？你还能想到其他可能的应用案例吗？

模 块

18

人多能减轻责任

在拔河比赛中，八个人一队的队员们使出的力气，与他们各自参加个人拔河比赛所使出的最大力气的总和一样大吗？如果不一样，原因何在？我们对于工作群体中成员所付出的努力程度应该抱何种期望？

社会助长作用经常发生在人们为个人目标努力时，例如，缠鱼线或解数学题等，在这种情况下，他人可以对个人的努力做出单独的评价。上述情境和日常生活中的某些工作情境十分类似，而与大家为同一个目标一起努力的情境迥然相异。因为后者个人的努力无法单独进行评价，如群体拔河比赛、集资筹款（共同经营糖果生意赚钱支付班级旅行的费用）、计算班级总分的比赛项目等都是很好的例子。在这样的“群体加总任务”（小组成绩有赖于成员个人努力总和的任务）中，团队精神是否会提高产出呢？作为一个团队一起工作时，泥瓦匠们会比他们单独工作时更快吗？实验室模拟研究可以找到这些问题的答案。

人多好办事

大约一个世纪以前，法国工程师林格曼（Kravitz & Martin，1986）发现，选手在群体拔河中所付出的努力仅有个人单独努力之总和的一半。这表明，与“人多力量大”的普遍观念恰恰相反，实际上，在群体任务中小组成员的努力程度反而较小。也许，糟糕的表现源于糟糕的合作——人们一起拉绳子的时候，用力的方向和时间可能稍有差异。由英厄姆（Ingham，1974）领导的一个马萨诸塞研究小组巧妙地解决了这一问题，他们让参与者认为自己在和其他人一起拉绳子，而实际上是参与者一个人在拉。蒙在鼓里的参与者们被排在如图 18-1 所示装置的第一个位置，并且要求他们：“尽你的全力去拉。”结果发现，如果他们知道自己是一个人在拉，那么使出的力气会比认为身后还有 2~5 个人和自己一起拉时多出 18%。

研究者（Latané & others，1979；Harkins & others，1980）同时也注意到了**社会懈怠**（social loafing）现象的其他方面。他们观察到，6 个人一起尽全力叫喊或者鼓掌所发出的喧闹声还没有 1 个人单独所发出喧闹声的 3 倍响。就像拔河比赛一样，制造喧闹声的任务也很容易受群体低效的影响。所以拉坦及其助手们沿袭了英厄姆的方法，他们使俄亥俄州立大学的学生认为自己是在和其他人一起叫喊

图 18–1

拉绳装置。拉绳实验中，站在第一个位置的人如果认为后面有人和自己一起拉，那么他使出的力气就比较小。资料来源：Data from Ingham, Levinger, Graves & Peckham, 1974. Photo by Alan G. Ingham.

或者鼓掌，而实际上只是单独行动。

他们的方法是这样的：让 6 个学生蒙上眼睛坐在一个半圆形中，给他们戴上耳机，从中他们可以听到别人叫喊或者鼓掌的声音。这样，如果学生听不见自己的叫喊或鼓掌声，那别人的声音就更听不见了。在不同轮的实验中，或者要求他们单独叫喊或鼓掌，或者要求他们整组一起做。有些知道这个实验的人猜测，和他人一起做的时候参与者会叫得更响，因为这时候社会抑制会降低（Harkins，1981）。而真实的结果却证实了社会懈怠：参与的学生认为自己正和其他 5 个人一起叫喊或鼓掌时所发出的喧闹声要比他们认为自己正单独做时少三分之一。甚至高中的拉拉队队长也会发生这种社会懈怠现象（Hardy & Latané，1986）。

政治学家斯威尼（Sweeney，1973）对社会懈怠的政策性含义很感兴趣，在得克萨斯大学所做的一项实验中，他观察了其中的现象。当学生知道要对自己单独评价（以电量的输出来计量）时，与认为自己的成绩要与其他骑手的成绩加在一起相比，他们踩自行车练习器时要更加卖力。在群体条件下，人们就会受到**搭便车**（free-ride）的诱惑。

从这项以及其他 160 项研究（Karau & Williams，1993）中，我们可以看到，引发社会助长作用的心理力量（即评价顾忌）发生了逆转。在社会懈怠实验中，个体认为只有他们单独行动才会受到评价。群体情境（拔河、喊叫等）降低了个体的评价顾忌。如果人们无需单独为某事负责或者不会单独评价努力程度，所有小组成员的责任感都被分散了（Harkins & Jackson，1985；Kerr & Bruun，1981）。相形之下，社会助长实验则增强了个体的评价顾忌。一旦成为注意的焦点，人们就会自觉监控自己的行为（Mullen & Baumeister，1987）。所以规律还是一样：个体一旦受他人观察，个体的评价顾忌会有所增强，这样社会助长作用就发生了；个体一旦消失在人群中，个体的评价顾忌就会减小，社会懈怠就发生了（图 18–2）。

激励小组成员的一种策略是使个体作业成绩可识别化。有些橄榄球教练通过录像和对运动员进行个别评价的方法来达到这一目的。无论是否在一个小组中，当个体的行为可以单独评价时，人们会付出更大的努力：大学游泳队的队内接力赛中，如果有人监控队员并且单独报出每个人的成绩时，那么整体游泳的速度会有所提高（Williams & others，1989）。

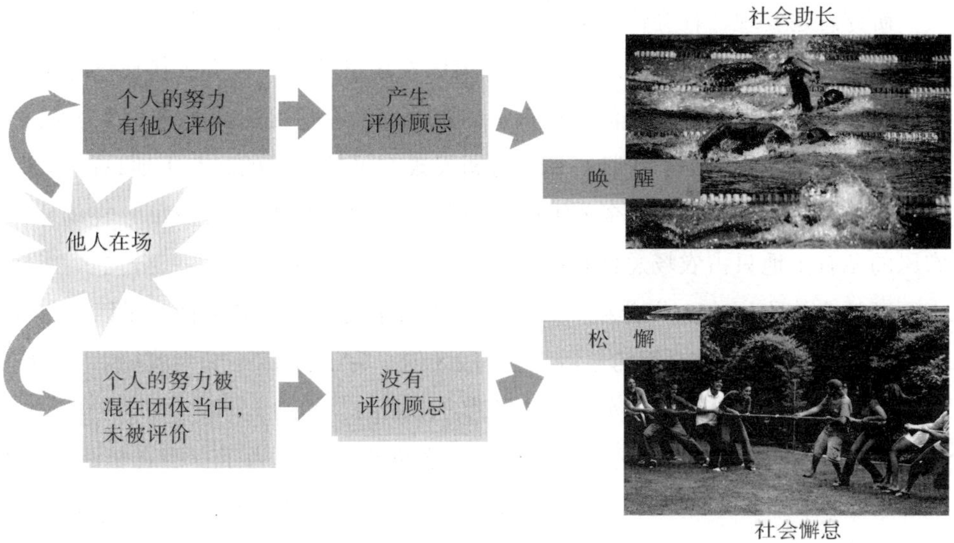

图 18–2

是社会助长还是社会懈怠？如果无法对个体进行评价或者个体无需为某事单独负责，则更可能发生社会懈怠。单个游泳者能依靠自己的能力在比赛中获胜。在拔河比赛比赛中，并非是团队中的任一队员对比赛输赢负责，因而任何一个队员都可能会放松或懈怠。

日常生活中的社会懈怠

社会懈怠很普遍吗？在实验室中，此现象不仅在拔河比赛、蹬自行车、叫喊和鼓掌等任务中发生，同时也出现在排气或排水，评价诗歌或社论，发表观点，打字和信号侦察等任务中。那么这些结果能推广到人们的日常工作中去吗？

一项对流水线工人所做的小实验发现，一旦可以对个人的行为进行单独评价，即使没有额外的报酬，工人们的产出仍然增加了 16%（Faulkner & Williams，1996）。又如，在泡菜厂里，最主要的工作就是从传输带上挑出大小合适的半块头莳萝泡菜塞进罐子里。不幸的是，因为无法识别出这些产品分别是谁做的（所有的罐子都会在接受质量检查之前进入同一个斗车），工人们常常会随便把任何大小的泡菜都塞进罐子。威廉姆斯等人（Williams & others，1981）指出，有关社会懈怠的研究建议“使个人的产出可以识别，并且提出问题，假如工厂只按照包装合格的泡菜付给工人相应的工资，那么一个工人会包装多少泡菜呢？”

研究者还发现，社会懈怠的现象在各种文化中都有出现，特别在评估集体主义国家的农业产量时尤其如此。前苏联集体农场里的农民们今天耕作这片土地，明天耕作另一片土地，对任何一块特定的土地都没有直接的责任感。因为农民们自己只有一块很小的私有土地。调查分析发现，虽然农民的私有土地只占全部耕种面积的1%，但其产出却占全苏维埃农场产出的27%（H. Smith，1976）。在匈牙利，农民的私有土地只占农场总面积的13%，但其产量却占了总量的三分之一。自从中国开始允许农民在上交公粮后，可以出售富余的粮食，其粮食产量以每年8%的速度暴涨——是前26年的年增长率的2.5倍。为了将报酬与产量挂钩，今天俄罗斯的许多农场都已经不再实行集体经营（Kramer，2008）。

那么其他集体主义文化中是否存在社会懈怠现象？为了查明真相，研究者（Gabrenya & others，1985）前往亚洲，在日本、泰国、中国台湾地区、印度和马来西亚重复了制造噪音的实验。他们发现了什么？结论是社会懈怠在这些国家和地区同样非常显著。不过，在亚洲进行的17项后续研究显示：在集体主义文化下，人们表现出的社会懈怠的确不如个体主义文化下强烈（Karau & Williams，1993；Kugihara，1999）。我们曾提及，对家庭和集体的忠诚在集体主义文化国家起着很重要的作用。另外，女性不如男性个人化——其社会懈怠也不如男性强烈。

在北美，不向工会或行业协会交会费也不参加义务劳动的那些工人，却往往非常乐于接受工会带来的福利。那些不响应公共电视台基金筹款动员的观众们同样也是如此，这暗示了对于社会懈怠的另一种可能解释。如果不管个人对群体做出多少贡献，都是平均分配报酬，那么付出单位劳动所得报酬多的人就等于是搭了集体的便车。因此，人们就会想在自己的努力没有人单独监控或者单独评价的时候偷懒。用一个公社成员的话来说，能很方便地搭便车的社会就是“寄生虫的天堂”。

当然，群体性的工作也不总是会引发个体的偷懒行为。有时候，群体目标极具吸引力，又十分需要每个人都尽最大的努力，这时团队精神会维持并且增强个人努力的程度。在奥运会划艇赛中，选手在参加八人一组的群体划艇赛时会比单人组或双人组时更不卖力吗？

有证据表明，他们肯定会卖力。当任务具有挑战性、吸引力、引人入胜的特点时，群体成员的懈怠程度就会减弱（Karau & Williams，1993）。面临挑战性的任务时，人们可能会认为付出自己的努力是必不可少的（Harkins & Petty，1982；

Kerr，1983；Kerr & Bruun，2007）。假设人们认为小组中的其他成员靠不住或者没有能力做出多少贡献，那他们也会付出更大的努力（Plaks & Higgins，2000；Williams & Karau，1991）。但是，在很多情况下，其他稍逊色的个人也会这么做，因为他们要努力追赶他人更高的生产率。对群体实施激励性措施或者让群体为一个有挑战性的目标而奋斗也可以提高整体的努力程度（Harkins & Szymanski，1989；Shepperd & Wright，1989）。

如果小组成员彼此都是朋友或者成员都很认同自己的群体，认为与群体不可分割，那么懈怠就会有所减少（Davis & Greenlees，1992；Gockel & others 2008；Karau & Williams，1997；Worchel & others，1998）。甚至仅仅期望再次与某人交往都能增加团队的干劲（Groenenboom & others，2001）。班级中常常见面的同学之间的合作，就比与那些从来都不期望再见面的人之间的合作动机水平更高。拉坦指出，以色列集体农场的产量实际要比个体农场的产量高（Leon，1969）。凝聚力提高了努力程度。

上述研究结果有些与对日常工作群体对象的研究相吻合。当赋予群体挑战性的目标任务时，当群体成员会因成功而获得奖励时，当他们有一种把自己的队伍看做“团队”的信念时，成员们就会努力工作（Hackman，1986）。保持小规模工作群体也有助于使成员们相信自己对群体的贡献必不可少（Comer，1995）。因此，假如小组成员在一起集体工作，而个人的成就又无法单独评价的话，那么社会懈怠的发生就不足为奇了。这种情况下，就未必是人多力量大了。

模 块

19

有人陪着不孤单

2003 年 4 月，美军抵达伊拉克后，从萨达姆的高压政策下“解放”出来的掠夺者活动猖獗。在这场“疯狂的掠夺”中，医院损失了床位，国家图书馆损失了上万册珍贵的手稿，大学也损失了大量的电脑、椅子甚至灯泡。巴格达的国家博物馆在 48 小时内几千件珍品遭人抢掠，尽管大部分珍品在这之前就已运送到安全的地方（Burns，2003a，2003b；Lawler，2003c; Polk & Schuster，2005）。《科学》杂志报道说：“自从西班牙征服者劫掠阿兹台克和印加文明之后，还从没有发生过这么严重的抢掠行为”（Lawler，2003a）。一位大学院长这样描述：“暴徒成群地涌进来，来了 50 个，又走了，然后又来了一群”（Lawler，2003b）。这样的报道让人迷惑：这些抢劫者的道德感哪儿去了？为什么会产生这样的行为呢？

去个体化

社会助长实验表明群体能引发人们的唤醒状态。社会懈怠实验表明群体会分散责任。一旦唤醒和责任分散结合到一起，常规的约束就会变小，后果可能令人震惊。从轻微的失态（在大餐厅里扔掷食物，怒骂裁判，在摇滚音乐会上尖叫）

到冲动性的自我满足（集群破坏公物，纵酒狂欢，偷窃），甚至具有破坏性的社会暴力（警察暴力，暴动，私刑），人们都可能干得出来。

这些失控行为有一个共同点：它们在一定程度上是由群体引发的。群体能产生一种兴奋感，那是一种被比自己更强大的力量吸引住的感觉。很难想象，单独一个摇滚迷会在一个私人摇滚音乐会上发狂地叫喊，单独一个俄克拉荷马大学的学生会试图诱劝他人自杀，或者，单独一个警察会暴打一个手无寸铁的乘客。在某些群体情境中，人们更可能抛弃道德约束，以致忘却了个人的身份而顺从于群体规范，简言之，也就是变得**去个体化**（deindividuated）（Festinger & others, 1952）。什么环境会引发这种心理状态呢?

群体规模

群体不仅能引发其成员的唤醒状态，也能使成员的身份模糊化。尖叫的人群遮蔽了尖叫球迷的个体身份。滥用私刑的暴徒组织会使成员坚信自己不可能遭到控诉；他们把自己的个体行为看作*群体所为*。处在一群暴民之中而不必暴露自己姓名的暴动者会任意地抢掠。经过对 21 起人群围观跳楼或者跳桥事件的分析，澳大利亚墨尔本大学社会心理学教授列昂·曼（Mann，1981）发现，如果人群规模小并且曝光在公众目光之下，人们通常不会诱劝当事者往下跳。但如果人群规模比较庞大或夜幕遮蔽了人们的身份，使其获得了匿名感，那么，人群中的大多数人会诱劝当事者往下跳并且加以冷嘲热讽。

英国肯特大学社会心理学教授马伦（Mullen，1986）指出，在使用私刑的暴徒中也存在类似的效应：暴徒团伙的规模越大，成员越有可能失去较多的自我意识，他们就更乐于去实施诸如纵火、砍人、肢解等暴行。

从体育观众到滥用私刑的暴徒，所有这些例子中，个体的评价顾忌都降到了最低水平。人们的注意力集中在情境上，而非自身。并且因为“每个人都这样做”，所有的人都会把自己的行为责任归因为情境而不是自己的选择。

身体匿名性

我们怎么能断言人群的影响就是更高的匿名性呢？我们做不到这一点。但是我们可以就匿名性设计一项实验，看它是不是真的能减少对人们行为的抑制。津巴多（Zimbardo，1970，2002）从他的本科生那里获得了实验的灵感，那个学生问他，在戈尔登的《蝇王》中，那些本来很善良的男孩为什么会在脸上涂上东西以后突然间变成了恶魔呢？为了用实验考察这种匿名性，津巴多让纽约大学的女学生穿上一样的白色衣服和帽兜，这和三 K 党（Ku Klux Klan）成员（图 19–1）非常相似。然后让她们按键对另一个女性实施电击，结果发现，她们按键的时间要比那些可以看见对方并且身上贴着很大名字标签的女生长一倍。

互联网也提供了类似的匿名性。几百万惊愕于巴格达暴徒掠夺行径的人自己却在利用网上的共享软件制作盗版光盘。因为这样做的人实在太多了，所以他们几乎不会认为下载别人版权所有的音乐到 MP3 播放器里有什么不道德，也不会想到自己会因此而被逮捕。

在最近的几起互联网案例中，匿名在线的旁观者煽动威胁自杀的人，甚至现场录像给许多人观看。分析科技之社会影响的学者科尔指出，网络社区“就像那

图 19–1

津巴多实验中拥有了匿名性的女学生。在津巴多的去个体化研究中，匿名女生针对无助的受害者实施的电击强度要比非匿名女生实施的大很多。

些在楼下围观跳楼者的人群一样”。有时有爱心的人会试图劝说跳楼者下来，但同时有另一些人却叫嚣着“跳、跳”。科尔认为“在这些场合下，网络社区的匿名特点只会助长人们的卑劣与冷漠”（转引自 Stelter，2008）。

为了在街上证实这种现象，美国马里兰大学心理学教授埃利森等人（Ellison & others，1995）雇了一个司机当研究助手，让她遇到红灯时先暂停一会儿，并且当后面有一辆敞篷车或者有一辆 4 × 4 轮子车的时候等上 12 秒钟再开。在等待的时候，她记录在后面等待的车辆所发出的喇叭声（一种轻微的攻击性行为）。相对于敞篷车的司机，那些把顶盖放下来的 4 × 4 轮子车司机是匿名的，他们鸣喇叭的速度要比前者快 1/3，而且频率和持续时间也是前者的两倍。

美国伊利诺伊大学心理学教授迪纳（Diener，1976）领导的研究小组以巧妙的研究设计分别在群体情境和身体匿名情境中都发现了这种效应。在万圣节前夕，他们在西雅图观察了 1 352 个孩子玩“不请吃糖，就恶作剧”的游戏。他们走访了全城 1/27 的家庭，那些孩子或单独或结伴，有一名研究者热情地招待他们，邀请他们“从这些糖果里拿一粒，”然后就离开了房间。隐藏在暗处的研究者注意到，结伴的孩子们比单独的孩子多拿糖的可能性要大一倍。而且，那些匿名的孩子比那些被问及姓名和住处的孩子违规的可能性也要大一倍。如图 19-2 所示，违规率随着情境的不同而不同。大部分孩子会因群体的掩盖和匿名性而去个体化，因此会偷拿额外的糖果。

这些实验使我想知道统一着装具有何种效果。为了准备作战，一些部落的斗士（像一些狂热的体育迷一样）会用油彩或者面具装扮自己的身体和脸孔，使自己去个性化。战斗结束后，有一些部落会虐待或杀死幸存的战俘；而另一些部落会让战俘活着。美国新罕布什尔大学心理学教授沃森（Watson，1973）仔细研究了一些人类学档案后发现，那些去个性化的部落斗士几乎都会对敌人施以暴行。英国东伦敦大学心理学教授西尔克（Silke，2003）发现，在北爱尔兰的 500 例暴力事件中，有 206 例袭击者都头戴面具、头巾或其他面部伪装物。与未伪装的袭击者相比，这些匿名的袭击者表现出更严重的袭击行为。

身体匿名性是否总能引发人们释放最邪恶的冲动呢？所幸的是，答案是否定的。在所有这些情境中，人们显然是对一些反社会的暗示线索作出了反应。美国加劳德特大学约翰逊和唐宁教授（Johnson & Downing，1979）指出，津巴多实验的参与者类似三 K 党成员的装扮可能会怂恿敌意行为。在佐治亚大学进行了这样

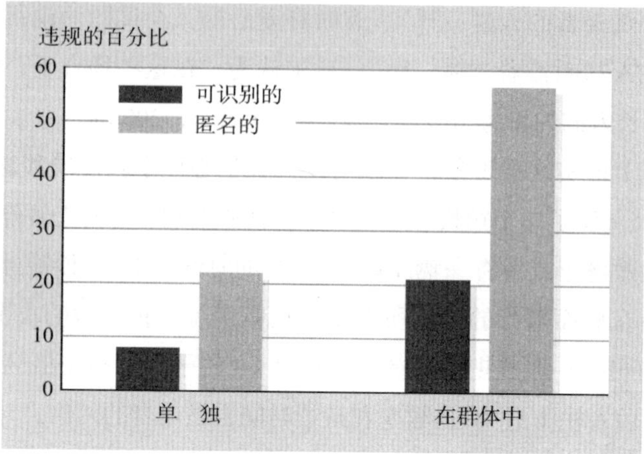

图 19–2

不同情境（匿名程度）下儿童违规多拿糖果的人数比例。

结伴或者匿名时，尤其是当群体性和匿名性条件都具备时，孩子们更可能违规去偷拿额外的万圣节糖果。资料来源：Data from Diener & others, 1976.

一项实验，要求女性参与者在决定给他人实施多大程度的电击之前穿上护士制服。在实施电击时，这些穿护士制服的参与者如果得以保持其匿名性，那她们的攻击性就远不如说出自己名字和身份时那般强。佐治亚大学的专家波斯特梅斯和斯皮尔斯（Postmes & Spears，1998；Reicher & others，1995）对 60 项去个体化研究做了分析，得出这样一个结论：匿名性使人们的自我意识减弱，群体意识增强，从而更容易对情境线索作出回应，无论线索是消极的（三 K 党制服）还是积极的（护士制服）。一旦提供利他的线索，去个体化的人甚至会施舍更多的钱财。

唤起和分心活动

群体表现出攻击性之前常常会发生一些较小的引发人们唤起状态或者分散其注意力的事件。集体喊叫、高歌、鼓掌或跳舞，既可以令人们热情似火，又能减少其自我意识。一位文鲜明统一教会的目睹者回忆起“choo-choo”歌就是这样使人们去个体化的：

> 所有的兄弟姐妹们手拉着手热情地高唱，choo-choo-choo，Choo-choo-choo，CHOO-CHOO-CHOO！ YEA! YEA! POWW!!! 这样的行为使我们组成了一个群体，似乎我们一起以一种很奇怪的方式来体验某种重要的东西。choo-choo 的力量令我震惊，但它使我感觉很舒适而且令我很放松。（Zimbardo & others，1977，p.186）

迪纳（Diener，1976，1979）的实验表明，像扔石头、小组合唱这样的活动可能会成为其他更放肆行为的前奏。当人们看到别人和自己做出同样的行为时，会对自己做出冲动性的举动产生一种自我强化的愉悦感。当看到别人和自己做的一样时，我们会认为他们也和我们想的一样，因而这又会强化我们自己的感受（Orive，1984）。而且，冲动性的集体行为能够吸引我们的注意力。当我们冲着裁判大喊大叫时，并不会想到我们自己的价值观念，而只是对情境做出一种即时的反应罢了。有时，当我们事后停下来反省自己所做过的事和所说过的话时，会觉得很懊恼，但这只是有时候而已。还有一些时候，我们会主动寻找去个体化的群体体验，如跳舞、宗教体验和群体交流等等，从中我们能体验到强烈的积极情感以及与他人亲密无间的关系。

弱化自我意识

能弱化自我意识的群体经历通常能分离个体的行为和态度。研究者（Diener，1980；Prentice-Dunn & Rogers，1980，1989）发现，率真、去个体化的人更难自控，更难自律，更可能毫不顾及自己的价值观就采取行动，对情境的反应性也更强烈。这些研究结果正好可以补充和印证自我意识实验。

自我意识是去个体化的对立面。自我意识的人，以站在镜子或者摄像机面前的人为例，会表现出更加的自控，这时他们的行为也能够清晰地反映他们的态度。比如，如果人们在镜子面前品尝各种奶酪，就会挑那些低脂肪的品种（Sentyrz & Bushman，1998）。

自我意识强的人也不太可能做出欺骗行为（Beaman & others，1979；Diener & Wallbom，1976）。那些一直坚信自己是独立而与众不同的人也不太可能做出欺骗行为（Nadler & others，1982）。在日本，不论身边是否有镜子，人们通常都会想象自己在他人面前的形象。即使前面没有镜子，也不太可能欺骗他人（Heine & others，2008）。这里的原理是，具有自我意识或者由于外力暂时产生自我意识的个体，能保持情境外的日常言论和情境内的实际行动高度一致。

我们能将这些研究结果应用到日常生活的诸多情境中去。喝酒之类的情境会降低个体的自我意识，从而增强个体的去个性化（Hull & others，1983）。而能够增强自我意识的情境，比如：镜子和相机，小城镇的居住环境，明亮的光线，醒目的姓名标签，凝神静思，个性化的着装和房屋等情境都可以减弱个体的去个性化（Ickes & others，1978）。一个十几岁的孩子去参加聚会时，父母可能会这样说："玩得开心，还有要记住你自己的身份。"这是父母在孩子临行前给出的最佳忠告。也就是说，和大家伙一起享受欢乐的同时要保持自我意识；保持自己的独特个性；小心去个性化。

模块

20

群体如何强化我们的决策

群体互动通常会产生什么效果？积极抑或消极？警察暴力和团伙暴力都证明了群体互动潜在的破坏性。但是另一方面，支持型群体领导、管理顾问和教育理论家都肯定了它的益处，而且社会活动和宗教活动也激励群体成员与有着类似想法的其他成员建立联系，以增强他们对群体的认同。

对小群体的研究得出了一条准则，它有利于我们对积极和消极的结果都能作出解释：群体讨论通常可以强化其成员最初的意向。**群体极化**（group polarization）的研究体现了科学探索的过程，即有趣的科学发现是如何导致研究者草率地做出错误的结论，而最终这些结论又为更准确的结论所代替。作为研究者，我可以与大家直接讨论这一科学谜题。

“风险转移”的案例

一篇涵盖了 300 多项研究的文献在其开篇就引用了一项惊人的发现，它的提出者斯托纳（Stoner，1961）当时是麻省理工学院的一名研究生。在他的工业管理硕士论文中，斯托纳对人们普遍认同的一种看法——群体比个人在决策时更为审慎——进行了研究。他设计了一些决策时的两难情境，参与者的任务是建议假想的人物应该在多大程度上承担风险。假设你自己也是其中的一名参与者，你会在以下的情境给海伦提什么样的建议呢？*

> 海伦是一名很有创作天赋的作家，但是迄今为止她都是依靠写通俗的西部小说过着还算舒适的生活。最近她突然萌生了一个念头，想要写一部可能会产生重大影响的长篇小说。如果这部小说能够完成并且得到人们接受的话，可能会在文坛产生举足轻重的影响，而且很大程度上可以促进她事业的发展。另一方面，如果她的想法最终没能实现，又或者这部小说是一部失败之作，那么她将耗费大量的时间和精力而得不到任何回报。
>
> 设想你正在给海伦提建议。你认为她会尝试写这部小说的最低可能性是多少。
>
> 当这部小说取得成功的概率至少为 _____ 时，海伦会尝试写这部小说？
>
> ____1/10
>
> ____2/10
>
> ____3/10
>
> ____4/10
>
> ____5/10
>
> ____6/10
>
> ____7/10
>
> ____8/10
>
> ____9/10
>
> ____10/10（选择这一项是指你认为海伦只有在认为这部小说绝对会成功的情况下才会尝试写。）

当你做出决定后，猜猜这本书的所有读者平均而言会提出怎样的建议。

在对很多类似的问题给出自己的建议后，研究者会安排5个人左右在一起进行讨论，并就每一个问题达成共识。你认为群体决策与讨论之前所有人单独决策所得的平均值相比，会有什么差别呢？群体会倾向于冒更大的风险？还是更为审

---

* 该项目构思于我自己的研究，它举例说明了斯托纳所提出的决策两难情境的种类。

慎？抑或与个体没有差别？

令人吃惊的是，群体决策往往会更加冒险。这一现象称为“风险转移”，它推动了一股研究群体冒险性的浪潮。这些研究发现，风险转移不仅发生在需要达成共识的群体中，在某一次短暂的讨论之后，个体也会改变他们以前的决定。此外，研究者选取不同年龄、不同职业和不同国家的参与者，都得出了与斯托纳的研究相同的结果。

在讨论中，不同的看法会趋于统一。但奇怪的是，人们趋于统一所得出的观点往往比他们各自原来的观点所得出的平均值更倾向于冒险。这是个令人振奋的谜题。风险转移效应是可信的，也是意料之外的，并且无法立刻找到任何明显的解释。群体影响的何种因素可以产生此效应？这种效应的作用范围有多大？陪审团、商业委员会以及军事机构中所展开的各种讨论是否也会促进人们的冒险行为？如果以死亡率作为衡量标准，在有另两名同伴的情况下，十六七岁的年轻人鲁莽驾车的可能性几乎是车上没有任何同伴情况下的两倍（Chen & others, 2000），这是否也能用上述效应来解释？

在数年的研究之后，我们发现，风险转移并不是普遍适用的。在我们设计的两难情境中，人们讨论之后会变得更为谨慎。其中一个情境的主人公叫罗杰。罗杰是一名已婚的青年男子，他有两个处在学龄期的孩子，有一份稳定、但是薪酬不高的工作。他能负担得起必需的生活用品，但对奢侈品就不敢奢望了。他听说一家不怎么有名的公司的新产品如果销路很好的话，那这家公司的库存品价值会迅速升值为以前的三倍，但是，如果新产品卖不出去的话，那库存价格就会下跌。罗杰没什么积蓄，为了投资这家公司，他正考虑卖掉自己的人寿保险。

你能找出一条一般性的规律来解释，为什么人们在讨论了海伦的情境之后会倾向于冒进，而在讨论了罗杰的情境之后却会倾向于谨慎行事吗？如果你和大多数人一样，你就会建议海伦冒更大的风险而不是建议罗杰去冒风险，即使在和其他人讨论之前也会如此。事实上讨论在很大程度上会加强人们最初的看法。

群体能强化我们的观点吗

由此我们意识到，这种群体现象的结果并不是一味地朝冒险的方向偏移，但是群体讨论却倾向于使群体成员的初始观点得到加强。这种观点促使研究者们提出一个被法国心理学家莫斯科维斯和扎瓦罗尼（Moscovici & Zavalloni，1969）称为群体极化（group polarization）的概念：讨论通常可以强化群体成员的普遍倾向。

群体极化实验

群体讨论会引发个体观点的变化，这启发了研究者，他们在实验中组织人们讨论大多数成员都赞同或反对的观点。在群体中进行的这种谈话是否会像在两难决策情境中那样，加强成员最初的倾向？在群体中，是否冒险者会表现得更加冒险，顽固者会更为顽固，乐于助人者会更加乐善好施？因为这些正是群体极化理论所预言的（图 20–1）。

很多研究证实了群体极化现象的存在。

- 莫斯科维斯和扎瓦罗尼（Moscovici & Zavalloni，1969）观察发现，讨论可以加强法国学生本来就对总统所持的积极态度，同时也可以加强他们原本对美国所持的消极态度。
- 矶崎（Isozaki，1984）发现，日本大学生集体讨论了某起交通事故后，给出了更明确的“有罪”判定。如果陪审团成员倾向赔偿损失，群体讨论的赔偿

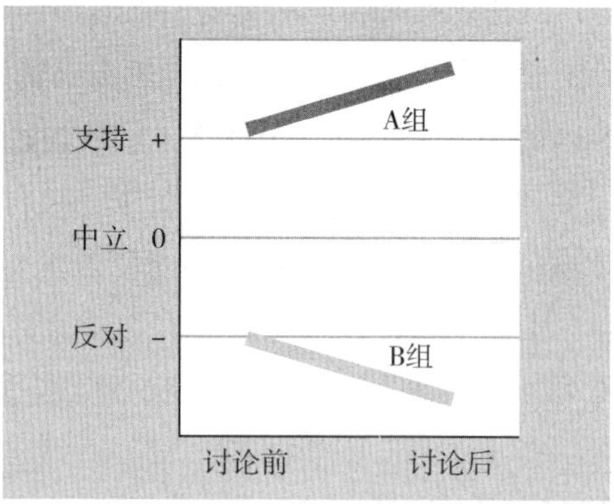

图 20–1

群体极化。群体极化理论预测群体讨论会强化群体成员的共同态度。

数额同样倾向于高于陪审团成员提出的中数（Sunstein，2007a）。

- 布劳尔等人（Brauer & others，2001）发现，法国学生讨论了对某些人共同持有的消极印象后，会更加讨厌这些人。

另一种研究方法是选择一些存在观点分歧的事件，然后把持有不同观点的人们分隔开，把观点相同的人们安排在一起。观点相似的人们在一起讨论的结果是否会加强他们所共同认可的观点？讨论是否会加深两种不同态度之间的鸿沟？

新加坡国立大学的毕晓普教授和我对此都很好奇。因此，我们选择了两个完全不同的群体：相对而言有种族偏见和无种族偏见的高中生。我们要求他们在讨论之前和之后对某些有关种族态度的问题做出反应，例如财产权和居住条件（Myers & Bishop，1970）。我们发现在观点相似的学生群体里进行的讨论确实可以加大两个群体之间观点的差距（图 20–2）。

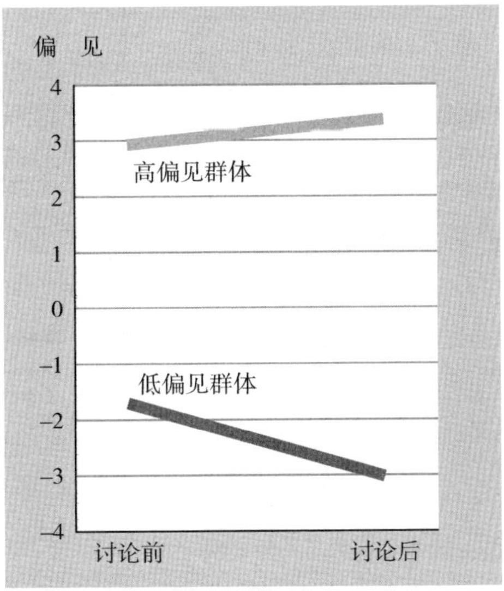

图 20–2

高中生讨论种族偏见时出现的群体极化。在两个种族偏见程度不同的匹配高中生群体中，讨论加深了极化程度。谈论与种族相关的问题增强了高偏见组的种族偏见，降低了低偏见组的种族偏见。资料来源：Data from Myers & Bishop, 1970.

日常生活中的群体极化

在日常生活中，人们往往和观点相似的人进行交往。（看看你自己的朋友圈就知道了。）与这些观点相似的朋友之间的日常交流是否会强化大家共同认可的观点？这样是否会令讨厌的人变得更为可憎，纯真的人变得更为纯真？

的确如此。斯坦福大学著名的心理学家麦科比（Maccoby，2002）指出，男孩群体和女孩群体的性别隔离能够加强他们最初中度的性别差异。男孩们在一起游戏时，会渐渐变得更加富于竞争性并做出行动取向。而女孩们在一起则会越来越倾向于做出关系取向。斯凯德和森斯坦（Schkade & Sunstein，2003）发现，在美国联邦法庭里，“共和党任命法官会挑选那些更像共和党的人，而民主党任命法官则倾向于挑选那些更像民主党的人。”和观点相似的法官在一起又会强化这种倾向。“一个共和党法官和其他两个共和党成员在一起时，比和一个或一个以上的民主党成员在一起时审判更保守，而民主党法官也表现出类似的倾向。”

学校中的群体极化

现实生活中与实验结果一致的另一种群体极化现象是被教育研究者称作的“两极分化”：随着时间的推移，大学生群体之间最初的差异会扩大。如果甲校大学生最初就比乙校大学生善于思考，那么这种差异多半会随着时间加剧。类似地，和各种群体以及姊妹会的成员相比，无党派人士更可能持自由主义的政治态度，这种差异即是在大学生活中逐渐形成的（Pascarella & Terenzini，1991）。研究者认为这个结果在一定程度上是由于群体成员会强化他们彼此共同的态度倾向。

社区中的群体极化

因为人们的自我隔离，极化现象也发生在社区中。布鲁克斯（Brooks，2005）发现，“关系脆弱的地区……吸引脆弱类型的人，并使得人群变得更加脆弱，保守的地区……吸引保守派，并变得更加保守。”社区开始成为回声壁，观点流转于志趣相投的朋友之间。一项实验研究了科罗拉多州的两个小群体，一组来自以自由主义著称的博尔德市，而另一组则来自更偏保守主义的科泉市。群体讨论使得群体对于全球变暖、平权运动和同性婚姻等话题的态度更趋一致。不过，博尔德市的群体往往更为左倾，而科泉市的群体往往更为右倾（Schkade & others, 2007）。

美国最终变成分歧越来越多的国家。大比例支持一位候选人的州（将 60% 甚至更多的选票投给一位总统候选人），在 1976 年至 2000 年期间几乎翻倍（Bishop, 2004）。那些刚入学大学生在政治上宣称自己是“中间道路”的比例从 1983 年的 60% 下降到 2005 年的 45%；相应地，宣称自己偏左或偏右的学生比例在增加（Pryor & others，2005）。在学校，群聚的学生大多来自美国白人“姐妹会”和“兄弟会”以及少数民族的学生组织，这些社会群体倾向于巩固社会认同，增加社会群体之间的敌意（Sidanius & others，2004）。

在实验室研究中，个体彼此自由玩耍时所表现出的竞争关系和猜疑，往往甚于代表群体进行游戏（Winquist & Larson，2004）。在实际的社区冲突中，想法相似的人们会逐渐联合起来，使他们共同的倾向得以加强。在相邻团伙相互强化的过程中，犯罪团伙便产生了，他们的成员往往具有共同的品质和敌意性人格（Cartwright，1975）。莱肯（Lykken，1997）总结道，“如果在你的街区住进来了第二个无法管束的 15 岁少年，他们作为一个团伙所带来的破坏性可能并不仅仅是第一个不良少年破坏性的两倍……团伙的危险性远远大于其成员个体之和。”确实，根据维齐和梅斯纳（Veysey & Messner，1999）的报告，缺乏监管的同龄人群体是预测社区犯罪率的最有力指标。而且，实验发现，将未成年违法者和其他少年犯放在同一个群体中——不出任何一个群体极化的研究者所料——会增加问题行为的发生率（Dishion & others，1999）。

互联网上的群体极化

电子邮件、博客和聊天室为人们寻找志趣相投的伙伴和群体互动提供了一种潜在的新媒介。例如，在 MySpace 网站上就有成千上万具有相似兴趣的群体讨论宗教、政治、爱好、轿车、音乐和任何你能想到的主题。互联网上无数的虚拟群体使得和平主义者和新纳粹主义者、极客（geek，技术宅男）和怪人、阴谋家和癌症患者都能找到与之具有相同思想的人抱成团，为共同的关注、兴趣和疑问找到支持（Gerstenfeld，2003；McKenna & Bargh，1998，2000；Sunstein，2001）。

没有了面对面接触的非言语差异，这样的讨论会产生群体极化吗？和平主义者是否会变得更加反战，而主张战争的成员是否会变得更有恐怖主义倾向？美国路易斯安那州立大学怀特教授（Wright，2003）指出，电子邮件、搜索引擎和网络聊天室“提供了一种便利条件，使相同目的的人聚集起来，令分散的敌意更加明确，也能够动员致命的武装力量。”随着宽带的普及，由互联网产生的极化也越来越多，他推测，“（恐怖分子）是否都看过拉登的招兵视频？它们非常有效，利用宽带网就能更方便地抵达目标人员。”据海法大学的分析，恐怖主义的网站——从 1997 年的 12 个发展到 2005 年末约 4700 个——要比所有网站的增长速度还快四倍多（Ariza，2006）。

恐怖组织中的群体极化

在对全世界的恐怖组织进行分析后，美国宾夕法尼亚大学的麦考利和西格尔教授（McCauley & Segal，1987；McCauley，2002）指出，恐怖主义并不是突然间爆发的，而是拥有相同不满情绪的人们走到一起产生的。他们摆脱了缓和因素的影响，彼此之间相互交流，逐渐变得更加极端。社会放大器将信号变得更为强烈，其结果，个体成员表现出了在远离群体时决不会做的暴力行为。

举例来说，“9·11”恐怖事件就是由一群有共同目的的人在长期互动的过程中产生的极化效应造成的。美国国家研究委员会的专家称，成为恐怖分子的过程可能就是把个体和其他信念系统隔离开，使潜在的目标失去人性，而且令其不能容忍任何异议（Smelser & Mitchell，2002）。随着时间的推移，群体成员开始将世界分为“我们”和“他们”两类（Moghaddam，2005; Qirko，2004）。以色列特拉维夫大学的麦若瑞教授（Merari，2002）是一位中东和斯里兰卡自杀式恐怖主义的研究者，他认为制造自杀式恐怖事件的关键因素就是群体过程。“据我所知，还从未出现过因个人一时的兴致而导致的自杀性事件。”

根据对沙拉菲圣战组织（伊斯兰原教旨主义运动，包括基地组织）的恐怖分子的分析，70% 的人加入时都移居在国外。他们移居国外以后，在当地寻找工作或接受教育，变得更关注自己的穆斯林身份，并常常活动于清真寺，与其他客居国外的穆斯林往来，有时应募加入很小的群体，这些群体为他们提供“相互的情感和社会支持”以及“发展共同的认同”（Sageman，2004）。

同样，大屠杀也是群体现象。这种暴力都是杀人者相互怂恿而逐步加剧的群体现象（Zajonc，2000）。波斯特（Post，2005）在访谈了很多被控诉的恐怖分子后指出，个体一旦处于“恐怖主义群体的高压之下”，就很难受到其他因素的影响。“长期来看，最有效的反恐政策是首先控制恐怖组织的征募活动。”

对极化的解释

为什么群体会形成比个体成员的平均观点更为夸大的观点呢？研究者们希望通过解决群体极化的谜题来为此提供思路。解答小谜题有时候会为大谜题提供线索。

在提出的几种群体极化理论中，有两种理论已为科学实验所证实。其中一种着重于讨论中所提出的观点，另一种着重于群体成员如何看待他们自己和其他成员。第一种观点是*信息影响*（由于接受了事实的证据而产生的影响）的例证。而第二种观点是*规范影响*（基于人们希望被他人接受或敬仰的愿望而产生的影响）的例证。

信息影响

从最受支持的解释出发，群体讨论可以产生一系列观点，而大多数观点都和主导性观点一致。那些对群体成员而言就算是一般常识的观点也会进入讨论，这些观点即使没有提及，也会影响讨论（Gigone & Hastie，1993；Larson & others，1994；Stasser，1991）。其他观点也许会包含一些群体成员在此之前并没有考虑到的具有说服力的观点。当讨论作家海伦时，也许有人会说：“海伦应该着手去做，因为她几乎不会有什么损失。如果她的长篇小说失败了，她仍然可以像从前那样去写通俗的西部小说。”这样的说法通常是将提出者的*观点*和他的*立场*放在一起。但是如果人们不了解他人的特定立场而只是听到相关的观点，他们仍然会改变自己的立场（Burnstein & Vinokur，1977；Hinsz & others，1997）。观点就其本质而言也很重要。

规范影响

第二种对极化的解释涉及与他人的比较。著名的社会心理学家费斯汀格（Festinger，1954）在其极具影响力的**社会比较**（social comparison）理论中提出，我们人类希望能对自己的观点和能力做出评价，为此我们可以将自己的观点与他人比较。我们常常被“参照群体”中的人们所说服（Abrams & others，1990；Hogg & others，1990）。所谓参照群体就是与我们相一致的群体。而且，当我们发现其他人和自己持有相同观点时，为了使其他人喜欢我们，我们会将观点表达得更为强烈。

如果我们要求人们预测在类似海伦困境一类的问题上其他人的反应方式（就像我之前要求你们去做的那样）时，他们通常会表现出*人众无知*（pluralistic ignorance）：他们并没有意识到其他人会在多大程度上支持社会普遍认同的倾向（在这个例子中，是指写长篇小说）。即使成功的机会只有 4/10，一个典型有代表性的参与者也会建议海伦写那部长篇小说，而且他估计其他大部分的人都会选择 5/10 或 6/10。（这个发现使我们想起了自利偏差：人们倾向于认为自己要好于社会普遍所希望具有的特质和态度。）当开始讨论时，大部分人都发现自己的观点并没有想象的那样出众。事实上，其他一些人比自己更为超前，对于写小说这件事采取了更为坚定的立场。于是他们不再受群体规范的错误约束，而是自由地更加强烈地表达自己的偏好。

或许你能回忆起曾经有一次你和其他人都希望外出游玩，但是你们每个人都害怕迈出第一步，以为其他人可能对此并没有兴趣。这样的人众无知会阻碍人际关系的发展（Vorauer & Ratner，1996）。

又或许你会回忆起曾经有一次在一个群体中，你和其他人都很拘谨地沉默着，直到某个人打破沉默说道：“嗯，坦白说，我认为……”于是很快地，你们都惊讶地发现，原来大家都强烈地支持彼此所认同的观点。有时，当教授问大家有什么疑问时，没有人会做出反应，因为每个学生都怕别人以为他或她是惟一一个没听懂的人。所有人都认为自己保持沉默是害怕出丑，而别人保持沉默是因为他们已经听懂了教授的讲解。

这种社会比较理论引发了一系列的实验，在这些实验中人们面对的是他人的立场而不是观点。这大致上类似我们阅读一个民意测验的结果或是选举的最终结果时的体验。如果人们了解了他人的立场——在没有讨论的情况下——那么他们就会改变自己的反应来迎合一个被社会认同的立场（Myers，1978）. 这种基于比较的极化效应通常没有现场讨论所产生的极化效应那么强烈。但是，令人吃惊的是，人们并不是简单地向群体平均值靠拢，而是比其更胜一筹。

仅仅了解了他人的选择也会产生随大流效应，从而创造出一鸣惊人的歌曲、书籍和电影。社会心理学家（Salganrik & others，2006）用实验考察了这一现象，招募 14 341 名互联网参与者收听没听过的歌曲，如果他们愿意还可以下载。研究者随机给一些参与者安排了一种情境，即披露了先前参与者选择下载的歌曲。结果发现，在获得此一信息的参与者之中，流行歌曲变得更加受欢迎，而不流行的歌曲变得更不受欢迎。

群体极化的研究表明社会心理学研究的复杂性。尽管我们十分希望对某种现象的解释能尽量简洁，但一种理论很少能解释所有的数据。由于人类的复杂性，常常会有多个因素影响最终结果。在群体讨论中，有说服力的论点往往决定了那些涉及事实的问题（“她是否为自己所犯的罪行感到愧疚？”）。而社会比较会影响那些涉及价值判断的反应（“她应该被判多长时间的徒刑？”）（Kaplan，1989）。在很多既涉及事实又涉及价值判断的事件中，这两个因素会共同起作用。发现其他人具有和自己相同的感受（社会比较）会使每个人暗自赞成的那些观点（信息影响）被释放出来。

群体思维

我们前面讨论的社会心理学现象是否同样会发生在公司董事会或者总统内阁这样复杂的群体中呢？他们是否会出现自我合理化行为？或者自利偏差？那种有凝聚力的“我们的感受”是否会引起从众或是拒绝异议的行为？公开承诺是否可以抗拒改变？是否存在群体极化现象？社会心理学家贾尼斯（Janis，1971，1982）想知道这些现象是否能帮助解释 20 世纪的美国总统及其顾问所做出的群体决策。为此，他分析了几次惨败的决策过程：

- 珍珠港。1941 年 12 月的珍珠港偷袭事件使美国也加入了第二次世界大战，事件发生之前的几个星期，夏威夷的军事指挥收到了一条可靠的消息：日本计划袭击美国在太平洋上的某个军事据点。之后军事情报失去了与日本航空母舰的无线电联系，那时航空母舰正径直朝夏威夷前进。空中侦察队本来应该能侦察出航空母舰的位置或者至少发出几分钟的警报。但是自以为是的司令们完全无动于衷。结果是：直到日军开始对这个毫无防备的基地发动袭击，警报才被拉响。袭击后美军损失了 18 艘舰艇、170 架飞机以及 2 400 位军人的生命。

- 猪湾事件。1961 年，总统肯尼迪及其顾问们试图用 1 400 名由中央情报局（CIA）训练过的古巴流亡者来袭击古巴，以此推翻卡斯特罗政权。几乎所有的袭击者都被杀或是被抓获，美国颜面尽失，而且古巴与苏联更为团结了。在得知后果以后，肯尼迪大呼："我们怎么做出了如此愚蠢的事呢？"
- 越南战争。在 1964~1967 年期间，由总统约翰逊及其政治顾问组成的"周二午餐团"决定扩大对越南的战争，因为他们预测美国的空中轰炸、空降以及搜索捣毁任务会迫使越南民主共和国政府接受和谈，而越南共和国人民出于感激也会支持和谈。尽管政府的情报专家以及所有美国的盟国都对他们提出警告，但他们还是继续将战争扩大化。这场灾难使 58 000 多美国人和 100 万越南人丧生，美国人变得极端化，总统被迫下台，庞大的财政赤字加速了 20 世纪 70 年代的通货膨胀。

贾尼斯认为酿成这些大错的原因是由于在群体决策中人们为了维护群体和睦而压制异议，他把这种现象称为**群体思维**（groupthink）。在群体工作中，同志式的友情可以提高生产率（Mullen & Copper，1994）。而且，团队精神有助于鼓舞士气。但是在决策时，紧密团结的群体可能反而不利。贾尼斯认为产生群体思维的温床包括：

- 友善的、凝聚力强的群体；
- 对异议的相对排斥；
- 从自己的喜好出发做决策的支配型领导。

在计划那次不幸的猪湾袭击时，刚刚当选的肯尼迪总统和他的顾问们高兴地组成了一个极有团队精神的队伍。而对这次计划十分关键的反对观点都被压制或是排除了，总统本人很快就对这次袭击表示了认同。

群体思维的症状表现

从历史记录以及参与者和观察者的回忆来看，贾尼斯列出了 8 条群体思维的症状表现。这些症状集中反映了对异议的排除，表面上看来就是群体成员在遇到威胁时，会努力保持他们的积极群体感（Turner & others，1992，1994）。

前两条群体思维症状表现往往导致*群体成员高估群体的力量和权利*：

- *无懈可击的错觉*。贾尼斯所研究的群体都表现得过分自信，以至蒙蔽了眼睛，看不到危险警报。当珍珠港的海军总指挥基梅尔得知他们已经失去与日本航空母舰的无线电联系后，他还开玩笑说，或许日本人打算绕檀香山转一圈。事实上，日本人确实这样做了，但基梅尔对这种想法的嘲讽使人们认为这不可能是事实。
- *群体道义毋庸置疑*。群体成员接受了其所在群体内在的道义，却忽略了伦理和道义上的其他问题。肯尼迪等人知道基辛格顾问和富布赖特议员对于袭击一个小小的邻国在道义上持保留态度，但整个群体从没接纳或讨论过这些道义上的疑虑。

群体成员还会*在想法上变得越来越接近*：

- *合理化*。群体以集体投票将决策合理化的方式来减少挑战。比起自省和重新考虑以前的决定，约翰逊总统的周二午餐团花了更多的时间来使扩大战争的决策合理化（对其进行解释和找出合理的理由）。每个行为都变成了掩饰和合理化。
- *对对手的刻板印象*。陷于群体思维的人们往往会认为自己的对手不是太难于协商，就是太弱小愚蠢，以至于难以抵抗他们的计划。肯尼迪等人自认为卡斯特罗的军事力量很薄弱，其支持势力也很弱，因此仅仅一个旅就能推翻其政权。

最后，群体会*受制于追求一致性的压力*：

- 从众压力。群体成员会抵制那些对群体的设想和计划提出疑问的人，而且有时候这种抵制并不是通过讨论而是针对个人的嘲讽来实现。有一次，当约翰逊总统的助理莫伊斯抵达会场时，总统嘲笑他说："噢，'阻止爆炸的先生'来了呀！" 面对这样的讥讽，很多人都选择了从众。
- 自我审查。由于异议往往会令人不舒服，而且整个群体似乎表现出一致性，所以人们往往会将自己的疑虑压制下来。在猪湾事件之后的几个月，施莱辛格（Schlesinger, 1965, p.255）自我谴责说，他在"内阁进行的那些重要会议中保持了沉默。即使提出反对意见也无济于事，我仍将被人们厌恶，这样的念头压倒了我的愧疚感。"
- 一致同意的错觉。不要去破坏一致性的自我潜意识压力会导致一致同意的错觉。而且，表面上的一致性更坚定了群体的决策。这种表面上的一致性在上述的三次大失误中十分明显，在其他群体决策失误也是如此。希特勒的顾问斯皮尔（Speer，1971）把希特勒周围的氛围描述为：从众的压力压制了一切异议。异议的缺乏造成了一致同意错觉：

> 在正常的氛围中，背离事实的人们会很快被拉回正轨，因为他们会受到周围人的嘲弄或批评，这样他们就会意识到自己的错误。而在第三德意志帝国，没有这样的矫正机制，尤其是对那些身处社会高层的人们而言。相反，每个人的自我欺骗都被放大了，就好像是身处一个摆满哈哈镜的大厅里，人们脱离了残酷的外界，梦幻世界般的图景被反复强化。在那些镜子里，除了不断复制的自己的脸以外，就什么也没有了。外界没有什么因素能干扰这许多不变的脸的一致性，因为那全都是我自己的脸。（p.379）

- 心理防御。有些成员会保护群体，使那些质疑群体决策效率和道义的信息不会对群体构成干扰。在猪湾事件之前，肯尼迪把施莱辛格叫到一旁，告诉他"不要把话题扯远了"。国务卿腊斯克隐瞒了外交和情报专家提出的反对袭击的警告。就这样，他们完全充当了总统的"心理卫士"，使他不会受到相反事实的侵扰，但却无法保证决策的正确。

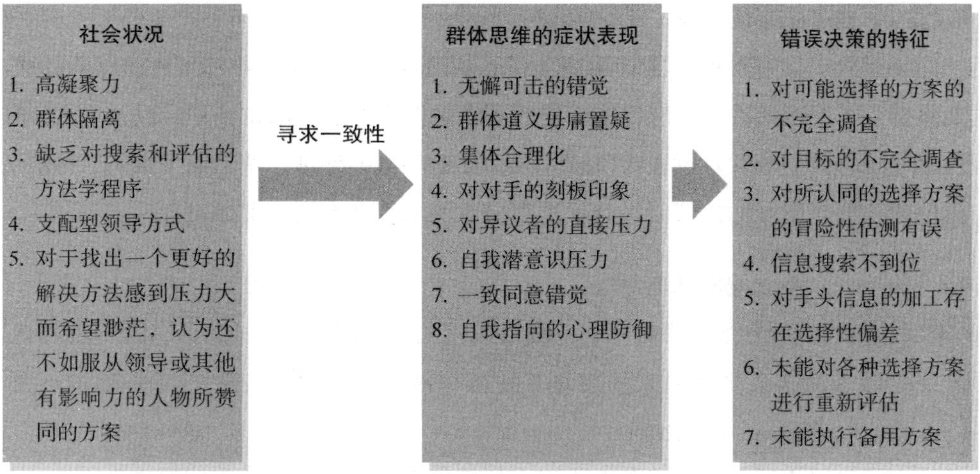

图 20–3

对群体思维的理论分析。资料来源：Janis & Mann, 1977, p.132.

群体思维的作用

群体思维的各种症状表现会阻止群体成员探寻和讨论相反信息以及其他的可能性（见图 20–3）。当领导主张某种观点而整个群体又排斥异议时，群体思维可能就会产生错误的决策（McCauley，1989）。

英国心理学家纽厄尔和拉格纳多（Newell & Lagnado，2003）认为，群体思维还可能解释伊拉克战争。他们指出，无论是萨达姆还是布什，身边都有一大群和他们具有同样目的的进言者，这就迫使反对者闭嘴，而令其只过滤支持自己假定的信息——伊拉克的假定是对入侵者进行反抗，而美国的假定则是成功地入侵会带来短暂的和平占领和今后长期的民主政治。

预防群体思维

不良的群体动力能帮助解释很多错误的决策，正如有时候厨子过多往往会搞砸一锅汤。不过，在开明的领导方式下，有凝聚力的团队精神的确有助于决策。

有时三个臭皮匠真的能顶一个诸葛亮。

为了找出促进英明决策产生的条件，贾尼斯分析了两个看起来比较冒险的成功事例：二战后杜鲁门政府为了恢复欧洲经济而实施的马歇尔计划，以及 1962 年肯尼迪政府对前苏联意欲在古巴建立导弹基地一事的处理。贾尼斯（Janis，1982）提出预防群体思维的建议就融合了这两大事例中很多有效的群体过程：

- 公正——不能偏向任何立场。
- 鼓励批评性评价；设置一个“魔鬼代言人”。如果能有一个真正的反对者就更好了，这会刺激原来的想法并使群体对反对意见持开放态度（Charlan & others，2001a，2001b）。
- 有时可以将群体划分成几个小组，然后再重组在一起表达不同的意见。
- 欢迎局外的专家和伙伴提出批评。
- 在实施之前，召开被称为“第二次机会”的会议，让大家畅所欲言。

如若采用这些步骤，群体决策可能要花费更长的时间，但最终证明会更少犯错，也更有效。

模 块

21

人的力量

物理学家尼尔斯·玻尔说："客观事实有轻重之分，微琐事理的对立面显然错误，重大事理的对立面亦然。"本编社会影响的每个模块都揭示出这样一个重大事实：社会环境具有巨大的力量。

外部强大压力的重大事实可以解释我们的行为，前提是假定我们都像墙头草那样被动。但是，我们与墙头草不同，不会完全受所处的情境左右。我们会行动，我们会反抗。

我们会对环境做出反应并获得环境的回应。我们可以抗拒社会情境，有时候甚至可以改变环境。因此，"社会影响"的每个模块都会呼吁人们关注重大事实的对立面：人的力量。

也许强调文化的力量会令我们有些不舒服。多数人反感听到任何外部力量决定我们行为的解释，我们视自己为自由的生灵，自己行动（至少比较好的行动）的主宰。我们担心相信文化决定论会引发如哲学家萨特所称的"错误信念"——以指责其他人或事物来逃避自己的责任。

事实上，社会控制（环境力量）和个人控制（个人力量）并不如文化和生物的解释所认为的那样完全对立。从社会和个人的角度对行为的解释都有效，因为任何时候，我们既是社会的创造物又是创造者。我们很可能是基因和环境相互作用的产物。但事实是未来即将到来，我们的任务就是决定未来的方向。我们今天的选择将会决定明天的环境。

人与环境的相互作用

社会情境的确会强烈地影响个体，但是个体也会影响社会情境。二者相互影响，相互作用。追问到底是外部情境还是内部天性（或者说文化或进化）决定了行为，就好像追问到底是长度还是宽度决定了房间的面积。

这种相互作用至少表现在三方面（Snyder & Ickes，1985）。

- 特定的社会情境对人的影响通常会因人而异。由于人类心理并不会以完全相同或客观的方式来理解现实，所以每个人都会按照自己对情境的解释做出反应。有些人（个体及群体）更为敏感，更容易对社会环境做出反应（Snyder，1983），比如日本人比英国人更容易对社会期望做出回应（Argyle & others，1978）。
- 人们通常会选择自己所处的环境（Ickes & others，1997）。假如能选择，社交型的人都会选择能引发社会交往的情境。当你选择就读的大学时，你也在选择自己能接触到的特定社会影响。激进的自由主义者不太可能定居在达拉斯的郊区，也不太可能参加美国商会的会议。他们更倾向于住在旧金山或多伦多，并参加绿色和平组织的活动。换句话说，他们会选择一个强化自身倾向的社会环境。
- 人们往往会创造自己的环境。请再回想一下我们的先入之见如何自我实现：如果我们期望某人外向、敌对、聪明或性感，我们对待此人的行为就会引导他按照我们的期望来行动。毕竟除了置身于环境中的人以外，还能有什么因素构成社会情境呢？保守的环境往往是由保守主义者创造的。女生联谊会的活动也是由其成员决定的。社会环境和天气不一样，天气仅仅发生在我们周围。环境更像我们的家园——我们自己创造的产物。

因此影响人的力量往往植根于个人和环境之中。所以我们既创造我们的文化世界，也被我们的文化世界所塑造。

情境与个人之间双向的联系使我们与环境之间存在*互动*。我们既是环境的产物也是环境的建筑师,两种观点都是正确的。那么是不是哪一种说法更为明智呢?从某种角度讲，把自己视为环境的产物（否则我们一方面会因为自己是社会的建筑师而过分骄傲，另一方面会因为自己的问题而过分指责自己），同时把他人视为自由的行动者（否则我们会变得过于集权而专断）比较明智。

也许，我们按照相反的方式理解会更好——把自己看作自由者，同时关注他人受到的环境影响。这样我们看待自己时会更强调自我效能，同时在看待他人时更多地理解他们的处境。但多数的宗教都鼓励我们对自己负责的同时尽量少地评价他人。这难道是因为我们人类的天性就是相反的：更多地给自己的失败找寻借口而同时却会责怪他人吗?

抵制社会压力

社会心理学家再次提醒自己个体所拥有的力量。我们不是被动的机器，任由外力推动；我们会根据自己的价值观采取行动，不受强加于自身的力量影响。如果预先知道有人会强迫我们，可能甚至会促使我们*反其道而行之*。

逆　反

个体都珍视自己的自由感和自我效能感。所以，如果社会压力非常明显，以至于威胁到个体的自由感时，他们常常会反抗。想一想罗密欧与朱丽叶，两个家族的对立反而加深了他们的爱情。我们再想一想儿童，他们常常通过叛逆父母的命令来维护自己的自由和独立。所以精明的父母通常不会生硬地命令，而是让孩子自己选择："到了洗澡的时间了，你想要盆浴还是淋浴？"

很多实验研究表明（Brehm & Brehm，1981；Nail & others，2000），企图限制个体的自由通常会引起"事与愿违"的反从众行为，这证明了**逆反**（reactance）理论（人们的确会采取行动来保护他们的自由感）的正确性。在一次现场实验中，当周围愚蠢迂腐的同学开始带腕带，许多学生就不带他们的腕带了（Berger

& Health，2008）。同样，当看到足球流氓也带着巴宝莉的帽子时，英国人开始不带这种帽子，以此将自己与足球流氓区分开来（Clevstrom & Passariello，2006）。

逆反理论有助于我们解释年轻人的酗酒行为。加拿大药物滥用中心（Canadian Centre on Substance Abuse，1997）调查了18~24岁的青年，结果表明达到法定饮酒年龄（21岁）的人在过去一年中喝醉过的比例为69%，而不足21岁的人喝醉的比例则达77%。一项对美国56个学校所做的调查表明,达到法定饮酒年龄（21岁）的学生中有25%是滴酒不沾的，而21岁以下的学生中这类人的比例只有19%（Engs & Hanson，1989）。

坚持独特性

想象一下一个完全从众的世界，人与人完全没有区别。这样的世界是快乐的天堂吗？如果不从众令人不适，那完全一模一样就快乐舒心吗？

个体与周围的人差别太大时会感觉不舒服。但是至少西方文化认为，如果个体与其他人完全一样的话，也会感觉不舒服。美国普度大学研究者斯奈德和弗罗姆金（Snyder & Fromkin，1980）的一项实验表明，当人们认为自己有适度的独特性时自我感觉较好。并且他们的行为也会维护这种独特性。斯奈德（Synder，1980）告诉参加过态度测试的普度大学学生们，他们的“10个最重要的态度”与其他1万名学生的态度不同，或者几乎与之完全一样。然后让他们参加一个从众实验。那些认为自己没有独特性的参与者最有可能以不从众来维护自己的个人特征。而且，那些“独特性需要”最高的个体受到多数派的影响最少（Imhoff & Erb，2009）。

社会影响和渴望独特还表现在美国人给婴幼儿所起的名字上。追求新异名字的人们，却常常碰巧取了相同的名字。2007年在10大流行的女孩名字中有伊莎贝拉（2）、麦迪逊（5）和奥利维娅（7）。美国记者和畅销书作家佩姬·奥伦斯坦（Orenstein，2003）指出，60年代那些想标新立异的人给自己的孩子取名为丽贝卡，以为能打破取名的旧俗，结果发现许多人取同样的名字。“希拉里”在80年代末和90年代初是一个很流行的名字，当希拉里·克林顿成为名人后，就显得不那么有独特性，人们也用得少了（甚至在她的崇拜者中也是这样）。奥伦斯坦观察发现,尽管这些名字的流行度在减弱,但在下一代可能会重新流行。马克斯、露丝、索菲听上去好像是养老院或小学的花名册。

把自己视为独特的个体，也表现在人们的“自发性自我概念”上。耶鲁大学的威廉·麦圭尔等人（McGuire & Padawer-Singer，1978；McGuire & others，1979）研究发现，当要求儿童“给我们介绍一下你自己”时，他们最可能提到的是自己独有的特征。在国外出生的孩子更可能提到他们的出生地，红头发孩子与黑发或棕发的孩子相比更愿意提及自己的头发颜色，体重较轻和体重较重的孩子更可能提及自己的体重，少数民族的孩子更可能提及自己的民族。

同样，与异性相处时我们会对自己的性别更敏感（Cota & Dion，1986）。有一次，我去参加美国心理学会的会议，恰巧其他 10 位参会者都是女性，我立刻意识到了自己的性别。第二天结束时，我们休息了一会儿，我开玩笑说，我去洗手间时排队的队伍最短，这才引起邻座的女性注意此前未曾意识到的事：这一群体的性别构成。

麦圭尔认为其中的道理就是，“只有当个体与众不同时，才会意识到自我。”因此，“如果我是一群白人女性中的一位黑人妇女的话，那么，我往往会认为自己是一个黑人；而如果我转到了黑人男性群体中，那么我的黑皮肤就没有那么突出了，我更会意识到自己是一位女性”（McGuire & others，1978）。这种洞察力有助于解释为什么在非白人环境中长大的白人会更强烈地意识到自己的白人身份，为什么同性恋者比异性恋者更能意识到自己的性取向，为什么少数派群体更容易意识到自己的独特性，以及个体所处的文化又是如何与独特性发生关联的（Knowles & Peng，2005）。由于多数族群意识不到这种民族特点，可能认为少数民族群体过于敏感。我偶尔会客居苏格兰，在那里，我的美国口音使我成为一个外国人，我清醒地意识到我的国籍，也对其他人对此的反应非常敏感。

就算两种文化非常相似，人们仍然会注意到彼此的差别，无论多么微小，甚至非常细微的差别也会引起歧视和冲突。英国著名作家乔纳森·斯威夫特在《格列佛游记》中以小人国两大派系斗争的故事讽刺了这一现象。小人国里的小人因为非常小（身高 15 厘米）所以总是碰到一些意想不到的问题。两派的区别是：一派认为水煮蛋该从大的一端剥开，而另一派则认为该从小的一端剥开。放眼全世界，苏格兰人与英国人、塞尔维亚人与克罗地亚人，或天主教徒与北爱尔兰新教徒之间的差别看来并不大。但是,小小的差别有时却意味着强烈的冲突(Rothbart

& Taylor，1992）。当两个群体非常相像时，冲突往往也最为紧张。

所以，虽然我们并不喜欢太过于离经叛道，然而讽刺的是，我们所有人都希望能与众不同，并热衷于特立独行（虽然你是独特的，但你也与他人有相似之处）。但是自利偏差的研究表明，我们追求的不仅是独特性，而且是符合道德规范的独特性。我们所追求的独特性不仅要与众不同，而且要好于众人。

少数派的影响

我们会看到：

- 文化背景塑造了我们，但我们也帮助创造并选择了这些背景。
- 从众压力有时会战胜我们更好的判断，但公然的压力会激起逆反心理，从而坚持自己的个性与自由。
- 说服的力量确实很强，但我们可以通过公开承诺和预估说服的感染力来抵制被说服。

最后，我们将讨论个体如何影响他们所在的群体。

大部分社会运动最初都是由一小部分人主导，最终才变成多数人的运动。爱默生写道："所有的历史都是记录少数派甚至一个人单打独斗力量的历史。"想想哥白尼、伽利略、马丁·路德·金和苏珊·安东尼。美国民权运动也是由一名美国黑人妇女帕克斯点燃的，她在阿拉巴马蒙哥马利的一辆公共汽车上，拒绝让出自己的座位。科技发展史也是由一小部分具有创新精神的人所谱写的。正如富尔顿改良他的轮船——"富尔顿的愚行"——后所忍受世人的嘲笑："在我的道路上从没有任何鼓励的评论、明朗的希望和温馨的祝愿"（Cantril & Bumstead，1960）。事实上，如果少数人的观点从来都没能占上风，历史将是一潭死水，什么也不会改变。

什么因素能使少数派具有说服力？施莱辛格为使肯尼迪等人考虑他对袭击猪湾的质疑，又该做些什么？由法国巴黎大学心理学教授莫斯科维斯（Serge Moscovici）在巴黎进行的实验证实了少数派影响的几大决定因素：一致性、自信和背叛。

（注：这里的“少数派的影响”是指少数派的观点，而非指民族中的少数派。）

一致性

比起摇摆不定的少数派，那些坚持自己立场的少数派更具有影响力。莫斯科维斯及其助手（Moscovici，1969，1985）发现，如果少数人一致认为蓝色幻灯片是绿色的，那么占大多数的成员偶尔也会表示赞同。但如果这少部分人摇摆不定，认为其中 1/3 的蓝色幻灯片是蓝色的，而其他的是绿色的，那么事实上多数派中没有一个人会同意“绿色”。

实验表明，经验也证实，不从众，特别是一直坚持不从众，结果往往很痛苦。成为一个群体中的少数派也会让人很不舒服（Levine，1989; Lucken & Simon，2005）。这可以用于解释*少数派缓慢效应*（minority slowness effect），即相对于多数派，少数派往往更慢地表达他们的观点（Bassili，2003）。如果你决定做爱默生所说的一个人的少数派，你必须准备好接受嘲弄，特别是你所提出的观点与大多数人息息相关，并且群体正试图就某一问题达成一致（Kameda & Sugimori，1993；Kruglanski & Webster，1991；Trost & others，1992）。人们或许会认为你提出异议是由于心理反常（Papastamou & Mugny，1990）。当加州大学洛杉矶分校的心理学教授内梅斯（Nemeth，1979）将两个人安排在一个模拟陪审团中，并让他们反对大多数人所提的意见时，这俩人确实变得不受欢迎。

尽管如此，多数派公认这两人的坚持比其他任何东西都更能促使他们重新考虑自己的立场。相比多数派影响常激发不假思索的同意，少数派影响会激起更深刻的讨论，并且会提升创造力。（Kenworthy & others，2008；Martin & others，2007，2008）。

拥有不同种族朋友或者处于多种族讨论群体之中的大学生，过分简单的思维更少（Antonio & others，2004）。自己群体内产生的异议，会使人们获得更多的信息，以新的思路思考问题，并且常常会做出更好的决策（Page，2007）。内梅斯认为，个体并不需要通过辩赢朋友来影响他人，他引用王尔德的话说：“我们不喜欢任何类型的争论；它们庸俗但又常令人信服。”

一些成功的公司已经认识到创新有时候是由少数派的观点引起，然后可以带来新思想，同时也激励同事们用一种新的方式思考问题。以崇尚“尊重个体的原创力”而闻名的 3M 公司就鼓励员工进行大胆的想象。报事贴便笺纸就是 3M 公司的化学家西尔弗尝试创制强力胶失败的产物。3M 公司的另一位化学家弗赖伊在没能用小纸片给自己的赞美诗集作记号的时候，就想到“需要一种边缘有贴纸的书签。”即使这样，最终还是这些少数派的观点赢得了挑剔的市场（Nemeth，1997）。

自 信

一致性和坚持性是自信的表现。而且，内梅斯和瓦赫特勒（Nemeth & Wachtler, 1974）报告说，少数派表达自信的任何行为——例如坐在席位的上座——都会使多数派产生自我怀疑。通过坚定有力的行为表现，少数派明显的自我支持会促使多数派重新考虑他们的立场。当事关观点而非事实时，尤其如此。意大利帕多瓦大学的心理学教授马斯及其同事（Maass & others，1996）的研究表明，在关注事实（“意大利大部分的原油是从哪个国家进口的？”）的时候，少数派的说服力没有其关注态度（“意大利大部分的原油应该从哪个国家进口？”）的时候强有力。

背叛多数派

坚持己见的少数派会打破任何的一致同意错觉。当少数派对多数派的判断力提出质疑后，多数派的成员往往能更加自由地表达他们自己的疑虑，甚至会倒向少数派的立场。可是你知道对于一名孤独的背叛者，一开始同意多数派的观点，重新思考后提出异议，情况会如何？莱文（Levine，1989）研究匹兹堡大学的学生发现，如果少数派中的某个人是从多数派中投奔过来的，那么他会比那些自始至终居于少数派的人更有说服力。内梅斯发现，与《十二怒汉》的情节不同，在她的模拟陪审团实验中，一旦开始出现背叛行为，其他人常常也会紧紧追随，产生滚雪球效应。

这些加强少数派影响的因素是否只对少数派起作用呢？纽约大学的心理学教

授沃尔夫等人（Wolf & Latané，1985；Wolf，1987）以及克拉克（Clark，1995）认为并非如此。他们指出，同样的社会力量对多数派和少数派都同样起作用。信息影响（通过有说服力论据）和规范影响（通过社会比较）同时可以增强群体极化和少数派影响。如果一致性、自信和背叛能使少数派得到加强，那么这些变量也能加强多数派。任何立场的社会影响力取决于它的力量、即时性以及支持者的数量。

马斯和克拉克（Maass & Clark，1984，1986）同意莫斯科维斯的观点，但是，他们认为少数派更可能使人们发生转变而接受他们的观点。莱文和莫兰（Levine & Moreland，1985）分析了群体的时间进化过程，总结出群体的新成员与老成员表现少数派影响的方式有所不同。新成员通过引发他人对他们的关注，以及在老成员中引起群体知觉来施加影响。而老成员通常能够较为自由地表达异议或是实施领导。

在强调个体对群体影响的同时，还存在这样一种有趣的现象。直到最近，这种少数派能够动摇多数派的观点其本身就是社会心理学领域少数人的看法。尽管如此，通过不懈而有力地提出这种观点，莫斯科维斯、内梅斯、马斯、克拉克和其他人已经说服了群体影响研究中的多数人：少数派影响是一个值得研究的现象。而且这些少数派影响的研究者们对这一领域产生兴趣的原因也许并不会让我们吃惊。马斯（Maass，1998）成长在二战后的德国，在听完祖母对法西斯的描述后，她对少数派如何影响社会变革产生了兴趣。内梅斯（Nemeth，1999）对此产生兴趣是源于当她作为访问教授在欧洲与“泰菲尔和莫斯科维斯一起工作”的时候。“我们三个都是‘局外人’——我是一名在欧洲的美籍罗马天主教女性，她们两个都是在二战中活下来的东欧犹太人。对价值观的敏感性以及为了少数派意见的抗争研究成了我们的主要工作。”

领导是否属于少数派影响

1910 年，挪威人和英国人开始了前往南极的宏伟之旅。由探险家阿蒙森有效领导的挪威人成功地到达了南极。而英国人由于斯科特领导无方而没能成功，斯科特和三名队员遇难。阿蒙森形容**领导**（leadership）就是特定个体动员和引导群体的过程。美国政治评论家金斯利（Kinsley，2003）观察到，布什在职期间的行为就显示了“个人的力量”，“在布什指称萨达姆是个严重的威胁并需要被驱逐之前，人们并没有这种想法。或许你可以用很多词汇描述这种情况，但‘领导’必然是其中之一。如果真正的领导是指能够带领人们去他们不想去的地方，那么布什的确证实了自己是个真正的领导者。”

有些领导是正式任命或选举产生的，而有些是在群体交流中非正式地产生的。怎样能产生好的领导往往取决于情境——领导工程队的最佳人选可能并不是销售队伍的好领导。有些人能出色地担任任务型领导（task leadership）——组织工作、设置规范、聚焦于目标的实现。而另一些人能出色地担任社会型领导（social leadership）——建立团队、调解矛盾、表达支持。

任务型领导通常是支配型的——如果领导能够睿智地发出指令就能很好地完成工作（Fiedler，1987）。由于是目标取向的，这样的领导会将群体的注意力和努力都放在任务上。实验表明，特定的、有挑战性的目标再加上周期性的进程报告会促进高成就的实现（Locke & Latham，1990）。

社会型领导通常具有民主风格——他们代表了权威，接纳团队成员的意见，并且像我们看到的那样，能避免群体思维。很多实验表明这种领导风格有利于鼓舞士气。群体成员在参与决策时通常表现出更高的满意度（Spector，1986；Vanderslice & others，1987）。如果对员工们的任务加以控制，他们也会更受鼓舞去获取成就（Burger，1987）。

一度流行的“伟人”领导理论——所有的优秀领导都具有某些特质——被人们抛弃了。现在我们知道，有效的领导风格会随情境而改变。知道自己该做什么的下属可能会讨厌任务型领导，但不知道的下属或许会欢迎。但是最近，社会心理学家们又开始关注，是否可能存在某些品质是很多情境下的优秀领导都共有的（Hogan & others，1994）。英国社会心理学家史密斯和泰博（Smith & Tayeb，1989）报告说，在印度、伊朗和中国台湾地区进行的研究，都发现在矿区、银行和政府办公室的优秀主管在任务型和社会型领导上的得分都很高。他们既主动关注工作的进展，同时对下属的需要也很敏感。

研究还表明，许多实验室群体、工作团队和大型公司的有效领导都表现出了能令少数派观点具有说服力的行为。这样的领导靠不懈坚持自己的目标来赢得信任。他们常常流露出自信的领导气质来赢得下属的忠诚（Bennis，1984；House &

Singh，1987）。具有领导气质的领导们通常对所期望的事件有一种引人注目的洞察力，能用简单明晰的语言与其他人就此进行交流，并有足够的乐观精神和团队信念来使他人信服自己。

研究者在对 50 个荷兰公司的分析中发现，在士气最高的企业里的行政总裁最能激发他们的同事“为了集体超越自身利益”（de Hoogh & others，2004）。这种领导风格——**转变型领导**（transformational leadership）——激励他人认同并承诺完成团队工作任务。转变型领导中的绝大多数都是有魅力、充满活力、自信而且外向的，他们通常会阐明他们的高标准，激励人们分享他们的愿景，并提供人际关注（Bono & Judge，2004）。在组织中，这类领导风格最经常的结果是形成参与度高、相互信任的和有效率的工作团队（Turner & others，2002）。

事实上，群体也会影响他们的领导。有时候，那些站在群众最前方的人已经察觉到了事态的走向。政治候选人知道怎样从民意测验中得知民众的态度。能够代表群体观点的人更有可能被选为领导；而一个过于偏离群体规范的领导往往会被抵制（Hogg & others，1998）。明智的领导通常与多数派站在一起，并且谨慎地施加自己的影响。尽管如此，有效的个体领导有时会通过动员和引导群体力量来施加少数派影响。加州大学戴维斯分校著名的心理学家西蒙顿（Simonton，1994）指出，在个别的情况下，适当的特质与适当的情境相匹配，可以产生出改写历史的伟大人物。丘吉尔、撒切尔、托马斯·杰斐逊、马克思、拿破仑、林肯或马丁·路德·金等伟大人物的诞生，都需要有恰当的人恰当的地点和恰当的时间。当才智、技术、决心、自信和社会领导气质巧妙地结合在一起，并遇上难得的机会，那结果就会是冠军、诺贝尔奖或是社会革命。

第四编

社会关系

在探索了我们如何研究社会心理学（第一编），我们如何思考（第二编）和如何彼此影响（第三编）之后，现在，我们来考察社会心理学的第四个层面——我们彼此是如何联系的。我们对待他人的情感和行为有时是消极的，有时是积极的。

即将谈及的“偏见”“攻击性”和“冲突”等模块考察了人际关系中丑陋的方面：为什么我们讨厌，甚至互相鄙视？我们在何时会彼此伤害？原因又是什么？

在随后的“冲突解决”“吸引与亲密”以及“利他”等模块中，我们探讨了社会关系中好的方面：如何正义而友善地解决社会冲突？为什么我们会喜欢或者爱上特定的人？何时我们将会帮助他人？

最后，在模块 31 中我们提出，面对人口激增、资源消耗和气候变化而产生的生态恶化，社会心理学应该为改变生态屠戮做出应有的贡献。

模块

22

偏见的影响范围

偏见以多种形式显现——喜欢自己的群体和不喜欢其他一些群体。

思考以下例子：

- 宗教。在伊拉克战争与“9·11”事件之后，10个美国人中有4个承认他们对穆斯林人有偏见。而且在西欧有将近一半的非穆斯林人士对穆斯林人有负面的印象（Pew，2008；Saad，2006；Wike & Grim，2007）。而在约旦、土耳其、埃及甚至是英国的穆斯林人对西方人的看法也是负面的，认为西方人“贪婪”而且“缺乏道德”。
- 肥胖。在寻求爱情或工作时，肥胖者，尤其是超重的白人妇女，前途黯淡。在若干相关的研究当中，肥胖者结婚的更少，只能获得初级的或不大好的工作，收入也更低（Swami &others，2008）。在实验研究中（让其中的一些人扮成肥胖者），他们被认为缺乏魅力，不太聪明，不太快乐，缺乏自我修养，不够成功（Gortmaker & others，1993；Hebl & Heatherton，1998；Pingitore & others，1994）。事实上，体重歧视明显超过了种族或性别歧视，它表现在职业的每一个阶段中——雇用、工作安排、晋升、薪酬、奖惩和解雇（Roehling，2000）。对超重的人的负面印象和歧视可以解释为什么肥胖的女性和男性很少（与他们在普通大众中的人数相比）成为大公司的CEO（Roehling & others，

2008，2009）。

- 性取向。很多年轻的同性恋者——一项英国的全国调查中三分之二的同性恋中学生——报告说曾遭到过非同性恋者的欺辱（Hunt & Jensen,2007）。而且，在英国有五分之一的成人女同性恋者和男同性恋者报告曾受到暴力的惩罚或者人身攻击（Dick，2008）。在美国的一项调查中，20% 的同性恋者和双性恋者曾经历过财产或人身的攻击，仅仅因为他们的性取向，并且一半的人曾受到言语攻击（Herek，2009）。
- 年龄。人们对老年人的印象通常是脆弱、缺乏能力的，并且效率低下。这导致他们倾向于像对待孩子那样居高临下地对待老年人，比如用儿语和老年人说话，这会使老年人觉得自己胜任感与行为能力下降（Bugental & Hehman，2007）。
- 移民。德国人对土耳其人、法国人对北非人、英国人对西印度人和巴基斯坦人、美国人对拉美移民的偏见正在迅速上升（Pettigrew，2006）。我们将看到，导致种族偏见和性别偏见的因素同样会导致对移民的偏见（Pettigrew & others，2008；Zick & others，2008）。

偏见的界定

偏见、刻板印象、歧视、种族歧视、性别歧视——这些术语往往相互重叠。让我们来澄清这些概念。上述的各种情况，正好都涉及了对某些群体的负面评价。这正是**偏见**（prejudice）的本质：对一个群体及其个体成员的负面的预先判断。

偏见是一种态度。它是情感、行为倾向和信念的某种独特结合物。一个存有偏见的人，可能不喜欢那些与自己不同的人，行为方式是歧视性的，并相信那些人无知而危险。与许多态度一样，偏见非常复杂，而且可能包含某种傲慢的情感成分，这种情感起到了使对方总是处于不利的作用。

负面评价是偏见的标志，它经常源自被称为**刻板印象**（stereotype）的负性信念。刻板印象是一种概括。为了简化世界，我们概括出：英国人保守；美国人开朗；教授则心不在焉。

这样的概括或多或少是真实的（而且并不总是负面的）。老年人确实更加虚弱。

北半球靠南部的国家暴力事件发生率的确更高。有报告说，这些国家中生活在南方的人的确比北方人更善于表达。就不同性别、种族和阶层背景学生的成绩差异而言，老师们的刻板印象往往能真实地反映现实（Madon & others，1998）。正如贾西姆等人（Jussim，McCauley，& Lee，1995）指出的那样，"刻板印象可能是积极的，也可能是消极的；可能准确，也可能不准确。"准确的刻板印象甚至是我们所期望的。我们称其为"差异敏感性"或"多元世界中的文化觉知"。形成英国人比墨西哥人更关心准时的刻板印象，就是理解为使摩擦最小化，在每一种文化下该期望什么以及该如何行动。

当刻板印象是过度概括或明显不对的时候就会出问题。假如说美国享受福利的人大多数是非裔美国人，这一概括就有些过分，因为事实并非如此。大学生对特定的大学生联谊会成员持有不同的刻板印象（例如，更喜欢外语课而不是经济学，或更喜欢垒球而非网球），它们包含了一定的事实，但却被过分夸大了。被刻板化的群体内个体间的差异要比想象得更大（Brodt & Ross，1998）。

偏见是一种负面态度；**歧视**（discrimination）是一种负面行为。歧视行为的根源往往在于偏见态度（Dovidio & others，1996；Wagner & others，2008）。一项研究为此提供了很明显的证据，研究者向洛杉矶地区 1115 套空公寓的房东发去了电子邮件。在回复的邮件中，署名为"Patrick McDougall"的回复率为 89%，署名"Said Al-Rahman"的回复率为 66%，署名为"Tyrell Jackson"的回复率为 56%（Carpusor & Loges，2006）。

态度和行为常常是松散地联结在一起的。偏见性的态度并不一定滋生出敌意行为，同样，并非所有的压迫都源于偏见。**种族歧视**（racism）和**性别歧视**（sexism）是制度上的歧视举动，即使在没有偏见意图的时候也如此。在一家全部为白人的公司里，假如面试招聘确实排除了潜在的非白人雇员，那么，即使雇主并无歧视之意，但这一惯例也可以称为种族歧视。

偏见：微妙形式和公开形式

偏见为我们的双重态度系统提供了最好的证据。我们对同一个目标可以同时拥有完全不同的外显（有意识的）态度和内隐（自动的）态度，500 项利用"内隐联结测量”的研究证明了这一点（Carpenter，2008）。已有600万人在网上参与过该测验，评价他们的“内隐认知”——你知道你不知道自己知道的内容（Greenwald & others，2008）。这个测验主要是测量人们联想的速度。正如我们从“锤子”联想到“钉子”要快于从“锤子”联想到“木桶”，这个测验可以测量出我们从“白色”联想到“好”要比从“黑色”联想到“好”快多少。我们可能保留了小时候对某些人习惯性自动产生的恐惧或厌恶，而他们现在变成了我们敬畏和钦佩的对象。尽管外显的态度通过教育可能会发生巨大变化，但内隐态度会持续存在，只有我们通过不断的练习从而形成新的习惯时才会改变（Kawakami & others，2000）。

俄亥俄州立大学和威斯康星州大学（Devine & Sharp，2008）、耶鲁大学和哈佛大学（Banaji，2004）、印第安纳大学（Fazio，2007）、科罗拉多大学（Wittenbrink，2007；Wittenbrink & others，1997）、华盛顿大学（Greenwald & others，2000）、弗吉尼亚大学（Nosek & others，2007）和纽约大学（Bargh & Chartrand，1999）的研究者开展的一系列实验已经证明，偏见和刻板印象可以在人们的意识之外产生。一些上述实验通过快速闪动文字或者面孔来“启动”（自动激活）对于种族、性别、年龄的刻板印象，实验者在这种刻板印象的影响下可能在行为上产生偏差，而这一过程均在意识之外。比如，参与者启动了有关非洲裔美国人的刻板印象后，可能对研究者（故意地）恼人的要求产生更多敌意的回应。

到目前为止，我们已经概述了有意识的外显偏见和无意识的内隐偏见之间的区别，接下来让我们了解一下有关偏见的两个常见形式：种族偏见和性别偏见。

种族偏见

普天之下，每个种族都是少数群体。例如，非西班牙裔的白人仅占全世界人口的1/5，不到半个世纪之后，该比例将会变成1/8。由于过去两个世纪里的迁徙和移民，世界各民族现在互相融合，有时彼此敌对，有时又友好相处。

对一位分子生物学家而言，肤色只是一个微不足道的人体特征，它受种族之间微小的基因差异所控制。而且，自然界并不按纯粹界定的类别来区分种族。将奥巴马标定为“黑人”的是我们人类而非自然界，尽管他的母亲是白人，同时也是我们人类将泰格·伍兹标定为“非裔美国人”（他的祖先是25%的非洲人），或

“亚裔美国人”（他也是 25% 的泰国人和 25% 的中国人），或者甚至是土著美国人或荷兰人（各有 1/8 的血统）。

多数人看到其他人身上的偏见。在 1997 年盖洛普的一项调查中，美国白人估计他们的同伴中有 44% 的人偏见很深（在 10 点量表上得分为 5，甚至更高）。有多少人给自己也打高分呢？只有 14%（Whitman,1998）。

种族偏见正在消失吗

一方面是感受到无所不在的顽固偏见，另一方面是认为自己没有什么偏见，到底哪种认识正确？种族偏见正在成为历史吗？

种族态度可以非常迅速地发生改变。1942 年，大部分美国人赞同“应该在公共汽车和电车上为黑人设置隔离区”（Hyman & Sheatsley，1956）。事到如今，这样的问题会显得稀奇古怪，因为如此明目张胆的偏见差不多已经销声匿迹了。1942 年，不到 1/3 的白人（南部只有 1/50）支持学校合并；到 1980 年，支持学校合并的占到 90%。自 1942 年以来的岁月是多么的短暂，即使自实施奴隶制的日子开始算，经历的也不过是历史长河中的瞬间，因此，这种变化确实是天翻地覆的。在英国，公开的种族偏见也骤然减少，如反对跨种族婚姻和反对少数种族担任领导的人数急剧下降，特别是在年轻人中（Ford，2008）。

自 20 世纪 40 年代以来，对非洲裔美国人的态度也发生了变化，虽然在 40 年代，如克拉克等人（Clark & Clark，1947）所指出的那样，许多人都持有反黑人的偏见。美国最高法院在 1954 年做出了历史性的决定,宣布隔离学校违背宪法。法院当时发现了一个值得注意的事实——当非洲裔美国儿童有机会在黑人玩偶和白人玩偶之间做出选择时，多数人选择的是白人玩偶。在 20 世纪 50~70 年代所进行的研究中，黑人儿童喜欢黑人玩偶的可能性一直在增加。同时，成年黑人开始认为在诸如智力、懒惰和可靠等特质方面，黑人与白人非常相似（Jackman & Senter，1981；Smedley & Bayton，1978）。

那么，我们是否可以就此得出结论，种族偏见已经在美国、英国和加拿大这样的国家里消失了呢？ 2006 年一年当中，在有记录的仇视犯罪案件里，7 772 名犯罪者显然仍持有偏见（FBI，2008）。如图 22-1 所示，极少数白人还存有偏见，不愿意投票给黑人总统候选人。根据一项对投票者种族态度和政策态度的统计分

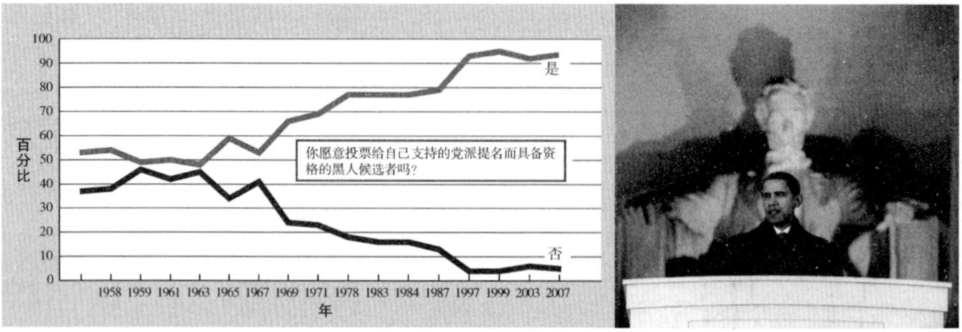

图 22-1

1958~2007 年美国白人种族态度的变迁。阿伯拉罕·林肯幽灵般地拥抱着巴拉克·奥巴马，形象地体现了奥巴马的名言“我们所能相信的变革”。两天之后，奥巴马站在奴隶们用双手建造的台阶上，把手放在林肯就职典礼用过的圣经上，发表《最神圣的宣誓》的演讲——他回忆，“也许 60 年前他父亲还不能在一家当地餐厅工作”。*资料来源*：Data from Gallup Polls (brain.gallup.com).

析，如果没有种族偏见的话，在 2008 年的总统大选中，奥巴马会多赢得 6% 的支持者（Fournier & Tompson，2008）。

那么，走向种族平等的进程究竟如何呢？在美国，白人倾向于拿现在的情形与充满压迫的过去相比较，于是感觉到了迅速的根本性的改变。而黑人则倾向于拿当下和他们心目中的理想世界相比较，由于那个理想世界还没有实现，所以他们感觉到的改变相对较少（Eibach & Ehrlinger，2006）。

偏见的微妙形式

偏见的微妙形式比公开形式的涉及面更广。一些专家研究了人们对黑人和白人的行为。白人对于任何需要帮助的人都是同样乐于提供帮助的，除非需要帮助的人太不相干（比如说，有一位打错电话的人，明显带有黑人口音，要求转达一个消息）。同样，当要求人们采用电击来“教授”某个任务时，白人给黑人的电击并不比给白人的多——除非他们被激怒了，或对方无法报复，或者不知道是谁干的（Crosby & others，1980；Rogers & PrenticeDunn，1981）。

因此，偏见态度或歧视行为一旦能隐身于某些其他动机之后，便可能浮现出来。在法国、英国、德国、意大利及荷兰，微妙的偏见（夸大种族差异、对少数民族移民不那么尊重和有好感，以臆测的非种族理由拒绝他们）正在替代公开的偏见（Pedersen & Walker，1997；Tropp & Pettigrew，2005a）。一些研究者把这种微妙的偏见称为“现代种族歧视”或“文化种族歧视”。现代偏见通常以微妙的形式表现在我们对那些熟悉、相似以及感觉舒适的事物的偏好上（Dovidio & others，1992；Esses & others，1993a；Gaertner & Dovidio，2005）。

现代偏见甚至表现为种族敏感性，它导致人们对被隔离的少数种族人士反应过度——包括对他们的成功赞扬过度，对他们的过失批评过度，以及只提醒白人学生而不提醒黑人学生学术方面可能存在的问题（Crosby & Monin，2007，Fiske，1989；Hart & Morry，1997；Hass & others，1991）。它同时也表现为某种怜悯姿态。例如，肯特·哈伯（Harber，1998）将一篇写得很糟糕的文章给斯坦福大学的白人大学生，请他们进行评价。相对于被引导认为作者是白人的情形而言，当大学生认为这篇文章的作者是黑人时，评定的分数相对更高，也很少发表严厉的批评。这些评定者，或许是为了避免表现出偏见，他们采用不那么严厉的标准，对黑人作者更宽容。哈伯指出，这种“赞扬过度和批评不足”，可能会阻碍少数种族学生取得好成就。

自动偏见

对于非裔美国人的自动偏见有多么广泛呢？研究者们已经在多种情境下观察到了这种自动反应。举个例子来说，在安东尼·格林沃尔德和他的同事（Greenwald & others，1998，2000）所做的巧妙实验中，当结合黑人面孔而非白人面孔的时候，10 名白人中有 9 人要用更长的时间来认定愉快的单词（例如“和平”和“天堂”）是“好的”。你会注意到，参与者一般几乎没有明确表示出偏见，只有无意识、非故意的反应。不仅如此，休根伯格和博登豪森（Hugenberg & Bodenhausen，2003）报告说，这种内隐偏见表现得越强烈的人，越容易从黑人面孔中感知出愤怒。

批评者指出潜意识的联想可能只是印证了文化上的假设，但是没能说明偏见的影响（偏见包括了负面的态度和行为倾向）。但一些研究表明，内隐的偏见会改变行为：

- 在一项瑞典的研究中，针对反阿拉伯穆斯林的内隐偏见测量预测出 193 家企业的雇主都不会对穆斯林名字的员工进行面试（Rooth，2007）。
- 一项对 287 名医生的调查表明，那些表现出最多的内隐种族偏见的医生最不愿为那些主诉为胸痛的黑人患者开溶栓类药品（Green & others，2007）。
- 一项对 44 名澳大利亚护士的研究表明，那些照顾吸毒者和酗酒者的护士对这些人群的内隐偏见最大，而且在面对压力时，也最想换工作（von Hippel & others，2008）。

在一些情境中，自动的内隐偏见会影响一个人的生死。科雷尔及其同事（Correll & others，2002,2006,2007）、格林沃尔德及其合作者（Greenwald & others，2003）在他们各自的实验中，邀请人们快速按按钮，“射击”或者“不射击”那些在屏幕上突然出现的人，这些人或者手握枪械，或者手持诸如闪光灯或瓶子之类的无害物品。参与者（其中一个研究中既有黑人也有白人）更容易误击黑人目标。一个伦敦警察射杀了一个长相像穆斯林的人，之后的研究发现，澳大利亚人也更有可能对穆斯林穿着的人射击（Unkelbach & others，2008）。如果我们在潜意识中认为一个团体是有危险的，那么我们在面对这个团体时会更容易提高我们的注意力和唤醒水平（Donders & others，2008；Dotsch & Wigboldus，2008；Trawalter & others，2008）。

在一项相关的系列研究当中，佩恩（Payne，2001，2006）、贾德及其同事（Judd & orhers，2004）都发现，当用黑人而非白人面孔启动时，人们想到的是枪：他们更快辨认出枪或更多地将扳手之类的工具误认为是枪。即使在感知对方种族时没有发生偏见，在对其反应时仍然会受到偏见的影响——人们在开枪之前或多或少需要一些线索（Klauer & Voss，2008）

詹妮弗和她的同事研究发现（Jennifer & others，2004），相反的效应同样存在。人们在看到武器时，更容易把注意力放到非裔美国人身上，这种现象使美国警察更容易把黑人判断成罪犯。这些研究有助于解释为什么阿马都·戴罗（纽约市的一名黑人移民）被警察开枪射击了 41 次，就因为他将钱包从口袋中拿出来。

研究同时发现，自动的刻板印象和有意识控制的刻板印象所激活的脑区不同（Correll & others，2006；Cunningham & others，2004；Eberhardt，2005）。脑成像显示，当面对最能引起厌恶感的外群体（如吸毒成瘾者和无家可归者）时，与厌恶、回避相关的脑区活动增加（Harris & Fiske，2006）。这一结果显示自动偏见涉及与恐惧有关的初级脑区，如杏仁核；而有意识控制的刻板印象与前额叶的关系更密切，后者在这一过程中所起到的作用可能与有意识的思考有关。我们在思考自己或自己认同的团体与思考陌生团体相比，激活的额叶位置也不一样（Jenkins & others，2008；Mitchell & others，2006）。

格林沃尔德和舒（Greenwald & Schuh，1994）指出，即使是那些研究偏见的社会科学家似乎也容易有偏见。他们选定了一些非犹太人姓名（Erickson，McBride，& others）和犹太人姓名（Goldstein，Siegel，& others），分析这些人的社会科学文章引文中的偏见。他们分析了近 30 000 条引文，其中包括 17 000 条关于偏见研究的引文，发现了一些值得注意的结果：与犹太裔作者相比，非犹太裔作者引用非犹太裔姓名的概率要高出 40%。（格林沃尔德和舒不能确定是否犹太裔作者过度引用他们的犹太裔同行的文章，还是非犹太裔作者过度引用非犹太裔同行的文章，或者两者兼而有之。）

性别偏见

对女性的偏见有多普遍？我们在模块 13 中考察了性别角色规范，即人们有关女性和男性应该如何行为举止的观念。这里我们关注性别刻板印象，即人们有关女性和男性事实上如何行为举止的信念。规范带有约定性质，而刻板印象则是描述性的。

性别刻板印象

从有关刻板印象的研究中，有两个结论是毫无疑义的：存在很强的性别刻板印象，并且正如常常发生的那样，刻板化群体的成员也接受这种刻板印象。男性和女性会一致认为你可以根据书的性感封面来判断一本书。在一项调查中，杰克曼和森特（Jackman & Senter，1981）发现性别刻板印象要比种族刻板印象更强。例如，认为两性同样“易动感情”的男性只有 22%。剩余的 78% 的男性中，认为女性比男性更易动感情的人数远远多于认为男性更易动感情的人数，其比例是 15: 1。那么女性如何看这个问题呢？她们的答案是一样的，差异不超过 1 个百分点。

要记住，刻板印象是有关一群人的概括，它们可能正确，也可能错误，或者过度概括而偏离了事实的核心。（它们也可能带有自我实现的性质。）我们在模块13中曾提到，普通男性和普通女性之间在社会联系、同理心、社会权力、攻击性和性爱主动性（然而并不包括智力）等方面确实存在某些差异。那么据此我们能否得出性别刻板印象准确的结论呢？刻板印象有时会夸大差异，但据珍妮特·斯温（Swim，1994）的观察，并非总是如此。她发现宾州州立大学的学生有关男性和女性在不安分性、非言语敏感性、攻击性等方面的刻板印象有其合理性，比较接近于真实的性别差异。而且，这些刻板印象在不同时期和不同文化中普遍存在。综合考察了27个国家的数据之后，约翰·威廉斯和他的同事（Williams & others，1999，2000）发现，每个地方的人都认为女性更易相处，而男性则更开朗。性别刻板印象的持续性和普遍性，使得一些进化心理学家相信性别刻板印象反映了天生、稳定的本质特性（Lueptow & others，1995）。

刻板印象（信念）并不是偏见（态度）。刻板印象可能为偏见提供支持。不过，抛开偏见而言，人们可能会赞同男性和女性"虽有差异但彼此平等"。让我们就此来看看研究者如何探讨性别偏见。

性别态度：善意的还是敌意的

根据人们对调查研究者的陈述，针对女性的态度与人们的种族态度一样，变化得非常快。如图22-2所示，与愿意为黑人总统候选人投票的美国人人数一样，愿意为女性总统候选人投票的人数也逐年提升。1967年，56%的美国大学一年级学生赞同"已婚女性的活动最好限定在家庭中"；到2002年，赞同该观点的人只有22%（Astin & others，1987；Sax & others，2002）。此后，这些问题都不值得讨论了，在2008年，保守党人士为了一件他们曾经质疑的事情而欢呼：作为五个孩子的母亲，州长萨拉·佩林，被提名为共和党副总统候选人。

伊格利和她的同事（Eagly & others 1991）、哈多克和赞纳（Haddock & Zanna，1994）也报告说，人们可能会以发自肺腑的负面情绪来对待某些群体，但他们不会这样来对待女性。大部分人更喜欢女性而非男性。他们感觉女性更善解人意、和蔼、乐于助人。因此，一种有利的刻板印象导致了一种有利的态度，伊格利（Eagly，1994）为这种有利的刻板印象起名为"女性优秀效应"（women-are-wonderful effect）。

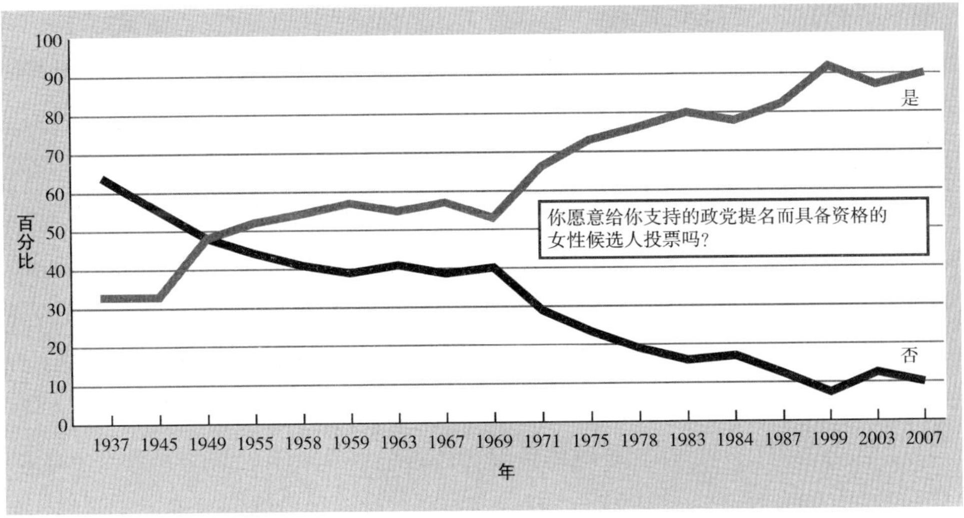

图 22-2
1958~2007 年性别态度的变化。资料来源：Data from Gallup Polls (brain.gallup.com).

不过，性别态度往往是好恶相伴的，这是格利克、菲斯克和他们的同事（Glick, Fiske & others，1996，2007）报告的结论，他们调查了 19 个国家的 15 000 人。他们常常将善意的性别偏见（"女性的道德敏感性更高"）和敌意的性别偏见（"一旦男性作出承诺，那么她就会牢牢束缚他"）混合在一起。

"敌意"性别歧视与"善意"性别歧视之间的差异在于，后者会发展为对他人的偏见。我们把某个群体视为竞争对手或令人喜爱的人，但是通常不会两者兼而有之。这种社会知觉在文化上存在一般性维度——可爱的（温和的）和竞争的——欧洲人常言道"德国人爱意大利人，但并不敬仰他们。意大利人敬仰德国人，但并不爱他们"（Cuddy & Others，2009）。通常，我们尊重那些地位高的竞争对手，喜欢那些能欣然接受地位更低的人。

性别歧视

作为男性也不是万事如意。以女性相比，男性自杀或被谋杀的概率是女性的 3 倍。几乎所有战场上的受害者都是男性，这使他们的平均寿命少了 5 年。大多数精神迟滞或自闭症患者都是男性，接受特殊教育项目的学生亦是如此

（Baumeister，2007；S.Pinker，2008）。

性别偏见在西方国家是否正在迅速消失？女权运动是否已经即将完成其使命？与种族偏见一样，公开的、堂而皇之的性别偏见已然消亡了，但微妙的偏见依然存在。

通过对父母宣布婴儿的性别进行分析就可以看出这样的偏见（Gonzalez & Koestner，2005）。生了男孩的父母比生了女孩的父母在宣布宝宝性别时更骄傲。相反，生了女孩的父母在宣布宝宝性别时比生了男孩的父母更加开心。这似乎表明，父母在宣布性别的时候，对于男孩是从身份角度来描述，而对于女孩则是从关系角度来描述。

在西方国家以外，性别歧视的情况更严重：世界上未上学的儿童当中有 2/3 是女孩（United Nations，1991）。在一些国家，歧视已经慢慢演变成了暴力，甚至一些被强奸的人会被起诉，一些女性被泼煤油，或者受到不满丈夫的家庭暴力（UN，2006）

但是，对女性最大的偏见是发生在产前。就全世界而言，人们倾向于生男孩。1941 年，美国有 38% 的怀孕父母说他们如果只养一个孩子的话，他们喜欢要男孩；24% 的人喜欢要女孩；23% 的人说他们无所谓。到 2003 年，答案几乎没有变化，依然是 38% 的人喜欢要男孩（Lyons，2003；Simmons，2000）。随着人们广泛采用超声技术来检测胎儿的性别，以及越来越多的堕胎可行性，这些偏好正在影响男孩和女孩的比例。2000 年中国人口统计表明，每出生 100 名女婴，就会有 118 名男婴出生，这导致了 4 000 万的男性无法找到伴侣（AP，2007a）。这些历史性的性别不平衡已经产生了社会影响，男性过多（如边境城市、移民聚集区、矿工营地）可以预测出更高的暴力水平和传统性别角色（Guttentag & Secord，1983；Hvistendahl，2008）。这些不平衡也存在于中国台湾地区（119 男孩 /100 女孩）、新加坡（118 男孩 /100 女孩）和印度（120 男孩 /100 女孩）。2001 年印度人口统计报告指出，旁遮普省每出生 100 名新生女婴就会出生 126 名男婴。最终结果就是数以千万计的“失踪女性”。

总的来说，对有色人种和女性的公然偏见已远不如 40 年前那样普遍。对于同性恋者的偏见也同样如此。然而，采用对微妙偏见敏感的测量技术依然能检测到广泛存在的偏见。在世界上的某些地方，性别歧视简直是致命的。因此，我们必须仔细而深入地考察偏见的社会、情感和认知根源。

模　块

23

偏见之源

偏见起源于多种根源。它的产生可能源于社会地位的差异，人们想证明这些差异是正当的，并且愿意维持这些差异。偏见也可能是我们从小习得的，我们在社会化的过程中了解了人与人之间的重要差异。最后，我们的社会制度可能起到了维持和支持偏见的作用。先考虑偏见是如何发挥作用来保护自尊和社会地位的。

偏见的社会根源

不平等的地位

记住一条原则：不平等的社会地位滋生了偏见。主人视奴隶为懒惰的、不负责任的、缺乏抱负的，正因为他们拥有这些特点，所以他们适合被奴役。历史学家在争论到底是什么力量造成了不平等的社会地位。不过，一旦这些不平等业已存在，偏见就在促使那些有钱有势的人在经济和社会方面的特权合理化。告诉我两个群体之间的经济关系，我便可以预测群体之间的态度。

历史上这样的例子比比皆是。在实行过奴隶制的地区中偏见还最为严重。19

世纪的欧洲政治家和作家们通过把被剥削的殖民地人民描述成“劣等的”、“需要保护的”、是一种需要承受的“负担”，从而证明帝国扩张是正当的（G. W. Allport，1958，pp.204–205）。40 年前，社会学家海伦·迈耶·哈克（Hacker，1951）指出了有关黑人和女性的刻板印象如何促进其社会地位低等的合理化：许多人认为这两个群体智力低下、情绪化、未开化，对他们从属的角色“心安理得”。黑人是“劣等的”，女性则是“软弱的”。黑人的处境正恰如其分；女性的位置则是在家中。

里尔萨·韦西欧和他的同事（Vescio & others，2005）探索了上述现象的原因。他们发现，那些有权力的男性刻板地认为他们的女性下属给予了他们许多赞赏，但资源相对较少，因而损害了她们的工作绩效。这种良好的自我感觉使男性维持他们的权力地位。这种对女性看似善意的歧视（暗示女性是弱者，并且需要帮助）也存在于实验室的情境中，通过灌输一些侵入性想法，如自我怀疑、成见、自尊降低，使得女性的认知表现变差了（Dardenne & others，2007）。

社会化

偏见起源于不平等的社会经济地位以及其他社会原因，包括我们习得的价值观和态度。家庭社会化对儿童偏见有影响，这往往与母亲对他们的教育有关（Castelli & others，2007）。甚至儿童的内隐种族态度反映的是父母外显的偏见（Sinclair & others，2004）。我们的家庭和文化向我们传递着各种信息——如何交朋友，如何开车，如何分配家务劳动，以及谁不受信任和不招人待见。

权威人格

20 世纪 40 年代，美国加州伯克利大学的研究者——其中有两位是从纳粹德国逃离出来的——设立了一个紧迫的研究任务：揭示反犹主义的心理根源。反犹主义影响之恶劣，导致数百万犹太人被屠杀，而且让那么多欧洲人成为冷漠的旁观者。在研究美国成人的时候，西奥多·阿多纳（Adorno & others，1950）发现，敌视犹太人的人，往往也同时敌视其他少数民族。偏见似乎不只是具体针对某一群体的态度，而是如何对待与自己不同的人的一种思维方式。不仅如此，这些自以为是的**种族中心主义**（ethnocentric）者普遍拥有权威人格的倾向——不能容忍软弱，具有惩罚性的态度以及服从群体内部的权威。这些权威人格倾向，反映在他们赞同诸如“服从和尊敬权威是孩子们应该学习的最重要的品质”之类的陈述上。通过这些结果，阿多纳和他的同事（Adorno & others，1950）认为具有权威人格的个体特别容易出现偏见和刻板印象。

权威人格的人，在孩提时代往往经历过苛刻的管束。这可能导致他们压抑了自己的敌意和冲动，并将这些敌意和冲动“投射”到了外群体身上。权威人格儿童的不安全感，似乎使他们倾向于特别关注权力和地位，容易形成非对即错的僵硬思维方式，难以忍受模糊性。因此，这类人就倾向于服从那些权力比自己大的人，攻击或者惩罚那些地位在自己之下的人。

一些学者对该研究持批评态度，因为该研究只关注右翼权威主义（一种在政治上以保守形式出现的权威主义——译者注），忽略左翼的教条权威主义（激进形式的权威主义——译者注）。尽管如此，该研究的主要结论依然成立：权威主义倾向，有时候在种族紧张局势中有所反映，在经济衰退、社会巨变、日子变得艰难的时候，权威主义倾向也会急剧高涨（Doty & others，1991；Sales，1973）。并且，不同形式的偏见——对黑人、男同性恋者和女同性恋者、女性、老人、肥胖者、艾滋病患者、无家可归者——的确可能同时存在于同一个人身上（Zick & others，2008）。

宗教与偏见

那些得益于社会不平等的人，在声称“人生而平等”的同时，还需要为让各种事情维持现状而寻求合理化的辩解。除了相信是上帝规定了现存的社会秩序，还有什么比这更有力量的理由？威廉·詹姆士指出，对所有的残酷劣行而言，“表面的幌子都是秉承上帝的旨意”（1902，p.264）。

几乎每一个国家的领导者，都利用宗教来使当前的秩序神圣化。利用宗教来维护不公正，这有助于解释有关基督教这一北美主要宗教的两个相互印证的发现：（1）教会成员比其他人表现出更明显的种族偏见；（2）同那些表示自己的传统信仰不那么明显的人相比，那些表示信奉传统或正统基督教的人表现出更多的偏见（Altemeyer & Hunsberger，1992；Batson & others，1993；Woodberry & Smith，

1998)。这让我们好奇：到底是信奉宗教导致了偏见，还是偏见诱发人们去信奉宗教？抑或者是某种潜在的因素，如缺乏教育，导致了这两种结果？

如果的确是宗教信仰导致偏见，那么越虔诚的教会成员偏见就越深。但另外三个研究一致表明事实并非如此。

- 在教会成员中，同偶尔去教堂的人相比，虔诚的信徒在 26 次对比中有 24 次显示出较少的偏见（Batson & Ventis，1982）。
- 奥尔波特和罗斯（Allport & Ross，1967）发现，相对那些将宗教视为实现其他目的的手段的人而言（他们会认同这样的陈述："我对宗教感兴趣，主要是因为做礼拜是件令人愉悦的社会活动"），那些以宗教本身为目的的人（例如，他们会认同这种陈述："我的宗教信仰真的是我为什么这么生活的理由"）表现出较少的偏见。而且，在盖洛普的"宗教承诺"指数中得分高的人，更欢迎其他种族的人做邻居（Gallup & Jones，1992）。
- 新教牧师和罗马天主教牧师比普通人更支持民权运动。1934 年，德国 45% 的神职人员与组织起来反对纳粹统治的认信教会结盟（Reed，1989）。

那么，宗教和偏见之间究竟是什么关系？答案取决于我们如何提问。如果我们将宗教虔诚定义为教会成员或至少在表面上认同传统信仰的意愿，那么越虔诚的人就怀有越多的种族偏见。顽固分子往往借助宗教使其固执合理化。可是，如果我们以其他几种方式来评价宗教虔诚的程度，那么越虔诚的人则持有越少的偏见——因此，现代民权运动具有宗教的根基，该运动的领导者当中有许多基督教牧师和基督教新教牧师。正如戈登·奥尔波特所总结的那样："宗教的作用显得自相矛盾。它制造偏见，同时又消除偏见"（Allport，1958，p.413）。乔纳森·斯威夫特在他 1976 年的著作《对各种主题的思考》中阐述了同样的思想："让我们相互仇恨的宗教有很多，但让我们彼此相爱的宗教却不错。"

从 众

偏见一旦形成，它在很大程度上就会由于惯性而持久存在。如果偏见被社会所接受，那么许多人将会遵循阻力较小的通道，顺从这种潮流。他们的行为可能是因为憎恨的需要而产生，但更可能是因为被人喜欢和接受的需要而产生。因此，当人们知道别人也是如此之后，会变得更容易赞成（或反对）歧视，比如，当他们听到性别歧视的笑话后，对女性的支持就会减少（Ford & others，2008；Zitek & Hebl，2007）。

托马斯·佩蒂格鲁（Pettigraw，1958）对南非和美国南部的白人的研究揭示了在 20 世纪 50 年代，那些最遵从其他社会规范的人同时也是最具有偏见的人；那些不怎么遵从的人则不大有人云亦云的偏见。对于阿肯色州小石城的牧师来说，不从众的代价显然是痛苦的，1954 年美国最高法院关于在学校解除种族隔离的决议就是在那里执行的。大多数牧师愿意融合，但通常只是私底下这么说；他们害怕公开宣称会使他们失去教会成员和捐助者（Campbell & Pettigrew，1959）。

从众同样也维持着性别偏见。“如果我们来思考一下托儿所和厨房为什么是女性的天然活动范围”，萧伯纳在 1891 年的一篇文章中写道：“我们的所作所为与英国孩子思考笼子为什么是鹦鹉的天然活动范围是完全一样的，因为他们在其他地方从未看到过鹦鹉。”那些在其他地方见过女性的孩子——职业女性的孩子——对男性和女性看法的刻板化程度相对要低一些（Hoffman，1977）。

在所有这些观点中，尚有一线希望。如果偏见并非植根于人格，那么随着潮流的改变和新规范的演进，偏见便可能消除。事实上，它的确在变化。

偏见的动机根源

偏见可能由于社会情境而滋生，但偏见中的敌意以及希望没有偏见的愿望背后都有动机方面的原因。挫折感可以激发偏见，如同想看到自己的群体高人一等的意愿一样。但有些时候，人们也希望避免偏见。

挫折与攻击：替罪羊理论

痛苦和挫折（目标受阻）常常引起敌意。当我们遭遇挫折的原因令人胆怯或者尚未可知的时候，我们往往会转移我们的敌对方向，这种“替代性攻击”现象，也许助长了（美国）内战之后南方地区对美国黑人滥施私刑的行为。1882~1930

年之间，当棉花价格下跌、经济受挫的时候，滥用私刑的情况可能就更加严重（Hepworth & West，1988；Hovland & Sears，1940）。近几十年来，仇视性犯罪似乎并不随着失业率的波动而波动，但是，当生活水平不断提高的时候，社会民众就对（民族）多样性和反歧视法案持更开放的态度（Frank，1999）。繁荣时期，民族和睦更容易维护。

这种替代性攻击的目标是变化不定的。德国在第一次世界大战战败之后又出现经济混乱，许多德国人都把犹太人看成是罪魁祸首。早在希特勒掌权之前，德国一位领导人就阐述道："犹太人只不过是替罪羊……如果没有犹太人，反犹太分子也会创造出犹太人来"（转引自 G.W.Allport，1958，p.325）。在几世纪以前，人们曾经把他们的恐惧和敌意发泄到女巫身上，女巫有时在公共场合被烧死或溺死。在当代，"9·11"事件以后，那些对移民和中东人表现出更多不宽容态度的美国人，会感到更多的愤怒而不是恐惧（Skitka & others，2004）。愤怒激起了偏见。

竞争是挫折的来源之一。当两个群体为工作、住房或社会声望而竞争的时候，一个群体实现了目标，这将成为另一个群体的挫折。因此，**现实群体冲突理论**（realistic group conflict theory）认为，一旦群体为稀缺资源而竞争，就会出现偏见（Maddux & others，2008；Riek & others，2006；Sassenberg & others，2007）。高斯定律（Gause's law）就是一个与此有关的生态学原则，它认为有同样需求的物种之间的竞争是最激烈的。

例如，西欧有些人赞成这种说法，"过去 5 年当中，像你这样的人经济状况比大多数（该国某个少数民族）人都差。"这些饱受挫折的人公然表现出相对较高的偏见（Pettigrew & Meertens，1995；Pettigrew & others，2008）。自 1975 年开始，加拿大人对移民的抵触随失业率而上下波动（Palmer，1996）。在美国，敌视黑人的偏见在那些社会经济地位与黑人最为接近的白人身上表现得最为强烈（AP/Ipsos，2006；Pew，2006）。同样，对黑人偏见最强的白人往往来自最接近黑人的社会经济阶层（Greeley & Sheatsley，1971；Pettigrew，1978；Tumin，1958）。当利益发生冲突时，偏见——对某些人来说——就成为报复的手段。

社会同一性理论：感觉自己比他人优越

人是群居性动物。我们的祖先教会了我们如何满足和保护我们自己在群体中生存。人类为其所在的群体而欢呼，为之而杀戮，为之而献身。澳大利亚社会心理学家约翰·特纳（Turner，1981，2001，2004）和米歇尔·霍格（Hogg，1992，2006，2008）以及他们的同事注意到，我们还很自然地以我们的群体来描述自己。自我概念——我们感觉自己是谁——所包含的不仅仅是个人同一性（我们对自己的个人特性和态度的感受），而且还是一种**社会同一性**（social identity）。菲奥娜把自己看成一位女性，一名澳洲人，一名工党党员，一名新南威尔士大学的学生，一名麦克唐纳家族的成员。我们肩负如此多的社会身份，如同玩纸牌，在最恰当的时候打出各张牌。大多数美国学生都把自己视为"美国人"，他们对穆斯林表现出更高的愤怒或者不尊重。当启动他们作为"学生"的身份时，他们相反对警察表现出更高的愤怒（Ray & others，2008）。

在与英国已故社会心理学家亨利·托什菲尔一起工作时，特纳提出了社会同一性理论。特纳与托什菲尔观察到以下现象：

- 我们归类：我们发现将人，包括我们自己，归入各种类别是很有用的。在表述某人的其他事情的时候，给这个人贴上印度人、苏格兰人或公共汽车司机的标签，不失为一种简单有效的方法。
- 我们认同：我们将自己与特定的群体［我们的**内群体**（ingroup）］联系起来，并以此获得自尊。
- 我们比较：我们将自己的群体与其他群体［**外群体**（outgroup）］进行比较，并且偏爱自己的群体。

我们在评价自己的时候，会部分地依据自己的群体成员身份。拥有一种"我们"的感觉能增强我们的自我概念。这种"感觉"好极了。我们不仅在群体中为我们自己寻求尊重，还在群体中寻求自豪感（Smith & Tyler，1997）。而且，认为我们的群体比较优秀，有助于让我们感觉更好。这就像我们都想过的，"我是一名 X（你的群体）。X 很优秀，所以，我也很优秀。"

如果缺乏积极的个人同一性，人们往往会通过认同某一群体来获得自尊。因此，很多年轻人通过加入帮派来寻找自豪感、权力、安全感和同一性；当人们的个人同一性和社会同一性融合到一起——自我与群体的边界变得模糊时——他们会更加愿意为组织而战，甚至为组织牺牲（Swann & others，2009）。许多极端的爱国者以他们的国籍来描述自己（Staub，1997，2005）。很多迷茫的人投身于新

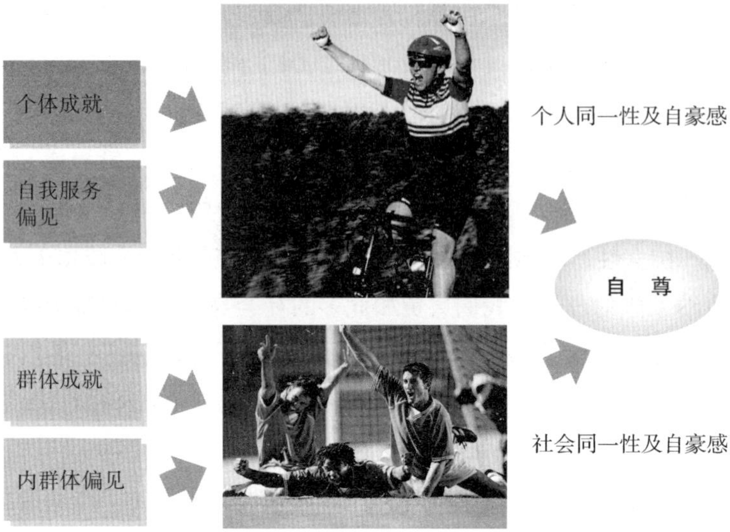

图 23–1
个人同一性与社会同一性共同培育自尊。

的宗教运动、自助群体或兄弟会后，在其活动中找到同一性（图 23–1）。

内群体偏见

以群体方式来描述你是谁——如你的种族、宗教、性别、所学专业——意味着描述你不是谁。包含“我们”（内群体）的圈子，自然就排除了“他们”（外群体）。在荷兰的土耳其族人越是认为自己是土耳其人或是穆斯林，他就越不会把自己视为荷兰人（Verkuyten & Yildiz，2007）。

因此，仅仅是感觉到被归入某一群体，也可能增加**内群体偏见**（ingroup bias）。如果问孩子们：“你们学校的学生和他们（附近另一所学校的学生）比起来，哪里的学生更优秀？”基本上所有的孩子都会说自己学校的学生更优秀。

对成年人来说也同样如此，离家越近看上去就越好。超过 80% 的白人和黑人都认为他们邻里之间的种族关系总体良好；但只有不到 60% 的人认为整个国家的种族关系总体良好（Sack & Elder，2000）。在实验情境中，仅仅与某个人同一天生日就能建立足够强大的联系，以激发密切的合作（Miller & others，1998）。

内群体偏见提供积极自我概念　内群体偏见是人们寻求积极自我概念的又一个例证。当我们的群体已经获得成功时，通过强烈地认同于该群体，我们也可以使自己感觉更好。当大学生在他们的橄榄球队获胜之后被人询问时，他们通常回答“我们赢了”。当他们的球队输了以后被人问及时，他们更可能说“他们输了”。对于那些刚刚经历突如其来的自我打击的个体，比如了解到他们在“创造力测验”中表现很差，内群体成员的成功所折射的光辉最让他们洋洋自得（Cialdini & others，1976）。一位朋友的成就所折射出的光辉同样让我们洋洋得意——除非该朋友在某些与我们的自我同一性相关的事情上胜过我们（Tesser & others，1988）。如果你认为自己是一个杰出的心理学学生，你可能更喜欢你的一位朋友在数学上更杰出。

内群体偏见滋生偏袒　我们的群体意识是如此之强烈，以至于只要有理由认为我们是一个群体，我们就会这么做，随后就会表现出内群体偏见。即使是毫无逻辑依据而形成的群体——比如，通过投掷硬币来组建 X 组和 Y 组——也会产生某种内群体偏见（Billig & Tajfel，1973；Brewer & Silver，1978；Locksley & others，1980）。在库尔特·冯内古特的小说《打闹剧》当中，电脑给每个人名和姓之间取了一个中间名字；于是，所有中间名字为“Daffodil-11s”的人，感到他们彼此之间团结一致，疏远那些中间名字为“Raspberry-13s”的人。自我服务偏见（第 2 章）再次出现，使得人们获得更积极的社会同一性：“我们”比“他们”好，即使“我们”和“他们”是随机界定的！

托什菲尔和比利希（Tajfel & Billig，1974；Tajfel，1970，1981，1982）经过一系列的实验发现，只需一些十分细微的线索，就能激发出人们对自己的偏袒和对他人的不公。在一项实验中，托什菲尔和比利希让英国的青少年评价现代抽象派绘画，然后告诉他们，他们以及其他一些人更欣赏保罗·克利的画，而不太喜欢瓦西里·康定斯基的画。最后，甚至在从没有见到群体其他成员的情况下，这些青少年就开始在群体内的成员之间分钱了。这个实验以及其他一些实验以如此微不足道的方式来定义群体，但也产生了内群体偏袒。怀尔德总结了典型的结果：“当获得机会来分配 15 分的分值（相当于钱）时，被试一般都给自己的群体 9~10 分，其他群体 5~6 分。”

当我们的群体相对于外群体而言规模较小、社会经济地位较低的时候，我们就更容易表现出内群体偏见（Ellemers & others，1997；Mullen & others，1992）。当我们属于一个较小的群体，被一个较大的群体包围时，我们同样也会意识到我们的群体成员属性；当我们的内群体占多数时，我们倒不怎么容易想到它。在一些社交聚会当中，作为外国留学生、男同性恋或者女同性恋者、少数种族或弱势性别的一员，人们能更敏锐地感受到自己的社会同一性，并且做出相应的反应。

社会地位、自我关注和归属的需要

社会地位是相对的：要感觉自己有地位，就需要有人不如我们。因此，从偏见或任何地位等级系统中可以获得的一种心理优势就是高人一等的感觉。大多数人都能回想起自己曾经因为别人的失败而窃喜的情景，比如看见兄弟或姐妹被惩罚,或者同学考试不及格等。在欧洲和北美,社会经济地位低下或正在下滑的群体，以及那些积极的自我形象受到威胁的群体，偏见往往更为强烈（Lemyre & Smith，1985；Pettigrew & others，1997；Thompson & Crocker，1985）。在一项研究中，同社会地位较高的女生联谊会成员相比，社会地位较低的女生联谊会成员更容易贬低其他的女生联谊会（Crocker & others，1987）。也许那些有着稳定社会地位的人对于优越感的需要相对弱一些。

一次又一次的研究表明，考虑一下自己的死亡问题，比如写一篇短文谈谈死亡以及因想到死亡而引发的情绪，也会引发人们足够的不安全感，并会进一步强化内群体偏好和外群体偏见（Greenberg & others，1990，1994；Harmon-Jones & others，1996；Schimel & others，1999；Solomon & others，2000）。一项研究发现，在白人中，想到死亡甚至会使他们更青睐那些鼓吹自己群体优越性的种族主义分子（Greenberg & others，2001，2008）。心中想到死亡的时候，人们就会采用**恐惧管理**（terror management）策略，即蔑视那些不断挑战他们的世界观、使他们感到更焦虑的人。当人们已经感觉到他们有可能死亡，偏见有助于支撑一个受到威胁的信念系统。不过，有关死亡的消息并非一无是处，想到死亡，也能导致人们努力追求公共的情感，如团结精神和利他主义（McGregor & others，2001）。

让人们想起死亡同样能够影响重要公共政策的支持度。在 2004 年的总统选举之前，给予人们与死亡相关的线索——包括让他们回忆与“9・11”袭击有关的情绪体验，或者只是向他们展示与“9・11”有关的图片——人们对小布什总统及其反恐政治主张的支持度得到了显著提高（Landau & others, 2004）。而在伊拉克，死亡的提示也使得大学生群体中支持通过自杀式袭击的方式反对美国的人数增加（Pyszczynski & others，2006）。

蔑视外群体还可以满足另一种需要：对一个内群体的归属需要。正如我们将在模块 29 中进一步考察的，知觉到共同的敌人会使一个群体团结起来。只有在与主要竞争对手较量的时候，派别精神才会变得少有的强烈。当员工都感到与管理层对立的时候，员工之间的同事情谊往往最浓。为了巩固纳粹对德国的统治，希特勒利用了“犹太威胁论”。

偏见的认知根源

大量有关刻板印象的研究文献（见图 23–2）促进了这一新视角的发展，它应用最新的研究成果来探讨社会思维。这种视角的基本观点是：刻板信念和偏见态度的存在，不仅仅是因为社会的条件作用，以及因为这些条件作用能让人们发泄

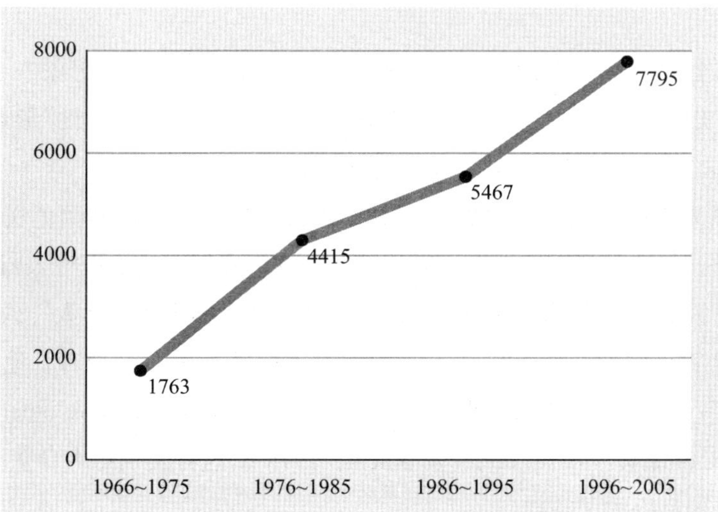

图 23–2

研究“刻板印象”（或其他同义词）的心理学文献每十年的增长数量。

资料来源：PsycINFO.

敌意，还因为它们是正常思维过程的副产品。许多刻板印象，与其说源于内心深处的怨恨，还不如说产生于心理活动机制。错觉是我们解释世界过程的副产品，与此类似，刻板印象也是我们简化复杂世界的心理机制的副产品。

类别化：将人归入不同群体

我们简化世界的方法之一就是*归类*——通过把客体归入不同的类别来组织世界（Macrae & Bodenhausen，2000，2001）。生物学家区分出植物和动物。一个人也会将人进行归类。这样做了之后，我们思考这些事物的时候就会更轻松。如果一个群体内部的人具有一些相似性：如“门萨”（MENSA，世界顶级智商俱乐部——译者注）成员大都很聪明，篮球运动员大都很高，那么我们了解一个人的群体成员身份，就可以不费吹灰之力获得很多有用的信息。刻板印象有时能提供“获得信息与付出努力二者间的一个较好收益率”（Sherman & others，1998）。刻板印象代表着认知效率，这是快速做出判断和预测他人如何思考和行事的简便方法。

自发类别化

种族和性别，是当今世界最有效的对人进行分类的方式。想象一下，汤姆，45 岁，非裔美国人，新奥尔良房地产代理商。我可以推测，“黑人男性”形象远比“中年人”“商人”和“美国南方人”等类别要突出。

实验结果表明，我们会根据种族对人进行自发归类。正如颜色实际上是一个连续光谱，但我们把它知觉为不同的颜色一样，我们无法抗拒将人归入不同群体的倾向。人们的祖先千差万别，我们简单地将他们标定为“黑人”或“白人”，就好像这些类别黑白分明一样。当人们观看不同的人发表言论时，他们常常不记得谁说了什么，但是他们记得每个发言者的种族（Hewstone & others，1991；Stroessner & others，1990；Taylor & others，1978）。这种类别化本身并不是偏见，但它的确为偏见提供了基础。

知觉到的相似性和差异性

请画出以下物品：苹果、椅子和铅笔。

让一个群体中的物品看上去比实际上的更为一致，这种强烈倾向普遍存在。你看到的苹果都是红的吗？你的椅子都是直背的吗？你的铅笔都是黄色的吗？一旦我们把两个日子归在同一月份，那么与跨月份但间隔相同的两个日子相比，它们看起来就更相像，气温更接近。比如说，人们来猜测 8 天平均气温的差别，11 月 15 日至 23 日之间的气温差异比 11 月 30 日至 12 月 8 日之间的气温差异要小（Krueger & Clement，1994）。

对人也一样。一旦我们把人分成群体——运动员、戏剧专业学生、数学教授——我们就有可能夸大群体内部的相似性和群体之间的差异性（S.E. Taylor，1981；Wilder，1978）。仅仅区分出群组，就能造成**“外群体同质效应”**（outgroup homogeneity effect），即认为他们都是“相似的”，不同于“我们”和“我们的”群体（Ostrom & Sedikides，1992）。因为我们一般都喜欢那些我们觉得与自己相似的人，不喜欢那些我们认为与自己不一样的人，所以，内群体偏好是一个很自然的结果（Byrne & Wong，1962；Rokeach & Mezei，1966；Stein & others，1965）。

当面对我们自己的群体时，我们更容易看到多样性：

- 欧洲以外的很多人将瑞士人看成非常相似的人。但对瑞士人来说，瑞士人是多种多样的，包括讲法语、德语和意大利语的群体。
- 许多盎格鲁血统的美国人把“拉丁美洲人”混为一谈。墨西哥裔美国人、古巴裔美国人和波多黎各美国人则能看出重要的差别（Huddy & Virtanen，1995）。
- 女生联谊会成员容易把她们自己的成员看成大杂烩，而认为其他联谊会的成员则大同小异（Park & Rothbart，1982）。

也许你已经注意到：他们——你自己的种族群体以外的其他任何种族的成员——甚至看起来都很相似。我们中的许多人都有令我们尴尬不已的记忆：将另一个种族的两个人混淆为一个人，结果被我们叫错名字的人提醒说：“你以为我们所有人看起来都一样”。美国学者布里格姆、钱斯、戈尔茨坦和马尔帕斯，苏格兰

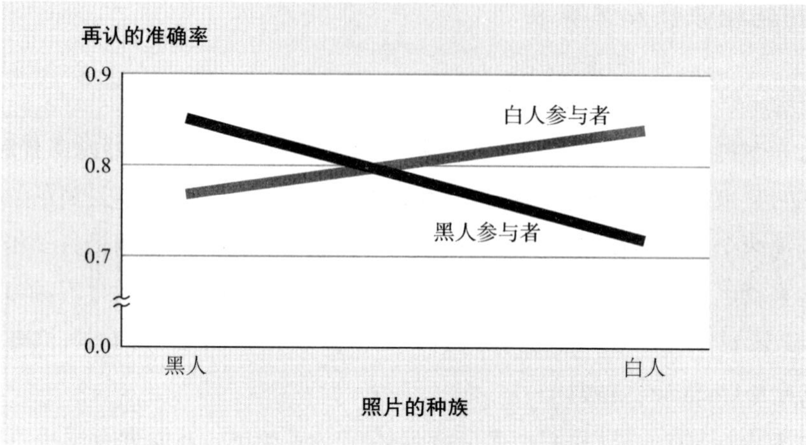

图 23-3
本族偏差。白人被试能更准确地再认白人的面孔而非黑人面孔；黑人被试能更准确地再认黑人的面孔而非白人面孔。资料来源：From P. G. Devine & R. S. Malpass, 1985.

学者埃利斯通过实验发现，与我们自己种族的人相比，其他种族的人的确看起来更为相像（Chance & Goldstein，1981，1996；Ellis，1981；Meissner & Brigham，2001）。他们向白人大学生显示几张白人和黑人的面孔，然后要求他们从一排照片当中挑选出这些曾看过的面孔，结果显示出**本族偏差**（own-race bias）的存在：白人大学生能更准确地再认白人面孔而非黑人面孔，他们常常错误地选择一些从没有看过的黑人面孔。

如图 23-3 所示，与识别白人面孔的情况相比，黑人更容易辨别其他黑人的面孔。美籍西班牙人更容易识别几个小时前见过的其他美籍西班牙人，不容易辨别同样在此之前见过的盎格鲁人（Platz & Hosch，1988）。同样，英国的南亚裔人士比英国白人能更快地识别出南亚人的面孔（Walker & Hewstone，2008）。10~15 岁的土耳其儿童会比奥地利儿童更快地识别出土耳其人的面孔（Sporer & others，2007）。即便是 9 个月大的婴儿也表现出对本种族面孔更好的识别能力（Kelly & others，2005，2007）。

实验室以外的情况也同样如此。例如，丹尼尔·赖特及其同事（Wright，2001）发现，先让一名黑人研究者或者白人研究者在南非和英国的购物中心接近黑人或者白人，随后要求这些被试从一队人中辨认出实验者，结果表明人们能更好地识别出与他们同一种族的人。后续研究也揭示了“同龄偏差”：人们能够更准确地识别与其年龄相似的个体（Wright & Stroud，2002）。这并不是说我们不能感知其他种族面孔之间的差异。实际上当我们看到另一个种族群体的面孔时，我们首先注意到的是种族（“这个人是黑人”），而不是个人特征。当观看我们自己种族的面孔时，我们相对较少去考虑其种族，而是更多地关注于个人的细节（Bernstein & others，2007；Hugenberg & others，2007；Shriver & others，2008）。

独特性：感知那些突出的人

我们感知世界的其他方式也会导致刻板印象的产生。独特的人、生动或者极端的事件往往能吸引我们的注意力并歪曲我们的判断。

独特的人

你有没有发现自己曾经经历过这样的情形：你周围与你相同性别、种族或国籍的人只有你自己？如果这样，那么你的与众不同可能会使你更引人注目，成为人们关注的焦点。一位身处白人群体之中的黑人，一位身处女性群体中的男士，或者是一位身处男性群体之中的女士，都会显得比较突出、有影响力，这个人的优点或缺点都会被夸大（Crocker & McGraw，1984；S. E. Taylor & others，1979）。当群体中的某个人变得显而易见（显著）时，我们倾向于认为发生的所有事情都是这个人引起的（Taylor & Fiske，1978）。假如我们把目光定位在乔身上，那么尽管他只是一名普通的群体成员，但乔看上去对群体具有超乎寻常的影响力。吸引我们注意的人，似乎对所发生的一切承担更大的责任。

你是否注意到，人们也是用你最独特的特质和行为来描述你。洛丽·纳尔逊和戴尔·米勒（Nelson & Miller，1995）报告说，如果向人们介绍某人既是跳伞运动员又是网球运动员，那么他们会想起来他是一名跳伞运动员。当要求为这个人挑选一本礼品书的时候，人们会挑选跳伞书籍而不是网球书籍。一位既养宠物蛇又养宠物狗的人，看上去更像是养蛇而不是养狗的人。

人们同样也关注那些违背期望的人（Bettencourt & others，1997）。“意料之外的智慧更为夺目，就像冬天盛开的花朵，”斯蒂芬·卡特说出了自己作为一名非裔美国知识分子的体会。这种知觉到的独特性使得来自社会底层但很有才能的求职者更容易脱颖而出，尽管他们也必须努力工作以证实自己的真才实学（Biernat & Kobrynowicz，1997）。

埃伦·兰格和洛伊丝·英伯（Langer & Imber，1980）非常巧妙地证明了人们如何关注那些与众不同的人。他们让哈佛的大学生观看一位男士阅读的录像。当引导大学生认识到这个人非同寻常——癌症患者、同性恋者或百万富翁时，大学生表现出了更多的关注。他们发现了其他观察者所忽略的一些特征，他们对这个人的评价也比较极端。与其他观众相比，那些认为自己正在面对一名癌症患者的大学生注意到了对方与众不同的面部特征和躯体活动，因此更倾向于认为这个人大大“不同于大多数人”。我们对与众不同者的极度关注制造了一种错觉，使得这些人比实际上更显得与众不同。如果人们认为你拥有天才般的智商，那他们就会留意到许多你身上那些平常被人忽略的东西。

独特性形成自我意识 当周围都是白人的时候，黑人有时能觉察到人们针对他们的独特之处所做出的反应。许多人说到自己被目不转睛地盯着或者被人怒目而视，遭遇的评论不顾及他人感受，或者受到的服务很差（Swim & others，1998）。有时我们会错误地认为他人的反应是针对我们的独特性的。在达特茅斯学院，罗伯特·克莱克和安杰洛·施特塔（Kleck & Strenta，1980）发现了这一现象。他们让女大学生觉得自己变丑了。女生们以为这个实验的目的是要评估某些人对她们面部通过夸张的化妆制造出来的疤痕会如何反应。疤痕在右侧脸颊，从耳朵一直到嘴。事实上，实验的目的是要看这些女生在感到自己的怪模怪样之后，会如何看待他人针对自己所做出的行为。化妆之后，实验者会给每位女生一面小镜子，让她们看到脸上逼真的疤痕。女生放下手中的镜子之后，实验者就使用一些“保湿霜”，以“避免疤痕出现裂纹”。事实上，“保湿霜”的作用是除去疤痕。

接下去的场景是令人痛苦的。一位年轻女性因为担心自己本已丑化的脸庞而自我感觉糟糕透顶，她与另一位女士交谈，后者其实根本看不到这种丑态，对此前发生的一切一无所知。如果你的自我意识也曾有过类似的感受——也许是某种生理残疾、粉刺，甚至是某日的发型很糟糕——那么也许你就能理解那些女生此时此刻的自我感受了。与那些被告知她们的谈话对象只是认为她们有些过敏的女生相比，那些“被丑化”的女生对同伴观看自己的方式变得十分敏感。她们将谈话伙伴评价为紧张、冷漠、傲慢。事实上，事后观看录像带的观察者分析了谈话伙伴如何对待“被丑化”的人，结果发现并不存在这种对待上的差别。“被丑化”的女性自我感觉变得不一样了，进而曲解了他人的行为方式和评价，而在其他情形下她们并不会注意到这类误解。

即使双方都是善意的，一个强势的人和一个弱势的人之间自我意识的相互作用仍会令人感到紧张（Devine & others，1996）。汤姆是个公开的同性恋者，他遇到异性恋的比尔。宽容的比尔希望自己的反应不带任何偏见，但比尔对自己不是很有把握，他略微犹豫了一下。然而，汤姆预期大多数人会持有负面态度，他把比尔的犹豫错误地理解为是一种敌意，他的回应似乎有点儿怀恨在心。

生动的案例

我们的内心也利用一些独特的案例来作为判断群体的一条捷径。黑人是优秀的运动员吗？“嗯，看看威廉姆斯姐妹和奥尼尔，是的，我想是这么回事儿。”注意这里所采用的思维过程：针对特定的某一社会群体，已知有限的经验，我们回忆案例，并由此概括出结论（Sherman，1996）。不仅如此，遇到负面刻板印象的典型例子时（比如说，遇到一位有敌意的黑人），这种刻板印象就会被启动，导致我们尽可能地减少与该群体的接触（Hendersen-King & Nisbett，1996）。

根据个别案例来概括会引起一些问题。尽管生动的例子更容易出现在回忆之中，但它们很难代表更大的群体。杰出的运动员虽然鹤立鸡群、令人难忘，但对于判断整个群体的运动天赋情况并不是最好的依据。

少数群体的个体越独特，多数群体就会越高估这一群体的人数。你们国家的人口中有多少是穆斯林？那些非穆斯林国家的人们通常会过高估计这一比例。[在美国，皮尤研究中心（Pew Research Center，2007a）的报告说美国 0.6% 的人口是穆斯林。]

2002 年的盖洛普民意调查发现，普通的美国人认为 21% 的男性和 22% 的女性是同性恋（Robinson，2002），而重复调查表明，同性性取向的男性约为 3%~4%，女性约为 1%~2%（National Center for Health Statistics，1991；Smith，1998，Tarmann，2002）。

独特事件

刻板印象假定在群体成员身份和个人特征之间存在某种相关性（“意大利人多愁善感”，“犹太人精明能干”，“会计师吹毛求疵”）。即使在最理想的情况下，我们对非同寻常的事情的格外关注也会产生出一些虚假相关。因为我们对独特事件比较敏感，所以当两件这样的事情同时发生时就特别引人注意——比非同寻常的事情单独发生更加惹人注目。

戴维·汉密尔顿和罗伯特·吉福德（Hamilton & Gifford，1976）在一个经典实验中证实了虚假相关的存在。他们给大学生呈现上面有许多人的幻灯片，这些人要么属于“A 组”，要么属于“B 组”，并且告诉他们两组的成员做了一些好事或坏事。例如，“约翰，A 组成员，他探望了一位生病住院的朋友”。对 A 组成员的描述比 B 组多一倍，但两组中好事和坏事的比例都是 4:9。因为 B 组和坏事出现的频率都相对较低，所以当它们共同出现时——如艾伦，B 组成员，他把停在路边的小汽车的挡泥板撞瘪了，但没有留下自己的名字——就成为了一个非同寻常的组合而抓住了人们的注意力。因此，参加实验的大学生们就会高估“少数派”群体（B 组）行为不当的频率，并且对 B 组的评价相对比较苛刻。

请记住，B 组人做坏事的比率与 A 组实际上是完全一样的。而且，这些大学生对 B 组成员并没有预先存在的偏好或对立的偏见，与任何日常生活体验相比，他们在实验中接受的信息相对而言更加系统。尽管研究者还在争论这种现象的原因，但他们一致认为确实出现了虚假相关，并且为种族刻板印象的形成提供了又一个来源（Berndsen & others，2002）。因此，最能将少数群体从多数群体中区分出来的特质往往是与少数群体相关联的（Sherman & others，2009）。你的种族或者所在的社会群体与其他群体可能在大部分方面都很相似，但是人们一般都是注意不同之处。

在实验中，即使非典型群体中的某个人只做出一次不常见的行为，便可以在人们的脑海里形成虚假相关（Risen & others，2007）。大众媒体反映并助长了这种现象。当一个自称是同性恋的人谋杀某人或者对其实施性虐待，人们往往会提到同性恋这一点。如果某个异性恋的人做了同样的事情，他的性取向却很少会被提及。同样道理，当有精神病史的马克·查普曼和约翰·辛克利分别射杀约翰·列侬和里根总统之后，杀手的精神病史主导了人们的注意力。杀手和因精神病住院，两者都是相对少见的，二者结合在一起就特别具有新闻价值。这样的报道加深了人们的错觉，让人们误以为（1）暴力倾向和（2）同性恋两者之间有很大关系。

归因：这是一个公正的世界吗

在解释别人的行为时，我们常常犯基本归因错误：我们总是热衷于将人们的行为归结于他们的内在倾向，而忽视那些重要的情境力量。之所以犯这类错误，部分原因在于我们关注的焦点在人而不是情境。一个人的种族或性别总是鲜明而引人注意的，而作用于这个人的情境力量通常却不那么显而易见。我们常常忽略奴隶制度是奴隶行为的原因之一，代之以奴隶们自身的天性来解释奴隶行为。就在不久之前，我们在解释已知的男女差异时，同样的思路再次重现。由于性别角色的约束难以看到，所以我们把男性与女性的行为简单地归结为他们的天生倾向。人们越是认为人的特质是一成不变的，他们的刻板印象就越强烈（Levy & others，1998；Williams & Eberhardt，2008）。

在滑铁卢大学和肯塔基大学经过一系列的研究之后，梅尔文·勒纳及其同事（Lerner & Miller，1978；Lerner，1980）发现，仅仅是观察到其他无辜者受害，就足以让受害者显得不那么值得尊敬。

勒纳（Lerner，1980）指出，之所以存在这种对不幸者的贬低，是因为人们需要相信："我是一个公正的人，生活在一个公正的世界，这个世界的人们得到他们应得的东西。"他说，从很小的时候开始，我们受到的教育就是"善有善报，恶有恶报"。勤奋工作和高尚情操会换来奖赏，而懒惰和不道德则不会有好结果。由此我们很容易进一步认定春风得意的人必然是好人，而受苦受难的人是命中注定的。

一系列的研究探讨了这种**公正世界现象**（just-world phenomenon）（Hafer & Bègue，2005）。设想你同其他人一道，参加了勒纳的一项被说成是感受情绪线索的研究（Lerner & Simmons，1966）。以抽奖的方式选择一名参与者承担一项记忆任务。这个人一旦给出错误答案，就要接受痛苦的电击。你和其他人要注意他的情绪反应。

在观看了受害者接受这些显然十分痛苦的电击之后，实验者让你对受害者进行评价。你会怎么回应呢？是深表同情的怜悯吗？我们可能会这样期待。就像爱默生所写的那样："受难者是无法玷污的。"与此相反，实验结果表明，受难者是可以被玷污的。当观察者无力改变受害者的命运时，他们就经常会否定和贬低受害者。罗马讽刺作家尤维纳利斯早就预见到了这样的结果："罗马盗贼信奉的是运气……他们讨厌那些被判过刑的人。"

琳达·卡莉和她的同事（Carli & others，1989，1999）指出，这种公正世界现象会影响我们对强奸受害者的印象。卡莉让人阅读有关一个男性和一个女性交往的详细描述。例如，一个女性和她的老板相约共进晚餐，她来到老板的家，每人饮了一杯红酒。有些人阅读的故事有一个快乐的结局："他将我引到沙发旁。握着我的手，向我求婚。"事后看来，人们不觉得这个结局有什么大惊小怪，还十分赞赏男女主人公的表现。其他人看到的故事则是另一个不同的结局："但他随后变得非常粗暴，把我推向沙发。他把我按倒在沙发上，强奸了我。"如果是这个结局，人们会觉得它在所难免，并且指责那位女士在故事前段当中的行为就有失妥当。

这类研究表明，人们之所以对社会不公漠不关心，并不是因为他们不关心公正，而是因为他们眼里看不到不公正。那些相信世界是公正的人，认为被强奸的受害者一定行为轻佻（Borgida & Brekke，1985）；遭遇虐待的配偶一定是自作自受（Summers & Feldman，1984）；穷人注定就过不上好日子（Furnham & Gunter，1984）；生病的人应该为他们的疾病负责（Gruman & Sloan，1983）。这些信念使得成功人士确信他们所得到的一切也是完全应得的。富有和健康的人看到的是自己的好运、别人的厄运，一切都是天经地义的。把好运和美德、厄运和不道德联系起来，能使幸运的人在自豪的同时，也不必对不幸的人承担责任。

人们厌恶失败者，即使失败者倒霉的原因显然仅仅是运气不好。举例来说，儿童会认为幸运的人——比如在街边捡到钱的人——会比不幸运的儿童更可能做好事或者做一个好人（Olson & others，2008）。人们明白赌博结果纯粹是运气的好坏，不应该影响他们对赌博者的评价。然而，他们还是忍不住要放马后炮——根据人们的结果去评价他们。好的决策也可能带来坏的结果，可人们无视这一事实，他们认定失败者能力较差（Baron & Hershey，1988）。与此类似，律师和股市投机商可能根据自己的结果来评价自己。成功的时候自鸣得意，失败的时候自责不已。不能说天才和主动性与成功无关，但公正世界假设低估了不可控因素，这些因素会使一个人竭尽全力的努力付诸东流。

偏见的后果

除了偏见的原因之外,考察偏见的后果也非常重要。刻板印象能自我永存——它们的存在就能阻止它们的变化。刻板印象还能将自身变成现实。尽管最初它们并不是事实,但刻板印象的存在能使它们成为事实。偏见的消极断言还能在无形之中损害人的行为表现,影响人们对歧视的看法。

自身永存的刻板印象

偏见是一种预先判断。预先判断是在所难免的:我们谁也不是毫无私心杂念的社会事件记录员,一五一十地记录支持或者反对我们各种偏见的事实。

预先判断引导我们的注意和记忆。那些接受性别刻板印象的人在回忆其学校成绩的时候,经常与刻板印象相一致。比如,与真实成绩相比,女性经常回忆较差的数学分数和较好的美术分数(Chatard & others,2007)。

而且,一旦我们把某项特征归入一个类别,比如某个特定的种族或者性别,我们的记忆系统之后就会偏向与该类别相关联的这项特征。约翰尼·瓦特和他的同事们(Huart & others,2005)通过实验验证了上述结论。他们向大学生展示了一个由 70% 的典型男性面孔和 30% 的典型女性面孔合成的面孔(或者相反的比例),在后续实验中,那些看到有 70% 男性面孔的被试报告说自己看到了一张男性的脸。

预先判断能引导我们对事件的解释

只要群体成员行为举止符合我们的预期,我们就会重视这一事实;我们先前的看法获得验证。当群体成员的行为举止与我们的预期不一致的时候,我们就会以特殊情形为由为这类行为开脱(Crocker & others,1983)。某人的表现与刻板印象截然相反,也会让这个人看上去像个特例。告诉一些人“玛丽打过篮球”,对其他人说“马克打过篮球”,这会令玛丽显得比马克更加喜欢运动(Biernat,2003)。因此,刻板印象会影响我们如何分析人的行为(Kunda & Sherman-Williams,

1993；Sanbonmatsu & others，1994；Stangor & McMillan，1992）。大多数白人都对黑人有负面的媒体印象（比如，"卡特里娜"飓风之后的抢劫），这些刻板印象是有害的。在一个实验中发现，这些印象会减少对需要帮助的黑人的同理心（Johnson & others，2008）。

也许你也能回忆起在过去某个时候，你无论怎样努力都摆脱不了某人对你的评价，当时你无论做什么，始终被人误解。一旦某人预期与你见面不会愉快时，误解就很有可能会发生（Wilder & Shapiro，1989）。威廉·伊克斯和他的同事（Ickes & others，1982）在一个实验研究中证明了这一点，他们针对的是几组正处于大学年龄阶段的男士。当这些男士来到实验室时，两两配对为一组，实验者向每对当中的一人预先给予虚假的告诫：另外那个人是"我近来交谈过的人当中最不友好的人之一"。随后介绍两个人相互认识，并让他们单独相处5分钟。在实验的另一条件下，引导这些学生，让他们以为参与的另一方特别友善。

在两种条件下，对方对新结识的人都非常友好。事实上，预期对方不友好的人，异乎寻常地试图表现出友好，而且他们的微笑及其他友好举止激起了热烈的回应。但与有积极偏见的学生有所不同，这些预期自己会遇到不友好伙伴的人，把这种相互友好归结于是他们自己"小心翼翼"地对待对方的结果。他们事后表现出对对方更多的不信任和不喜欢，并且认为对方的行为不那么友好。尽管他们的搭档实际上很友好，但消极的偏见诱导这些学生"看见"了隐藏在对方"强颜欢笑"背后的敌意。如果他们不曾这样想过，他们是看不到这些的。

我们的确会注意到那些与刻板印象明显不一致的信息，但即使是这类信息，它们的影响可能比我们预期的要小。当我们集中关注一个反常的事例时，我们可以分出一个新的范畴来维护已有的刻板印象（Brewer & Gaertner，2004；Hewstone，1994；Kunda & Oleson，1995，1997）。英国学龄儿童对和蔼可亲的学校警官形成了非常积极的良好印象（他们把学校警官视为特殊的一类），但这丝毫改善不了他们对警察的整体看法（Hewstone & others，1992）。这种**再分类**（subtyping）——把偏离常规的人归入一个不同的类群——帮助维持了警察不友善、可怕这样的刻板印象。认识到刻板印象并非适合一类人当中的每一个人，这是应对不一致信息的另一种方式。周围的黑人邻居和蔼可亲，房主会形成"职业的、中产阶级黑人"这样一个新的刻板印象。这种**再分群**（subgrouping）——形成一个子群体的刻板印象——倾向于让分化中的刻板印象适度地发生变化。子类别是群体的例外；子群体则被认为是整个群体的一部分。

歧视的影响：自我实现的预言

态度之所以可能与社会阶层等级相一致，不仅仅是由于合理化的需要，还因为歧视影响到了它的受害者。“个人声望，”奥尔波特（Allport，1958，p.139）写道，“一点一点地被敲入大脑，它不可能对一个人的性格丝毫不产生影响。”如果说我们能够在弹指一挥间结束一切歧视，那我们就会天真地宣称，“艰难的日子已经过去了，同胞们！你们现在可以身穿盛装，成为体面的管理者或职场人士。”压迫结束了，但它的影响还将延续，犹如一种社会遗留物。

在《偏见的本质》一书中，奥尔波特列举了 15 种可能的受害效应。奥尔波特认为这些反应可以归纳为两大类——一种涉及责怪自己（退缩、自我痛恨、攻击自己的群体），一种涉及责怪外部的原因（反击、怀疑、群体自豪感增强）。如果最终结果是负面的，比如说犯罪率比较高，人们可以借此为歧视进行辩解，并促使其得以继续存在。“如果我们允许那些人搬进我们可爱的社区与我们为邻，房价会一落千丈的。”

歧视是否是以这种方式影响着受害者？对于这一点我们必须很谨慎，不能夸大这一说法。对许多人来说，黑人文化的灵魂和风格是一笔令人骄傲的遗产，这并不仅仅是受伤害后的反应（Jones，2003）。然而，社会信念能够自我验证，如同沃德、曾纳和库珀（Word，Zanna，& Cooper，1974）的一对巧妙实验所展示的那样。在第一个实验中，白人和黑人研究助手冒充求职者，由普林斯顿大学的白人男子来进行面试。与求职者为白人的时候相比，当求职者为黑人时，面试官坐得更远，平均提前 25% 的时间结束面试，并且多犯 50% 的言语失误。想象一下在接受面试的时候，人家远远地坐在那里，说话结结巴巴，急急忙忙就结束了面试。你的表现或你对面试官的感受是否会受到影响？

为找到答案，研究者进行了第二项实验，经过培训的面试官以第一个实验当中面试官对待黑人的方式来对待白人和黑人求职者。稍后对面试录像进行评定，结果发现，那些受到类似于第一个实验中黑人的待遇的学生显得更为紧张、表现更差。而且，面试者自己也可以感到区别；那些被当做黑人对待的学生认为他们的面试官举止相对不够妥当，不那么友善。研究人员总结说，“黑人表现方面的‘问题’……部分在于互动情境本身。”如同其他自我实现的预言一样，偏见对其对象产生了影响。

刻板印象的威胁

只要感觉到偏见就足以使我们意识到自己是少数群体——也许是在白人社区居住的一个黑人，或者是在黑人社区居住的一个白人。这种陌生环境会消耗我们的精力与注意力，导致我们心理与生理机能下降（Inzlicht & others，2006）。当你置身于别人都预期你会表现很差的情境当中，你的焦虑可能会导致你证实这一信念。我是一个 60 岁出头的矮个子。当我与一群高个、年轻的选手临时拼凑在一起玩篮球比赛时，我常常怀疑他们是否会认为我是队里的累赘，这将削弱我的信心，影响我的表现。克劳德·斯蒂尔和他的同事称这一现象为**刻板印象威胁**（stereotype threat）——一种自我验证的忧虑，担心有人会依据负面刻板印象来评价自己（Steele，1997；Steele & others，2002；亦可参见 reducingstereotypethreat.org）。

在一些实验中，斯潘塞、斯蒂尔和奎因（Spencer，Steele & Quinn，1999）给学生一份难度非常高的数学测验，这些男女大学生具有相同的数学背景。当告诉学生这个测验没有性别差异，不会对任何群体刻板印象作评价时，女生的成绩始终与男生相同。一旦告诉学生存在性别差异，女生就会戏剧性地使得这种刻板印象得以验证。当遇到难度很大的题目而受挫时，她们明显地感到格外担忧，这影响到了她们的成绩。

媒体能激起刻板印象威胁。保罗·戴维斯及其同事（Davies & others，2002，2005）让男女两性观看一系列电视广告，让他们觉得自己将要参加细节记忆测验。对其中的一半参与者来说，广告中只包含中性的刺激；对另一半参与者来说，有些广告包含“没头脑”的女性形象。看过刻板化的形象之后，女性不仅在数学测验中表现得比男性差，并且对数学及理科专业表现出更少的兴趣，或者说不愿意进入数学或理科职业生涯。

种族刻板印象是否也可能以类似的方式自我实现？斯蒂尔和阿伦森（Steele

& Aronson，1995）的研究证实，当给白人和黑人一些难度较大的语言能力测验时，情形确是如此。在接受测验时，黑人只是在受到较高的刻板印象威胁的情形下表现比白人差。杰夫·斯通及其同事（Stone & others，1999）报告说，刻板印象威胁同样也会影响运动员的成绩。当把高尔夫活动表述为“运动智力”测验时，黑人的表现就比平时要差；当表述为“天生运动能力”测验时，白人的表现比较差。斯通（Stone, 2000）推测，“当人们想起有关自己的负面刻板印象时，如‘白人男子不擅长跳跃’或者‘黑人男子不擅长思考’，它就会对运动成绩产生不良的影响。”

斯蒂尔（Steele, 1997）认为，如果你告诉学生他们有失败的风险（如同少数群体支持项目经常暗示的那样），那么刻板印象就可能损害他们的行为表现，并且导致他们“不认同”学校，到其他地方去寻求自尊（见图 23–4）。事实上，随着美国黑人学生从 8 年级升入 10 年级，他们的学习成绩与自尊之间的相关有所减弱（Osborne, 1995）。而且，那些被引导认为自己进入大学或学术群体是受惠于种族或性别偏见的学生，其表现倾向于比那些被认为自己很能干的学生差（Brown & others，2000）。

因此，斯蒂尔评论道，最好给学生一些挑战，让他们相信自己的潜力。他的研究小组进行了另一项实验，其中的黑人学生因为他们的写作而受到批评，同时还告诉他们，“从你的来信来看，我认为你有能力达到我所说的更高水平，否则我不会自找麻烦给你这样的反馈”。如此一来，黑人学生会做出较好的回应（Cohen & others，1999）。

相对于减少偏见而言，社会心理学家在解释偏见方面做得更成功。因为偏见

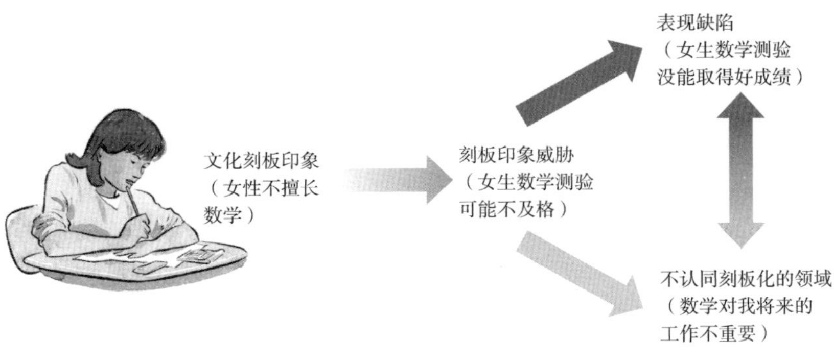

图 23–4

刻板印象威胁。面对负面刻板印象而引起的威胁可能造成表现缺陷以及不认同。

源于许多相互关联的因素，所以没有简单的纠正方法。不管如何，现在我们有望找到一些能减少偏见的方法（在后面的模块中还会详细谈到）。如果不平等的地位导致了偏见，那么我们可以去谋求一种互助的、平等的社会关系。如果偏见导致歧视行为，那么我们可以限制歧视行为。如果社会制度支持偏见，那么我们就取消这些支持（例如，说服媒体宣扬种族之间的团结）。如果外群体看起来比事实上更不像某人自己的群体，那么我们可以努力将他们的成员个性化。如果自发的偏见致使我们做出一些让我们羞愧难当的行为，那么我们可以利用这种羞愧感激励我们打破偏见。

自从 1945 年第二次世界大战结束以来，很多反对歧视的方法得以运用。种族和性别歧视也显著降低。社会心理学的研究一直在帮助我们突破歧视的壁垒。

模 块 24

攻击的先天性和后天性

喜剧演员伍迪·艾伦曾半开玩笑地预言："到 1990 年时，绑架将成为社会交往的主要方式。"虽然这一预言没有实现，然而这些年来，世界并不太平。"9·11"恐怖事件可以说是最为严重的暴力案件；但从伤亡人数来讲，大约与之同时发生的刚果的种族大屠杀事件才算是最为惨烈的。据报道，死亡人数约 300 万。部分民众被砍刀活活砍死，其他民众大多在逃离村庄后死于饥饿和疾病（Sengupta，2003）。在邻国卢旺达，约 75 万人——包括图西族总人口的一半——在 1994 年夏天的种族灭绝性屠杀中惨遭杀害（Dutton & others，2005；Staub，1999），这些居民对于人类的残忍性再熟悉不过了。刚果人民的情况也是如此，上个世纪刚果有 500 万人民死于与战争相关的原因；苏丹也有 250 万人民因为战争和种族灭绝流离失所（Clooney & others，2008）。

全世界，人类每天要花费 20 亿美元在武器和军队上——这 20 亿美元本可以为世界上数百万贫困人口提供足够的食物、教育资源并进行环保投资。回顾刚刚过去的 20 世纪，250 场战争夺走了 1.1 亿人的生命——足够建立一个人口超过法国、比利时、荷兰、丹麦、芬兰、挪威和瑞典总人口之和的"死亡国度"（图 24-1）。造成世界范围内大规模人口死亡的原因除世界大战外，惨绝人寰的种族屠杀也扮演了重要的角色。1915~1923 年间，土耳其帝国对亚美尼亚民族进行了疯狂的屠杀；

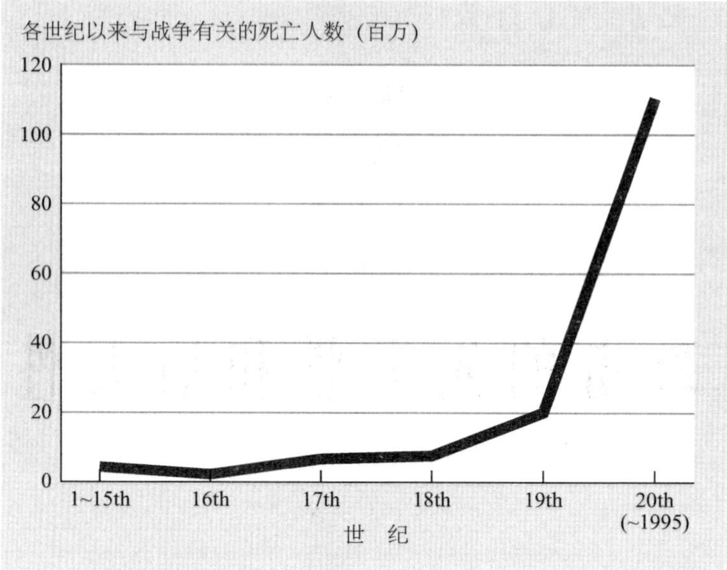

图 24-1

最血腥的世纪。回顾人类历史，20 世纪的人们得到了最好的教育，同时却也是最嗜好残杀的（数据来自 Renner, 1999）。包括种族屠杀和人为的饥荒在内，有大约 1.82 亿人死于类似的“大规模灾难事件”（White，2000）。上世纪末，这种死亡开始减少（Human Security Centre，2005）。

1971 年巴基斯坦对 300 万孟加拉国的移民进行了大规模的种族屠杀；150 万柬埔寨民众死于始自 1975 年的恐怖时期（Dutton & others，2005；Sternberg，2003）。总之，从希特勒对犹太人的种族屠杀，到早期美洲移民对当地土著的屠杀，无不揭示了整个人类潜质中异常残忍的一面。

社会心理学家将**攻击**（aggression）定义为意在伤害他人的身体行为或者言语行为。这一定义排除了车祸或人行道上的碰撞等无意伤害；也排除了帮助他人时不可避免带来疼痛的行为，如牙科治疗，或者更极端的帮助他人自杀。但是，它包括踢、打、威胁、侮辱，甚至散布流言或“冷嘲热讽”。

工具性攻击（instrumental aggression）的目标是伤害，但它只是把伤害作为达到其他目的的一种手段。大多数恐怖活动属于工具性攻击。罗伯特·佩普（Pape，2003）对 1980~2001 年间发生的所有自杀式爆炸事件进行研究后指出：“所有自杀式恐怖活动的一个共同特征是都有明确的、现实的和战略性的目标，这迫使自由的民主国家从恐怖分子眼中属于他们家园的领土上撤军。”阿里·克鲁格兰基和希拉·费思曼（Kruglanski & Fishman，2006）注意到，恐怖分子一般都不是心理异常者。更确切地说，恐怖主义是冲突中使用的一种策略性工具。本拉登这样解释“9·11”事件的目标：他们花费了 50 万美元，却对美国经济造成了 5 000 亿美元的损失（Zakaria，2008）。

大多数战争都是工具性攻击。2003 年，英美领导人将攻击伊拉克视为阻止大规模杀伤性武器的工具性行为，而并非杀害伊拉克人的敌对行为。所以说，敌意性攻击是“激烈的”，而工具性攻击则是“冷静的”。

攻击理论

攻击是一种本能吗

哲学家关于人性的争论由来已久，有人认为人性在根本上是仁慈、知足而高贵的，另一些人则认为人性的本质是残忍的。第一种观点以 18 世纪法国哲学家卢梭（1712~1778）为代表，把社会罪恶归咎于社会而非人性。第二种观点则以英国哲学家霍布斯（1588~1679）为代表，将社会法律视为控制残忍人性的必要手段。20 世纪，“性恶论”，即攻击性驱力与生俱来、无可避免的观点得到了弗洛伊德和德国的洛伦兹的赞同。

弗洛伊德认为，人类的攻击根源于一种自我破坏的冲动。攻击把这种对死亡原始的强烈欲求所蕴涵的能量转向他人（一般而言，他称这种强烈欲求为“死亡本能”）。作为动物行为专家，洛伦兹认为攻击更多是适应性的而非自我破坏。两种理论都认为，攻击性的能量来自本能，是非习得的和普遍的。如果得不到释放，这种能量就会越积越多，直到爆发为止；或者有一个合适的刺激使之得到发泄，就像老鼠摆脱捕鼠器一样。

为了涵盖几乎每一种可以想到的人类行为，我们假设的人类本能的清单越来越长。这时，“攻击是一种本能”的观点开始瓦解了。科学家逐渐意识到，不同的人以及来自不同文化的个体，其行为大相径庭。显然，生物特性影响着行为，正如后天环境也能影响先天作用一样。我们的经验与由基因构建的神经系统是相互作用的。

神经系统的影响

攻击是复杂的行为，并非简单地受大脑中某个特定区域控制。尽管如此，研究者还是在动物和人类身上发现了一些能够引发攻击的神经机制。当科学家激活这些脑区时，人们的敌意程度增加了；当这些脑区的活动被抑制，敌意程度下降。通过这样的方法，温驯的动物也可以被激怒，同样可以让狂怒中的动物恢复温顺。

在一项实验中，研究者以一只行为专横的猴子为研究对象，将电极安置在抑制其攻击行为的脑区。另一只小猴子掌握着激活电极的按钮，它很快就学会了在这只跋扈的大猴子变得危险时按下按钮。对脑区的激活机制在人类身上同样有效：一位妇女在其脑区的杏仁核受到无痛的电刺激后发怒，把她的吉他砸向墙壁，差点砸中其心理治疗师的头（Moyer，1976，1983）。

既然如此，那些有暴力倾向的人是否在大脑某些方面存在异常呢？为了回答这一问题，阿德里安·雷恩等人（Raine & others，1998，2000，2005，2008）利用大脑扫描来测量杀人犯的脑活动，并测量了有反社会行为障碍的人的大脑灰质总量。结果发现，未受过虐待的杀人犯的前额叶激活水平比正常人低 14%，反社会者的前额叶则比正常人小 15%，而前额叶被认为是对与攻击行为有关的脑区进行紧急抑制的。其他对杀人犯和死囚的研究也证实，脑区异常可能导致异常的攻击行为（Davidson & others，2000；Lewis，1998；Pincus，2001）。

基因的影响

遗传因素影响神经系统对暴力线索的敏感性。我们早就知道，很多种动物可以被驯养得有很强的攻击倾向。有时这是为了一些实际目的，如驯养斗鸡等；有时，这种驯养只是为了科学研究。芬兰心理学家赖格斯佩兹（Lagerspetz，1979）在一组正常小鼠中挑选出攻击性最强的和攻击性最弱的分别饲养，在此后它们繁殖的 26 代中始终重复这一选择过程，最终她得到了一组凶猛的小鼠和一组温顺的小鼠。

在灵长类动物和人类中，攻击性有着较大的多样性（Asher，1987；Bettencourt & others，2006；Denson & others，2006；Olweus，1979）。我们的气质（即我们的反应性和反应强度）部分是与生俱来的，同时也受交感神经系统反应性的影响（Kagan，1989；Wilkowski & Robinson，2008）。一个人在幼年表现出来的气质通常是稳定的（Larsen & Diener，1987；Wilson & Matheny，1986）。一个大胆、冲动、容易发脾气的孩子更有可能发展出青春期暴力行为。在 8 岁时没有表现攻击性倾向的儿童，成年后到 48 岁时也不会成为富有攻击性的人（Huesmann & others，2003）。

生物化学因素

血液中的化学成分同样可以影响神经系统对攻击性刺激的敏感性。

酒精 实验室研究和警方资料都表明，一旦人们被激怒，酒精会使攻击更容易发生（Bushman，1993；Taylor & Chermack，1993；Testa，2002）。请看以下材料：

- 在一项实验研究中，喝醉的人会施加更强的电击，在回忆人际关系冲突时感受到更强烈的愤怒（MacDonald & others，2000）。
- 在 65% 的杀人案件和 55% 的家庭暴力案件中，攻击者和（或）受害者喝过酒（American Psychology Association，1993）。
- 如果虐待配偶的酗酒者能够在治疗后终止他们的问题饮酒行为，那么他们的暴力行为通常也会停止（Murphy & O'Farrell，1996）。

酒精可以降低人们的自我觉知和考虑后果的能力，同时促使人们将攻击和酒精在心理上建立联系，进而增加暴力行为发生的可能（Bartholow & Heinz，2006；Giancola & Corman，2007；Ito & others，1996）。酒精使人们的个性弱化，降低我们的抑制能力。

睾丸激素 尽管激素的影响对低等动物比对人类要强烈得多，但暴力行为的确与雄性激素即睾丸激素有关系。请考虑：

- 降低雄性激素水平的药物会削弱有暴力倾向男性的攻击性；

- 25 岁以后，暴力犯罪率与人们的睾丸激素水平均下降；
- 被判为蓄意的或无端的暴力犯罪的罪犯，其睾丸激素水平比非暴力犯罪的罪犯要高（Dabbs，1992；Dabbs & others，1995，1997，2001）；
- 在正常的青少年和成年人中，那些睾丸激素水平高的人更容易出现不良行为、使用致瘾麻醉品以及对挑衅产生攻击性回应（Archer，1991；Dabbs & Morris，1990；Olweus & others，1988）；
- 服用睾丸激素后，女性对于阻止攻击的威胁信号不是那么适应了（van Honk & Schutter，2007）；
- 人们在拿着手枪后的雄性激素水平会上升，雄性激素上升得越快，他们给别人加的辣椒酱越多（Klinesmith & others，2006）；
- 男性的睾丸激素能够增加面部的宽和长的比率。实验室中，面部相对较宽的男性表现出更高的攻击性。同样，在曲棍球场上，面部较宽的大学生球手和职业曲棍球手，在禁区中停留的时间更长（Carré & McCormick，2008）。

正如詹姆斯·达布斯（Dabbs,2000）所言,睾丸激素“分子虽小,但作用巨大”。给男性注射睾丸激素并不能直接使人变得富于攻击性，虽然睾丸激素水平低的男性一定程度上不易被激惹起攻击性行为（Geen，1998）。睾丸激素大致可比作电池的电力，只有电力水平很低时，暴力犯罪才会有明显下降。

低水平的 5– 羟色胺 暴力行为另一个常见的元凶是神经递质 5– 羟色胺的缺乏，在控制冲动的额叶区有其许多受体。在灵长类动物和人类中，有暴力倾向的幼儿和成人 5– 羟色胺水平均偏低（Bernhardt，1997；Mehlman，1994；Wright，1995）。此外，在实验室条件下降低人们的 5- 羟色胺水平，可以增强他们对厌恶事件的反应和释放电刺激的意愿（Crockett & others，2008）。

攻击的心理影响

攻击行为在很大程度上受到神经、遗传以及生物化学的影响。生理的影响使得有些人对冲突和挑衅的反应表现得更具攻击性，但这还不是事情的全部。

挫折与攻击

那是一个暖和的夜晚，在两个小时的认真学习之后，你觉得又累又渴，于是你向朋友借了一些零钱，走向最近的一个自动售货机。你把钱放入机器里，迫不及待地想要喝一口冰凉爽口的可乐。但是，当你按下提货的按钮时，售货机却完全没有反应。你又按了一次，然后按下了把钱退回的按钮，机器仍然毫无动静。你用力地敲打着按钮，然后用拳头捶它们。最后你晃动、踢打售货机。可一切仍然无济于事。你跺着脚回到自己的房间，两手空空。此时，你的室友是不是该很小心地对待你呢？那时的你是否更容易说出一些伤人的话语，甚至做出一些伤害性的事情呢？

作为最早对攻击进行解释的心理学理论之一，流行的挫折—攻击理论对此问题的回答是肯定的。约翰·多拉德和他的同事（Dollard & others，1939，p.1）认为，“挫折总会导致某种形式的攻击。”这里的**挫折**（frustration）指的是，任何阻碍我们实现目标的事物（比如那个出现故障的自动售货机）。当我们达到一个目标的动机非常强烈，当我们预期得到满意的结果，却在行动过程中遇到阻碍时，挫折便产生了。鲁珀特·布朗和他的同事（Brown & others，2001）对乘渡船去法国的英国乘客进行了调查，结果发现：当法国的渔船堵塞码头，挡住渡船前行时，他们的攻击性显著增强了。由于达成目标的愿望受阻，在看了一些图片后，乘客们更加同意打翻咖啡杯的法国人应受到斥责。

如图 24–2 所示，攻击的能量并非直接朝挫折源释放。我们学会克制直接的报复，特别当知道别人会对这种行为表示反对或者进行惩罚之时；相反，我们会把我们的敌意转移到一些安全的目标上。一则古老的故事为**转移**（displacement）做了很好的诠释：一个被老板羞辱的男人回家以后大声斥责他的妻子，妻子只好向儿子咆哮，儿子只能踢狗解气，而狗则把来送信的邮递员咬了一口。在实验情境和现实生活中，当新的目标与挫折源有相似之处，并且稍稍刺激了攻击能量的释放时，攻击的转移最容易发生（Marcus-Newhall & others，2000；Miller & others，2003；Pedersen & others，2000）。相信大多数人都经历过这样的情况，当一个人满怀着怒火时，哪怕是平时根本不予理会的轻微冒犯也可能引发一个爆炸性的过度回应（这样你就可以理解为什么你的钱被自动售卖机吞掉后，你会向室友嚷嚷了）。

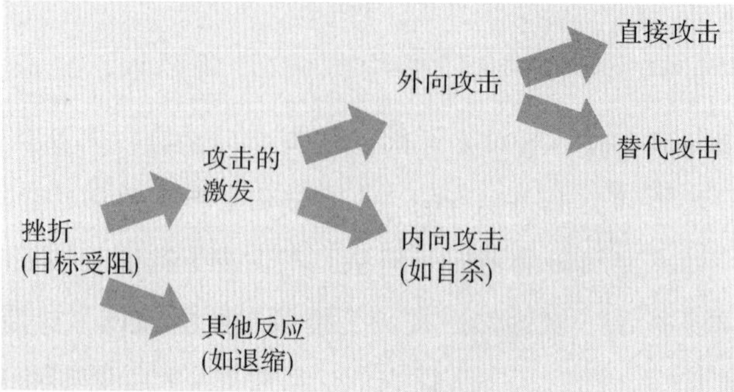

图 24–2

经典的挫折—攻击理论。挫折产生攻击的动机。由于对反对和惩罚的畏惧，人们往往不直接对挫折源进行攻击，因此攻击驱力可能会被转移，指向其他目标，甚至转而指向自己。资料来源：Based on Dollard & others, 1939, and Miller, 1941.

在一项实验中，爱德华多·瓦斯克斯及其合作者（Vasquez & others，2005）通过让一名主试侮辱参与者在解字谜测试中的表现，激怒一些南加州大学的学生。很快，这些学生要决定另外一名假被试把手浸在刺骨冷水中的时间（以完成实验任务）。当这名假被试用温和的语言轻微地冒犯了先前被激怒的被试后，与没有被激怒的被试相比，这些被试惩罚性地给出了更长的“浸冷水”时间。瓦斯克斯表示，这种转移的攻击现象，让我们很好地理解了为什么之前被激怒而且还在愤怒中的人，会以“路怒症”的方式回击别人在高速公路上对他的轻微冒犯，或因为伴侣批评自己而辱骂对方。这同样也有助于解释为什么当击球手打出全垒打，或之前的击球手打出全垒打之后，挫败的棒球投手最可能会打到击球手，这一结果是从 1960 年开始的 74 197 场比赛中接近 500 万次场上击球数的分析中得到的（Timmerman，2007）。

许多评论认为，可以理解，“9·11”恐怖事件激起了美方的强烈愤怒，促成了其对伊拉克发动袭击。美国人此时需要寻找宣泄愤怒的对象，于是把矛头指向了罪恶的暴君——萨达姆·侯赛因，他们昔日的盟友。2003 年，弗里德曼指出：“发动这次战争的真正原因在于，‘9·11’事件后，美国需要对阿拉伯世界的某些人实行打击。而之所以选择萨达姆，原因很简单，他罪有应得，而且他正处于这一世界的中心。”战争的另外一位发动者，副总统理查德·切尼似乎同意这一观点。

他在被问及为什么大多数国家都反对美国发动战争时指出："因为他们没有经历'9·11'事件。"

对挫折—攻击理论的实验检验得到了不一致的结果：有些情况下挫折增加了参与者的攻击性，另一些却并没有。如果这种挫折是可以理解的，例如在一项实验中，如果一名成员是因为他的助听器发生故障而不是粗心大意阻碍了团体的问题解决时，那么它只会导致愤怒，而不是攻击（Bernstein & Worchel，1962）。

伯科威茨（Berkowitz，1978，1989）认为原有的理论夸大了挫折与攻击之间的关联，因此他对该理论进行了修正。伯科威茨认为，挫折产生的是愤怒，即攻击的一种情绪准备状态。愤怒源于某个可能有其他行为选择的人阻挠了我们实现目标（Averill，1983；Weiner，1981）。

一旦有攻击线索"拔掉了瓶塞"，受挫者就特别容易大发雷霆，把愤怒"倒个底儿朝天"。有时瓶塞也可能在没有这样线索的情况下被打开。但是，正如我们将要看到的，与攻击有关的线索会放大这种攻击（Carlson & others，1990）。

伯科威茨等人（Berkowitz，1968，1981，1995）发现，看到武器就是这样一种线索，尤其是当它被视为一种暴力工具而非消遣时。实验中，刚玩过玩具枪的小朋友更愿意推倒另一个小朋友堆起的积木。在另一个实验中，相比附近只有羽毛球拍的情况，当附近有来复枪或者左轮手枪（被试以为这是上一个实验遗留下来的）时，愤怒的威斯康星大学被试对给他们造成痛苦的人施加了更为强烈的电流刺激（Berkowitz & LePage，1967）。枪支会启动敌对性想法和惩罚性的判断（Anderson & others，1998；Dienstbier & others，1998）。所见即为所思。尤其是当武器被视为暴力工具而非消遣之时更是这样。比如，对于猎人来说，看到一把猎枪并不会启动攻击想法，但是对于猎人以外的人却会有启动效应（Bartholow & others，2004）。

因此，伯科威茨认为，美国有两亿支私人手枪，一半的谋杀是用手枪完成的，而家藏的手枪杀死家庭成员的可能性远高于杀死入侵者这样的事实也是完全合乎情理的。他认为："枪支不仅使暴力成为可能，还可以刺激它的发生。手指扣动扳机，但扳机同样可以拉动手指。"

伯科威茨同样认为，禁止持有手枪的国家谋杀率较低是合情合理的。英国人口为美国的 1/4，但谋杀案只有其 1/16。美国每年有 1 万起手枪枪杀案件；澳大利亚约有 12 起，英国 20 起，加拿大 100 起。在华盛顿特区通过了限制人们持有手枪的法律后，与枪有关的谋杀案和自杀事件都迅速降低了 25%。但其他形式的谋杀和自杀案件没有发生任何改变，该法案适用范围之外的邻近地区也都没有发生类似的下降（Loftin & others，1991）。

恐怖分子了解愤怒对他们行为的触发作用。社会心理学家克拉克 · 麦考利（McCauley，2004）和理查德 · 瓦格纳（Wagner，2006）注意到，有时恐怖分子有针对性地实施某种恐怖活动，这种行为会导致强大而愤怒的敌人反应过度，这其实最终会符合恐怖分子的利益。

枪支并不只是提供攻击线索，它们还拉了大攻击者和受害者之间的心理距离。就像米尔格拉姆的服从实验告诉我们的那样，远离受害者更助长了我们的残忍。刀可以杀人，但与远远地扣动扳机相比，持刀发动攻击要求更近距离的人际接触。

攻击的学习理论

基于本能和挫折的攻击理论认为：充满敌意的强烈冲动来自内在的情绪，这些情绪可以把体内的攻击欲望“释放”出来。社会心理学家指出，学习同样可以“引导”出攻击。

攻击的回报

通过亲身经历和对别人的观察，我们学习到攻击通常需要付出什么。实验可以把温驯的动物改造成凶残的好斗者，严重的挫败则可以导致顺从（Ginsburg & Allee，1942；Kahn，1951；Scott & Marston，1953）。

同样，人类也可以习得攻击的回报。儿童一旦成功地使用武力胁迫了其他儿童，他很可能会越来越富于攻击性（Patterson & others，1967）。那些最常因为比赛中的粗野动作而被处罚的强攻击性曲棍球手比攻击性不太强的运动员得分更多（McCarthy & Kelly，1978a，1978b）。在加拿大青少年曲棍球手中，那些父亲赞同身体攻击性动作的选手显示了最富攻击性的比赛态度和方式（Ennis & Zanna，1991）。在索马里海域，仅 2008 年交给海盗的赎金就超过 1 亿 5 千万美元，因此助长了更多的抢劫行为（BBC，2008）。在这些例子里，攻击是为了得到特定回报而采取的手段。

恐怖主义活动同样如此：它们可以使无职无权的人得到广泛的关注。保罗·马斯登和莎伦·阿提亚（Marsden & Attia，2005）提到，自杀式爆炸袭击的首要目标不是那些受伤的人，而是那些通过媒体看到袭击的目击者。恐怖主义就是要通过媒体的放大效应，达到使人恐惧的目的。如中国古语所说："杀一儆百"。在这个全球化的年代，杀几个人就可以恐吓住上亿人口。杰弗里·鲁宾（Rubin，1986）得出这样的结论，如果没有玛格丽特·撒切尔所谓"公开性的氧气"，恐怖主义必然会被消灭。这就好像 20 世纪 70 年代经常发生的：观众为了在电视上能有几秒钟的上镜时间而裸体飞奔入足球场的事件一样，一旦社会决定不再理睬这样的事情，这一现象也就消失了。

观察学习

班杜拉（Bandura，1997）提出了攻击的**社会学习理论**（social learning theory）。他认为，人们对攻击的学习不仅发生在亲身体验其后果时；通过观察别人，人们也可以进行同样的学习。像很多社会行为一样，当看到别人表现攻击行为并没有受到惩罚时，我们会习得攻击。

班杜拉曾做过这样一项实验（Bandura & others，1961）：实验者让斯坦福幼儿园的一个小朋友做一项有趣的绘画活动，同时一个成年人在房里的另一个角落，那里有组合玩具——万能工匠、一个锤子和一个充气娃娃。在玩了一分钟万能工匠之后，成年人站起身，对充气娃娃进行了持续 10 分钟的攻击。她用锤子重重地砸它，踢它，把它扔来扔去，一边还大叫着："揍他的鼻子……把他打翻……踢死他。"

目睹了这次突然爆发之后，小朋友被带到另一个屋子，里面有很多漂亮可爱的玩具。但在两分钟之后，实验者打断了小朋友，说这些是她最好的玩具，她必须"把它们留给别的小朋友"。受到挫折的小朋友现在到了另一个房间，里面有各种玩具，有的可用于攻击，另一些则不能，其中包括充气娃娃和锤子。

如果小朋友没有看到成年人富于攻击性的示范，他们很少表现出攻击性的言语和行动。虽然有挫折感，他们仍然很平静地玩着。但那些观察到成年人攻击行为的小朋友则很可能拿起锤子击打玩具娃娃，这一现象的发生概率要比没看过的小朋友高出许多倍。对成人攻击行为的观察降低了他们对自己的抑制。而且，孩子常常重复示范者的动作和话语。所以观察攻击性行为不仅降低了孩子对自我的控制，还教给了他们怎样去攻击。

班杜拉（Bandura，1979）认为，日常生活中，我们受到来自家庭、文化和大众媒体的攻击性榜样的影响。身体富于攻击性的儿童往往有惯用体罚的父母。父母用尖声训斥和拳打脚踢管教他们，从而塑造了他们的攻击（Patterson & others，1982）。这些家长通常也受过来自他们父母的体罚（Bandura & Walters，1959；Straus & Gelles，1980）。虽然受虐待的孩子日后并不一定变成罪犯或者虐待子女，但其中 30% 的人确实对自己的孩子实施了类似的虐待，这一比例是平均水平的 4 倍（Kaufman & Zigler，1987；Widom，1989）。在家庭中，暴力的结果往往会滋生新的暴力。

家庭之外的社会环境也给我们提供了学习的榜样。在崇尚“男子汉气概”的社会里，攻击可以很容易地传递给下一代（Cartwright，1975；Short，1969）。青少年团伙的暴力亚文化为新成员提供了攻击行为的榜样。在暴力风险相同的芝加哥青少年中，以前见到过枪击暴力的人，做出暴力行为的可能性加倍地增加（Bingenheimer & other，2005）。

更广义的文化也有影响，来自经济不发达、贫富严重不均、尚武且参与过战争的非民主文化的人，会倾向于支持和参与攻击行为（Bond，2004）。

尼斯比特（Nisbett，1990，1993）和科恩（Cohen，1996，1998）探讨了这种亚文化效应。据他们报告，在美国内部存在两种截然不同的文化，居住在新英格兰、东海岸中部地区的民族冷静而注重合作，而定居在南部大部分地区的民族（他们大多是苏格兰、爱尔兰后裔）则崇尚武力和个人荣誉。前者多是农场主和手工工匠，后者则是富于攻击性的猎人和牧人。因此到目前为止，在南方人居住的地区中，白人的杀人案发率要比北方人定居的地区高。此外，南方的男性比北方男性更多地认为他们的同伴支持攻击反应（Vandello & others，2008）。

人们通过亲身经历和观察攻击性的榜样，都可以习得攻击性的反应方式。但什么情况下会真的出现这种反应呢？班杜拉（Bandura，1979）认为，攻击行为是由挫折、疼痛、受辱等令人不快的体验激发的，这些体验在情绪上把我们唤醒。但我们是否真的选择攻击性行为还取决于我们对结果的预期。当攻击看上去比较安全甚至会带来好处时，我们在被唤醒之后就很可能会那么做了。

环境对攻击的影响

社会学习理论为我们提供了一种洞察力，它有助于我们考察攻击的特殊影响。在何种条件下我们会表现出攻击行为？什么样的环境会诱发我们扣动扳机？

厌恶事件

研究者内森·阿兹林（Azrin，1967）做了一项实验，向笼中的老鼠足部实施电击。阿兹林想知道，切断足部电击，是否可以强化两只老鼠间积极的关系。他计划先对老鼠进行电击，一旦两只老鼠互相接近，就把带来疼痛的电流切断。但让他十分吃惊的是，这个实验任务是不可能完成的，因为一旦老鼠感觉到疼痛，马上就开始互相攻击，实验者根本来不及把电流切断。电击（和疼痛）越强烈，攻击就越猛烈。

是否只有老鼠才这样呢？研究者发现，对于很多种动物，遭受的行为越残忍，它们对同伴施加的行为也就越残忍。如阿兹林（Azrin,1967）所述：

> 这种疼痛—攻击反应在多种不同种系的老鼠身上都会发生。我们发现，当以下任何一种动物中的一对被关在同一个笼子里时，电击都会产生攻击行为：某些种类的老鼠，仓鼠，负鼠，浣熊，狨猴，狐狸，海狸鼠，猫，海龟，猴子，白鼬，红松鼠，矮脚鸡，公鸡，短吻鳄，螯虾，两栖鲵类，几种蛇类，包括大蟒蛇、响尾蛇、褐鼠蛇、棉口蛇、铜斑蛇和黑蛇。很显然，电击—攻击反应在很多种不同的生物中普遍存在。所有这些动物在电击下做出的攻击反应都迅速而稳定，而且都是与老鼠一样的“按钮操控”方式。

这些动物不会挑剔攻击目标，不论同类还是异类的动物，甚至是充气娃娃和网球，它们都会发动攻击。

研究者还考察了其他形式的疼痛是否具有同样的作用。结果发现：不光电击会引发攻击，强烈的炎热和“心理疼痛”——比如，一只饥饿的鸽子在训练过程中，只要啄一个圆盘就可以得到食物作为奖赏，这次却突然没有获得食物——都可以带来相同的反应。当然，这里的“心理疼痛”就是我们所说的挫折。

疼痛同样会提高人类的攻击性。大概我们每个人在头痛或者绊了脚之后，都曾有过那样的反应。伯克威茨和他的同事对此问题进行了研究。他们以威斯康星大学的学生为被试，让他们把手放在一杯微热的水，或者一杯冰凉刺骨的水中。结果，对旁边一个不断发出讨厌声音的家伙，那些将手放在冰水中的被试更为急躁和烦恼，并且更倾向于对此人表示强烈的不满。基于这些结果，伯科威茨（Berkowitz，1983，1989，1998）认为，厌恶事件而非挫折才是敌意性攻击最基本的诱发因素，虽然挫折确实是一类重要的不愉快事件。事实上任何形式的厌恶事件，比如希望破灭、人身侮辱、躯体疼痛等，都可以激起情绪爆发，甚至沮丧状态造成的折磨也会增加敌意性攻击发生的可能性。

炎 热

令人不适的环境也能提高攻击倾向。令人厌恶的气味、香烟味、空气污染都与攻击性行为有着某种联系（Rotton & Frey，1985），但得到最广泛研究的环境诱发因素还是炎热。威廉·格里菲特（Griffitt，1970；Griffitt & Veitch，1971）研究发现，相比那些在室温条件下回答问卷的被试，在炎热的房间里（高于 32℃）完成任务的被试感觉更为疲惫，更富攻击性，对陌生人表现出更强的敌意。随后的实验发现炎热还可以引发报复行为（Bell，1980；Rule & others，1987）。

实验室条件下如此，真实世界里令人不快的炎热是否也会增加人们的攻击呢？请看以下的材料：

- 当热浪侵袭亚利桑那州的凤凰城时，那些汽车里没有空调的司机更可能对堵住路口的车大按喇叭（Kenrick & MacFarlane，1986）。
- 在全美棒球联赛 1986~1988 年几个赛季中，当比赛在 30℃以上的气温下进行时，击球手被球击中的事件比在 26℃以下进行的比赛多出三分之二（Reifman & others，1991）。在炎热的天气里，投手不会为如何投球而迷惑犹豫。他们不再走来走去，琢磨着该投什么样的球。他们投出的球也更多重重地打在击球手身上。
- 1967~1971 年发生在美国 79 个城市的暴动更多地发生在炎热的日子里。
- 在 6 个城市进行的研究都表明，天气炎热时更易出现暴力犯罪（Anderson & Anderson，1984；Cohn，1993；Cotton，1981，1986；Harris & Stadler，1988；Rotton & Frey，1985）。

- 在整个北半球，不仅酷热的日子会发生更多的暴力犯罪，在一年中较为炎热的季节里，在更为炎热的那些夏季，更为炎热的年份、城市或地区，也都是如此（Anderson & Anderson，1998；Anderson & others，2000）。安德森等人认为，如果全球温度上升约 2℃，那么仅美国每年就会增加至少 5 万起严重的袭击事件。

攻　击

受到攻击或侮辱尤其容易引发攻击。日本大阪大学的 Ohbuchi 和 Kambara（1985）的实验都证实，蓄意的攻击将招致报复性回击。在此类实验中，有两名被试在一项反应时测试中进行比赛；每组测验之后，由获胜者决定给失败者施加多大强度的电击。事实上，每个被试的对手都是一个设计好的电脑程序，该程序会稳步地、逐级增加电击的强度。我们真实的被试在反应上是否会比较仁慈呢？事实几乎都不是这样的，大部分的回应方式是：以牙还牙。

拥　挤

拥挤（crowding），即当没有足够空间时的一种主观感受，这种感受让人压抑。在拥挤的汽车上，拥堵在缓慢移动的高速公路上，或者大学宿舍里 3 个人挤在一个小房间里，这些情况都会削弱个体的控制感（Baron & others, 1976; McNeel, 1980）。类似的经历是否会提高攻击性呢？

在过分拥挤的环境中，动物会体验到压抑感，进而强化它们的攻击性 (Calhoun, 1962; Christian & others, 1960)。然而，我们恐怕很难从生活在犄角旮旯的老鼠的行为或者生活在孤岛上的鹿的行为去推测生活在城市中的人的行为。无论如何，在人口密度高的城市中，确实存在较高的犯罪率或情绪压抑（Fleming & others, 1987; Kirmeyer, 1978）。即使这些城市没有比较高的犯罪率，生活在拥挤城市中的居民会更容易感觉到恐惧。多伦多市的犯罪率比中国香港高 4 倍；但是与多伦多的市民相比，虽然中国香港相对安全（人口密度比多伦多高 4 倍以上），但香港市民却报告说在城市街道上产生更多的恐惧感（Gifford & Peacock，1979）。

减少攻击

我们考察了攻击的本能论、挫折—攻击理论以及社会学习理论，我们也详细考察了影响攻击的各种因素。那么，我们怎样才能减少攻击呢？理论和研究可以提供控制攻击的方法吗？

宣泄假说成立吗

“年轻人应该学会排解他们的愤怒。”安・兰德斯（Landers，1969）建议道。如果一个人“压抑了自己的愤怒，我们就要找到一个出口。我们应该给他机会排遣愤怒。”杰出的精神科医生弗里兹·珀尔斯(Perls，1973)如是说。沙利文(Sullivan，1999）在《纽约时报》的一篇文章中则主张，“一些偏激的言论……帮助释放了愤怒……它通过言语转移了冲突，避免见诸行动。”两种观点都采取了“水压模型”——聚集的攻击能量就像被大坝拦住的水，需要释放。

一般认为，**宣泄**（catharsis）的概念是由亚里士多德创造的。虽然亚里士多德实际上没有提到任何关于攻击的内容，但他确实提到，我们可以通过体验情绪来摆脱它们，通过观看经典悲剧而达到一种对怜悯和恐惧情感的宣泄（“净化”）。他相信，让某种情绪兴奋，就是让那种情绪得到释放（Butcher，1951）。宣泄假设已经扩展到不仅仅包括观看戏剧，也包括回忆、重新体验往事、表达情绪和各种行动。

社会心理学家一致认为，与弗洛伊德、洛伦兹及其追随者的猜想正好相反，暴力并不能实现宣泄（Geen & Quanty，1977）。实际上，研究者布莱德・布什曼（Bushman，2002）曾指出：“用发泄来减少愤怒无异于火上浇油。”例如，罗伯特·阿姆斯和他的同事报告说，加拿大和美国的足球、摔跤和曲棍球比赛的观众在观看了赛事之后表现出更多的敌意（Arms & others，1979；Goldstein & Arms，1971；Russell，1983）。乃至战争似乎也没有减少人们的攻击情绪。战争过后，国家的谋杀率有飙升的趋势（Archer & Gartner，1976）。

在对宣泄假说的实验室检验中，布什曼（Bushman，2002）安排已被激怒的参与者击打沙袋，控制其中一组参与者回想惹自己生气的人，另一组则想象通过击打使自己身体得到锻炼，并设置控制组不击打沙袋。接下来，实验者告知参与者可以对让自己生气的人大声吼叫，结果显示：击打沙袋并进行回想的那组参与者的行为最具攻击性。由此可见，也许什么都不做反而比“发泄怒火”更能有效地减少人们的攻击倾向。

在一些真实生活情境的实验中，同样发现攻击行为增强了攻击性。埃贝·埃伯森和他的研究伙伴（Ebbesen & others，1975）在 100 个工程师和技师收到解雇通知并被此激怒后的很短时间内采访了他们。先询问一些问题，给他们提供向其雇主或主管表达敌意的机会——例如，“你认为什么样的原因导致了公司对你的不公正待遇？”之后他们回答了一个问卷,评价对公司和主管的态度。之前“发泄”或“排出”敌意的机会减少了这个评价里的敌意了吗？相反，他们的敌意增加了。表达敌意导致了更多的敌意。

听起来熟悉吗？模块 9 曾提到，残忍的行为引发了相应的态度。更进一步，正如我们在对斯坦利·米尔格拉姆的服从实验的分析中提到的，轻微的攻击行为可以为自己找到正当理由。人们贬低受害者，从而使进一步的攻击合理化。

报复从短期看可以减少张力，甚至提供快乐（Ramirez & others，2005），但从长期看却能激起更多的负性情绪。当愤怒的人们击打一个沙袋，甚至相信这样能够宣泄，但影响是相反的——导致他们表现得更残忍，布什曼和他的同事（Bushman & others，1999，2000，2001）的研究得出的是这样的结论。“这就像那个老笑话，”布什曼说道（Bushman，1999），“如何走向事业的成功？实践，实践，再实践。如何成为一个愤怒的人？答案是一样的，实践，实践，再实践。”

我们应该因此而禁锢愤怒和攻击的欲望吗？生闷气显然不是更好的办法，因为它让我们总是心中不平，反复念叨。幸运的是，我们可以用非攻击的方法来表达我们的感觉，以及告知别人他们的行为是怎样影响了我们。在不同的文化情境中,那些能够把对“你”的指责重组成“我”的信息的人——“我很愤怒”或者“你把脏盘子留在那里让我很不愉快”——以一种能使别人更好地做出积极反应的方式交流他们的感受（Kubany & others，1995）。我们可以不采取攻击性的方式，而仍然可以坚持自己的利益。

社会学习法

如果攻击行为是习得的，那么就存在控制它的希望。让我们简单回顾一下影响攻击的因素和思考如何消除它们。

厌恶体验，如期望破灭、人身攻击等都会导致敌意性攻击。所以，避免给人们以错误的、不可达到的预期是明智的。预期的回报与代价会影响工具性攻击。它建议我们应该奖励合作性的非攻击行为。

在实验中，当照料者忽略他们的攻击行为，并强化非攻击性行为时，儿童的攻击性会降低（Hamblin & others，1969）。

而且，惩罚的有效性也是有限的。大多数致命的攻击是一时冲动、激烈的攻击，多是因争辩、侮辱或受攻击而引发的。除非这种致命的攻击是冷静的工具性攻击，我们才能期望等到它发生之后，通过重点惩治来杜绝此类行为。在那样的世界中，实行死刑的州其谋杀率会低于没有死刑的州。但在我们这个世界，杀人多是一时冲动，情况就不同了（Costanzo，1998）。如约翰·达利和亚当·阿尔特（Darley & Alter，2009）提到的那样，“很多犯罪行为都是人们一时冲动做出的，通常是年轻的男性，他们经常醉酒或嗑药，并且和其他有着相似特点的年轻男性一起行动。”他们认为，通过增加惩罚来减少犯罪无疑是徒劳的，但沿街的治安整顿却有着积极的效果，如在一些城市中降低 50% 的持枪犯罪行为。

所以我们必须在攻击发生之前阻止它。我们应该学会用攻击之外的手段来解决问题。心理学家桑德拉·乔·威尔逊和马克·利普西（Wilson & Lipsey，2005）综合了 249 项关于防止校园暴力项目的研究，发现了令人振奋的结果，尤其是针对“问题”学生的研究。在教授解决问题的技巧、情绪控制策略和冲突解决方法后，学校中有暴力或破坏行为的儿童比率从 20% 降低到了 13%。

为了创造一个温和的世界，我们可以在孩子很小的时候就开始做出榜样并奖励敏感性和合作，或许可以通过训练家长用非暴力的方式教育孩子达到此目的。训练计划鼓励家长强化期待的行为，积极而非消极地表达观点（“清理完你的房间以后，你就可以玩了”；而不是“如果你不清理你的房间，你哪儿也别去”）。一个“替代攻击项目”通过教给年轻人和他们的家长交流技巧，训练他们控制自己的愤怒并提高他们的道德推理水平，已经显著降低了青少年罪犯和团伙成员的再犯率（Goldstein & others，1998）。

如果观看攻击榜样能降低抑制和引起模仿，那么我们也可以减少电影和电视中野蛮、缺乏人性的那些描写，如同在影片中已经减少种族主义和大男子主义的描写那般。我们也可以教育儿童，抵制媒体暴力的影响。我们想知道电视网络是否可以“面对现实，改变节目”。埃伦和休斯曼（Eron & Huesmann，1984）训练来自伊利诺伊州奥克帕克的 170 名儿童：电视描述的世界是不真实的，攻击并不是像电视说的那样常见和有效；实际上，我们并不提倡攻击行为（利用态度探讨法，研究者鼓励儿童自己做这些推理，从而把对电视的批评归因为自己的信念）。在两年后的再次研究中，这些孩子比没有受过训练的孩子受电视暴力的影响要小。在一项最新的研究中，斯坦福大学的研究者用了 18 个学时来说服儿童，只是减少他们看电视和玩电视游戏的时间（Robinson & others，2001）。他们看电视的时间下降了 1/3，而且他们在学校的攻击行为和控制组儿童相比，下降了 25 %。

攻击性的刺激也会引发攻击。这提示我们应该加大武器（例如手枪）的获取难度。牙买加于 1974 年施行了一个大规模的反犯罪计划，包括严格的枪支控制，以及对电视电影中枪战场面的审查制度（Diener & Crandall，1979）。

类似这样的建议可以帮助我们减少攻击。但是，我们知道导致攻击的原因是复杂的，而且控制起来也并不那么容易。那么谁还能理解安德鲁·卡内基在 20 世纪所做的那个乐观的预言呢：“杀一个人将会被认为是令人憎恶的，正如今天的我们认为吃人是令人憎恶的那样。”自从他 1900 年发表上述言论以来，已经有 20 亿人被杀了。这真是一个令人悲伤的讽刺——尽管今天我们已经能更好地理解人类的攻击性，但是人性中的暴虐却依然如故。但是，文化是可以改变的，正如科学作家纳塔莉·安吉尔所言，“北欧海盗曾烧杀抢掠，而他们在瑞典的后裔近 200 年来却没有打过一次仗。”

模 块

25

媒体会影响社会行为吗

美国联邦调查局报告说，从 1960 年到 20 世纪 90 年代初期，青少年因暴力犯罪被拘捕的比率上升了 4 倍。这促使社会心理学家发问：为什么会有这样的变化？什么样的社会力量导致了暴力的迅速增加？

酒精可以引发攻击，但是酒精的使用自 1960 年以来并没有改变很多。其他的生物因素（睾丸激素、基因、神经递质）同样影响了攻击，但却无法解释文化的巨大改变。暴力事件的急剧增多，难道说是个人主义和物质主义膨胀导致的吗？还是由于不断拉大的贫富差距？是由于双亲家庭的减少与无父家庭的增多？还是因为媒体中越来越多的暴力形象以及对性的大肆渲染？

最后一个问题的产生，源于暴力包括性攻击的增长与 20 世纪 60 年代的“性革命”以来媒体中暴力和性相关内容的蔓延是同时发生的。这种历史上的一致性纯属巧合吗？色情文学（《韦氏词典》的定义：用以提高性兴奋水平的性爱描写）的社会效果是什么？电视和电影中的暴力榜样产生的影响是什么？

色情与性暴力

频繁接触虚构的色情片会产生严重的不良后果。看完色情片后再去面对现实生活中平凡的伴侣，难免会发现后者的吸引力降低 (Kenrick & others, 1989)。色情片也会提高一个人对婚外性行为的接受度，以及女人对男人性顺从的接受度 (Zillmann, 1989)。摇滚视频中雄性大发的男性形象和逆来顺受的女性形象，也同样会影响一般人对男性和女性形象的看法 (Hansen, 1989; Hansen & Hansen, 1988, 1990; St. Lawrence & Joyner, 1991)。

在当今的美国，色情行业迅速发展，其规模大于职业橄榄球、篮球和棒球的总和。每年用于色情业的投资达 100 亿美元，包括工业电缆和卫星网络的架设，提供相关服务的剧院、收费电影、酒店室内电影、色情杂志、性服务电话和色情网站等等（National Research Council，2002；Richtel，2007）。在一项对澳大利亚和美国青少年和大学生的调查中，男生观看色情电影和浏览网络色情文学的次数是女生的若干倍（Carroll & others，2008；Flood，2007；Wolak & others，2007）。

社会心理学对色情文学的研究着重于对性暴力的描写，这在 21 世纪租借率最高的成人录像带中也是很常见的（Sun & others，2008）。在典型的性暴力场景中，一个男人强制与一个女人性交。最初她会抵抗并试着击倒袭击她的人。但逐渐地，她被性唤醒，也停止了抵抗。最后她完全进入了愉悦状态，并不断地要求更多。我们都看过或者阅读过对这一场景的非色情描写：她反抗，他坚持。精力充沛的男人抓住并强吻抗拒的女人。不一会儿，女人本来一直推搡着男人的手已经紧紧地抓住了他。她的抗拒已经被他释放的激情压倒了。在《飘》一书中，斯佳丽被带到床上的时候还是抗拒的，她又踢又闹；但是当她醒来，就又放声歌唱了。

社会心理学家提出，观看这样的虚构场景（一个男人制服一个女人，并激起她的性兴奋）可以：(a) 歪曲其关于女人对性侵犯的真实态度的认识；(b) 增加男人对女人的攻击。

对性现实的歪曲理解

观看性暴力是否可以强化所谓“强暴谬论”：女性会欢迎性骚扰——女性在说“不要”的时候并非真的意味着“不要”？研究者们考察了“强暴谬论”接受度与看电视频率之间的关系（Kahlor & Morrison，2007）。为了找出答案，马拉默斯和切克（Malamuth & Check，1981）给曼尼托巴大学的男生观看两部与性无关的电影或是描写性的电影（一个男人制服了一个女人）。一周之后，做另外一个主试的实验时，看过有适度性暴力描写电影的参与者更容易接受对女人施以暴力的行为。

另外也有相关研究显示：接触色情信息会增强人们对“强暴谬论”的接受度（Oddone-Paolucci & others，2000）。在马林和林茨（Mullin & Linz，1995）的实验中，连续看了 3 天性暴力的电影后，男性参与者对强奸和砍杀的焦虑水平逐渐降低了。和其他没有观看这种电影的参与者相比，他们对家庭暴力的受害者表现出更少的同情心,对受害者受伤害程度的估计偏低。正如唐纳斯坦等人(Donnerstein，Linz，& Penrod，1987）所述，要使人们接受一种邪恶的角色、面对受到折磨与摧残的女性无动于衷，恐怕没有什么方法比给他们看逐步升级的暴力影片效果更好了。

针对女性的攻击

有证据表明，色情文学也会导致男性对女性的实际攻击。相关研究提出了这种可能性（Kingston & others，2009）。约翰·柯特（Court，1985）指出，由于 20 世纪六七十年代色情文学的蔓延，世界各地报告的强奸案发率陡然上升——除那些色情文学得到控制的国家和地区外。与这一潮流相反的例子，如日本，暴力色情文学比较普遍而强奸案发率却较低。这提醒我们，其他因素也是很重要的。在夏威夷，报告的强奸案数量在 1960~1974 年增长了 9 倍，实行了对色情文学的限制措施后下降，措施取消后再次回升。但也存在反例。日本虽然有很多的暴力色情文学，但强奸率却很低。在美国，自从 1995 年开始，尽管网络色情文学迅速增加，但报告的强奸率却没有增加。

在另一项相关研究中，拉里·巴伦和默里·斯特劳斯（Baron & Straus，1984）发现，露骨的色情杂志（如《好色客》和《花花公子》）在美国 50 个州的销售量与该州的强奸案发率恰好存在相关，在控制了其他因素（如各州的青年男性人口比重）之后依然如此。阿拉斯加在色情杂志销量和强奸案发率等方面均排名榜首，内华达州则在两项指标上均列次席。

在采访中,加拿大和美国的性罪犯普遍承认了色情文学的作用。例如,威廉·马歇尔（Marshall，1989）报告说，安大略省的强奸犯和猥亵儿童的罪犯看的黄色书刊，要远多于非性罪犯的男性。随后的研究考察了 341 位加拿大娈童者发现，即使在控制了其他的性虐待预测源后，情况依然如此（Kingston & others，2008）。美国联邦调查局对连环杀手的研究和洛杉矶警察局对儿童性虐待者的研究都报告说，罪犯阅读了大量的黄色书刊（Bennett，1991；Ressler & others，1988）。而在大学男生中，控制了其他能够预测反社会行为的变量（如一般敌意）后，高的色情文学消费量仍然能够预测性暴力行为（Vega & Malamuth，2007）。

虽然实验室研究仅适于短期行为，有一定的局限性，但与相关研究相比，其优越之处在于能够揭示现象间的因果关系。21 位主要的社会科学家对研究的成果做了总结：暴力色情刺激增加了对女性的惩罚性行为（Koop，1987）。其中唐纳斯坦（Donnerstein，1980）做了这样一项实验：给威斯康星大学的 120 名男生观看中性、色情和色情暴力（强奸）的影片各一部。然后，这些学生作为另外一项实验的部分参与者，需要教他们的一位男性或女性同伴学习一些无义音节，并由他们控制对同伴的错误答案给予不同程度的电击惩罚。看过强奸电影的男生倾向给予同伴更强的电击，尤其当他们感到愤怒而且同伴为女生时。

如果你为此类实验涉及的伦理问题而担忧，那么请放心，这些研究者已经考虑到了他们给予参与者的这些体验可能引起的争议及其影响。实验必须是在参与者知情的情况下才能进行。而且实验完成后，实验者会针对影片传达的荒谬说法对参与者进行矫正（Check & Malamuth，1984）。

此类实验的目的，不仅是为了科学研究，也是出于人道主义的考虑。在一项包含 9 684 名美国成年参与者的全国性调查中，11% 的女性报告了曾被男性强迫与之发生与性有关的行为（Basile & others，2007；CDC，2008）。

其他的工业化国家进行的调查得到了类似的结果。3/4 的陌生人强奸以及几乎所有的熟人强奸都未曾报案。因此，官方报告的强奸案发率远远低于实际的强奸案发率。

媒体意识教育

正如第二次世界大战时，大多数德国人对大屠杀中充斥的可耻的反犹行径熟视无睹一样；今天，对于媒体中充斥的对女性的骚扰、虐待、强迫的画面，人们业已司空见惯。那么，我们是否应当对媒体中贬低、侵犯女性的内容依法进行限制呢？

在对个人权利和集体权利的比较中，大多数西方国家的人倾向于认为个人权利高于集体权利。作为媒体监管制度之外的另一种方法，很多心理学家都喜欢使用“媒体意识训练”。在以往对色情文学的研究中，研究者成功地教育参与者并使他们重新认识女性对性暴力的真实态度；那么同样地，教育者能够促使人们对色情作品进行批判性的思考吗？通过增强人们对色情作品中“女性主导”的观点和存在的性骚扰、性暴力等问题的警觉性，我们或许可以揭穿“女性喜欢受胁迫”的谬论。正如唐纳斯坦等人（Donnerstein, Linz, & Penrod, 1987, p.196）所述，“我们的理想主义乃至天真的愿望，就是科学所揭示的真理终将胜利；公众将会相信，这些作品不仅贬低了其中的角色，也贬低了其观众。”

这个愿望天真吗？试看：在没有禁止香烟的情况下，美国的烟民从 1965 年的 42% 降到了 2004 年的 21%（CDC，2005）。在没有对种族歧视进行审查的情况下，一度常见的非裔美国人在媒体中的形象——单纯、迷信的小丑形象——已近乎绝迹。随着公众意识的改变，剧本作者、制作人以及媒体监制开始觉得丑化少数民族是不合适的。将来有一天，当我们回忆起当年的电影通过丑化黑人、血腥残杀、性暴力来取悦观众时，是否会备觉尴尬？

电 视

我们已经知道，观看攻击者会引发孩子的攻击欲望，并教给他们实施攻击的新办法。我们还知道，在看过性暴力影片后，很多愤怒的男性会对女性更加暴力。那么观看电视是否会有类似的效应呢？

虽然最近的数据很难找到（20 世纪 90 年代初以后，媒体监督的基金越来越少），但与看电视有关的一些事实仍然存在：今天，在大多数工业国家中，基本上每个家庭都有电视机（如在澳大利亚，电视机的普及率为 99.2%），超过了电话的拥有率（Trewin，2001）。大多数家庭拥有不止一台电视机，这可以帮助我们解释：为什么家长报告他们的孩子看什么与孩子自己报告他们看什么之间的相关很低（Donnerstein，1998）。

在一般的美国家庭中，电视机每天开 8 个小时，平均每个家庭成员要看 3 个小时的电视节目。由于数字视频录像（DVRs）系统的出现，人们能够调整他们看电视的时间，所以从 2008 年开始美国人看电视的时间比原来增加了（Nielsen，2008a，2008b）。女性比男性看得更多，非白人比白人看得更多，学龄前儿童和退休的人比上学和工作的人看得更多，教育程度低的人比教育程度高的看得更多（Comstock & Scharrer，1999；Nielsen，2008a）。

在每天看电视的这几个小时中，哪些社会行为被模仿了呢？从 1994 年到 1997 年，国家电视暴力研究中心的职员日夜不停地对来自各大网络和有线频道的约一万个节目进行调查（1997 年）。他们发现了什么？ 10 个节目中有 6 个包含暴力内容（“以身体上的胁迫造成伤害和杀害的威胁，或者造成实际伤害和杀害”）。

结果是什么呢？正如专家所言，电视发射的电磁波吸引了孩子们的眼球，以至于他们花在电视上的时间甚至多于花在学业上的。实际上，这比花在任何一项清醒状态下的活动上的时间都多。到小学毕业时，平均每个儿童在电视中看了 8 000 项谋杀案和 10 万种其他的暴力行为（Huston & others，1992）。基于一项对电视内容的研究，美国电视黄金时间段中的暴力行为从 1998 年到 2005~2006 年的播出季增加了 75%，达到了平均每小时 4.41 个暴力事件（PTC，2007）。格布纳（Gerbner，1994）在历经长达 22 年对暴力节目的统计之后，悲叹道：“人类曾经有过许多更嗜血的时代，但是从来没有一个像现在这样暴力影像无处不在。我们被暴力作品的潮流所淹没，这个潮流是前所未见的……它用经过专业编排的残忍画面淹没了每个家庭。”

黄金时段播放的犯罪节目会刺激类似行为的产生吗？还是说，观众通过观看节目间接地参与了暴力行为，从而释放了其攻击性的能量？后面的那个观点，是宣泄假说的一个变体。该理论主张，观看暴力节目可以让人们释放他们被压抑的敌意。为媒体辩护的人经常援引该理论，并提醒我们，暴力行为是先于电视出现的。倘使和批评电视的人进行一次想象中的辩论，维护媒体的人会争辩说：“电视没有参与对犹太人和印第安人的灭绝性屠杀。电视仅仅反映和迎合了我们的口味。”“这个我同意，”批评者回答道，“但是你无法否认，自从有了电视以后，美国报告的暴力犯罪增长速度远远高于人口的增速这一事实。显然你不会这样认为：流行文化只是被动地反映公众意识却对其没有任何影响，或者说，广告商所信赖的媒体的力量只是一种幻觉。”辩护者回答：“暴力泛滥的原因很多。通过让人们待在家里而不是上街，以及为他们发泄攻击能量提供无害的机会，电视可能反而在减少攻击行为。”

电视对行为的影响

观众会模仿暴力榜样吗？大量的例子表明，人们在实际生活中重演着电视上的犯罪。一项对 208 例判刑罪犯的调查发现，10 人之中有 9 人承认他们通过观看犯罪节目学习到新的犯罪技巧。10 人之中有 4 人说他们曾经尝试在电视中看到的那些犯罪行为（*TV Guide*，1997）。

看电视与行为的相关研究

犯罪故事不能算是科学的证据。因此研究者用相关和实验研究来检验观看暴力节目的效应。一种经常用于学龄儿童的技术可以用来检验观看电视是否可以预测他们的攻击性。在一定程度上，这种预测是可行的。一个儿童看的电视节目中包含的暴力内容越多，那么他的攻击性就会越高（Eron，1987；Turner & others，1986）。这种相关不高，但在美国、欧洲和澳大利亚都存在。而且这延伸到了间接的攻击中。经常观看以散布流言、背后中伤和社会排斥为原型的节目的英国女孩，会表现出更多的此类行为（Coyne & Archer，2005）。

由此我们是否能够得出结论，观看暴力电视会助长攻击？也许你早就已经开始思考这个问题：因为这是一个相关研究，反方向的因果关系可能也是存在的。或许是攻击性强的儿童喜欢暴力节目。还可能是某些潜在的其他变量（如低智商），使得有些儿童既喜欢暴力节目同时又表现出较多的攻击行为。

研究者们发展了两种方法来检测这些可能的解释。他们用统计方法排除某些可能因素的影响，以考察“潜在变量”解释。例如，威廉·贝尔森等人（Belson，1978；Muson，1978）对 1 565 个伦敦男孩进行了研究。与那些没观看多少暴力的孩子相比，看了大量的（尤其是现实中的而不是动画中的）暴力节目的儿童，在过去6个月中多表现出了 50% 的暴力行为（例如，“我破坏了电话亭里的电话”）。贝尔森还检查了 22 个可能的干扰因素，比如家庭规模。在控制了干扰因素后，看得多和看得少的被试间仍旧表现出了显著差异。所以他推测，的确是因为看了更

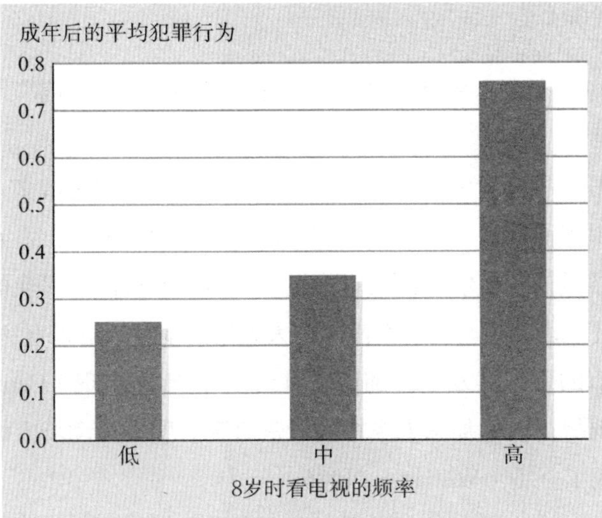

图 25–1

儿童看电视的频率与之后的犯罪行为。8 岁时观看暴力可以预测其 30 岁时的严重犯罪行为。资料来源：Data from Eron and Huesman (1984).

多的电视而增加了暴力行为。

类似地，伦纳德·伊侬和罗威尔·霍斯曼（Eron & Huesmann，1980，1985）发现在 875 个观看暴力电视的 8 岁儿童中，即使在统计上剔除了一些明显可能的干扰因素，也能发现两者间存在相关。而且，当这些人 19 岁时再次对其进行研究，结果显示：8 岁时对暴力的接触，能够中度预测他们在 19 岁时的攻击性，但是在 8 岁时的攻击性并不能预测 19 岁观看暴力的多少。攻击行为随着观看出现，但是反过来却不能成立。此外，到了 30 岁，童年看了大量的暴力电视的人因罪判刑的可能性更大（图 25–1）。

后续研究用不同方法证实了上述结论，包括：

- 8 岁时观看暴力电视与其成人时期虐待配偶的可能性存在相关（Huesmann & others，1984，2003）。
- 青春期观看暴力电视与其之后发生殴打、抢劫和威胁恐吓的可能性存在相关（Johnson & others，2002）。
- 小学生观看暴力节目越多，2~6 个月后他们参与打架的次数就越多（Gentile

& others，2004）。

在上述这些研究中，研究者已经控制了可能的“第三因素”，如实验前已有的低智力或敌意等。

另外一个需要考虑的事实是：哪里有电视，暴力便随之增多，乃至于谋杀率也随着电视的出现而增长。在加拿大和美国，1957~1974 年，杀人案发生率随着暴力电视的传播增长了 2 倍。在人口普查地区内，电视出现得晚的那些地方，杀人案发率的攀升也出现得晚些。在南非白人聚集的地方，电视直到 1975 年才被引进，而这种类似的杀人案发率的翻倍也直到 1975 年才出现（Centerwall，1989）。一个对电视出现得很晚的加拿大乡村的严密研究表明：运动场上的暴力行为在电视出现后很快翻了一番（Williams，1986）。

要注意的是，这些研究显示了研究者现在是怎样利用相关研究的结果来间接推论因果关系的。然而，仍旧可能是那数不清的潜在变量造成了看暴力节目与攻击行为之间纯属巧合的联系。幸运的是，实验方法可以控制这些无关的因素。如果我们随机的选择一些儿童来观看一个暴力电影而另外一些看非暴力电影，之后两组在攻击行为上表现出来的任何差异都应归因于他们之间惟一不同的因素：他们观看的分别是什么。

看电视的实验研究

在班杜拉和沃尔特斯（Bandura & Walters，1963）所做的开拓性实验中，有时让幼儿观看成人重击一个充气娃娃的电影而不是亲眼观看这个场面，发现两者产生了几乎一样的效果。之后，伯科威茨和吉恩（Berkowitz & Geen，1966）发现，观看了一部暴力电影的愤怒的大学生比观看一部非暴力电影的同样愤怒的大学生表现出更强的攻击性。这些实验室实验，加上越来越多的社会关注，促使美国医事总署在 20 世纪 70 年代初批准了 50 项新的研究项目。随着这些研究及后来 100 余项研究的开展，逐渐证实了观看暴力导致攻击增加的结论（Anderson & others，2003）。

例如，分别由美国的罗斯·帕克（Parke，1977）和比利时的雅克·莱恩斯（Leyens，1975）所领导的研究小组给收容的美国和比利时少年犯男孩观看攻击性或非攻击性的商业电影。结果一致表明："观看暴力电影……导致观众的攻击性增加。"与看电影前一个星期相比，观看暴力电影的男孩们在小屋里出现身体袭击的数量暴增。与之类似，多尔弗·齐尔曼和詹姆斯·韦弗（Zillmann & Weaver，1999）给男性和女性被试在连续的 4 天内观看暴力或非暴力的电影。第 5 天，当他们参与另外一项研究时，看暴力影片的人对研究助手表现出了更多的敌意。

这些实验激发出的攻击并不是袭击和殴打；它更多地表现为买午餐排队时的推搡、出口伤人，以及威胁性动作这一水平。无论如何，这些证据的一致性还是令人吃惊的。"不可辩驳的结论是，"美国心理学会青年暴力委员会 1993 年这样表述，"观看暴力节目导致了暴力的增加。"对于有攻击倾向的人尤其如此。当一个有魅力的人因正当理由而实施了适度的暴力，而这种暴力未受惩罚且没有造成任何伤害时，观看暴力节目的效果是最为显著的（Comstock，2008；Gentile & others，2007；Zillmann & Weaver，2007）。

总而言之，布拉德·布什曼和克雷格·安德森（Bushman & Anderson，2001）总结道，观看暴力之于攻击的影响，要胜过被动抽烟之于肺癌，钙的摄入量之于骨质密度，以及家庭作业之于学业成就。如克里斯托弗·弗格森和约翰·吉尔伯恩（Ferguson & Kilburn，2009）所提到的，正如抽烟之于癌症，并不是每个人都会表现出这种影响——因为其他因素也有重要作用。媒体和一些研究也会告诉我们，另一些因素也会有影响（Gunter，2008）。但是，现在这种证据已经是"压倒性的"，布什曼和安德森指出，"观看媒体中的暴力会导致攻击的显著增加。"一项国家心理健康研究所的项目中，主要的媒体暴力研究者均认为，研究的基础是广泛的，方法是多样的，而总的发现则是一致的（Anderson & others，2003）。"我们深入地回顾……有明确的证据显示，观看媒体中的暴力，无论是即时的还是在长期的情况下，均会增加攻击行为和暴力行为的可能性。"

为什么看电视会影响行为

鉴于相关研究与实验研究结论的一致性，研究者探索了为什么观看暴力节目会有这种效果。考虑三种可能性（Geen & Thomas，1986）。其一，导致社会暴力行为的不是暴力内容本身，而是由其造成的唤醒状态（Mueller & others，1983；Zillmann，1989）。如前所述，唤醒状态容易引发其他行为。

另一些研究显示，观看暴力使人们降低抑制。在班杜拉的实验中，成人对充气娃娃的重击似乎使这种发泄方式显得合理，从而降低了儿童的抑制。观看暴力内容通过激活与暴力关联的想法，进而引发了观众的攻击行为（Berkowitz 1984；Bushman & Geen，1990；Josephson，1987）。听歌词中含有性暴力的音乐似乎有类似的效果（Barongan & Hall，1995；Johnson & others，1995；Pritchard，1998）。

媒体内容同样引起模仿。班杜拉实验中的儿童模仿了他们之前看到的特定行为。商业电视对于电视导致人们的模仿行为很难辩驳：它的广告商引导了消费。然而，媒体的高管们声称，电视只是对这个暴力社会的镜像反映；艺术是对生活的模仿；因此胶片上的世界向我们展示了真实的世界。这些说法是对是错？事实上，电视节目中，攻击行为远远超出爱抚行为，二者比例为 4:1。同样地，电视在其他方面也塑造了一个不真实的世界。

不过这里也有好消息，如果电视上塑造的联系和问题解决的方式真的导致了模仿，特别是在年轻的观众中，那么对**亲社会行为**（prosocial behavior）的塑造对社会就将是有利的。在模块 30 中，我们会进一步探讨电视还能够教导儿童一些好的东西。

在某项研究中，研究者（Friedrich & Stein，1973; Stein & Friedrich, 1972）发现，学龄前儿童每天观看一集《罗杰先生的邻居》，作为幼儿园的活动之一，共持续 4 周。（《罗杰先生的邻居》这个节目的目的是促进幼儿的社会性和情绪发展。）在观看电视期间，那些来自教育程度低的家庭的孩子变得更具合作性，更乐于帮助他人，更愿意表达自己的感情。在随后的研究中，幼儿园的孩子看了 4 集《罗杰斯先生的邻居》后，不管是在考试还是游戏测试中，都更容易说出节目中的亲社会内容（Friedrich & Stein, 1975; also Coates & others, 1976）。

媒体影响：电子游戏

科学界关于媒体传播暴力对人们是否有影响的争论“已渐渐平息”，金泰尔与安德森这样认为（Gentile & Anderson，2003；Anderson & Gentile，2008）。研究者现在将注意力转向了电子游戏。电子游戏作为一种娱乐产品正越来越受到大众的欢迎，而且其中暴力血腥内容愈来愈多。金泰尔与安德森指出，教育研究表明“电子游戏是一种良好的教学工具。如果健康的电子游戏能够使人们学会健康的行为，比如，模拟飞行的电子游戏可以教会人们如何飞行，那么人们从模拟谋杀的游戏中又会学到什么呢？”

儿童电子游戏

至 2010 年，电子游戏产业已诞生 38 周年。自从 1972 年推出第一个电子游戏以来，已经由电子乒乓游戏发展到暴力游戏（Anderson & others，2007）。进入 21 世纪，美国人每年会购买 2 亿个左右的电子游戏，平均每个女孩每周玩 6 个小时的电子游戏，而男孩则会玩 12 个小时（Gentile & others，2004）。当今的暴力游戏很流行。在一项对四年级学生的调查中，59% 的女生和 73% 的男生报告，暴力游戏是他们最喜欢的游戏（Anderson，2003，2004）。虽然游戏会以“M”（成年人）为标志，以示其只对 17 岁以上的成年人出售。但在市场上，却常常出售给未成年人。联邦贸易委员会调查发现，未成年儿童尝试购买暴力游戏的成功率为五分之四（Pereira，2003）。

金泰尔（Gentile，2004）注意到，在一项称为《侠盗猎车手：圣安地列斯》的流行游戏中，玩家被邀请扮演一个精神病患者。“你可以用车轧行人，可以劫车，可以一边开车一边打枪，还可以跑到红灯区接上一个妓女，在你的车里与她性交，然后把她杀了，拿回你的钱。”在逼真的 3D 画面中，你可以把人打翻，狠狠踩踏，直到他们吐血，然后看着他们死去。正如伯斯基和伯拉斯科维奇（Blascovich，2005）的新研究所表明的，视觉逼真的游戏具有更强的真实性、卷入程度和影响力。

电子游戏对儿童的影响

在肯塔基州、阿肯色州和科罗拉多州，十几岁的青少年模仿他们在屏幕上玩的暴力恐怖游戏，这一现象的出现引起了人们对暴力游戏的关注。人们开始担心：年轻人从无尽的袭击和肢解他人的角色扮演中习得了什么？

大多数烟民并不是因为心脏病死掉的，大多数受过虐待的儿童也没有因之变得残忍，虐待他人。大部分在凶杀模拟器上花掉数不清的时间的人，其实过着文雅的生活。所以暴力游戏的支持者可以宣称，和人们对烟草、电视感兴趣一样，暴力游戏是无害的。交互数码软件协会主席洛温斯坦（Lowenstein，2000）指出："至今，没有任何证据证明，玩暴力游戏可以导致攻击行为。"金泰尔和安德森却给出了一些理由，证明为什么玩暴力游戏可能比观看暴力电视更容易诱导人们做出攻击性行为。在玩电子游戏时，游戏者：

- 认同暴力人物的身份并进行角色扮演；
- 积极地演练暴力行为，而不是被动地观看；
- 参与扮演暴力活动的全过程——选择刺杀对象，购买枪支弹药，靠近目标，进行瞄准，扣动扳机；
- 参与持续武装暴力活动并进行威胁恐吓；
- 不断地重复暴力行为；
- 从有效攻击中获得奖赏。

基于上述原因，军队为使战士在战斗中英勇射击（据报道，二战时许多士兵显得动作迟疑），常常训练他们玩模仿攻击游戏。

但实际中，科学的研究结果又有怎样的发现呢？克雷格·安德森（Anderson，2003，2004；Anderson & others，2004，2007）对 36 项研究的数据进行统计分析，结果发现五种一致的效应。与非暴力电子游戏相比，玩暴力电子游戏更容易：

- 提高唤醒水平。心跳加速和血压升高。
- 引发攻击性思维。如布什曼和安德森（Bushman & Anderson，2002）的研究发现：大学生玩一组暴力游戏后，请其对汽车被追尾的司机的行为进行预测时，他们更倾向于认为司机会做出攻击性反应，如言语辱骂，打架，踢破窗子。
- 唤醒攻击性情绪。挫折体验增强，表达出的敌意也更多，尽管这种敌意情绪在游戏结束后的几分钟内就会平息（Barlett & others，2009）。
- 诱发攻击性行为。玩过暴力游戏的儿童，在与同伴相处时，更容易表现出攻击性倾向，与老师争执，喜欢结伙打架。无论是同伴、教师还是家长报告，无论是实验室内还是实验室外，这一效应均普遍存在。原因见图 25-2。仅仅是因为具有敌意特质的儿童被这些游戏所吸引吗？并非如此，在控制了人

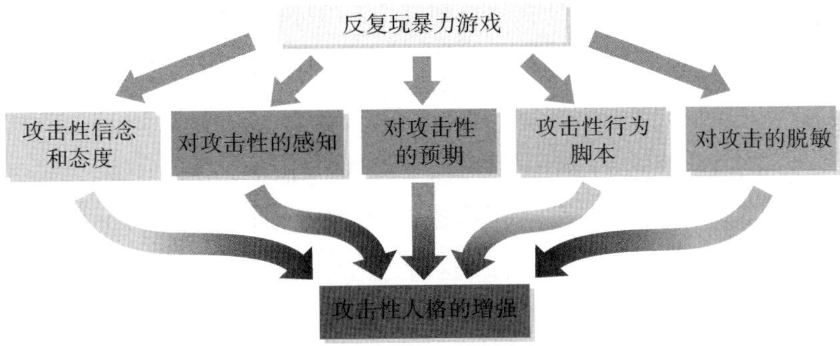

图 25–2

暴力游戏攻击倾向的影响。资料来源：Adapted from Craig A. Anderson and Brad J. Bushman (2001).

格特质和气质之后，电子游戏中的暴力仍然会增加儿童的攻击性（Bartholow & others，2005）。除此之外，道格拉斯·金泰尔和他的同事们（Gentile & others，2004）对青少年的观察结果表明，即使是在敌意较低的青少年中，玩暴力游戏的人中参与打架行为的百分比是他们不玩暴力游戏的同伴的 10 倍。当他们开始玩暴力游戏之后，先前没有敌意的孩子会越来越喜欢打架。在日本，在上学早期玩电子暴力游戏同样能够预期他们之后的身体攻击性，即便控制了性别和早期的攻击性等因素，仍然有这样的结果（Anderson & others，2008）。

- 减少亲社会行为。人们在玩暴力游戏之后，帮助在走廊上哭泣的人或自己的同伴方面反应变得迟钝。在后来的金钱决策任务中，他们变得更加容易利用同伴，而不是信任或与之合作（Sheese & Graziano，2005）。他们与情绪有关的脑区表现出了更少的激活，即降低了对暴力的敏感性（Barthlow & others，2006；Carnagey & others，2007）。

此外，玩暴力游戏的时间越长，这种效应越明显。越血腥的游戏（例如，真人快打游戏中提高血腥程度的设定），游戏之后所引起的敌意和唤起就越高（Barlett & others，2008）。现在，电子游戏中的暴力不断升级，也就不难理解为什么最新的研究所揭示的影响是最大的。还有更多影响机制需要进一步的研究，但就目前的研究，我们可以得出如下结论：与宣泄假说相反——例如，一个公民自由作家认为，暴力游戏对暴力倾向具有“冷却效应”（Heins，2004）——过多地模拟暴力行为只会促使其攻击性倾向增强，而不是宣泄暴力情绪。

作为一位有社会关怀的心理学家，安德森（Anderson，2003，2004）向家长呼吁，父母应该关注孩子周围的媒体，并保证其接触健康的媒体。至少在家里，应该完全做到这一点。虽然家长不可能完全得知孩子在其他地方的行为，也不能控制孩子的同辈文化中媒体的影响（这就是为什么劝告家长“只是说不”就太天真了），但是最起码在家里，应为孩子创造良好的成长环境，鼓励其参与健康的游戏。也可以与其他父母进行交流，共同为孩子建立良好的成长环境。学校应该有针对性地对学生进行媒体意识教育。

模　块

26

谁喜欢谁

开天辟地以来，就存在着吸引——男性与女性之间的相互吸引。

什么因素使一个人喜欢或爱上另一个人呢？以喜欢和爱情为主题的文章太多了，几乎所有可能的解释，包括对其对立面的解释，都已被阐述过。对多数人来说，也包括你，是什么因素导致了喜欢和爱情呢？不见面使彼此的心更加炙热，还是“眼不见，心不念”呢？因为喜欢而吸引还是因为吸引而喜欢？

吸引的回报理论是一种简单却很有影响的理论：我们喜欢那些回报我们或者与我们得到的回报有关的人。朋友之间互相回报。如果跟某人交往所得到的回报大于付出的成本，那我们就喜欢并愿意继续维持这种关系。同样，我们还喜欢与那些能让我们心情愉悦的人交往。哈特菲尔德和沃尔斯特（Hatfield & Walster，1978）通过研究，发现了一条与人相处时很实用的小贴士：“浪漫的晚餐、在剧院观看演出、在家共度夜晚、度假，这些都很重要……如果你希望维系与伴侣的关系，那么你和你的伴侣都要继续把你们的关系跟美好的事物联系起来。”

但是，作为一种最具影响力的泛化理论，吸引的回报理论使许多问题悬而未决。例如，具体来讲，什么是回报？通常，我们是给予我们不同的人带来回报呢？还是给予我们相似的人带来回报？是过分地夸奖别人还是有建设性地批评别人？哪些因素能够强化你的亲密关系？

接近性

两个人能否成为朋友？**接近性**（proximity）是一个强有力的预测源。尽管接近也可能诱发敌意，大多数攻击和谋杀都发生在生活在一起的人们中间，但接近性更容易产生喜欢。莱比锡大学的米迪亚·贝克及其同事证实了这一点（Back & others，2008）。他们在第一次班会上给学生随机安排座位，然后让他们每个人对全班进行简短的自我介绍。一年后，学生们报告与那些碰巧就在第一次班会时挨着坐或附近的人有更多朋友关系。

尽管对于那些煞费苦心想搞明白浪漫爱情神秘起源的人来说，接近性这一因素显得微不足道，但是社会学家已经证实，大多数人的婚姻对象是那些和他们居住在相同的小区，或在同一个公司或单位工作，或曾在同一个班里上过课的人（Bossard，1932；Burr，1973；Clarke，1952；McPherson & others，2001）。在皮尤调查公司 2006 年的一项关于已婚或处于长期亲密关系的人的调查中发现，38% 是在工作中或在学校遇到的，剩下的也是因为他们前往居住的社区、教堂或体育馆时经常相遇，或者就是一同长大的伙伴。环顾四周想一想，如果你要结婚的话，他或她也很可能是在你步行可及范围之内居住、工作或学习的某个人。

相互交往

事实上，地理距离并不是关键，功能性距离——人们的生活轨迹相交的频率——才是关键。我们常常与那些共享居住区入口、停车场和娱乐场所的人成为朋友。随机分配到同一宿舍的大学生，当然不可避免地频繁交往，所以他们更可能成为好朋友而不是敌人（Newcomb，1961）。我所在的大学里，男生和女生曾经住在校园的两头，可以理解，他们经常抱怨缺乏异性朋友。现在，他们住在同一宿舍区的不同地方，并共享过道、休闲室和洗衣设备，男生和女生之间的友谊较之前多得多了。这样的交往能使人们寻求彼此的相似性，感受对方的喜爱，并把自己和他们视为同一个社会的单元（Arkin & Burger，1980）。

所以，如果你刚到一个城市而且想交朋友，就尝试一下去租靠近邮筒的房子，坐靠近咖啡壶的桌子，在靠近主要建筑的停车点停车，这些都是帮你建立友谊的基石。

为什么接近会诱发喜欢呢？其中一个原因便是易得性；很显然，我们很少有机会认识一个不同学校的人或住在另一城市的人。但是事实远不限于此，大多数人更喜欢他们的舍友，更喜欢隔壁的人，而不是隔了几个门或是住在楼下，距离刚刚远到令人感到不便的那些人。此外，那些距离接近的人，就像容易成为朋友一样，也容易成为敌人。那么，为什么接近性更容易培育感情而不是滋生仇恨呢？

对相互交往的预期

接近性能使人们发现共性并交换回报。更重要的是，仅仅是对相互交往的预期就可以引发喜欢。达利和伯奇德（Darley & Berscheid，1967）发现了这一点。他们向明尼苏达大学的女生提供一些关于另两位女生的模糊信息，并告诉她们待会儿须与其中的一位进行亲密的交谈。然后问她们对那两名女生的喜欢程度。结果发现，她们更偏好预期与之见面的那位女生。对与一个人约会的预期也能促进喜欢（Berscheid & others，1976）。甚至那些大选中落败方的支持者，也会发现自己对于获胜方——现在是他们的对立方——的看法也有所改善（Gilbert & others，1998）。

这种现象具有适应性的意义。预期的喜欢——期望某人是令人喜爱的和容易相处的——能增加与之建立互惠关系的机会（Klein & Kunda，1992；Knight & Vallacher，1981；Miller & Marks，1982）。我们更喜欢那些经常见面的人是有积极意义的。我们的生活充满了与他人的关系，并不是所有的都是我们能选择的，但我们却必须与他们——室友、兄弟姐妹、祖父母、老师、同学、同事等进行持续的交往。喜欢他们必定有助于和他们建立更好的关系，反过来，这样的关系也造就了更快乐、更有成就的生活。

曝光效应

接近性引发的喜欢不仅是因为接近性能产生相互交往和预期的喜欢，而且还有另一个原因：200 多个实验结果显示，熟悉不会导致轻视。这和一个古老的谚语正好相反。事实上，熟悉诱发了喜欢（Bornstein，1989，1999）。对于各种新异刺激——无意义音节、汉字、音乐片段、面孔——的**曝光**（mere exposure）都能提高人们对它们的评价。虚构的土耳其文字，诸如 *nansoma*、*saricik* 和 *afworbu*，比真正的文字 *iktitaf*、*biwojni* 和 *kadirga* 意味着更好还是更不好的事物呢？密歇根大学的学生接受了罗伯特·扎伊翁茨（Zajonc，1968，1970）的测试，结果显示，他们更加偏好那些出现频率高的单词，看到无意义词语或中国表义文字的次数越多，他们便认为这些字词表示的意思也越积极（图 26–1）。这使我萌发了做一个课堂验证的想法，先是周期性地在屏幕上用动画呈现某些无意义词语，在学期末，学生们对这些"词语"的评价比那些他们从没见过的无意义词语的评价要更积极。

请考虑一下，你最喜欢字母表里哪些字母？不同国家、不同语言和不同年龄的人都偏好他们名字中的字母，以及那些在母语里频繁出现的字母（Hoorens & others，1990，1993；Kitayama & Karasawa，1997；Nuttin，1987）。法国学生把

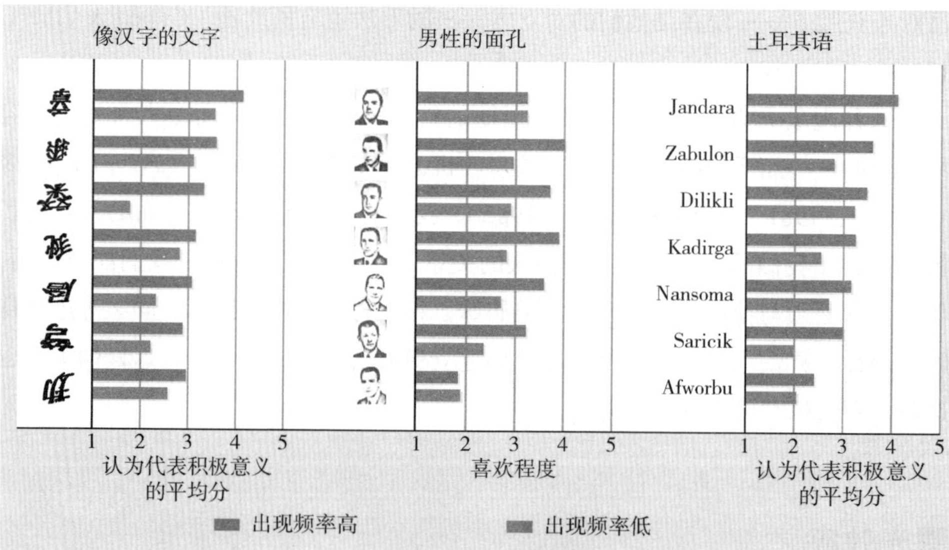

图 26–1

曝光效应。在多次呈现刺激之后，学生们对刺激的评价（此处呈现了样本中的一个）更为积极。

资料来源：From Iajonc, 1968.

大写字母 W 评价为最不喜欢的字母，而 W 正是法语里最不常见的。日本学生不但偏好他们姓名中的字母，而且还偏好与自己生日对应的数字。当然，这种“姓名效应”也不单纯是“曝光效应”的反映——有关内容详见“聚焦：喜欢与自己相关的事物”。

曝光效应违背了我们通常对厌倦（兴趣降低）的预测，即重复听到的音乐和反复吃的食物会引起厌倦（Kahneman & Snell，1992）。除非这种重复是没完没了的（有一句朝鲜谚语：“即使是最好的音乐，听多了也会厌倦”），否则通常它的确会使喜欢增加。当巴黎的埃菲尔铁塔在 1889 年完工时，曾被嘲笑是奇形怪状的东西（Harrison，1977）。而今天，它已变成了巴黎备受喜爱的标志物。

扎荣茨（Zajonc，1998）指出，曝光效应具有“巨大的适应意义”。它是一种可以预定我们的吸引和依恋倾向的“硬件”现象。它有助于我们的祖先把熟悉的或安全的事物，与不熟悉的或不安全的事物区分开来。

当然，曝光效应也有缺点，即我们对陌生人的警惕。这能解释当人们面对那些不同于自己的人时，为什么会产生一种原始的、自动的偏见。害怕或带偏见的感受并不总是刻板印象的表现；有时候，刻板印象是为了对直觉的情感进行辩护而出现的。三个月大的婴儿表现出对自己种族的偏好：当被多个种族的人围绕时，他们会更偏好于盯着他们自己熟悉种族的面孔（Bar-Haim & others，2006；Kelly & others，2005，2007）。

我们也更喜欢以常见的方式展现的自我。在一个有趣的实验中，米塔等人（Mita，Dermer，& Knight，1977）给威斯康星 – 密尔沃基大学的女生拍了照片，随后给她们呈现一张真实的照片和将其做了镜像变换（左右反转）后的照片。研究者询问她们更喜欢哪个形象，结果发现，她们更喜欢那张镜像版的，这是她们习惯的形象（难怪我们的照片看上去从没有觉得完全称心的）。但当给这些女生呈现她们最要好的朋友的照片（同样是两种形式）时，她们报告说更喜欢那张真实的照片，即她们习惯的形象。

广告商和政治家们充分利用了这种效应。即使人们对某一商品或候选人没有什么强烈的感情，仅仅通过简单的重复，也可以增加商品的销量或得票率（McCullough & Ostrom，1974；Winter，1973）。如果一个商品在广告中没完没了地出现，那么，购物者常常会对该商品做出不假思索的、自动化的偏爱反应。如果候选人不为人们所熟悉，那么，一般而言，那些在媒体上曝光最多的候选人更

聚焦：喜欢与自己相关的事物

人总是喜欢自我感觉良好，而且一般来说，我们都是这个样子。我们不但有一种自我服务的倾向（模块4），而且还表现出佩勒姆等人（Pelham，Mirenberg，& Jones，2002）所说的那种固有的自我中心：我们喜欢与自己相关的事物。

这不但包括我们姓名中的字母，还包括潜意识中与自己有关的人、地方和其他东西（Jones & others，2002；Koole & others，2001）。如果描述一个陌生人的脸时用了与描述我们自己的脸相同的特征，我们就会更喜欢这个陌生人的脸（Bailenson & others，2009；DeBruine，2004）。如果一个人在实验中的编号碰巧与我们的生日相同，我们也更会被他吸引，我们甚至还会莫名其妙地更愿意与那个名字中恰巧与我们自己名字中有相同字符（例如都以某个字母开头）的人结婚（Jones & others，2004）。

佩勒姆及其同事报告，这种偏爱会对我们生活中的重大抉择，包括我们的住址、职业等产生微妙的影响。费城（Philadelphia）中名叫Jack的人只是杰克逊维尔（Jacksonville，一个比费城小的城市）城中的2.2倍，但叫Philip的人却是它的10.4倍。同样，弗吉尼亚（Virginia）海滩有更多的人名叫Virginia。

这一现象，是否有可能只是反映了为孩子起名时会受其居住地的影响？是否乔治亚州（Georgia）的居民就更喜欢为他们的孩子取名为George或者Georgia呢？可能是这样的，但这却无法解释为什么各州都相对有更多人的姓氏与州名是相似的。例如在加利福尼亚（California），姓以Cali开头（如Califano）的人占了更大的比例；同样，在加拿大一些主要的城市中，姓与城市名有交迭的人也比想象的多；多伦多（Toronto）就有更多人的姓是以Tor开头的。

此外，很多叫"乔治亚"的女性倾向于搬家到乔治亚州，而叫弗吉尼亚的人则倾向于搬家到弗吉尼亚州。这种迁移特点有助于解释为什么住在圣路易（St. Louis）的人中，姓路易斯（Louis）的人比全国平均数高49%，以及姓希尔、帕克、比奇、莱克或罗克的人大都喜欢居住在城市名包含了他们姓的地方，如帕克城等。佩勒姆等人推测，"市名与自己的姓名相像的城市对人们具有更大的吸引力"。

还有不可思议的，这并非凭空编造，人们好像还偏爱与他们的姓名有关的职业。在美国，杰里、丹尼斯（Dennis）和沃尔特这些名字的普遍程度是相同的（这些名字中的每一个均占总人口的0.42%），然而，在美国的牙医（dentist）中，叫丹尼斯的人却几乎是叫杰里或沃尔特的两倍。叫丹尼斯的牙医也是叫贝弗利或塔米（与其普遍程度相同）的2.5倍。叫乔治（George）或杰弗里（Geoffrey）的人在地学家（Geoscientist，包括地质学家、地球物理学家、地球化学家）中占了更大的比例。在2000年的总统大选中，

> 姓以 B 开头的人大都支持布什（Bush），而姓以 G 开头的人大都支持戈尔（Gore）。
>
> 阅读了基于固有的自我中心的偏爱的文献后，我不得不停笔仔细考虑一下：难道这就是我为什么喜欢去 Fort Mayers 旅行的原因吗？为什么我写了这么多关于心境（moods）、媒体（media）以及婚姻（marriage）方面的文章？为什么我要与 Murdoch 教授合作？如果真是这样，是否也能解释为什么 Suzie 在海边（seashore）卖贝壳（seashell）呢？

容易获胜（Patterson，1980；Schaffner & others，1981）。懂得曝光效应的政治战略家，通常使用简短的广告来代替理由充分的长篇大论，即在广告中突出强调候选人的名字和录音片段等信息。

1990 年，华盛顿州最高法院德高望重的法官基思·卡洛在竞选中输给了一个无名的对手查尔斯·约翰逊，吃的就是这个亏。约翰逊是一个没有名气的律师，负责处理一些情节轻微的刑事案件和离婚案件，他参加竞选的口号是“法官需要被挑战”。两个人都没有开展竞选活动，媒体也没有对这次竞选进行报道。在投票的那天，两个候选人的名字相继出现在选民面前，没有做任何区分。结果，约翰逊以 53% 比 37% 的优势胜出。这个结果令法律界很吃惊，事后，卡洛解释说：“名叫约翰逊的人比叫卡洛的人要多得多。”的确，该州规模最大的报纸统计发现，在当地的电话登记簿中，就有 27 个叫查理·约翰逊的人。还有一个叫查尔斯·约翰逊的地方法官。此外，在邻近的一个城市，有一个电视新闻节目的主持人也名叫查尔斯·约翰逊，他主持的节目在全州的有线电视上都可以看到。因此，在两个陌生的人之间被迫做出选择的时候，大多数选民偏向于选择让人感觉更舒服、更熟悉的名字——查尔斯·约翰逊。

外表吸引力

在约会中，你看重的是对方的哪些特质呢？诚实、美貌、个性、幽默，还是谈吐？智慧的人们并不在意诸如美貌之类的外在特征；他们知道“美丽扎根于内心深处”，而且“你不可以通过封面来判断一本书的好坏”。至少，他们懂得应该如何去感受“美”，正如西塞罗的忠告：“抵制外表”。

要说外貌不重要，其实，那只不过是我们拒绝承认现实对我们的影响的又一个例证而已。因为现在有许多研究都显示：外貌的确是很重要的。外貌的作用，在日常生活中表现出了一致性和普遍性的特点，这的确令人感到不安。然而事实上，美貌的确是一笔财富。

吸引力和约会

不管大家喜欢与否，的确存在这样的事实，那就是：一位年轻女士的外表吸引力可以在一定程度上预测她约会的次数，而一位男性的外表对他约会次数的预测力则要略小一些（Berscheid & others，1971；Krebs & Adinolfi，1975；Reis & others，1980，1982；Walster & others，1966）。而且，相比于男性，更多的女性表示，她们宁愿选择一个相貌平平但很热忱的配偶，而不是一个外表好看却很冷淡的男人（Fletcher & others，2004）。接近 22 万人参与的一项世界范围的 BBC 网络调查表明，男性比女性更多重视配偶的外貌，而女性比男性更重视诚实、幽默感、善良以及可靠（Lippa，2007）。

这是否表明女性，正如很多人所猜测的那样，能更好地遵从西塞罗的忠告呢？或者说，自 1930 年以来就从未发生过变化，那时的英国哲学家罗素（1930，p.139）不这样认为："整体上来说，女人倾向于因性格而爱上男人，男人则倾向于因外表而爱上女人。"还是说它仅仅反映了这样一个事实：约会邀请更常是由男士发出的？如果让女性在不同的男性中选择出她们所喜爱的类型，那么，外貌对于她们来说，是不是像男士那样看重呢？

为了考察男人是否真的更在意外表，研究者分别给男、女学生提供了有关某一异性的一些信息，包括一张照片。或者，研究者简单地介绍一个男人和一个女人相互认识，并询问他们是否有兴趣跟对方约会。这些实验的结果表明，男人的确更在意异性的外表吸引力，与他们在民意调查中反映的相同（Feingold，1990，1991；Sprecher & others，1994）。也许正因为如此，女性才如此在乎自己的外表，进行外科整形的人当中 90% 都是女性（ASAPS，2005）。女性在被问到"右边的人是穿着黑色鞋子吗？"或者被要求回忆某人的穿着或发型时，也能够更好地回忆其他人的外表（Mast & Hall，2006）。

女性同样也会注意男性的外表。哈特菲尔德等人（Hatfield & others，1966）进行了一项大型研究，他们在明尼苏达大学“迎新周”里举办了一个配对舞会，752 名一年级的学生参加了这个舞会。研究者给每个学生都进行了人格和能力测试，然后对他们进行随机配对。在舞会那天晚上，一对对学生跳舞聊天，为时两个半小时。在短暂的间歇中，研究者让他们评价自己的舞伴。人格和能力测验到底在多大程度上能够预测人们的吸引力呢？人们是更喜欢那些具有较高自尊或较低焦虑感的人，还是喜欢那些在性格内向或外向方面与自己不同的人？研究者考察了各种可能性。如果说他们能够非常肯定哪个因素起重要作用的话，那就是个人的外表吸引力（研究者在实验前对参与者的外表吸引力进行了评定）。某位女性外表的吸引力越大，男性就越喜欢她，并且愿意跟她继续约会。同样，男性的外表吸引力也有这样的效果。美貌能使人愉悦。

近年的研究更多从速配活动中收集数据，在这类活动中，人们接连与多个可能的约会对象进行互动，每次互动仅仅持续几分钟。随后要他们指出他们想再次见到的人（彼此都想再见的人才会提供对方的联系方式）。这个程序是基于一项研究结果，即人们在几秒钟的社会行为片段中就可以形成对他人的持久印象（Ambady & others，2000）。保罗·伊斯特维克等人（Eastwick & Finkel，2008a，2008b）关于速配活动的研究表明，男性比女性更重视约会对象的外表吸引力；但实际上，预期的吸引力对男性和女性来说同样重要。

外表甚至还影响了选举，亚历山大·托多洛夫及其同事的一项研究（Todorov & others，2005）说明了这一点。研究者向普林斯顿大学的学生每次展示两张照片，这些照片来自 2000 年以来参选美国国会参议院的 95 名候选人和参选众议院的 600 名候选人的照片，两两配对，结果发现，学生们仅仅依据候选人的外表（喜欢看似有能力的候选人胜过长着娃娃脸的候选人）就正确地猜对了赢家，猜测参议院候选人的正确率是 72%，猜测众议院候选人的正确率是 67%。后续的研究中，奇奥等人（Chiao & others，2008）证实了选举人更偏好长相看起来有能力的候选人。但是性别同样也起作用：男性更可能投票给有外表吸引力的女性候选人，而女性更可能投票给长相亲切的男性候选人。

我们说吸引力很重要，是在假设其他条件都相同的情况下来谈论的。并不是说，任何时候外表的吸引力都比其他任何特质更重要。一些人通过外表来评价他人，另一些人则不是这样（Livingston，2001）。而且，吸引力可能对第一印象的影响最大。当然，第一印象非常重要——随着社会的变动性增大，以及城市化进程的加快，人与人之间的接触越来越短暂，第一印象就显得愈加重要了（Berscheid，1981）。你的 Facebook 个人主页也是从你的头像开始的。

虽然很多面试考官可能并不以为然，但是，吸引力和外表的修饰的确影响着面试时的第一印象（Cash & Janda，1984；Mack & Rainey，1990；Marvelle & Green，1980）。当新产品与有吸引力的发明者相联系时，人们对它的评价也会更高（Baron & others，2006）。这个现象有助于解释为什么有吸引力的人，通常能获得声望较高的工作，能赚更多的钱（Engemann & Owyang，2003；Persico & others，2004）。

罗瑟尔等人（Roszell & others，1990）在加拿大全国范围内进行取样，让面试考官对样本的吸引力进行了五点量表的等级评定（1 表示相貌平平，5 表示非常有吸引力）。结果发现，在吸引力上的得分每增加一个单位，每年平均能多赚 1 988 美金。弗里兹等人（Frieze & others，1991）进行了类似的研究，他们根据照片，对 737 个 MBA 毕业生的外表吸引力进行了五点量表等级评价，结果表明，吸引力得分每增加一个单位，男士可多挣 2 600 美元，女士则可多挣 2 150 美元。

匹配现象

并非人人都能与一位魅力非凡的人厮守终身。人们是怎样结成连理的呢？伯纳德·默斯坦等人（Murstein & others，1986）的研究表明，人们一般与跟自己具有同等吸引力的人结成伴侣。研究表明，夫妻、约会对象，甚至志趣相投者之间的吸引力都表现出了高度的一致性（Feingold，1988；Montoya，2008）。人们选择朋友，尤其在选择终身伴侣的时候，通常倾向于选择那些不仅在智力上，而且在外表吸引力方面都能与自己匹配的人。

很多实验都证实了这种**匹配现象**（matching phenomenon）的存在。在知道对方可以自由地同意或拒绝的情况下，在选择与谁接近时，人们通常会接近那些在吸引力方面与自己大致匹配（或者对方的吸引力高出自己不多）的人（Berscheid & others，1971；Huston，1973；Stroebe & others，1971）。人们寻找那些看起来合心意的人，但同时也清楚自己能多大程度上合别人的心意。正如格雷戈里·怀特（White，1980）在美国加州大学洛杉矶分校进行的有关约会的研究结果表明：外表上的匹配将有利于良好关系的发展和维持。九个月后，那些外表吸引力最为相似的人们，更有可能坠入情网。

也许你会想，有很多夫妻的吸引力并不匹配，但他们却很幸福。在这种情况下，吸引力较差的一方常常具有其他方面的资本，可以对自己的外表进行补偿。每一方都把自己的资本拿到社会市场中，对各自资本的价值进行了合理的匹配。征婚广告充分展示了这种资本交换（Cicerello & Sheehan，1995；Hitsch & others，2006；Koestner & Wheeler，1988；Rajecki & others，1991）。男性通常强调自己的财富或地位，并且希望寻求年轻和有吸引力的女性；女性则相反，例如一则广告这样写道："一位有吸引力、聪明的女子，26 岁，身材苗条，欲觅热情而有稳定工作的职业男士。"那些在广告中强调自己的收入和学历的男性，以及强调自己的年轻和美貌的女性，通常能得到更多的反馈（Baize & Schroeder，1995）。这种资本匹配的现象也有助于解释为什么年轻貌美的姑娘通常会嫁给一个社会地位较高的年长男人（Elder，1969；Kanazawa & Kovar，2004）。

外表吸引力的刻板印象

这种外表吸引力效应是否完全来源于性的吸引力？显然不是！休斯顿和布尔（Houston & Bull，1994）让化妆师为一个实验助手整容，使得实验助手的脸上看起来有一道明显的疤痕，或青肿，或有胎记。在格拉斯哥客运地铁线上，当这位助手以丑陋的面貌出现时，不管是男性还是女性，都不愿意坐在她旁边。研究者还发现，就像成人喜欢有吸引力的成人一样，小孩之间的喜爱也受到外表吸引力的影响（Dion，1973；Dion & Berscheid，1974；Langlois & others，2000）。通过考察婴儿注视他人的时间，研究者发现，即便是婴儿也偏爱有吸引力的面孔（Langlois & others，1987）。

成人在对儿童的态度中也显示出了相同的偏好。克里福德等人（Clifford & Walster，1973）在密苏里州做了一个实验，他们给五年级的老师提供了有关某个男孩或女孩的信息，并且附有照片。这些信息的内容相同，但是照片却分为有吸引力和无吸引力两种。在相同的信息之下，老师们倾向于认为那些有吸引力的孩子在学习上更聪明、更成功。让我们来想象一下，你正在负责监管操场，必须训练一个很不守纪律的孩子。你是否会像卡伦·戴恩研究中的女性那样，对那些没有吸引力的孩子表现出更少的热情和关注？令人遗憾的现实是所谓的“巴特·辛普森效应”——大多数人都认为，长相一般的孩子，他们的才干和社交技能都不如那些漂亮的同龄人。

而且，我们也以为漂亮的人拥有社会所需的某些其他特质。虽然漂亮并不一定让人联想到正直或关心他人，然而，在其他各方面条件都相同的情况下，我们仍会猜测漂亮的人会更快乐、性感热情，更开朗、聪明和成功（Eagly & others，1991；Feingold，1992b，Jackson & others，1995）。

综上所述，这些研究结果表明，存在**外表吸引力的刻板印象**（physical-attractiveness stereotype）：美的就是好的。孩子很小的时候，通过听成人给他们讲故事等方式，就开始形成了这种刻板印象。白雪公主和灰姑娘是美丽的——也是善良的。女巫和继母是丑陋的——同时也是邪恶的。“如果你想得到某个非本家庭成员的爱，那么，长得漂亮可以助你一臂之力”，一个八岁的女孩会这样猜测。当问一个幼儿园里的女孩美丽意味着什么时，她回答说：“就像小公主那样，人人都喜欢你”（Dion，1979）。让我们想想备受公众爱戴的黛安娜王妃和遭受责难的查尔斯王子的第二任妻子卡米拉，就更能理解这种现象了。

既然外表吸引力如此重要，那么，永久地改变一个人的外表，就将会改变人们对待他的方式。但是，改变一个人的外貌是否合乎道德？整形外科医生和正牙医生每年都要给上百万的人做手术。牙齿变得整齐洁白，头发再生、染色，拉紧面部皮肤，去除多余脂肪，以及隆胸、使胸部坚挺或者减小等等，是否在经历过这样的改变之后，多数原本对自己不满意的人都会感到满意了，尽管一些不快乐的人们还在寻求重复性的治疗（Honigman & others，2004）。

为了检验整容的效果，迈克尔·卡利克（Kalick，1977）对哈佛的学生做了一个实验，他让学生们看八位女士整形手术前后所拍摄的侧面照片，然后对她们进行评价。结果表明，学生们不仅认为女士们手术后的外表更有吸引力，而且也认为她们更善良、更敏锐、更性感热情、更有责任感、更讨人喜欢等等。

第一印象形成的速度非常快，它对思维的影响也非常大，这就是美丽意味着成功的原因。即使呈现时间只有 0.013 秒——短暂得不可能使被试看清所呈现的面孔——但却足以使他们猜测其吸引力（Olson & Marshuetz，2005）。研究者进一步发现，当要求被试对随后呈现的词语进行“好”与“坏”的分类时，那些事先被呈现具有吸引力面孔的被试，对“好”的词语反应得更快。人们迅速感知到美，并启动了积极的加工过程。

漂亮的人是否真的具有让人满意的特质呢？多少个世纪以来，科学家们的确这样认为，他们一直尝试确定某些能预测犯罪行为的身体特征（游动的目光，瘦削的下巴）。另一方面，是否如同列夫·托尔斯泰所说，这是“一个奇怪的错觉……认为美的就是好的”？然而，有时候这种刻板印象的确得到了事实的证明。研究表明，有吸引力的孩子和青年，在某种程度上来说，他们不那么拘谨、更加外向，而且社交技能更好（Feigold，1992b；Langlois & others，2000）。戈德曼和刘易斯（Goldman & Lewis，1977）的研究也证明了这一点。他们让佐治亚大学的 60 名男生每人跟 3 位女生分别在电话里聊 5 分钟。之后，男生和女生都对和自己聊天的人进行评价，他们都没有见过对方。结果，被评为最具外表吸引力的人，是那些最有社交技能和最讨人喜欢的人。外表有吸引力的个体，也往往更受欢迎，更外向，更具典型的性别特征（如果是男性，则更有传统的男子气概；如果是女性，则更有传统的女人味）（Langlois & others，1996）。

有吸引力的人和无吸引力的人，他们之间的微小差异很可能来源于自我实现的预言。有吸引力的人通常更受重视，更讨人喜欢，并且，大多都因此而变得更自信（回顾模块 8 中的实验，男士对没见过面，但被他们认为是很有吸引力的女士，做出了热情的回应）。这样看来，影响你社交技能的关键，并不在于你看起来怎样，而在于别人怎样看待你，以及你对自己的感觉怎么样——你是否接纳自己，喜欢自己，自我感觉良好。

谁具有吸引力

我曾经把吸引力描述成一种像身高那样的客观特征，某些人拥有的多些，而某些人拥有的少些。但严格说来，吸引力指的是，无论何时何地，人们所发现的任何具有吸引性的特征。当然，这是有所变化的。世界小姐的选美标准就不可能适用于世界上的所有人。在不同的地方或不同的时代，人们会给鼻子穿孔、拉长脖子、染发、文身、疯狂地吃东西以使自己变得性感，或节食使自己变得苗条，用皮外衣包裹自己使胸部看起来小些，或使用硅胶和填充乳罩使胸部看起来大些，等等。资源匮乏、贫穷和饥饿的人们就会认为丰满更具吸引力；而物质条件富足的人则认为美丽等于苗条（Nelson & Morrison，2005）。此外，在关系更多决定于亲缘关系或社会安排而非个人选择的文化中，吸引力对生活的影响就会减弱（Anderson & others，2008）。尽管有这么多的变化，但是朗格卢瓦等人（Langlois & others，2000）认为，对于“谁有吸引力和谁没有吸引力这个问题，在同一文化内部或不同文化之间，仍然存在强有力的共识。”

但是，具有讽刺意味的是，真正的吸引力其实就是完美的平均（Rhodes，2006）。得克萨斯大学的朗格卢瓦等人（Langlois & Roggman，1990，1994）以及利特尔等人（Little & Perrett，2002）所领导的研究小组，与圣安德鲁斯大学的研究者合作，他们对大量的面孔进行了数字化处理，并用计算机对它们进行了平均。结果毋庸置疑，与几乎所有的真实面孔相比，人们认为合成的面孔更具有吸引力。也有研究表明，人们认为具有吸引力的面孔比不具有吸引力的面孔更加相像（Potter & others，2006）。变平凡的方法要比变漂亮多得多。哈伯斯塔特（Halberstadt，2006）认为，对于人类和动物来说，平均的面孔最能体现原型（也就是典型的男人、女人、狗或者任何生物），因此大脑更易于处理和分类这种面孔。也就是说，完美的平均对于眼睛（和大脑）来说都是容易识别的。

由计算机平均出来的面孔也趋向于完美的对称——这是具有吸引力，而且也是非常成功的人所具有的另一个特征（Brown & others，2008；Gangestad & Thornhill，1997）。由罗兹等人（Rhodes，1999，2006）带领的研究小组发现：如果你能把你的任意半边脸与它的镜像结合——这样就形成了一个完美对称的新面孔——那么你的外貌特征就会有些许的改善。如果把多个这样对称的面孔再加以平均，你就会得到一个更加漂亮的面孔。

演化与吸引力

持演化观的心理学家用繁殖策略来解释这些性别差别（模块 13）。他们认为，从生物学的角度来看，美丽其实反映了一些重要的信息：健康、年轻和富于生殖能力。逐渐地，那些喜欢看起来富有生殖能力女性的男性所繁衍的后代，超过了那些乐意与绝经后女性交配的男性所繁衍的后代。戴维·巴斯（Buss,1989）相信，这可以解释为什么他所研究的 37 种文化中的男性——从澳大利亚到赞比亚——都的确更喜欢那些能显现生殖能力的女性特征。

进化心理学家也认为演化使女性预先就更偏好那些能够“提供和保护资源”的男性特征。难怪外表有吸引力的女性倾向于嫁给地位高的男性，也难怪男性都决心相互竞争以获得名誉和财富来显示自己的地位。诺曼·李等人（Norman Li & others，2002）报告说：在挑选伴侣时，男性希望女性要有适度的外表吸引力，而女性则希望男性拥有地位和财富，但两性都喜欢有爱心的人和聪明的人。

在排卵期，女性会更加喜欢那些具有高度男性化特征的男性（Gangestad & others，2004；Macrae & others，2002）。研究发现，年轻女性在排卵期比非排卵期倾向于穿着更暴露。另一个研究发现，排卵期的脱衣舞女平均每小时的小费是 70 美元，是那些处于月经期的脱衣舞女小费的 2 倍，后者为每小时 35 美元（Miller & others，2007）。

因此，在所有的文化中，美容业都是一个巨大而且不断增长的产业。亚洲人、英国人、德国人和美国人，要求做美容手术的人都在飞速增长。比弗利地区现在的美容医师也已经是儿科医师的两倍多了（*People*，2003）。富有的人们会对其缺损或脱色的牙齿进行整形和美白。越来越多的那些有着很多皱纹和松弛肌肉的人也是如此。

进化心理学家认为，我们是被原始的吸引力所驱动的。就像吃饭和呼吸一样，吸引力和婚配对我们来说是如此的重要，它不可能归结为文化的偶然现象。

比较效应

虽然我们的婚姻心理有其生物学的一面，但是吸引力并不只是取决于生物特性。什么对你是有吸引力的？这还取决于你自己的比较标准。

肯里克和古铁雷斯（Kenrick & Gutierres，1980）让他们的男性助手进入蒙大拿州立大学的男生宿舍，向学生解释说：“我们的一个朋友这个星期要来，我们想给他介绍个女朋友，但是我们又不能确定，这个女生到底适不适合与他约会，所以我们想征求你的意见……想请你在一个 7 点量表上进行评价，评价一下这个女生的吸引力。”然后，研究者向男生呈现了一张普通的年轻女性的照片，结果发现，那些刚刚看过了《查理的天使》（一部描述三位漂亮女性的电视剧）的男生，比那些没有看过这部电视剧的男生对这个女生的评价要低。

实验室研究也证实了这种“对比效应”。对于那些刚刚看过杂志中裸体照片插页的男性而言，普通女性，甚至他们妻子的吸引力都会减小（Kenrick & others，1989）。观看诱发强烈性欲的色情电影同样也会降低对自己伴侣的满意度（Zillmann，1989）。性唤起可能暂时地使异性看起来更具有吸引力。但是，观看完美得可以打 10 分的或非现实的性描写所产生的持续影响，会使伴侣吸引力降低——更有可能被评为 6 分而不是 8 分。

对比效应同样也在我们的自我知觉过程中起作用。看到一个魅力非凡的同性之后，人们会觉得自己缺乏吸引力，而观看一个相貌平平的同性之后，我们不太会产生这种感觉（Brown & others，1992；Thornton & Maurice，1997）。这种现象对于女性尤为明显。男性在男性杂志中看到雕塑般的肌肉发达的男性身体之后也会产生无能感（Aubrey & Taylor，2009）。但是社会比较效应还是在女性中最突出。看到其他健康和有吸引力的女性会导致对自己身体的不满之感，这种不满会使女性对于其他有吸引力女人的出现非常敏感，也会因此感到泄气（Trampe & others，2007）。

我们所爱之人的吸引力

让我们以一种乐观的态度来结束我们对吸引力的讨论吧。我们不仅会认为有吸引力的人很讨人喜欢，而且会认为讨人喜欢的人也很有吸引力。也许你会想起，当你越来越喜欢一个人时，他对你的吸引力也会不断上升。而他们外表上的不完美也就不那么明显了。格罗斯和克罗夫顿（Gross & Crofton，1977；参见 Lewandowski & others，2007）让学生先阅读关于某人讨人喜欢或不讨人喜欢的人格描述，然后再看这个人的照片。结果发现，那些被描述为热情、乐于助人和善解人意的人看起来会更有吸引力。那么“心美亦貌美”就确实存在。研究发现，发现别人与我们自己有相似点似乎会使这个人看起来更吸引人（Beaman & Klentz，1983；Klentz & others，1987）。

此外，还有情人眼里出西施的现象：当一个女孩爱一个男孩时，她就会觉得他的外表越来越有吸引力（Price & others，1974）。而且，人们爱得越热烈，他们就越不觉得任何其他异性吸引人了（Johnson & Rusbult，1989；Simpson & others，

1990)。“草坪的另一边可能更绿”,米勒和辛普森(Miller & Simpson,1990)说,“但快乐的园丁却很少能注意到。”漂亮，在某种程度上的确只是旁观者的眼睛所见。

相似性与互补性

从以上的讨论来看，人们可能会认为列夫·托尔斯泰完全正确:“爱依赖于……频繁的接触，依赖于彼此的发型，依赖于服饰的颜色和款式。”但是，当人们逐渐了解对方以后，其他的因素也会影响到熟人是否可以变成朋友。

物以类聚吗

对于这一点，我们可能深信不疑：物以类聚，人以群分。朋友、订婚的情侣以及夫妻，会比那些随机配对的人更可能拥有相同的态度、信仰和价值观。此外，丈夫和妻子间的相似性越大，他们就越幸福而且越不容易离婚(Byrne，1971；Caspi & Herbener，1990)。这种相关关系是有趣的，但是它们之间孰因孰果却还是个谜。到底是相似性导致了喜欢，还是喜欢导致了相似呢?

相似产生喜欢

为了弄清楚相似性与喜欢之间的因果关系，我们做了一个实验。想象一下：在一次校园聚会里，劳拉和莱斯、拉里一起就政治、宗教和个人好恶讨论。她和莱斯发现，他们几乎对所有事情的观点都是一致的，而她和拉里只在少数观点上一致。之后,她回忆说:“莱斯真的很聪明……而且很可爱……希望我们能再见面。”在实验里，唐·伯恩(Byrne，1971)和他的同事抓住了劳拉体验的实质。他们一次又一次发现，当某人的态度与你自己的越相似时，你就会越喜欢他。相似性产生喜爱，这不仅对于大学生，而且对于儿童和老人，对于不同职业以及不同文化的人也都适用。当他人的想法与我们的相似时，我们不仅会赞赏他们的态度，而且会推断他们的性格也很好(Montoya & Horton，2004)。

这种“相似性导致喜欢”的效应已经在现实生活情境中得到验证。在密歇根大学，纽科姆（Newcomb，1961）研究了两组转学的男生，每组 17 人，他们彼此不认识。但在共同度过了 13 周的寄宿公寓生活后，那些一开始就表现出高度相似性的男生更容易成为亲密的朋友。研究发现，其中一组朋友包括 5 个文科生，他们的政治观点都很自由，也都很聪明；另一组朋友由 3 个保守而老练的人组成，他们都是工学院的学生。

巴斯顿和埃姆伦（Buston & Emlen，2003）对近 1 000 名与大学生年龄相仿的人进行了调查，他们发现：人们渴望相似伴侣的愿望远远强于渴望漂亮伴侣的愿望。外表漂亮的人也寻求外表漂亮的伴侣。有钱的人也想找到有钱的伴侣。家庭观念强的人当然也渴望有一个家庭型的伴侣。

对于新婚夫妻的研究表明，相似的态度、特质和价值观使双方走到了一起，而且相似性还能预测他们婚姻的满意度（Gaunt，2006；Gonzaga & others，2007；Luo & Klohnen，2005）。心理学家发现，这就是互联网征婚网站的基础，将征婚者根据幸福伴侣的特点——相似性进行匹配（Carter & Snow，2004；Warren，2005）。所以，相似性产生了满足感。物以类聚，的确如此。当你发现某个独特的人与你拥有相同的想法、价值观和愿望时，当你发现心心相印的伴侣与你喜欢一样的音乐、一样的活动甚至一样的食物时，你就会更确信这一点。

对立引发吸引吗

我们不是也会被这样的人吸引吗？他们在某些方面与我们不同，但又与我们的某些人格特质互补。我们受到那些有着不同气味的人的吸引，这种基因上的差异避免了近亲繁殖以及后代出现免疫系统缺陷的问题（Garver-Apgar & others，2006）。但是态度和行为特点呢？研究者考察了这个问题，他们不但比较了朋友和配偶们的态度和信念，而且还比较了他们的年龄、宗教信仰、种族、吸烟行为、经济水平、受教育程度、身高、智力以及外貌。在所有这些方面乃至更多的方面，相似性仍然是主导因素（Buss，1985；Kandel，1978）。聪明者聚在一起。同样，富裕的、同样教派的、高大的、美丽的也各自聚在一起。

但我们仍然要问：我们真的就不会被那些需要和人格品质正好与我们互补的人吸引吗？一个虐待狂和一个受虐狂在一起能否找到真爱呢？甚至《读者文摘》

都告诉过我们："对立相吸……爱社交的人与不爱社交的人配对，求新猎奇的人与不愿变化的人配对，挥金如土的人和节俭的人配对，冒险的人与谨小慎微的人配对"（Jacoby，1986）。社会学家罗伯特·温奇（Winch，1958）解释说，一个外向的、具有支配性的人的需要，正好和腼腆的且喜欢服从的人是天作之合。这个逻辑看起来是很有说服力的，我们中的大部分人都会把夫妻之间的差异看做一种互补："我的丈夫和我是天生的一对。我是水瓶座的，坚决果断；他是天秤座的，优柔寡断。但他总是乐意遵从我所作的安排。"

某些方面的**互补性**（complementarity）的确可以促进关系的改进（即使是两个同卵双生子之间的关系）。然而，人们似乎更倾向于喜欢并和那些在需求和人格方面相似的人结为夫妻（Botwin & others，1997；Buss，1984；Fishbein & Thelen，1981a，1981b；Nias，1979）。也许某一天，我们会发现一些方法（除了异性相恋之外）能使差异产生喜欢。支配性和被支配性也可能会是其中的一种（Dryer & Horowitz，1997；Markey & Kurtz，2006）。我们通常不会认为，那些表现出与我们自己相同的不好特征的人是有吸引力的（Schmiel & others，2000）。研究者戴维·巴斯（1985）对互补性提出了质疑："除了性别因素以外，因彼此拥有对立的特征而结婚或同居的倾向……从来就没有得到过有效的证实。"

喜欢那些喜欢我们的人

有了后见之明，回报原则能解释我们目前已经知道的结论：

- 接近性能够带来报偿。从与近邻和同事的关系中获得友谊的好处，所需付出的时间和精力都较少。
- 我们喜欢有吸引力的人，因为我们觉得他们会具备其他一些我们所期望的品质，与他们结交能使我们获益。
- 如果他人的观点与我们的观点相似，我们会觉得得到了回报，因为我们假定他们也喜欢我们。而且，与我们持有相同的观点，会使得我们更加确信这些观点是正确的。我们尤其喜欢那些被我们成功说服、从而开始认同我们观点的人（Lombardo & others，1972；Riordan，1980；Sigall，1970）。

- 我们喜欢被人喜欢和被人爱。因此，喜欢常常都是相互的。我们喜欢那些喜欢我们的人。

但是，一个人喜欢另一个人就可以使对方反过来也欣赏自己吗？一份人们讲述自己如何坠入情网的报告给予了肯定的回答（Aron & others，1989）。发现一个有魅力的人真的喜欢你，似乎能唤起一种浪漫的情感。实验研究证实了这一点：告知某些人他们被别人喜欢或仰慕时，他们就会产生一种回馈的情感（Berscheid & Walster，1978）。而且，一项速配研究也表明，当某些人尤其喜欢你而不是别人时，这种情感回馈会更好（Eastwick & others，2007）。

来看看伯奇德及其同事（Berschieid & others，1969）研究的发现吧：参与者更喜欢那个在八个项目上都对他们做积极评价的学生，而不太喜欢那个在七个项目上对他们做积极评价、一个项目上做消极评价的学生。我们对最微弱的批评暗示都是十分敏感的。作家拉里・金曾多次强调了否定的作用："多年来，我发现了一个令人奇怪的现象，积极的评价无法总让作者产生好的感觉，而消极的评价则总会让他产生坏的感觉。"

无论我们评价自己，还是评论别人，消极信息都占了更大的权重，这是因为，较之于积极信息，消极信息更不寻常，也更能抓住人们的注意力（Yzerbyt & Leyens，1991）。人们在大选投票时，更容易被总统候选人的弱点而不是优点所左右（Klein，1991），这是那些为竞选对象做消极设计的人从未放弃利用的一种策略。

很久以前我们就认识到，我们喜欢那些我们认为是喜欢我们的人。从古代哲学家希卡托（"如果你希望被别人爱，那你就去爱别人吧"）到爱默生（"拥有朋友的惟一方法就是成为别人的朋友"），再到戴尔・卡内基（"慷慨地去赞美别人吧"），都预见了我们的发现。他们所不能预见的是这一规律起作用的精确条件。

自尊和吸引

哈特菲尔德（Walster，1965）想弄清楚在我们四面楚歌时，别人的支持是否显得尤为珍贵，正如斋戒之后的进食是最好的奖赏一样。为了验证这一想法，她先给斯坦福大学的女生进行了人格分析，划分出令人非常愉悦的人，让人感到不快的人。通过这种办法，研究者肯定了一部分人，而否定了另一部分人。然后，要求她们评价几个人，其中包括一个很有魅力的男性，他正好在实验之前曾与每个女生有过热情的聊天，并邀请每个女生去约会（无一人拒绝）。你猜哪些女生最喜欢这位男士呢？答案恰恰是自尊心刚刚遭受了暂时打击并极为渴望获得社会承认的那些人。（实验之后，哈特菲尔德花了近一个小时的时间去解释这个实验，并且和每位女生进行了交谈。她报告说，后来没有一个人因自尊受到短暂的打击而烦恼或影响正常约会。）

接近性、外表吸引力、相似性和被喜欢，它们都是已知的能够影响我们友谊形成的因素。有时，友谊能够发展为激情和爱的亲密关系。什么是爱情？为什么有时爱情之花能绽放，而有时又会凋谢呢？为了回答这些问题，我们首先需要理解我们深层的归属需求。

我们的归属需要

亚里士多德将人称为“社会性动物”。确实，我们有一种强烈的**归属需要**（need to belong）——与他人建立持续而亲密关系的需要。

社会心理学家罗伊·鲍迈斯特和马克·利里（Baumeister & Leary，1995）阐释了社会吸引的力量，而这种力量正是源于我们的归属需要。

- 对我们的祖先而言，只有相互依存才能使族群得以生存。当狩猎或搭棚时，众人共同协作要比一个人单干更好。
- 对男性和女性而言，因爱结合而有了孩子，随后，父母相互支持，共同抚养，孩子才得以成长。
- 对孩子和养育者而言，社会性依恋促进了他们的共存。如果毫无理由地将他们分开，养育者和孩子都会感到恐慌，直至重新团圆。忽视孩子或将孩子置于无人关心的机构中，孩子就会伤心而焦虑。
- 对大学生来说，人际关系占据了生活的大部分。人们清醒时的许多时间都是与别人一起度过的。一项样本达 10 000 人的研究（利用便携式录音机录下学生清醒时半个小时的片段）发现，他们所花时间的 28% 都是与他人在一起的，这还不包括他们聆听他人谈话的时间（Mehl & Pennebaker，2003）。2008 年，美国 13~17 岁的青少年平均每月收发短讯 1 742 条（Steinhauer & Holson，2008）。

- 对世界各地的人们（无论其性取向如何）而言，之所以有丰富的思想和多彩的情绪，正是因为那些真实和想象的亲密关系。如果有一个能提供精神支持、可相互信赖的伴侣，我们就会感到被接纳和被赞许；坠入情网，人们会感到抑制不住的愉悦。与伴侣、家人和朋友关系良好时，我们情感关系状况的指标——自尊就会保持较高的水平（Denissen & others，2008）。正是因为人们渴望被接纳和被爱，所以才会在化妆品、服装和塑身上有巨额花费。即使那些显然被冷落的人，也会在接纳中感到愉悦（Carvallo & Gabriel，2006）。
- 被流放的人、坐牢的人或被单独监禁的人，总是会想念他们的亲人和故土。人们被拒绝时，就会感到抑郁（Nolan & others，2003），会觉得生活乏味，度日如年（Twenge & others，2003）。当询问他们进入大学校园三个月之后的感受，许多留学生和恋家的本地学生一样，都觉得幸福感降低了（Cemalcilar & Falbo，2008）。
- 失恋的人、丧偶的人以及旅居异乡的人，会因为丧失社会联系而变得痛苦、孤独或孤僻。失去精神上的伴侣，人们会变得嫉妒、发狂或产生剥夺感，会对死亡和生命的脆弱变得更加敏感。换了新的环境，人们特别是那些有着强烈归属需要的人通常会思乡（Watt & Badger，2009）。
- 死亡会提醒我们重视归属需要，重视与他人的关系并与我们所爱的人保持亲密（Mikulincer & others，2003，Wisman & Koole，2003）。面对“9 · 11”恐怖袭击，数以百万的美国人都与自己心爱的人通了电话。同样道理，同学、同事或家庭成员的突然死亡也会使人们之间的关系得到加强，无论他们曾经有过怎样的分歧。

我们确实是社会性动物。我们需要归属于某一群体。跟其他的动机一样，阻碍归属的需要只会更增强这种需要，而满足这种需要就会降低这种动机（DeWall & others，2009）。当我们有所归属时——当我们感到被一种亲密的关系所支持时——我们会更加健康和快乐。满足归属需要，并与另外两种人类需求（自主感和能力感）保持平衡，一般就会带来深深的幸福感（Deci & Ryan，2002；Patrick & others，2007；Sheldon & Niemiec，2006）。幸福感是感觉与人保持联系，自由以及有能力。

社会心理学家基普林·威廉斯（Williams，2002，2007）考察了归属需要被排斥行为（拒绝或忽视的行为）阻碍时的结果。研究发现，所有文化中的人们，无论在学校、工作场所还是家庭中，都会使用排斥来调节社会行为。那么，被故意回避——避开、转移视线或默然以对——是一种什么滋味呢？人们（尤其是女性）对排斥的反应常常是抑郁、焦虑、感到情感被伤害并尝试努力修复关系，以致最后陷入孤僻。从家庭成员或同事那里遭受这种沉默对待的人，都会认为这种对待是一种"情感上的虐待"，是一种"非常非常可怕的武器"。在实验中，那些在一个简单的球类投掷游戏中被忽略的人们，也感到了挫折和沮丧。

有时被小瞧也会令人厌恶。在几项研究中，温格等人（Twenge，2001，2002，2007；Dewall & others，2009；Leary & others，2006）给一些人提供社会接纳的体验，而另一些人则体验社会排斥：他们（根据一项人格测验）被告知"要注定一生孤独"，或者遇到的人都不愿意接纳他们加入自己的团体。结果发现，这些被诱发排斥感的被试，不但表现出更多的自我挫败行为，比如在能力倾向测验中表现不佳，而且还更可能对自己的行为失去控制（不喝那些有益于健康但口味欠佳的饮品，却过量食用不益于健康但美味的饼干）。他们变得更容易对那些曾经得罪过自己的人进行贬损或抱怨。一段实验室中的小小经历都能引发如此强烈的攻击行为，这使得研究者更想知道，"一系列重要的拒绝或长期的排斥又会导致怎样的攻击倾向？"

威廉斯等人（Williams & others，2000）惊讶地发现，即使在虚拟世界中，被一个永远不可能见面的人拒绝，也会引起挫折感。（或许你有过在聊天室里被忽视或发出的电子邮件石沉大海的经历。）研究者从62个国家招募了1 486名参与者，让每个参与者与另外两人一起玩一种网络飞碟游戏（另外两人实际上是电脑模拟的）。结果，那些遭到另外两人排斥的参与者感到情绪低落，并且在完成随后的知觉任务时，也更容易服从他人的错误判断。一项研究发现，排斥的伤害对焦虑的人群来说最持久，甚至不被讨厌的外群体——澳大利亚KKK的成员喜欢也会使他们受到伤害（Gonsalkorale & Williams，2006；Zadro & others，2006）。

威廉斯和他的同事（Williams & others，2000）甚至还发现，若其中四人约定，某天他们都不理睬某人，则那个人也会感到因受排斥而带来的压力。他们原以为，这应该是一个很好玩的角色扮演游戏，但事实与之相反，模拟的排斥情境也会使工作中断，妨碍令人愉快的社会功能的产生，甚至“引起暂时的担忧、焦虑、偏执和通常的精神衰弱”。这与人们期望要去参加一个充满欢声笑语的角色扮演游戏时的反应正好相反。可见，内心深处的归属需要得不到满足，就会使我们感到不安。

被排斥的人，其大脑皮层的某个区域活动增加，而这部分脑区同样也是对躯体创伤做出反应的脑区。其他关于人类和其他动物的证据也证实了社会性疼痛和躯体疼痛的一致性（MacDonald & Leary，2005）。

在一项实验中，当让参与者回忆他们遭遇社会排斥的经历——比如被单独留在寝室而其他人外出——甚至都会让他们感知到的室内温度比那些被要求回忆社会接纳经历的参与者低 5 度（Zhong & Leonardelli，2008）。这样的回忆很容易完成：因为人们记住和再体验过去的社会性疼痛都要比过去体验的身体疼痛更容易（Chen & others，2008）。被排斥，看来是一种真正的创伤。

罗伊·鲍麦斯特（Baumeister，2005）在拒绝研究中发现了一线希望，当近期有过被拒斥经历的人再获得一个与新朋友交往的可靠机会时，他们“似乎愿意并渴望交往。”他们更容易注意微笑的、赞同的面孔（DeWall & others，2009）。被拒斥的经历也会导致人们无意识中增加了对他人行为的模仿，以此来建立与他人的联系（Lakin & others，2008）。鲍麦斯特认为，要在社会水平上满足归属需要应该有所付出。

> 我从事社会学研究的同事指出，感到受排斥的少数群体也会表现出很多与我们实验室操纵引发出的相同的反应模式。例如：较高的攻击性和反社会行为，合作和服从规范的意愿降低，智力表现不佳，更多自我毁坏行为，短时注意不集中，等等。如果能营造一个更具包容性的社会，人们在其中能感到自己是作为有价值的人被接纳的，这些不幸的生活模式可能就会减少。

模 块

27

爱的罗曼史

什么是爱情？激情之爱能否持久？如果不能，那么什么可以取代它？爱情比喜欢更复杂，因而也就更难进行测量和研究。人们渴望爱情，为它而生，因它而死。然而直到近二三十年，爱情才成为社会心理学中一个重要的研究领域。

大多数投身于这一领域的学者都研究了最容易研究的一个方面，即陌生人之间短暂接触时所做出的反应。那些影响起初我们对他人喜爱与否的因素，如接近性、吸引力、相似性、他人是否喜欢自己以及其他一些回报性的特质，也会影响到我们长期、亲密的关系。约会双方会很快形成对对方的最初印象，这就为他们之间的长期交往提供了基本线索（Berg，1984；Berg & McQuinn，1986）。的确，如果北美人的爱情的发生是随机的，而不考虑接近性与相似性等因素的话，那么就会有很多天主教徒（属于少数群体）与基督教徒结婚，就会有很多黑人与白人结婚，而大学生与大学生结婚的可能性，应和与高中辍学者结婚的可能性相当。

因此，第一印象十分重要。但是，长期的爱情并不仅仅是初时好感的延续和增强。于是，社会心理学家们转而开始研究持久、长期的亲密关系，而不再将研究兴趣只局限于初次相遇所体验到的吸引力。

激情之爱

对爱情进行研究，也同研究其他主题一样，第一步就是要决定如何对爱情进行界定和测量。我们有很多方法，用以测量攻击、利他、偏见和喜好。但是，怎样测量爱情呢？

勃朗宁夫人在她的诗中写道："我是怎样地爱你？让我逐一细算。"社会科学家们列举了几种方式。心理学家罗伯特·斯腾伯格（Sternberg，1998）认为爱情是个三角形，这个三角形的三边（不等长）分别是：激情、亲密和承诺（如图 27-1）。

有些元素是所有的爱情关系都共有的，如相互理解、相互扶持，以爱人的陪伴为乐等等。有些元素则具有特定性。如果我们经历的是激情之爱，那么我们就会通过身体来表达这种爱，我们期望这种关系具有排他性，我们还对自己的伴侣非常着迷。外人可以通过我们的眼睛看出这一切。

鲁宾（Rubin，1973）的研究支持了这一点。他对几百对密歇根大学的情侣施测了一份爱情量表。随后，他又通过设置在实验等候室的单向玻璃，观察并记录了热恋和非热恋的情侣的目光接触时间。结果并不出人意料：热恋的情侣会长

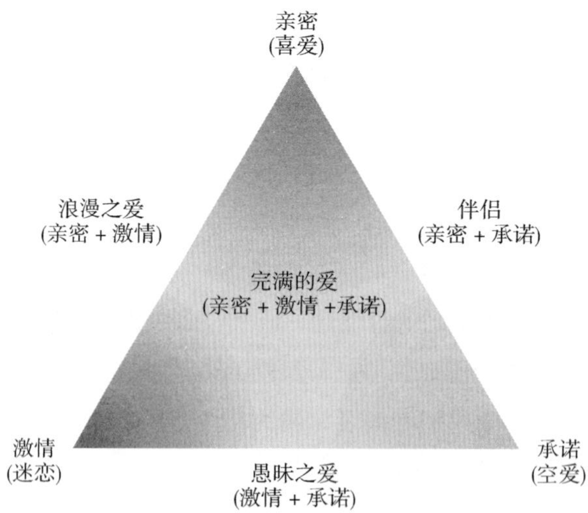

图 27-1

斯腾伯格（1988）的爱情三成分理论。

时间地注视对方的眼睛。冈萨格等（Gonzaga & others，2001）对情侣们进行的观察也表明，当情侣们交谈时，热恋的情侣还会互相点头致意、自然地微笑，或是轻轻倚在对方身上。

激情之爱（passionate love）是情绪性的、令人兴奋的、强烈的爱。哈特菲尔德（Hatfield，1988）把激情之爱界定为“强烈渴望和对方在一起的一种状态”（p.193）。对满怀激情之爱的一方而言，如果对方对自己的热情做出了回应，那么他就会感到满足而快乐；如果对方对自己的热情没有做出回应，他就会觉得空虚而绝望。就像其他激动的情绪一样，激情之爱也包含着情绪的急转突变，忽而兴高采烈，忽而愁容满面；忽而心花怒放，忽而伤心绝望。

关于激情之爱的理论

为了解释激情之爱，哈特菲尔德指出，任何一种既定的生理唤醒状态最终都可以被归结为某种情绪，究竟被归结为哪一种情绪，取决于我们对这种唤醒状态如何进行归因。每一种情绪都包含着身体和心理反应，既有生理唤醒，还有我们如何诠释和标识这一生理唤醒。想象一下，你现在正心跳剧烈、双手发抖：你是在经历恐惧？焦虑？还是喜悦？从生理上讲，这些情绪很相似。当你处在愉快的环境中时，你就可能把这种生理唤醒体验为喜悦；而当你处于充满敌意的环境中时，你可能把这种生理唤醒体验为愤怒；而假如你正处在浪漫的情境中，你就可能把这种生理唤醒体验为激情之爱。从这个角度来看，激情之爱就是由于我们在生理上被有吸引力的人所唤醒而知觉到的心理体验。

如果激情是一种被标识为“爱情”的能带来兴奋感的状态，那么任何一种可以增加兴奋感的东西都应该可以增强对爱情的感受。有些实验通过让男性大学生阅读色情小说或观看色情电影而提高他们的性唤起，结果发现这些男生此时对女性有更强烈的反应——比如，当他们描述自己的女友时，在爱情量表上的得分更高（Carducci & others，1978；Dermer & Pyszczynski，1978；Stephan & others，1971）。沙克特和辛格（Schachter & Singer，1962）提出的**情绪的两因素理论**（two-factor theory of emotion）认为，当处于兴奋状态的男性对女性做出反应时，他们很容易就把自己的某些生理唤醒错误地归因于这位女性。

根据这一理论，倘若可以自由地把生理唤醒归因于某些浪漫的刺激，那么由任何来源所引发的生理唤醒都应该可以增强激情的感受。达顿和阿伦（Dutton & Arthur Aron，1974）设计了一项精妙的实验来证实这一现象。他们让一位魅力十足的年轻女子，站在位于英属哥伦比亚卡普兰诺河上 70 米高、140 米长的一座狭窄而摇晃的吊桥上，请求过往的单个男性帮助她完成一份课堂问卷。当对方完成问卷后，这名女子会留下自己的姓名和电话，然后告诉他如果想了解更多该项目的信息就可以打电话找她。结果大部分的男性都收下了她的电话号码，而且有一半的男性确实打了电话。而与此相对，在低矮、坚固的桥上遇到这位女性的男性当中，以及还在那座高吊桥上遇到一位男性调查者的男性当中，则很少有人打电话。这一研究结果再次证明，生理唤醒促进了罗曼蒂克式的反应。

观看恐怖电影、乘坐过山车以及体育锻炼等也都有同样的效果，特别是对那些我们觉得有吸引力的人（Foster & others，1998；White & Kight，1984）。可

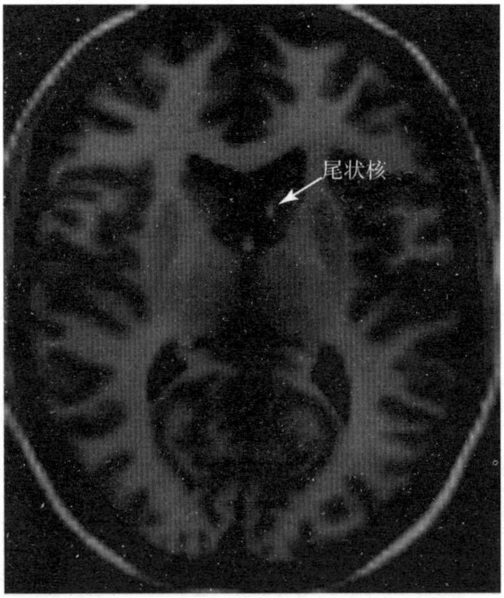

图 27–2

恋爱中的大脑。对热恋中的成人的 MRI 扫描发现，当凝视恋人的照片时，大脑某些区域，例如尾状核就会异常活跃，可是当凝视其他熟人的照片时，该区域却不活跃。资料来源：Aron & others, 2005.

见，激情之爱既是一种生理现象，又是一种心理现象。社会心理学家阿伦及其同事（Aron & others, 2005）的研究表明，激情之爱刺激了与奖励有关的脑区的活动，这些脑区的多巴胺较为丰富（图 27–2）。

影响爱情的因素：文化与性别

我们总是倾向于认为大多数人会和自己拥有相同的感受和想法。比如，我们会认为爱情是婚姻的前提。在大多数的文化背景中——在一项对 166 种文化的分析中占到 89%——人们都抱有浪漫爱情的观念，这种观念通过男女之间的调情和私奔等行为反映出来（Jankowiak & Fischer，1992）。但也有一些文化，特别是在那些实行包办婚姻的社会中，爱情出现在婚姻之后而非婚姻之前。甚至在个人主义文化的美国，直到 20 世纪 60 年代，也只有 24% 的女大学生和 65% 的男大学生认为爱情是婚姻的基础，而今天几乎所有大学生都这样认为（Reis & Aron，2008）。

性　别

男女两性在热恋阶段的体验是否有所不同？关于男性和女性“坠入情网”和“结束爱情”等现象的研究得出了一些出人意料的结论。大部分人，包括以下这封信（写给一家报社的专栏作家）的作者都认为，女性比男性更容易坠入情网：

> 亲爱的“大哥哥”博士：
>
> 您觉得一个 19 岁的小伙子在爱情中陷得很深会不会显得很“女人气”呢？就像整个世界都掉了个个儿。我想我真的是疯了，因为这样的事情已经多次发生，爱情似乎会突然击垮我……我父亲说这是女孩子们的恋爱方式，男孩不会这样，至少男孩不应该这样。我无法改变自己的恋爱方式，但是这确实很令我烦恼。—P. T.（Dion & Dion，1985）

很多重复研究所得的结果应该会让 P.T. 打消顾虑，这些研究的结果表明，其实男人比女人更容易坠入情网（Dion & Dion，1985；Peplau & Gordon，1985）。

男性似乎更难从一段爱情中解脱出来，而且，相比于女性，男性更不会轻易结束一段即将迈向婚姻的爱情关系。但是，热恋中的女性则一般会有像她们的伴侣一样多的情感投入，甚至会比对方投入得更多。她们更倾向于报告自己体验到了愉悦和“无忧的眩晕感”，就像“在云中漂浮”一样。同样，女性似乎比男性更加注重友谊中的亲密感，也会更多地关心她们的伴侣。男性则比女性更多地想到恋爱中的嬉戏以及性的方面（Hendrick & Hendrick，1995）。

伴侣之爱

尽管激情之爱可以热火朝天，但最终还是会平静下来。一段关系维持的时间越长，它所引发的情绪波动就会越少（Berscheid & others，1989）。浪漫爱情的高潮可能会持续几个月甚至一两年，但是从来没有一种高峰期可以永久地维持下去。喜剧演员理查德·刘易斯曾经诙谐地说过，“如果你正处在恋爱之中，那在你一生中最为绚丽多彩的时间也就只有两天半。”那种新奇感，对对方的强烈迷恋，激动人心的浪漫，那种令人眩晕的“飘在云端”的快感，总会逐渐消逝。结婚两年的夫妻所报告的情感体验比他们新婚时报告的少了一半以上（Huston & Chorost，1994）。在世界范围内，结婚四年之后的离婚率都是最高的（Fisher，1994）。如果一段亲密的感情能够经受住时间的考验，那么它就会最终成为一种稳固而温馨的爱情，哈特菲尔德称之为**伴侣之爱**（companionate love）。

与激情之爱中狂热的情感不同，伴侣之爱相对平和。它是一种深沉的情感依恋，激活的是另外的脑区（Aron & others，2005）。就如同真实生活一样。身处非洲南部的卡拉哈利沙漠中游牧民族的妇女尼撒说：“两个人最开始在一起的时候，他们的心好像在燃烧，他们的激情非常高涨。而后，爱情的火焰会冷却，并且会一直维持这个状态。他们继续彼此相爱，但这种相爱是通过另一种方式——温馨而相互依赖的方式实现的”（Shostak，1981）。

激情随着时间而冷却，而其他一些因素的重要性却随之增强，比如共有的价值观。我们可以在印度的一些包办婚姻家庭和自由恋爱的家庭成员感受的差异中看出这种变化。乌莎·古塔和普希帕·辛（Gupta & Singh，1982）让印度斋浦尔地区的 50 对夫妇完成一份爱情量表，研究者发现，那些结婚五年以上的自由恋爱夫妇，会觉得彼此之间“有爱情”的感觉越来越少了。相反，那些包办婚姻的夫妇则会在新婚之后随时间的推移而报告出更多的爱情体验（图 27–3；关于包办婚姻看似成功的其他数据见 Myers & others，2005；Athappilly，1988）。

随着热烈的浪漫之爱逐渐冷却下来，人们经常会感到幻想破灭，特别是对于那些将浪漫之爱视作双方结合和维持长久婚姻基础的人来说，这种感觉就会更强烈。辛普森等人（Simpson，Campbell，& Berscheid，1986）对“过去 20 年陡然增高的离婚率，至少部分地源自人们越来越多地强调强烈积极的情绪体验（比如浪漫的爱情）在生活中的重要性，而这些体验又难以持久”的观点表示怀疑。相比于北美，亚洲社会似乎较少强调个人感受，而是更多强调现实的社会性依恋（Dion & Dion，1988；Sprecher & others，1994，2002）。因此，他们就可能较少受到由于浪漫的幻想破灭而带来的消极影响。亚洲人也不太倾向于自我关注的个人主义行为方式，因为那种方式从长远来看会损害一段感情，并可能导致离婚（Dion & Dion，1991，1996；Triandis & others，1988）。

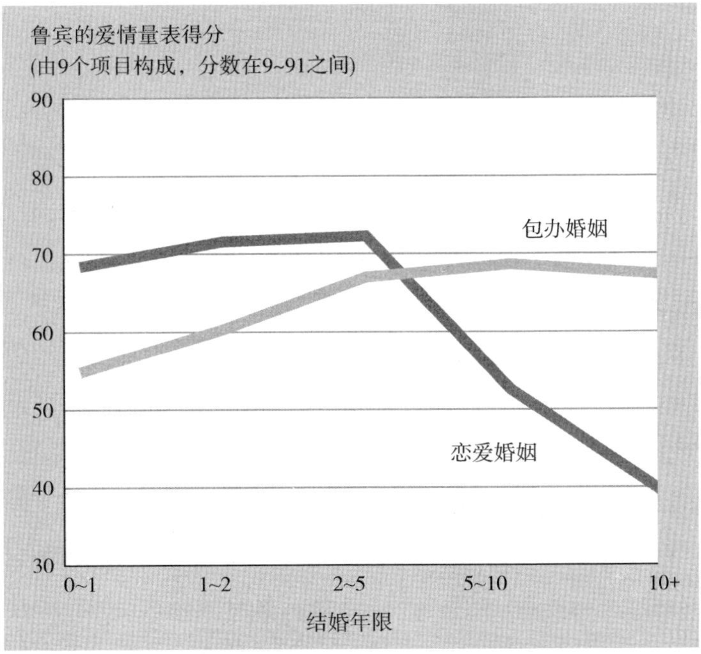

图 27–3

印度斋浦尔地区包办婚姻夫妇与自由恋爱夫妇对浪漫爱情的评价。

资料来源：Data from Gupta & Singh, 1982.

互相迷恋的强烈情感的衰减似乎是物种生存的自然适应策略。激情之爱的结果往往使一对夫妇得到孩子，而孩子的生存使得父母不能再只是关注彼此。然而，对于那些婚龄超过 20 年的夫妇，随着孩子长大成人、开始离开家庭独立生活，家庭中出现“空巢”的情况，一些曾经失去的浪漫感觉又重新出现了，父母可以重新关注彼此（Hatfield & Sprecher，1986；White & Edwards，1990）。马克·吐温说，“没有一个人会真正理解爱情，直到他们维持了四分之一个世纪以上的婚姻之后。”如果一段感情曾经是亲密的而且互相回报，那么伴侣之爱就会植根于共同体验的人生风雨历程，从而愈久弥醇。

哪些因素促进了亲密关系

什么因素会影响人们亲密关系的起伏？让我们来讨论以下几个因素：依恋类型、公平和自我表露。

公　平

如果感情关系中的双方毫不考虑对方，都只追求个人需求的满足，那么友谊就会结束。因此，我们的社会教育我们彼此之间要交换馈赠，这被哈特菲尔德等人（Hatfield，Walster，& Berscheid，1978）称为吸引的**公平**（equity）原则：你和你的伴侣从感情中所得到的应该和你们双方各自投入的成正比。如果两个人的所得相同，那么他们的贡献也应该是相同的；否则其中的一方会觉得不公平。如果两个人都觉得自己的所得和付出成正比，那么他们都会觉得公平。

陌生人之间，以及日常的熟人之间通过交换利益来保持公平：你借给我课堂笔记，将来我也会把我的借给你；我邀请你参加我的聚会，你又邀请我参加你的。而在那些持续时间较长的人际关系中，比如室友或者爱人之间，则并不会追求完全的等价交换——“笔记对笔记，聚会对聚会”（Berg，1984）——而是更随意地通过一些不同利益的交换来达成公平（“你过来把笔记拿给我，为什么不留下来吃晚饭呢？”）。最终也就不再追究谁欠谁的了。

长期的公平

认为友谊和爱情植根于公平交换回报之上很愚蠢吗？难道我们有时候在满足爱人需要时没有考虑任何回报？确实，那些处于公平的长期关系中的人并不在乎短期的公平。克拉克和米尔斯（Clark & Mills，1979，1993；Clark，1984，1986）认为，人们甚至会努力避免算计交换的利益。当我们帮助一个好朋友的时候，我们并不在意马上获得回报。如果有人请我们吃了饭，我们会过一阵子才向这个人发出回请，以免让他认为，对他的回请只是对“社交债务”的偿还而已。什么是真正的友谊呢？就是人们在几乎不可能得到回报的时候也会去帮助朋友（Clark & others，1986，1989）。与此类似，幸福的夫妻是不会斤斤计较自己付出几许，收获几许的（Buunk & Van Yperen，1991）。当人们看到自己的伙伴牺牲了自我利益，他们彼此的信任就会有所增长（Wieselquist & others，1999）。

此外，这种长期公平原则还可以解释为什么婚姻双方的“资源”往往是相当的。他们在外表吸引力、社会地位等方面往往是匹配的。如果他们在某一方面不匹配，比如外表吸引力，那么他们在另外的方面也会出现不匹配，比如社会地位。但总体上他们之间的资源是平衡的。没有人会这样说，甚至很少有人会这样想：“我的美丽外表可以换取你的巨额收入。”但是，公平原则确实是存在的，在那些持久的感情中更是如此。

对公平的知觉与满意度

皮尤研究中心（2007b）的一项调查研究表明，在九种被人们认为是成功婚姻象征的事物中，“分担家务活”排在第三位（在“忠诚”和“幸福的性关系”之后）。事实上，处于公平关系中的人们往往满意度更高（Fletcher & others，1987；Hatfield & others，1985；Van Yperen & Buunk，1990）。那些认为其关系不平等的人往往会觉得不舒服：占了便宜的一方会觉得内疚，而被占便宜的一方会感到愤怒。（考虑一下自我服务偏见——大部分的丈夫会觉得他们自己做的家务比妻子认为的要多——那些“占了便宜”的人对于不公平较为不敏感。）

谢弗和基思（Schafer & Keith，1980）调查了几百对各个年龄段的夫妇，他们发现，那些觉得自己婚姻不公平的人大多是因为某一方在烹调、家务、照顾孩子等工作中贡献过少。知觉到的不公平会导致这样的结局：觉得不公平的一方会更加沮丧和苦恼。在哺乳期，很多妻子都会觉得自己付出的多，而丈夫付出的少，于是这一阶段的整体婚姻满意度会降低。而在蜜月和“空巢”期，夫妇往往更容易觉得公平和满意（Feeney & others, 1994）。如果双方的付出和获益都是自愿的，并且他们一起做决定，那么他们的爱情更容易持久而美满。

自我表露

深厚的伴侣关系是亲密无间的。这种关系使人们能真实地展现自己，并且可以从中知道自己是被他人接受的。我们会从美满婚姻和亲密友谊中获得这种美好体验——这时候，信任取代了焦虑，使我们更容易展现自己，而不需要担心失去他人的友情或爱情（Holmes & Rempel，1989）。后来，这种特点就被人本主义心理学家西德尼·朱拉德归结为**自我表露**（self-disclosure）（Derlega & others，1993）。随着相互关系的深入和发展，自我表露的伴侣会越来越多地向对方展现自我；他们彼此的了解越发深入，直到一个适当的水平为止。在每一段良好的关系中，自我表露都起到了很大作用，并且在好的事情上的自我表露能够给彼此带来喜悦感（Gable & others，2006）。

很多实验试图探索自我表露的原因和效果。人们什么时候最愿意谈论这样的私密信息呢——比如“你喜欢自己的哪些方面，不喜欢自己的哪些方面？”或者“你最羞愧的事情是什么？最骄傲的事情是什么？”这样的表露对双方有什么效果？

最值得信赖的结论是，人们之间存在**表露互惠效应**（disclosure reciprocity effect）：一个人的自我表露会引发对方的自我表露（Berg，1987；Miller，1990；Reis & Shaver，1988）。我们会对那些向我们敞开胸怀的人表露更多。但是亲密关系的发展并不随之即来。（如果亲密关系立即产生，那么这个人就会显得不谨慎和不可靠。）合适的亲密关系的发展过程就像跳舞一样：我表露一点，你表露一点——但不是太多。然后你再表露一些，而我也会做出进一步的回应。

对于那些恋爱中的人们，亲密关系的不断加深会使他们兴奋。鲍迈斯特等人（Baumeister & Bratslavsky，1999）认为：“亲密关系的提升会创造很强的激情感觉。”

当亲密关系稳定时，激情就相对较少。这可以解释为什么那些丧偶再婚的人会在婚姻开始时有相对较高的性交频率，也可以解释为什么在严重冲突得到和解后，亲密关系可以激发更高的激情。

有些人——主要是女性——特别善于使人“敞开心扉”。她们可以轻易地引发他人进行亲密的自我表露，即使是那些通常很少表露自己的人（Miller & others，1983；Pegalis & others，1994；Shaffer & others，1996）。这样的人似乎都是好的倾听者。在交谈中，他们会一直保持高度注意的面部表情而且总是显得很乐意倾听（Purvis & others, 1984）。对方说话时，他们也会时不时地插一些支持性的话语，以此表达自己对交谈的兴趣。心理学家罗杰斯（Rogers, 1980）把这些人称为“促进成长”的听众——他们是真正表露自己情感的人，接受他人情感的人，以及共情、敏感并且善于思考的人。

这样的自我表露有什么效果呢？人本主义心理学家朱拉德（Journard，1964）认为，这种“扔掉我们的面具，真实地表现自己”恰是培植爱情的方式。他认为对他人敞开自我，同时将他人的自我表露当做是对自己的信任，可以使人们之间的交往更加愉快。人们在表露了关于自己的重要信息后会感觉更好，比如告诉别人他们是同性恋；而隐藏自己的身份就会令自己感觉很差（Beals & others，2009）。如果拥有一位亲密朋友，我们可以与其讨论我们对自我形象的恐惧，那么我们这方面的压力就得以缓解了（Swann & Predmore，1985）。一段真正的友谊还可以帮助我们处理其他关系上出现的问题。罗马的戏剧作家塞内卡这样说道：“当我和好友在一起时，就像跟我自己在一起一样，我可以想说什么就说什么。”推到极致，婚姻也正是这种友谊，它以彼此的忠诚为特征。

亲密的自我表露也是伴侣之爱所带来的快乐之一。那些经常敞开自己心扉的夫妇或情侣，他们会报告更高的满意度并且更容易保持长久的感情（Berg & McQuinn，1986；Hendrick & others，1988；Sprecher，1987）。例如，一项针对新婚夫妇的研究发现，双方越是感到彼此在爱情中是公平的，越是深切而准确地了解彼此，就越能享受持久的爱情（Neff & Karney，2005）。那些认为自己“总是把自己最隐私的感情以及想法和自己的伴侣分享”的夫妻，往往对婚姻的满意度也最高（Sanderson & Cantor，2001）。

盖洛普进行的一项美国婚姻调查结果显示，共同祈祷的夫妇中有 75%（不共同祈祷的夫妇中只有 57%）的人报告说他们的婚姻非常幸福（Greeley，1991）。

在信徒中，发自内心的共同祈祷是谦卑的、私密的、触及灵魂的表露，那些共同祈祷的夫妇也更经常地讨论他们的婚姻，更尊敬自己的配偶，并把自己的配偶评价为善解人意的爱人。

研究者还发现，女性通常比男性更愿意表露自己的恐惧和弱点（Cunningham，1981）。正像米利特（Millett，1975）所说："女性表达自己，男性压抑自己。"然而，现在的男性，特别是那些持男女平等观点的男性，似乎也越来越倾向于表达自己内在的感受，并乐于享受伴随双方信任和自我表露而来的满足感。阿伦等人（Aron & Aron，1994）指出，这正是爱情的精髓——两个自我相互联系，相互倾诉，从而相互认同；两个自我各保持其个性，但又共享很多活动，为彼此的相同之处而感到愉悦并且相互支持。许多对浪漫的伴侣最终都形成了"自我—他人整合"：也就是重叠的自我概念（Slotter & Gardner，2009）。

斯莱彻和彭尼贝克对亲密关系中的自我表露进行了研究（Slatcher & Pennebaker，2006）。他们邀请了86对情侣中的一个成员在三天内每天花20分钟写出他们对这段亲密关系的深入思考和感受（在控制组，则是仅仅写出他们的日常活动）。那些仔细思考并写出感受的人在接下来的日子对其伴侣表露了更多情感。三个月后，77%的亲密关系仍在持续（而控制组只有52%）。

互联网创造了亲密关系还是人际隔离

如果你是本书的读者，那几乎可以肯定你是世界上大约15亿（2008年数据）互联网用户中的一员。在北美，大约花费了70年，才使家庭电话普及率由1%上升到75%。而互联网，大约只花费了7年的时间，普及率就达到了75%（Putnam，2000）。你和一半的欧盟公民、四分之三的美国人、五分之四以上的加拿大人以及澳大利亚人一起轻松享受电子邮件、网络冲浪，或许正在浏览论坛、新闻或聊天（Internetworldstats.com）。

你对这些现象怎么看：以计算机为媒介的沟通，能够替代发展人际关系的真实的沟通吗？它是扩展我们社交圈的绝佳方式吗？互联网使得我们能够更容易寻找到新朋友，还是占用了我们面对面的交往时间？让我们来看看下面的讨论。

正方观点：就像印刷品和电话一样，互联网扩展了沟通，而沟通使人际关系得以发展。印刷品使面对面讲故事的时间减少了，电话使面对面聊天的时间减少了，但它们都使我们可以更加方便地与他人接触，而不受时间和距离的限制。社会关系需要建立社会网络，而互联网正好可以帮助实现这一目的。它使我们可以高效地与家人、朋友、志趣相投的人联系，包括那些用别的方式不可能发现并结为朋友的人，如多发性硬化症病人，还有圣尼古拉斯的收藏者，或者哈利·波特迷。

反方观点：诚然，网络可以用于沟通，但这种手段传递的信息相当贫乏。它无法反映目光交流、非言语线索、身体接触等微妙的变化。除了一些简单的表情符号——比如：-）表示微笑——电子信息缺乏手势、面部表情、语调等信息。难怪它们容易让人产生误会。缺乏富有表现力的电子表情，使得情绪容易被人误读。

比如，语调的细微差别可以表示一个陈述是严肃的、开玩笑的，还是神圣的。贾斯汀·克鲁格等人（Kruger & others，2006）指出，尽管人们觉得自己开玩笑的意图在 E-mail 中或是口头表达中是同样清晰的，但实际上，在 E-mail 中却不是如此。由于匿名的原因，误会有时甚至可能造成很严重的后果。

此外，互联网还像电视一样，占用了人们用在真实关系中的交流时间。虚拟爱情还没有发展到与现实约会同等的地位，而网络性爱也是人为制造的亲密假象。个体化的网络娱乐取代了桥牌之类的游戏。这种虚拟化与隔绝是令人遗憾的，因为我们进化的历史决定了我们天生需要真实的相互关系，充满了假笑与微笑。难怪斯坦福大学的一项调查发现，在 4 000 名被调查者中，有 25% 的人报告说，他们的在线时间减少了他们与家人和朋友面对面交流和打电话的时间（Nie & Erbring，2000）。

正方观点：但是，大多数人并没有觉得互联网使他们孤立了。另外的一个全国调查发现："一般的互联网用户——特别是那些女性用户——都相信他们利用 E-mail 增强了他们的人际关系，并增加了与亲朋好友的交流机会"（Pew，2000）。互联网的使用可能会取代人际间的亲密交流，但它也同时取代了花费在看电视上的时间。而且，如果网上购物不利于你住所附近书店的话，那么，它也为你的人际交往腾出了时间。电信通讯也是同样的，它使很多人可以在家工作，并且为他们的家庭生活赢得更多时间。

为什么说通过互联网形成的关系不真实呢？在互联网上，你的相貌和所处的场所都无所谓，年龄、种族也不再有影响，你的友谊决定于更重要的东西——你们共同的兴趣和价值观。在工作中，以计算机为媒介的讨论更少受到地位的影响，从而使人更为坦诚，且参与机会均等。并且，以计算机为媒介的沟通还往往比面对面的沟通更能引发人们自发的自我表露（Joinson，2001）。

大部分互联网上的调情都会无疾而终，一位多伦多妇女谈道："所有我知道的尝试过网上约会的人……都承认，她们和一个网友花费了几个钟头闲聊之后见面，却发现他是个溜须拍马之徒。这样的事情让他们感到十分厌恶"（Dicum，2003）。但是麦克纳和巴奇等人（Bargh & others，2002；McKenna & Bargh，1998，2000；McKenna & others，2002）的报告中却提到：通过互联网形成的友谊和浪漫关系更容易保持至少两年时间。在一个实验中，研究者还发现，人们在互联网上表露得更多，表现得更加诚实而不那么做作。如果拿互联网上相处 20 分钟的人与面对面相处 20 分钟的人相比，人们更喜欢那个网上的人。甚至在两种条件下碰到的是同一个人时，情况也仍然如此。在现实生活中的调查也显示，人们认为网上的友谊与现实中的友谊一样真实、重要和亲密。

毫不奇怪，一项对单身求偶的互联网用户的调查（2006）发现，74% 的人采用互联网来增进爱情，37% 的人进入过在线约会的网页。一家大众相亲网站称，到 2008 年为止，他们已经有 107 万的会员和 2 亿美元的年收入了（Cullen & Masters，2008）。尽管已发表的数据显示在线相亲的作用很微弱，但是研究者已经开始寻访上千对伴侣，从上百个问题中来了解什么样的答案组合有助于预测持久的关系（Epstein，2007；Tierney，2008）。

反方观点：互联网可以使人们展现真实的自我，但同时也可以使人们假装成任何他们想要的样子，有时候甚至还为了达到性欺诈的目的而不择手段。而且，网络色情和其他形式的色情作品一样，会扭曲人们对性的实际情况的认知，降低他们真实伴侣的吸引力，使男性更多地从性的角度看待女性，将性胁迫当作小事，为人们在性情境中的行为方式提供心理图式，提高唤醒水平，从而减低抑制并导致对无爱性行为的模仿。

最后，罗伯特·帕特南（Putnam，2000）提出，以计算机为媒介的沟通带来的社会收益受到两个现实方面的限制："信息鸿沟"加剧了既得利益者与未得利益者之间的社会和教育不公现象。"网络割据化"使得宝马 2002 款的业主们都涌入了互联网，这种"割据化"也使得白种人至上主义者得以相互联络而彼此促进。"信息鸿沟"问题可以通过降低互联网费用和增加公共使用场所来解决，而"网络割据化"问题是任何媒体都具有的。

随着关于互联网对社会影响的讨论不断持续，帕特南（Putnam，p.180）说：

“最重要的问题并不是互联网对我们造成了怎样的影响，而是我们应该如何对待互联网？……我们如何利用这种技术手段增强我们的人际关系？我们如何改进技术以增加社会性的存在，增强社会性的反馈，以及社会性的线索？我们如何利用这种快速而经济的沟通手段去弥补现实沟通手段的不足？”

亲密关系是如何结束的

不是所有的爱情都能天长地久。那么，哪些因素可以预测婚姻的解体？伴侣通常如何分手或复合？

1971 年，一个小伙子给自己的新娘写了一首情诗，然后把它塞进瓶子并扔到了西雅图和夏威夷之间的太平洋海域。10 年后，有人在关岛附近海岸慢跑时发现了这首装在瓶子里的情诗：

> 当你看到这封信的时候，我可能已经是白发苍苍的老人了，但我相信我们的爱情仍然会像现在一样鲜活。
>
> 这封信可能要花上一周甚至若干年的时间才能“找到你”……即使它永远都不能到你手中，我仍然铭记于心的就是，我会不顾一切地去证明我对你的爱。
>
> 你的丈夫，鲍伯。

发现情书的人通过电话找到了那位十年前的新娘。当把情书的内容读给她听时，她竟然大笑起来，而且越听就笑得越厉害。最后，她只说了一句“我们已经离婚了”就挂断了电话。

事实通常如此。聪明的头脑也会做出愚蠢的决定。人们将自己不满意的婚姻关系与想象中可从别处获得的支持和情感相比较，越来越多的人会选择离婚，今天的离婚率已经是 1960 年的两倍。每年，加拿大和美国每两次结婚中就有一次离婚。20 世纪 60 和 70 年代，部分是由于步入职场的女性越来越多，经济和社会因素对离婚的阻碍作用被削弱了，离婚率不断上升。美国福音派学者葛尼斯（Os Guiness，1993，p.309）的话很有讽刺意味：“我们活得更长了，但爱得更短了。”

英国温莎皇室早已领教了现代婚姻的风险。玛格丽特公主和安妮公主、查尔斯王子和安德鲁王子童话般的婚姻都以失败告终，微笑被无情的对视所取代。1986 年，刚嫁给安德鲁王子不久，萨拉·弗格森就对外宣称，“我爱他的智慧，他的魅力，他的外貌。我仰慕他。”安德鲁对她的回应是，“在我的生命中，她是最美好的。”而 6 年后，安德鲁挑剔萨拉的朋友“没有教养”，萨拉也嘲笑安德鲁的行为“极其粗鲁”，二人宣布离婚（*Time*，1992）。

谁会离婚

离婚率在不同的国家差异较大，从玻利维亚、菲律宾和西班牙，每年离婚人口仅占总人口的 0.01%，到世界上最具离婚倾向的美国，每年离婚人口已达总人口的 0.54%。若要预测一种文化中的离婚率，最好是了解这种文化的价值观（Triandis，1994）。相对于集体主义文化（在那里爱情意味着承担责任，人们在意的是“别人会怎样说？”），在个人主义的文化（在那里爱情是一种感受，人们在意的是“我自己的感觉如何？”）中会有更多人离婚。个人主义者结婚是“为了我们彼此相爱”，而集体主义者更多是为了生活而结婚。个人主义者期待婚姻中有更多激情和个人的自我实现，这给婚姻关系带来了更大的压力（Dion & Dion，1993）。在一项调查中，有 78% 的美国女性认为“保持浪漫”对良好的婚姻十分重要，而在日本女性中这一概率只有 29%（*American Enterprise*，1992）。

然而，即使是在西方社会，那些在结婚时已经考虑成熟而且打算长相厮守的人，确实也会有更健康、稳定而长久的婚姻（Arriaga，2001；Arriaga & Agnew，2001）。持久的关系一方面是由于持久的爱和满意，但同时也是由于对离婚或分离成本的恐惧、道德责任感，以及尚未发现有其他可能的伴侣（Adams & Jones，1997；Manner & others，2009；Miller，1997）。

那些对婚姻的承诺比结婚的意愿还要看重的人通常能够容忍一次又一次的冲突和不满。一项全国性的美国调查发现，那些婚姻不幸福但仍然维持婚姻关系的人，五年后被再次访谈时，有 86% 的人认为自己的婚姻现在“非常”或“相当”幸福（Popenoe，2002）。相比之下，那些“自恋者”——更关注自己的意愿和形象的人——结婚时则没有那么坚定的承诺，因此，他们拥有一段长久的成功婚姻的可能性则要小一些（Campbell & Foster，2002）。

离婚的风险有多大同样取决于谁跟谁结婚（Fergusson & others，1984；Myers，2000a；Tzeng，1992）。符合下列条件的夫妇通常不会离婚：

- 20 岁以后结婚
- 都在稳定的双亲家庭里长大
- 结婚之前恋爱了较长一段时间
- 接受过较好且相似的教育
- 有稳定收入
- 居住在小城镇或农场里
- 结婚之前没有同居过或怀孕过
- 彼此之间有虔诚的承诺
- 年龄相当，信仰和受教育水平相似

这些预测因素中没有一个能够独立作为稳定婚姻的实质要素。它们只是与稳定婚姻相关的因素，并不存在必然的因果关系。但是，如果某个人的情况与以上各条全都不符的话，那么他的婚姻几乎必定要破裂。如果一对夫妻的情况与以上各条全部符合，他们非常有可能白头偕老。英国人在几个世纪之前的想法可能是对的，他们当时认为，陶醉于一时激情所做出的长相厮守的决定是愚蠢的。基于稳定的友谊，以及相近的背景、兴趣、习惯和价值观去选择伴侣会比较好（Stone，1977）。

分离的过程

一刀两断会产生一系列可以预料的结果，最初对失去的伴侣不能释怀，然后是深深的悲伤，最后开始了情感上的分离，回到正常生活中，并对自己有一种全新的认识（Hazan & Shaver，1994；Lewandowski & Bizzoco，2007）。即使早已没有感情的夫妻，在刚离婚的时候也会惊讶于自己还有接近对方的意愿。深入而长久的依恋关系很难快速地分离；分离是一个过程，而不仅仅是一个事件。

在约会的情侣中，关系越是亲密、长久，可选择的其他对象越少，分手时就越痛苦（Simpson，1987）。令人惊讶的是，鲍迈斯特和沃特曼（Baumeister &

Wotman，1992）的报告指出：在数月或数年之后，拒绝别人的爱比自己的爱被拒绝会唤起人们更多的痛苦。人们的痛苦来自于对伤害他人所感到的内疚，来自于心碎的爱人的执著所引起的不安，也来自于不知该如何做出反应。对已婚者来说，离婚还有额外的代价：父母和朋友感到震惊，对自己违背誓言感到内疚，养育孩子的权利可能受限。然而，每年仍有上百万对夫妻愿意付出这些代价而使自己获得解脱，因为他们觉得，持续一段痛苦而无益的婚姻关系将是更大的代价。在一项对 328 对已婚夫妇的研究中发现，持续一段不幸婚姻的代价还包括，与婚姻美满者相比，婚姻不和谐者抑郁症的患病率会高出 10 倍（O'Leary & others，1994）。然而，如果婚姻是"非常幸福"的，整个生活通常也是"非常幸福"的（图 27–4）。

当婚姻关系令人感到痛苦时，那些没有更好的可选对象或感觉自己为婚姻投入（时间、精力、共同的朋友、财产，也许还有孩子）太多的人，通常会去寻找离婚之外的其他应对方式。鲁斯布尔特和她的同事（Rusbult & others，1986，1987，1998）发现了人们处理失败婚姻关系的三种方法。一些人会忠诚于伴侣，等待时机以改善关系。婚姻关系问题如此痛苦，令人不愿提及，加之离婚的成本

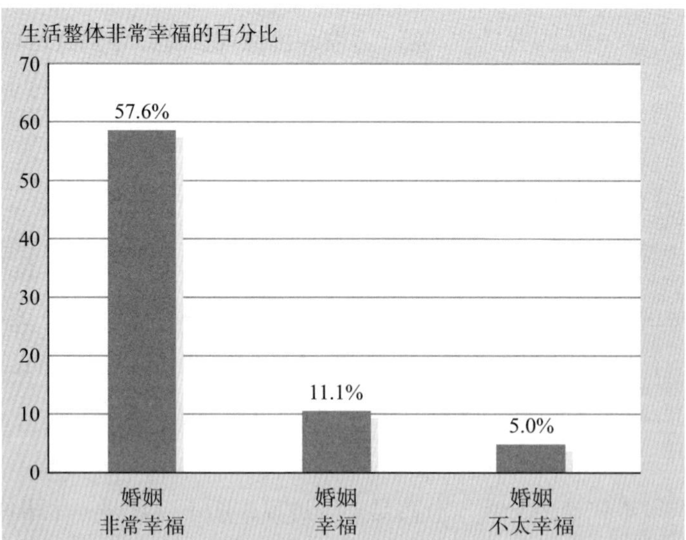

图 27–4

美国民意调查研究中心对 1972~2004 年间 23 076 位美国已婚者的调查。

太高，因此忠诚的一方会坚持，期待昔日美好光阴的重现。另一些人（尤其是男性）会忽略伴侣，他们无视另一方的存在并任由婚姻关系继续恶化。当他们将痛苦和不满忽略掉，情感上的分离便随之而来，伴侣之间谈话更少，并开始重新定义他们没有彼此的生活。还有一些人会表达他们在乎的内容，并采取积极措施改善婚姻关系，例如讨论问题、寻求建议、尝试改变。

涉及 45 000 对夫妻的 115 项研究显示，不幸福的夫妻彼此争吵、命令、责难和羞辱，而幸福的夫妻通常更加一致、赞同、妥协并且愉快（Karney & Bradbury，1995；Noller & Fitzpatrick，1990）。在观察了 2 000 对夫妇之后，约翰·戈特曼（Gottman，1994，1998）提出，健康的婚姻并不见得没有冲突，而是夫妻双方能够调和差异，并且他们的情感能够胜过相互的指责。在成功的婚姻中，积极互动（微笑、触摸、赞美、欢笑）与消极互动（讥讽、反对、羞辱）的数量之比至少为 5:1。

预测婚姻破裂的因素不是痛苦和争吵，休斯顿等人（Huston & others，2001）对新婚夫妇的追踪研究发现，痛苦和争吵并不能预测离婚。（大多数新婚夫妇都经历过冲突。）真正能够预测婚姻危机的因素是冷漠、希望破灭和无助。斯旺等人（Swann & others，2003，2006）发现，当羞怯的男子找了个爱挑剔的女子为妻时（违背传统的性别期望），情况更是如此。

婚姻成功的夫妻有时能从沟通训练中获益，学会如何抑制恶性侮辱、避免大动肝火、平息怒火（通过采用非侮辱性言语表达感受）以及不将冲突的矛头指向个人，比如可以说，“我知道这不是你的错”（Markman，& others，1988；Notarius & Markman，1993；Yovetich & Rusbult，1994）。如果双方都愿意像幸福的夫妻那样做——减少抱怨和责难，增加肯定和赞同，腾出时间表达彼此的观点，每天一起祈祷或休闲——不幸的婚姻关系是否会得到改善？态度可因行为而变，那么情感是否也会这样呢？

凯勒曼等人（Kellerman，Lewis，& Laird，1989）想知道这个猜测是否成立。他们知道，在热恋的情侣中，眼神的凝视通常是持久而相互的（Rubin，1973）。亲密的凝视是否也能激发非情侣的异性之间产生爱恋呢（就像 45 分钟逐步增强的自我表露能够在不相识的大学生中产生亲密感）？为了回答这个问题，他们要求不相识的一对男女专心地彼此凝视两分钟，一种实验条件是凝视对方的手，另一种实验条件是凝视对方的眼睛。当两人分开后，凝视眼睛者报告了触电般的感觉且被对方所吸引。模仿相爱的行为也能够激发爱情。

斯腾伯格（Sternberg，1988）认为，通过扮演和表达爱意，最初的浪漫和激情能够发展成持久的爱情：

> “永远幸福地生活在一起”并非只能出现在童话故事中。若要将其变为现实，那么幸福一定是基于爱情关系在不同发展阶段所产生的相互情感的不同构造。渴望激情永存或亲密关系不受挑战的伴侣一定会感到失望……我们必须致力于不断地理解、创建和重建我们的爱情关系。关系是一种建构，如果没有得到维持和改善，就会随着时间而衰退。我们不能简单地期望爱情关系会像建筑物那样保持自身的稳定，我们有责任创造我们爱情关系的最佳状态。

假如婚姻幸福的心里要素是心意相通、交往和性的亲密、平等的给予和获取情感与物质资源，那么法国的这句谚语“爱情消磨了时光，时光也消磨了爱情”就可能站不住脚。但是人们必须付出努力才能防止爱情消退。例如，每天挤出时间来聊聊当天发生的事情；克制自己的唠叨，不争吵，袒露自己并倾听对方的伤感、关注和梦想；努力使婚姻达到理想的完美境界，这称为“社会平等的、无阶级的乌托邦”（Sarnoff & Sarnoff，1989），伴侣双方都能自由地给予和获取，能够共同做决策并一起享受生活。

模 块

28

冲突的原因

世界各国领袖用不同的语言重复着同一论调："我们国家从来都是爱好和平的，但是，同时我们也注意到其他国家拥有的新式武器对我们造成了威胁。因此我们需要保护自己免受别国的攻击。只有这样，我们才能保卫我们的生活方式和维护持久的和平"（Richardson，1960）。几乎每个国家在强调和平是自己的惟一目标的同时，也表现出对其他国家的不信任，并通过武装自己达到自我保护的目的。这样做的结果是，全球每天在军队和武器上花费达 20 亿美元，同时却眼睁睁地看着数以亿计的人们死于营养不良或缺少医疗。

冲突（conflict）（知觉到的行动或目标的不协调）的成分都是类似的，从国与国之间的军备竞赛，到中东地区的冲突；从公司管理者与一般职员关于工资水平的争议，到长期不和的夫妇。不论处于冲突中的人们能否正确地认识双方的行为，他们总是认为一方的获益就是另一方的损失。让我们讨论一下冲突的元素。

社会困境

一些对人类未来威胁最大的问题，如核武器、全球性气候变暖、人口过度增长以及自然资源枯竭等，其根源都是不同的团体追逐他们各自的私利所致。但是具有讽刺意味的是，这些行为最终都损害了集体的利益。很多人都会这样想："我自己排放出的温室气体是微不足道的，而购买温室气体排放控制系统要花一大笔钱，这不划算。"其他人也有类似的想法，结果就是我们要面对气候变暖、海平面上升以及更加极端的天气。

在某些社会中的人会有这样的观点：生育更多的孩子能够减轻家庭的劳作负担，而且能在父母年老后提供保障。但是当大多数家庭一代又一代地都选择多生养之后，结果是人口过剩给整个社会带来危害。因此我们可以看到对个体有利的决策对整体而言可能是不利的，于是一个亟待解决的两难问题也就产生了：我们如何能让人们追求个人利益的权利和集体利益协调一致？

为了区分和研究这种两难困境，社会心理学家们进行了一些实验室游戏，它们很好地体现了许多真实的社会冲突的实质。"研究冲突的社会心理学家，在许多方面与天文学家有类似之处，"冲突的研究者多伊奇（Deutsch, 1999）这样写道。"在社会学问题上，我们无法开展大样本的现场实验研究，但是我们可以通过大样本与小样本之间的相似性来推导我们的理论，二者的关系正如天文学家眼中的行星与牛顿的苹果间的关系。因此在实验室中少量被试进行的游戏可以加深我们对战争、和平以及社会公正的理解。"

在这里我们将考虑两个实验游戏，它们都是**社会困境**（social trap）的例子：囚徒困境和公地悲剧。

囚徒困境

这个难题源于一个故事，故事的核心是地方检察官使用不同的策略分别审问两个犯罪嫌疑人（Rapoport，1960）。他们合伙犯罪，但是检察官掌握的证据只能判他们很轻的罪。因此检察官为了使嫌疑犯愿意单独承认自己的罪行，设置了一种鼓励办法：

- 如果一个嫌疑犯认罪而另一个没有，认罪的嫌疑犯将赢得豁免（并利用他的供词使另一名罪犯得到最严厉的判决）。
- 如果两个嫌疑犯都认罪，他们都能得到中等程度的判决。

- 如果两个人都不认罪，他们都会得到较轻的判决。

图 28-1 的矩阵总结了各种选择带来的结果。如果你是其中的一个嫌疑犯，而且你无法和你的同伙商量，在这样的情况下你会认罪吗？

为了使自己的判决减至最轻，很多人都会承认罪行，尽管实际上两个人都不认罪带来的惩罚要比相互指控轻。从图 28-1 的矩阵中我们可以看出，可能这是因为，不管另一嫌疑犯如何选择，认罪总是比较有利的做法。如果另一名嫌疑犯也认罪，那么自己将会得到中等惩罚而非最重的；如果另一名嫌疑犯不认罪，那么自己就可以直接得到自由。

在 2 000 多项研究中，大学生们被要求在类似于囚徒困境的各种情境下做出选择。在这些实验情境中，他们考虑的结果并不是牢狱之灾，而是薯条、钱或是学分等不同的事物。在任何一种选择中，背叛对方总是能得到较好的结果（因为

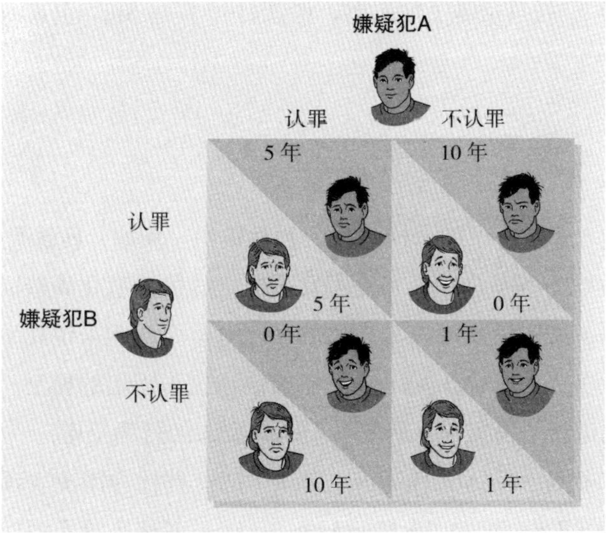

图 28–1

经典的囚徒困境。在每个格子中，斜线以上部分表示嫌疑犯 A 得到的处罚。我们可以看到，如果两名嫌疑犯都认罪，他们都会被关 5 年；如果两人都不认罪，那么都被关 1 年；如果只有一人认罪，那么他就会因为表现良好而被释放，另一个倒霉鬼则要被关上 10 年。如果你是其中一个嫌疑犯，而且你没法和你的同伙商量，在这样的情况下你会认罪吗？

这一行为可以从对方合作的企图中得到好处，或是防止对方背叛给自己带来严重后果）。但是问题是如果双方不合作，他们得到的结果总是比在他们互相信任并合作的情况下要坏得多。这个难题常常令人发狂，一方面双方都知道他们都可以从合作中受益，另一方面他们却无法沟通从而相信对方，所以难以脱离不合作的行为方式。

惩罚他人，或者不予合作，看上去似乎是个明智之举，但是在实验室里它却会产生反作用（Dreber & others，2008）。惩罚通常会引发报复，也就是说那些实施惩罚的人往往会升级冲突，造成结果的恶化。惩罚者所认为的自卫反应，在被惩罚者看来却是进一步的攻击（Anderson & others，2008）。而当被惩罚者有机会回击的时候，可能会回击得更重，因为他们觉得自己只是在以牙还牙。在一项实验中，实验者要求伦敦的志愿者在接收到他人用机械装置传递的压力时，通过一个机械装置将压力传回到另一个人的手指。尽管要求参与者互相给予对方同等强度的压力，但他们往往会多返回 40% 的力量。这样，轻触很快升级为重压：很像小孩经常会说的："我只是碰了他一下，他就打我了"（Shergill & others，2003）。

公地悲剧

很多社会困境都包含了两个或更多的利益集团。例如，日益严重的滥砍滥伐，以及世界各地激增的汽车、燃炉和火力发电厂排放的二氧化碳造成了全球性气候变暖问题。但是，其实每一辆汽车排放的尾气对整个问题来说几乎微不足道，那些危害也会由许多人来分摊。为了建立能够描述这一困境的模型，研究者们在实验室对现实问题进行了模拟，并研究了不同类型人的行为反应。

生态学家加勒特·哈丁（Hardin，1968）把这种社会困境表现出的丑恶人性比喻为**公地悲剧**（Tragedy of the Commons）。这一名称来源于旧时英格兰乡镇中心的牧场。

在现代，"公地"在这里包括了空气、水、海洋中的鲸类、罐子里的饼干或是其他任何被共享但是有限的资源。当所有人都适度地利用资源时，资源自行再生的速度可以与资源被消耗的速度相匹配。植被能够生长，鲸鱼能够繁衍生息，饼干罐也会被重新填满。而一旦对资源的利用超过限度，公地悲剧就会发生。假设有 100 个农民占有了一块能够供应 100 头牛足够牧草的草地，当每一个农民在这块地上养一头牛的时候，对资源的利用是最优的。但是某一个农民可能会有这样的想法："如果我多养一头牛，我的收入就可以翻倍，而土地只会受到一点点影响。"因此他理由充分地增加了第二头牛。而当所有的农民这样想并这样做时，结果可想而知，公地悲剧就不可避免了，最后肥美的牧场将沦为一片荒芜的土地。

类似地，人类对环境的污染也是由很多轻微的污染一步步累积起来的。对每一个污染者来说，停止污染所能给他们（也给环境）带来的好处，与污染给他们带来的方便来说仍是不值一提的。我们在保持个人居所卫生的同时，却在公共场所——诸如宿舍走廊、公园、动物园等——随地扔垃圾。我们也会为了对我们来说很直观的利益而消耗人类的自然资源，洗一个长长的舒适的热水澡能够对环境产生什么影响呢？捕鲸者知道，即使他们不去捕鲸，别人也会，并且多捕几条鲸鱼对物种能造成什么影响呢？悲剧就这样发生了，与所有人都有密切关系的事情（比如环境保护）竟成了无人关心之事。

这种个人主义是否为美国所独有？萨托在 1987 年进行了类似的实验，不过被试来自文化更加倾向于集体主义的日本。实验开始时，被试都支付相同数量的钱来种植一片虚拟的森林，在实验中他们可以通过砍伐虚拟的树木得到现金，实验的结果与西方文化背景下得到的结果基本一致：超过一半的树木在生长到最佳的砍伐时机之前就被抢着砍掉了。

萨托的森林让我想起了自己家里的饼干罐子。如果按照局外人的看法，我们应该在重新装满罐子之前保证罐子不是空的，以确保我和我的家人每天都能吃两三块饼干。但是，缺乏节制和对其他家庭成员的不信任使我们禁不住要增加自己对饼干的消费，于是每个人都一块接一块地填饱自己。结果是 24 小时内饼干就被彻底消灭了，在这周剩下的时间里，罐子空空如也。

囚徒困境和公地悲剧有一些相似的特征。首先，在两种情境下参与者都会把自己的行为动机解释为外界的压力（"我不得不提防被对方利用"），而且不客观地评价对方的行为（"她很贪婪"，"他是不可靠的"）。多数人从未意识到对方看待他们时，同样会有这样的基本归因偏差（Gifford & Hine，1997；Hine & Gifford，1996）。那些具有自我膨胀和自我欣赏倾向的人，尤其不可能对他人的观点表示赞同（Campbell & others，2005）。

其次，行为的动机是在变化的。在一项任务中，开始时人们的动机可能是挣些小钱，然后变成了减少自己的损失，到了最后就只是保存脸面防止彻底的失败（Brockner & others，1982；Teger，1980）。这种动机的变化在 20 世纪 60 年代的越南战争中体现得尤为明显。战争刚开始的时候，约翰逊总统在他的演讲中常常强调战争是以自由、民主和正义为目标的，但是随着冲突的升级，总统的论调便成了为了美利坚的荣誉并防止战败带来耻辱而战。

再次，现实生活中的多数冲突，就像囚徒困境或公地悲剧一样，是**非零和博弈**（non-zero-sum games）。冲突双方得到的利益和损失之和并不一定为零。双方可能都赢，也可能都输。每种情境都将个人能够在短时间内得到的回报与群体的长期利益对立起来。在面对这类令人头疼的问题时，即使每个人都表现出了足够的“理性”，其结果仍有可能是灾难性的，正如地球的大气层内日益增厚的二氧化碳层并不是某个丧心病狂的人有意策划的，而是由许多看似合理的行为造成的总体后果。

并非所有的利己行为都对集体有害。在很大的程度上——正如 18 世纪英国古典政治经济学家亚当·斯密（Smith，1776，p.18）对当时社会的描述——每个人都寻求自己的利益最大化，这一过程也恰恰促进了整个社会的利益。亚当·斯密通过对生产行为的观察得出：“我们能够得到我们的晚餐，并不是因为那些屠夫、酿酒师或是糕点师大发善心，而是因为他们关心自身的利益。”

解决社会困境

在这些使人左右为难的社会困境中，我们如何引导人们通过合作，提升他们共同的利益呢？通过对实验室中安排的两难困境的研究，为我们提供了几种可能的途径（Gifford & Hine，1997）。

适当管制

如果税收的征缴完全依靠人们的自觉性，那么有多少人会交出应当交付的数目呢？很显然，对多数人来说是做不到的。因此在现代社会中，不能依靠慈善事业来支付学校、公园以及国防安全的开支。我们制定了很多规则来保护公共资源。

长期以来，捕鱼、打猎的季节和限度都受到控制；在国际范围内，国际捕鲸者协议规定了一个使鲸鱼能得到足够繁殖机会的捕捞限制。同样地，在渔业，阿拉斯加的大比目鱼渔场实施了“捕捞份额”政策。该政策保证每个渔民每年一定比例的可捕捞量，从而大大地减少了竞争和过度捕捞行为（Costello & others，2008）。

小即是美

另一种解决社会困境的方法是，缩小群体的规模。在一个较小的集体中，每个人都能更加明确地感受到自己的责任和自己对集体的影响（Kerr，1989）；而当一个集体变得较大时，人们就更容易会这样想：“反正我也不会起多大作用”，正是这一想法常常导致不合作（Kerr & Kaufman-Gilliland，1997）。

在较小的集体中，团队的成功也能够给成员带来更多的满足感。此外，其他任何使人们团队意识增强的因素，也会增加合作行为。甚至几分钟的讨论，或者认为和团队其他成员有某些相似之处的想法，都会增加集体成员的“我们感”和合作的可能性（Brewer，1987；Orbell & others，1988）。居住稳定性也会增强公共认同感和亲社会行为，这会让个体乐于去看棒球赛，而不计较最后队伍的分数（Oishi & others，2007）。

我从小在太平洋西北部的岛屿上长大。我们的小社区共享一个社区蓄水池。在炎热的夏天，当蓄水池水位下降时，警示灯就会亮起，提醒我们 15 个家庭注意节约用水。由于意识到对彼此的责任，感觉到节约用水起作用了，我们每一个人都注意节约。蓄水池从未干涸过。但在较大的公共场所，例如城市，让居民自愿的节约用水相对较难实现。

沟　通

人们只有通过沟通才能解决某些社会困境。实验室创造的情境与现实生活一样，群体沟通有时会恶化成恐吓和言语侮辱（Deutsch & Krauss，1960）。但是在更多的情况下，沟通可促成人们的合作（Bornstein & others，1988，1989）。对两难问题的讨论会增进小组成员的群体意识，并使成员们更加关注小组的整体利益。通过沟通，也使小组能够达成一致的意见和期望，并对组内成员产生一定的服从小组内部规范的压力。在沟通过程中，尤其是当人们面对面交流时，他们可以产生很好的合作行为（Bouas & Komorita，1996；Drolet & Morris，2000；Kerr & others，1994，1997；Pruitt，1998）。

开放、明确而坦诚的交流也能消除人与人之间的不信任。在缺乏沟通的情况下，那些预期别人不会有合作行为的人，自己也必然不会表现出任何合作的倾向（Messé & Sivacek，1979；Pruitt & Kimmel，1977）。缺乏信任之人不会与别人合作，而缺乏合作又带来了进一步的不信任（“我还能怎么样呢？这个世界就是黑吃黑”）。在实验中，沟通减少了不信任感，使人们有可能达成使他们共同的利益得到增加的一致观点。

改变激励机制

当实验者通过改变激励机制使合作行为能够得到更多的强化，而自私行为能够得到的好处变少时，人们的合作行为就会增加。激励机制的改变也有助于解决一些实际的困境。例如在一些城市中，由于开私家车去上班的人很多，高速公路常常出现堵塞，并且造成严重的空气污染。人们喜欢开私家车的原因之一是这样比较舒适，而且每个人都认为多一辆车对交通情况和污染只能产生微不足道的影响。为了使人们的想法发生改变，许多城市对政策进行了调整，增加了对公共交通服务的激励，包括在高速公路上开辟公交专用车道，以及降低通行税。

倡导利他规范

当合作行为很明显可以增加公共利益时，个人就更可能表现出符合社会责任规范的行为（Lynn & Oldenquist，1986）。例如，在人们都知道使用公共交通能够比私人交通工具节省时间的情况下，如果还知道公共交通可以减少对环境的污染，那么他们使用公共交通的倾向就会更强（Van Vugt & others，1996）。在20世纪60年代争取公民权利的斗争中，许多领导者往往会情愿为了更大群体的利益而遭受折磨、拷打和牢狱之灾。在战争时期，人们为了自己国家或民族的利益也常常会做出巨大的个人牺牲。正如温斯顿·丘吉尔对二战中英国军人做出的评价，战争中英国皇家空军飞行员的行为是彻底无私的：明知每一次任务都有大约70%的飞行员无法平安回来，他们依旧坚定地完成了他们的任务（Levinson，1950）。

综上所述，能够减少社会困境危害的方法包括：确立法规以限制利己行为；将群体分为较小的单位；让人们能够充分地沟通；改变激励机制使合作能得到更多的回报；倡导利他的行为规范。

竞 争

在模块 28（冲突的原因）中，我们指出，当不同的群体为稀缺的职位、住所和资源进行竞争时，敌意便产生了。当利益相抵触时，冲突便产生了。

但是竞争本身会不会导致敌意的冲突呢？现实生活情境过于复杂，所以我们很难做出确切的分析。如果竞争确实引发冲突，那么我们可以在实验中发现它也会发挥这样的作用。为了通过实验研究竞争的作用，我们可以随机地将一些人分为两组并让他们为某种稀缺的资源而竞争，然后观察他们在竞争中表现出的行为模式。谢里夫（Sherif，1966）及其同事们正是这样做的，他们以一群典型的 11~12 岁的男孩为被试进行了一系列有意思的实验。这一实验的灵感，来源于谢里夫对 1919 年目睹希腊军队入侵他的家乡土耳其的回忆。

> 他们开始四处杀人。（这）给我留下了很深的印象，并使我开始对人类为何会有这样的行为感到疑惑……我希望能够通过科学或者任何别的专业手段，来理解群体之间野蛮行为是如何产生的（quoted by Aron & Aron，1989，p.131）。

在研究了野蛮行为的社会根源之后，谢里夫将可能的要素用于几个为期三周的夏令营活动中。在其中一个研究中，谢里夫将 22 名来自俄克拉荷马的普通男孩分成了两组，并将他们用巴士分别运到了不同的童子军营地。两个童子军营地均位于俄克拉荷马州的山贼洞州立公园，相距半英里。在活动的第一周，两组童子军都不知道对方的存在。通过准备食物、扎营、修建游泳池和建立绳桥等活动，两组童子军内部分别形成了比较亲密的关系，并且给自己的小组起了名字："响尾蛇"和"老鹰"。为了表达对童子军生活的满意，其中一间小木屋上还写上了"家，甜蜜的家"的字样。

在群体认同感确立之后，两个小组也将进入冲突的产生期。在第一周即将结束的时候，响尾蛇组成员“发现老鹰组的成员出现在‘我们’的棒球场上。”此后，夏令营活动的组织者在两组童军间开展了一系列竞争性的活动（包括棒球比赛、拔河、营地内务检查、寻宝等），两个小组对这些活动均显示了很高的热情。在游戏中两组必须分出输赢，所有的优待（奖章、小刀之类的奖品）都属于胜利一方。

结果如何呢？整个营地逐渐进入了公开的战争状态，一切就像威廉·戈尔丁的小说《蝇王》中描写的场景——在荒岛上野营的男孩之间的社会瓦解。在谢里夫的研究中，冲突是从比赛过程中双方对骂开始的，然后迅速升级为餐厅内的“垃圾大战”，烧毁对方的旗帜，对对方营地进行抢掠甚至互殴等严重的争斗行为。当被要求对另一个小组进行描述时，男孩们使用的形容词包括：“卑鄙的”、“自作聪明的”和“臭鬼”，而在评价自己的组员时使用的则是：“勇敢的”、“坚强的”和“友好的”。

决出胜负的竞争活动带来了激烈的冲突，对其他组成员的歧视，以及组内强烈的团结意识和集体荣誉感。群体极化也加剧了冲突。根据实验观察，在鼓励竞争的环境中群体总会表现出比个人更多的竞争性行为（Wildschut & others，2003，2007）。男性尤其容易卷入群体间的竞争中（Van Vugt & others，2007）。

两组之间没有任何文化、体质或是经济上的差异，而且这些男孩在他们的社群中都是“精英”，但还是发生了上述的一幕幕。谢里夫提到，如果我们此时来到这个营地，我们会认为这些男孩是“一帮邪恶、自私而贪婪的浑小子”（1966，p.85）。事实上，他们的邪恶是被邪恶的环境诱发的。幸运的是，正如我们将要看到的，谢里夫不但将陌生人变成了敌人，他在最后又将敌人变成了朋友。

知觉到的不公正

“不公平！”“多么卑劣啊！”“我们应该得到更多的！”类似的话语代表了由于觉察到不公正而产生的冲突。但什么才是“公正”呢？根据社会心理学家的理论，人们将公正理解为公平——或者说是付出与获得之间要成比例（Walster & others，1978）。如果你和我有某种关系（例如雇主—雇员、老师—学生、丈夫—

妻子或是同事关系等)，当我们的付出和所得满足下列等式时，我们之间是公平的：

$$\frac{\text{我的所得}}{\text{我的投入}} = \frac{\text{你的所得}}{\text{你的投入}}$$

如果你的贡献比我大而获得的收益却没我多，你就会感到不满和恼火；而我可能觉得冒犯了你并感到内疚，不过你可能比我对不公平更加敏感（Greenberg，1986；Messick & Sentis，1979）。

我们也许会同意用公平原则来定义公正，但对我们的社会关系是否公平却往往不能达成一致。对于一家公司中的两个职员来说，他们怎样看待自己的投入呢？年纪较大的一个可能会希望按照资历来安排工资水平，而年纪较轻的则会希望按照产出评价绩效。当出现这样的分歧时，谁的意见会胜出呢？事实上，在多数情况下，有较强社会影响力的人会利用自己的力量使别人相信，他们获得的就是他们应得的（Mikula，1984）。这一现象被称为"黄金定律"：总是由拥有黄金的人来制定规则。

那么那些利益受损害者是如何回应的呢？伊莱恩·哈特菲尔德等人（Hatfield，Walster，& Berscheid，1978）发现了三种可能性。他们可能接受并认同自己较低的地位（"我们穷，但是我们很快乐"）。他们可能会寻求补偿，例如骚扰、为难或者欺骗那些侵害了他们的人。如果上述两种可能都没有实现，他们可能会尝试通过报复来获得心理平衡。

误　解

冲突是被知觉到的行为或目标的不相容。实际上，很多冲突中真正对立的目标只是核心处的一小部分；更大的问题来自对对方动机和目标的误解。在前面提到的例子中，老鹰组和响尾蛇组的男孩们确实有一些相互对立的目标，但是他们对对方的误解在主观上夸大了他们的差异（图 28–2）。

在前面的模块中，我们讨论过引起类似误解的原因。自我服务偏差会使个人或群体乐于承认自己做的好事，而对自己做的坏事却推卸责任，同时并不会考虑对方的类似行为方式。自我合理化的倾向使人们否认自己的错误行为（你说我撞

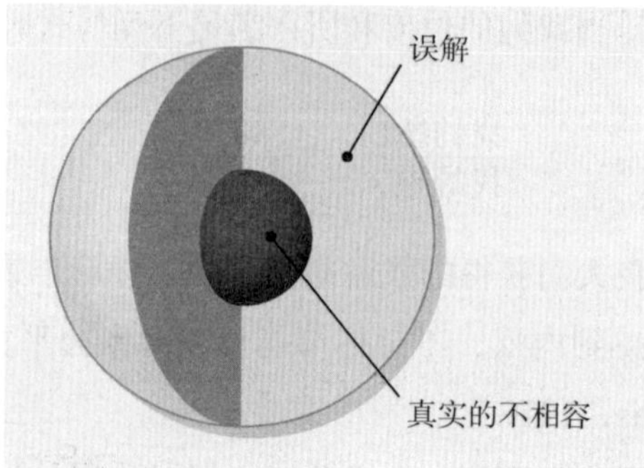

图 28–2
多数冲突中只有核心的一小部分来自真正的矛盾，外面包裹着的则是各种各样的误解。

了他？我根本就没碰到他！）。由于基本归因偏差，冲突中的双方都认为对方的敌意行为反映了他们邪恶的品质，然后他们将会按照自己的成见过滤并理解得到的信息。而在一个群体中，利己、合理化和成见都会得到极化。群体思维的一个表现就是将自己所属群体描述为高尚而强大的，并将对立的群体描述为卑劣而弱小的，被多数人认为是残酷暴行的恐怖主义行为在一些人眼中却是"圣战"。事实上，仅仅是成为一个群体的成员，就会使人产生内群体偏见，而负面的刻板印象一旦形成，就很难被改变。

因此，我们可以明确肯定，在冲突的双方眼中，对方的形象都是被歪曲的，尽管这种误解很容易被我们理解，但它仍深深影响着我们的行为。

镜像知觉

在冲突中，双方对对方的误解常常具有令人吃惊的一致性，他们都会美化自己和丑化对方。当 1960 年美国心理学家尤里·布朗芬布伦纳（Bronfenbrener, 1961）到苏联对很多普通苏联公民进行访谈时，他吃惊地发现：苏联人对美国人的描述，与美国人对苏联人的印象惊人一致。在苏联人眼中，美国政府在军事上具有很强的侵略性，它蛊惑并剥削美国的民众，而且在外交上美国从来不可信赖。"我们慢慢而痛苦地发现，苏联人对美国人歪曲的印象与我们对他们的印象具有奇怪的一致性，两者正如镜像一般。”

当双方知觉到冲突时，至少有一方对另一方存在误解。当出现这样的误解时，布朗芬布伦纳认为，“就后果的严重性而言，这一心理现象是无与伦比的……因为这种印象的特点就是，它们可以自我证实。”也就是说当 A 认为 B 对他有敌意时，那么 A 就会以充满敌意的方式对待 B，那么 A 的期望就得到了证实，因此一个恶性循环开始了（Kennedy & Pronin, 2008）。莫顿·多伊奇（Deutsch, 1986）解释道：

> 你从小道消息中听说你的一个朋友在说你的坏话，尽管这个消息是错的但是你相信了，于是你开始反击——侮辱这位实际上是无辜的人。他当然不能忍受于是也回击了，而这正好肯定了你原先的想法。类似地，东西方的政治家总会沉浸在对战争威胁的担忧中，并认为对方会试图通过军事称霸，因此他们采取了不断加深对方误解的行动。

负面的镜像知觉（mirror-image perceptions）在很多地方都成了通往和平的障碍：

- 阿以冲突的双方都坚持认为，“我们”进行军事活动的动机，是保卫自己的人身和领土安全；而“他们”的意图，则是将我们消灭并夺取我们的土地；“我们”是这里的原住民而“他们”是侵略者；“我们”是受害者，“他们”则是侵犯者（Bar-Tal，2004；Heradstveit，1979；Kelmom，2007）。在这样极端不信任的情况下，进行和平谈判显然是一件困难的事。
- 在北爱尔兰的阿尔斯特大学，亨特和他的同事（Hunter & others，1991）给信仰天主教和新教的学生播放了两段录像，录像的内容分别是一群新教徒对一场天主教葬礼的袭击和天主教徒对新教徒葬礼的袭击。多数学生在观看录像后认为，与自己持相反信仰的攻击者的攻击动机显示了他们嗜血的本性，而与自己信仰相同的攻击者则不过是为了自卫或者还击而已。比如，双方都认为自己是正义和爱好和平的，而对方是邪恶和好斗的。
- 恐怖主义总是出现在旁观者的眼中。在中东地区，一次民意调查显示，98% 的巴勒斯坦人认为一个携带攻击性步枪的以色列人在清真寺杀死 29 个巴勒斯坦人构成恐怖主义，但是 82% 的人认为一个携带自杀性炸弹的巴勒斯坦人杀死 21 个以色列人就不构成恐怖主义（Kruglanski & Fishman, 2006）。同样地，以色列人对暴力行为的反应也带着强烈的偏见，认为巴勒斯坦人的意图都是坏的（Bar-Tal，2004）。

津巴多（Zimbardo，2004）指出，这种冲突将整个世界一分为二，即好人（比如“我们”）和坏人（比如“他们”）。“事实上，”卡尼曼和伦肖恩（Kahneman & Renshon，2007）指出，“近 40 年的心理学研究发现，正是这种偏见促成了战争的发生。它们使得国家领导人夸大对手的邪恶动机，误解对手对他们的知觉，当敌对开始时过分乐观，而在谈判的时候又不愿意做必要的让步。”

冲突中对立的双方常常夸大这种差异。在移民和平权行动这些议题上，并不是像对手想象的那样，支持者就是那么开明的，而反对者就是那么保守的（Sherman，Nelson，& Ross，2003）。辛西娅·麦克弗森·弗兰兹（Frantz，2006）指出，对立双方也倾向于会有“偏见盲点”。他们认为自己的想法不会因为他人的喜欢或不喜欢而受到影响，然而却把那些不同意他们的人看作是不公平和有偏见的。此外，党派人士倾向于认为对手尤其不赞成他们的核心价值（Chambers & Melnyk，2006）。

约翰·钱伯斯、罗伯特·巴朗和玛丽·英曼（Chamber，Baron & Inman，2006）证实了人们对与堕胎和政治相关的一些问题存在误解。党派之间总是夸大对手与自己的分歧，而事实上他们的对手与他们自己的一致性要比想象的多。这种对他人立场的夸张理解引发了文化大战。拉尔夫·怀特（White，1996，1998）报告说，塞尔维亚之所以在波斯尼亚发动战争，部分是因为他们对相对世俗化的波斯尼亚穆斯林信徒的过分担忧，他们错误地把这些信徒的信仰和中东伊斯兰原教旨主义以及狂热的恐怖主义联系在一起了。要想解决冲突，我们必须抛弃这些夸张的感觉，而去了解别人的想法。但这并非易事。罗伯特·赖特（Wright，2003）指出，“如果一个人做了一件你很讨厌的事情，还让你站在他的立场去思考，这无疑是道德训练中最难的一课了。”

具有破坏性作用的镜像知觉在较小的群体或个人之间也有所体现。例如我们前面提到的博弈游戏中，双方都会有这样的反应：“我们想合作，但他们的拒绝态度使我们也不得不采取自我保护的策略。”在对经理人的研究中，肯尼斯·托马斯和路易斯·庞迪（Thomas & Pondy，1977）发现了这样一种归因的倾向。当被要求回忆最近遇到的一次较严重的冲突时，只有大约 12% 的人认为冲突的另一方具有合作的意愿；而 74% 的人认为自己是愿意合作的。在解释冲突发生的原因时，这些经理人认为，自己在交流时采取的是“建议”、“暗示”和“劝告”的方式，而对手的态度则总是“提出要求”、“认为自己的意见一无是处”或是“拒绝合作”。

激化冲突的另一个常见的错误观念是，认为尽管对方的最高领导者是邪恶的，但是他们控制和操纵着的民众则是支持我们的。这种“领导邪恶—民众善良论”明确地体现在美苏冷战的双方身上。在越战之前，几乎整个美国都相信，美军士兵一进入这块被越共“恐怖分子”控制的地区，就将有大批被压迫的民众揭竿而起加入战斗，事实证明这种说法是痴人说梦。2003 年，美国开始了对伊拉克的战争，他们以为“存在大量的地下组织会支持联军，帮助他们建立安全和法律体系”（Phillips，2003）。事实上，地下组织没出现，战后的安全真空倒是使抢劫、破坏和对美国士兵的袭击不断。来自叛乱者的攻击也不断增加，他们决定将西方的利益从这个国家赶出去。

知觉转换

如果说误解与冲突总是一同出现，那么随着冲突程度的起伏变化，误解也会不断出现和消失。事实证明确实如此，而且有着极强的规律性。当一股势力成为敌人时，我们会将它的形象扭曲；而在化敌为友之后，它的形象也会朝相反的方向发展。因此，在二战中美国民众和传媒眼中“嗜血、残暴、奸诈、长着龅牙的小日本鬼子”，在战后迅速变成了美国媒体和人民心目中“聪明、勤劳、自律而足智多谋的盟友”（Gallup，1972）。

德国人，他们因为世界大战的缘故两次成为全世界人民憎恨的对象，又两次重新得到了世界人民的尊重。对他们的民族性中是否包含了残酷已不是我们关心的问题。而尽管伊拉克使用了化学武器并在国内展开对库尔德人的大屠杀，它对伊朗的战争仍得到了很多国家的支持，不过是由于敌人的敌人就是我们的朋友。当两伊战争之后伊拉克开始侵略重要产油国科威特时，它的行为立刻成为了“野蛮的行径”。由此可见，观念变化的速度是令人难以置信的。

在冲突之中误解的严重程度让我们感到心寒：一个既不疯狂也不邪恶的人，在冲突中可以很容易地产生对对方的歪曲印象。在与另一国家、另一个群体甚至是与室友或家长的冲突中，我们很容易把自己的动机和行为误解为完全的正确，而将对方的行为理解成彻头彻尾的邪恶，同时我们的对手也会对我们形成镜像式的误解。

因此，在受困于社会难题、为了稀缺资源而竞争或是感到不公正的时候，我们只有同时抛开偏见并努力解决确实存在的分歧，才能使冲突结束。一个好的建议是，在冲突中不要认为别人与你在价值观和道德上格格不入；反之，进行换位思考，设想一下：也许对方会从一个不同的角度理解这个问题。

模块

29

为和平创造者祈福

我们已经了解了冲突是怎样由社会困境、激烈的竞争、知觉到的不公正以及误解引起的。尽管这种图景看来颇为残酷，却不是绝没有希望得到解决的。我们可以把敌意转变为友谊，把握紧的拳头变成张开的双臂。社会心理学家在帮助人们“化敌为友”的策略上有四个建议，我们可以把它们记成“和解的四 C”：接触（contact）、合作（cooperation）、沟通（communication）、和解（conciliation）。

接　触

能否把两个互相冲突的个人或者团队放在一起，进行近距离的接触，以使得他们互相了解彼此并喜欢上彼此呢？通过前面的内容我们已经知道这是可能的及其原因。我们讨论了接近性——以及互动、对互动的预期和曝光效应——都能够增加喜爱的程度。我们还了解到，在废除种族隔离的相关政策颁布之后，对种族的偏见大幅度地减少了，这表明“态度追随行为”。

近来的一项元分析支持这一论点：一般来说，接触能够带来容忍。在一项精心完成的分析研究中，琳达·特罗普和托马斯·佩蒂格鲁（Pettigrew & Tropp,

2005a，2006，2008）收集了 515 项研究的数据，这些研究是针对的是 38 个不同国家的 250 555 人。94% 的研究表明，增加接触能够预测偏见的减少。在多数群体对待少数群体的态度上更是如此（Tropp & Pettigrew，2005b）。

最新的研究也证实了接触和积极的态度之间的关系。比如南非黑人和白人的种族间接触越多，他们对于其他种族的政治态度就会越赞同（Dixon & others，2007）。即使替代性的间接接触也会减少偏见，比如阅读故事或者通过朋友结识其他种族的朋友（Cameron & Rutlan，2006；Pettigrew & others，2007；Turner & others，2007a，2007b，2008）。这种间接接触的效应，也被称为“拓展性接触效应”，可以促进同辈人之间更多积极态度的传播。

在美国，自 20 世纪 60 年代以来，种族隔离和歧视已经一并渐渐消亡。这是不是因为种族间的接触改善了人们的态度呢？那些经历过“废除种族隔离”制度的人是否受到了该制度的影响呢？

废除种族隔离制度是否改善了对少数种族的态度

废除种族隔离制度在学校里产生了明显的作用，比如这种制度促进了更多的黑人走进大学并在学校取得成功（Stephan，1988）。但废除种族隔离制度在学校、社区、工作场所是否都产生了良好的社会效果呢？这方面的证据目前还不太清楚。

一方面，二战结束后颁布了废除种族隔离制度，在这期间和之后不久进行的研究表明，白人对黑人的态度有了明显的改善。不论是百货公司的职员、顾客、店主、政府工作人员、警察、邻居或者学生，种族接触都使得歧视减少了（Amir，1969；Pettigrew，1969）。比如在二战即将结束的时候，美国的军方部分地解除了一些来复枪制造公司中的种族隔离制度（Souffer & others，1949）。当被问及对于废除种族隔离制度的看法时，在那些仍存在种族隔离的公司中，只有 11% 的白人士兵表示支持这个法案；而在废除种族隔离的公司中，60% 的白人士兵支持该法案。

莫顿 · 多伊奇和玛丽 · 柯林斯（Deutsch & Collins，1951）在订单生产的自然实验中观察到了相同的结果。根据州法律，纽约废除了种族居住方案，家庭分配的公寓并不再依照种族制度。而河对岸的内瓦克也经历了同样的进程，白人和黑人最初分别住在不同的住宅里。在废除种族隔离的地区，白人妇女更加支持不同民族的混居，并且表示她们对黑人的看法也有了改善。被夸大的刻板印象在事实面前消退了，就像其中一个妇女说的："我真的变得喜欢这种制度了，我发现他们是和我们一样的人。"

上述的这些研究结果使得美国最高法院在 1954 年做出了在学校废除种族隔离制度的决定，并推动了 20 世纪 60 年代公民权利运动的发展（Pettigrew，1986，2004）。但是后来对学校废除种族隔离制度效应的研究结果却没有那么令人振奋了。沃尔特·斯蒂芬（Stephan，1986）在对所有此类研究进行回顾后，得出了"废除种族隔离制度对于种族观念的改变几乎没有作用"的结论。对于黑人来说，废除学校种族隔离最明显的结果是他们有了更多的机会能够进入联合大学（或者主要是白人的大学），住在种族混合的居民区，以及在种族混合的地方工作。

因此，废除种族隔离制度有时能够改善对少数民族的态度，而有时则不能——尤其是当存在焦虑或知觉到的威胁时（Pettigrew，2004）。这种不一致的情况激起了科学家的探索热情。如何解释这种差异呢？目前为止，我们已经提到了各种各样的废除种族隔离的做法。真正地废除种族隔离可以通过不同途径、在不同的情况下实行。

废除种族隔离制度何时能够改善种族态度

种族间接触频率会是一个因素吗？看起来的确如此。很多研究者调查了数十所废除种族隔离的学校，观察了那些和他们一起吃饭、谈话和游戏的特定种族的儿童。种族的不同影响了孩子之间的接触。白人孩子更愿意和白人孩子玩，黑人孩子则和黑人孩子在一起（Schofield，1982，1986）。在一项对达特茅斯大学学生的电子邮件交流的研究中发现，黑人学生（尽管只占 7%）把 44% 的邮件都发给了其他的黑人学生（Sacerdote & Marmaros，2005）。

在一个夏日（12 月 30 日）的午后，约翰·狄克逊和凯文·多尔汉姆（Dixon & Durrheim，2003）对在南非一个废除种族隔离的海滩上散步的白人、黑人和印第安人进行观察时，发现种族隔离的情况也是很明显的（图 29-1）。废除种族隔离制度的街道、自助餐厅和饭店也可能创造不出无种族界限的互动交流（Clack &

图 29–1

废除种族隔离并不意味着接触。在废除种族隔离之后，南非的斯科特堡海滩成为“开放性的”，但黑人（图中的红色圆点）、白人（蓝色圆点）和印第安人（黄色圆点）还是倾向于和他们自己种族的人们聚集在一起。资料来源：From Dixon & Durrheim, 2003.

others，2005；Dixon & others，2005a，2005b）。

在一项对 1 600 多名欧洲学生态度的追踪研究中，研究者发现，随着时间的推移，接触的确有助于减少偏见，但偏见也会减少接触（Binder，2009）。焦虑和偏见共同解释了为什么在跨种族环境中的学生（当学生被配对为室友或者实验搭档）可能比同种族环境中的学生更少有亲密的自我表露（Johnson & others，2009；Trail & others，2009）。

促进接触有时会奏效，有时则无济于事。一个信奉天主教的年轻人在和北爱尔兰的学校在交换学习后解释道：“我希望有一天能成立一些新教的学校。因为你知道……现在有些学校本应是混合性的，但实际上很少有不同宗教信仰的人在一起，并不是我们不想，只是真的觉得很尴尬”（Cairns & Hewstone，2002）。种族之间缺少混合，部分地源于“人众无知”：许多黑人和白人都说他们也想要更多的接触，但是误以为对方没有对他们的感觉给予回应（Shelton & Richeson，2005；Vorauer，2001，2005）。

相对来讲，早期的那些对于商店店员、士兵和安居计划的邻里关系的研究之所以得到理想的结果，是因为有大量的种族之间的接触，使得那种由于最初的不同种族的接触产生的焦虑得到缓解。另一些研究涉及长期的、个人之间的接触——在黑人和白人混居的监狱，以及白人和黑人女孩一起参加的夏令营——得到了同样好的结果（Clore & others，1978；Foley，1976；Holtman & others，2005；Van Laar & others，2005）。那些曾经在德国或者英国留过学的美国学生中，跟当地人接触的越多，对他们的印象也就越好（Stangor & others，1996）。在一些实验中，那些和其他群体的人建立了友谊的人，往往容易对这些群体产生积极的态度（Pettigrew & Tropp，2000；Wright & others，1997）。并不仅仅是由于对他人的了解，还有情感纽带形成了亲密的友谊并降低了焦虑（Pettigrew & Tropp，2000，2008；Shook & Fazio，2008）。

外群体之间的友好互动可以降低焦虑水平，这是一种生理反应：在跨种族背景下，应激激素的反应性降低是可以测量的（Page-Gould & others，2008）。

一项针对 4 000 欧洲人的调查显示，友谊关系是成功接触的关键：如果你有一个少数群体的朋友，那么你就更有可能对这一群体表示同情和支持，甚至会更为支持他们移民到你的国家。无论是西德人对土耳其人的态度，还是法国人对亚洲人和北非人，或者是荷兰人对苏里南人以及土耳其人，英国人对西印度人和亚洲人的态度都是如此（Brown & others，1999；Hamberger & Hewstone，1997；Paolini & others，2004；Pettigrew，1997）。同样，对同性恋的厌恶情绪也会由于自己有一个同性恋的朋友而减少（Herek，1993；Hodson & others，2009；Vonofakou & others，2007）。美国的一项调查显示，在拥有一个同性恋家人或好友的群体中，支持同性恋结婚的比例达到了 55%，而在没有同性恋家人或朋友的群体中，只有 25% 的人表示支持（Neidorf & Morlin，2007）。

那些支持废除种族隔离制度的社会心理学家，也并不认为所有类型的接触都能够改善对待少数民族的态度。他们认为，如果接触是竞争性的，或没有权威机构支持，或是不平等的，那么结果必然是恶化的（Pettigrew，1988；Stephan，1987）。在 1954 年以前，很多持偏见的白人经常和一些黑人接触——比如擦皮鞋匠和家庭仆人等。但这种不平等的接触只能让那些白人继续认为白人和黑人之间的不平等地位是合理的。因此，接触必须是双方**地位平等的接触**（equal-status contact）才有效，比如在商店店员、士兵、邻居、囚犯或者夏令营参与者之间。

合 作

尽管地位平等的接触是有益的，但有时这还不够。谢里夫在他的夏令营实验中阻止了“老鹰”和“响尾蛇”之间的竞争，让这两个群体进行一些非竞争的活动，比如看电影、放焰火和吃饭等，但是这些行动却并没有带来效果。因为他们彼此之间的敌意非常强烈，简单的接触只会给他们提供一个互相嘲弄和攻击的机会而已。当“老鹰”队中的一个成员被一个“响尾蛇”队员弄伤后，他的伙伴会鼓动他去雪耻。显然，在这两个群体之间消除隔离基本无法促进他们的社会融合。

既然有如此根深蒂固的敌意，那么该怎么做才能达成和解呢？回想一下那些成功的和不成功的废除种族隔离的努力。军队中的来复枪公司把不同种族的人混合在一起，不仅使白人和黑人有了平等接触的机会，而且使他们变得彼此依赖。他们在一起为了共同的目标，打败共同的敌人。

这是否表明了预测废除种族隔离有效性的第二个因素？是否竞争性的接触只能分化他们的关系，而只有合作性的接触才能使他们团结？所有层面上的冲突，不论是夫妻间、竞争团队间还是国家间，共同的威胁和目标能产生团结。

共同的外部威胁

你是否曾经和别人一起被困在暴风雪中？是否曾经和同学一起被老师批评过？是否由于你的社会地位、种族以及宗教信仰而与他人一起被迫害或嘲笑呢？如果是，那么你就可以清楚地回忆起对那些跟你一起面对困境的人的亲切感。当你们互相帮助一起扫雪开辟道路或者一起对付共同的敌人时，你们之间的社会性障碍就有可能消除。

这种友善的行为经常在人们共同面对危机的时候出现。约翰·兰则塔（Lanzetta，1995）曾经做过一个实验来证明，共同的危机对人们彼此态度的改变的作用。他让四人一组的海军军官后备学校的学生完成一个问题解决的任务，然后用广播告之其中一些组，他们的答案是错误的，并且他们答题的效率非常低，他们的想法都非常愚蠢。其他的组则没有受到这样的惩罚。兰则塔发现：那些受到批评的组员们彼此变得更加友好、更合作，以及出现更少的争吵和竞争。他们团结在一起，在精神上有了凝聚力。

在谢里夫的夏令营实验中，有一个共同的敌人，可以统一那些彼此怀着竞争的男孩们。其他很多类似的实验也都证明了这一点（Dion，1979）。当使一个人想起他不属于某个群体（如别的学校）时，会增强他对于自己群体的责任感（Wilder & Shapiro，1984）。当我们明确意识到“他们”是谁时，我们同时也明确了“我们”是谁。

在战争时期面对一个明确的外部威胁时，我们的群体归属感高涨。公民组织的会员数快速增长（Putman，2000）。公民们团结在他们的领导人周围并支持他们的军队。“9·11”灾难之后，当人们面临着进一步的恐怖袭击威胁时，这种情况尤为明显。《纽约时报》报道，在纽约城，“由来已久的种族对抗已经缓和”，至少是在一段时间内（Sengupta，2001）。“在‘9·11’恐怖事件发生以前只以为自己是一个黑人”，18 岁的路易斯·约翰逊说道，“现在我比以往任何时候都更加觉得自己是一个美国人。”这是“9·11”之后人们思想变化的一个例证。另一个例子就是美国纽约市长朱利亚尼在“9·11”后的新闻发布会上使用的“我们”这个词比以前多了一倍（Liehr & others，2004；Pennebaker & Lay，2002）。

乔治·布什的政绩支持率也反映了这种外部威胁带来的内部团结。就在“9·11”之前，他的民众支持率只有 51%。而“9·11”之后，他的支持率则高达 90%。在公众看来，这个得到 90% 的民众支持的平庸总统已经成为了人们心中尊贵的总统和领袖，领导着我们同“那些憎恨我们的人”战斗。在那之后，他的支持率逐渐下降，但是在伊拉克战争之前他的支持率再度攀升。当弗洛雷塔·科恩和她的同事（Cohen & others，2005）在让美国学生回忆“9·11”事件时（而不是想到即将到来的考试），这些学生更可能会同意这种说法——“我赞同美国总统布什和他的官员们在伊拉克进行的勇敢的军事行动。”

同时发生的外部威胁也会导致世界上其他地方的团结。发生在以色列的自杀性爆炸事件使分散的犹太人集结在总理沙龙和他的政府旗下，而当以色列的防御力量杀死了几名巴勒斯坦人并破坏了他们的财产时，穆斯林的各个派别都把他们的仇恨指向了沙龙。在美国攻打伊拉克之后，皮尤研究中心（Pew，2003）对印尼和约旦的穆斯林进行民意调查，发现他们的反美情绪高涨。2002 年有 53% 的约旦人表示他们对美国人持有积极的看法，然而在战后急剧下降到 18%。“在战前，如果我说本·拉登真的对“9·11”事件负有直接责任，我们不会为此事感到自豪，”叙利亚一个研究伊斯兰法律的 21 岁学生说道，“但如果他现在这么做，我们会为他骄傲”（Rubin，2003）。

如果我们共同面对一个敌人，我们的世界会同样地团结起来吗？1987 年 9 月 21 日，里根总统说道："当我们着魔于对抗时，我们常常忘记了所有人类成员应该团结在一起，也许我们需要一些外部的、全球性的威胁来让我们意识到人类的普遍联系”。20 年后，阿尔·戈尔（Gore，2007）同意这个观点，在全球气候变暖的阴霾下，“我们所有人现在都面临着一个全球性的威胁。尽管它不是来自这个世界之外，但它也是全人类共同的威胁。”

超级目标

与面对一个共同的外部危机时形成的凝聚力量紧密相连的另一个凝聚力量是**超级目标**（superordinate goals）。它是能够将群体的所有成员团结起来、共同合作来完成的目标。谢里夫为了促成彼此竞争的露营者的和解，曾使用过这样的目标。一次，他让夏令营的供水出现了问题，使得营员们必须通过合作来修复水管。另一次，他提供了一个可以租借影碟的机会，但是所需的费用必须动用两个团队的共同资金，这时他发现合作又一次发生了。还有一次，他们在行进途中有一辆卡车“抛锚”，实验人员在路边有意留下了一根拔河用的绳，于是其中一个男孩就提议大家用绳子把客车拉到启动。当卡车启动后，所有的成员互相击掌庆祝。

经过这样几次共同完成超级目标的活动后，男孩子们开始在一起吃饭，一起坐在篝火旁聊天了。友谊在两个团队之间蔓延开来。敌意直线下降。在最后一天，男孩们决定一起坐巴士回家，在路上他们不再按照团队分开乘坐。当巴士到达他们的家，即俄克拉荷马州时，他们情不自禁地唱起俄克拉荷马州的州歌，彼此在祝福中道别。就这样，谢里夫用隔离和竞争制造了陌生人之间的敌意，又用超级目标把这些敌人变成了朋友。

谢里夫的实验仅仅是小孩子的游戏吗？或者说对于成人来说，把彼此冲突的人们叫到一起完成一个超级目标也会取得类似的结果吗？罗伯特·布莱克和简·穆顿（Blake & Mouton,1979）想知道这些问题的答案。在一系列为期两周的实验中，共有 150 个不同的团体，1 000 个经理人，他们重现了“响尾蛇”和“老鹰”之间竞争情境的基本特征。一开始每个组各自活动，之后组与组之间互相竞争；最后让不同的组在一个超级目标之下合作。他们的结果明确显示，成年人和谢里夫实验中那些年轻被试是一致的。

塞缪尔·盖特纳、约翰·多维迪奥和他们的合作者（Gaertner & Dovidio, 2005）拓展了这些结果，他们发现在一起工作尤其对分解小群体，建立一个新的、更具包容性的群体很有用。当两个团队选择围着圆桌坐下来（而不是对立地坐着），给他们的新团队起一个名字，然后在一个良好的氛围下一起工作时，他们原先对彼此的那种带有偏见的不良感觉就会减少。“我们”和“他们”合在一起就可以成为“咱们”。

合作学习

到目前为止，我们已经看到在学校废除种族隔离制度带来的有限的社会利益（尤其是没有友谊带来的情感纽带或平等的关系相伴时）。我们也看到了在两个敌对的群体之间进行成功的、合作性的接触所带来的戏剧性的社会利益。这两方面的研究结果结合起来，是不是能够让我们对传统的废除种族隔离制度的实践提供更好的选择呢？一些独立的研究团队认为是可以的。每个研究团队都希望知道，我们能否在不影响学业成绩的情况下，通过把那些激烈竞争的学习环境变成一种合作的环境，从而改善种族之间对彼此的态度呢？在各种各样的方式中，几乎每一个都涉及让学生参加一个学习小组，有时会要求他们和其他组来竞争。这些研究的结果是令人吃惊和振奋的。

一项由阿伦森（Aronson & Gonzalez,1988,2004）领导的研究小组使用“拼图”的方法进行了类似的小组合作的研究。在得克萨斯州和加利福尼亚州的小学中，研究者根据学生的种族和学习成绩把他们分成六人小组。这样一来，一个科目就可以变成六个部分，而每个小组成员将成为他自己那一部分专家。在关于智利的一个单元中，其中一个学生可能是关于“智利历史”的专家，而另一个则是智利的地理专家，还有精通智利文化的专家等。一开始，这些所谓的“历史专家”“地理专家”们分别聚在一起研究他们的学习材料。然后他们回到自己原来的小组把所学的知识教给同学。也就是说，每个小组成员都有了一块“拼图”。沉默寡言的学生也可以向那些平时很自信的学生讲述他们的意见，他们很快就会发现自己对于同伴的重要性。

就合作学习而言，学生学习到的不只是知识，还学习到其他的东西。同时，种族间的友谊也在迅速发展。少数种族学生的考试成绩有了提高（也许因为现在的学业成绩是同伴间互相支持的）。在实验结束之后，许多老师仍然继续采用合作学习的方式（D. W. Johnson & others，1981；Slavin，1990）。“很显然，”种族关系专家约翰·麦科纳希（McConahay，1981）写道，“在那些废除种族隔离的学校中，合作学习是目前为止最为有效的改善种族关系的实践方法。”

因此，无论是对露营的男孩们，还是工厂的经理人、大学生们或者中小学校的孩子们，合作与地位平等的接触都能够产生积极的影响。那么，这个规律是不是对于所有的人际关系都适用呢？通过把全家召集到一起参加农园劳动，或修理旧屋，或驾驶帆船能够促进家庭的团结吗？社区中的人对于社区的认同会因为一起饲养家禽，或者合唱，或者一同踢足球而得到增强吗？国家之间的理解会因为在科技和空间技术上的合作，或者对地球的自然资源的共同管理，或者通过不同国家之间个体的接触而得到改善吗？很多迹象表明，这些问题的答案是肯定的（Brewer & Miller，1988；Desforges & others，1991，1997；Deutsch，1985，1994）。因此，对于我们目前这个四分五裂的世界来说，一个很重要的挑战就是怎样建立起一个超级目标，并建立合作的关系来实现它。

沟　通

群体间的冲突还有其他方法可以解决。当夫妻之间、劳资双方或者两个国家之间发生不同的意见时，他们可以**谈判**（bargain）；可以请第三方通过提议或促进协商来**调解**（mediate）；或者将双方的分歧交由第三方进行研究并**仲裁**（arbitration）。

谈 判

如果你想要买或者卖一辆新车，你是选择进行一场激烈的讨价还价——开一个极端的价格然后寻求妥协比较好呢？还是一开始就出一个善意的价格？

实验没有给我们简单的答案。一方面，那些出价高的人卖得也高。激烈的讨价还价可以降低对方对你的期望，从而使他们愿意降价（Yukl，1974）。但有时也会被反咬一口。如果冲突一直持续，那么我们面对的不是一个大小不变的蛋糕，而是一个缩水的蛋糕。协商有时并不能够实现双方共同的利益，大约有 20% 的协商最后以“双输”告终，双方利益都受损（Thompson & Hrebec，1996 ）。

而迟来的协议也代价不菲。当一个罢工长期持续时，劳资双方都遭受损失。激烈的讨价还价还可能失去达到真正一致的机会。如果其中一方坚持与另一方同样极端的条件，那么双方可能都会因为面子上下不来而僵持。在 1991 年海湾战争的前一星期，布什总统在公众场合威胁说要“踢萨达姆的屁股”。萨达姆·侯赛因毫不示弱地表示要让异端的美国人“在自己的血海中游泳”。在这样好战的宣言之后，双方都很难既挽回面子又避免战争的发生了。如果双方都给对方留一点面子，也许协商能够避免战争。

调 解

第三方调解人可以提供一些建议，使得冲突的双方可以在做出让步的同时，仍挽回面子（Pruitt，1998）。如果我的让步是对调解人的，并且他同时也从我的对手那里取得了让步，那么我们都不会把这种让步看做是对对手要求的满足。

把“非赢即输”变成“双赢”

调解人也可以通过促进双方建设性的沟通来解决冲突。他们首先要做的是让双方重新思考这个冲突，并知道对方的利益所在（Thompson，1998）。通常，冲突双方都有一个“非赢即输”的想法：如果对方对结果感到失望，那么他们就成功了；如果对方对结果满意，他们则失败了（Thompson & others，1995）。调解人要通过让他们暂时放下冲突中的自身需求，而换位思考对方的需要、利益和目标，从而把这种“非赢即输”的想法变成“双赢”的取向。利·汤普森（Thompson，1990a，b）在实验中发现，有经验的协商者更能够作出折衷的让双方都有利的决定，从而达成双赢的解决方案。

一个关于“双赢”的经典故事，来自争桔子的两姐妹（Follett，1940）。最终她们的决定是把桔子平分成两半，其中一个女孩把她的一半榨成橙汁，另一个女孩用她那一半的桔子皮来做蛋糕。迪安·普鲁伊特和他的同事在纽约州立大学的一个实验中，鼓励被试对这个故事找出更好的**整合性协议**（integrative agreements）（Johnson & Johnson，2003；Pruitt & Lewis，1975，1977）。如果这两个女孩都解释了自己为什么想要桔子，那么她们很可能同意分享桔子，其中一个得到全部的橙汁，而另一个得到全部的桔子皮，这是整合性协议的一个例子。相对那种要让双方牺牲掉一些东西的妥协来说，整合性协议更具有持久性。因为她们是互相满足的，因此也可以带来持续的伙伴关系（Pruitt，1986）。

用克制的沟通来消除误会

沟通可以减少自我实现预言的误解。回忆一下，也许你也能想起和这个大学生类似的经历：

> 通常，在很长一段时间没怎么和玛莎沟通之后，我就会觉得她这种沉默是一种信号，说明她不喜欢我。而她也认为我的寡言是对她厌恶的表现。我的沉默导致了她的沉默，而这又使得我更加沉默……这种滚雪球效应直到一次我们必须交流的意外事件的发生才得以打破。而我们通过沟通后，消融了彼此之间所有的误解。

像上面这种冲突的结果，往往取决于人们怎样彼此交流他们的感受。罗杰·克努森及其同事（Knudson & others，1980）邀请已婚夫妇到伊利诺伊州立大学心理学实验室，通过角色扮演重新体验他们过去的冲突。在他们的谈话（往往产生和先前的真实矛盾同样激烈的情绪）之前、中间和之后，都仔细地观察和询问了他们的情况。那些回避问题的夫妇——或者不能够澄清他们的处境或者未能认清其配偶的处境——让他们自己有一种比以前更和谐的错觉。他们会觉得彼此现在能够在更多的事情上达成一致，而事实上只是更少的一致。而那些主动面对问题的夫妇——能够认清他们的处境并站在对方的角度考虑问题——得到了更多真正的一致，并且对彼此的想法有了更确切的了解。这个结果可以解释，为什么直接、开诚布公地交流想法的夫妇通常拥有幸福美满的婚姻（Grush & Glidden，1987）。

冲突研究者认为信任是其中的一个关键因素（Noor & others，2008；Ross & Ward，1995）。如果你相信对方是善意的，你就会更容易流露你的需要和想法。没有这样的信任，你可能就会担心你的坦诚给了对手反对你的信息。即使是简单的动作也能增进信任。在实验中，主试要求谈判者去模仿其他人的特殊习惯，就像关系亲密的人平时经常做的一样，这样能获得更多的信任，更能发现共同的利益，互相满足需求（Maddux & others，2008）。

当双方互相不信任并且进行无效的沟通时，第三方的调解者——婚姻顾问、劳资调解员、外交官——有时候是有帮助的。通常调解者是冲突双方都信任的人。阿尔及利亚的穆斯林在 20 世纪 80 年代充当了伊朗和伊拉克的调解人，而罗马教皇则化解了阿根廷和智利在领土上的纷争（Carnevale & Choi，2000）。

在说服冲突双方重新思考他们所认为的“非赢即输”的冲突之后，调解人让双方都确认自己的目标，并按重要性给目标排序。如果目标是相容的，那么排序的过程就可以让双方在一些不太重要的目标上让步，以实现最主要的目标（Erickson & others，1974；Schulz & Pruitt，1978）。南非的黑人和白人认可对方的最高利益——以多数决定原则代替种族隔离，同时保护白人的安全、财产和权利，通过这种方式南非获得了内部的和平（Kelman，1998）。

一旦劳资双方彼此相信，管理者提高生产效率和利润的目的与劳动者希望得到更高的工资和更好的工作条件是一致，他们就可以共同寻求双赢的解决方案了。

当两个冲突的群体聚在一起开始直接对话时，不能天真地认为光靠眼球对着眼球，冲突就会自动解决。在一个具有威胁性的、剑拔弩张的冲突中，高亢的情绪经常阻碍人们站在对方的立场看问题。虽然幸福和感激能增进信任，但是生气也会减少信任（Dunn & Schweitzer，2005）。在最需要沟通的时候，沟通往往变得最困难（Tetlock，1985）。

这时调解人需要建立一种情境，帮助双方去理解对方，并感到被对方理解。调解人可以让冲突中的双方把争议只限于对事实的描述，包括陈述如果对方怎么做他们就会有什么样的感觉，会做出何种反应。比如：“我喜欢开着音乐，但如果你开得过大，我会觉得注意力难以集中，那就会使我感到很暴躁。”另外，调解人也可以让人们角色互换，去讨论对方的处境或者想象和解释对方所体验的经历。[实验证明，引发同理心能够减少刻板印象，增加合作性（Batson & Moran，1999；Galinsky & Muskowitz，2000）。]或者调解人可以让双方在描述自己感受之前描述对方的处境："你在学习的时候，我开音响的确会打扰你。"

中立的第三方还可以提出双方都能接受的建议，而这些建议如果由冲突的任何一方提出均会被驳回（"相对贬值"）。康斯坦丝·斯蒂林格和她的同事（Stillinger & others，1991）发现，当解除核武器的建议由苏联提出时，美国人表示不同意，但当这个建议由中立的第三方提出时就变得可接受多了。类似地，人们对于对手提出的让步总是嗤之以鼻（"他们肯定不在乎这一点儿"）；而当这种让步由第三方提出时，他们就不会觉着这是一种虚假姿态了。

这些调停的原则，有的基于实验研究，有的基于实践经验，它们对国际和商业上的冲突的调解起到了很大的作用（Blake & Mouton，1962，1979；Fisher，1994；Wehr，1979）。社会心理学家赫伯特·凯尔曼（Kelman，1997，2007，2008）带领一个由阿拉伯人和美国犹太人组成的小团队，曾举办了许多工作坊，使阿拉伯和以色列的名流坐到了一起。另一个社会心理学家组成的团队是由斯托布和皮尔曼（Staub & Pearlman，2005a，2005b，2009）领导的，他们在1999—2003年在卢旺达工作，他们训练了一些记者，理解并准确地报道出卢旺达的创伤，以便能够治愈创伤，达成和解。为了消除误解，凯尔曼和他的同事运用了我们前面提到的一些方法，让参与者主动去寻求对双方都有利的解决办法。参与者在单独的情况下可以自由地和他们的对手直接交谈，不必担心他们的委托人猜测他们在说什么。结果如何呢？来自双方的人都开始渐渐了解对方的观点，以及他们的行动会使对方有什么样的反应。

仲　裁

有些冲突是很难解决的，双方的潜在利益有很大分歧，以至于无法达成双方都满意的解决方案。波斯尼亚和科索沃的塞尔维亚人与穆斯林之间不能对同一块土地拥有主权。在一次关于孩子的监护权的离婚争论中，父母双方不可能同时拥有孩子的监护权。在这种情况下，包括其他很多情况（比如是否由房客来付房屋修理费、运动员的工资、国家领土争端等），在解决这些冲突时，第三方调解者可能发挥作用，也可能起不到作用。

如果调解解决不了，冲突双方应该采用仲裁，由调解人或者其他的第三方组织强制解决。争论的双方通常并不喜欢用仲裁来解决他们之间的矛盾，他们担心会对结果失去控制。尼尔·麦吉利卡迪等人（McGillicuddy & others，1987）在一个实验中观察到了这种倾向。实验中，争论者来到一个矛盾解决中心。当他们意识到如果调解失败，他们将面临仲裁时，他们会竭尽全力去解决问题，表现出更少的敌意，也更容易达成协议。

在矛盾非常明显、难以妥协的事件中，意识到将面临仲裁时，冲突的双方会固守他们的立场，并希望在仲裁人选择一个折衷方案时，自己能从中获益。为了消除这种倾向，在一些比如涉及棒球运动员个人工资的争论中，采用“最后提议仲裁”的方法，也就是第三方在最后的两个方案中选择一个。最后提议仲裁能够促使矛盾双方做出比较合理的建议。

但是通常情况下，如果双方不能够摆脱自私的偏见，从对方的角度来看他们的建议，那么最后提议仲裁就不是所想的那么合理了。协商的研究者们报告说，大多数的争议者最后被“乐观的过分自信”所羁绊，变得非常固执（Kahneman & Tversky，1995）。通常是双方都深信，他们有赢得最后提议仲裁的三分之二的好运气，结果导致调解的失败（Bazerman，1986，1990）。

和　解

有时冲突双方的紧张和怀疑程度如此之高，不要说解决问题，就是沟通都是不可能的。每一方都会威胁、逼迫或者报复对手。更不幸的是，这种行为是相互的，使得冲突愈演愈烈。因此，是否可以通过一方的无条件合作来安抚对方，以达到一个比较好的结果呢？事实上通常是不行的。在实验室的游戏中，那些百分之百合作的人最后往往会被倾轧。明智地说，单方面的妥协通常是行不通的。

社会心理学家查尔斯·奥斯古德（Osgood，1962，1980）提出了第三种方案，即和解，直到足可以消除倾轧。奥斯古德把它叫做“逐步（graduat）、互惠

（reciprocat）、主动（initiative）地减少紧张（tension reduction）”。他称之为“**GRIT**”，标明它所需要的决心。GRIT 致力于通过冲突的逐步降级，以此来扭转冲突的“螺旋上升”。它引进了社会心理学的概念来构建理论，比如互惠规范、动机归因等。

GRIT 要求一方在宣布希望调和的意愿之后，做出一些小的意在降低冲突的行为。发起调和的一方，在实行每一个表示调和的行为之前都声明这种希望减少紧张的主张，并邀请对手进行回报。这种声明可以建立一种框架，使对手能正确理解其意图，而不是当作示弱或欺诈。并且这种声明也给对手造成了舆论上的压力，使他们必须遵循互惠规范。

接下来，发起者必须如声明中所说的做出一些可以证实的和解行动，以建立信任与真诚。这可以对回报行为施加压力。调和行动可以是各种各样的，比如提供一些医药信息，关闭一个军事基地，取消贸易禁令等，但是不要让发起者在任何一个领域做出非常大的牺牲，并且要让对手能够自由地选择他们做出回报的方式。如果对手出于自愿进行回报，那么它自身的和解行为会缓和其对立的态度。

GRIT 是和解性的，但不是强制的，没有灵活调节的余地。这一策略是可以通过“保留反击的能力”来确保双方各自的利益。最初的一些调和行为可能要使双方承担一定的风险，但是并不会危及各自的安全；相反，这是让双方从剑拔弩张的台阶上面下来的一个方法。比如，若其中一方采取了暴力行动，而对方却报以友善，并申明他们不会容忍任何倾轧。而如果这时对手也提供了相当的或者稍超出的回报行为，那么，这种回报就不是一种会导致冲突升级的过激行为了。莫顿·多伊奇（Deutsch，1993）在建议协商时对 GRIT 作出了概括，可以说抓住了精髓：“‘坚定、公平、友善’。坚定就是反对胁迫、倾轧和肮脏的手段；公平就是坚持自己的道德准则，无论对手怎样挑衅，决不回敬对方不道德的行为；友善则是指人们愿意发起和回报合作行为。”

GRIT 真的有用吗？在俄亥俄大学进行的一系列实验中，斯文·林德斯格尔德和他的助手们（Lindskold & others，1976~1988）发现了支持 GRIT 策略的强有力的证据。在实验室的游戏中，声明合作的愿望的确大大地促进了合作。重复的和解行为可以培养更大的信任感（Klapwijk & Van Lange，2009）。保持一种力量上的平衡，可以避免相互利用。

类似 GRIT 的策略在实验室之外也不时得到运用，并取得了不错的结果。在众多的例子中，最著名的要数所谓的肯尼迪实验（Etzioni，1967）。1963 年 6 月

10 日，肯尼迪总统发表了一个重大的演说——《实现和平的策略》。他说："我们的问题都是人为造成的……并且可以由人来解决，"然后他声明了他的第一个和解行动：美国停止所有的大气核试验，除非其他国家进行试验否则将不会再继续。在苏联，肯尼迪的演讲被全文发表。五天之后，苏联总书记赫鲁晓夫做出回应，声明他已经停止生产战略导弹。不久，进一步的回报行为出现了：美国同意卖小麦给苏联，而苏联则同意在两国之间开通"热线"，两国很快还签署了"停止核试验"协议。在一段时期内，这些和解行动使得两国的关系变得趋于缓和。

和解行动能够减少个人之间的紧张情绪吗？有很多理由可以认为它会。当两个人的关系受阻，沟通难以进行下去的时候，通常一个小小的和解姿态——一个温和的回答，一个善意的微笑，一个轻柔的触摸——可以使双方从紧张的台阶上下来，使得接触、合作以及沟通重新变得可能。

模块

30

人们何时会做出助人行为

1964 年 3 月 13 日凌晨 3 点，纽约，酒吧经理基蒂·吉诺维斯在即将到达寓所时，遭到持刀暴徒的侵犯，她惊恐地尖叫并恳求帮助——“我的天啊！他刺伤了我！来人哪！请帮帮我！请帮帮我！”——声音回荡在宁静的夜中，显得分外刺耳，吵醒了部分邻居（据《纽约时报》报道是 38 人），很多人走到窗户边观望了片刻，目睹歹徒去而复返。直到有人打电话报警，歹徒才最终离开，但基诺维斯却很快死去了。之后的调查发现，有 38 人目睹了这场暴行却无动于衷（Manning & others，2007）。这一事故激发了人们对旁观者效应的研究，这一效应也在其他的事件中有所体现。

埃莉诺·布拉德利在购物时被绊倒并摔伤了腿。她头晕目眩且疼痛难忍，于是她呼救，足足 40 分钟，购物的人流只是从她旁边走过却没有人管她。最后，一名出租车司机带她去看了医生（Darley & Latané，1968）。或许我们会变成像埃弗雷特·桑德森那样的英雄？当纽约的地铁列车进站的隆隆声越来越近时，埃弗雷特·桑德森却跳下路轨，奔向迎面而来的列车去救一名从站台上掉下去的 4 岁女孩，她的名字叫米歇儿。还差 3 秒钟列车就要碾过女孩之时，桑德森把米歇儿抛向了站台上拥挤的人群。列车呼啸而至，而桑德森却没能靠自己的力量跳上站台。在最后紧急关头，一名旁观者把他拉向了安全的地方（Young, 1977）。

再看一看耶路撒冷的“正义之园”，它位于一个山坡上，由成百上千棵树环绕而成，每棵树下都有纪念碑，上面刻着一些欧洲基督教徒的名字，这些人曾经在纳粹大屠杀时期给犹太人提供过庇护。这些“正义的异教徒”（在当时的耶路撒冷，把信奉非犹太教的人称为异教徒——译者注）知道，如果被纳粹政府发现，他们将与犹太人一样承受被处死的命运，但仍有很多基督教徒庇护了犹太人，还有不计其数的庇护者没有留下姓名（Hellman，1980；Wiesel，1985）。

简·海宁是在战争中牺牲的英雄，她是一名苏格兰教会的传教士，看管着一个拥有将近 400 名犹太女孩的教会。在战争前夕，教会担心她的安全，所以安排她回家。但是她拒绝了，她说：“如果这些孩子在阳光明媚的日子尚且需要我的照顾，那么在如此糟糕黑暗的时刻，她们该有多么需要我的陪伴呢？”（Barnes，2008；Brown，2008）。实际上，她还剪碎了自己的皮革包具来为女孩们修补破损的鞋底。在 1944 年 4 月，海宁指责一个厨师偷吃原本为教会的女孩们准备的食物 。这个厨师是一名纳粹党成员，他将海宁告发到纳粹秘密警察那里。后来秘密警察逮捕了她，指控她为犹太人工作，并且为女孩们被迫穿黄色星章的衣服而流泪。几周之后，她被送去了奥斯威辛，同上百万犹太人的命运一样，在这个地方惨遭屠杀。

“9·11”事件之后的日子里，这一罪恶袭击引发了不计其数的善行。血库挤满了人，食品站挤满了人，衣物站也挤满了人。其中很多行为都是自我牺牲的利他行为。当世贸中心的北楼遭到撞击后，埃德·埃默里护送 5 名在南楼 90 层的“Fiduciary Trust”公司的同事下到 12 层，让他们进了一趟已经挤得满满的快速电梯，他自己又回到 97 层，希望再带着 6 位正在备份电脑资料的同事撤退。就在这一刹那，他们这座楼被击中了，他失去了自己的生命。

后来，他的同事爱德华·麦克纳利也一直在思考，为什么自己在生命的最后一刻，还能够帮助所爱的人？就在大楼开始坍塌的时候，麦克纳利打电话给妻子丽兹，讲述了人寿保险的条款和赔付。“他说我对他来说就意味着整个世界，他爱我。”麦克纳利太太后来回忆说，他们似乎已经做了最后的告别（《纽约时报》，2002）。一会儿，她的电话再一次响起。还是她的丈夫打来的，他说，他已经为他们预定了到罗马庆祝她 40 岁生日的机票。“可是丽兹，你得取消它了。”

一般的利他行为更是不胜枚举，诸如安慰、照料和同情等，人们通常不求任何回报地为别人指路、捐款、献血、做义工。人们为什么，何时会做出助人行为？

怎样才能减少冷漠而增加帮助行为？

利他主义（Altruism）是自私自利的反义词。一个利他的人，即使在无利可图或不期待任何回报的情况下，也会关心和帮助别人。耶稣关于善良的撒玛利亚人的寓言为此提供了经典的诠释：

> 一名男子从耶路撒冷到耶利哥，途中落入强盗之手，强盗抢光了他的财物，并将他打得半死不活，然后跑掉了。这时，恰好有一名传教士经过此地。传教士看到了受伤的男子，便从路的另一边走过去了。之后又来了一个利未人，他同样看见了受伤的男子，也从路的另一边走过去了。但是撒玛利亚人却不同，他途经这里，看见受伤的男子，就动了恻隐之心。他走到受伤人的身边为他包扎伤口，还在伤口上搽上油和酒。然后，他把受伤的人放到自己的马背上，带他到一家小旅馆并照料他。第二天，他掏出一些钱给老板，说："好好照顾他，等我回来，钱不够，我会补给你。"（圣经·路加福音 10 章 30~35 节）

这个撒玛利亚人的行为诠释了利他主义。他完全为同情心所驱动，为一个完全陌生的人奉献了时间、精力和金钱，既没有期待任何回报，也没有期待任何感激。

人们为什么会做出帮助行为

利他主义的动机是什么？有一种解释称为**社会交换理论**（social-exchange theory），它是指我们在分析了成本—收益以后才做出帮助行为。作为利益交换的一部分，帮助他人的最后目的是最大化自己的回报和最小化自己的代价。在献血时，我们会权衡代价（献血带来的不方便和不舒适）与献血的利益（社会的赞赏和帮助别人产生的愉快感觉）。如果预期的回报超出了代价，我们便可能帮助别人。

你可能会反对这种解释：社会交换理论把无私性从利他主义中剔除了。该理论似乎暗示助人行为从来都不是真正意义上的利他主义；当回报不明显时，我们单纯地将其称作"利他的"。如果人们帮助别人只是为了减少内疚感和得到社会赞许，我们就很难认为他们是做了一件好事。只有当我们不能用别的动机来解释他们的利他行为时，我们才表扬人们的利他主义。

然而，从婴儿时代开始，人们会自然而然地表现出同理心。如果看到别人受苦，我们也会觉得压抑；如果看到他们的苦难结束，我们心里会好受些。慈爱的父母（不像虐儿者和其他残忍的人）看到他们的孩子遭受痛苦时，他们也会痛苦；而且以孩子的快乐为快乐（Miller & Eisenberg，1988）。虽然有一些助人行为实际上赢得了回报或者减轻了负罪感，但实验证明，其他的助人行为仅仅是以简单的增强他人利益为目的，这就产生了作为副产品的满足感（Batson，1991）。在这些实验中，同理心常常导致助人行为。当帮助者相信他人确实会从所需的帮助中受益时，他们就会帮助；而不在乎受助者是否知道是谁帮助了他们。

社会规范也能激发助人行为。它们描述了我们应该如何行事。一种普遍的道德准则就是**互惠规范**（reciprocity norm）：对于那些曾帮助过我们的人，我们应当施以帮助，而不是伤害。所以我们期望那些接受了帮助（礼物、邀请、协助）的人日后能给予回报，这种互惠规范也会考虑到有些人无法做互惠的给予和回报，所以我们也能感觉到**社会责任规范**（social-responsibility norm）——我们应该帮助那些真正需要帮助的人，而不考虑未来的回报。当我们为一个手拄拐杖的人捡起掉到地上的书时，我们不期望任何回报。

这些关于助人行为的建议性理由具有生物学意义。家长对子女和其他亲戚的同理心促使他们共享的基因得以延续。同样地，进化心理学家也认为，小群体中的互惠利他主义提高了每一个群体成员的生存机会。

人们何时会做出帮助行为

旁观者为什么都如此无动于衷？社会心理学家对此感到好奇并加以重视。因此，他们设计实验来考察人们什么时候才会在危难之中伸出援助之手。他们还进一步考察，哪些人最有可能在非紧急情况下帮助别人，如捐钱、献血以及提供时间等？

在他们的答案中，研究者发现以下人群通常会更愿意做出帮助行为：

- 有负罪感，所以会提供一种方式来减轻负罪感或修复自我形象；
- 好心情；
- 有虔诚的宗教信仰（以高频率的捐赠和志愿精神为证据）。

社会心理学家也研究了增加助人行为的情境，我们帮助他人的几率在以下情境中会增加：

- 我们刚刚目睹了一场榜样式的助人行为；
- 我们不是匆忙的赶路者；
- 受害者看上去需要并值得帮助；
- 受害者与我们自己很相似；
- 我们生活在小城市或乡村；
- 有很少的其他旁观者。

旁观者的数量

旁观者在紧急情况下的冷漠使得社会评论员们感到悲哀，他们哀叹人们的“疏远”“无情”“漠不关心”以及“无意识的残酷冲动”。人们往往把紧急事件中的不干预行为归因于旁观者的个人特点，并且通常认为自己是有同情心的人，在类似情境中会提供帮助。那么，那些旁观者就如此没有人性吗？

社会心理学家比伯·拉塔奈和约翰·达利（Latané & Darley，1970）并不这样认为。他们利用设计巧妙的危急情境进行研究，发现了一个情境因素——其他旁观者的在场——会大大降低人们对事件的干预。直到 1980 年，研究者做了 48 个实验，比较了个体认为自己作为旁观者独自在场，和认为除了自己外还有其他人在场的情况下，所给予帮助的可能性。考虑到旁观者之间的自由沟通，当只有一位旁观者时，受害者更可能得到帮助（Latané & Nida，1981；Stalder，2008）。在互联网的沟通中也同样，当人们相信自己是唯一（没有其他人被提出同样的要求）被请求给予帮助（例如，有人询问如何到达某个大学的图书馆）的人时，更容易做出帮助行为（Blair & others，2005）。

有时候，在有更多人在场的情况下，那些受害者却更少有机会得到帮助。拉塔奈、达布斯（Latané & Dabbs，1975）和 145 名合作者共测试了 1 497 次，他们在乘坐电梯时装作不经意地掉落了一枚硬币。发现当旁边只有一名乘坐者时，他们得到帮助的可能性有 40%。当旁边有 6 名乘坐者时，他们得到帮助的可能性不

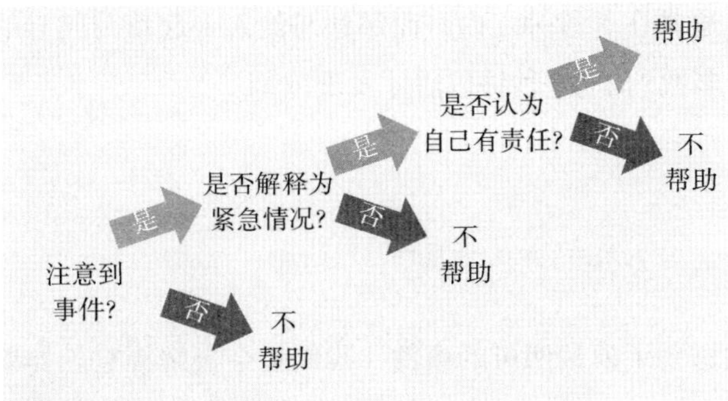

图 30-1

拉塔奈和达利的决策树。决策树上只有一条路径能导致帮助行为。在每一个分岔处，在场的他人都会使人走向不帮助的分支。

资料来源：Adapted from Darley & Latané, 1968.

超过 20%。

为什么会这样？拉塔奈和达利猜测，当旁观者的数目增加时，任何一个旁观者都会更少地注意到事件的发生，更少地把它解释为一个重大问题或紧急情况，更少地认为自己有采取行动的责任（图 30-1）。

注　意

在拥挤的街道上，有一个叫埃莉诺·布拉德利的女子不小心被绊倒并摔伤了腿。假设 20 分钟后，你正好经过这里，你的眼睛看着前面行人的背部（一般来说，盯着周围的来往行人看被认为是不礼貌的），你的脑子里还想着白天发生的一些事情。这时你会注意到路旁有一个受伤的女子吗？如果此时街上十分冷清，你是否会更容易注意到受伤的女子？

为了得到答案，拉塔奈和达利（Latané & Darley，1968）招募了一些哥伦比亚大学的学生来做实验，让他们在一个房间里填写问卷，有些被试单独填写，有些被试则和两个陌生人一起填写。就在他们正埋头填写问卷时（研究者通过单向玻璃可以观察他们），一个紧急情况出现了：浓烟从墙上的通风孔吹了进来。那些独自填写问卷的学生——他们通常会时不时地瞄几眼周围的环境——几乎立刻就发现了浓烟，通常在5秒钟之内。而那些与他人一起填写问卷的学生，则专注于他们的问卷，多数到了20秒钟以后才发现浓烟。

解 释

一旦我们注意到了模棱两可的事件，我们就会去解释它。如果你呆在满是浓烟的房间里，即使担忧，你也不愿意表现得很紧张从而使自己丢脸。你通常会看看其他人的反应，如果他们看起来很平静、漠不关心，你就会认为一切都正常，你也许会耸耸肩然后又继续工作。另一个人也发现了浓烟，而他看到你表现得无所谓，就同样不作声了。这也是信息影响的另一个例子。

因此有了拉塔奈和达利的实验结果。那些单独工作的人发现了烟雾，通常犹豫一下，然后走上前，到通风孔旁边感觉一下、闻一下、挥手驱散烟雾，再犹豫一会儿，然后去报告。与此形成明显对比的是，那些三人一组的人没有任何行动。在8个组的24人中，只有一人在头4分钟内报告看见了烟雾（图30–2）。在持续了6分钟的实验结束时，烟雾浓烈到使人们揉眼睛并且咳嗽。尽管如此，8个组中只有3个组中各有一人去报告。

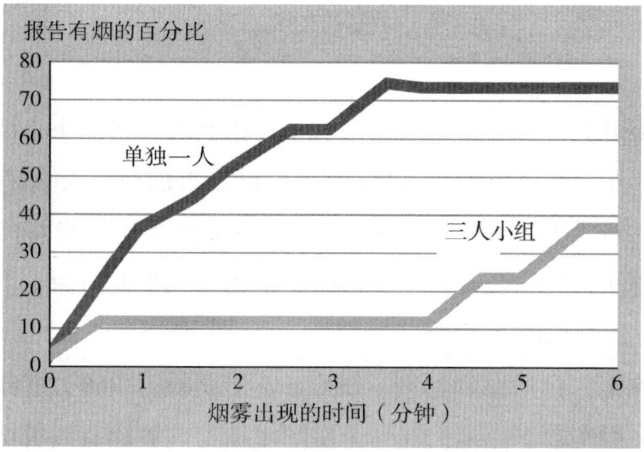

图 30–2

“房间充烟”实验。与三人一组共同工作的人相比，单独工作的人更多地报告有烟雾进入了实验室。资料来源：Data from Darley & Latané, 1968.

同样有趣的是，群体的被动性还影响了其成员对事件的解释。是什么导致了烟雾呢？“空调设备泄漏。”“楼内有化学实验室。”“蒸汽管的问题。”但是没人说“着火了。”不采取任何行动的组内成员，对情境的解释显然受到了彼此的影响。

实验中的困境与平常我们所面对的困境相似。窗外的尖叫是否只是开玩笑，还是真的有人因遇袭而呼救？是一群小孩在嬉戏厮打还是真的恶意斗殴？睡在街上的人，是因其吸毒过量还是真的有严重疾病，如因糖尿病而昏迷？所有经历过悉尼·布鲁克林（AP，1993）事件的人肯定都思考过这个问题。布鲁克林被殴打至脑震荡，躺在明尼阿波利斯商店门口附近足足两天，然后死去。也许那些目睹布兰登·韦达斯（家住凤凰城的一名 21 岁的美国男青年，一向标榜自己特立独行。2003 年 2 月 10 日在聊天室与网友聊天时，吞食大量处方药而死亡。他的网友通过摄像镜头目睹了他死亡的整个过程，但却没有人干预，其间还有不少人不断地鼓励他继续吞食药物，挑战自己——译者注）由于用药过量而在线死亡的人们，也会经历同样的困境。当布兰登的生命逐渐衰弱的时候，他的观众们感到奇怪，他是否在做戏？由于错误理解了相关线索，他们没有及时与警察联络（Nichols，2003）。

确定责任

未能引起注意和错误的解释，并不是**旁观者效应**（bystander effect）的全部成因。有时候紧急事件非常明显，根据最初的调查报告，那些看见和听到吉诺维斯求救的人虽然能正确解释正在发生的事件，但邻居的灯光和窗边的侧影又告诉他们，其他人也注意到了这件事，这就分散了他们做出反应的责任。

很少会有人亲眼目睹谋杀案，但所有的人都会有当他人在场时，自己援助他人的反应会延迟的经历。与在乡村路上相比，在高速公路上，我们更少为汽车抛描者提供帮助。为了解释在明显紧急的情况下旁观者不作为的现象，达利和拉塔奈（Darley & Latané，1968）模拟了吉诺维斯案。他们让纽约大学的学生用实验室中的联络设备，在隔开的房间里讨论大学生活中的问题。研究者告诉被试，没人看到他们，他们的身份是保密的，连实验人员也不会偷听他们的谈话。在讨论正在进行的时候，研究者播放了一个人突然癫痫发作的声音，他说话越来越困难，病情越来越重，他在恳求帮助。

那些相信除自己外再没有其他人知情的被试，有 85% 离开了他们的房间出手相助。那些认为除自己以外还有另外 4 人听到了呼救声的人，只有 31% 给予了帮助。那些不做出任何反应的人是否就无动于衷或冷漠无情呢？当研究者走过来说结束实验时，她发现并不是这样。因为很多人立刻表示出关心，很多人都感到手在颤抖或掌心出汗。他们相信有紧急情况出现了，但不能决定是否该行动。

在做了“房间充烟”、“遭难女士”、“癫痫发作”这些实验后，拉塔奈和达利询问参与者，在场的他人是否会影响他们？虽然我们已经看到了他人在场所产生的奇妙影响，但参与者却几乎总是否认这样的影响。他们只是回答说：“我知道有其他人在场，但我的所做所为与他们不在时是一样的。”这些答案强化了一个我们熟悉的观点：我们通常并不知道自己所作所为的原因。这就是实验的揭示作用所在。在真正的紧急事件发生之后，对袖手旁观者的事后调查会掩蔽旁观者效应。

这些实验又一次引出了研究伦理的问题。应该强迫不知情的人听某人崩溃的声音吗？在癫痫发作的实验中，研究者迫使参与者决定是否要中断讨论而去报告出现的状况，这样做符合伦理吗？你会反对参加这样的实验吗？请注意，你参加这样的实验时是不可能拥有“知情同意权”的，因为这样会破坏实验的保密性。

研究者总是很认真地听取实验参与者的报告。在完成癫痫发作实验——这项实验让参与者承受的压力也许是最大的——之后，研究者对参与者做了问卷调查，所有参与者都认为实验中的欺骗是可以接受的，他们愿意以后再参加类似的实验。没有人报告对研究者有愤怒的情感。其他研究者也证实，这些实验的绝大多数参与者都认为他们参与的实验是有益的且符合伦理（Schwartz & Gottlieb，1981）。在现场实验中，如果没有旁人提供帮助，研究助手就会提供帮助，用这样的方式使旁观者确认那个问题已被解决。

必须牢记社会心理学家担负着双重的伦理责任：其一是保护参与者；其二是通过发现影响人类行为的因素来改善人类生活。前面说的那些发现可以提醒我们留意一些不必要因素的影响，并且知道如何发挥积极作用。伦理原则应该是这样的：在保护参与者利益的前提下，社会心理学家通过使我们更了解自己的行为，以实现其对社会的责任。

了解了抑制利他主义的因素就会降低这些因素的影响吗？有时，这种“启迪”

并不是我们的问题，而是我们的目标之一。

阿瑟·比曼及其同事（Beaman & others,1978）对蒙大拿大学学生的实验表明，人们一旦了解了为什么旁观者在场会抑制帮助，他们在群体情境下帮助的可能性就会增加。研究者在演讲中，告诉一部分学生，旁观者的冷漠如何影响个体对突发事件的解释以及责任感。另一部分学生则听一场其他的演讲或者没听任何演讲。两周之后，作为在另一地点的另一项实验的一部分，参与者（与一个冷漠的合作研究者）在路上遇见一个人摔倒或者趴在自行车底下。结果发现，那些没有听有关帮助内容演讲的人只有四分之一的人会停下来实施帮助行为，而接受了“启迪”的参与者中实施帮助的人数则两倍于此。

读了这一模块的内容之后，你可能已经改变了。当你了解了什么因素会影响人们的反应之后，你的态度和行为还会与以前一样吗？恰巧，就在我写下最后一段之前，一位以前住在华盛顿特区的学生来访，她提及了她刚刚经历的一件事情。一名男子不省人事地躺在人行道上，旁观者纷纷走过。“这让我想到了社会心理学课程，还有群体中人们为什么无动于衷的原因。我想，‘如果我也袖手旁观了，那么谁来帮他呢？’”于是，她拨打了急救电话，并一直陪伴在那个人的身边，于是其他旁观者也加入进来，直到救护车到来。

因此，学习了正面和负面的社会影响后将会如何影响你呢？你学到的知识会不会影响你的行为呢？希望如此。

模块

31

社会心理学与可持续发展的未来

"我们可以让国家和人民朝着可持续的方向发展吗？这一发展对于社会的完善在规模上相当于另外两场变革：过去两个世纪的农业革命和工业革命。那些革命是缓慢的、自发的，并且在很大程度上是无意识的。而这次发展将会是一场完全的有意识的操控……如果我们做到了，那么这一事业将是人类独一无二的创举。"

——威廉·鲁克尔斯豪斯（William D.Ruckelshaus）

美国前环保署主任在《走向可持续发展的世界》中的讲话，1989 年

尽管近来经济不景气，大多数西方国家人民的生活还是美好的。现在，大多数的北美人都在享受着几个世纪前贵族们也无法想象的奢华生活：热水澡、抽水马桶、中央空调、微波炉、乘飞机旅行、冬季的新鲜水果、大屏幕数字电视、电子邮件以及报事贴便签纸等等。但是在地平线上，在舒适与便利的晴朗天空之外，环境威胁的乌云正在聚集。在由联合国、英国皇家协会和美国国家科学院共同举办的会议上，全世界的科学领袖们注意到，日益加剧的污染以及欲壑难平的消费已经超出了地球生态的负荷能力（图 31–1）。

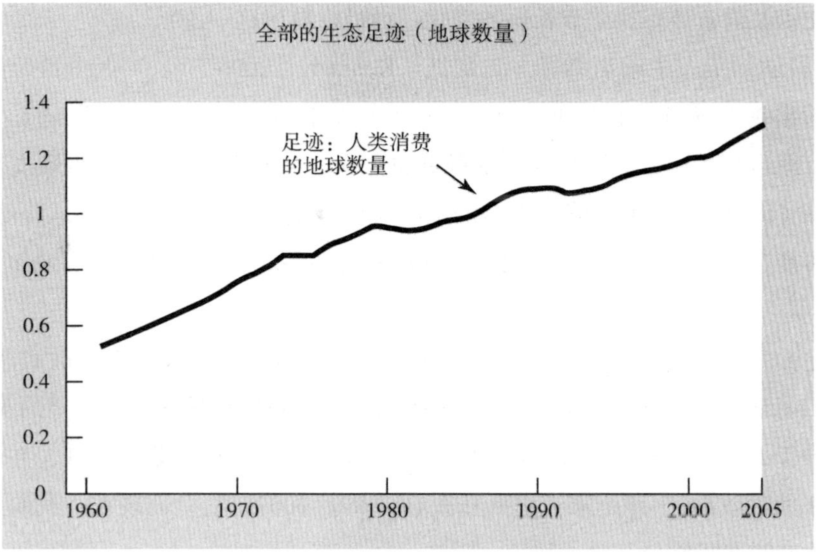

图 31–1

生态超载。人类对于诸如土地、木材、海洋和能源的需求已经越来越超出地球的可再生能力。资料来源：www.footprintnetwork.org, 2006.

1950 年，地球负荷了 25 亿人口和 5 千万辆汽车（N.Myers, 2000）。如今，据联合国和世界银行的报道，有近 70 亿人口和 6 亿辆汽车。机动车排放的温室气体，以及为发电和送暖燃烧煤和石油产生的温室气体，都在改变着地球的环境。2007 年，根据政府间气候变化专门委员会的报道，近 40 个国家的专家发表了一份联合声明，这比以往任何一份声明都更加确信人类的这些行为会加剧全球变暖（Kerr, 2007a）。

在后续的阐述中，很多科学家依然认为这份警告声明还是过于谨慎了。他们认为，考虑到完成一项新能源技术需要几十年，以及从行动到效果之间的时间延迟，我们需要马上采取行动（Kerr，2007b）。世界冰川的加速融化使得美国国家航空和宇宙航行局的气候学家詹姆斯·汉森担心，到本世纪末，海平面将会升高到几米，这将是一种灾难性的变化（Kerr，2007d）。2008 年，美国地球物理联合会（世界上最大的地球和太空科学家联合会）再次发出警告，“地球气候明显失衡且逐渐变暖，”从大气 / 陆地和海洋温度的升高都可以明显看出这一迹象——历史上最热的五个年份出现在 1998 年之后（Revkin，2008）——从冰川、海冰的不断融化以及雨量分布和季节长短的变化，也可以看出这一迹象。

《科学》杂志主编唐纳德·肯尼迪（Kennedy，2006）说："上个世纪温度上升的后果越来越明显地表现为如今极端天气发生的频率日益增多。"随着气候的变化，飓风和热浪、干旱和洪涝变得更加普遍，与极端天气相关的保险支出也日益增加（Rohter, 2004）。降水更多的是以雨水的形式而不是降雪的形式降落地面。雨季可能造成更多洪涝灾害，而旱季则没有足够多的积雪和冰川可以融化，河流干涸。

这是一个国家安全问题：恐怖袭击和气候变暖都是大规模杀伤性武器。"如果我们了解到基地组织正秘密研制一种恐怖技术，可能会破坏全球各地的水供应，迫使数千万人背井离乡，并可能危及我们整个地球，我们会陷入疯狂，并尽一切可能来消除威胁，"评论家克里斯托夫 (Kristof，2007) 说，"而现在，我们正用温室气体来制造我们自己的威胁。"

全球变暖也导致了环境的破坏。树木和灌木正在向北美的苔原地带入侵，缩小了苔原的生存空间。同样地，植物和动物也正向极地地区和高海拔地区迁移，介入了极地和阿尔皮斯的生态系统。尤其在撒哈拉以南的非洲地区，半干旱农业和一片片牧场正逐渐变为沙漠。杰佛瑞·萨克斯（Sachs，2006) 指出：这种生态变化会引发矛盾和战争。在达尔富尔和苏丹，雨量的减少和环境问题都曾引发过大屠杀。

随着地球人口数量的激增，人们对于那些人类生活必需品（食物、衣物、住所）的需求也日益增加。世界上大部分的原始森林都已被人类砍伐殆尽，剩下的部分在热带地区，但也正为农业、畜牧业、伐木和住房所侵占。砍伐森林已经带来了一系列恶果：水土流失、对温室气体的吸收量降低、出现洪涝灾害、土壤受腐蚀、降雨量和气温变化无常，以及大量动物物种灭绝。人类对鱼类的需求量越来越大，再加上生态系统的破坏，也导致了大量主要鱼种年捕捞量的持续减少。野生大马哈鱼、大西洋鳕鱼、黑线鳕、鲱以及其他鱼种都濒临灭绝。

随着人口和消费的不断增加（尽管出生率有所降低），不断加剧的污染、全球变暖和环境破坏似乎是不可避免的。这一简单而严峻的事实就是：地球不可能无限制地支撑发达国家目前的消费速度，也不可能支撑像中国和印度等发展中国家为追求较高生活水平而日益增长的消费速度。为了人类的生存与繁荣，一些事情必须改变。

为什么全球变暖没有得到进一步的关注呢？与加拿大人和欧洲人相比，为什么美国人不太关心全球变暖问题（Ipsos，2007；Pew，2006）？为什么只有三分之一的美国人“非常担心”海平面上升以及洪水与干旱会越来越普遍（Saad，2007）？难道真的像盖洛普公司的调查员萨德（Saad，2003）认为的那样，“对于一个寒冷的冬日，全球变暖听起来挺不错”？或许，换种说法，“全球变热”可能会得到更多人的关注？从前面几章来看，不同的说法的确很重要，语言塑造思维。我们描述某人对他人的反应是“顺从的”还是“敏感的”，这会影响到我们的知觉和态度。

促进可持续发展的生活方式

我们应该做些什么呢？吃吃喝喝，然后愉快地等待世界末日的来临？还是像许多参加囚徒困境游戏的人一样，每个人都追求个人利益最大化，结果伤害整个集体的利益？（“在全球范围内，我的消耗量是无穷小的；这样的消费给我带来了快乐，但对于世界来说只是微不足道的一点点。”）或者举起我们的手，发誓永远不会将我们的后代带入到一个充满伤痛的世界？生育与富裕相结合只能导致悲剧吗？

那些对未来比较乐观的人提出了两种可持续发展的生活方式：（a）提高科技效率和农业生产率；（b）控制消费量和减少人口数量。

新技术

促进未来可持续发展的途径之一是发展生态科技。我们今天使用的冰箱比十年前出售的冰箱的耗能减少了约一半（Heap & Comim, 2005）。现在我们已经用节能灯替代了许多白炽灯，用电子邮件和电子商务替代了需要打印和寄送的信件和目录，用远程办公替代了需驱车数公里进行的交易。

关于汽车方面也有很多好消息。首先，现在中年人所开的汽车与他们年轻时所开的车相比，行驶路程增加了一倍，而产生的污染量仅为以前的 1/20。以后，还会出现更多混合动力汽车，使用动力电池来替代汽油。

未来可能出现的科技包括：不需要灯泡就能发光 20 年的二极管；超声波洗涤器，它不需要水、热量和肥皂；可循环使用的塑料，同时还可以当肥料；汽车使用由氢和氧制成的燃料，而它们燃烧时只会排出水汽；一种极轻的材料，但其硬度却可以和钢铁相媲美；屋顶和路面可以当成太阳能吸收器来使用；当屋子里太凉或太热时，可以用升温或降温的椅子来增加人们生活的舒适度（N. Myers，2000；Zhang & others，2007）。

如果科技以现在的速度发展（谁能在上一个世纪前想象出今天世界的面貌呢？），那么未来一定能提供我们现在所无法想像的解决方案。所以，乐观地讲，未来一定会给人们提供更多的物质享受，同时却只需要很少的原材料，带来很小的污染。

减少消费

第二条通向可持续发展的道路需要通过减少消费来实现。尽管美国人口只占世界总人口的 5%，但是它却消耗了世界上 26% 的能源（USGS, 2006）。除非我们假定发展中国家的人不应该享有较高的生活水平，但实际上他们的消费一定会不断增加。当他们的消费增加时，美国和其他发达国家的消费就必须减少。如果世界经济的发展可以使其他国家都达到与美国相同的汽车保有量，那么汽车的数量会增加 10 倍之多——超过 60 亿辆（N. Myers，2000）。

由于家庭计划的实施，今天世界人口的增长速度已经大大减缓，特别是发达国家。即使在欠发达国家，在生活有保障、妇女可以接受教育并拥有较多权利的地方，人口出生率已经逐步下降了。但是，即使世界各地的出生率立即降到生育复位水平，即每个女性平均有 2.1 个孩子，但考虑到人口结构中的青年人的比例，所以人口增长势头还会持续几年。

由于我们已经超越了地球的承受能力，现在要求每个人必须节制消费。随着我们对物质生活质量的需求越来越高，比如更多的人想拥有个人电脑、空调和飞机旅行，那么我们应该如何节制消费呢？

一种方法是通过公共政策来限制强烈的购买欲望。一般来说，如果做某件事情需要纳税，我们就会少做一些；而做某件事情会有奖励，我们就会多做一些。许多城市用纳税人的钱设立自行车通道，资助公共交通工具，从而鼓励人们使用汽车的替代物。如果高速公路堵车，空气遭到污染，我们可以用快速车道来鼓励合伙搭伴驾车，同时惩罚单独开车的人。在美国，购买混合动力汽车的消费者可以享受税费优惠，并且有些州允许独自驾驶的混合动力汽车可以占用公共汽车道。格雷格·伊斯特布鲁克（Easterbrook, 2004）注意到，如果在十年前美国对汽油的征税提高 50 美分，那么现在的美国就会有更多小型的节能汽车（正如欧洲那样对汽油征收重税），因而会进口更少的汽油。反过来，这又可以导致低油耗、减缓全球变暖的进程、较低的油价和较小的贸易赤字。

另外一种鼓励建立绿色家庭和商业的方式是安装“智能电表”，它可以持续读出耗电量和花费，从而让消费者获得及时的反馈。在无人的屋子里，关掉电脑显示器或灯，智能电表就会显示节约的瓦数。打开空调，马上清楚用电量和花费。在英国，智能电表已经在商业领域使用，保守党领导人大卫·卡梅伦倡导了一项提案，即在所有家庭都安装智能电表。他对国会说，“智能电表能改变人们与他们所使用能源之间的关系。”(Rosenthal, 2008)

想获得大家支持这种政策，就需要转变公众意识。这种转变类似于在 20 世纪 60 年代的民权运动和 20 世纪 70 年代的妇女运动中公众意识发生的转变。阿尔·戈尔（前美国副总统）和气候保护联盟主张：我们所需要的是对大众的说服。耶鲁大学环境科学院院长史贝斯（Speth, 2008）号召公众应该具备一种“新意识”：

- 视人类为自然的一部分；
- 视大自然为我们必须管理的且具有内在价值的；
- 就像重视现在的生活和居民一样来重视未来的生活和居民；
- 通过思考“我们”而不止是“我”，来领会人们之间的相互依存；
- 不仅重视物质生活，更要重视精神生活和关系质量；
- 重视公平、正义和人类共同体。

当地球的大气层越来越热，石油和其他化学燃料日渐稀少的时候，这种转变最终是不可避免的。有没有这种可能：人类首要考虑的事情从积累财富转向寻求意义，从过度消费转向培养联系？英国政府为达到可持续发展而制定的计划，强调了要提升个人的幸福感和社会的健康。社会心理学家或许能帮助我们指出一些通往更多幸福的道路：反思物质主义，告知人们经济的增长并不会自动提升人们的精神面貌，帮助人们理解为什么物质主义和金钱并不能使人们感到满足。

物质主义和财富

金钱可以买来幸福吗？几乎没有人会认同这一点。但是，如果是另一个问题："再多一点钱会让你更幸福一点吗？"，此时大部分人都会认同。这就是，我们认为在财富和幸福之间必然存在着某种联系。这种信念符合肖尔（Juliet Schor, 1998）所谓的"工作和消费的循环"理念——工作的越多可购买的就越多。

日渐盛行的物质主义

尽管地球要求我们在它上面生活得更"轻"一点，但物质主义似乎势头强劲，这在美国体现得最为明显。最富有戏剧性的证据来自于美国加州大学洛山矶分校，即美国教育委员会对将近 25 万刚入学的大学生所做的年度调查。认为读大学的最重要原因是"挣更多的钱"的人，从 1970 年的 39% 上升到 2009 年的 78%（如图 31–2 所示）。实际上，伴随着这一比例变化的却是，认为"形成一种有意义的生活理念"是非常重要的人数却在急剧减少。也就是说，物质主义在膨胀，精神信仰却在衰退。

人们的价值观也发生了巨大的变化！在列出的 19 个目标中，现在新入学的美国大学生将"经济上非常富裕"列为第一位。这不仅高于"形成一套有意义的生活的哲学"，还位居"成为本领域权威""帮助困境中的他人"和"供养家庭"等目标之上。

财富与幸福感

地球无法承受的巨大消费量真的能给人类带来"美好的生活"吗？财富是否会产生（至少是与之相关）心理上的幸福感呢？如果人们可以用一种简朴的生活

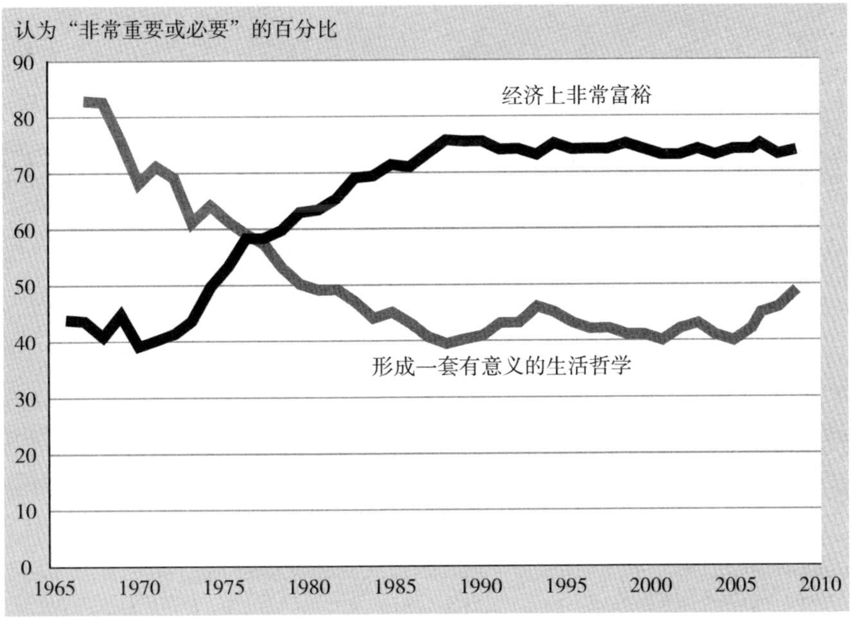

图 31-2

物质主义的变化历程，结果来自于对超过 20 万的新入学的美国大学生的年度调查（全部样本量有 130 万名学生）。资料来源：Data from Dey, Astin, & Korn, 1991, and subsequent annual reports.

方式取代另外一种奢华的生活——生活在富丽堂皇的环境之中，去阿尔卑斯山滑雪度假，总裁级别的旅行——那么人们是否会更快乐呢？假如有人中了头奖，并且可以选择任何一种放纵的生活：一艘 40 英尺的游艇、考究的家庭电器、由设计师专门设计的全套服装、豪华汽车以及私人管家，那么他们是否会更快乐呢？社会心理学的一些理论和证据为此提供了答案。

我们可以通过提出一些问题来观察财富与幸福之间的关系。第一，富裕国家的人们更快乐吗？国家的富裕与人们的幸福之间确实存在一些关联（根据自我报告的幸福感与生活满意度而测得）。斯堪的纳维亚人通常都是富裕和满足的，而保加利亚人既不富裕也不幸福（见图 31-3）。但是一旦人均收入达到 10 000 美元左右，相当于爱尔兰在近期经济增长之前的经济水平，更高水平的国家财富就不能预测较高水平的幸福感了。爱尔兰人比保加利亚人富裕和幸福。但是，普通的爱尔兰人和普通的挪威人（购买力比爱尔兰人的两倍还多）的幸福感却相当

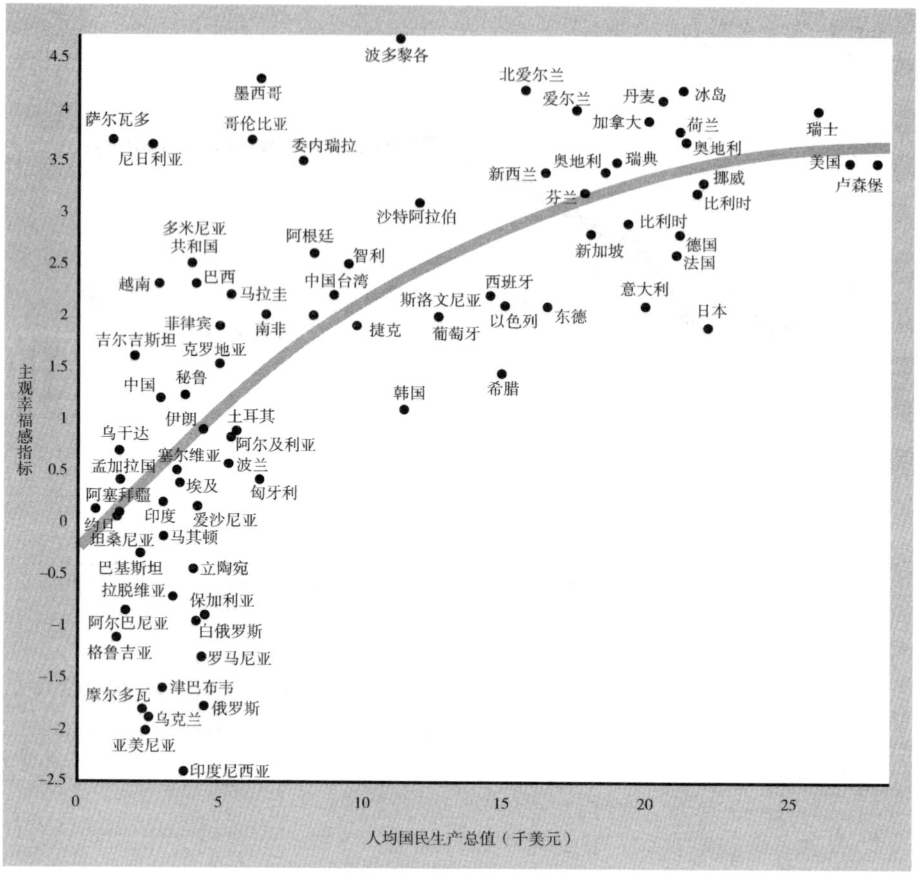

图 31–3

国家和地区的财富和幸福感，来自 1995 年世界银行的数据和 2000 年世界价值观的调查。主观幸福感指标是快乐和生活满意度的结合物（将他们自己描述为（a）“非常快乐”或者“快乐”的百分比的平均值减去“不快乐”的百分比，（b）在生活满意度的 10 点量表上，7 或者以上，减去 4 或者以下）。资料来源：Ronald Inglehart, 2006.

（Inglehart, 1990, 1997, 2009）。

第二，是否在任一国家中，富有的人都更快乐？在贫穷的国家中——低收入不足以维持基本的生活需要——相对富有确实可以预测更强的幸福感（Howell & Howell, 2008）。在富裕的国家里，大部分人都可以负担得起日常生活需要，富裕仍然有重要性——部分地是因为更有钱的人可以更多地掌控自己的生活（Johnson & Krueger, 2006）。但是与贫穷的国家相比，富裕国家的人们的收入也很重要。一旦人们的收入水平达到了一个可以生活的比较舒服的程度，那么钱越多它产生的长期的回报将越少。世界观的研究者罗纳德·英格尔哈特（Inglehart, 1990，p.242）发现，收入和个人的幸福之间的相关“弱得让人吃惊”。

即使是超级富有者——例如《福布斯》杂志上最富有的 100 位美国人——其幸福感仅仅比平均水平高一点（Diener & others，1985）。甚至赢得彩票似乎也不能使人产生持久的幸福感（Brickman & others, 1978）。就像理查德 · 瑞恩（Ryan, 1999）解释的那样，这种满足感有一个“非常短暂的生命期”。

第三，随着时间的流逝，*幸福是否随富裕而增强呢*？集体的幸福感是否会随着经济的增长而得到提升呢？

1957 年，经济学家加尔布雷思在这一年将美国描述为*富裕的社会*。那时美国人的人均收入（2000 美元）换算为今天的金额大约为 9 000 美元。与 1957 年相比，今天（如图 31–4 所示）的美国应该算是“两倍富裕的社会”，即金钱所能购买的东西是以前的 2 倍。当然，这种上涨的潮水对游艇和小舟的推动效果是不同的，游艇提升的更高——不过所有的船都有一定程度的上升。对于这种双倍的消费能力，部分是由于美国大量已婚女性就业，我们的购买力成倍地增加了。今天的美国人均汽车保有量是以前的两倍，去饭店的频率是以前的两倍，并且正享受着由科技支撑的新世界。自 1960 年以来，拥有洗碗机的家庭所占的比例从 7% 上升到 60%，拥有干洗机的家庭比例从 20% 上升到 74%，拥有空调的家庭比例从 15% 上升到 86%（Bureau of the Census，2009）。

那么，认为富裕是最重要的，且已经富裕起来的美国人，现在真的更快乐吗？在拥有了意大利特浓咖啡、来电显示、相机、手机以及带轮子的行李箱之后，他们是否比以前更快乐了呢？

他们没有。从 1957 年开始，那些报告自己是“非常快乐”的人们的比例有轻微的下降：从 35% 下降到了 32%。富有程度是以前的两倍，但人们并没有感到更加快乐。同时，离婚率和青少年的自杀率都是以前的两倍多，抑郁率剧增（特别是在青少年和青年人群中）。

我们可以把这种财富剧增但精神萎缩的现象称为“美国式悖论”。与以前相比，我们拥有更多的大房子和更多破碎的家庭，更高的收入和更低的精神面貌，更多舒服的汽车和更多的交通暴躁情绪。 我们很努力地生存，但生活的并不好。我们庆祝我们的繁荣，但是却渴望有个目标。我们珍视我们的自由，但是又渴望

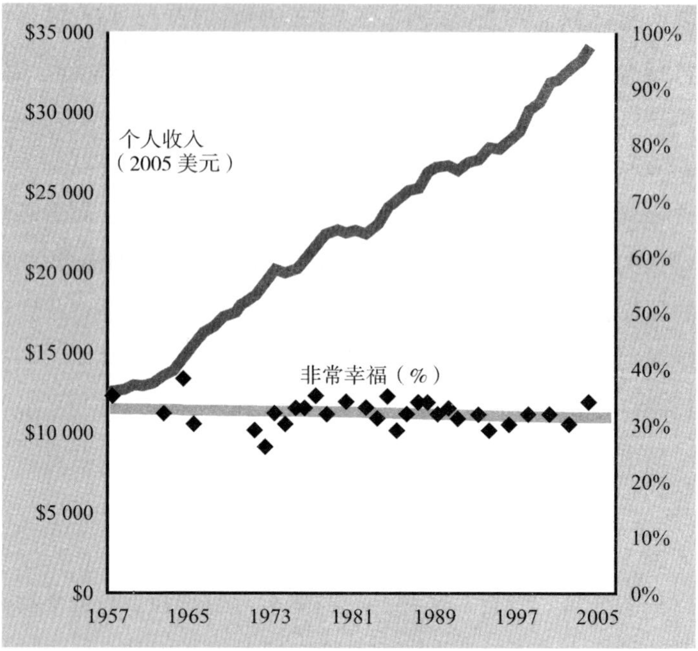

图 31-4

经济的增长是否提高了人们的精神面貌? 虽然对通货膨胀进行调整后，收入确实有所增加，但是个体自我报告的幸福感却没有增强。资料来源：Happiness data from General Social Surveys, National Opinion Research Center, University of Chicago. Income data from Bureau of the Census (1975) and Economic Indicators.

和他人建立联系。在这个物质泛滥的时代，我们感到精神匮乏（Myers，2000a）。

这样就难免得出了一个令人震惊的结论：在过去的 50 年中我们快速增加的财富并没有给我们带来哪怕极小的主观幸福感的增强。理查德·埃斯特林（Easterlin, 1995）报告，欧洲一些国家和日本也是如此。例如，在英国，拥有汽车、中央供暖系统和电话的家庭百分比急剧增长，但这并未伴随着幸福感的增强。盖洛普调查显示，在中国十年的经济飞速发展之后，从极少数家庭拥有电话和 40% 的家庭拥有彩色电视机发展到今天几乎所有的家庭都拥有这些东西，但对于生活中的事情感到满意的人们的比率却正在下降（Burkholder, 2005）。结论之所以令人吃惊是因为它对现在的物质主义提出了挑战：经济的增长并没有明显提高人们的精神面貌。

物质主义不能让我们满意

发达国家的经济增长居然不能让人们满意！更令人惊讶的是，越是为财富努力奋斗的人其幸福感可能越低，这是理查德·瑞安（Ryan，1999) 在“我所关注的每一种文化都确凿地得出的结论”。对于追求外在目标如财富、美貌、声誉的那些人，他们更容易焦虑、抑郁和患心理疾病（Eckersley, 2005; Sheldon & others, 2004）。卡塞（Kasser, 2000，2002）总结说，那些转而追求亲密感、个人成长、和为社会事业而奋斗的人则会体验到更高质量的生活。

暂停一下并思考：在上个月中，哪一件事情是你所体验到的最满意的？列依·谢尔登（Sheldon，2001）及其同事向大学生群体提出了这一问题（还有类似的关于上周和上学期的问题）。接下来，他们要求这些学生评价令人满意的事件在多大程度上满足了 10 种不同的需求。学生们认为自尊、亲近感（感觉和他人联系在一起）和自主（掌控的感觉）是伴随满意的事件而体验到的最强烈的几种情感需求。排在所有可以预测满意度的因素项目中最底层的是金钱和奢侈品。

索尔伯格、迪纳和罗宾逊（Solberg, Diener & Robinson，2003）报告，那些认为自己拥有极大财富的人往往体验到更少的积极情绪。这类物质主义者常常报告在他们所渴望和所拥有的之间存在较大的差距，同时，享受到的亲密而满意的人际关系更少。对一个健康国家的挑战在于，我们要在提高生活水平的同时遏制物质主义和消费主义的风潮，因为它们会与人类归属的深层需要发生错位。

昨天的奢侈品，比如空调和电视，是如何迅速地变成今天的必需品的？两条原则驱动了这种消费心理。

人类的适应能力

适应水平现象（adaptation-level phenomenon）是指我们通过由先前经验定义的中性水平来判断我们现在的经验（比如声音、温度和收入）。我们在以往经验的基础上，不断调整自己的中性水平——在那个点上，声音不大不小，温度不冷不热，事情不悲不喜。我们会注意到偏离这一水平的变化并作出反应。

因此，当我们的成就超越过去的水平时，我们会感到成功和满足。当我们的社会声望、收入或者家庭技术有所改善时，我们感到高兴。但是，不久之后，我们就适应了这一水平。过去感觉很好的现在变得一般，过去感觉一般的现在变得很差。

这样会产生一个社会天堂吗？唐纳德·坎贝尔（Campbell，1975b）回答说："不会的。"如果明天早晨醒来你发现你在自己的理想国——可能是一个没有钞票、没有疾病的世界，只有一个人毫无保留地爱你——你可能在一段时间之内感到非常快乐。但是不久，你就会重新调整你的适应水平：时而感到满足（成就超过预期的时候），时而感到郁闷（成就没有达到预期），时而感到很平常。

可以确定的是，人们对某些事情的适应能力是不同的，比如说丧偶，那种丧失感会持续一段时间（Diener & others, 2006）。达到我们所渴望的目标——财富、考试得最高分、芝加哥队获得了全美职业棒球冠军赛——所体验到的狂喜的消散速度比我们想像的要快得多。我们有时会产生"错误的渴望"。当大一新生在搬进大学宿舍之前，对种种住宿条件的满意程度进行预测时，他们都将注意力集中于外在物质条件。"能住在一个漂亮而出入方便的寝室我将感到最开心"。很多学生都是这么想的。但是他们错了。当一年之后对其进行重新调查时，伊丽莎白·邓恩及其同事（Dunn & others，2003）发现，反而是社会性因素，如团体归属感等能更好地预测个体的幸福感。

我们的社会比较倾向

我们大部分的生活是以**社会比较**（social comparison）为中心的，正如那个有关两个徒步旅行者遭遇狗熊的笑话所说的那样。一个徒步旅行者从他的背包中拿出一双运动鞋，另一个问："为什么要穿上运动鞋？你不可能比一只熊跑得还快！""我不需要比那只熊跑得快，"第一个人回答说，"我只要跑得比你快就够了。"

快乐同样也是如此，它取决于我们与他人的比较，特别是与同属于一群体的人进行比较（Lyubomirsky，2001；Zagefka & Brown，2005）。我们感觉到好或者不好依赖于我们和谁相比较。只有当别人思维敏捷、灵活时，我们才是思维迟钝的或者笨拙的人。当一个职业选手以年薪 1 500 万美元签约时，那么年薪 800 万美元的队友可能会感觉不爽。"我们的贫穷逐渐变成现实了。不是因为我们拥有的少了，而是我们的邻居拥有的更多。"坎贝尔在《兄弟蜻蜓》中回忆道。

日渐盛行的奢靡之风可以归因于人们具有向上比较的倾向：我们在攀登成功

和财富的阶梯时，通常将自己与和我们水平相当或者之上的同辈相比较，而不与比我们差的人相比。当人们与同一个社区中少数几个非常富有的邻居比较时，这种向上比较的趋势会让他们产生不平衡感。

哈格蒂（Hagerty，2000）观察发现，美国的贫富差距越来越大。即使在中国，收入不均现象也越来越严重。这可以解释为什么富裕程度的提高不能带来更多的幸福感。收入增长的不均衡，使更多的人拥有了富裕的邻居。电视节目中塑造的富裕的生活方式也强化了人们“相对剥夺”的感觉，使人们产生更多的欲望（Schor，1998）。

适应水平和社会比较现象能让我们暂时停下来喘口气。它们意味着通过物质上的成功来追求幸福的人们需要不断地扩展自己的财富。然而，好消息是，我们对于更简单的生活方式的适应也可以使我们感到快乐。如果我们缩减我们的消费（有选择的或者是必须的），最初我们会感到些许痛苦，但是这种痛苦会很快消失。一位诗人写道，“眼泪可能会在夜晚停留，但是快乐会伴随黎明一起到来，”实际上，由于我们具有适应能力和调整社会比较的能力，生活中的重大事件（如失去工作或遇到意外而残疾）对我们情绪的影响比我们想象中消散的要快得多（Gilbert & others，1998）。

面向可持续发展与生存

不管是作为个人还是社会整体，我们都面临着许多棘手的社会和政治问题。一个民主的社会如何才能引导人们采纳幸福比物质更重要的价值观呢？市场经济如何能够兼容两种不同的动机，既要促进繁荣又要有所控制，以便维持一个适宜人类居住的地球？我们在多大程度上可以依赖诸如替代性的能源等技术创新，来降低我们对生态环境的破坏？同时，我们追求为子孙后代维护一个适宜生存的地球的崇高目标在多大程度上能够激发我们限制自己的放纵行为——我们随心所欲地开车、焚烧和倾倒垃圾的自由？

如果公众、政府和企业采取以下措施，那么人们的价值观就有动力向后物质主义转移：

- 直面人口和消费的增长对污染、气候变化和环境破坏的影响。
- 认识到物质主义的价值观使我们的生活更不快乐。
- 分辨出生命中比经济增长更重要的东西，并努力去完善它们。

捷克的诗人总统瓦茨拉夫·哈维尔（Havel，1990）说："如果世界将要朝向更好的方向转变，那么人类的意识必须有所改变。"我们必须发现"对世界具有更深层次的责任感意味着我们要对一些比自己更重要的事情负责。"如果人们开始相信，一大堆没有听过的 CD、满满一衣柜很少穿的衣服、摆放在车库里的豪华汽车，所有这些都不能赋予我们美好生活的时候，意识的转变有可能发生吗？奢侈消费是否不再代表社会地位，而是被认为一种愚蠢的表现？

心理学对于可持续发展的贡献，部分是通过对适应和社会比较的认识和理解来实现的。这些认识和理解来自于一些实验，比如降低我们的比较标准，从而冷却我们对奢靡的狂热追求，并恢复到满足状态。在两项实验中，马歇尔·德默及其同事（Dermer & others，1979）将女大学生置于一种想象的剥夺情境中。看完了对 1900 年密尔沃基市人们悲惨生活的描绘后，或者是想象并写下有关自己被焚烧、被毁容的情景之后，那些女生报告对自己目前的生活更为满意。

在另一项实验中，詹尼弗·克罗克和丽萨·盖勒（Crocker & Gallo，1985）发现，与那些在实验中完成以"我希望我是……"开头的句子的被试相比，那些完成五句"我很高兴我是……"句子的被试在之后的测验中，表达出更少的抑郁迹象，对自己的生活更满意。意识到他人的境遇更糟糕能让我们更看重自己的幸福。一则波斯谚语是这样说的："我因没有鞋穿而沮丧，直到我发现还有人没有脚。"向下的社会比较使我们更容易感到满足。

同想象中较差的自我进行向下的社会比较也是一种提高满意度的方式。在一项实验中，敏京库及其同事（Koo，2008）要求被试写出他们有可能再也无法见到自己爱人的场景。与那些被要求写下可以与爱人见面的被试相比，那些想象再也不能拥有那种浪漫关系的人拥有更高的满意感。你能想象在你的生活中很棒的事情再也不会发生吗？对我来说这很容易，我可以想象我再也没有机会写作并出版这本书了。只是这样想想就让我更满意现在的生活。

社会心理学还通过它对美好生活的研究来对可持续的未来有所贡献。如果物质主义不能提高生活质量，那么什么能够做到这一点呢？

- 亲密、支持性的关系。我们最深层次的需求只有通过亲密的支持性的关系才能获得满足。那些被亲密的友情和忠贞的婚姻所支持的个体更可能宣布自己是"非常快乐"的人。
- 团体信仰和其他自愿的组织经常是这些联系的来源，也是充满意义和希望的生活的来源。这有利于我们解释自从 1972 年以来全美民意调查研究中心对 46 000 个美国人的调查发现：那些很少或从未参加过宗教礼拜的人当中有 27% 的人声称自己非常快乐，而那些多次参加礼拜的人们中有 48% 声称自己非常快乐。
- 积极的思维习惯。乐观、自尊、知觉到的控制感和外向性也是幸福体验和幸福生活的标志。
- 全神贯注的流畅感。表现个人技能的工作和休闲经历也是幸福生活的标志。塞克斯密哈里（Csikszentmihalyi, 1990, 1999）指出，在绝对的紧张焦虑与兴趣全无的无聊冷漠之间还存在着一个区域，在这里人们可以体验到全神贯注的流畅感，这是一种最佳状态，即沉浸在一种活动中，我们失去了对自己和时间的意识。当使用电子寻呼机来抽样调查人们的体验时，人们所报告的最快乐的享受并不是在无意识安静的时候，而是全身心地投入一种忘我的精神挑战之中。实际上，一种休闲活动越不昂贵（而卷入程度越深），人们在这项活动中会感觉自己越快乐。很多人在从事园艺活动时，会比玩汽艇时更快乐，和朋友谈话会比观看电视更愉悦。低消费的娱乐活动通常被证实是令人满意的。

这的确是个好消息。那些有助于真正美好生活的东西——亲密牢固的友谊、充满希望的信仰、积极的思维习惯、全身心投入的活动——是经久不衰的。而这种观点与不丹国王吉格梅·辛格·旺楚克的核心思想不谋而合。他认为"国民的总体幸福感要比国民生产总值更重要。"不丹研究中心的泰德曼（Tideman，2003）这样解释道："国民幸福总值，旨在促进真正的发展和可持续性，是通过测量生活质量获得的，而不仅仅是产品和消费的总和。"现在其他国家也在评估国民生活质量。

参考文献

Abelson, R. P., Kinder, D. R., Peters, M. D., & Fiske, S. T. (1982). Affective and semantic components in political person perception. *Journal of Personality and Social Psychology,* **42,** 619–630.

Abrams, D., Wetherell, M., Cochrane, S., Hogg, M. A., & Turner, J. C. (1990). Knowing what to think by knowing who you are: Self-categorization and the nature of norm formation, conformity and group polarization. *British Journal of Social Psychology,* **29,** 97–119.

Abramson, L. Y. (Ed.). (1988). *Social cognition and clinical psychology: A synthesis.* New York: Guilford.

Abramson, L. Y., Metalsky, G. I., & Alloy, L. B. (1989). Hopelessness depression: A theory-based subtype. *Psychological Review,* **96,** 358–372.

ACHA (2006). American College Health Association National College Health Assessment. Baltimore, MD: American College Health Association (acha-ncha.org).

Acitelli, L. K., & Antonucci, T. C. (1994). Gender differences in the link between marital support and satisfaction in older couples. *Journal of Personality and Social Psychology,* **67,** 688–698.

Ackermann, R., & DeRubeis, R. J. (1991). Is depressive realism real? *Clinical Psychology Review,* **11,** 565–584.

Adair, J. G., Dushenko, T. W., & Lindsay, R. C. L. (1985). Ethical regulations and their impact on research practice. *American Psychologist,* **40,** 59–72.

Adams, G., Garcia, D. M., Purdie-Vaughns, V., & Steele, C. M. (2006). The detrimental effects of a suggestion of sexism in an instruction situation. *Journal of Experimental Social Psychology,* **42,** 602–615.

Adams, J. M., & Jones, W. H. (1997). The conceptualization of marital commitment: An integrative analysis. *Journal of Personality and Social Psychology,* **72,** 1177–1196.

Addis, M. E., & Mahalik, J. R. (2003). Men, masculinity, and the contexts of help seeking. *American Psychologist,* **58,** 5–14.

Adler, N. E., Boyce, T., Chesney, M. A., Cohen, S., Folkman, S., Kahn, R. L., & Syme, S. L. (1993). Socioeconomic inequalities in health: No easy solution. *Journal of the American Medical Association,* **269,** 3140–3145.

Adler, N. E., Boyce, T., Chesney, M. A., Cohen, S., Folkman, S., Kahn, R. L., & Syme, S. L. (1994). Socioeconomic status and health: The challenge of the gradient. *American Psychologist,* **49,** 15–24.

Adler, R. P., Lesser, G. S., Meringoff, L. K., Robertson, T. S., & Ward, S. (1980). *The effects of television advertising on children.* Lexington, MA: Lexington Books.

Adler, S. J. (1994). *The jury.* New York: Times Books.

Adorno, T., Frenkel-Brunswik, E., Levinson, D., & Sanford, R. N. (1950). *The authoritarian personality.* New York: Harper.

Aiello, J. R., & Douthitt, E. Z. (2001). Social facilitation from Triplett to electronic performance monitoring. *Group Dynamics: Theory, Research, and Practice,* **5,** 163–180.

Aiello, J. R., Thompson, D. E., & Brodzinsky, D. M. (1983). How funny is crowding anyway? Effects of room size, group size, and the introduction of humor. *Basic and Applied Social Psychology,* **4,** 193–207.

Allee, W. C., & Masure, R. M. (1936). A comparison of maze behavior in paired and isolated shell-parakeets (*Melopsittacus undulatus Shaw*) in a two-alley problem box. *Journal of Comparative Psychology,* **22,** 131–155.

Allison, S. T., Mackie, D. M., Muller, M. M., & Worth, L. T. (1993). Sequential correspondence biases and perceptions of change: The Castro studies revisited. *Personality and Social Psychology Bulletin,* **19,** 151–157.

Allison, S. T., McQueen, L. R., & Schaerfl, L. M. (1992). Social decision making processes and the equal partitionment of shared resources. *Journal of Experimental Social Psychology,* **28,** 23–42.

Alloy, L. B., & Abramson, L. Y. (1979). Judgment of contingency in depressed and nondepressed students: Sadder but wiser? *Journal of Experimental Psychology: General,* **108,** 441–485.

Alloy, L. B., Abramson, L. Y., Gibb, B. E., Crossfield, A. G., Pieracci, A. M., Spasojevic, J., & Steinberg, J. A. (2004). Developmental antecedents of cognitive vulnerability to depression: Review of findings from the cognitive vulnerability to depression project. *Journal of Cognitive Psychotherapy,* **18,** 115–133.

Alloy, L. B., Abramson, L. Y., Whitehouse, W. G., Hogan, M. E., Tashman, N. A., Steinberg, D. L., Rose, D. T., & Donovan, P. (1999). Depressogenic cognitive styles: Predictive validity, information processing and personality characteristics, and developmental origins. *Behaviour Research and Therapy,* **37,** 503–531.

Alloy, L. B., Albright, J. S., Abramson, L. Y., & Dykman, B. M. (1990). Depressive realism and nondepressive optimistic illusions: The role of the self. In R. E. Ingram (Ed.), *Contemporary psychological approaches to depression: Theory, research and treatment.* New York: Plenum.

Allport, F. H. (1920). The influence of the group upon association and thought. *Journal of Experimental Psychology,* **3,** 159–182.

Allport, G. W. (1958). *The nature of prejudice* (abridged). Garden City, NY: Anchor Books.

Allport, G. W., & Ross, J. M. (1967). Personal religious orientation and prejudice. *Journal of Personality and Social Psychology,* **5,** 432–443.

Altemeyer, R., & Hunsberger, B. (1992). Authoritarianism, religious fundamentalism, quest, and prejudice. *International Journal for the Psychology of Religion,* **2,** 113–133.

Altman, I., & Vinsel, A. M. (1978). Personal space: An analysis of E. T. Hall's proxemics framework. In I. Altman & J. Wohlwill (Eds.), *Human behavior and the environment.* New York: Plenum.

Ambady, N., Bernieri, F. J., & Richeson, J. A. (2000). Toward a histology of social behavior: Judgmental accuracy from thin slices of the behavioral stream. In M. P. Zanna (Ed.), *Advances in Experimental Social Psychology,* **32,** 201–271.

Ambady, N., & Rosenthal, R. (1993). Half a minute: Predicting teacher evaluations from thin slices of nonverbal behavior and physical attractiveness. *Journal of Personality and Social Psychology,* **64,** 431–441.

American Enterprises. (1992, January/February). Women, men, marriages and ministers, p. 106.

American Medical Association (AMA). (2004, November 11). Women lead in number of medical school applications. *Voice* (ama-assn.org).

American Psychological Association. (1993). *Violence and youth: Psychology's response. Volume I: Summary report of the American Psychological Assocation Commission on Violence and Youth.* Washington DC: Public Interest Directorate, American Psychological Association.

American Psychological Association. (2002). *Ethical principles of psychologists and code of conduct 2002.* Washington, DC: APA (www.apa.org/ethics/code2002.html).

Amir, Y. (1969). Contact hypothesis in ethnic relations. *Psychological Bulletin,* **71,** 319–342.

Anastasi, J. S., & Rhodes, M. G. (2005). An own-age bias in face recognition for children and older adults. *Psychonomic Bulletin & Review,* **12,** 1043–1047.

Anastasi, J. S., & Rhodes, M. G. (2006). Evidence for an own-age bias in face recognition. *North American Journal of Psychology,* **8,** 237–252.

Anderson, C. A. (2003). Video games and aggressive behavior. In D. Ravitch & J. P. Viteritti (Eds.), *Kids stuff: Marking violence and vulgarity in the popular culture.* Baltimore, MD: Johns Hopkins University Press.

Anderson, C. A. (2004). An update on the effects of violent video games. *Journal of Adolescence,* **27,** 113–122.

Anderson, C. A., & Anderson, D. C. (1984). Ambient temperature and violent crime: Tests of the linear and curvilinear hypotheses. *Journal of Personality and Social Psychology,* **46,** 91–97.

Anderson, C. A., & Anderson, K. B. (1998). Temperature and aggression: Paradox, controversy, and a (fairly) clear picture. In R. G. Geen & E. Donnerstein (Eds.), *Human aggression: Theories, research, and implications for social policy.* San Diego: Academic Press.

Anderson, C. A., Anderson, K. B., Dorr, N., DeNeve, K. M., & Flanagan, M. (2000). Temperature and aggression. In M. P. Zanna (Ed.), *Advances in Experimental Social Psychology.* San Diego: Academic Press.

Anderson, C. A., Benjamin, A. J., Jr., & Bartholow, B. D. (1998). Does the gun pull the trigger? Automatic priming effects of weapon pictures and weapon names. *Psychological Science,* **9,** 308–314.

Anderson, C. A., Berkowitz, L., Donnerstein, E., Huesmann, L. R., Johnson, J. D., Linz, D., Malamuth, N. M., & Wartella, E. (2003). The influence of media violence on youth. *Psychological Science in the Public Interest,* **4**(3), 81–110.

Anderson, C. A., Buckley, K. E., & Carnagey, N. L. (2008). Creating your own hostile environment: A laboratory examination of trait aggressiveness and the violence escalation cycle. *Personality and Social Psychology Bulletin,* **34,** 462–473.

Anderson, C. A., & Bushman, B. J. (2001). Effects of violent video games on aggressive behavior, aggressive cognition, aggressive affect, physiological arousal, and prosocial behavior: A meta-analytic review of the scientific literature. *Psychological Science,* **12,** 353–359.

Anderson, C. A., Carnagey, N. L., Flanagan, M., Benjamin, A. J., Jr., Eubanks, J., & Valentine, J. C. (2004). Violent video games: Specific effects of violent content on aggressive thoughts and behavior. *Advances in Experimental Social Psychology,* **36,** 199–249.

Anderson, C. A., & Gentile, D. A. (2008). Media violence, aggression, and public policy. In E. Borgida & S. Fiske (Eds.), *Beyond common sense: Psychological science in the courtroom.* Malden, MA: Blackwell.

Anderson, C. A., Gentile, D. A., & Buckley, K. E. (2007). *Violent video game effects on children and adolescents: Theory, research, and public policy.* New York: Oxford University Press.

Anderson, C. A., & Harvey, R. J. (1988). Discriminating between problems in living: An examination of measures of depression, loneliness, shyness, and social anxiety. *Journal of Social and Clinical Psychology,* **6,** 482–491.

Anderson, C. A., Horowitz, L. M., & French, R. D. (1983). Attributional style of lonely and depressed people. *Journal of Personality and Social Psychology,* **45,** 127–136.

Anderson, C. A., Lindsay, J. J., & Bushman, B. J. (1999). Research in the psychological laboratory: Truth or triviality? *Current Directions in Psychological Science,* **8,** 3–9.

Anderson, C. A., Miller, R. S., Riger, A. L., Dill, J. C., & Sedikides, C. (1994). Behavioral and characterological attributional styles as predictors of depression and loneliness: Review, refinement, and test. *Journal of Personality and Social Psychology,* **66,** 549–558.

Anderson, C. A., Sakamoto, A., Gentile, D. A., Ihori, N., Shibuya, A., Yukawa, S., Naito, M., & Kobayashi, K. (2008). Longitudinal effects of violent video games on aggression in Japan and the United States. *Pediatrics,* **122,** e1067–e1072.

Anderson, S. L., Adams, G., & Plaut, V. C. (2008). The cultural grounding of personal relationship: The importance of attractiveness in everyday life. *Journal of Personality and Social Psychology,* **95,** 352–368.

Antonio, A. L., Chang, M. J., Hakuta, K., Kenny, D. A., Levin, S., & Milem, J. F. (2004). Effects of racial diversity on complex thinking in college students. *Psychological Science,* **15,** 507–510.

AP/Ipsos. (2006, May 4). Associated Press/Ipsos Poll data reported by personal correspondence with Michael Gross.

Archer, D., & Gartner, R. (1976). Violent acts and violent times: A comparative approach to postwar homicide rates. *American Sociological Review,* **41,** 937–963.

Archer, J. (1991). The influence of testosterone on human aggression. *British Journal of Psychology,* **82,** 1–28.

Archer, J. (2000). Sex differences in aggression between heterosexual partners: A meta-analytic review. *Psychological Bulletin,* **126,** 651–680.

Archer, J. (2004). Sex differences in aggression in real-world settings: A meta-analytic review. *Review of General Psychology,* **8,** 291–322.

Archer, J. (2007). A cross-cultural perspective on physical aggression between partners. *Issues in Forensic Psychology,* No. 6, 125–131.

Arendt, H. (1963). *Eichmann in Jerusalem: A report on the banality of evil.* New York: Viking.

Argyle, M., & Henderson M. (1985). *The anatomy of relationships.* London: Heinemann.

Argyle, M., Shimoda, K., & Little, B. (1978). Variance due to persons and situations in England and Japan. *British Journal of Social and Clinical Psychology,* **17,** 335–337.

Ariza, L. M. (2006, January). Virtual Jihad: The Internet as the ideal terrorism recruiting tool. *Scientific American,* pp. 18–21.

Arkin, R. M., & Burger, J. M. (1980). Effects of unit relation tendencies on interpersonal attraction. *Social Psychology Quarterly,* **43,** 380–391.

Armor, D. A., & Sackett, A. M. (2006). Accuracy, error, and bias in predictions for real versus hypothetical events. *Journal of Personality and Social Psychology,* **91,** 583–600.

Armor, D. A., & Taylor, S. E. (1996). Situated optimism: Specific outcome expectancies and self-regulation. In M. P. Zanna (Ed.), *Advances in experimental social psychology* (Vol. 30). San Diego: Academic Press.

Arms, R. L., Russell, G. W., & Sandilands, M. L. (1979). Effects on the hostility of spectators of viewing aggressive sports. *Social Psychology Quarterly,* **42,** 275–279.

Aron, A., & Aron, E. (1989). *The heart of social psychology,* 2nd ed. Lexington, MA: Lexington Books.

Aron, A., & Aron, E. N. (1994). Love. In A. L. Weber & J. H. Harvey (Eds.), *Perspective on close relationships.* Boston: Allyn & Bacon.

Aron, A., Dutton, D. G., Aron, E. N., & Iverson, A. (1989). Experiences of falling in love. *Journal of Social and Personal Relationships,* **6,** 243–257.

Aron, A., Fisher, H., Mashek, D. J., Strong, G., Li, H., & Brown, L. L. (2005). Reward, motivation, and emotion systems associated with early-stage intense romantic love. *Journal of Neurophysiology,* **94,** 327–337.

Aronson, E. (2004). Reducing hostility and building compassion: Lessons from the jigsaw classroom. In A. G. Miller (Ed.), *The social psychology of good and evil.* New York: Guilford.

Aronson, E., Brewer, M., & Carlsmith, J. M. (1985). Experimentation in social psychology. In G. Lindzey & E. Aronson (Eds.), *Handbook of social psychology* (Vol. 1). Hillsdale, NJ: Erlbaum.

Aronson, E., & Gonzalez, A. (1988). Desegregation, jigsaw, and the Mexican-American experience. In P. A. Katz & D. Taylor (Eds.), *Towards the elimination of racism: Profiles in controversy.* New York: Plenum.

Aronson, E., & Mills, J. (1959). The effect of severity of initiation on liking for a group. *Journal of Abnormal and Social Psychology,* **59,** 177 181.

Arriaga, X. B. (2001). The ups and downs of dating: Fluctuations in satisfaction in newly formed romantic relationships. *Journal of Personality and Social Psychology,* **80,** 754–765.

Arriaga, X. B., & Agnew, C. R. (2001). Being committed: Affective, cognitive, and conative components of relationship commitment. *Personality and Social Psychology Bulletin,* **27,** 1190–1203.

Arrow, K. J., & 21 others. (2008). The promise of prediction markets. *Science,* **320,** 877–878.

ASAPS. (2005). Cosmetic surgery quick facts: 2004 ASAPS statistics. The American Society for Aesthetic Plastic Surgery (www.surgery.org).

Asch, S. E. (1955, November). Opinions and social pressure. *Scientific American,* pp. 31–35.

Asendorpf, J. B. (1987). Videotape reconstruction of emotions and cognitions related to shyness. *Journal of Personality and Social Psychology,* **53,** 541–549.

Asher, J. (1987, April). Born to be shy? *psychology today,* pp. 56–64.

Associated Press (AP). (1993, June 10). Walking past a dying man. *New York Times* (via Associated Press).

Associated Press (AP). (2007, January 12). China facing major gender imbalance. Associated Press release.

Astin, A. W., Green, K. C., Korn, W. S., & Schalit, M. (1987). *The American freshman: National norms for Fall 1987.* Los Angeles: Higher Education Research Institute, UCLA.

Aubrey, J. S., & Taylor, L. D. (2009). The role of lad magazines in priming men's chronic and temporary appearance-related schemata: An investigation of longitudinal and experimental findings. *Human Communication Research,* **35,** 28–58.

Averill, J. R. (1983). Studies on anger and aggression: Implications for theories of emotion. *American Psychologist,* **38,** 1145–1160.

Axsom, D., Yates, S., & Chaiken, S. (1987). Audience response as a heuristic cue in persuasion. *Journal of Personality and Social Psychology,* **53,** 30–40.

Azrin, N. H. (1967, May). Pain and aggression. *Psychology Today,* pp. 27–33.

Bachman, J. G., & O'Malley, P. M. (1977). Self-esteem in young men: A longitudinal analysis of the impact of educational and occupational attainment. *Journal of Personality and Social Psychology,* **35,** 365–380.

Back, M. D., Schmukle, S. C., & Egloff, B. (2008). Becoming friends by chance. *Psychological Science,* **19,** 439–440.

Bailenson, J. N., Iyengar, S., Yee, N., & Collins, N. (2009). Facial similarity between voters and candidates causes influence. *Public Opinion Quarterly.*

Bailey, J. M., Gaulin, S., Agyei, Y., & Gladue, B. A. (1994). Effects of gender and sexual orientation on evolutionary relevant aspects of human mating psychology. *Journal of Personality and Social Psychology,* **66,** 1081–1093.

Bailey, J. M., Kirk, K. M., Zhu, G., Dunne, M. P., & Martin, N. G. (2000). Do individual differences in sociosexuality represent genetic or environmentally contingent strategies? Evidence from the Australian Twin Registry. *Journal of Personality and Social Psychology,* **78,** 537–545.

Baize, H. R., Jr., & Schroeder, J. E. (1995). Personality and mate selection in personal ads: Evolutionary preferences in a public mate selection process. *Journal of Social Behavior and Personality,* **10,** 517–536.

Banaji, M. R. (2004). The opposite of a great truth is also true: Homage of Koan #7. In J. T. Jost, M. R. Banaji, & D. A. Prentice (Eds.), *Perspectivism in social psychology: The yin and yang of scientific progress.* Washington, DC: American Psychological Association.

Bandura, A. (1979). The social learning perspective: Mechanisms of aggression. In H. Toch (Ed.), *Psychology of crime and criminal justice.* New York: Holt, Rinehart & Winston.

Bandura, A. (1997). *Self-efficacy: The exercise of control.* New York: Freeman.

Bandura, A. (2004). Swimming against the mainstream: The early years from chilly tributary to transformative mainstream. *Behaviour Research and Therapy,* **42,** 613–630.

Bandura, A., Pastorelli, C., Barbaranelli, C., & Caprara, G. V. (1999). Self-efficacy pathways to childhood depression. *Journal of Personality and Social Psychology,* **76,** 258–269.

Bandura, A., Ross, D., & Ross, S. A. (1961). Transmission of aggression through imitation of aggressive models. *Journal of Abnormal and Social Psychology,* **63,** 575–582.

Bandura, A., & Walters, R. H. (1959). *Adolescent aggression.* New York: Ronald Press.

Bandura, A., & Walters, R. H. (1963). *Social learning and personality development.* New York: Holt, Rinehart & Winston.

Banks, S. M., Salovey, P., Greener, S., Rothman, A. J., Moyer, A., Beauvais, J., & Epel, E. (1995). The effects of message framing on mammography utilization. *Health Psychology,* **14,** 178–184.

Barash, D. P. (2003, November 7). Unreason's seductive charms. *Chronicle of Higher Education* (www.chronicle.com/free/v50/i11/11b00601.htm).

Barber, B. M., & Odean, T. (2001). Boys will be boys: Gender, overconfidence and common stock investment. *Quarterly Journal of Economics,* **116,** 261–292.

Barber, N. (2000). On the relationship between country sex ratios and teen pregnancy rates: A replication. *Cross-Cultural Research,* **34,** 327–333.

Bargh, J. A., & Chartrand, T. L. (1999). The unbearable automaticity of being. *American Psychologist,* **54,** 462–479.

Bargh, J. A., & Ferguson, M. J. (2000). Beyond behaviorism: On the automaticity of higher mental processes. *Psychological Bulletin,* **126,** 925–945.

Bargh, J. A., & McKenna, K. Y. A. (2004). The Internet and social life. *Annual Review of Psychology,* **55,** 573–590.

Bargh, J. A., McKenna, K. Y. A., & Fitzsimons, G. M. (2002). Can you see the real me? Activation and expression of the "true self" on the Internet. *Journal of Social Issues,* **58,** 33–48.

Bar-Haim, Y., Ziv, T., Lamy, D., & Hodes, R. M. (2006). Nature and nurture in own-race face processing. *Psychological Science,* **17,** 159–163.

Barlett, C., Branch, O., Rodeheffer, C., & Harris, R. (2009). How long do the short-term violent video game effects last? *Aggressive Behavior,* **35,** 225–236.

Barlett, C. P., Harris, R. J., & Bruey, C. (2008). The effect of the amount of blood in a violence video game on aggression, hostility, and arousal. *Journal of Experimental Social Psychology,* **44,** 539–546.

Barnes, E. (2008, August 24). Scots heroine of Auschwitz who gave her life for young Jews. *Scotland on Sunday,* p. 3.

Barnett, P. A., & Gotlib, I. H. (1988). Psychosocial functioning and depression: Distinguishing among antecedents, concomitants, and consequences. *Psychological Bulletin,* **104,** 97–126.

Baron, J., & Hershey, J. C. (1988). Outcome bias in decision evaluation. *Journal of Personality and Social Psychology,* **54,** 569–579.

Baron, L., & Straus, M. A. (1984). Sexual stratification, pornography, and rape in the United States. In N. M. Malamuth & E. Donnerstein (Eds.), *Pornography and sexual aggression.* New York: Academic Press.

Baron, R. A., Markman, G. D., & Bollinger, M. (2006). Exporting social psychology: Effects of attractiveness on perceptions of entrepreneurs, their ideas for new products, and their financial success. *Journal of Applied Social Psychology,* **36,** 467–492.

Baron, R. M., Mandel, D. R., Adams, C. A., & Griffen, L. M. (1976). Effects of social density in university residential environments. *Journal of Personality and Social Psychology,* **34,** 434–446.

Baron, R. S. (1986). Distraction-conflict theory: Progress and problems. In L. Berkowitz (Ed.), *Advances in experimental social psychology,* Orlando, FL: Academic Press.

Baron, R. S. (2000). Arousal, capacity, and intense indoctrination. *Personality and Social Psychology Review,* **4,** 238–254.

Barongan, C., & Hall, G. C. N. (1995). The influence of misogynous rap music on sexual aggression against women. *Psychology of Women Quarterly,* **19,** 195–207.

Barry, D. (1995, January). Bored stiff. *Funny Times,* p. 5.

Barry, D. (1998). *Dave Barry turns 50.* New York: Crown.

Bar-Tal, D. (2004). The necessity of observing real life situations: Palestinian-Israeli violence as a laboratory for learning about social behaviour. *European Journal of Social Psychology,* **34,** 677–701.

Bartholow, B. C., Anderson, C. A., Carnagey, N. L., & Benjamin, A.J., Jr. (2004). Interactive effects of life experience and situational cues on aggression: The weapons priming effect in hunters and nonhunters. *Journal of Experimental Social Psychology,* **41,** 48–60.

Bartholow, B. C., & Heinz, A. (2006). Alcohol and aggression without consumption: Alcohol cues, aggressive thoughts, and hostile perception bias. *Psychological Science,* **17,** 30–37.

Bartholow, B. C., Sestir, M. A., & Davis, E. B. (2005). Correlates and consequences of exposure to video game violence: Hostile personality, empathy, and aggressive behavior. *Personality and Social Psychology Bulletin,* **31,** 1573–1586.

Bartholow, B. D., Bushman, B. J., & Sestir, M. A. (2006). Chronic violent video game exposure and desensitization: Behavioral and event-related brain potential data. *Journal of Experimental Social Psychology,* **42**(4), 532–539.

Basile, K. C., Chen, J., Lynberg, M. C., & Saltzman, L. E. (2007). Prevalence and characteristics of sexual violence victimization. *Violence and Victims,* **22,** 437–448.

Bassili, J. N. (2003). The minority slowness effect: Subtle inhibitions in the expression of views not shared by others. *Journal of Personality and Social Psychology,* **84,** 261–276.

Batson, C. D. (1991). *The altruism question: Toward a social psychological answer.* Hillsdale, NJ: Erlbaum.

Batson, C. D. (2006). "Not all self-interest after all": Economics of empathy-induced altruism. In D. De Cremer, M. Zeelenberg, & J. K. Murnighan (Eds.), *Social psychology and economics.* Mahwah, NJ: Erlbaum.

Batson, C. D., & Moran, T. (1999). Empathy-induced altruism in a prisoner's dilemma. *European Journal of Social Psychology,* **29,** 909–924.

Batson, C. D., Schoenrade, P., & Ventis, W. L. (1993). *Religion and the individual: A social-psychological perspective.* New York: Oxford University Press.

Batson, C. D., Sympson, S. C., Hindman, J. L., Decruz, P., Todd, R. M., Jennings, G., & Burris, C. T. (1996). "I've been there, too": Effect on empathy of prior experience with a need. *Personality and Social Psychology Bulletin,* **22,** 474–482.

Batson, C. D., & Ventis, W. L. (1982). *The religious experience: A social psychological perspective.* New York: Oxford University Press.

Baumeister, R. (1996). Should schools try to boost self-esteem? Beware the dark side. *American Educator,* **20,** 14–19, 43.

Baumeister, R. (2005). Rejected and alone. *The Psychologist,* **18,** 732–735.

Baumeister, R. (2007). Is there anything good about men? Address to the American Psychological Association convention.

Baumeister, R. F. (2005). *The cultural animal: Human nature, meaning, and social life.* New York: Oxford University Press.

Baumeister, R. F., & Bratslavsky, E. (1999). Passion, intimacy, and time: Passionate love as a function of change in intimacy. *Personality and Social Psychology Review,* **3,** 49–67.

Baumeister, R. F., Bratslavsky, E., Finkenauer, C., & Vohs, D. K. (2001). Bad is stronger than good. *Review of General Psychology,* **5,** 323–370.

Baumeister, R. F., Bratslavsky, E., Muraven, M., & Tice, D. M. (1998). Ego depletion: Is the active self a limited resource? *Journal of Personality and Social Psychology,* **74,** 1252–1265.

Baumeister, R. F., Campbell, J. D., Krueger, J. I., & Vohs, K. D. (2003). Does high self-esteem cause better performance, interpersonal success, happiness, or healthier lifestyles? *Psychological Science in the Public Interest,* **4**(1), 1–44.

Baumeister, R. F., & Leary, M. R. (1995). The need to belong: Desire for interpersonal attachment as a fundamental human motivation. *Psychological Bulletin,* **117,** 497–529.

Baumeister, R. F., & Vohs, K. (2004). Sexual economics: Sex as female resource for social exchange in heterosexual interactions. *Personality and Social Psychology Bulletin,* **8,** 339–363.

Baumeister, R. F., & Wotman, S. R. (1992). *Breaking hearts: The two sides of unrequited love.* New York: Guilford.

Baumhart, R. (1968). *An honest profit.* New York: Holt, Rinehart & Winston.

Baxter, T. L., & Goldberg, L. R. (1987). Perceived behavioral consistency underlying trait attributions to oneself and another: An extension of the actor-observer effect. *Personality and Social Psychology Bulletin,* **13,** 437–447.

Bayer, E. (1929). Beitrage zur zeikomponenten theorie des hungers. *Zeitschrift fur Psychologie,* **112,** 1–54.

Bazerman, M. H. (1986, June). Why negotiations go wrong. *Psychology Today,* pp. 54–58.

BBC (2008, November 21). Pirates "gained $150m this year" (news.bbc.co.uk).

Beals, K. P., Peplau, L. A., & Gable, S. L. (2009). Stigma management and well-being: The role of perceived social support, emotional processing, and suppression. *Personality and Social Psychology Bulletin,* **35,** 867–879.

Beaman, A. L., Barnes, P. J., Klentz, B., & McQuirk, B. (1978). Increasing helping rates through information dissemination: Teaching pays. *Personality and Social Psychology Bulletin,* **4,** 406–411.

Beaman, A. L., & Klentz, B. (1983). The supposed physical attractiveness bias against supporters of the women's movement: A meta-analysis. *Personality and Social Psychology Bulletin,* **9,** 544–550.

Beaman, A. L., Klentz, B., Diener, E., & Svanum, S. (1979). Self-awareness and transgression in children: Two field studies. *Journal of Personality and Social Psychology,* **37,** 1835–1846.

Beaulieu, C. M. J. (2004). Intercultural study of personal space: A case study. *Journal of Applied Social Psychology,* **34,** 794–805.

Beck, A. T., & Young, J. E. (1978, September). College blues. *Psychology Today,* pp. 80–92.

Bell, P. A. (1980). Effects of heat, noise, and provocation on retaliatory evaluative behavior. *Journal of Social Psychology,* **110,** 97–100.

Belluck, P. (2008, June 15). Gay couples find marriage is a mixed bag. *New York Times* (www.nytimes.com).

Belson, W. A. (1978). *Television violence and the adolescent boy.* Westmead, England: Saxon House, Teakfield Ltd.

Bem, D. J. (1972). Self-perception theory. In L. Berkowitz (Ed.), *Advances in experimental social psychology* (Vol. 6). New York: Academic Press.

Bem, D. J., & McConnell, H. K. (1970). Testing the self-perception explanation of dissonance phenomena: On the salience of premanipulation attitudes. *Journal of Personality and Social Psychology,* **14,** 23–31.

Bennett, R. (1991, February). Pornography and extrafamilial child sexual abuse: Examining the relationship. Unpublished manuscript, Los Angeles Police Department Sexually Exploited Child Unit.

Bennis, W. (1984). Transformative power and leadership. In T. J. Sergiovani & J. E. Corbally (Eds.), *Leadership and organizational culture.* Urbana: University of Illinois Press.

Berg, J. H. (1984). Development of friendship between roommates. *Journal of Personality and Social Psychology,* **46,** 346–356.

Berg, J. H. (1987). Responsiveness and self-disclosure. In V. J. Derlega & J. H. Berg (Eds.), *Self-disclosure: Theory, research, and therapy.* New York: Plenum.

Berg, J. H., & McQuinn, R. D. (1986). Attraction and exchange in continuing and noncontinuing dating relationships. *Journal of Personality and Social Psychology,* **50,** 942–952.

Berger, J., & Heath, C. (2008). Who drives divergence? Identity signaling, outgroup dissimilarity, and the abandonment of cultural tastes. *Journal of Personality and Social Psychology,* **95,** 593–607.

Berkowitz, L. (1968, September). Impulse, aggression and the gun. *Psychology Today,* pp. 18–22.

Berkowitz, L. (1978). Whatever happened to the frustration-aggression hypothesis? *American Behavioral Scientists,* **21,** 691–708.

Berkowitz, L. (1981, June). How guns control us. *Psychology Today,* pp. 11–12.

Berkowitz, L. (1983). Aversively stimulated aggression: Some parallels and differences in research with animals and humans. *American Psychologist,* **38,** 1135–1144.

Berkowitz, L. (1984). Some effects of thoughts on anti- and prosocial influences of media events: A cognitive-neoassociation analysis, *Psychological Bulletin,* **95,** 410–427.

Berkowitz, L. (1989). Frustration-aggression hypothesis: Examination and reformulation. *Psychological Bulletin,* **106,** 59–73.

Berkowitz, L. (1995). A career on aggression. In G. G. Brannigan & M. R. Merrens (Eds.), *The social psychologists: Research adventures.* New York: McGraw-Hill.

Berkowitz, L. (1998). Affective aggression: The role of stress, pain, and negative affect. In R. G. Geen & E. Donnerstein (Eds.), *Human aggression: Theories, research, and implications for social policy.* San Diego: Academic Press.

Berkowitz, L., & Geen, R. G. (1966). Film violence and the cue properties of available targets. *Journal of Personality and Social Psychology,* **3,** 525–530.

Berkowitz, L., & LePage, A. (1967). Weapons as aggression-eliciting stimuli. *Journal of Personality and Social Psychology,* **7,** 202–207.

Berndsen, M., Spears, R., van der Plight, J., & McGarty, C. (2002). Illusory correlation and stereotype formation: Making sense of group differences and cognitive biases. In C. McGarty, V. Y. Yzerbyt, & R. Spears (Eds.), *Stereotypes as explanations: The formation of meaningful beliefs about social groups.* New York: Cambridge University Press.

Bernstein, M. J., Young, S. G., & Hugenberg, K. (2007). The cross-category effect. Mere social categorization is sufficient to elicit an own-group bias in face recognition. *Psychological Science,* **18,** 706–712.

Berscheid, E. (1981). An overview of the psychological effects of physical attractiveness and some comments upon the psychological effects of knowledge of the effects of physical attractiveness. In W. Lucker, K. Ribbens, & J. A. McNamera (Eds.), *Logical aspects of facial form (craniofacial growth series).* Ann Arbor: University of Michigan Press.

Berscheid, E., Boye, D., & Walster (Hatfield), E. (1968). Retaliation as a means of restoring equity. *Journal of Personality and Social Psychology,* **10,** 370–376.

Berscheid, E., Dion, K., Walster (Hatfield), E., & Walster, G. W. (1971). Physical attractiveness and dating choice: A test of the matching hypothesis. *Journal of Experimental Social Psychology,* **7,** 173–189.

Berscheid, E., Graziano, W., Monson, T., & Dermer, M. (1976). Outcome dependency: Attention, attribution, and attraction. *Journal of Personality and Social Psychology,* **34,** 978–989.

Berscheid, E., Snyder, M., & Omoto, A. M. (1989). Issues in studying close relationships: Conceptualizing and measuring closeness. In C. Hendrick (Ed.), *Review of personality and social psychology* (Vol. 10). Newbury Park, CA: Sage.

Berscheid, E., Walster, G. W., & Hatfield (was Walster), E. (1969). Effects of accuracy and positivity of evaluation on liking for the evaluator. Unpublished manuscript. Summarized by E. Berscheid and E. Walster (Hatfield) (1978), *Interpersonal attraction.* Reading, MA: Addison-Wesley.

Bettencourt, B. A., Dill, K. E., Greathouse, S. A., Charlton, K., & Mulholland, A. (1997). Evaluations of ingroup and outgroup members: The role of category-based expectancy violation. *Journal of Experimental Social Psychology,* **33,** 244–275.

Bettencourt, B. A., & Kernahan, C. (1997). A meta-analysis of aggression in the presence of violent cues: Effects of gender differences and aversive provocation. *Aggressive Behavior,* **23,** 447–456.

Bettencourt, B. A., Talley, A., Benjamin, A. J., & Valentine, J. (2006). Personality and aggressive behavior under provoking and neutral conditions: A meta-analytic review. *Psychological Bulletin,* **132,** 751–777.

Bianchi, S. M., Milkie, M. A., Sayer, L. C., & Robinson, J. P. (2000). Is anyone doing the housework? Trends in the gender division of household labor. *Social Forces,* **79,** 191–228.

Biernat, M. (2003). Toward a broader view of social stereotyping. *American Psychologist,* **58,** 1019–1027.

Biernat, M., & Kobrynowicz, D. (1997). Gender- and race-based standards of competence: Lower minimum standards but higher ability standards for devalued groups. *Journal of Personality and Social Psychology,* **72,** 544–557.

Biernat, M., Vescio, T. K., & Green, M. L. (1996). Selective self-stereotyping. *Journal of Personality and Social Psychology,* **71,** 1194–1209.

Billig, M., & Tajfel, H. (1973). Social categorization and similarity in intergroup behaviour. *European Journal of Social Psychology,* **3,** 27–52.

Binder, J., Zagefka, H., Brown, R., Funke, F., Kessler, T., Mummendey, A., Maquil, A., Demoulin, S., & Leyens, J-P. (2009). Does contact reduce prejudice or does prejudice reduce contact? A longitudinal test of the contact hypothesis among majority and minority groups in three European countries. *Journal of Personality and Social Psychology,* **96,** 843–856.

Bingenheimer, J. B., Brennan, R. T., & Earls, F. J. (2005). Firearm violence exposure and serious violent behavior. *Science,* **308,** 1323–1326.

Bishop, B. (2004, April 4). The schism in U.S. politics begins at home: Growing gaps found from county to county in presidential race. *American-Statesman* (and personal correspondence, November 22, 2004).

Björkqvist, K. (1994). Sex differences in physical, verbal, and indirect aggression: A review of recent research. *Sex Roles,* **30,** 177–188.

Blackburn, R. T., Pellino, G. R., Boberg, A., & O'Connell, C. (1980). Are instructional improvement programs off target? *Current Issues in Higher Education,* **1,** 31–48.

Blair, C. A., Thompson, L. F., & Wuensch, K. L. (2005). Electronic helping behavior: The virtual presence of others makes a difference. *Basic and Applied Social Psychology,* **27,** 171–178.

Blake, R. R., & Mouton, J. S. (1962). The intergroup dynamics of win-lose conflict and problem-solving collaboration in union-management relations. In M. Sherif (Ed.), *Intergroup relations and leadership.* New York: Wiley.

Blake, R. R., & Mouton, J. S. (1979). Intergroup problem solving in organizations: From theory to practice. In W. G. Austin & S. Worchel (Eds.), *The social psychology of intergroup relations.* Monterey, CA: Brooks/Cole.

Blanchard, F. A., & Cook, S. W. (1976). Effects of helping a less competent member of a cooperating interracial group on the development of interpersonal attraction. *Journal of Personality and Social Psychology,* **34,** 1245–1255.

Blank, H., Nestler, S., von Collani, G., & Fischer, V. (2008). How many hindsight biases are there? *Cognition,* **106,** 1408–1440.

Blass, T. (1996). Stanley Milgram: A life of inventiveness and controversy. In G. A. Kimble, C. A. Boneau, & M. Wertheimer (Eds.). *Portraits of pioneers in psychology* (Vol. II). Washington, DC: American Psychological Association.

Blass, T. (1999). The Milgram paradigm after 35 years: Some things we now know about obedience to authority. *Journal of Applied Social Psychology,* **29,** 955–978.

Block, J., & Funder, D. C. (1986). Social roles and social perception: Individual differences in attribution and error. *Journal of Personality and Social Psychology,* **51,** 1200–1207.

Boden, J. M., Fergusson, D. M., & Horwood, L. J. (2008). Does adolescent self-esteem predict later life outcomes? A test of the causal role of self-esteem. *Development and Psychopathology,* **20,** 319–339.

Bodenhausen, G. V. (1993). Emotions, arousal, and stereotypic judgments: A heuristic model of affect and stereotyping. In D. M. Mackie & D. L. Hamilton (Eds.), *Affect, cognition, and stereotyping: Interactive processes in group perception.* San Diego: Academic Press.

Bonanno, G. A., Rennicke, C., & Dekel, S. (2005). Self-enhancement among high-exposure survivors of the September 11th terrorist attack: Resilience or social maladjustment? *Journal of Personality and Social Psychology,* **88,** 984–998.

Bond, C. F., Jr., & Titus, L. J. (1983). Social facilitation: A meta-analysis of 241 studies. *Psychological Bulletin,* **94,** 265–292.

Bond, M. H. (2004). Culture and aggression: From context to coercion. *Personality and Social Psychology Review,* **8,** 62–78.

Bono, J. E., & Judge, T. A. (2004). Personality and transformational and transactional leadership: A meta-analysis. *Journal of Applied Psychology,* **89,** 901–910.

Bonta, B. D. (1997). Cooperation and competition in peaceful societies. *Psychological Bulletin,* **121,** 299–320.

Boomsma, D. I., Cacioppo, J. T., Slagboom, P. E., & Posthuma, D. (2006). Genetic linkage and association analysis for loneliness in Dutch twin and sibling pairs points to a region on chromosome 12q23-24. *Behavior Genetics,* **36,** 137–146.

Borgida, E., & Brekke, N. (1985). Psycholegal research on rape trials. In A. W. Burgess (Ed.), *Rape and sexual assault: A research handbook.* New York: Garland.

Borkenau, P., & Liebler, A. (1993). Convergence of stranger ratings of personality and intelligence with self-ratings, partner ratings, and measured intelligence. *Journal of Personality and Social Psychology,* **65,** 546–553.

Bornstein, G., & Rapoport, A. (1988). Intergroup competition for the provision of step-level public goods: Effects of preplay communication. *European Journal of Social Psychology,* **18,** 125–142.

Bornstein, G., Rapoport, A., Kerpel, L., & Katz, T. (1989). Within- and between-group communication in intergroup competition for public goods. *Journal of Experimental Social Psychology,* **25,** 422–436.

Bornstein, R. F. (1989). Exposure and affect: Overview and meta-analysis of research, 1968–1987. *Psychological Bulletin,* **106,** 265–289.

Bornstein, R. F. (1999). Source amnesia, misattribution, and the power of unconscious perceptions and memories. *Psychoanalytic Psychology,* **16,** 155–178.

Bornstein, R. F., Galley, D. J., Leone, D. R., & Kale, A. R. (1991). The temporal stability of ratings of parents: Test-retest reliability and influence of parental contact. *Journal of Social Behavior and Personality,* **6,** 641–649.

Bossard, J. H. S. (1932). Residential propinquity as a factor in marriage selection. *American Journal of Sociology,* **38,** 219–224.

Bothwell, R. K., Brigham, J. C., & Malpass, R. S. (1989). Cross-racial identification. *Personality and Social Psychology Bulletin,* **15,** 19–25.

Botvin, G. J., Epstein, J. A., & Griffin, K. W. (2008). A social influence model of alcohol use for inner-city adolescents: Family drinking, perceived drinking norms, and perceived social benefits of drinking. *Journal of Studies on Alcohol and Drugs,* **69,** 397–405.

Botvin, G. J., Schinke, S., & Orlandi, M. A. (1995). School-based health promotion: Substance abuse and sexual behavior. *Applied & Preventive Psychology,* **4,** 167–184.

Botwin, M. D., Buss, D. M., & Shackelford, T. K. (1997). Personality and mate preferences: Five factors in mate selection and marital satisfaction. *Journal of Personality,* **65,** 107–136.

Bouas, K. S., & Komorita, S. S. (1996). Group discussion and cooperation in social dilemmas. *Personality and Social Psychology Bulletin,* **22,** 1144–1150.

Bower, G. H. (1987). Commentary on mood and memory. *Behavioral Research and Therapy,* **25,** 443–455.

Boyatzis, C. J., Matillo, G. M., & Nesbitt, K. M. (1995). Effects of the "Mighty Morphin Power Rangers" on children's aggression with peers. *Child Study Journal,* **25,** 45–55.

Braverman, J. (2005). The effect of mood on detection of covariation. *Personality and Social Psychology Bulletin,* **31,** 1487–1497.

Brehm, S., & Brehm, J. W. (1981). *Psychological reactance: A theory of freedom and control.* New York: Academic Press.

Brenner, S. N., & Molander, E. A. (1977, January–February). Is the ethics of business changing? *Harvard Business Review,* pp. 57–71.

Brewer, M. B. (1987). Collective decisions. *Social Science,* **72,** 140–143.

Brewer, M. B., & Gaertner, S. L. (2004). Toward reduction of prejudice: Intergroup contact and social categorization. In M. B. Brewer & M. Hewstone (Eds.), *Self and social identity.* Malden, MA: Blackwell.

Brewer, M. B., & Miller, N. (1988). Contact and cooperation: When do they work? In P. A. Katz & D. Taylor (Eds.), *Towards the elimination of racism: Profiles in controversy.* New York: Plenum.

Brewer, M. B., & Silver, M. (1978). In-group bias as a function of task characteristics. *European Journal of Social Psychology,* **8,** 393–400.

Brickman, P., Coates, D. & Janoff-Bulman, R. J. (1978). Lottery winners and accident victims: Is happiness relative? *Journal of Personality and Social Psychology,* **36,** 917–927.

British Psychological Society (2000). *Code of conduct, ethical principles and guidelines.* Leicester, UK: British Psychological Society (www.bps.org.uk/documents/Code.pdf).

Brockner, J., & Hulton, A. J. B. (1978). How to reverse the vicious cycle of low self-esteem: The importance of attentional focus. *Journal of Experimental Social Psychology,* **14,** 564–578.

Brockner, J., Rubin, J. Z., Fine, J., Hamilton, T. P., Thomas, B., & Turetsky, B. (1982). Factors affecting entrapment in escalating conflicts: The importance of timing. *Journal of Research in Personality,* **16,** 247–266.

Brodt, S. E., & Ross, L. D. (1998). The role of stereotyping in overconfident social prediction. *Social Cognition,* **16,** 228–252.

Brodt, S. E., & Zimbardo, P. G. (1981). Modifying shyness-related social behavior through symptom misattribution. *Journal of Personality and Social Psychology,* **41,** 437–449.

Bronfenbrenner, U. (1961). The mirror image in Soviet-American relations. *Journal of Social Issues,* **17**(3), 45–56.

Brooks, D. (2005, August 10). All cultures are not equal. *New York Times* (www.nytimes.com).

Brown, D. E. (1991). *Human universals.* New York: McGraw-Hill.

Brown, D. E. (2000). Human universals and their implications. In N. Roughley (Ed.), *Being humans: Anthropological universality and particularity in transdisciplinary perspectives.* New York: Walter de Gruyter.

Brown, H. J., Jr. (1990). *P.S. I love you.* Nashville: Rutledge Hill.

Brown, J. D., Novick, N. J., Lord, K. A., & Richards, J. M. (1992). When Gulliver travels: Social context, psychological closeness, and self-appraisals. *Journal of Personality and Social Psychology,* **62,** 717–727.

Brown, J. D., & Taylor, S. E. (1986). Affect and the processing of personal information: Evidence for mood-activated self-schemata. *Journal of Experimental Social Psychology,* **22,** 436–452.

Brown, R. (1965). *Social psychology.* New York: Free Press.

Brown, R. (1987). Theory of politeness: An exemplary case. Paper presented to the Society of Experimental Social Psychology meeting. Cited by R. O. Kroker & L. A. Wood (1992), Are the rules of address universal? IV: Comparison of Chinese, Korean, Greek, and German usage. *Journal of Cross-Cultural Psychology,* **23,** 148–162.

Brown, R., Maras, P., Masser, B., Vivian, J., & Hewstone, M. (2001). Life on the ocean wave: Testing some intergroup hypotheses in a naturalistic setting. *Group Processes and Intergroup Relations,* **4,** 81–97.

Brown, R., Vivian, J., & Hewstone, M. (1999). Changing attitudes through intergroup contact: The effects of group membership salience. *European Journal of Social Psychology,* **29,** 741–764.

Brown, R. P., Charnsangavej, T., Keough, K. A., Newman, M. L., & Rentfrom, P. J. (2000). Putting the "affirm" into affirmative action: Preferential selection and academic performance. *Journal of Personality and Social Psychology,* **79,** 736–747.

Brown, W. M., Price, M. E., Kang, J., Pound, N., Zhao, Y., & Yu, H. (2008). Fluctuating asymmetry and preferences for sex-typical bodily characteristics. *Proceedings of the National Academy of Sciences,* **105,** 12938–12943 (pnas.org).

Buehler, R., & Griffin, D. (2003). Planning, personality, and prediction: The role of future focus in optimistic time predictions. *Organizational Behavior and Human Decision Processes,* **92,** 80–90.

Buehler, R., Griffin, D., & Ross, M. (1994). Exploring the "planning fallacy": When people underestimate their task completion times. *Journal of Personality and Social Psychology,* **67,** 366–381.

Buehler, R., Griffin, D., & Ross, M. (2002). Inside the planning fallacy: The causes and consequences of optimistic time predictions. In T. Gilovich, D. Griffin, & D. Kahneman (Eds.), *Heuristics and biases: The psychology of intuitive judgment.* Cambridge: Cambridge University Press.

Buehler, R., Messervey, D., & Griffin, D. (2005). Collaborative planning and prediction: Does group discussion affect optimistic biases in estimation? *Organizational Behavior and Human Decision Processes,* **97,** 47–63.

Bugental, D. B., & Hehman, J. A. (2007). Ageism: A review of research and policy implications. *Social Issues and Policy Review,* **1,** 173–216.

Burchill, S. A. L., & Stiles, W. B. (1988). Interactions of depressed college students with their roommates: Not necessarily negative. *Journal of Personality and Social Psychology,* **55,** 410–419.

Bureau of the Census. (1975). *Historical abstract of the United States: Colonial times to 1970.* Washington, DC: Superintendent of Documents.

Bureau of the Census. (1993, May 4). Voting survey, reported by Associated Press.

Bureau of the Census. (2009). *The 2009 statistical abstract* (Table 946; www.census.gov).

Burger, J. M. (1987). Increased performance with increased personal control: A self-presentation interpretation. *Journal of Experimental Social Psychology,* **23,** 350–360.

Burger, J. M. (2009, January). Replicating Milgram: Would people still obey today? *American Psychologist,* **64,** 1–11.

Burger, J. M., & Burns, L. (1988). The illusion of unique invulnerability and the use of effective contraception. *Personality and Social Psychology Bulletin,* **14,** 264–270.

Burger, J. M., & Guadagno, R. E. (2003). Self-concept clarity and the foot-in-the-door procedure. *Basic and Applied Social Psychology,* **25,** 79–86.

Burger, J. M., & Palmer, M. L. (1991). Changes in and generalization of unrealistic optimism following experiences with stressful events: Reactions to the 1989 California earthquake. *Personality and Social Psychology Bulletin,* **18,** 39–43.

Burger, J. M., & Pavelich, J. L. (1994). Attributions for presidential elections: The situational shift over time. *Basic and Applied Social Psychology,* **15,** 359–371.

Burger, J. M., Soroka, S., Gonzago, K., Murphy, E., & Somervell, E. (2001). The effect of fleeting attraction on compliance to requests. *Personality and Social Psychology Bulletin,* **27,** 1578–1586.

Burkholder, R. (2003, February 14). Unwilling coalition? Majorities in Britain, Canada oppose military action in Iraq. *Gallup Poll Tuesday Briefing* (www.gallup.com/poll).

Burkholder, R. (2005, January 11). Chinese far wealthier than a decade ago, but are they happier? Gallup Poll (www.poll.gallup.com).

Burn, S. M. (1992). Locus of control, attributions, and helplessness in the homeless. *Journal of Applied Social psychology,* **22,** 1161–1174.

Burnham, G., Lafta, R., Doocy, S., & Roberts, L. (2006). Mortality after the 2003 invasion of Iraq: A cross-sectional cluster sample survey. *Lancet,* **368,** 1421–1428.

Burns, D. D. (1980). *Feeling good: The new mood therapy.* New York: Signet.

Burns, J. F. (2003a, April 13). Pillagers strip Iraqi museum of its treasure. *New York Times* (www.nytimes.com).

Burns, J. F. (2003b, April 14). Baghdad residents begin a long climb to an ordered city. *new york times* (www.nytimes.com).

Burnstein, E., & Vinokur, A. (1977). Persuasive argumentation and social comparison as determinants of attitude polarization. *Journal of Experimental Social Psychology,* **13,** 315–332.

Burnstein, E., & Worchel, P. (1962). Arbitrariness of frustration and its consequences for aggression in a social situation. *Journal of Personality,* **30,** 528–540.

Burr, W. R. (1973). *Theory construction and the sociology of the family.* New York: Wiley.

Burson, K. A., Larrick, R. P., & Klayman, J. (2006). Skilled or unskilled, but still unaware of it: How perceptions of difficulty drive miscalibration in relative comparisons. *Journal of Personality and Social Psychology,* **90,** 60–77.

Bushman, B. J. (1993). Human aggression while under the influence of alcohol and other drugs: An integrative research review. *Current Directions in Psychological Science,* **2,** 148–152.

Bushman, B. J. (2002). Does venting anger feed or extinguish the flame? Catharsis, rumination, distraction, anger, and aggressive responding. *Personality and Social Psychology Bulletin,* **28,** 724–731.

Bushman, B. J. (2005). Violence and sex in television programs do not sell products in advertisements. *Psychological Science,* **16,** 702–708.

Bushman, B. J. (2007). That was a great commercial, but what were they selling? Effects of violence and sex on memory for products in television commercials. *Journal of Applied Social Psychology,* **37,** 1784–1796.

Bushman, B. J., & Anderson, C. A. (2001). Media violence and the American public: Scientific facts versus media misinformation. *American Psychologist,* **56,** 477–489.

Bushman, B. J., & Anderson, C. A. (2002). Violent video games and hostile expectations: A test of the general aggression model. *Personality and Social Psychology Bulletin,* **28,** 1679–1686.

Bushman, B. J., & Baumeister, R. (1998). Threatened egotism, narcissism, self-esteem, and direct and displaced aggression: Does self-love or self-hate lead to violence? *Journal of Personality and Social Psychology,* **75,** 219–229.

Bushman, B. J., & Baumeister, R. F. (2002). Does self-love or self-hate lead to violence? *Journal of Research in Personality,* **36,** 543–545.

Bushman, B. J., Baumeister, R. F., & Phillips, C. M. (2001). Do people aggress to improve their mood? Catharsis beliefs, affect regulation opportunity, and aggressive responding. *Journal of Personality and Social Psychology,* **81,** 17–32.

Bushman, B. J., Baumeister, R. F., & Stack, A. D. (1999). Catharsis, aggression, and persuasive influence: Self fulfilling or self-defeating prophecies? *Journal of Personality and Social Psychology,* **76,** 367–376.

Bushman, B. J., Baumeister, R. F., Thomaes, S., Ryu, E., Begeer, S., & West, S. G. (2009). Looking again, and harder, for a link between low self-esteem and aggression. *Journal of Personality,* published online February 2, 2009.

Bushman, B. J., & Geen, R. G. (1990). Role of cognitive-emotional mediators and individual differences in the effects of media violence on aggression. *Journal of Personality and Social Psychology,* **58,** 156–163.

Buss, D. M. (1984). Toward a psychology of person-environment (PE) correlation: The role of spouse selection. *Journal of Personality and Social Psychology,* **47,** 361–377.

Buss, D. M. (1985). Human mate selection. *American Scientist,* **73,** 47–51.

Buss, D. M. (1989). Sex differences in human mate preferences: Evolutionary hypotheses tested in 37 cultures. *Behavioral and Brain Sciences,* **12,** 1–49.

Buss, D. M. (1994). *The evolution of desire: Strategies of human mating.* New York: Basic Books.

Buss, D. M. (1995). Psychological sex differences: Origins through sexual selection. *American Psychologist,* **50,** 164–168.

Buss, D. M. (1999). Behind the scenes. In D. G. Myers, *Social psychology,* 6th edition. New York: McGraw-Hill.

Buss, D. M. (2007). The evolution of human mating strategies: Consequences for conflict and cooperation. In S. W. Gangestad & J. A. Simpson (Eds.), *The evolution of mind: Fundamental questions and controversies.* New York: Guilford.

Buss, D. M. (Ed.). (2005). *The handbook of evolutionary psychology.* New York: Wiley.

Butcher, S. H. (1951). *Aristotle's theory of poetry and fine art.* New York: Dover.

Butler, A. C., Hokanson, J. E., & Flynn, H. A. (1994). A comparison of self-esteem lability and low trait self-esteem as vulnerability factors for depression. *Journal of Personality and Social Psychology,* **66,** 166–177.

Butler, J. L., & Baumeister, R. F. (1998). The trouble with friendly faces: Skilled performance with a supportive audience. *Journal of Personality and Social Psychology,* **75,** 1213–1230.

Buunk, B. P., & van der Eijnden, R. J. J. M. (1997). Perceived prevalence, perceived superiority, and relationship satisfaction: Most relationships are good, but ours is the best. *Personality and Social Psychology Bulletin,* **23,** 219–228.

Buunk, B. P., & Van Yperen, N. W. (1991). Referential comparisons, relational comparisons, and exchange orientation: Their relation to marital satisfaction. *Personality and Social Psychology Bulletin,* **17,** 709–717.

Byrne, D. (1971). *The attraction paradigm.* New York: Academic Press.

Byrne, D., & Wong, T. J. (1962). Racial prejudice, interpersonal attraction, and assumed dissimilarity of attitudes. *Journal of Abnormal and Social Psychology,* **65,** 246–253.

Byrnes, J. P., Miller, D. C., & Schafer, W. D. (1999). Gender differences in risk taking: A meta-analysis. *Psychological Bulletin,* **125,** 367–383.

Bytwerk, R. L. (1976). Julius Streicher and the impact of *Der Stürmer. Wiener Library Bulletin,* **29,** 41–46.

Cacioppo, J. T., Claiborn, C. D., Petty, R. E., & Heesacker, M. (1991). General framework for the study of attitude change in psychotherapy. In C. R. Snyder & D. R. Forsyth (Eds.), *Handbook of social and clinical psychology.* New York: Pergamon.

Cacioppo, J. T., & Patrick, W. (2008). *Loneliness: Human nature and the need for social connection.* New York: Norton.

Cacioppo, J. T., Petty, R. E., Feinstein, J. A., & Jarvis, W. B. G. (1996). Dispositional differences in cognitive motivation: The life and times of individuals varying in need for cognition. *Psychological Bulletin,* **119,** 197–253.

Cacioppo, J. T., Petty, R. E., & Morris, K. J. (1983). Effects of need for cognition on message evaluation, recall, and persuasion. *Journal of Personality and Social Psychology,* **45,** 805–818.

Cairns, E., & Hewstone, M. (2002). The impact of peacemaking in Northern Ireland on intergroup behavior. In S. Gabi & B. Nevo (Eds.), *Peace education: The concept, principles, and practices around the world.* Mahwah, NJ: Erlbaum.

Calhoun, J. B. (1962, February). Population density and social pathology. *Scientific American,* pp. 139–148.

Cameron, L., & Rutland, A. (2006). Extended contact through story reading in school: Reducing children's prejudice toward the disabled. *Journal of Social Issues,* **62,** 469–488.

Campbell, D. T. (1975b). On the conflicts between biological and social evolution and between psychology and moral tradition. *American Psychologist,* **30,** 1103–1126.

Campbell, E. Q., & Pettigrew, T. F. (1959). Racial and moral crisis: The role of Little Rock ministers. *American Journal of Sociology,* **64,** 509–516.

Campbell, W. K. (2005). *When you love a man who loves himself.* Chicago: Sourcebooks.

Campbell, W. K., Bosson, J. K., Goheen, T. W., Lakey, C. E., & Kernis, M. H. (2007). Do narcissists dislike themselves "deep down inside"? *Psychological Science,* **18,** 227–229.

Campbell, W. K., Bush, C. P., Brunell, A. B., & Shelton, J. (2005). Understanding the social costs of narcissism: The case of the tragedy of the commons. *Personality and Social Psychology Bulletin,* **31,** 1358–1368.

Campbell, W. K., & Foster, C. A. (2002). Narcissism and commitment in romantic relationships: An investment model analysis. *Personality and Social Psychology Bulletin,* **28,** 484–495.

Campbell, W. K., Rudich, E., & Sedikides, C. (2002). Narcissism, self-esteem, and the positivity of self-views: Two portraits of self-love. *Personality and Social Psychology Bulletin,* **28,** 358–368.

Campbell, W. K., & Sedikides, C. (1999). Self-threat magnifies the self-serving bias: A meta-analytic integration. *Review of General Psychology,* **3,** 23–43.

Canadian Centre on Substance Abuse (1997). *Canadian profile: Alcohol, tobacco, and other drugs.* Ottawa: Canadian Centre on Substance Abuse.

Canadian Psychological Association (2000). *Canadian code of ethics for psychologists.* Ottawa: Canadian Psychological Association (www.cpa.ca/ethics2000.html).

Cantril, H., & Bumstead, C. H. (1960). *Reflections on the human venture.* New York: New York University Press.

Caputo, D., & Dunning, D. (2005). What you don't know: The role played by errors of omission in imperfect self-assessments. *Journal of Experimental Social Psychology,* **41,** 488–505.

Carducci, B. J., Cosby, P. C., & Ward, D. D. (1978). Sexual arousal and interpersonal evaluations. *Journal of Experimental Social Psychology,* **14,** 449–457.

Carli, L. L. (1999). Cognitive reconstruction, hindsight, and reactions to victims and perpetrators. *Personality and Social Psychology Bulletin,* **25,** 966–979.

Carli, L. L., & Leonard, J. B. (1989). The effect of hindsight on victim derogation. *Journal of Social and Clinical Psychology,* **8,** 331–343.

CARLSON, M., MARCUS-NEWHALL, A., & MILLER, N. (1990). Effects of situational aggression cues: A quantitative review. *Journal of Personality and Social Psychology*, **58**, 622–633.

CARLTON-FORD, S., ENDER, M., & TABATABAI, A. (2008). Iraqi adolescents: Self-regard, self-derogation, and perceived threat in war. *Journal of Adolescence*, **31**, 53–75.

CARNAGEY, N. L., ANDERSON, C. A., & BUSHMAN, B. J. (2007). The effect of video game violence on physiological desensitization to real-life violence. *Journal of Experimental Social Psychology*, **43**, 489–496.

CARNEVALE, P. J., & CHOI, D-W. (2000). Culture in the mediation of international disputes. *International Journal of Psychology*, **35**, 105–110.

CARPENTER, S. (2008, April/May). Buried prejudice. Scientific American Mind, pp. 33-39.

CARPUSOR, A. G., & LOGES, W. E. (2006). Rental discrimination and ethnicity in names. *Journal of Applied Social Psychology*, **36**, 934–952.

CARRÉ, J. M., & MCCORMICK, C. M. (2008). In your face: Facial metrics predict aggressiveness behaviour in the laboratory and in varsity and professional hockey players. *Proceedings of the Royal Society B*, **275**, 2651–2656.

CARROLL, D., DAVEY SMITH, G., & BENNETT, P. (1994, March). Health and socio-economic status. *The Psychologist*, pp. 122–125.

CARROLL, J. S., PADILLA-WALKER, L. M., NELSON, L. J., OLSON, C. D., BARRY, C. M., & MADSEN, S. D. (2008). Generation XXX: Pornography acceptance and use among emerging adults. *Journal of Adolescent Research*, **23**, 6–30.

CARTER, S. L. (1993). *Reflections of an affirmative action baby*. New York: Basic Books.

CARTER, S., & SNOW, C. (2004, May). Helping singles enter better marriages using predictive models of marital success. Presented to the American Psychological Society convention.

CARTWRIGHT, D. S. (1975). The nature of gangs. In D. S. Cartwright, B. Tomson, & H. Schwartz (Eds.), *Gang delinquency*. Monterey, CA: Brooks/Cole.

CARVALLO, M., & GABRIEL, S. (2006). No man is an island: The need to belong and dismissing avoidant attachment style. *Personality and Social Psychology Bulletin*, **32**, 697–709.

CARVER, C. S., KUS, L. A., & SCHEIER, M. F. (1994). Effect of good versus bad mood and optimistic versus pessimistic outlook on social acceptance versus rejection. *Journal of Social and Clinical Psychology*, **13**, 138–151.

CARVER, C. S., & SCHEIER, M. F. (1986). Analyzing shyness: A specific application of broader self-regulatory principles. In W. H. Jones, J. M. Cheek, & S. R. Briggs (Eds.), *Shyness: Perspectives on research and treatment*. New York: Plenum.

CASH, T. F., & JANDA, L. H. (1984, December). The eye of the beholder. *Psychology Today*, pp. 46–52.

CASPI, A., & HERBENER, E. S. (1990). Continuity and change: Assortative marriage and the consistency of personality in adulthood. *Journal of Personality and Social Psychology*, **58**, 250–258.

CASPI, A., SUGDEN, K., MOFFITT, T. E., TAYLOR, A., CRAIG, I. W., HARRINGTON, H. L., MCCLAY, J., MILL, J., MARTIN, J., BRAITHWAITE, A., & POULTON, R. (2003). Influence of life stress on depression: Moderation by a polymorphism in the 5-HTT gene. *Science*, **30**, 386–389.

CASTELLI, L., CARRARO, L., TOMELLERI, S., & AMARI, A. (2007). White children's alignment to the perceived racial attitudes of the parents: Closer to the mother than father. *British Journal of Developmental Psychology*, **25**, 353–357.

CENTERS FOR DISEASE CONTROL (CDC). (2005, November 11). Cigarette smoking among adults in the United States. *Morbidity and Mortality Weekly Report*, **54**(44), 1121–1124.

CENTERS FOR DISEASE CONTROL (CDC). (2008, Spring). Sexual violence: Facts at a glance. Centers for Disease Control and Prevention (www.cdc.gov/injury).

CENTERWALL, B. S. (1989). Exposure to television as a risk factor for violence. *American Journal of Epidemiology*, **129**, 643–652.

CHAIKEN, S. (1979). Communicator physical attractiveness and persuasion. *Journal of Personality and Social Psychology*, **37**, 1387–1397.

CHAIKEN, S. (1980). Heuristic versus systematic information processing and the use of source versus message cues in persuasion. *Journal of Personality and Social Psychology*, **39**, 752–766.

CHAIKEN, S., & MAHESWARAN, D. (1994). Neuristic processing can bias systematic processing: Effects of source credibility, argument ambiguity, and task importance on attitude judgment. *Journal of Personality and Social Psychology*, **66**, 460–473.

CHAMBERS, J. R., BARON, R. S., & INMAN, M. L. (2006). Misperceptions in intergroup conflict: Disagreeing about what we disagree about. *Psychological Science*, **17**, 38–45.

CHAMBERS, J. R., & MELNYK, D. (2006). Why do I hate thee? Conflict misperceptions and intergroup mistrust. *Personality and Social Psychology Bulletin*, **32**, 1295–1311.

Chambers, J. R., & Windschitl, P. D. (2004). Biases in social comparative judgments: The role of nonmotivated factors in above-average and comparative-optimism effects. *Psychological Bulletin,* **130,** 813–838.

Chance, J. E., & Goldstein, A. G. (1981). Depth of processing in response to own- and other-race faces. *Personality and Social Psychology Bulletin,* **7,** 475–480.

Chance, J. E., Goldstein, A. G. (1996). The other-race effect and eyewitness identification. In S. L. Sporer (Ed.), *Psychological issues in eyewitness identification* (pp. 153–176). Mahwah, NJ: Erlbaum.

Chapman, L. J., & Chapman, J. P. (1969). Genesis of popular but erroneous psychodiagnostic observations. *Journal of Abnormal Psychology,* **74,** 272–280.

Chapman, L. J., & Chapman, J. P. (1971, November). Test results are what you think they are. *Psychology Today,* pp. 18–22, 106–107.

Chatard, A., Guimond, S., & Selimbegovic, L. (2007). "How good are you in math?" The effect of gender stereotypes on students' recollection of their school marks. *Journal of Experimental Social Psychology,* **43,** 1017–1024.

Check, J., & Malamuth, N. (1984). Can there be positive effects of participation in pornography experiments? *Journal of Sex Research,* **20,** 14–31.

Chen, L.-H., Baker, S. P., Braver, E. R., & Li, G. (2000). Carrying passengers as a risk factor for crashes fatal to 16- and 17-year-old drivers. *Journal of the American Medical Association,* **283,** 1578–1582.

Chen, S. C. (1937). Social modification of the activity of ants in nest-building. *Physiological Zoology,* **10,** 420–436.

Chen, S., Boucher, H. C., & Tapias, M. P. (2006). The relational self revealed: Integrative conceptualization and implications for interpersonal life. *Psychological Bulletin,* **132,** 151–179.

Cheney, R. (2003, March 16). Comments on Face the Nation, CBS News.

Chiao, J. Y., Bowman, N. E., & Gill, H. (2008) The political gender gap: Gender bias in facial inferences that predict voting behavior. *PLoS One* **3**(10): e3666. (doi:10.1371/journal.pone.0003666).

Chodorow, N. J. (1978). *The reproduction of mother: Psychoanalysis and the sociology of gender.* Berkeley, CA: University of California Press.

Chodorow, N. J. (1989). *Feminism and psychoanalytic theory.* New Haven, CT: Yale University Press.

Choi, I., & Choi, Y. (2002). Culture and self-concept flexibility. *Personality & Social Psychology Bulletin,* **28,** 1508–1517.

Choi, I., Nisbett, R. E., & Norenzayan, A. (1999). Causal attribution across cultures: Variation and Universality. *Psychological Bulletin,* **125,** 47–63.

Christensen, P. N., & Kashy, D. A. (1998). Perceptions of and by lonely people in initial social interaction. *Personality and Social Psychology Bulletin,* **24,** 322–329.

Christian, J. J., Flyger, V., & Davis, D. E. (1960). Factors in the mass mortality of a herd of sika deer, *Cervus nippon. Chesapeake Science,* 1, 79–95.

Chua-Eoan, H. (1997, April 7). Imprisoned by his own passions. *Time,* pp. 40–42.

Church, G. J. (1986, January 6). China. *Time,* pp. 6–19.

Cialdini, R. B. (1988). *Influence: Science and practice.* Glenview, IL: Scott, Foresman/Little, Brown.

Cialdini, R. B., Borden, R. J., Thorne, A., Walker, M. R., Freeman, S., & Sloan, L. R. (1976). Basking in reflected glory: Three (football) field studies. *Journal of Personality and Social Psychology,* **39,** 406–415.

Cialdini, R. B., Cacioppo, J. T., Bassett, R., & Miller, J. A. (1978). Lowball procedure for producing compliance: Commitment then cost. *Journal of Personality and Social Psychology,* **36,** 463–476.

Cialdini, R. B., Demaine, L. J., Barrett, D. W., Sagarin, B. J., & Rhoads, K. L. V. (2003). The poison parasite defense: A strategy for sapping a stronger opponent's persuasive strength. Unpublished manuscript, Arizona State University.

Cicerello, A., & Sheehan, E. P. (1995). Personal advertisements: A content analysis. *Journal of Social Behavior and Personality,* **10,** 751–756.

Clancy, S. M., & Dollinger, S. J. (1993). Photographic depictions of the self: Gender and age differences in social connectedness. *Sex Roles,* **29,** 477–495.

Clark, K., & Clark, M. (1947). Racial identification and preference in Negro children. In T. M. Newcomb & E. L. Hartley (Eds.), *Readings in social psychology.* New York: Holt.

Clark, M. S. (1984). Record keeping in two types of relationships. *Journal of Personality and Social Psychology,* **47,** 549–557.

Clark, M. S. (1986). Evidence for the effectiveness of manipulations of desire for communal versus exchange relationships. *Personality and Social Psychology Bulletin,* **12,** 414–425.

Clark, M. S., & Bennett, M. E. (1992). Research on relationships: Implications for mental health. In D. Ruble & P. Costanzo (Eds.), *The social psychology of mental health.* New York: Guilford.

Clark, M. S., & Mills, J. (1979). Interpersonal attraction in exchange and communal relationships. *Journal of Personality and Social Psychology,* **37,** 12–24.

Clark, M. S., & Mills, J. (1993). The difference between communal and exchange relationships: What it is and is not. *Personality and Social Psychology Bulletin,* **19,** 684–691.

Clark, M. S., Mills, J., & Corcoran, D. (1989). Keeping track of needs and inputs of friends and strangers. *Personality and Social Psychology Bulletin,* **15,** 533–542.

Clark, M. S., Mills, J., & Powell, M. C. (1986). Keeping track of needs in communal and exchange relationships. *Journal of Personality and Social Psychology,* **51,** 333–338.

Clark, R. D., III. (1995). A few parallels between group polarization and minority influence. In S. Moscovici, H. Mucchi-Faina, & A. Maass (Eds.), *Minority influence.* Chicago: Nelson-Hall.

Clarke, A. C. (1952). An examination of the operation of residual propinquity as a factor in mate selection. *American Sociological Review,* **27,** 17–22.

Clarke, V. (2003, March 25). Quoted in "Street fighting: A volatile enemy." *Wall Street Journal,* pp. A1, A13.

Clevstrom, J., & Passariello, C. (2006, August 18). No kicks from "champagne." *Wall Street Journal,* p. A11.

Clifford, M. M., & Walster, E. H. (1973). The effect of physical attractiveness on teacher expectation. *Sociology of Education,* **46,** 248–258.

Clooney, G., Pressman, D., & Prednergast, J. (2008, November 22–23). Obama's opportunity to help Africa. *Wall Street Journal,* p. A13.

Clore, G. L., Bray, R. M., Itkin, S. M., & Murphy, P. (1978). Interracial attitudes and behavior at a summer camp. *Journal of Personality and Social Psychology,* **36,** 107–116.

Coates, B., Pusser, H. E., & Goodman, I. (1976). The influence of "Sesame Street" and "Mister Rogers' Neighborhood" on children's social behavior in the preschool. *Child Development,* **47,** 138–144.

Coats, E. J., & Feldman, R. S. (1996). Gender differences in nonverbal correlates of social status. *Personality and Social Psychology Bulletin,* **22,** 1014–1022.

Codol, J.-P. (1976). On the so-called superior conformity of the self behavior: Twenty experimental investigations. *European Journal of Social Psychology,* **5,** 457–501.

Cohen, D. (1996). Law, social policy, and violence: The impact of regional cultures. *Journal of Personality and Social Psychology,* **70,** 961–978.

Cohen, D. (1998). Culture, social organization, and patterns of violence. *Journal of Personality and Social Psychology,* **75,** 408–419.

Cohen, E. G. (1980). Design and redesign of the desegregated school: Problems of status, power and conflict. In W. G. Stephan & J. R. Feagin (Eds.), *School desegregation: Past, present, and future.* New York: Plenum.

Cohen, F., Ogilvie, D. M., Solomon, S., Greenberg, J., & Pyszczynski, T. (2005). American roulette: The effect of reminders of death on support for George W. Bush in the 2004 presidential election. *Analyses of Social Issues and Public Policy,* **5**(1), 177–187.

Cohen, G. L., Steele, C. M., & Ross, L. D. (1999). The mentor's dilemma: Providing critical feedback across the racial divide. *Personality and Social Psychology Bulletin,* **25,** 1302–1318.

Cohen, M., & Davis, N. (1981). *Medication errors: Causes and prevention.* Philadelphia: G. F. Stickley Co. Cited by R. B. Cialdini (1989), Agents of influence: Bunglers, smugglers, and sleuths. Paper presented at the American Psychological Association convention.

Cohen, S. (1980). Training to understand TV advertising: Effects and some policy implications. Paper presented at the American Psychological Association convention.

Cohn, E. G. (1993). The prediction of police calls for service: The influence of weather and temporal variables on rape and domestic violence. *Environmental Psychology,* **13,** 71–83.

Colarelli, S. M., Spranger, J. L., Hechanova, M. R. (2006). Women, power, and sex composition in small groups: An evolutionary perspective. *Journal of Organizational Behavior Special Issue: Darwinian Perspectives on Behavior in Organizations,* **27,** 163–184.

Comer, D. R. (1995). A model of social loafing in a real work group. *Human Relations,* **48,** 647–667.

Comstock, G. (2008). A sociological perspective on television violence and aggression. *American Behavioral Scientist,* **51,** 1184–1211.

Comstock, G., & Scharrer, E. (1999). *Television: What's on, who's watching and what it means.* San Diego: Academic Press.

Conway, F., & Siegelman, J. (1979). *Snapping: America's epidemic of sudden personality change.* New York: Delta Books.

Conway, M., & Ross, M. (1986). Remembering one's own past: The construction of personal histories. In R. Sorrentino & E. T. Higgins (Eds.), *Handbook of motivation and cognition.* New York: Guilford.

Cook, T. D., & Flay, B. R. (1978). The persistence of experimentally induced attitude change. In L. Berkowitz (Ed.), *Advances in experimental social psychology* (Vol. 11). New York: Academic Press.

Cooper, H. (1983). Teacher expectation effects. In L. Bickman (Ed.), *Applied social psychology annual* (Vol. 4). Beverly Hills, CA: Sage.

Cooper, J. (1999). Unwanted consequences and the self: In search of the motivation for dissonance reduction. In E. Harmon-Jones & J. Mills (Eds.), *Cognitive dissonance: Progress on a pivotal theory in social psychology.* Washington, DC: American Psychological Association.

Correll, J., Park, B., Judd, C. M., & Wittenbrink, B. (2002). The police officer's dilemma: Using ethnicity to disambiguate potentially threatening individuals. *Journal of Personality and Social Psychology,* **83,** 1314–1329.

Correll, J., Park, B., Judd, C. M., & Wittenbrink, B. (2007). The influence of stereotypes on decisions to shoot. *European Journal of Social Psychology,* **37,** 1102–1117.

Correll, J., Park, B., Judd, C. M., Wittenbrink, B., Sadler, M. S., & Keesee, T. (2007). Across the thin blue line: Police officers and racial bias in the decision to shoot. *Journal of Personality and Social Psychology,* **92,** 1006–1023.

Correll, J., Urland, G. R., & Ito, T. A. (2006). Event-related potentials and the decision to shoot: The role of threat perception and cognitive control. *Journal of Experimental Social Psychology,* **42,** 120–128.

Costanzo, M. (1997). *Just revenge: Costs and consequences of the death penalty.* New York: St. Martin's.

Costanzo, M. (1998). *Just revenge.* New York: St. Martins.

Costello, C., Gaines, S. D., & Lynham, J. (2008). Can catch shares prevent fisheries' collapse? *Science,* **321,** 1678–1682.

Cota, A. A., & Dion, K. L. (1986). Salience of gender and sex composition of ad hoc groups: An experimental test of distinctiveness theory. *Journal of Personality and Social Psychology,* **50,** 770–776.

Cotton, J. L. (1981). Ambient temperature and violent crime. Paper presented at the Midwestern Psychological Association convention.

Cotton, J. L. (1986). Ambient temperature and violent crime. *Journal of Applied Social Psychology,* **16,** 786–801.

Cottrell, N. B., Wack, D. L., Sekerak, G. J., & Rittle, R. M. (1968). Social facilitation of dominant responses by the presence of an audience and the mere presence of others. *Journal of Personality and Social Psychology,* **9,** 245–250.

Court, J. H. (1985). Sex and violence: A ripple effect. In N. M. Malamuth & E. Donnerstein (Eds.), *Pornography and sexual aggression.* New York: Academic Press.

Coyne, S. M., & Archer, J. (2005). The relationship between indirect and physical aggression on television and in real life. *Social Development,* **14,** 324–338.

Crabtree, S. (2002, January 22). Gender roles reflected in teen tech use. *Gallup Tuesday Briefing* (www.gallup.com).

Crocker, J. (1981). Judgment of covariation by social perceivers. *Psychological Bulletin,* **90,** 272–292.

Crocker, J. (2002). The costs of seeking self-esteem. *Journal of Social Issues,* **58,** 597–615.

Crocker, J., & Gallo, L. (1985). The self-enhancing effect of downward comparison. Paper presented at the American Psychological Association convention.

Crocker, J., Hannah, D. B., & Weber, R. (1983). Personal memory and causal attributions. *Journal of Personality and Social Psychology,* **44,** 55–56.

Crocker, J., & Knight, K. M. (2005). Contingencies of self-worth. *Current Directions in Psychological Science,* **14,** 200–203.

Crocker, J., & Luhtanen, R. (2003). Level of self-esteem and contingencies of self-worth: Unique effects on academic, social, and financial problems in college students. *Personality and Social Psychology Bulletin,* **29,** 701–712.

Crocker, J., & McGraw, K. M. (1984). What's good for the goose is not good for the gander: Solo status as an obstacle to occupational achievement for males and females. *American Behavioral Scientist,* **27,** 357–370.

Crocker, J., & Park, L. E. (2004). The costly pursuit of self-esteem. *Psychological Bulletin,* **130,** 392–414.

Crocker, J., Thompson, L. L., McGraw, K. M., & Ingerman, C. (1987). Downward comparison, prejudice, and evaluations of others: Effects of self-esteem and threat. *Journal of Personality and Social Psychology,* **52,** 907–916.

Crockett, M. J., Clark, L., Tabibnia, G., Lieberman, M. D., & Robbins, T. W. (2008). Serotonin modulates behavioral reactions to unfairness. *Science,* **320,** 1739.

Crosby, F., Bromley, S., & Saxe, L. (1980). Recent unobtrusive studies of black and white discrimination and prejudice: A literature review. *Psychological Bulletin,* **87,** 546–563.

Crosby, J. R., & Monin, B. (2007). Failure to warn: How student race affects warnings of potential academic difficulty. *Journal of Experimental Social Psychology,* **43,** 663–670.

Cross, P. (1977, Spring). Not *can* but *will* college teaching be improved? *New Directions for Higher Education,* No. 17, pp. 1–15.

Cross, S. E., Liao, M-H., & Josephs, R. (1992). A cross-cultural test of the self-evaluation maintenance model. Paper presented at the American Psychological Association convention.

Cross-National Collaborative Group. (1992). The changing rate of major depression. *Journal of the American Medical Association,* **268,** 3098–3105.

Csikszentmihalyi, M. (1990). *Flow: The psychology of optimal experience.* New York: Harper & Row.

Csikszentmihalyi, M. (1999). If we are so rich, why aren't we happy? *American Psychologist,* **54,** 821–827.

Cuddy, A. J. C., & 23 others. (2009). Stereotype content model across cultures: Towards universal similarities and some differences. *British Journal of Social Psychology,* **48,** 1–33.

Cullen, L. T., & Masters, C. (2008, January 28). We just clicked. *Time,* pp. 86–89.

Cunningham, J. D. (1981). Self-disclosure intimacy: Sex, sex-of-target, cross-national, and generational differences. *Personality and Social Psychology Bulletin,* **7,** 314–319.

Cunningham, W. A., Johnson, M. K., Raye, C. L., Gatenby, J. C., Gore, J. C., & Banaji, M. R. (2004). Separable neural components in the processing of black and white faces. *Psychological Science,* **15,** 806–813.

Cynkar, A. (2007, June). The changing gender composition of psychology. *Monitor on Psychology,* **38,** 46–47.

Dabbs, J. M., Jr. (1992). Testosterone measurements in social and clinical psychology. *Journal of Social and Clinical Psychology,* **11,** 302–321.

Dabbs, J. M., Jr. (2000). Heroes, rogues, and lovers: Testosterone and behavior. New York: McGraw-Hill.

Dabbs, J. M., Jr., Carr, T. S., Frady, R. L., & Riad, J. K. (1995). Testosterone, crime, and misbehavior among 692 male prison inmates. *Personality and Individual Differences,* **18,** 627–633.

Dabbs, J. M., Jr., & Janis, I. L. (1965). Why does eating while reading facilitate opinion change? An experimental inquiry. *Journal of Experimental Social Psychology,* **1,** 133–144.

Dabbs, J. M., Jr., & Morris, R. (1990). Testosterone, social class, and antisocial behavior in a sample of 4,462 men. *Psychological Science,* **1,** 209–211.

Dabbs, J. M., Jr., Riad, J. K., & Chance, S. E. (2001). Testosterone and ruthless homicide. *Personality and Individual Differences,* **31,** 599–603.

Dabbs, J. M., Jr., Strong, R., & Milun, R. (1997). Exploring the mind of testosterone: A beeper study. *Journal of Research in Personality,* **31,** 577–588.

Damon, W. (1995). *Greater expectations: Overcoming the culture of indulgence in America's homes and schools.* New York: Free Press.

Dardenne, B., Dumont, M., & Bollier, T. (2007). Insidious dangers of benevolent sexism: Consequences for women's performance. *Journal of Personality and Social Psychology,* **93,** 764–779.

Darley, J., & Alter, A. (2009). Behavioral issues of punishment and deterrence. In E. Shafir (Ed.), *The behavioral foundations of policy.* Princeton, NJ: Princeton University Press.

Darley, J. M., & Berscheid, E. (1967). Increased liking as a result of the anticipation of personal contact. *Human Relations,* **20,** 29–40.

Darley, J. M., & Latané, B. (1968). Bystander intervention in emergencies: Diffusion of responsibility. *Journal of Personality and Social Psychology,* **8,** 377–383.

Darley, S., & Cooper, J. (1972). Cognitive consequences of forced noncompliance. *Journal of Personality and Social Psychology,* 24, 321–326.

Darwin, C. (1859/1988). *The origin of species.* Vol. 15 of *The Works of Charles Darwin,* edited by P. H. Barrett & R. B. Freeman. New York: New York University Press.

Dashiell, J. F. (1930). An experimental analysis of some group effects. *Journal of Abnormal and Social Psychology,* **25,** 190–199.

Davidson, R. J., Putnam, K. M., & Larson, C. L. (2000). Dysfunction in the neural circuitry of emotion regulation—A possible prelude to violence. *Science,* **289,** 591–594.

Davies, P. G., Spencer, S. J., Quinn, D. M., & Gerhardstein, R. (2002). Consuming images: How television commercials that elicit stereotype threat can restrain women academically and professionally. *Personality and Social Psychology Bulletin,* **28,** 1615–1628.

Davies, P. G., Steele, C. M., & Spencer, S. J., (2005). Clearing the air: Identity safety moderates the effects of stereotype threat on women's leadership aspirations. *Journal of Personality and Social Psychology,* **88,** 276–287.

Davis, B. M., & Gilbert, L. A. (1989). Effect of dispositional and situational influences on women's dominance expression in mixed-sex dyads. *Journal of Personality and Social Psychology,* **57,** 294–300.

Davis, J. A. (2004). Did growing up in the 1960s leave a permanent mark on attitudes and values? Evidence from the GSS. *Public Opinion Quarterly,* **68,** 161–183.

Davis, K. E., & Jones, E. E. (1960). Changes in interpersonal perception as a means of reducing cognitive dissonance. *Journal of Abnormal and Social Psychology,* **61,** 402–410.

Davis, L., & Greenlees, C. (1992). Social loafing revisited: Factors that mitigate—and reverse—performance loss. Paper presented at the Southwestern Psychological Association convention.

Davis, M. H., & Franzoi, S. L. (1986). Adolescent loneliness, self-disclosure, and private self-consciousness: A longitudinal investigation. *Journal of Personality and Social Psychology,* **51,** 595–608.

Dawes, R. (1998, October). The social usefulness of self-esteem: A skeptical view. *Harvard Mental Health Letter,* pp. 4–5.

Dawes, R. M. (1976). Shallow psychology. In J. S. Carroll & J. W. Payne (Eds.), *Cognition and social behavior.* Hillsdale, NJ: Erlbaum.

Dawes, R. M. (1990). The potential nonfalsity of the false consensus effect. In R. M. Hogarth (Ed.), *Insights in decision making: A tribute to Hillel J. Einhorn.* Chicago: University of Chicago Press.

Dawes, R. M. (1991). Social dilemmas, economic self-interest, and evolutionary theory. In D. R. Brown & J. E. Keith Smith (Eds.), *Frontiers of mathematical psychology: Essays in honor of Clyde Coombs.* New York: Springer-Verlag.

Dawes, R. M. (1994). *House of cards: Psychology and psychotherapy built on myth.* New York: Free Press.

Dawes, R. M. (2005). The ethical implications of Paul Meehl's work on comparing clinical versus actuarial prediction methods. *Journal of Clinical Psychology,* **61,** 1245–1255.

Dawson, N. V., Arkes, H. R., Siciliano, C., Blinkhorn, R., Lakshmanan, M., & Petrelli, M. (1988). Hindsight bias: An impediment to accurate probability estimation in clinicopathologic conferences. *Medical Decision Making,* **8,** 259–264.

De Hoog, N., Stroebe, W., & de Wit, J. B. F. (2007). The impact of vulnerability to and severity of a health risk on processing and acceptance of fear-arousing communications: A meta-analysis. *Review of General Psychology,* **11,** 258–285.

de Hoogh, A. H. B., den Hartog, D. N., Koopman, P. L., Thierry, H., van den Berg, P. T., van der Weide, J. G., & Wilderom, C. P. M. (2004). Charismatic leadership, environmental dynamism, and performance. *European Journal of Work and Organisational Psychology,* **13,** 447–471.

de Jong-Gierveld, J. (1987). Developing and testing a model of loneliness. *Journal of Personality and Social Psychology,* **53,** 119–128.

Deaux, K., & LaFrance, M. (1998). Gender. In D. Gilbert, S. Fiske, & G. Lindzey (Eds.), *The handbook of social psychology,* 4th edition. Hillsdale, NJ: Erlbaum.

DeBruine, L. M. (2002). Facial resemblance enhances trust. *Proceedings of the Royal Society of London,* **269,** 1307–1312.

Deci, E. L., & Ryan, R. M. (1987). The support of autonomy and the control of behavior. *Journal of Personality and Social Psychology,* **53,** 1024–1037.

Deci, E. L., & Ryan, R. M. (Eds.). (2002). *Handbook of self-determination research.* Rochester, NY: University of Rochester Press.

della Cava, M. R. (2003, April 2). Iraq gets sympathetic press around the world. *USA Today* (www.usatoday.com).

Dembroski, T. M., Lasater, T. M., & Ramirez, A. (1978). Communicator similarity, fear-arousing communications, and compliance with health care recommendations. *Journal of Applied Social Psychology,* **8,** 254–269.

Denissen, J. J. A., Penke, L., Schmitt, D. P., & van Aken, M. A. G. (2008). Self-esteem reactions to social interactions: Evidence for sociometer mechanisms across days, people, and nations. *Journal of Personality and Social Psychology,* **95,** 181–196.

Dennett, D. (2005, December 26). Spiegel interview with evolution philosopher Daniel Dennett: Darwinism completely refutes intelligent design. *Der Spiegel* (www.service.dspiegel.de).

Denson, T. F., Pedersen, W. C., & Miller, N. (2006). The displaced aggression questionnaire. *Journal of Personality and Social Psychology,* **90,** 1032–1051.

DePaulo, B. M., Charlton, K., Cooper, H., Lindsay, J. J., & Muhlenbruck, L. (1997). The accuracy-confidence correlation in the detection of deception. *Personality and Social Psychology Review,* **1,** 346–357.

Derlega, V., Metts, S., Petronio, S., & Margulis, S. T. (1993). *Self-disclosure.* Newbury Park, CA: Sage.

Dermer, M., Cohen, S. J., Jacobsen, E., & Anderson, E. A. (1979). Evaluative judgments of aspects of life as a function of vicarious exposure to hedonic extremes. *Journal of Personality and Social Psychology,* **37,** 247–260.

Dermer, M., & Pyszczynski, T. A. (1978). Effects of erotica upon men's loving and liking responses for women they love. *Journal of Personality and Social Psychology,* **36,** 1302–1309.

Desforges, D. M., Lord, C. G., Pugh, M. A., Sia, T. L., Scarberry, N. C., & Ratcliff, C. D. (1997). Role of group representativeness in the generalization part of the contact hypothesis. *Basic and Applied Social Psychology,* **19,** 183–204.

Desforges, D. M., Lord, C. G., Ramsey, S. L., Mason, J. A., Van Leeuwen, M. D., West, S. C., & Lepper, M. R. (1991). Effects of structured cooperative contact on changing negative attitudes toward stigmatized social groups. *Journal of Personality and Social Psychology,* **60,** 531–544.

Deutsch, M. (1985). *Distributive justice: A social psychological perspective.* New Haven: Yale University Press.

Deutsch, M. (1986). Folie à deux: A psychological perspective on Soviet-American relations. In M. P. Kearns (Ed.), *Persistent patterns and emergent structures in a waning century.* New York: Praeger.

Deutsch, M. (1993). Educating for a peaceful world. *American Psychologist,* **48,** 510–517.

Deutsch, M. (1994). Constructive conflict resolution: Principles, training, and research. *Journal of Social Issues,* **50,** 13–32.

Deutsch, M. (1999). Behind the scenes. In D. G. Myers, *Social psychology,* 6th edition (p. 519). New York: McGraw-Hill.

Deutsch, M., & Collins, M. E. (1951). *Interracial housing: A psychological evaluation of a social experiment.* Minneapolis: University of Minnesota Press.

Deutsch, M., & Krauss, R. M. (1960). The effect of threat upon interpersonal bargaining. *Journal of Abnormal and Social Psychology,* **61,** 181–189.

Devine, P. G., Evett, S. R., & Vasquez-Suson, K. A. (1996). Exploring the interpersonal dynamics of intergroup contact. In R. Sorrentino & E. T. Higgins (Eds.), *Handbook of motivation and cognition: The interpersonal content* (Vol. 3). New York: Guilford.

Devine, P. G., & Malpass, R. S. (1985). Orienting strategies in differential face recognition. *Personality and Social Psychological Bulletin,* **11,** 33–40.

Devine, P. G., & Sharp, L. B. (2008). Automatic and controlled processes in stereotyping and prejudice. In T. Nelson (Ed.), *Handbook of prejudice, stereotyping, and discrimination.* New York: Psychology Press.

Devos-Comby, L., & Salovey, P. (2002). Applying persuasion strategies to alter HIV-relevant thoughts and behavior. *Review of General Psychology,* **6,** 287–304.

DeWall, C. N., Baumeister, R. F., & Vohs, K. D. (2008). Satiated with belongingness? Effects of acceptance, rejection, and task framing on self-regulatory performance. *Journal of Personality and Social Psychology,* **95,** 1367–1382.

Dey, E. L., Astin, A. W., & Korn, W. S. (1991). *The American freshman: Twenty-five year trends.* Los Angeles: Higher Education Research Institute, UCLA.

Dick, S. (2008). *Homophobic hate crime: The Gay British Crime Survey 2008.* Stonewall (www.stonewall.org.uk).

Dicum, J. (2003, November 11). Letter to the editor. *New York Times,* p. A20.

Diekmann, K. A., Samuels, S. M., Ross, L., & Bazerman, M. H. (1997). Self-interest and fairness in problems of resource allocation: Allocators versus recipients. *Journal of Personality and Social Psychology,* **72,** 1061–1074.

Diener, E. (1976). Effects of prior destructive behavior, anonymity, and group presence on deindividuation and aggression. *Journal of Personality and Social Psychology,* **33,** 497–507.

Diener, E. (1979). Deindividuation, self-awareness, and disinhibition. *Journal of Personality and Social Psychology,* **37,** 1160–1171.

Diener, E. (1980). Deindividuation: The absence of self-awareness and self-regulation in group members. In P. Paulus (Ed.), *The psychology of group influence.* Hillsdale, NJ: Erlbaum.

Diener, E., & Crandall, R. (1979). An evaluation of the Jamaican anticrime program. *Journal of Applied Social Psychology,* **9,** 135–146.

Diener, E., Horwitz, J., & Emmons, R. A. (1985). Happiness of the very wealthy. *Social Indicators,* **16,** 263–274.

Diener, E., Lucas, R. E., & Scollon, C. N. (2006). Beyond the hedonic treadmill: Revising the adaptation theory of well-being. *American Psychologist,* **61,** 305–314.

Diener, E., & Wallbom, M. (1976). Effects of self-awareness on antinormative behavior. *Journal of Research in Personality,* **10,** 107–111.

DIENSTBIER, R. A., ROESCH, S. C., MIZUMOTO, A., HEMENOVER, S. H., LOTT, R. C., & CARLO, G. (1998). Effects of weapons on guilt judgments and sentencing recommendations for criminals. *Basic and Applied Social Psychology,* **20,** 93–102.

DIJKSTERHUIS, A., BOS, M. W., NORDGREN, L. F., & VAN BAAREN, R. B. (2006). Complex choices better made unconsciously? *Science,* **313,** 760–761.

DIJKSTERHUIS, A., & NORDGREN, L. F. (2006). A theory of unconscious thought. *Perspectives on Psychological Science,* **1,** 95–109.

DIJKSTERHUIS, A., SMITH, P. K., VAN BAAREN, R. B., & WIGBOLDUS, D. H. J. (2005). The unconscious consumer: Effects of environment on consumer behavior. *Journal of Consumer Psychology,* **15,** 193–202.

DILL, J. C., & ANDERSON, C.A. (1999). Loneliness, shyness, and depression: The etiology and interrelationships of everyday problems in living. In T. Joiner and J. C. Coyne (Eds.) *The interactional nature of depression: Advances in interpersonal approaches.* Washington, DC: American Psychological Association.

DINDIA, K., & ALLEN, M. (1992). Sex differences in self-disclosure: A meta-analysis. *Psychological Bulletin,* **112,** 106–124.

DION, K. K. (1972). Physical attractiveness and evaluations of children's transgressions. *Journal of Personality and Social Psychology,* **24,** 207–213.

DION, K. K. (1973). Young children's stereotyping of facial attractiveness. *Developmental Psychology,* **9,** 183–188.

DION, K. K., & BERSCHEID, E. (1974). Physical attractiveness and peer perception among children. *Sociometry,* **37,** 1–12.

DION, K. K., & DION, K. L. (1985). Personality, gender, and the phenomenology of romantic love. In P. R. Shaver (Ed.), *Review of personality and social psychology* (Vol. 6). Beverly Hills, CA: Sage.

DION, K. K., & DION, K. L. (1991). Psychological individualism and romantic love. *Journal of Social Behavior and Personality,* **6,** 17–33.

DION, K. K., & DION, K. L. (1993). Individualistic and collectivistic perspectives on gender and the cultural context of love and intimacy. *Journal of Social Issues,* **49,** 53–69.

DION, K. K., & DION, K. L. (1996). Cultural perspectives on romantic love. *Personal Relationships,* **3,** 5–17.

DION, K. K., & STEIN, S. (1978). Physical attractiveness and interpersonal influence. *Journal of Experimental Social Psychology,* **14,** 97–109.

DION, K. L. (1979). Intergroup conflict and intragroup cohesiveness. In W. G. Austin & S. Worchel (Eds.), *The social psychology of intergroup relations.* Monterey, CA: Brooks/Cole.

DION, K. L., & DION, K. K. (1988). Romantic love: Individual and cultural perspectives. In R. J. Sternberg & M. L. Barnes (Eds.), *The psychology of love.* New Haven, CT: Yale University Press.

DISHION, T. J., MCCORD, J., & POULIN, F. (1999). When interventions harm: Peer groups and problem behavior. *American Psychologist,* **54,** 755–764.

DIXON, J., & DURRHEIM, K. (2003). Contact and the ecology of racial division: Some varieties of informal segregation. *British Journal of Social Psychology,* **42,** 1–23.

DIXON, J., DURRHEIM, K., & TREDOUX, C. (2005). Beyond the optimal contact strategy: A reality check for the contact hypothesis. *American Psychologist,* **60,** 697–711.

DIXON, J., DURRHEIM, K., & TREDOUX, C. (2007). Intergroup contact and attitudes toward the principle and practice of racial equality. *Psychological Science,* **18,** 867–872.

DIXON, J., TREDOUX, C., & CLACK, B. (2005). On the micro-ecology of racial division: A neglected dimension of segregation. *South African Journal of Psychology,* **35,** 395–411.

DOLLARD, J., DOOB, L., MILLER, N., MOWRER, O. H., & SEARS, R. R. (1939). *Frustration and aggression.* New Haven, CT: Yale University Press.

DOLNIK, L., CASE, T. I., & WILLIAMS, K. D. (2003). Stealing thunder as a courtroom tactic revisted: Processes and boundaries. *Law and Human Behavior,* **27,** 265–285.

DONDERS, N. C., CORRELL, J., & WITTENBRINK, B. (2008). Danger stereotypes predict racially biased attentional allocation. *Journal of Experimental Social Psychology,* **44,** 1328–1333.

DONNERSTEIN, E. (1980). Aggressive erotica and violence against women. *Journal of Personality and Social Psychology,* **39,** 269–277.

DONNERSTEIN, E. (1998). Why do we have those new ratings on television. Invited address to the National Institute on the Teaching of Psychology.

DOOB, A. N., & ROBERTS, J. (1988). Public attitudes toward sentencing in Canada. In N. Walker & M. Hough (Eds.), *Sentencing and the public.* London: Gower.

DOTSCH, R., & WIGBOLDUS, D. H. J. (2008). Virtual prejudice. *Journal of Experimental Social Psychology,* **44,** 1194–1198.

DOTY, R. M., PETERSON, B. E., & WINTER, D. G. (1991). Threat and authoritarianism in the United States, 1978–1987. *Journal of Personality and Social Psychology,* **61,** 629–640.

DOVIDIO, J. F., GAERTNER, S. L., ANASTASIO, P. A., & SANITIOSO, R. (1992). Cognitive and motivational bases of bias: Implications of aversive racism for attitudes toward Hispanics. In S. Knouse, P. Rosenfeld, & A. Culbertson (Eds.), *Hispanics in the workplace.* Newbury Park, CA: Sage.

DOVIDIO, J. F., GAERTNER, S. L., HODSON, G., HOULETTE, M., & JOHNSON, K. M. (2005). Social inclusion and exclusion: Recategorization and the perception of intergroup boundaries. In D. Abrams, M. A. Hogg, & J. M. Marques (Eds.), *The social psychology of inclusion and exclusion.* New York: Psychology Press.

DOVIDIO, J. R., BRIGHAM, J. C., JOHNSON, B. T., & GAERTNER, S. L. (1996). Stereotyping, prejudice, and discrimination: Another look. In N. Macrae, M. Hewstone, & C. Stangor (Eds.), *Stereotypes and stereotyping.* New York: Guilford.

DOYLE, J. M. (2005). *True witness: Cops, courts, science, and the battle against misidentification.* New York: Palgrave MacMillan.

DRAGUNS, J. G. (1990). Normal and abnormal behavior in cross-cultural perspective: Specifying the nature of their relationship. *Nebraska Symposium on Motivation 1989,* **37,** 235–277.

DREBER, A., RAND, D. G., FUDENBERG, D., & NOWAK, M. A. (2008). Winners don't punish. *Nature,* **452,** 348–351.

DROLET, A. L., & MORRIS, M. W. (2000). Rapport in conflict resolution: Accounting for how face-to-face contact fosters mutual cooperation in mixed-motive conflicts. *Journal of Experimental Social Psychology,* **36,** 26–50.

DRYER, D. C., & HOROWITZ, L. M. (1997). When do opposites attract? Interpersonal complementarity versus similarity. *Journal of Personality and Social Psychology,* **72,** 592–603.

DUCK, J. M., HOGG, M. A., & TERRY, D. J. (1995). Me, us and them: Political identification and the third-person effect in the 1993 Australian federal election. *European Journal of Social Psychology,* **25,** 195–215.

DUFFY, M. (2003, June 9). Weapons of mass disappearance. *Time,* pp. 28–33.

DUNN, E., & ASHTON-JAMES, C. (2008). On emotional innumeracy: Predicted and actual affective response to grand-scale tragedies. *Journal of Experimental Social Psychology,* **44,** 692–698.

DUNN, E. W., WILSON, T. D., & GILBERT, D. T. (2003). Location, location, location: The misprediction of satisfaction in housing lotteries. *Personality and Social Psychology Bulletin,* **29,** 1421–1432.

DUNN, J. R., & SCHWEITZER, M. E. (2005). Feeling and believing: The influence of emotion on trust. *Journal of Personality and Social Psychology,* **88,** 736–748.

DUNNING, D. (1995). Trait importance and modifiability as factors influencing self-assessment and self-enhancement motives. *Personality and Social Psychology Bulletin,* **21,** 1297–1306.

DUNNING, D. (2005). *Self-insight: Roadblocks and detours on the path to knowing thyself.* London: Psychology Press.

DUNNING, D. (2006). Strangers to ourselves? *The Psychologist,* **19,** 600–603.

DUNNING, D., GRIFFIN, D. W., MILOJKOVIC, J. D., & ROSS, L. (1990). The overconfidence effect in social prediction. *Journal of Personality and Social Psychology,* **58,** 568–581.

DUNNING, D., MEYEROWITZ, J. A., & HOLZBERG, A. D. (1989). Ambiguity and self-evaluation. *Journal of Personality and Social Psychology,* **57,** 1082–1090.

DUNNING, D., PERIE, M., & STORY, A. L. (1991). Self-serving prototypes of social categories. *Journal of Personality and Social Psychology,* **61,** 957–968.

DUTTON, D. G., & ARON, A. P. (1974). Some evidence for heightened sexual attraction under conditions of high anxiety. *Journal of Personality and Social Psychology,* **30,** 510–517.

DUTTON, D. G., BOYANOWSKY, E. O., & BOND, M. H. (2005). Extreme mass homicide: From military massacre to genocide. *Aggression and violent behavior,* **10,** 437–473.

EAGLY, A. H. (1987). Sex differences in social behavior: A social-role interpretation. Hillsdale, NJ: Erlbaum.

EAGLY, A. H. (1994). Are people prejudiced against women? Donald Campbell Award invited address, American Psychological Association convention.

EAGLY, A. H., ASHMORE, R. D., MAKHIJANI, M. G., & LONGO, L. C. (1991). What is beautiful is good, but . . .: A meta-analytic review of research on the physical attractiveness stereotype. *Psychological Bulletin,* **110,** 109–128.

EAGLY, A., & CARLI, L. (2007). *Through the labyrinth: The truth about how women become leaders.* Cambridge, MA: Harvard University Press.

EAGLY, A. H., & CHAIKEN, S. (1993). *The psychology of attitudes.* San Diego: Harcourt Brace Jovanovich.

EAGLY, A. H., & CROWLEY, M. (1986). Gender and helping behavior: A meta-analytic review of the social psychological literature. *Psychological Bulletin,* **100,** 283–308.

Eagly, A. H., Diekman, A. B., Johannesen-Schmidt, M. C., & Koenig, A. M. (2004). Gender gaps in sociopolitical attitudes: A social psychological analysis. *Journal of Personality and Social Psychology,* **87,** 796–816.

Eagly, A. H., & Wood, W. (1991). Explaining sex differences in social behavior: A meta-analytic perspective. *Personality and Social Psychology Bulletin,* **17,** 306–315.

Eagly, A. H., & Wood, W. (1999). The origins of sex differences in human behavior: Evolved dispositions versus social roles. *American Psychologist,* **54,** 408–423.

Easterbrook, G. (2004, May 25). The 50¢-a-gallon solution. *New York Times* (www.nytimes.com).

Easterlin, R. (1995). Will raising the incomes of all increase the happiness of all? *Journal of Economic Behavior and Organization,* **27,** 35–47.

Eastwick, P. W., & Finkel, E. J. (2008a). Speed-dating as a methodological innovation. *The Psychologist,* **21,** 402–403.

Eastwick, P. W., & Finkel, E. J. (2008b). Sex differences in mate preferences revisited: Do people know what they initially desire in a romantic partner? *Journal of Personality and Social Psychology,* **94,** 245–264.

Eastwick, P. W., Finkel, E. J., Mochon, D., & Ariely, D. (2007). Selective versus unselective romantic desire. *Psychological Science,* **18,** 317–319.

Ebbesen, E. B., Duncan, B., & Konecni, V. J. (1975). Effects of content of verbal aggression on future verbal aggression: A field experiment. *Journal of Experimental Social Psychology,* **11,** 192–204.

Eberhardt, J. L., (2005). Imaging race. *American Psychologist,* **60,** 181–190.

Eberhardt, J. L., Purdie, V. J., Goff, P. A., & Davies, P. G. (2004). Seeing black: Race, crime, and visual processing. *Journal of Personality and Social Psychology,* **87,** 876–893.

Eckersley, R. (2005). Is modern Western culture a health hazard? *International Journal of Epidemiology,* published online November 22.

Edwards, C. P. (1991). Behavioral sex differences in children of diverse cultures: The case of nurturance to infants. In M. Pereira & L. Fairbanks (Eds.), *Juveniles: Comparative socioecology.* Oxford: Oxford University Press.

Ehrlich, P., & Feldman, M. (2003). Genes and cultures: What creates our behavioral phenome? *Current Anthropology,* **44,** 87–95.

Eibach, R. P., & Ehrlinger, J. (2006). "Keep your eyes on the prize": Reference points and racial differences in assessing progress toward equality. *Personality and Social Psychology Bulletin,* **32,** 66–77.

Eibach, R. P., Libby, L. K., & Gilovich, T. D. (2003). When change in the self is mistaken for change in the world. *Journal of Personality and Social Psychology,* **84,** 917–931.

Eich, E., Reeves, J. L., Jaeger, B., & Graff-Radford, S. B. (1985). Memory for pain: Relation between past and present pain intensity. *Pain,* **23,** 375–380.

Eisenberg, N., & Lennon, R. (1983). Sex differences in empathy and related capacities. *Psychological Bulletin,* **94,** 100–131.

Eiser, J. R., Sutton, S. R., & Wober, M. (1979). Smoking, seat-belts, and beliefs about health. *Addictive Behaviors,* **4,** 331–338.

Elder, G. H., Jr. (1969). Appearance and education in marriage mobility. *American Sociological Review,* **34,** 519–533.

Ellemers, N., Van Rijswijk, W., Roefs, M., & Simons, C. (1997). Bias in intergroup perceptions: Balancing group identity with social reality. *Personality and Social Psychology Bulletin,* **23,** 186–198.

Ellis, B. J., & Symons, D. (1990). Sex difference in sexual fantasy: An evolutionary psychological approach. *Journal of Sex Research,* **27,** 490–521.

Ellis, H. D. (1981). Theoretical aspects of face recognition. In G. H. Davies, H. D. Ellis, & J. Shepherd (Eds.), *Perceiving and remembering faces.* London: Academic Press.

Ellison, P. A., Govern, J. M., Petri, H. L., & Figler, M. H. (1995). Anonymity and aggressive driving behavior: A field study. *Journal of Social Behavior and Personality,* **10,** 265–272.

Elms, A. C. (1995). Obedience in retrospect. *Journal of Social Issues,* **51,** 21–31.

Engemann, K. M., & Owyang, M. T. (2003, April). So much for that merit raise: The link between wages and appearance. *The Regional Economist* (www.stlouisfed.org).

Engs, R., & Hanson, D. J. (1989). Reactance theory: A test with collegiate drinking. *Psychological Reports,* **64,** 1083–1086.

Ennis, B. J., & Verrilli, D. B., Jr. (1989). Motion for leave to file brief amicus curiae and brief of Society for the Scientific Study of Religion, American Sociological Association, and others. U.S. Supreme Court Case No. 88–1600, Holy Spirit Association for the Unification of World

Christianity, *et al.*, v. David Molko and Tracy Leal. On petition for writ of certiorari to the Supreme Court of California. Washington, DC: Jenner & Block, 21 Dupont Circle NW.

Ennis, R., & Zanna, M. P. (1991). Hockey assault: Constitutive versus normative violations. Paper presented at the Canadian Psychological Association convention.

Epley, N., Akalis, S., Waytz, A., & Cacioppo, J. T. (2008). Creating social connection through inferential reproduction: Loneliness and perceived agency in gadgets, gods, and greyhounds. *Psychological Science,* **19,** 114–120.

Epley, N., & Huff, C. (1998). Suspicion, affective response, and educational benefit as a result of deception in psychology research. *Personality and Social Psychology Bulletin,* **24,** 759–768.

Epley, N., & Whitchurch, E. (2008). Mirror, mirror on the wall: Enhancement in self-recognition. *Personality and Social Psychology Bulletin,* **34,** 1159–1170.

Epstein, J. A., & Botvin, G. J. (2008). Media refusal skills and drug skill refusal techniques: What is their relationship with alcohol use among inner-city adolescents? *Addictive Behavior,* **33,** 528–537.

Epstein, R. (2007, February/March). The truth about online dating. *Scientific American Mind,* pp. 28–35.

Erickson, B., Holmes, J. G., Frey, R., Walker, L., & Thibaut, J. (1974). Functions of a third party in the resolution of conflict: The role of a judge in pretrial conferences. *Journal of Personality and Social Psychology,* **30,** 296–306.

Eron, L. D. (1987). The development of aggressive behavior from the perspective of a developing behaviorism. *American Psychologist,* **42,** 425–442.

Eron, L. D., & Huesmann, L. R. (1980). Adolescent aggression and television. *Annals of the New York Academy of Sciences,* **347,** 319–331.

Eron, L. D., & Huesmann, L. R. (1984). The control of aggressive behavior by changes in attitudes, values, and the conditions of learning. In R. J. Blanchard & C. Blanchard (Eds.), *Advances in the study of aggression* (Vol. 1). Orlando, FL: Academic Press.

Eron, L. D., & Huesmann, L. R. (1985). The role of television in the development of prosocial and antisocial behavior. In D. Olweus, M. Radke-Yarrow, & J. Block (Eds.), *Development of antisocial and prosocial behavior.* Orlando, FL: Academic Press.

Esses, V. M., Haddock, G., & Zanna, M. P. (1993). Values, stereotypes, and emotions as determinants of intergroup attitudes. In D. Mackie & D. Hamilton (Eds.), *Affect, cognition and stereotyping: Interactive processes in intergroup perception.* San Diego, CA: Academic Press.

Etzioni, A. (1967). The Kennedy experiment. *The Western Political Quarterly,* **20,** 361–380.

Evans, G. W. (1979). Behavioral and physiological consequences of crowding in humans. *Journal of Applied Social Psychology,* **9,** 27–46.

Evans, R. I., Smith, C. K., & Raines, B. E. (1984). Deterring cigarette smoking in adolescents: A psycho-social-behavioral analysis of an intervention strategy. In A. Baum, J. Singer, & S. Taylor (Eds.), *Handbook of psychology and health: Social psychological aspects of health* (Vol. 4). Hillsdale, NJ: Erlbaum.

Farrell, E. F. (2005, March 18). The battle for hearts and lungs. *Chronicle of Higher Education* (www.chronicle.com).

Farrelly, M. C., Davis, K. C., Duke, J., & Messeri, P. (2008, January 17). Sustaining "truth": Changes in youth tobacco attitudes and smoking intentions after three years of a national antismoking campaign. *Health Education Research* (doi:10.1093/her/cym087).

Farrelly, M. C., Healton, C. G., Davis, K. C., Messeri, P., Hersey, J. C., & Haviland, M. L. (2002). Getting to the truth: Evaluating national tobacco countermarketing campaigns. *American Journal of Public Health,* **92,** 901–907.

Farwell, L., & Weiner, B. (2000). Bleeding hearts and the heartless: Popular perceptions of liberal and conservative ideologies. *Personality and Social Psychology Bulletin,* **26,** 845–852.

Faulkner, S. L., & Williams, K. D. (1996). A study of social loafing in industry. Paper presented to the Midwestern Psychological Association convention.

Faust, D., & Ziskin, J. (1988). The expert witness in psychology and psychiatry. *Science,* **241,** 31–35.

Fazio, R. H. (1990). Multiple processes by which attitudes guide behavior: The mode model as an integrative framework. *Advances in Experimental Social Psychology,* **23,** 75–109.

Fazio. R. H. (2007). Attitudes as object-evaluation associations of varying strength. *Social Cognition,* **25,** 603–637.

Fazio, R. H., Effrein, E. A., & Falender, V. J. (1981). Self-perceptions following social interaction. *Journal of Personality and Social Psychology,* **41,** 232–242.

Federal Bureau of Investigation (FBI). (2008). *Uniform crime reports for the United States.* Washington, DC: Federal Bureau of Investigation.

Federal Trade Commission (FTC). (2003, June 12). Federal Trade Commission cigarette report for 2001 (www.ftc.gov/opa/2003/06/2001cigrpt.htm).

Feeney, J., Peterson, C., & Noller, P. (1994). Equity and marital satisfaction over the family life cycle. *Personality Relationships,* **1,** 83–99.

Fein, S., Hilton, J. L., & Miller, D. T. (1990). Suspicion of ulterior motivation and the correspondence bias. *Journal of Personality and Social Psychology,* **58,** 753–764.

Feinberg, J. M., & Aiello, J. R. (2006). Social facilitation: A test of competing theories. *Journal of Applied Social Psychology,* **36,** 1–23.

Feingold, A. (1988). Matching for attractiveness in romantic partners and same-sex friends: A meta-analysis and theoretical critique. *Psychological Bulletin,* **104,** 226–235.

Feingold, A. (1990). Gender differences in effects of physical attractiveness on romantic attraction: A comparison across five research paradigms. *Journal of Personality and Social Psychology,* **59,** 981–993.

Feingold, A. (1991). Sex differences in the effects of similarity and physical attractiveness on opposite-sex attraction. *Basic and Applied Social Psychology,* **12,** 357–367.

Feingold, A. (1992a). Gender differences in mate selection preferences: A test of the parental investment model. *Psychological Bulletin,* **112,** 125–139.

Feingold, A. (1992b). Good-looking people are not what we think. *Psychological Bulletin,* **111,** 304–341.

Feldman, R. S., & Prohaska, T. (1979). The student as Pygmalion: Effect of student expectation on the teacher. *Journal of Educational Psychology,* **71,** 485–493.

Feldman, R. S., & Theiss, A. J. (1982). The teacher and student as Pygmalions: Joint effects of teacher and student expectations. *Journal of Educational Psychology,* **74,** 217–223.

Felson, R. B. (1984). The effect of self-appraisals of ability on academic performance. *Journal of Personality and Social Psychology,* **47,** 944–952.

Fenigstein, A. (1984). Self-consciousness and the overperception of self as a target. *Journal of Personality and Social Psychology,* **47,** 860–870.

Fenigstein, A., & Vanable, P. A. (1992). Paranoia and self-consciousness. *Journal of Personality and Social Psychology,* **62,** 129–138.

Ferguson, C. J., & Kilburn, J. (2009). The public health risks of media violence: A meta-analytic review. *Journal of Pediatrics,* **154**(5), 759–763.

Fergusson, D. M., Horwood, L. J., & Shannon, F. T. (1984). A proportional hazards model of family breakdown. *Journal of Marriage and the Family,* **46,** 539–549.

Feshbach, S. (1980). Television advertising and children: Policy issues and alternatives. Paper presented at the American Psychological Association convention.

Festinger, L. (1954). A theory of social comparison processes. *Human Relations,* **7,** 117–140.

Festinger, L. (1957). *A theory of cognitive dissonance.* Stanford: Stanford University Press.

Festinger, L., & Maccoby, N. (1964). On resistance to persuasive communications. *Journal of Abnormal and Social Psychology,* **68,** 359–366.

Festinger, L., Pepitone, A., & Newcomb, T. (1952). Some consequences of deindividuation in a group. *Journal of Abnormal and Social Psychology,* **47,** 382–389.

Fichter, J. (1968). *America's forgotten priests: What are they saying?* New York: Harper.

Fiedler, F. E. (1987, September). When to lead, when to stand back. *Psychology Today,* pp. 26–27.

Fiedler, K., Semin, G. R., & Koppetsch, C. (1991). Language use and attributional biases in close personal relationships. *Personality and Social Psychology Bulletin,* **17,** 147–155.

Findley, M. J., & Cooper, H. M. (1983). Locus of control and academic achievement: A literature review. *Journal of Personality and Social Psychology,* **44,** 419–427.

Fischer, K., Egerton, M., Gershuny, J. I., & Robinson, J. P. (2007). Gender convergence in the American Heritage Time Use Study (AHTUS). *Social Indicators Research,* **82,** 1–33.

Fischer, R., & Chalmers, A. (2008). Is optimism universal? A meta-analytical investigation of optimism levels across 22 nations. *Personality and Individual Differences,* **45,** 378–382.

Fischhoff, B. (1982). Debiasing. In D. Kahneman, P. Slovic, & A. Tversky (Eds.), *Judgment under uncertainty: Heuristics and biases.* New York: Cambridge University Press.

Fischtein, D. S., Herold, E. S., & Desmarais, S. (2007). How much does gender explain in sexual attitudes and behaviors? A survey of Canadian adults. *Archives of Sexual Behavior,* **36,** 451–461.

Fishbein, D., & Thelen, M. H. (1981a). Husband-wife similarity and marital satisfaction: A different approach. Paper presented at the Midwestern Psychological Association convention.

Fishbein, D., & Thelen, M. H. (1981b). Psychological factors in mate selection and marital satisfaction: A review (Ms. 2374). *Catalog of Selected Documents in Psychology,* **11,** 84.

Fisher, H. (1994, April). The nature of romantic love. *Journal of NIH Research,* pp. 59–64.

FISHER, R. J. (1994). Generic principles for resolving intergroup conflict. *Journal of Social Issues,* **50,** 47–66.

FISKE, A. P., KITAYAMA, S., MARKUS, H. R., & NISBETT, R. E. (1998). The cultural matrix of social psychology. In D. Gilbert, S. Fiske, & G. Lindzey (Eds.), *The handbook of social psychology,* 4th edition. Hillsdale, NJ: Erlbaum.

FISKE, S. T. (1989). Interdependence and stereotyping: From the laboratory to the Supreme Court (and back). Invited address, American Psychological Association convention.

FISKE, S. T. (1992). Thinking is for doing: Portraits of social cognition from daguerreotype to laserphoto. *Journal of Personality and Social Psychology,* **63,** 877–889.

FISKE, S. T., HARRIS, L. T., & CUDDY, A. J. C. (2004). Why ordinary people torture enemy prisoners. *Science,* **306,** 1482–1483.

FLAY, B. R., RYAN, K. B., BEST, J. A., BROWN, K. S., KERSELL, M. W., D'AVERNAS, J. R., & ZANNA, M. P. (1985). Are social-psychological smoking prevention programs effective? The Waterloo study. *Journal of Behavioral Medicine,* **8,** 37–59.

FLEMING, I., BAUM, A., & WEISS, L. (1987). Social density and perceived control as mediators of crowding stress in high-density residential neighborhoods. *Journal of Personality and Social Psychology,* **52,** 899–906.

FLETCHER, G. J. O., FINCHAM, F. D., CRAMER, L., & HERON, N. (1987). The role of attributions in the development of dating relationships. *Journal of Personality and Social Psychology,* **53,** 481–489.

FLETCHER, G. J. O., TITHER, J. M., O'LOUGHLIN, C., FRIESEN, M., & OVERALL, N. (2004). Warm and homely or cold and beautiful? Sex differences in trading off traits in mate selection. *Personality and Social Psychology Bulletin,* **30,** 659–672.

FLOOD, M. (2007). Exposure to pornography among youth in Australia. *Journal of Sociology,* **43,** 45–60.

FOLEY, L. A. (1976). Personality and situational influences on changes in prejudice: A replication of Cook's railroad game in a prison setting. *Journal of Personality and Social Psychology,* **34,** 846–856.

FOLLETT, M. P. (1940). Constructive conflict. In H. C. Metcalf & L. Urwick (Eds.), *Dynamic administration: The collected papers of Mary Parker Follett.* New York: Harper.

FORD, R. (2008). Is racial prejudice declining in Britain? *British Journal of Sociology,* **59,** 609–636.

FORD, T. E., BOXER, C. F., ARMSTRONG, J., & EDEL, J. R. (2008). More than "just a joke": The prejudice-releasing function of sexist humor. *Personality and Social Psychology Bulletin,* **34,** 159–170.

FORGAS, J. P. (2007). When sad is better than happy: Negative affect can improve the quality and effectiveness of persuasive messages and social influence strategies. *Journal of Experimental Social Psychology,* **43,** 513–528.

FORSYTH, D. R., & LEARY, M. R. (1997). Achieving the goals of the scientist-practitioner model: The seven interfaces of social and counseling psychology. *The Counseling Psychologist,* **25,** 180–200.

FOSS, R. D. (1978). The role of social influence in blood donation. Paper presented at the American Psychological Association convention.

FOSTER, C. A., WITCHER, B. S., CAMPBELL, W. K., & GREEN, J. D. (1998). Arousal and attraction: Evidence for automatic and controlled processes. *Journal of Personality and Social Psychology,* **74,** 86–101.

FOURNIER, R., & TOMPSON, T. (2008, September 20). Poll: Racial views steer some white Dems away from Obama. Associated Press via news.yahoo.com (data from www.knowledgenetworks.com survey for AP-Yahoo in partnership with Stanford University).

FOWLER, J. H., & CHRISTAKIS, N. A. (2008). Dynamic spread of happiness in a large social network: Longitudinal analysis over 20 years in the Framingham Heart Study. British Medical Journal, **337** (doi: 10.1136/bmj.a2338).

FRANK, R. (1999). *Luxury fever: Why money fails to satisfy in an era of excess.* New York: Free Press.

FRANTZ, C. M. (2006). I AM being fair: The bias blind spot as a stumbling block to seeing both sides. *Basic and Applied Social Psychology,* **28,** 157–167.

FREEDMAN, J. L., BIRSKY, J., & CAVOUKIAN, A. (1980). Environmental determinants of behavioral contagion: Density and number. *Basic and Applied Social Psychology,* **1,** 155–161.

FREEDMAN, J. L., & FRASER, S. C. (1966). Compliance without pressure: The foot-in-the-door technique. *Journal of Personality and Social Psychology,* **4,** 195–202.

FREEDMAN, J. L., & PERLICK, D. (1979). Crowding, contagion, and laughter. *Journal of Experimental Social Psychology,* **15,** 295–303.

FREEDMAN, J. L., & SEARS, D. O. (1965). Warning, distraction, and resistance to influence. *Journal of Personality and Social Psychology,* **1,** 262–266.

FREEDMAN, J. S. (1965). Long-term behavioral effects of cognitive dissonance. *Journal of Experimental Social Psychology,* **1,** 145–155.

FREEMAN, M. A. (1997). Demographic correlates of individualism and collectivism: A study of social values in Sri Lanka. *Journal of Cross-Cultural Psychology,* **28,** 321–341.

French, J. R. P. (1968). The conceptualization and the measurement of mental health in terms of self-identity theory. In S. B. Sells (Ed.), The definition and measurement of mental health. Washington, DC: Department of Health, Education, and Welfare. (Cited by M. Rosenberg, 1979, *Conceiving the self.* New York: Basic Books.)

Freund, B., Colgrove, L. A., Burke, B. L., & McLeod, R. (2005). Self-rated driving performance among elderly drivers referred for driving evaluation. *Accident Analysis and Prevention,* **37,** 613–618

Friedman, T. L. (2003, April 9). Hold your applause. *New York Times* (www.nytimes.com).

Friedman, T. L. (2003, June 4). Because we could. *New York Times* (www.nytimes.com).

Friedrich, J. (1996). On seeing oneself as less self-serving than others: The ultimate self-serving bias? *Teaching of Psychology,* **23,** 107–109.

Friedrich, L. K., & Stein, A. H. (1973). Aggressive and prosocial television programs and the natural behavior of preschool children. *Monographs of the Society of Research in Child Development,* **38** (4, Serial No. 151).

Friedrich, L. K., & Stein, A. H. (1975). Prosocial television and young children: The effects of verbal labeling and role playing on learning and behavior. *Child Development,* **46,** 27–38.

Frieze, I. H., Olson, J. E., & Russell, J. (1991). Attractiveness and income for men and women in management. *Journal of Applied Social Psychology,* **21,** 1039–1057.

Furnham, A. (1982). Explanations for unemployment in Britain. *European Journal of Social Psychology,* **12,** 335–352.

Furnham, A., & Gunter, B. (1984). Just world beliefs and attitudes towards the poor. *British Journal of Social Psychology,* **23,** 265–269.

Gable, S. L., Gonzaga, G. C., & Strachman, A. (2006). Will you be there for me when things go right? Supportive responses to positive event disclosures. *Journal of Personality and Social Psychology,* **91,** 904–917.

Gabrenya, W. K., Jr., Wang, Y.-E., & Latané, B. (1985). Social loafing on an optimizing task: Cross-cultural differences among Chinese and Americans. *Journal of Cross-Cultural Psychology,* **16,** 223–242.

Gabriel, S., & Gardner, W. L. (1999). Are there "his" and "hers" types of interdependence? The implications of gender differences in collective versus relational interdependence for affect, behavior, and cognition. *Journal of Personality and Social Psychology,* **77,** 642–655.

Gaertner, L., Sedikides, C., & Graetz, K. (1999). In search of self-definition: Motivational primacy of the individual self, motivational primacy of the collective self, or contextual primacy? *Journal of Personality and Social Psychology,* **76,** 5–18.

Gaertner, S. L., & Dovidio, J. F. (2005). Understanding and addressing contemporary racism: From aversive racism to the Common Ingroup Identity Model. *Journal of Social Issues,* **61,** 615–639.

Galanter, M. (1989). *Cults: Faith, healing, and coercion.* New York: Oxford University Press.

Galanter, M. (1990). Cults and zealous self-help movements: A psychiatric perspective. *American Journal of Psychiatry,* **147,** 543–551.

Galinsky, A. D., & Moskowitz, G. B. (2000). Perspective-taking: Decreasing stereotype expression, stereotype accessibility, and in-group favoritism. *Journal of Personality and Social Psychology,* **78,** 708–724.

Galizio, M., & Hendrick, C. (1972). Effect of musical accompaniment on attitude: The guitar as a prop for persuasion. *Journal of Applied Social Psychology,* **2,** 350–359.

Gallup, G. H. (1972). *The Gallup poll: Public opinion 1935–1971* (Vol. 3, pp. 551, 1716). New York: Random House.

Gallup Organization. (1990). April 19–22 survey reported in *American Enterprise,* September/October 1990, p. 92.

Gallup Organization. (2003, June 10). American public opinion about Iraq. gallup poll news service (www.gallup.com/poll/focus/sr030610.asp).

Gallup Organization. (2003, July 8). American public opinion about Iraq. gallup poll news service (www.gallup.com).

Gallup Organization. (2005). The gender gap (Iraq war survey, April 29 to May 1; death penalty survey, May 2 to May 5). Gallup Organization (www.gallup.com).

Gangestad, S. W., Simpson, J. A., & Cousins, A. J. (2004). Women's preferences for male behavioral displays change across the menstrual cycle. *Psychological Science,* **15,** 203–207.

Gangestad, S. W., & Thornhill, R. (1997). Human sexual selection and developmental stability. In J. A. Simpson & D. T. Kenrick (Eds.), *Evolutionary social psychology.* Mahwah, NJ: Erlbaum.

Garb, H. N. (1994). Judgment research: Implications for clinical practice and testimony in court. *Applied and Preventive Psychology,* **3,** 173–183.

GARDNER, M. (1997, July/August). Heaven's Gate: The UFO cult of Bo and Peep. *Skeptical Inquirer,* pp. 15–17.

GARDNER, W. L., PICKETT, L., JEFFERIS, V., & KNOWLES, M. (2005). On the outside looking in: Loneliness and social monitoring. *Personality and Social Psychology Bulletin,* **31,** 1549–1560.

GASTORF, J. W., SULS, J., & SANDERS, G. S. (1980). Type A coronary-prone behavior pattern and social facilitation. *Journal of Personality and Social Psychology,* **8,** 773–780.

GATES, M. F., & ALLEE, W. C. (1933). Conditioned behavior of isolated and grouped cockroaches on a simple maze. *Journal of Comparative Psychology,* **15,** 331–358.

GAUNT, R. (2006). Couple similarity and marital satisfaction: Are similar spouses happier? *Journal of Personality,* **74,** 1401–1420.

GAVANSKI, I., & HOFFMAN, C. (1987). Awareness of influences on one's own judgments: The roles of covariation detection and attention to the judgment process. *Journal of Personality and Social Psychology,* **52,** 453–463.

GAWANDE, A. (2002). *Complications: A surgeon's notes on an imperfect science.* New York: Metropolitan Books, Holt.

GAWRONSKI, B., & BODENHAUSEN, G. V. (2006). Associative and propositional processes in evaluation: An integrative review of implicit and explicit attitude change. *Psychological Bulletin,* **132,** 692–731.

GAZZANIGA, M. S. (1992). *Nature's mind: The biological roots of thinking, emotions, sexuality, language, and intelligence.* New York: Basic Books.

GAZZANIGA, M. (1998). *The mind's past.* Berkeley, CA: University of California Press.

GAZZANIGA, M. (2008). *Human: The science behind what makes us unique.* New York: Ecco.

GEEN, R. G. (1998). Aggression and antisocial behavior. In D. Gilbert, S. Fiske, & G. Lindzey (Eds.), *Handbook of social psychology,* 4th edition. New York: McGraw-Hill.

GEEN, R. G., & GANGE, J. J. (1983). Social facilitation: Drive theory and beyond. In H. H. Blumberg, A. P. Hare, V. Kent, & M. Davies (Eds.), *Small groups and social interaction* (Vol. 1). London: Wiley.

GEEN, R. G., & QUANTY, M. B. (1977). The catharsis of aggression: An evaluation of a hypothesis. In L. Berkowitz (Ed.), *Advances in experimental social psychology* (Vol. 10). New York: Academic Press.

GEEN, R. G., & THOMAS, S. L. (1986). The immediate effects of media violence on behavior. *Journal of Social Issues,* **42**(3), 7–28.

GENTILE, D. A. (2004, May 14). Quoted by K. Laurie in *Violent games* (ScienCentral.com).

GENTILE, D. A., & ANDERSON, C. A. (2003). Violent video games: The newest media violence hazard. In D. A. Gentile (Ed.), *Media violence and children.* Westport, CT: Ablex.

GENTILE, D. A., LYNCH, P. J., LINDER, J. R., & WALSH, D. A. (2004). The effects of violent video game habits on adolescent hostility, aggressive behaviors, and school performance. *Journal of Adolescence,* **27,** 5–22.

GENTILE, D. A., SALEEM, M., & ANDERSON, C. A. (2007). Public policy and the effects of media violence on children. *Social Issues and Policy Review,* **1,** 15–61.

GERARD, H. B., & MATHEWSON, G. C. (1966). The effects of severity of initiation on liking for a group: A replication. *Journal of Experimental Social Psychology,* **2,** 278–287.

GERBNER, G. (1994). The politics of media violence: Some reflections. In C. Hamelink & O. Linne (Eds.), *Mass communication research: On problems and policies.* Norwood, NJ: Ablex.

GERRIG, R. J., & PRENTICE, D. A. (1991, September). The representation of fictional information. *psychological science,* **2,** 336–340.

GERSTENFELD, P. B., GRANT, D. R., & CHIANG, C-P. (2003). Hate online: A content analysis of extremist Internet sites. *Analyses of Social Issues and Public Policy,* **3,** 29–44.

GIANCOLA, P. R., & CORMAN, M. D. (2007). Alcohol and aggression: A test of the attention-allocation model. *Psychological Science,* **18,** 649–655.

GIBSON, B., & SANBONMATSU, D. M. (2004). Optimism, pessimism, and gambling: The downside of optimism. *Personality and Social Psychology Bulletin,* **30,** 149–160.

GIFFORD, R., & HINE, D. W. (1997). Toward cooperation in commons dilemmas. *Canadian Journal of Behavioural Science,* **29,** 167–179.

GIFFORD, R., & PEACOCK, J. (1979). Crowding: More fearsome than crime-provoking? Comparison of an Asian city and a North American city. *Psychologia,* **22,** 79–83.

GIGERENZER, G. (2004). Dread risk, September 11, and fatal traffic accidents. *Psychological Science,* **15,** 286–287.

GIGERENZER, G. (2007). *Gut feelings: The intelligence of the unconscious.* New York: Viking.

GIGONE, D., & HASTIE, R. (1993). The common knowledge effect: Information sharing and group judgment. *Journal of Personality and Social Psychology,* **65,** 959–974.

Gilbert, D. (2007). *Stumbling on happiness.* New York: Knopf.

Gilbert, D. T., & Ebert, J. E. J. (2002). Decisions and revisions: The affective forecasting of escapable outcomes. Unpublished manuscript, Harvard University.

Gilbert, D. T., Lieberman, M. D., Morewedge, C. K., & Wilson, T. D. (2004). The peculiar longevity of things not so bad. *Psychological Science,* **15,** 14–19.

Gilbert, D. T., Pinel, E. C., Wilson, T. D., Blumberg, S. J., & Wheatley, T. P. (1998). Immune neglect: A source of durability bias in affective forecasting. *Journal of Personality and Social Psychology,* **75,** 617–638.

Gilbert, D. T., & Wilson, T. D. (2000). Miswanting: Some problems in the forecasting of future affective states. In J. Forgas (Ed.), *Feeling and thinking: The role of affect in social cognition.* Cambridge, England: Cambridge University Press.

Gillham, J. E., Shatte, A. J., Reivich, K. J., & Seligman, M. E. P. (2000). Optimism, pessimism, and explanatory style. In E. C. Chang (Ed.), *Optimism and pessimism.* Washington, DC: APA Books.

Gilligan, C. (1982). *In a different voice: Psychological theory and women's development.* Cambridge, MA: Harvard University Press.

Gilligan, C., Lyons, N. P., & Hanmer, T. J. (Eds.) (1990). *Making connections: The relational worlds of adolescent girls at Emma Willard School.* Cambridge, MA: Harvard University Press.

Gillis, J. S., & Avis, W. E. (1980). The male-taller norm in mate selection. *Personality and Social Psychology Bulletin,* **6,** 396–401.

Gilovich, T., & Douglas, C. (1986). Biased evaluations of randomly determined gambling outcomes. *Journal of Experimental Social Psychology,* **22,** 228–241.

Gilovich, T., Kerr, M., & Medvec, V. H. (1993). Effect of temporal perspective on subjective confidence. *Journal of Personality and Social Psychology,* **64,** 552–560.

Gilovich, T., Medvec, V. H., & Savitsky, K. (2000). The spotlight effect in social judgment: An egocentric bias in estimates of the salience of one's own actions and appearance. *Journal of Personality and Social Psychology,* **78,** 211–222.

Gilovich, T., Savitsky, K., & Medvec, V. H. (1998). The illusion of transparency: Biased assessments of others' ability to read one's emotional states. *Journal of Personality and Social Psychology,* **75,** 332–346.

Ginsburg, B., & Allee, W. C. (1942). Some effects of conditioning on social dominance and subordination in inbred strains of mice. *Physiological Zoology,* **15,** 485–506.

Gladwell, M. (2003, March 10). Connecting the dots: The paradoxes of intelligence reform. *New Yorker,* pp. 83–88.

Glass, D. C. (1964). Changes in liking as a means of reducing cognitive discrepancies between self-esteem and aggression. *Journal of Personality,* **32,** 531–549.

Glick, P., & Fiske, S. T. (1996). The ambivalent sexism inventory: Differentiating hostile and benevolent sexism. *Journal of Personality and Social Psychology,* **70,** 491–512.

Glick, P., & Fiske, S. T. (2007). Sex discrimination: The psychological approach. In F. J. Crosby, M. S. Stockdale, & S. Ropp (Eds.), *Sex discrimination in the workplace: Multidisciplinary perspectives.* Malden, MA: Blackwell.

Gockel, C., Kerr, N. L., Seok, D-H., & Harris, D. W. (2008). Indispensability and group identification as sources of task motivation. *Journal of Experimental Social Psychology,* **44,** 1316–1321.

Goethals, G. R., Messick, D. M., & Allison, S. T. (1991). The uniqueness bias: Studies of constructive social comparison. In J. Suls & T. A. Wills (Eds.), *Social comparison: Contemporary theory and research.* Hillsdale, NJ: Erlbaum.

Goggin, W. C., & Range, L. M. (1985). The disadvantages of hindsight in the perception of suicide. *Journal of Social and Clinical Psychology,* **3,** 232–237.

Goldhagen, D. J. (1996). *Hitler's willing executioners.* New York: Knopf.

Goldman, W., & Lewis, P. (1977). Beautiful is good: Evidence that the physically attractive are more socially skillful. *Journal of Experimental Social Psychology,* **13,** 125–130.

Goldsmith, C. (2003, March 25). World media turn wary eye on U.S. *Wall street journal,* p. A12.

Goldstein, A. P., Glick, B., & Gibbs, J. C. (1998). Aggression replacement training: A comprehensive intervention for aggressive youth (rev. ed.). Champaign, IL: Research Press.

Goldstein, J. H., & Arms, R. L. (1971). Effects of observing athletic contests on hostility. *Sociometry,* **34,** 83–90.

Gonsalkorale, K., & Williams, K. D. (2006). The KKK would not let me play: Ostracism even by a despised outgroup hurts. *European Journal of Social Psychology,* **36,** 1–11.

Gonzaga, G. C., Campos, B., & Bradbury, T. (2007). Similarity, convergence, and relationship satisfaction in dating and married couples. *Journal of Personality and Social Psychology,* **93,** 34–48.

Gonzaga, G., Keltner, D., Londahl, E. A., & Smith, M. D. (2001). Love and the commitment problem in romantic relations and friendship. *Journal of Personality and Social Psychology,* **81,** 247–262.

Gonzalez, A. Q., & Koestner, R. (2005). Parental preference for sex of newborn as reflected in positive affect in birth announcements. Sex Roles, **52,** 407–411.

González-Vallejo, C., Lassiter, G. D., Bellezza, F. S., & Lindberg, M. J. (2008). "Save angels perhaps": A critical examination of unconscious thought theory and the deliberation-without-attention effect. *Review of General Psychology,* **12,** 282–296.

Goodhart, D. E. (1986). The effects of positive and negative thinking on performance in an achievement situation. *Journal of Personality and Social Psychology,* **51,** 117–124.

Gore, A. (2007, July 1). Moving beyond Kyoto. *New York Times* (www.nytimes.com).

Gottman, J. (with N. Silver). (1994). *Why marriages succeed or fail.* New York: Simon & Schuster.

Gottman, J. M. (1998). Psychology and the study of marital processes. *Annual Review of Psychology,* **49,** 169–197.

Gray, J. D., & Silver, R. C. (1990). Opposite sides of the same coin: Former spouses' divergent perspectives in coping with their divorce. *Journal of Personality and Social Psychology,* **59,** 1180–1191.

Greeley, A. M. (1991). *Faithful attraction.* New York: Tor Books.

Greeley, A. M., & Sheatsley, P. B. (1971). Attitudes toward racial integration. *Scientific American,* **225**(6), 13–19.

Green, A. R., Carney, D. R., Pallin, D. J., Ngo, L. H., Raymond, K. L., Iezzoni, L. I., & Banaji, M. R. (2007). Implicit bias among physicians and its prediction of thrombolysis decisions for Black and White patients. *Journal of General Internal Medicine,* **22,** 1231–1238.

Green, D. P., Glaser, J., & Rich, A. (1998). From lynching to gay bashing: The elusive connection between economic conditions and hate crime. *Journal of Personality and Social Psychology,* **75,** 82–92.

Green, M. C., Strange, J. J., & Brock, T. C. (Eds.). (2002). *Narrative impact: Social and cognitive foundations.* Mahwah, NJ: Erlbaum.

Greenberg, J. (1986). Differential intolerance for inequity from organizational and individual agents. *Journal of Applied Social Psychology,* **16,** 191–196.

Greenberg, J. (2008). Understanding the vital human quest for self-esteem. *Perspectives on Psychological Science,* **3,** 48–55.

Greenberg, J., Landau, M. J., Kosloff, S., & Solomon, S. (2008). How our dreams of death transcendence breed prejudice, stereotyping, and conflict. In T. Nelson (Ed.), *Handbook of prejudice, stereotyping, and discrimination.* New York: Psychology Press.

Greenberg, J., Pyszczynski, T., Burling, J., & Tibbs, K. (1992). Depression, self-focused attention, and the self-serving attributional bias. *Personality and Individual Differences,* **13,** 959–965.

Greenberg, J., Pyszczynski, T., Solomon, S., Rosenblatt, A., Veeder, M., Kirkland, S., & Lyon, D. (1990). Evidence for terror management theory II: The effects of mortality salience on reactions to those who threaten or bolster the cultural worldview. *Journal of Personality and Social Psychology,* **58,** 308–318.

Greenberg, J., Pyszczynski, T., Solomon, S., Simon, L., & Breus, M. (1994). Role of consciousness and accessibility of death-related thoughts in mortality salience effects. *Journal of Personality and Social Psychology,* **67,** 627–637.

Greenberg, J., Schimel, J., Martens, A., Solomon, S., & Pyszcznyski, T. (2001). Sympathy for the devil: Evidence that reminding whites of their mortality promotes more favorable reactions to white racists. *Motivation and Emotion,* **25,** 113–133.

Greenberg, J., Solomon, S., & Pyszczynski, T. (1997). Terror management theory of self-esteem and cultural worldviews: Empirical assessments and conceptual refinements. *Advances in Experimental Social Psychology,* **29,** 61–142.

Greenwald, A. G. (1980). The totalitarian ego: Fabrication and revision of personal history. *American Psychologist,* **35,** 603–618.

Greenwald, A. G. (1992). New look 3: Unconscious cognition reclaimed. *American Psychologist,* **47,** 766–779.

Greenwald, A. G., & Banaji, M. R. (1995). Implicit social cognition: Attitudes, self-esteem, and stereotypes. *Psychological Review,* **102,** 4–27.

Greenwald, A. G., Banaji, M. R., Rudman, L. A., Farnham, S. D., Nosek, B. A., & Rosier, M. (2000). Prologue to a unified theory of attitudes, stereotypes, and self-concept. In J. P. Forgas (Ed.), *Feeling and thinking: The role of affect in social cognition and behavior.* New York: Cambridge University Press.

GREENWALD, A. G., MCGHEE, D. E., & SCHWARTZ, J. L. K. (1998). Measuring individual differences in implicit cognition: The implicit association test. *Journal of Personality and Social Psychology,* **74,** 1464–1480.

GREENWALD, A. G., NOSEK, B. A., & BANAJI, M. R. (2003). Understanding and using the implicit association test: I. An improved scoring algorithm. *Journal of Personality and Social Psychology,* **85,** 197–216.

GREENWALD, A. G., POEHLMAN, T. A., UHLMANN, E. L., & BANAJI, M. R. (2008). Understanding and using the Implicit Association Test: III. Meta-analysis of predictive validity. *Journal of Personality and Social Psychology,* **97**(1), 17–41.

GREENWALD, A. G., & SCHUH, E. S. (1994). An ethnic bias in scientific citations. *European Journal of Social Psychology,* **24,** 623-639.

GRIFFITT, W. (1970). Environmental effects on interpersonal affective behavior. Ambient effective temperature and attraction. *Journal of Personality and Social Psychology,* **15,** 240–244.

GRIFFITT, W. (1987). Females, males, and sexual responses. In K. Kelley (Ed.), *Females, males, and sexuality: Theories and research.* Albany: State University of New York Press.

GRIFFITT, W., & VEITCH, R. (1971). Hot and crowded: Influences of population density and temperature on interpersonal affective behavior. *Journal of Personality and Social Psychology,* **17,** 92–98.

GROENENBOOM, A., WILKE, H. A. M., & WIT, A. P. (2001). Will we be working together again? The impact of future interdependence on group members' task motivation. *European Journal of Social Psychology,* **31,** 369–378.

GROVE, J. R., HANRAHAN, S. J., & MCINMAN, A. (1991). Success/failure bias in attributions across involvement categories in sport. *Personality and Social Psychology Bulletin,* **17,** 93–97.

GRUDER, C. L., COOK, T. D., HENNIGAN, K. M., FLAY, B., ALESSIS, C., & KALAMAJ, J. (1978). Empirical tests of the absolute sleeper effect predicted from the discounting cue hypothesis. *Journal of Personality and Social Psychology,* **36,** 1061–1074.

GRUMAN, J. C., & SLOAN, R. P. (1983). Disease as justice: Perceptions of the victims of physical illness. *Basic and Applied Social Psychology,* **4,** 39–46.

GRUNBERGER, R. (1971). *The 12-year Reich: A social history of Nazi Germany, 1933–1945.* New York: Holt, Rinehart & Winston.

GRUSH, J. E., & GLIDDEN, M. V. (1987). Power and satisfaction among distressed and nondistressed couples. Paper presented at the Midwestern Psychological Association convention.

GUÉGUEN, N., & JACOB, C. (2001). Fund-raising on the Web: The effect of an electronic foot-in-the-door on donation. *CyberPsychology and Behavior,* **4,** 705–709.

GUERIN, B. (1993). *Social facilitation.* Paris: Cambridge University Press.

GUERIN, B. (1994). What do people think about the risks of driving? Implications for traffic safety interventions. *Journal of Applied Social Psychology,* **24,** 994–1021.

GUERIN, B. (1999). Social behaviors as determined by different arrangements of social consequences: Social loafing, social facilitation, deindividuation, and a modified social loafing. *The Psychological Record,* **49,** 565–578.

GUERIN, B., & INNES, J. M. (1982). Social facilitation and social monitoring: A new look at Zajonc's mere presence hypothesis. *British Journal of Social Psychology,* **21,** 7–18.

GUINESS, O. (1993). *The American hour: A time of reckoning and the once and future role of faith.* New York: Free Press.

GUNDERSEN, E. (2001, August 1). MTV is a many splintered thing. *USA Today,* p. 1D.

GUNTER, B. (2008). Media violence: Is there a case for causality? *American Behavioral Scientist,* **51,** 1061–1122.

GUPTA, U., & SINGH, P. (1982). Exploratory study of love and liking and type of marriages. *Indian Journal of Applied Psychology,* **19,** 92–97.

HACKER, H. M. (1951). Women as a minority group. *Social Forces,* **30,** 60–69.

HACKMAN, J. R. (1986). The design of work teams. In J. Lorsch (Ed.), *Handbook of organizational behavior.* Englewood Cliffs, NJ: Prentice-Hall.

HADDEN, J. K. (1969). *The gathering storm in the churches.* Garden City, NY: Doubleday.

HADDOCK, G., MAIO, G. R., ARNOLD, K., & HUSKINSON, T. (2008). Should persuasion be affective or cognitive? The moderating effects of need for affect and need for cognition. *Personality and Social Psychology Bulletin,* **34,** 769–778.

HADDOCK, G., & ZANNA, M. P. (1994). Preferring "housewives" to "feminists." *Psychology of Women Quarterly,* **18,** 25–52.

HAEFFEL, G. J., GIBB, B. E., METALSKY, G. I., ALLOY, L. B., ABRAMSON, L. Y., HANKIN, B. L., JOINER, T. E., JR., & SWENDSEN, J. D. (2008). Measuring cognitive vulnerability to depression: Development and validation of the cognitive style questionnaire. *Clinical Psychology Review,* **28,** 824–836.

HAEMMERLIE, F. M. (1987). Creating adaptive illusions in counseling and therapy using a self-perception theory perspective. Paper presented at the Midwestern Psychological Association, Chicago.

HAEMMERLIE, F. M., & MONTGOMERY, R. L. (1982). Self-perception theory and unobtrusively biased interactions: A treatment for heterosocial anxiety. *Journal of Counseling Psychology,* **29,** 362–370.

HAEMMERLIE, F. M., & MONTGOMERY, R. L. (1984). Purposefully biased interventions: Reducing heterosocial anxiety through self-perception theory. *Journal of Personality and Social Psychology,* **47,** 900–908.

HAEMMERLIE, F. M., & MONTGOMERY, R. L. (1986). Self-perception theory and the treatment of shyness. In W. H. Jones, J. M. Cheek, & S. R. Briggs (Eds.), *A sourcebook on shyness: Research and treatment.* New York: Plenum.

HAFER, C. L., & BÈGUE, L. (2005). Experimental research on just-world theory: Problems, developments, and future challenges. *Psychological Bulletin,* **131,** 128–167.

HAGERTY, M. R. (2000). Social comparisons of income in one's community: Evidence from national surveys of income and happiness. *Journal of Personality and Social Psychology,* **78,** 764–771.

HALBERSTADT, J. (2006). The generality and ultimate origins of the attractiveness of prototypes. *Personality and Social Psychology Review,* **10,** 166–183.

HALL, J. A. (1984). *Nonverbal sex differences: Communication accuracy and expressive style.* Baltimore: Johns Hopkins University Press.

HALL, J. A., COATS, E. J., & LEBEAU, L. S. (2005). Nonverbal behavior and the vertical dimension of social relations: A meta-analysis. *Psychological Bulletin,* **131,** 898–924.

HALL, J. A., ROSIP, J. C., LEBEAU, L. S., HORGAN, T. G., & CARTER, J. D. (2006). Attributing the sources of accuracy in unequal-power dyadic communication: Who is better and why? *Journal of Experimental Social Psychology,* **42,** 18–27.

HALL, T. (1985, June 25). The unconverted: Smoking of cigarettes seems to be becoming a lower-class habit. *Wall Street Journal,* pp. 1, 25.

HAMBERGER, J., & HEWSTONE, M. (1997). Inter-ethnic contact as a predictor of blatant and subtle prejudice: Tests of a model in four West European nations. *British Journal of Social Psychology,* **36,** 173–190.

HAMBLIN, R. L., BUCKHOLDT, D., BUSHELL, D., ELLIS, D., & FERITOR, D. (1969). Changing the game from get the teacher to learn. *Transaction,* January, pp. 20–25, 28–31.

HAMILTON, D. L., & GIFFORD, R. K. (1976). Illusory correlation in interpersonal perception: A cognitive basis of stereotypic judgments. *Journal of Experimental Social Psychology,* **12,** 392–407.

HAMILTON, V. L., HOFFMAN, W. S., BROMAN, C. L., & RAUMA, D. (1993). Unemployment, distress, and coping: A panel study of autoworkers. *Journal of Personality and Social Psychology,* **65,** 234–247.

HANEY, C., & ZIMBARDO, P. (1998). The past and future of U.S. prison policy: Twenty-five years after the Stanford Prison Experiment. *American Psychologist,* **53,** 709–727.

HANEY, C., & ZIMBARDO, P. G. (2009). Persistent dispositionalism in interactionist clothing: Fundamental attribution error in explaining prison abuse. *Personality and Social Psychology Bulletin,* **35,** 807–814.

HANSEN, C. H. (1989). Priming sex-role stereotypic event schemas with rock music videos: Effects on impression favorability, trait inferences, and recall of a subsequent male/female interaction. *Basic and Applied Social Psychology,* **10,** 371–391.

HANSEN, C. H., & HANSEN, R. D. (1988). Priming stereotypic appraisal of social interactions: How rock music videos can change what's seen when boy meets girl. *Sex Roles,* 19, 287–316.

HANSEN, C. H., & HANSEN, R. D. (1990). Rock music videos and antisocial behavior. *Basic and Applied Social Psychology,* **11,** 357–369.

HARBER, K. D. (1998). Feedback to minorities: Evidence of a positive bias. *Journal of Personality and Social Psychology,* **74,** 622–628.

HARDIN, G. (1968). The tragedy of the commons. *Science,* **162,** 1243–1248.

HARDY, C., & LATANÉ, B. (1986). Social loafing on a cheering task. *Social Science,* **71,** 165–172.

HARDY, C. L., & VAN VUGT, M. (2006). Nice guys finish first: The competitive altruism hypothesis. *Personality and Social Psychology Bulletin,* **32,** 1402–1413.

HARITOS-FATOUROS, M. (1988). The official torturer: A learning model for obedience to the authority of violence. *Journal of Applied Social Psychology,* **18,** 1107–1120.

HARITOS-FATOUROS, M. (2002). *Psychological origins of institutionalized torture.* New York: Routledge.

HARKINS, S. G. (1981). Effects of task difficulty and task responsibility on social loafing. Presentation to the First International Conference on Social Processes in Small Groups, Kill Devil Hills, North Carolina.

HARKINS, S. G., & JACKSON, J. M. (1985). The role of evaluation in eliminating social loafing. *Personality and Social Psychology Bulletin,* **11,** 457–465.

Harkins, S. G., Latané, B., & Williams, K. (1980), Social loafing: Allocating effort or taking it easy? *Journal of Experimental Social Psychology,* **16,** 457–465.

Harkins, S. G., & Petty, R. E. (1981). Effects of source magnification of cognitive effort on attitudes: An information-processing view. *Journal of Personality and Social Psychology,* **40,** 401–413.

Harkins, S. G., & Petty, R. E. (1982). Effects of task difficulty and task uniqueness on social loafing. *Journal of Personality and Social Psychology,* **43,** 1214–1229.

Harkins, S. G., & Petty, R. E. (1987). Information utility and the multiple source effect. *Journal of Personality and Social Psychology,* **52,** 260–268.

Harkins, S. G., & Szymanski, K. (1989). Social loafing and group evaluation. *Journal of Personality and Social Psychology,* **56,** 934–941.

Harkness, K. L., Sabbagh, M. A., Jacobson, J. A., Chowdrey, N. K., & Chen, T. (2005). Enhanced accuracy of mental state decoding in dysphoric college students. *Cognition & Emotion,* **19,** 999–1025.

Harmon-Jones, E., Greenberg, J., Solomon, S., & Simon, L. (1996). The effects of mortality salience on intergroup bias between minimal groups. *European Journal of Social Psychology,* **26,** 677–681.

Harries, K. D., & Stadler, S. J. (1988). Heat and violence: New findings from Dallas field data, 1980–1981. *Journal of Applied Social Psychology,* **18,** 129–138.

Harris, J. R. (1998). *The nurture assumption.* New York: Free Press.

Harris, L. T., & Fiske, S. T. (2006). Dehumanizing the lowest of the low: Neuroimaging responses to extreme out-groups. *Psychological Science,* **17**(10), 847–853.

Harris, M. J., & Rosenthal, R. (1985). Mediation of interpersonal expectancy effects: 31 meta-analyses. *Psychological Bulletin,* **97,** 363–386.

Harris, M. J., & Rosenthal, R. (1986). Four factors in the mediation of teacher expectancy effects. In R. S. Feldman (Ed.), *The social psychology of education.* New York: Cambridge University Press.

Harrison, A. A. (1977). Mere exposure. In L. Berkowitz (Ed.), *Advances in experimental social psychology* (Vol. 10, pp. 39–83). New York: Academic Press.

Hart, A. J., & Morry, M. M. (1997). Trait inferences based on racial and behavioral cues. *Basic and Applied Social Psychology,* **19,** 33–48.

Haselton, M. G., & Nettle, D. (2006). The paranoid optimist: An integrative evolutionary model of cognitive biases. *Personality and Social Psychology Review,* **10,** 47–66.

Haslam, S. A., & Reicher, S. (2007). Beyond the banality of evil: Three dynamics of an interactionist social psychology of tyranny. *Personality and Social Psychology Bulletin,* **33,** 615–622.

Hass, R. G., Katz, I., Rizzo, N., Bailey, J., & Eisenstadt, D. (1991). Cross-racial appraisal as related to attitude ambivalence and cognitive complexity. *Personality and Social Psychology Bulletin,* **17,** 83–92.

Hatfield (Walster), E., Aronson, V., Abrahams, D., & Rottman, L. (1966). Importance of physical attractiveness in dating behavior. *Journal of Personality and Social Psychology,* **4,** 508–516.

Hatfield (Walster), E., Walster, G. W., & Berscheid, E. (1978). *Equity: Theory and research.* Boston: Allyn & Bacon.

Hatfield, E. (1988). Passionate and compassionate love. In R. J. Sternberg & M. L. Barnes (Eds.), *The psychology of love.* New Haven, CT: Yale University Press.

Hatfield, E., & Sprecher, S. (1986). *Mirror, mirror: The importance of looks in everyday life.* Albany, NY: SUNY Press.

Hatfield, E., Traupmann, J., Sprecher, S., Utne, M., & Hay, J. (1985). Equity and intimate relations: Recent research. In W. Ickes (Ed.), *Compatible and incompatible relationships.* New York: Springer-Verlag.

Hatfield, E., & Walster, G. W. (1978). *A new look at love.* Reading, MA: Addison-Wesley. (Note: originally published as Walster, E., & Walster, G. W.)

Havel, V. (1990). *Disturbing the peace.* New York: Knopf.

Hawkley, L. C., & Cacioppo, J. T. (2007). Aging and loneliness: Downhill quickly? *Current Directions in Psychological Science,* **16,** 187–191.

Hazan, C., & Shaver, P. R. (1994). Attachment as an organizational framework for research on close relationships. *Psychological Inquiry,* **5,** 1–22.

Headey, B., & Wearing, A. (1987). The sense of relative superiority—central to well-being. *Social Indicators Research,* **20,** 497–516.

Heap, B., & Comim, F. (2005). Consumption and happiness: Christian values and an approach towards sustainability. Capability and Sustainability Centre, St. Edmund's College, University of Cambridge. Address to Christians in Science annual meeting.

Heesacker, M. (1989). Counseling and the elaboration likelihood model of attitude change. In J. F. Cruz, R. A. Goncalves, & P. P. Machado (Eds.), *Psychology and education: Investigations and interventions.* (Proceedings of the International Conference on Interventions in Psychology and Education, Porto, Portugal, July 1987.) Porto, Portugal: Portugese Psychological Association.

Heine, S. J., Lehman, D. R., Markus, H. R., & Kitayama, S. (1999). Is there a universal need for positive self-regard? *Psychological Review,* **106,** 766–794.

Heine, S. J., Takemoto, T., Moskalenko, S., Lasaleta, J., & Heinrich, J. (2008). Mirrors in the head: Cultural variation in objective self-awareness. *Personality and Social Psychology Bulletin,* **34,** 879–887.

Heins, M. (2004, December 14). Quoted by B. Kloza, Violent Christmas games. *ScienCentralNews* (www.sciencecentral.com).

Helgeson, V. S., Cohen, S., & Fritz, H. L. (1998). Social ties and cancer. In P. M. Cinciripini & others (Eds.), *Psychological and behavioral factors in cancer risk.* New York: Oxford University Press.

Hellman, P. (1980). *Avenue of the righteous of nations.* New York: Atheneum.

Helweg-Larsen, M., Cunningham, S. J., Carrico, A., & Pergram, A. M. (2004). To nod or not to nod: An observational study of nonverbal communication and status in female and male college students. *Psychology of Women Quarterly,* **28,** 358–361.

Henderson-King, E. I., & Nisbett, R. E. (1996). Anti-black prejudice as a function of exposure to the negative behavior of a single black person. *Journal of Personality and Social Psychology,* **71,** 654 664.

Hendrick, S. S., & Hendrick, C. (1995). Gender differences and similarities in sex and love. *Personal Relationships,* **2,** 55–65.

Hendrick, S. S., Hendrick, C., & Adler, N. L. (1988). Romantic relationships: Love, satisfaction, and staying together. *Journal of Personality and Social Psychology,* **54,** 980–988.

Henslin, M. (1967). Craps and magic. *American Journal of Sociology,* **73,** 316–330.

Hepworth, J. T., & West, S. G. (1988). Lynchings and the economy: A time-series reanalysis of Hovland and Sears (1940), *Journal of Personality and Social Psychology,* **55,** 239–247.

Heradstveit, D. (1979). *The Arab-Israeli conflict: Psychological obstacles to peace* (Vol. 28). Oslo, Norway: Universitetsforlaget. Distributed by Columbia University Press. Reviewed by R. K. White (1980), *Contemporary Psychology,* **25,** 11–12.

Herek, G. (1993). Interpersonal contact and heterosexuals' attitudes toward gay men: Results from a national survey. *Journal of Sex Research,* **30,** 239–244.

Herek, G. M. (2009). Hate crimes and stigma-related experiences among sexual minority adults in the United States: Prevalence estimates from a national probability sample. *Journal of Interpersonal Violence,?* **24**(1), 54–74.

Hewstone, M. (1994). Revision and change of stereotypic beliefs: In search of the elusive subtyping model. In S. Stroebe & M. Hewstone (Eds.), *European review of social psychology* (Vol. 5). Chichester, England: Wiley.

Hewstone, M., Hantzi, A., & Johnston, L. (1991). Social categorisation and person memory: The pervasiveness of race as an organizing principle. *European Journal of Social Psychology,* **21,** 517–528.

Hewstone, M., Hopkins, N., & Routh, D. A. (1992). Cognitive models of stereotype change: Generalization and subtyping in young people's views of the police. *European Journal of Social Psychology,* **22,** 219–234.

Higbee, K. L., Millard, R. J., & Folkman, J. R. (1982). Social psychology research during the 1970s: Predominance of experimentation and college students. *Personality and Social Psychology Bulletin,* **8,** 180–183.

Higgins, E. T., & McCann, C. D. (1984). Social encoding and subsequent attitudes, impressions and memory: "Context-driven" and motivational aspects of processing. *Journal of Personality and Social Psychology,* **47,** 26–39.

Higgins, E. T., & Rholes, W. S. (1978). Saying is believing: Effects of message modification on memory and liking for the person described. *Journal of Experimental Social Psychology,* **14,** 363–378.

Hine, D. W., & Gifford, R. (1996). Attributions about self and others in commons dilemmas. *European Journal of Social Psychology,* **26,** 429–445.

Hines, M. (2004). *Brain gender.* New York: Oxford University Press.

Hinsz, V. B., Tindale, R. S., & Vollrath, D. A. (1997). The emerging conceptualization of groups as information processors. *Psychological Bulletin,* **121,** 43–64.

HIRSCHMAN, R. S., & LEVENTHAL, H. (1989). Preventing smoking behavior in school children: An initial test of a cognitive-development program. *Journal of Applied Social Psychology,* **19,** 559–583.

HIRT, E. R., ZILLMANN, D., ERICKSON, G. A., & KENNEDY, C. (1992). Costs and benefits of allegiance: Changes in fans' self-ascribed competencies after team victory versus defeat. *Journal of Personality and Social Psychology,* **63,** 724–738.

HITSCH, G. J., HORTACSU, A., AND ARIELY, D. (2006, February). What makes you click? mate preferences and matching outcomes in online dating. MIT Sloan Research Paper No. 4603-06 (ssrn.com/abstract (895442).

HODGES, B. H., & GEYER, A. L. (2006). A nonconformist account of the Asch experiments: Values, pragmatics, and moral dilemmas. *Personality and Social Psychology Review,* pp. 102–119.

HODSON, G., HARRY, H., & MITCHELL, A. (2009). Independent benefits of contact and friendship on attitudes toward homosexuals among authoritarians and highly identified heterosexuals. *European Journal of Social Psychology,* **39,** 509–525.

HOFFMAN, L. W. (1977). Changes in family roles, socialization, and sex differences. *American Psychologist,* **32,** 644–657.

HOFLING, C. K., BROTZMAN, E., DAIRYMPLE, S., GRAVES, N., & PIERCE, C. M. (1966). An experimental study in nurse-physician relationships. *Journal of Nervous and Mental Disease,* **143,** 171–180.

HOGAN, R., CURPHY, G. J., & HOGAN, J. (1994). What we know about leadership: Effectiveness and personality. *American Psychologist,* **49,** 493–504.

HOGG, M. A. (1992). *The social psychology of group cohesiveness: From attraction to social identity.* London: Harvester Wheatsheaf.

HOGG, M. A. (2006). Social identity theory. In P. J. Burke (Ed.), *Contemporary social psychological theories.* Stanford, CA: Stanford University Press.

HOGG, M. A. (2008). Social identity processes and the empowerment of followers. In R. E. Riggio, I. Chaleff, & J. Lipman-Blumen (Eds.), *The art of followership: How great followers create great leaders and organizations.* San Francisco: Jossey-Bass.

HOGG, M. A., HAINS, S. C., & MASON, I. (1998). Identification and leadership in small groups: Salience, frame of reference, and leader stereotypicality effects on leader evaluations. *Journal of Personality and Social Psychology,* **75,** 1248–1263.

HOGG, M. A., TURNER, J. C., & DAVIDSON, B. (1990). Polarized norms and social frames of reference: A test of the self-categorization theory of group polarization. *Basic and Applied Social Psychology,* **11,** 77–100.

HOLMBERG, D., & HOLMES, J. G. (1994). Reconstruction of relationship memories: A mental models approach. In N. Schwarz & S. Sudman (Eds.), *Autobiographical memory and the validity of retrospective reports.* New York: Springer-Verlag.

HOLMES, J. G., & REMPEL, J. K. (1989). Trust in close relationships. In C. Hendrick (Ed.), *Review of personality and social psychology* (Vol. 10). Newbury Park, CA: Sage.

HOLTGRAVES, T. (1997). Styles of language use: Individual and cultural variability in conversational indirectness. *Journal of Personality and Social Psychology,* **73,** 624–637.

HOLTMAN, Z., LOUW, J., TREDOUX, C., & CARNEY, T. (2005). Prejudice and social contact in South Africa: A study of integrated schools ten years after apartheid. *South African Journal of Psychology,* **35,** 473–493.

HONIGMAN, R. J., PHILLIPS, K. A., & CASTLE, D. J. (2004). A review of psychosocial outcomes for patients seeking cosmetic surgery. *Plastic and Reconstructive Surgery,* **113,** 1229–1237.

HOORENS, V. (1993). Self-enhancement and superiority biases in social comparison. In W. Stroebe & M. Hewstone (Eds.), *European review of social psychology* (Vol. 4). Chichester: Wiley.

HOORENS, V. (1995). Self-favoring biases, self-presentation and the self-other asymmetry in social comparison. *Journal of Personality,* **63,** 793–819.

HOORENS, V., & NUTTIN, J. M. (1993). Overvaluation of own attributes: Mere ownership or subjective frequency? *Social Cognition,* **11,** 177–200.

HOORENS, V., NUTTIN, J. M., HERMAN, I. E., & PAVAKANUN, U. (1990). Mastery pleasure versus mere ownership: A quasi-experimental cross-cultural and cross-alphabetical test of the name letter effect. *European Journal of Social Psychology,* **20,** 181–205.

HOORENS, V., SMITS, T., & SHEPPERD, J. A. (2008). Comparative optimism in the spontaneous generation of future life-events. *British Journal of Social Psychology,* **47,** 441–451.

HOUSE, R. J., & SINGH, J. V. (1987). Organizational behavior: Some new directions for I/O psychology. *Annual Review of Psychology,* **38,** 669–718.

HOUSTON, V., & BULL, R. (1994). Do people avoid sitting next to someone who is facially disfigured? *European Journal of Social Psychology,* **24,** 279–284.

Hovland, C. I., Lumsdaine, A. A., & Sheffield, F. D. (1949). *Experiments on mass communication. Studies in social psychology in World War II* (Vol. III). Princeton, NJ: Princeton University Press.

Hovland, C. I., & Sears, R. (1940). Minor studies of aggression: Correlation of lynchings with economic indices. *Journal of Psychology,* **9,** 301–310.

Howell, R. T., & Howell, C. J. (2008). The relation of economic status to subjective well-being in developing countries: A meta-analysis. *Psychological Bulletin,* **134,** 536–560.

Hsee, C. K., & Hastie, R. (2006). Decision and experience: Why don't we choose what makes us happy? *Trends in Cognitive Sciences,* **10,** 31–37.

Huart, J., Corneille, O., & Becquart, E. (2005). Face-based categorization, context-based categorization, and distortions in the recollection of gender ambiguous faces. *Journal of Experimental Social Psychology,* **41,** 598–608.

Huddy, L., & Virtanen, S. (1995). Subgroup differentiation and subgroup bias among Latinos as a function of familiarity and positive distinctiveness. *Journal of Personality and Social Psychology,* **68,** 97–108.

Huesmann, L. R., Lagerspetz, K., & Eron, L. D. (1984). Intervening variables in the TV violence-aggression relation: Evidence from two countries. *Developmental Psychology,* **20,** 746–775.

Huesmann, L. R., Moise-Titus, J., Podolski, C-L., & Eron, L. D. (2003). Longitudinal relations between children's exposure to TV violence and their aggressive and violent behavior in young adulthood: 1977–1992. *Developmental Psychology,* **39,** 201–222.

Hugenberg, K. & Bodenhausen, G. V. (2003). Facing prejudice: Implicit prejudice and the perception of facial threat. *Psychological Science,* **14,** 640–643.

Hugenberg, K., Miller, J., & Claypool, H. M. (2007). Categorization and individuation in the cross-race recognition deficit: Toward a solution to an insidious problem. *Journal of Experimental Social Psychology,* **43,** 334–340.

Hui, C. H., Triandis, H. C., & Yee, C. (1991). Cultural differences in reward allocation: Is collectivism the explanation? *British Journal of Social Psychology,* **30,** 145–157.

Hull, J. G., Levenson, R. W., Young, R. D., & Sher, K. J. (1983). Self-awareness-reducing effects of alcohol consumption. *Journal of Personality and Social Psychology,* **44,** 461–473.

Hull, J. G., & Young, R. D. (1983). The self-awareness-reducing effects of alcohol consumption: Evidence and implications. In J. Suls & A. G. Greenwald (Eds.), *Psychological perspectives on the self* (Vol. 2). Hillsdale, NJ: Erlbaum.

Human Security Centre. (2005). *The human security report 2005: War and peace in the 21st century.* University of British Columbia.

Hunt, A. R. (2000, June 22). Major progress, inequities cross three generations. *Wall Street Journal,* pp. A9, A14.

Hunt, M. (1990). *The compassionate beast: What science is discovering about the humane side of humankind.* New York: William Morrow.

Hunt, M. (1993). *The story of psychology.* New York: Doubleday.

Hunt, P. J., & Hillery, J. M. (1973). Social facilitation in a location setting: An examination of the effects over learning trials. *Journal of Experimental Social Psychology,* **9,** 563–571.

Hunt, R., & Jensen, J. (2007). *The experiences of young gay people in Britain's schools.* Stonewall (www.stonewall.org.uk).

Hunter, J. A., Stringer, M., & Watson, R. P. (1991). Intergroup violence and intergroup attributions. *British Journal of Social Psychology,* **30,** 261–266.

Hunter, J. D. (2002, June 21–22). "To change the world." Paper presented to the Board of Directors of The Trinity Forum, Denver, Colorado.

Huo, Y. J., Smith, H. J., Tyler, T. R., & Lind, E. A. (1996). Superordinate identification, subgroup identification, and justice concerns: Is separatism the problem; is assimilation the answer? *Psychological Science,* **7,** 40–45.

Huston, A. C., Donnerstein, E., Fairchild, H., Feshbach, N. D., Katz, P. A., & Murray, J. P. (1992). *Big world, small screen: The role of television in American society.* Lincoln, NE: University of Nebraska Press.

Huston, T. L. (1973). Ambiguity of acceptance, social desirability, and dating choice. *Journal of Experimental Social Psychology,* **9,** 32–42.

Huston, T. L., & Chorost, A. F. (1994). Behavioral buffers on the effect of negativity on marital satisfaction: A longitudinal study. *Personal Relationships,* **1,** 223–239.

Huston, T. L., Niehuis, S., & Smith, S. E. (2001). The early marital roots of conjugal distress and divorce. *Current Directions in Psychological Science,* **10,** 116–119.

Hvistendahl, M. (2008, July 9). No country for young men. *New Republic* (www.tnr.com).

Hyde, J. S. (2005). The gender similarities hypothesis. *American Psychologist,* **60,** 581–592.

Hyde, J. S., Mezulis, A. H., & Abramson, L. Y. (2008). The ABCs of depression: Integrating affective, biological, and cognitive models to explain the emergence of the gender difference in depression. *Psychological Review,* **115,** 291–313.

Hyman, H. H., & Sheatsley, P. B. (1956 & 1964). Attitudes toward desegregation. *Scientific American,* **195**(6), 35–39, and **211**(1), 16–23.

Ickes, B. (1980). On disconfirming our perceptions of others. Paper presented at the American Psychological Association convention.

Ickes, W., Layden, M. A., & Barnes, R. D. (1978). Objective self-awareness and individuation: An empirical link. *Journal of Personality,* **46,** 146–161.

Ickes, W., Patterson, M. L., Rajecki, D. W., & Tanford, S. (1982). Behavioral and cognitive consequences of reciprocal versus compensatory responses to preinteraction expectancies. *Social Cognition,* **1,** 160–190.

Ickes, W., Snyder, M., & Garcia, S. (1997). Personality influences on the choice of situations. In R. Hogan, J. Johnson, & S. Briggs (Eds.), *Handbook of Personality Psychology.* San Diego: Academic Press.

ILO. (1997, December 11). Women's progress in workforce improving worldwide, but occupation segregation still rife. International Labor Association press release (www.ilo.org/public/english/bureau/inf/pr/1997/35.htm).

Imai, Y. (1994). Effects of influencing attempts on the perceptions of powerholders and the powerless. *Journal of Social Behavior and Personality,* **9,** 455–468.

Imhoff, R., & Erb, H-P. (2009). What motivates nonconformity? Uniqueness seeking blocks majority influence. *Personality and Social Psychology Bulletin,* **35,** 309–320.

Ingham, A. G., Levinger, G., Graves, J., & Peckham, V. (1974). The Ringelmann effect: Studies of group size and group performance. *Journal of Experimental Social Psychology,* **10,** 371–384.

Inglehart, M. R., Markus, H., & Brown, D. R. (1989). The effects of possible selves on academic achievement—a panel study. In J. P. Forgas & J. M. Innes (Eds.), *Recent advances in social psychology: An international perspective.* North-Holland: Elsevier Science Publishers.

Inglehart, R. (1990). *Culture shift in advanced industrial society.* Princeton, NJ: Princeton University Press.

Inglehart, R. (1997). *Modernization and postmodernization.* Princeton: Princeton University Press.

Inglehart, R. (2006). Cultural change and democracy in Latin America. In F. Hagopian (Ed.), *Contemporary Catholicism, religious pluralism and democracy in Latin America.* South Bend: Notre Dame University Press.

Inglehart, R. (2009). Cultural Change and Democracy in Latin America. In F. Hagopian (Ed.), *Religious pluralism, democracy, and the Catholic Church in Latin America.* South Bend: University of Notre Dame Press.

Inglehart, R., Foa, R., Peterson, C., & Welzel, C. (2008). Development, freedom, and rising happiness: A global perspective (1981–2007). *Perspectives on Psychological Science,* **3,** 264–285.

Inglehart, R., & Welzel, C. (2005). *Modernization, cultural change, and democracy: The human development sequence.* New York: Cambridge University Press.

Intergovernmental Panel on Climate Change. (2007). Climate change 2007: The physical science basis. Summary for policymakers (www.ipcc.ch).

Inzlicht, M., McKay, L., & Aronson, J. (2006). Stigma as ego depletion: How being the target of prejudice affects self-control. *Psychological Science,* **17,** 262–269.

Ipsos. (2007, June 5). Most Canadians (84%) express concern for reducing non-industrial sources of greenhouse gas emissions. Ipsos Reid Survey (www.ipsos-na.com).

IPU. (2008). Women in national parliaments: Situation as of 30 April 2008. International Parliamentary Union (www.ipu.org).

Isozaki, M. (1984). The effect of discussion on polarization of judgments. *Japanese Psychological Research,* **26,** 187–193.

ISR Newsletter. (1975). Institute for Social Research, University of Michigan, **3**(4), 4–7.

Ito, T. A., Miller, N., & Pollock, V. E. (1996). Alcohol and aggression: A meta-analysis on the moderating effects of inhibitory cues, triggering events, and self-focused attention. *Psychological Bulletin,* **120,** 60–82.

Iyengar, S. S., & Lepper, M. R. (2000). When choice is demotivating: Can one desire too much of a good thing? *Journal of Personality and Social Psychology,* **79,** 995–1006.

Iyengar, S. S., Wells, R. E., & Schwartz, B. (2006). Doing better but feeling worse: Looking for the "best" job undermines satisfaction. *Psychological Science,* **17,** 143–150.

Jackman, M. R., & Senter, M. S. (1981). Beliefs about race, gender, and social class different, therefore unequal: Beliefs about trait differences between groups of unequal status. In D. J. Treiman & R. V. Robinson (Eds.), *Research in stratification and mobility* (Vol. 2). Greenwich, CT: JAI Press.

Jackson, J. M., & Latané, B. (1981). All alone in front of all those people: Stage fright as a function of number and type of co-performers and audience. *Journal of Personality and Social Psychology,* **40,** 73–85.

Jackson, L. A., Hunter, J. E., & Hodge, C. N. (1995). Physical attractiveness and intellectual competence: A meta-analytic review. *Social Psychology Quarterly,* **58,** 108–123.

Jacobs, R. C., & Campbell, D. T. (1961). The perpetuation of an arbitrary tradition through several generations of a laboratory microculture. *Journal of Abnormal and Social Psychology,* **62,** 649–658.

Jacoby, S. (1986, December). When opposites attract. *Reader's Digest,* pp. 95–98.

James, W. (1902, reprinted 1958). *The varieties of religious experience.* New York: Mentor Books.

Jamieson, D. W., Lydon, J. E., Stewart, G., & Zanna, M. P. (1987). Pygmalion revisited: New evidence for student expectancy effects in the classroom. *Journal of Educational Psychology,* **79,** 461–466.

Janis, I. L. (1971, November). Groupthink. *Psychology Today,* pp. 43–46.

Janis, I. L. (1982). Counteracting the adverse effects of concurrence-seeking in policy-planning groups: Theory and research perspectives. In H. Brandstatter, J. H. Davis, & G. Stocker-Kreichgauer (Eds.), *Group decision making.* New York: Academic Press.

Janis, I. L., Kaye, D., & Kirschner, P. (1965). Facilitating effects of eating while reading on responsiveness to persuasive communications. *Journal of Personality and Social Psychology,* **1,** 181–186.

Janis, I. L., & Mann, L. (1977). *Decision-making: A psychological analysis of conflict, choice and commitment.* New York: Free Press.

Jankowiak, W. R., & Fischer, E. F. (1992). A cross-cultural perspective on romantic love. *Ethnology,* **31,** 149–155.

Jellison, J. M., & Green, J. (1981). A self-presentation approach to the fundamental attribution error: The norm of internality. *Journal of Personality and Social Psychology,* **40,** 643–649.

Jennings, D. L., Amabile, T. M., & Ross, L. (1982). Informal covariation assessment: Data-based vs theory-based judgments. In D. Kahneman, P. Slovic, & A. Tversky (Eds.), *Judgment under uncertainty: Heuristics and biases.* New York: Cambridge University Press.

Johnson, C. S., Olson, M. A., & Fazio, R. H. (2009). Getting acquainted in interracial interactions: Avoiding intimacy but approaching race. *Personality and Social Psychology Bulletin,* **35,** 557–571.

Johnson, D. J., & Rusbult, C. E. (1989). Resisting temptation: Devaluation of alternative partners as a means of maintaining commitment in close relationships. *Journal of Personality and Social Psychology,* **57,** 967–980.

Johnson, D. W., & Johnson, R. T. (2000). The three Cs of reducing prejudice and discrimination. In S. Oskamp (Ed.), *Reducing prejudice and discrimination.* Mahwah, NJ: Erlbaum.

Johnson, D. W., & Johnson, R. T. (2003a). Field testing integrative negotiations. *Peace and Conflict,* **9,** 39–68.

Johnson, D. W., & Johnson, R. T. (2003b). Student motivation in co-operative groups: Social interdependence theory. In R. M. Gillies & A. F. Ashman (Eds.), *Co-operative learning: The social and intellectual outcomes of learning in groups.* New York: Routledge.

Johnson, D. W., Maruyama, G., Johnson, R., Nelson, D., & Skon, L. (1981). Effects of cooperative, competitive, and individualistic goal structures on achievement: A meta-analysis. *Psychological Bulletin,* **89,** 47–62.

Johnson, J. A. (2007, June 26). Not so situational. Commentary on the SPSP listserv (spsp-discuss@stolaf.edu).

Johnson, J. D., Bushman, B. J., & Dovidio, J. F. (2008). Support for harmful treatment and reduction of empathy toward blacks: "Remnants" of stereotype activation involving Hurricane Katrina and "Lil' Kim." *Journal of Experimental Social Psychology,* **44,** 1506–1513.

Johnson, J. D., Jackson, L. A., & Gatto, L. (1995). Violent attitudes and deferred academic aspirations: Deleterious effects of exposure to rap music. *Basic and Applied Social Psychology,* **16,** 27–41.

Johnson, J. G., Cohen, P., Smailes, E. M., Kasen, S., & Brook, J. S. (2002). Television viewing and aggressive behavior during adolescence and adulthood. *Science,* **295,** 2468–2471.

Johnson, M. H., & Magaro, P. A. (1987). Effects of mood and severity on memory processes in depression and mania. *Psychological Bulletin,* **101,** 28–40.

Johnson, R. D., & Downing, L. L. (1979). Deindividuation and valence of cues: Effects of prosocial and antisocial behavior. *Journal of Personality and Social Psychology,* **37,** 1532–1538.

JOHNSON, W., & KRUEGER, R. F. (2006). How money buys happiness: Genetic and environmental processes linking finances and life satisfaction. *Journal of Personality and Social Psychology,* **90,** 680–691.

JOINER, T. E., JR. (1994). Contagious depression: Existence, specificity to depressed symptoms, and the role of reassurance seeking. *Journal of Personality and Social Psychology,* **67,** 287–296.

JOINSON, A. N. (2001). Self-disclosure in computer-mediated communication: The role of self-awareness and visual anonymity. *European Journal of Social Psychology,* **31,** 177–192.

JONES, E. E. (1976). How do people perceive the causes of behavior? *American Scientist,* **64,** 300–305.

JONES, E. E., & HARRIS, V. A. (1967). The attribution of attitudes. *Journal of Experimental Social Psychology,* **3,** 2–24.

JONES, E. E., & NISBETT, R. E. (1971). *The actor and the observer: Divergent perceptions of the causes of behavior.* Morristown, NJ: General Learning Press.

JONES, E. E., RHODEWALT, F., BERGLAS, S., & SKELTON, J. A. (1981). Effects of strategic self-presentation on subsequent self-esteem. *Journal of Personality and Social Psychology,* **41,** 407–421.

JONES, J. M. (2003). TRIOS: A psychological theory of the African legacy in American culture. *Journal of Social Issues,* **59,** 217–242.

JONES, J. T., PELHAM, B. W., CARVALLO, M., & MIRENBERG, M. C. (2004). How do I love thee? Let me count the Js: Implicit egotism and interpersonal attraction. *Journal of Personality and Social Psychology,* **87,** 665–683.

JONES, J. T., PELHAM, B. W., & MIRENBERG, M. C. (2002). Name letter preferences are not merely mere exposure: Implicit egotism as self-regulation. *Journal of Experimental Social Psychology,* **38,** 170–177.

JONES, W. H., CARPENTER, B. N., & QUINTANA, D. (1985). Personality and interpersonal predictors of loneliness in two cultures. *Journal of Personality and Social Psychology,* **48,** 1503–1511.

JOSEPHSON, W. L. (1987). Television violence and children's aggression: Testing the priming, social script, and disinhibition predictions. *Journal of Personality and Social Psychology,* **53,** 882–890.

JOURARD, S. M. (1964), *The transparent self.* Princeton, NJ: Van Nostrand.

JOURDEN, F. J., & HEATH, C. (1996). The evaluation gap in performance perceptions: Illusory perceptions of groups and individuals. *Journal of Applied Psychology,* **81,** 369–379.

JUDD, C. M., BLAIR, I. V., & CHAPLEAU, K. M. (2004). Automatic stereotypes vs. automatic prejudice: Sorting out the possibilities in the Payne (2001) weapon paradigm. *Journal of Experimental Social Psychology,* **40,** 75–81.

JUSSIM, L. (1986). Self-fulfilling prophecies: A theoretical and integrative review. *Psychological Review,* **93,** 429–445.

JUSSIM, L. (2005). Accuracy in social perception: Criticisms, controversies, criteria, components and cognitive processes. *Advances in Experimental Social Psychology,* **37,** 1–93.

JUSSIM, L., MCCAULEY, C. R., & LEE, Y-T. (1995). Introduction: Why study stereotype accuracy and innaccuracy? In Y. T. Lee, L. Jussim, & C. R. McCauley (Eds.), *Stereotypes accuracy: Toward appreciating group differences.* Washington, DC: American Psychological Association.

KAGAN, J. (1989). Temperamental contributions to social behavior. *American Psychologist,* **44,** 668–674.

KAHLOR, L., & MORRISON, D. (2007). Television viewing and rape myth acceptance among college women. *Sex Roles,* **56,** 729–739.

KAHN, M. W. (1951). The effect of severe defeat at various age levels on the aggressive behavior of mice. *Journal of Genetic Psychology,* **79,** 117–130.

KAHNEMAN, D., & RENSHON, J. (2007, January/February). Why hawks win. *foreign policy* (www.foreignpolicy.com).

KAHNEMAN, D., & SNELL, J. (1992). Predicting a changing taste: Do people know what they will like? *Journal of Behavioral Decision Making,* **5,** 187–200.

KAHNEMAN, D., & TVERSKY, A. (1995). Conflict resolution: A cognitive perspective. In K. Arrow, R. Mnookin, L. Ross, A. Tversky, & R. Wilson (Eds.), *Barriers to the negotiated resolution of conflict.* New York: Norton.

KALICK, S. M. (1977). *Plastic surgery, physical appearance, and person perception.* Unpublished doctoral dissertation, Harvard University. Cited by E. Berscheid in An overview of the psychological effects of physical attractiveness and some comments upon the psychological effects of knowledge of the effects of physical attractiveness. In W. Lucker, K. Ribbens, & J. A. McNamera (Eds.), *Logical aspects of facial form* (craniofacial growth series). Ann Arbor: University of Michigan Press, 1981.

KAMEDA, T., & SUGIMORI, S. (1993). Psychological entrapment in group decision making: An assigned decision rule and a groupthink phenomenon. *Journal of Personality and Social Psychology,* **65,** 282–292.

Kammer, D. (1982). Differences in trait ascriptions to self and friend: Unconfounding intensity from variability. *Psychological Reports,* **51,** 99–102.

Kanagawa, C., Cross, S. E., & Markus, H. R. (2001). "Who am I?" The cultural psychology of the conceptual self. *Personality and Social Psychology Bulletin,* **27,** 90–103.

Kanazawa, S., & Kovar, J. L. (2004). Why beautiful people are more intelligent. *Intelligence,* **32,** 227–243.

Kandel, D. B. (1978). Similarity in real-life adolescent friendship pairs. *Journal of Personality and Social Psychology,* **36,** 306–312.

Kanten, A. B., & Teigen, K. H. (2008). Better than average and better with time: Relative evaluations of self and others in the past, present, and future. *European Journal of Social Psychology,* **38,** 343–353.

Kaplan, M. F. (1989). Task, situational, and personal determinants of influence processes in group decision making. In E. J. Lawler (Ed.), *Advances in group processes* (Vol. 6). Greenwich, CT: JAI Press.

Karau, S. J., & Williams, K. D. (1993). Social loafing: A meta-analytic review and theoretical integration. *Journal of Personality and Social Psychology,* **65,** 681–706.

Karau, S. J., & Williams, K. D. (1997). The effects of group cohesiveness on social loafing and compensation. *Group Dynamics: Theory, Research, and Practice,* **1,** 156–168.

Karney, B. R., & Bradbury, T. N. (1995). The longitudinal course of marital quality and stability: A review of theory, method, and research. *Psychological Bulletin,* **118,** 3–34.

Kasser, T. (2000). Two versions of the American dream: Which goals and values make for a high quality of life? In E. Diener & D. Rahtz (Eds.), *Advances in quality of life: Theory and research.* Dordrecth, Netherlands: Kluwer.

Kasser, T. (2002). *The high price of materialism.* Cambridge, MA: MIT Press.

Kassin, S. M., Goldstein, C. C., & Savitsky, K. (2003). Behavioral confirmation in the interrogation room: On the dangers of presuming guilt. *Law and Human Behavior,* **27,** 187–203.

Katz, J., Beach, S. R. H., & Joiner, T. E., Jr. (1999). Contagious depression in dating couples. *Journal of Social and Clinical Psychology,* **18,** 1–13.

Kaufman, J., & Zigler, E. (1987). Do abused children become abusive parents? *American Journal of Orthopsychiatry,* **57,** 186–192.

Kawakami, K., Dovidio, J. F., Moll, J., Hermsen, S., & Russin, A. (2000). Just say no (to stereotyping): Effects of training in the negation of stereotypic associations on stereotype activation. *Journal of Personality and Social Psychology,* **78,** 871–888.

Kawakami, K., Dunn, E., Kiarmali, F., & Dovidio, J. F. (2009). Mispredicting affective and behavioral responses to racism. *Science,* **323,** 276–278.

Keating, J. P., & Brock, T. C. (1974). Acceptance of persuasion and the inhibition of counterargumentation under various distraction tasks. *Journal of Experimental Social Psychology,* **10,** 301–309.

Keizer, K., Lindenberg, S., & Steg, L. (2008). The spreading of disorder. *Science,* **322,** 1681–1685.

Kellerman, J., Lewis, J., & Laird, J. D. (1989). Looking and loving: The effects of mutual gaze on feelings of romantic love. *Journal of Research in Personality,* **23,** 145–161.

Kelley, H. H., & Stahelski, A. J. (1970). The social interaction basis of cooperators' and competitors' beliefs about others. *Journal of Personality and Social Psychology,* **16,** 66–91.

Kelly, D. J., Liu, S., Ge, L., Quinn, P. C., Slater, A. M., Lee, K., Liu, Q., & Pascalis, O. (2007). Cross-race preferences for same-race faces extended beyond the African versus Caucasian contrast in 3-month-old infants. *Infancy,* **11,** 87–95.

Kelly, D. J., Quinn, P. C., Slater, A. M., Lee, K., Ge, L., & Pascalis, O. (2007). The other-race effect develops during infancy: Evidence of perceptual narrowing. *Psychological Science,* **18,** 1084–1089.

Kelly, D. J., Quinn, P. C., Slater, A. M., Lee, K., Gibson, A., Smith, M., Ge, L., & Y Pascalis, O. (2005). Three-month-olds, but not newborns prefer own-race faces. *Developmental Science,* **8,** F31–F36.

Kelman, H. C. (1997). Group processes in the resolution of international conflicts: Experiences from the Israeli-Palestinian case. *American Psychologist,* **52,** 212–220.

Kelman, H. C. (2007). The Israeli-Palestinian peace process and its vicissitudes: Insights from attitude theory. *American Psychologist,* **62,** 287–303.

Kelman, H. C. (2008). Evaluating the contributions of interactive problem solving to the resolution of ethnonational conflicts. *Peace and Conflict,* **14,** 29–60.

Kendler, K. S., Neale, M., Kessler, R., Heath, A., & Eaves, L. (1993). A twin study of recent life events and difficulties. *Archives of General Psychiatry,* **50,** 789–796.

Kennedy, D. (2006). New year, new look, old problem. *Science,* **311,** 15.

Kennedy, K. A., & Pronin, E. (2008). When disagreement gets ugly: Perceptions of bias and the escalation of conflict. *Personality and Social Psychology Bulletin,* **34,** 833–848.

Kenrick, D. T. (1987). Gender, genes, and the social environment: A biosocial interactionist perspective. In P. Shaver & C. Hendrick (Eds.), *Sex and gender: Review of personality and social psychology* (Vol. 7). Beverly Hills, CA: Sage.

Kenrick, D. T., & Gutierres, S. E. (1980). Contrast effects and judgments of physical attractiveness: When beauty becomes a social problem. *Journal of Personality and Social Psychology,* **38,** 131–140.

Kenrick, D. T., Gutierres, S. E., & Goldberg, L. L. (1989). Influence of popular erotica on judgments of strangers and mates. *Journal of Experimental Social Psychology,* **25,** 159–167.

Kenrick, D. T., & MacFarlane, S. W. (1986). Ambient temperature and horn-honking: A field study of the heat/aggression relationship. *Environment and Behavior,* **18,** 179–191.

Kenrick, D. T., & Trost, M. R. (1987). A biosocial theory of heterosexual relationships. In K. Kelly (Ed.), *Females, males, and sexuality.* Albany: State University of New York Press.

Kenworthy, J. B., Hewstone, M., Levine, J. M., Martin, R., & Willis, H. (2008). The phenomenology of minority-majority status: Effects of innovation in argument generation. *European Journal of Social Psychology,* **38,** 624–636.

Kernis, M. H. (2003). High self-esteem: A differentiated perspective. In E. C. Chang & L. J. Sanna (Eds.), *Virtue, vice, and personality: The complexity of behavior.* Washington, DC: APA Books.

Kerr, N. L. (1983). Motivation losses in small groups: A social dilemma analysis. *Journal of Personality and Social Psychology,* **45,** 819–828.

Kerr, N. L. (1989). Illusions of efficacy: The effects of group size on perceived efficacy in social dilemmas. *Journal of Experimental Social Psychology,* **25,** 287–313.

Kerr, N. L., & Bruun, S. E. (1981). Ringelmann revisited: Alternative explanations for the social loafing effect. *Personality and Social Psychology Bulletin,* **7,** 224–231.

Kerr, N. L., Harmon, D. L., & Graves, J. K. (1982). Independence of multiple verdicts by jurors and juries. *Journal of Applied Social Psychology,* **12,** 12–29.

Kerr, N. L., & Kaufman-Gilliland, C. M. (1994). Communication, commitment, and cooperation in social dilemmas. *Journal of Personality and Social Psychology,* **66,** 513–529.

Kerr, N. L. & Kaufman-Gilliland, C. M. (1997). ". . . and besides, I probably couldn't have made a difference anyway": Justification of social dilemma defection via perceived self-inefficacy. *Journal of Experimental Social Psychology,* **33,** 211–230.

Kerr, N. L., Messé, L. A., Seok, D-H., Sambolec, E. J., Lount, R. B., Jr., & Park, E. S. (2007). Psychological mechanisms underlying the Köhler motivation gain. *Personality and Social Psychology Bulletin,* **33,** 828–841.

Kerr, R. A. (2007a). Scientists tell policymakers we're all warming the world. *Science,* **315,** 754–757.

Kerr, R. A. (2007b). How urgent is climate change? *Science,* **318,** 1230–1231.

Kerr, R. A. (2007c). Is battered Arctic Sea ice down for the count? *Science,* **318,** 33.

Kerr, R. A. (2007d). Pushing the scary side of global warming. *Science,* **316,** 1412–1415.

Kidd, J. B., & Morgan, J. R. (1969). A predictive information system for management. *Operational Research Quarterly,* **20,** 149–170.

Kiesler, C. A. (1971). *The psychology of commitment: Experiments linking behavior to belief.* New York: Academic Press.

Kihlstrom, J. F., & Cantor, N. (1984). Mental representations of the self. In L. Berkowitz (Ed.), *Advances in experimental social psychology* (Vol. 17). New York: Academic Press.

Kim, H., & Markus, H. R. (1999). Deviance of uniqueness, harmony or conformity? A cultural analysis. *Journal of Personality and Social Psychology,* **77,** 785–800.

Kim, H. S., & Sherman, D. K. (2007). "Express yourself": Culture and the effect of self-expression on choice. *Journal of Personality and Social Psychology,* **92,** 1–11.

Kimmel, A. J. (1998). In defense of deception. *American Psychologist,* **53,** 803–805.

Kinder, D. R., & Sears, D. O. (1985). Public opinion and political action. In G. Lindzey & E. Aronson (Eds.), *The handbook of social psychology,* 3rd edition. New York: Random House.

Kingston, D. A., Fedoroff, P., Firestone, P., Curry, S., & Bradford, J. M. (2008). Pornography use and sexual aggression: The impact of frequency and type of pornography use on recidivism among sexual offenders. *Aggressive Behavior,* **34,** 341–351.

Kingston, D. A., Malamuth, N. M., Federoff, P., & Marshall, W. L. (2009). The importance of individual differences in pornography use: Theoretical perspectives and implications for treating sexual offenders. *Journal of Sex Research,* **46,** 216–232.

Kinsley, M. (2003, April 21). The power of one. *Time,* p. 86.

Kitayama, S., & Karasawa, M. (1997). Implicit self-esteem in Japan: Name letters and birthday numbers. *Personality and Social Psychology Bulletin,* **23,** 736–742.

Kitayama, S., & Markus, H. R. (2000). The pursuit of happiness and the realization of sympathy: Cultural patterns of self, social relations, and well-being. In E. Diener & E. M. Suh (Eds.), *Subjective well-being across cultures.* Cambridge, MA: MIT Press.

Kite, M. E. (2001). Changing times, changing gender roles: Who do we want women and men to be? In R. K. Unger (Ed.), *Handbook of the psychology of women and gender.* New York: Wiley.

Klaas, E. T. (1978). Psychological effects of immoral actions: The experimental evidence. *Psychological Bulletin,* **85,** 756–771.

Klapwijk, A., & Van Lange, P. A. M. (2009). Promoting cooperation and trust in "noisy" situations: The power of generosity. *Journal of Personality and Social Psychology,* **96,** 83–103.

Klauer, K. C., & Voss, A. (2008). Effects of race on responses and response latencies in the weapon identification task: A test of six models. *Personality and Social Psychology Bulletin,* **34,** 1124–1140.

Kleck, R. E., & Strenta, A. (1980). Perceptions of the impact of negatively valued physical characteristics on social interaction. *Journal of Personality and Social Psychology,* **39,** 861–873.

Klein, J. G. (1991). Negative effects in impression formation: A test in the political arena. *Personality and Social Psychology Bulletin,* **17,** 412–418.

Klein, W. M., & Kunda, Z. (1992). Motivated person perception: Constructing justifications for desired beliefs. *Journal of Experimental Social Psychology,* **28,** 145–168.

Kleinke, C. L. (1977). Compliance to requests made by gazing and touching experimenters in field settings. *Journal of Experimental Social Psychology,* **13,** 218–223.

Klentz, B., Beaman, A. L., Mapelli, S. D., & Ullrich, J. R. (1987). Perceived physical attractiveness of supporters and nonsupporters of the women's movement: An attitude-similarity-mediated error (AS-ME). *Personality and Social Psychology Bulletin,* **13,** 513–523.

Klinesmith, J., Kasser, T., & McAndrew, F. T. (2006). Guns, testosterone, and aggression. *Psychological Science,* **17**(7), 568–571.

Klopfer, P. H. (1958). Influence of social interaction on learning rates in birds. *Science,* **128**, 903.

Knight, G. P., Fabes, R. A., & Higgins, D. A. (1996). Concerns about drawing causal inferences from meta-analyses: An example in the study of gender differences in aggression. *Psychological Bulletin,* **119,** 410–421.

Knight, J. A., & Vallacher, R. R. (1981). Interpersonal engagement in social perception: The consequences of getting into the action. *Journal of Personality and Social Psychology,* **40,** 990–999.

Knowles, E. D., & Peng, K. (2005). White selves: Conceptualizing and measuring a dominant-group identity. *Journal of Personality and Social Psychology,* **89,** 223–241.

Knowles, E. S. (1983). Social physics and the effects of others: Tests of the effects of audience size and distance on social judgment and behavior. *Journal of Personality and Social Psychology,* **45,** 1263–1279.

Knudson, R. M., Sommers, A. A., & Golding, S. L. (1980). Interpersonal perception and mode of resolution in marital conflict. *Journal of Personality and Social Psychology,* **38,** 751–763.

Koehler, D. J. (1991). Explanation, imagination, and confidence in judgment. *Psychological Bulletin,* **110,** 499–519.

Koenig, L. B., McGue, M., & Iacono, W. G. (2008). Stability and change in religiousness during emerging adulthood. *Developmental Psychology,* **44,** 531–543.

Koestner, R., & Wheeler, L. (1988). Self-presentation in personal advertisements: The influence of implicit notions of attraction and role expectations. *Journal of Social and Personal Relationships,* **5,** 149–160.

Komorita, S. S., & Barth, J. M. (1985). Components of reward in social dilemmas. *Journal of Personality and Social Psychology,* **48,** 364–373.

Konrad, A. M., Ritchie, J. E., Jr., Lieb, P., & Corrigall, E. (2000). Sex differences and similarities in job attribute preferences: A meta-analysis. *Psychological Bulletin,* **126,** 593–641.

Koo, M., Algoe, S. B., Wilson, T. D., & Gilbert, D. T. (2008). It's a wonderful life: Mentally subtracting positive events improves people's affective states, contrary to their affective forecasts. *Journal of Personality and Social Psychology,* **95,** 1217–1224.

Koole, S. L., Dijksterhuis, A., & van Knippenberg, A. (2001). What's in a name? Implicit self-esteem and the automatic self. *Journal of Personality and Social Psychology,* **80,** 669–685.

Koomen, W., & Dijker, A. J. (1997). Ingroup and outgroup stereotypes and selective processing. *European Journal of Social Psychology,* **27,** 589–601.

Koop, C. E. (1987). Report of the Surgeon General's workshop on pornography and public health. *American Psychologist,* **42,** 944–945.

Koppel, M., Argamon, S., & Shimoni, A. R. (2002). Automatically categorizing written texts by author gender. *Literary and Linguistic Computing,* **17,** 401–412.

Koriat, A., Lichtenstein, S., & Fischhoff, B. (1980). Reasons for confidence. *Journal of Experimental Social Psychology: Human Learning and Memory,* **6,** 107–118.

Korn, J. H., & Nicks, S. D. (1993). The rise and decline of deception in social psychology. Poster presented at the American Psychological Society convention.

Krackow, A., & Blass, T. (1995). When nurses obey or defy inappropriate physician orders: Attributional differences. *Journal of Social Behavior and Personality,* **10,** 585–594.

Kramer, A. E. (2008, August 32). Russia's collective farms: Hot capitalist property. *New York Times* (www.nytimes.com).

Kravitz, D. A., & Martin, B. (1986). Ringelmann rediscovered: The original article. *Journal of Personality and Social Psychology,* **50,** 936–941.

Krebs, D., & Adinolfi, A. A. (1975). Physical attractiveness, social relations, and personality style. *Journal of Personality and Social Psychology,* **31,** 245–253.

Krisberg, K. (2004). Successful "truth" anti-smoking campaign in funding jeopardy: New commission works to save campaign. *Medscape* (www.medscape.com).

Kristof, N. D. (2007, August 16). The big melt. *New York Times* (www.nytimes.com).

Krizan, Z., & Suls, J. (2008). Losing sight of oneself in the above-average effect: When egocentrism, focalism, and group diffuseness collide. *Journal of Experimental Social Psychology,* **44,** 929–942.

Kroger, R. O., & Wood, L. A. (1992). Are the rules of address universal? IV: Comparison of Chinese, Korean, Greek, and German usage. *Journal of Cross-Cultural Psychology,* **23,** 148–162.

Krosnick, J. A., & Alwin, D. F. (1989). Aging and susceptibility to attitude change. *Journal of Personality and Social Psychology,* **57,** 416–425.

Krueger, A. (2007a, November/December). What makes a terrorist. *The American* (www.american.com).

Krueger, A. (2007b). *What makes a terrorist: Economics and the roots of terrorism.* Princeton, NJ: Princeton University Press.

Krueger, J. (1996). Personal beliefs and cultural stereotypes about racial characteristics. *Journal of Personality and Social Psychology,* **71,** 536–548.

Krueger, J., & Clement, R. W. (1994a). Memory-based judgments about multiple categories: A revision and extension of Tajfel's accentuation theory. *Journal of Personality and Social Psychology,* **67,** 35–47.

Krueger, J., & Clement, R. W. (1994b). The truly false consensus effect: An ineradicable and egocentric bias in social perception. *Journal of Personality and Social Psychology,* **67,** 596–610.

Kruger, J., & Dunning, D. (1999). Unskilled and unaware of it: How difficulties in recognizing one's own incompetence lead to inflated self-assessments. *Journal of Personality and Social Psychology,* **77,** 1121–1134.

Kruger, J., & Evans, M. (2004). If you don't want to be late, enumerate: Unpacking reduces the planning fallacy. *Journal of Experimental Social Psychology,* **40,** 586–598.

Kruger, J., & Gilovich, T. (1999). "I cynicism" in everyday theories of responsibility assessment: On biased assumptions of bias. *Journal of Personality and Social Psychology,* **76,** 743–753.

Kruger, J., & Savitsky, K. (2009). On the genesis of inflated (and deflated) judgments of responsibility. *Organizational Behavior and Human Decision Processes,* **108,** 143–152.

Kruger, J., Windschitl, P. D., Burrus, J., Fessel, F., & Chambers, J. R. (2008). The rational side of egocentrism in social comparisons. *Journal of Experimental Social Psychology,* **44,** 220–232.

Kruglanski, A. W., & Fishman, S. (2006). The psychology of terrorism: "Syndrome" versus "tool" perspective. *Journal of Terrorism and Political Violence,* **18**(2), 193–215.

Kruglanski, A. W., & Golec de Zavala, A. (2005) Individual motivations, the group process and organizational strategies in suicide terrorism. *psychology and sociology (psycologie et sociologie).*

Kruglanski, A. W., & Webster, D. M. (1991). Group members' reactions to opinion deviates and conformists at varying degrees of proximity to decision deadline and of environmental noise. *Journal of Personality and Social Psychology,* **61,** 212–225.

Krugman, P. (2003, February 18). Behind the great divide. *New York Times* (www.nytimes.com).

Krull, D. S., Loy, M. H-M., Lin, J., Wang, C-F., Chen, S., & Zhao, X. (1999). The fundamental fundamental attribution error: Correspondence bias in individualist and collectivist cultures. *Personality and Social Psychology Bulletin,* **25,** 1208–1219.

Kubany, E. S., Bauer, G. B., Pangilinan, M. E., Muroka, M. Y., & Enriquez, V. G. (1995). Impact of labeled anger and blame in intimate relationships. *Journal of Cross-Cultural Psychology,* **26,** 65–83.

Kugihara, N. (1999). Gender and social loafing in Japan. *Journal of Social Psychology,* **139,** 516–526.

Kuiper, N. A., & Higgins, E. T. (1985). Social cognition and depression: A general integrative perspective. *Social Cognition,* **3,** 1–15.

Kull, S. (2003, June 4). Quoted in "Many Americans unaware WMD have not been found." Program on International Policy Attitudes (http://pipa.org/whatsnew/html/new_6_04_03.html).

Kunda, Z., & Oleson, K. C. (1995). Maintaining stereotypes in the face of disconfirmation: Constructing grounds for subtyping deviants. *Journal of Personality and Social Psychology,* **68,** 565–579.

Kunda, Z., & Oleson, K. C. (1997). When exceptions prove the rule: How extremity of deviance determines the impact of deviant examples on stereotypes. *Journal of Personality and Social Psychology,* **72,** 965–979.

Kunda, Z., & Sherman-Williams, B. (1993). Stereotypes and the construal of individuating information. *Personality and Social Psychology Bulletin,* **19,** 90–99.

Lagerspetz, K. (1979). Modification of aggressiveness in mice. In S. Feshbach & A. Fraczek (Eds.), *Aggression and behavior change.* New York: Praeger.

Lakin, J. L., Chartrand, T. L., & Arkin, R. M. (2008). I am too just like you: Nonconscious mimicry as an automatic behavioral responses to social exclusion. *Psychological Science,* **19,** 816–821.

Lalonde, R. N. (1992). The dynamics of group differentiation in the face of defeat. *Personality and Social Psychology Bulletin,* **18,** 336–342.

Lalwani, A. K., Shavitt, S., & Johnson, T. (2006). What is the relation between cultural orientation and socially desirable responding? *Journal of Personality and Social Psychology,* **90,** 165–178.

Lamal, P. A. (1979). College student common beliefs about psychology. *Teaching of Psychology,* **6,** 155–158.

Landau, M. J., Solomon, S., Greenberg, J., Cohen, F., Pyszczynski, T., Arndt, J., Miller, C. H., Ogilvie, D. M., & Cook, A. (2004). Deliver us from evil: The effects of mortality salience and reminders of 9/11 on support for President George W. Bush. *Personality and Social Psychology Bulletin,* **30,** 1136–1150.

Landers, A. (1969, April 8). Syndicated newspaper column. April 8, 1969. Cited by L. Berkowitz in, The case for bottling up rage. *Psychology Today,* September, 1973, pp. 24–31.

Laner, M. R., & Ventrone, N. A. (1998). Egalitarian daters/traditionalist dates. *Journal of Family Issues,* **19,** 468–477.

Laner, M. R., & Ventrone, N. A. (2000). Dating scripts revised. *Journal of Family Issues,* **21,** 488–500.

Langer, E. J. (1977). The psychology of chance. *Journal for the Theory of Social Behavior,* **7,** 185–208.

Langer, E. J., & Imber, L. (1980). The role of mindlessness in the perception of deviance. *Journal of Personality and Social Psychology,* **39,** 360–367.

Langer, E. J., & Rodin, J. (1976). The effects of choice and enhanced personal responsibility for the aged: A field experiment in an institutional setting. *Journal of Personality and Social Psychology,* **334,** 191–198.

Langlois, J. H., Kalakanis, L., Rubenstein, A. J., Larson, A., Hallam, M., & Smoot, M. (2000). Maxims or myths of beauty? A meta-analytic and theoretical review. *Psychological Bulletin,* **126,** 390–423.

Langlois, J. H., Roggman, L. A., & Musselman, L. (1994). What is average and what is not average about attractive faces? *Psychological Science,* **5,** 214–220.

Langlois, J., Kalakanis, L., Rubenstein, A., Larson, A., Hallam, M., & Smoot, M. (1996). Maxims and myths of beauty: A meta-analytic and theoretical review. Paper presented to the American Psychological Society convention.

Lanzetta, J. T. (1955). Group behavior under stress. *Human Relations,* **8,** 29–53.

Larsen, R. J., & Diener, E. (1987). Affect intensity as an individual difference characteristic: A review. *Journal of Research in Personality,* **21,** 1–39.

Larson, J. R., Jr., Foster-Fishman, P. G., & Keys, C. B. (1994). Discussion of shared and unshared information in decision-making groups. *Journal of Personality and Social Psychology,* **67,** 446–461.

Larsson, K. (1956). *Conditioning and sexual behavior in the male albino rat.* Stockholm: Almqvist & Wiksell.

Larwood, L. (1978). Swine flu: A field study of self-serving biases. *Journal of Applied Social Psychology,* **18,** 283–289.

Larwood, L., & Whittaker, W. (1977). Managerial myopia: Self-serving biases in organizational planning. *Journal of Applied Psychology,* **62,** 194–198.

Lassiter, G. D., Diamond, S. S., Schmidt, H. C., & Elek, J. K. (2007). Evaluating videotaped confessions. *Psychological Science,* **18,** 224–226.

Lassiter, G. D., & Dudley, K. A. (1991). The *a priori* value of basic research: The case of videotaped confessions. *Journal of Social Behavior and Personality,* **6,** 7–16.

Lassiter, G. D., Geers, A. L., Handley, I. M., Weiland, P. E., & Munhall, P. J. (2002). Videotaped interrogations and confessions: A simple change in camera perspective alters verdicts in simulated trials. *Journal of Applied Psychology,* **87,** 867–874.

Lassiter, G. D., & Irvine, A. A. (1986). Videotaped confessions: The impact of camera point of view on judgments of coercion. *Journal of Applied Social Psychology,* **16,** 268–276.

Lassiter, G. D., & Munhall, P. J. (2001). The genius effect: Evidence for a nonmotivational interpretation. *Journal of Experimental Social Psychology,* **37,** 349–355.

Lassiter, G. D., Munhall, P. J., Berger, I. P., Weiland, P. E., Handley, I. M., & Geers, A. L. (2005). Attributional complexity and the camera perspective bias in videotaped confessions. *Basic and Applied Social Psychology,* **27,** 27–35.

Latané, B., & Dabbs, J. M., Jr. (1975). Sex, group size and helping in three cities. *Sociometry,* **38,** 180–194.

Latané, B., & Darley, J. M. (1970). *The unresponsive bystander: Why doesn't he help?* New York: Appleton-Century-Crofts.

Latané, B., & Nida, S. (1981). Ten years of research on group size and helping. *Psychological Bulletin,* **89,** 308–324.

Latané, B., Williams, K., & Harkins. S. (1979). Many hands make light the work: The causes and consequences of social loafing. *Journal of Personality and Social Psychology,* **37,** 822–832.

Laumann, E. O., Gagnon, J. H., Michael, R. T., & Michaels, S. (1994). *The social organization of sexuality: Sexual practices in the United States.* Chicago: University of Chicago Press.

Lawler, A. (2003a). Iraq's shattered universities. *Science,* **300,** 1490–1491.

Lawler, A. (2003b). Mayhem in Mesopotamia. *Science,* **301,** 582–588.

Layden, M. A. (1982). Attributional therapy. In C. Antaki & C. Brewin (Eds.), *Attributions and psychological change: Applications of attributional theories to clinical and educational practice.* London: Academic Press.

Lazarsfeld, P. F. (1949). *The American soldier*—an expository review. *Public Opinion Quarterly,* **13,** 377–404.

Leaper, C., & Ayres, M. M. (2007). A meta-analytic review of gender variations in adults' language use: Talkativeness, affiliative speech and assertive speech. *Personality and Social Psychology Review,* **11,** 328–363.

Leary, M. (1994). *Self-presentation: Impression management and interpersonal behavior.* Pacific Grove, CA: Brooks/Cole.

Leary, M. R. (1998). The social and psychological importance of self-esteem. In R. M. Kowalski & M. R. Leary (Eds.), *The social psychology of emotional and behavioral problems.* Washington, DC: American Psychological Association.

Leary, M. R. (1999). The social and psychological importance of -self-esteem. In R. M. Kowalski & M. R. Leary (Eds.), *The social psychology of emotional and behavioral problems.* Washington, DC: APA Books.

Leary, M. R. (2004b). The self we know and the self we show: Self-esteem, self-presentation, and the maintenance of interpersonal relationships. In M. Brewer & M. Hewstone (Eds.), *Emotion and motivation.* Malden, MA: Usishers.

Leary, M. R. (2007). Motivational and emotional aspects of the self. *Annual Review of Psychology,* **58,** 317–344.

Leary, M. R., & Kowalski, R. M. (1995). *Social anxiety.* New York: Guilford.

Leary, M. R., Twenge, J. M., & Quinlivan, E. (2006). Interpersonal rejection as a determinant of anger and aggression. *Personality and Social Psychology Review,* 10, 111–132.

LeDoux, J. (2002). *Synaptic self: How our brains become who we are.* New York: Viking.

Lee, F., Hallahan, M., & Herzog, T. (1996). Explaining real-life events: How culture and domain shape attributions. *Personality and Social Psychology Bulletin,* **22,** 732–741.

Lee, Y-S., & Waite, L. J. (2005). Husbands' and wives' time spent on housework: A comparison of measures. *Journal of Marriage and Family,* **67,** 328–336.

Lefcourt, H. M. (1982). *Locus of control: Current trends in theory and research.* Hillsdale, NJ: Erlbaum.

Lemyre, L., & Smith, P. M. (1985). Intergroup discrimination and self-esteem in the minimal group paradigm. *Journal of Personality and Social Psychology,* **49,** 660–670.

Lench, H. C., Quas, J. A., & Edelstein, R. S. (2006). My child is better than average: The extension and restriction of unrealistic optimism. *Journal of Applied Social Psychology,* **36,** 2963–2979.

Leon, D. (1969). *The Kibbutz: A new way of life.* London: Pergamon Press. Cited by B. Latané, K. Williams, & S. Harkins (1979), Many hands make light the work: The causes and consequences of social loafing. *Journal of Personality and Social Psychology,* **37,** 822–832.

Lerner, M. J. (1980). *The belief in a just world: A fundamental delusion.* New York: Plenum.

Lerner, M. J., & Miller, D. T. (1978). Just world research and the attribution process: Looking back and ahead. *Psychological Bulletin,* **85,** 1030–1051.

Lerner, M. J., & Simmons, C. H. (1966). Observer's reaction to the "innocent victim": Compassion or rejection? *Journal of Personality and Social Psychology,* **4,** 203–210.

Lerner, M. J., Somers, D. G., Reid, D., Chiriboga, D., & Tierney, M. (1991). Adult children as caregivers: Egocentric biases in judgments of sibling contributions. *The Gerontologist,* **31,** 746–755.

Leshner, A. I. (2005, October). Science and religion should not be adversaries. *APS Observer* (www.psychologicalscience.org).

Leventhal, H. (1970). Findings and theory in the study of fear communications. In L. Berkowitz (Ed.), *Advances in experimental social psychology* (Vol. 5). New York: Academic Press.

Levine, J. M. (1989). Reaction to opinion deviance in small groups. In P. Paulus (Ed.), *Psychology of group influence: New perspectives.* Hillsdale, NJ: Erlbaum.

Levine, J. M., & Moreland, R. L. (1985). Innovation and socialization in small groups. In S. Moscovici, G. Mugny, & E. Van Avermaet (Eds.), *Perspectives on minority influence.* Cambridge: Cambridge University Press.

Levine, R. (2003). *The power of persuasion: How we're bought and sold.* New York: Wiley.

Levinson, H. (1950). *The science of chance: From probability to statistics.* New York: Rinehart.

Levitan, L. C., & Visser, P. S. (2008). The impact of the social context on resistance to persuasion: Effortful versus effortless responses to counter-attitudinal information. *Journal of Experimental Social Psychology,* **44,** 640–649.

Levy, S. R., Stroessner, S. J., & Dweck, C. S. (1998). Stereotype formation and endorsement: The role of implicit theories. *Journal of Personality and Social Psychology,* **74,** 1421–1436.

Levy-Leboyer, C. (1988). Success and failure in applying psychology. *American Psychologist,* **43,** 779–785.

Lewandowski, G. W., & Bizzoco, N. M. (2007). Addition through subtraction: Growth following the dissolution of a low-quality relationship. *Journal of Positive Psychology,* **2,** 40–54.

Lewandowski, G. W., Jr., Aron, A., & Gee, J. (2007). Personality goes a long way: The malleability of opposite-sex physical attractiveness. *Personal Relationships,* **14,** 571–585.

Lewin, K. (1936). *A dynamic theory of personality.* New York: McGraw-Hill.

Lewinsohn, P. M., Hoberman, H., Teri, L., & Hautziner, M. (1985). An integrative theory of depression. In S. Reiss & R. Bootzin (Eds.), *Theoretical issues in behavior therapy.* New York: Academic Press.

Lewinsohn, P. M., & Rosenbaum, M. (1987). Recall of parental behavior by acute depressives, remitted depressives, and nondepressives. *Journal of Personality and Social Psychology,* **52,** 611–619.

Lewis, C. S. (1952). *Mere Christianity.* New York: Macmillan.

Lewis, D. O. (1998). *Guilty by reason of insanity.* London: Arrow.

Leyens, J.-P., Camino, L., Parke, R. D., & Berkowitz, L. (1975). Effects of movie violence on aggression in a field setting as a function of group dominance and cohesion. *Journal of Personality and Social Psychology,* **32,** 346–360.

Li, N. P., Bailey, J. M., Kenrick, D. T., & Linsenmeier, J. A. W. (2002). The necessities and luxuries of mate preferences: Testing the tradeoffs. *Journal of Personality and Social Psychology,* **82,** 947–955.

Lichtblau, E. (2003, March 18). U.S. seeks $289 billion in cigarette makers' profits. *New York Times* (www.nytimes.com).

Lichtenstein, S., & Fischhoff, B. (1980). Training for calibration. *Organizational Behavior and Human Performance,* **26,** 149–171.

Liehr, P., Mehl, M. R., Summers, L. C., & Pennebaker, J. W. (2004). Connecting with others in the midst of stressful upheaval on September 11, 2001. *Applied Nursing Research,* **17,** 2–9.

Lilienfeld, S. O., Fowler, K. A., Lohr, J. M., & Lynn, S. J. (2005). Pseudoscience, nonscience, and nonsense in clinical psychology: Dangers and remedies. In R. H. Wright & N. A. Cummings (Eds.), *Destructive trends in mental health: The well-intentioned path to harm.* New York: Routledge.

Lilienfeld, S. O., Wood, J. M., & Garb, H. N. (2000). The scientific status of projective techniques. *Psychological Science in the Public Interest,* **1,** 27–66.

Lindskold, S. (1978). Trust development, the GRIT proposal, and the effects of conciliatory acts on conflict and cooperation. *Psychological Bulletin,* **85,** 772–793.

Lindskold, S. (1979a). Conciliation with simultaneous or sequential interaction: Variations in trustworthiness and vulnerability in the prisoner's dilemma. *Journal of Conflict Resolution,* **27,** 704–714.

Lindskold, S. (1979b). Managing conflict through announced conciliatory initiatives backed with retaliatory capability. In W. G. Austin & S. Worchel (Eds.), *The social psychology of intergroup relations.* Monterey, CA: Brooks/Cole.

Lindskold, S. (1981). The laboratory evaluation of GRIT: Trust, cooperation, aversion to using conciliation. Paper presented at the American Association for the Advancement of Science convention.

Lindskold, S. (1983). Cooperators, competitors, and response to GRIT. *Journal of Conflict Resolution,* **27,** 521–532.

Lindskold, S., & Aronoff, J. R. (1980). Conciliatory strategies and relative power. *Journal of Experimental Social Psychology,* **16,** 187–198.

Lindskold, S., Bennett, R., & Wayner, M. (1976). Retaliation level as a foundation for subsequent conciliation. *Behavioral Science,* **21,** 13–18.

Lindskold, S., & Collins, M. G. (1978). Inducing cooperation by groups and individuals. *Journal of Conflict Resolution,* **22,** 679–690.

Lindskold, S., & Finch, M. L. (1981). Styles of announcing conciliation. *Journal of Conflict Resolution,* **25,** 145–155.

Lindskold, S., & Han, G. (1988). GRIT as a foundation for integrative bargaining. *Personality and Social Psychology Bulletin,* **14,** 335–345.

Lindskold, S., Han, G., & Betz, B. (1986a). Repeated persuasion in interpersonal conflict. *Journal of Personality and Social Psychology,* **51,** 1183–1188.

Lindskold, S., Han, G., & Betz, B. (1986b). The essential elements of communication in the GRIT strategy. *Personality and Social Psychology Bulletin,* **12,** 179–186.

Lindskold, S., Walters, P. S., Koutsourais, H., & Shayo, R. (1981). Cooperators, competitors, and response to GRIT. Unpublished manuscript, Ohio University.

Lippa, R. A. (2007). The preferred traits of mates in a cross-national study of heterosexual and homosexual men and women: An examination of biological and cultural influences. *Archives of Sexual Behavior,* **36,** 193–208.

Lippa, R. A. (2008a). Sex differences and sexual orientation differences in personality: Findings from the BBC Internet survey. *Archives of Sexual Behavior,* **37,** 173–187.

Lippa, R. A. (2008b). Sex differences in sex drive, sociosexuality, and height across 53 nations: Testing evolutionary and social structural theories. *Archives of Sexual Behavior* (www.springerlink.com/content/x754q0433g18hg81/).

Lipsitz, A., Kallmeyer, K., Ferguson, M., & Abas, A. (1989). Counting on blood donors: Increasing the impact of reminder calls. *Journal of Applied Social Psychology,* **19,** 1057–1067.

Little, A., & Perrett, D. (2002). Putting beauty back in the eye of the beholder. *The Psychologist,* **15,** 28–32.

Livingston, R. W. (2001). What you see is what you get: Systematic variability in perceptual-based social judgment. *Personality and Social Psychology Bulletin,* **27,** 1086–1096.

Livingston, R. W., & Drwecki, B. B. (2007). Why are some individuals not racially biased? Susceptibility to affective conditioning predicts nonprejudice toward Blacks. *Psychological Science,* **18,** 816–823.

Locke, E. A., & Latham, G. P. (1990). Work motivation and satisfaction: Light at the end of the tunnel. *Psychological Science,* **1,** 240–246.

Locksley, A., Borgida, E., Brekke, N., & Hepburn, C. (1980). Sex stereotypes and social judgment. *Journal of Personality and Social Psychology,* **39,** 821–831.

Lockwood, P., Dolderman, D., Sadler, P., & Gerchak, E. (2004). Feeling better about doing worse: Social comparisons within romantic relationships. *Journal of Personality and Social Psychology,* **87,** 80–95.

Lofland, J., & Stark, R. (1965). Becoming a worldsaver: A theory of conversion to a deviant perspective. *American Sociological Review,* **30,** 862–864.

Loftin, C., McDowall, D., Wiersema, B., & Cottey, T. J. (1991). Effects of restrictive licensing of handguns on homicide and suicide in the District of Columbia. *New England Journal of Medicine,* **325,** 1615–1620.

Loftus, E. F., & Klinger, M. R. (1992). Is the unconscious smart or dumb? *American Psychologist,* **47,** 761–765.

Lombardo, J. P., Weiss, R. F., & Buchanan, W. (1972). Reinforcing and attracting functions of yielding. *Journal of Personality and Social Psychology,* **21,** 359–368.

Lonner, W. J. (1980). The search for psychological universals. In H. C. Triandis & W. W. Lambert (Eds.), *Handbook of cross-cultural psychology* (Vol. 1). Boston: Allyn & Bacon.

Lord, C. G., Ross, L., & Lepper, M. (1979). Biased assimilation and attitude polarization: The effects of prior theories on subsequently considered evidence. *Journal of Personality and Social Psychology,* **37,** 2098–2109.

Lovett, F. (1997). Thinking about values (report of December 13, 1996 *Wall Street Journal* national survey). *The Responsive Community,* **7**(2), 87.

Lowenstein, D. (2000, May 20). Interview. *The World* (www.cnn.com/TRANSCRIPTS/0005/20/stc.00.html).

Loewenstein, G., & Schkade, D. (1999). Wouldn't it be nice? Predicting future feelings. In D. Kahneman, E. Diener, & N. Schwarz (Eds.), *Understanding well-being: Scientific perspectives on enjoyment and suffering*. New York: Russell Sage Foundation, pp. 85–105.

Lücken, M., & Simon, B. (2005). Cognitive and affective experiences of minority and majority members: The role of group size, status, and power. Journal of Experimental Social Psychology, **41,** 396–413.

Lueptow, L. B., Garovich, L., & Lueptow, M. B. (1995). The persistence of gender stereotypes in the face of changing sex roles: Evidence contrary to the sociocultural model. *Ethology and Sociobiology,* **16,** 509–530.

Luntz, F. (2003, June 10). Quoted by T. Raum, "Bush insists banned weapons will be found." Associated Press (story.news.yahoo.com).

Luo, S., & Klohnen, E. C. (2005). Assortative mating and marital quality in newlyweds: A couple-centered approach. *Journal of Personality and Social Psychology,* **88,** 304–326.

Lutsky, L. A., Risucci, D. A., & Tortolani, A. J. (1993). Reliability and accuracy of surgical resident peer ratings. *Evaluation Review,* **17,** 444–456.

Lydon, J., & Dunkel-Schetter, C. (1994). Seeing is committing: A longitudinal study of bolstering commitment in amniocentesis patients. *Personality and Social Psychology Bulletin,* **20,** 218–227.

Lykken, D. T. (1997). The American crime factory. *Psychological Inquiry,* **8,** 261–270.

Lynn, M., & Oldenquist, A. (1986). Egoistic and nonegoistic motives in social dilemmas. *American Psychologist,* **41,** 529–534.

Lyons, L. (2003, September 23). Oh, boy: Americans still prefer sons. *Gallup Poll Tuesday Briefing* (www.gallup.com).

Lyubomirsky, S. (2001). Why are some people happier than others? The role of cognitive and motivational processes in well-being. *American Psychologist,* **56,** 239–249.

Ma, V., & Schoeneman, T. J. (1997). Individualism versus collectivism: A comparison of Kenyan and American self-concepts. *Basic and Applied Social Psychology,* **19,** 261–273.

Maass, A. (1998). Personal communication from Universita degli Studi di Padova.

Maass, A., & Clark, R. D., III. (1984). Hidden impact of minorities: Fifteen years of minority influence research. *Psychological Bulletin,* **95,** 428–450.

Maass, A., & Clark, R. D., III. (1986). Conversion theory and simultaneous majority/minority influence: Can reactance offer an alternative explanation? *European Journal of Social Psychology,* **16,** 305–309.

Maass, A., Volparo, C., & Mucchi-Faina, A. (1996). Social influence and the verifiability of the issue under discussion: Attitudinal versus objective items. *British Journal of Social Psychology,* **35,** 15–26.

Maccoby, E. E. (2002). Gender and group process: A developmental perspective. *Current Directions in Psychological Science,* **11,** 54–58.

MacDonald, G., & Leary, M. R. (2005). Why does social exclusion hurt? The relationship between social and physical pain. *Psychological Bulletin,* **131,** 202–223.

MacDonald, G., Zanna, M. P., & Holmes, J. G. (2000). An experimental test of the role of alcohol in relationship conflict. *Journal of Experimental Social Psychology,* **36,** 182–193.

MacDonald, T. K., & Ross, M. (1997). Assessing the accuracy of predictions about dating relationships: How and why do lovers' predictions differ from those made by observers? Unpublished manuscript, University of Lethbridge.

Mack, D., & Rainey, D. (1990). Female applicants' grooming and personnel selection. *Journal of Social Behavior and Personality,* **5,** 399–407.

MacLeod, C., & Campbell, L. (1992). Memory accessibility and probability judgments: An experimental evaluation of the availability heuristic. *Journal of Personality and Social Psychology,* **63,** 890–902.

Macrae, C. N., Alnwick, M. A., Milne, A. B., & Schloerscheidt, A. M. (2002). Person perception across the menstrual cycle: Hormonal influences on social-cognitive functioning. *Psychological Science,* **13,** 532–536.

Macrae, C. N., & Bodenhausen, G. V. (2000). Social cognition: Thinking categorically about others. *Annual Review of Psychology,* **51,** 93–120.

Macrae, C. N., & Bodenhausen, G. V. (2001). Social cognition: Categorical person perception. *British Journal of Psychology,* **92,** 239–255.

MACRAE, C. N., BODENHAUSEN, G. V., MILNE, A. B., & JETTEN, J. (1994). Out of mind but back in sight: Stereotypes on the rebound. *Journal of Personality and Social Psychology,* **67,** 808–817.

MACRAE, C. N., & JOHNSTON, L. (1998). Help, I need somebody: Automatic action and inaction. *Social Cognition,* **16,** 400–417.

MADDUX, J. E. (1993). The mythology of psychopathology: A social cognitive view of deviance, difference, and disorder. *The General Psychologist,* **29**(2), 34–45.

MADDUX, J. E., & GOSSELIN, J. T. (2003). Self-efficacy. In M. R. Leary & J. P. Tangney (Eds.), *Handbook of self and identity.* New York: Guilford.

MADDUX, J. E., & ROGERS, R. W. (1983). Protection motivation and self-efficacy: A revised theory of fear appeals and attitude change. *Journal of Experimental Social Psychology,* **19,** 469–479.

MADDUX, W. W., GALINSKY, A. D., CUDDY, A. J. C., & POLIFRONI, M. (2008). When being a model minority is good . . . and bad: Realistic threat explains negativity towards Asian Americans. *Personality and Social Psychology Bulletin,* **34,** 74–89.

MADDUX, W. W., MULLEN, E., & GALINSKY, A. D. (2008). Chameleons bake bigger pies and take bigger pieces: Strategic behavioral mimicry facilitates negotiation outcomes. *Journal of Experimental Social Psychology,* **44,** 461–468.

MADON, S., JUSSIM, L., & ECCLES, J. (1997). In search of the powerful self-fulfilling prophecy. *Journal of Personality and Social Psychology,* **72,** 791–809.

MAJOR, B., KAISER, C. R., & MCCOY, S. K. (2003). It's not my fault: When and why attributions to prejudice protect self-esteem. *Personality and Social Psychology Bulletin,* **29,** 772–781.

MALAMUTH, N. M., & CHECK, J. V. P. (1981). The effects of media exposure on acceptance of violence against women: A field experiment. *Journal of Research in Personality,* **15,** 436–446.

MALKIEL, B. (2007). *A random walk down Wall Street,* 9th edition. New York: Norton.

MALLE, B. F. (2006). The actor-observer asymmetry in attribution: A (surprising) meta-analysis. *Psychological Bulletin,* **132,** 895–919.

MANER, J. K., GAILLIOT, M. T., & MILLER, S. L. (2009). The implicit cognition of relationship maintenance: Inattention to attractive alternatives. *Journal of Experimental Social Psychology,* **45,** 174–179.

MANIS, M., CORNELL, S. D., & MOORE, J. C. (1974). Transmission of attitude-relevant information through a communication chain. *Journal of Personality and Social Psychology,* **30,** 81–94.

MANN, L. (1981). The baiting crowd in episodes of threatened suicide. *Journal of Personality and Social Psychology,* **41,** 703–709.

MANNING, R., LEVINE, M., & COLLINS, A. (2007). The Kitty Genovese murder and the social psychology of helping: The parable of the 38 witnesses. *American Psychologist,* **62,** 555–562.

MAR, R. A., & OATLEY, K. (2008). The function of fiction is the abstraction and simulation of social experience. *Perspectives on Psychological Science,* **3,** 173–192.

MARCUS, S. (1974). Review of *Obedience to authority.* New York Times Book Review, January 13, pp. 1–2.

MARCUS-NEWHALL, A., PEDERSEN, W. C., CARLSON, M., & MILLER, N. (2000). Displaced aggression is alive and well: A meta-analytic review. *Journal of Personality and Social Psychology,* **78,** 670–689.

MARKEY, P. M., WELLS, S. M., & MARKEY, C. N. (2002). In S. P. Shohov (Ed.), *Advances in Psychology Research,* **9,** 94–113. Huntington, NY: Nova Science.

MARKEY, P. M., & KURTZ, J. E. (2006). Increasing acquaintanceship and complementarity of behavioral styles and personality traits among college roommates. *Personality and Social Psychology Bulletin,* **32,** 907–916.

MARKMAN, H. J., FLOYD, F. J., STANLEY, S. M., & STORAASLI, R. D. (1988). Prevention of marital distress: A longitudinal investigation. *Journal of Consulting and Clinical Psychology,* **56,** 210–217.

MARKS, G., & MILLER, N. (1987). Ten years of research on the false-consensus effect: An empirical and theoretical review. *Psychological Bulletin,* **102,** 72–90.

MARKUS, H. (2001, October 7). Culture and the good life. Address to the Positive Psychology Summit conference, Washington, DC.

MARKUS, H., & KITAYAMA, S. (1991). Culture and the self: Implications for cognition, emotion, and motivation. *Psychological Review,* **98,** 224–253.

MARKUS, H., & NURIUS, P. (1986). Possible selves. *American Psychologist,* **41,** 954–969.

MARKUS, H., & WURF, E. (1987). The dynamic self-concept: A social psychological perspective. *Annual Review of Psychology,* **38,** 299–337.

MARSDEN, P., & ATTIA, S. (2005). A deadly contagion? *The Psychologist,* **18,** 152–155.

MARSH, H. W., & YOUNG, A. S. (1997). Causal effects of academic self-concept on academic achievement: Structural equation models of longitudinal data. *Journal of Educational Psychology,* **89,** 41–54.

MARSHALL, R. (1997). Variances in levels of individualism across two cultures and three social classes. *Journal of Cross-Cultural Psychology,* **28,** 490–495.

Marshall, W. L. (1989). Pornography and sex offenders. In D. Zillmann & J. Bryant (Eds.), *Pornography: Research advances and policy considerations.* Hillsdale, NJ: Erlbaum.

Martens, A., Kosloff, S., Greenberg, J., Landau, M. J., & Schmader, R. (2007). Killing begets killing: Evidence from a bug-killing paradigm that initial killing fuels subsequent killing. *Personality and Social Psychology Bulletin,* **33,** 1251–1264.

Martin, R., Hewstone, M., & Martin, P. Y. (2008). Majority versus minority influence: The role of message processing in determining resistance to counter-persuasion. *European Journal of Social Psychology,* **38,** 16–34.

Martin, R., Martin, P. Y., Smith, J. R., & Hewstone, M. (2007). Majority versus minority influence and prediction of behavioural intentions and behaviour. *Journal of Experimental Social Psychology,* **43,** 763–771.

Maruyama, G., Rubin, R. A., & Kingbury, G. (1981). Self-esteem and educational achievement: Independent constructs with a common cause? *Journal of Personality and Social Psychology,* **40,** 962–975.

Marvelle, K., & Green, S. (1980). Physical attractiveness and sex bias in hiring decisions for two types of jobs. *Journal of the National Association of Women Deans, Administrators, and Counselors,* **44**(1), 3–6.

Mast, M. S., & Hall, J. A. (2006). Women's advantage at remembering others' appearance: A systematic look at the why and when of a gender difference. *Personality and Social Psychology Bulletin,* **32,** 353–364.

Mastroianni, G. R., & Reed, G. (2006). Apples, barrels, and Abu Ghraib. *Sociological Focus,* **39,** 239–250.

Masuda, T., & Kitayama, S. (2004). Perceiver-induced constraint and attitude attribution in Japan and the U.S.: A case for the cultural dependence of the correspondence bias. *Journal of Experimental Social Psychology,* **40,** 409–416.

Mayer, J. D., & Salovey, P. (1987). Personality moderates the interaction of mood and cognition. In K. Fiedler & J. Forgas (Eds.), *Affect, cognition, and social behavior.* Toronto: Hogrefe.

McAlister, A., Perry, C., Killen, J., Slinkard, L. A., & Maccoby, N. (1980). Pilot study of smoking, alcohol and drug abuse prevention. *American Journal of Public Health,* **70,** 719–721.

McCarthy, J. F., & Kelly, B. R. (1978a). Aggression, performance variables, and anger self-report in ice hockey players. *Journal of Psychology,* **99,** 97–101.

McCarthy, J. F., & Kelly, B. R. (1978b). Aggressive behavior and its effect on performance over time in ice hockey athletes: An archival study. *International Journal of Sport Psychology,* **9,** 90–96.

McCauley, C. (1989). The nature of social influence in groupthink: Compliance and internalization. *Journal of Personality and Social Psychology,* **57,** 250–260.

McCauley, C. (2004). Psychological issues in understanding terrorism and the response to terrorism. In C. E. Stout (Ed.) *Psychology of terrorism: Coping with the continuing threat, condensed edition* (pp. 33–65). Westport, CT: Praeger/Greenwood.

McCauley, C. R. (2002). Psychological issues in understanding terrorism and the response to terrorism. In C. E. Stout (Ed.), *The psychology of terrorism* (Vol. 3). Westport, CT: Praeger/Greenwood.

McCauley, C. R., & Segal, M. E. (1987). Social psychology of terrorist groups. In C. Hendrick (Ed.), *Group processes and intergroup relations: Review of personality and social psychology* (Vol. 9). Newbury Park, CA: Sage.

McConahay, J. B. (1981). Reducing racial prejudice in desegregated schools. In W. D. Hawley (Ed.), *Effective school desegregation.* Beverly Hills, CA: Sage.

McCullough, J. L., & Ostrom, T. M. (1974). Repetition of highly similar messages and attitude change. *Journal of Applied Psychology,* **59,** 395–397.

McDermott, T. (2005). *Perfect soldiers: The hijackers: Who they were, why they did it.* New York: HarperCollins.

McFarland, C., & Ross, M. (1985). The relation between current impressions and memories of self and dating partners. Unpublished manuscript, University of Waterloo.

McFarland, S., & Carnahan, T. (2009). A situation's first powers are attracting volunteers and selecting participants: A reply to Haney and Zimbardo (2009). *Personality and Social Psychology Bulletin,* **35,** 815–818.

McGillicuddy, N. B., Welton, G. L., & Pruitt, D. G. (1987). Third-party intervention: A field experiment comparing three different models. *Journal of Personality and Social Psychology,* **53,** 104–112.

McGregor, I., Zanna, M. P., Holmes, J. G., & Spencer, S. J. (2001). Conviction in the face of uncertainty: Going to extremes and being oneself. *Journal of Personality and Social Psychology,* **80,** 472–478.

McGuire, A. (2002, August 19). Charity calls for debate on adverts aimed at children. *The Herald* (Scotland), p. 4.

McGuire, W. J. (1964). Inducing resistance to persuasion: Some contemporary approaches. In L. Berkowitz (Ed.), *Advances in experimental social psychology* (Vol. 1). New York: Academic Press.

McGuire W. J., & McGuire, C. V. (1986). Differences in conceptualizing self versus conceptualizing other people as manifested in contrasting verb types used in natural speech. *Journal of Personality and Social Psychology,* 51, 1135–1143.

McGuire, W. J., McGuire, C. V., Child, P., & Fujioka, T. (1978). Salience of ethnicity in the spontaneous self-concept as a function of one's ethnic distinctiveness in the social environment. *Journal of Personality and Social Psychology,* **36,** 511–520.

McGuire, W. J., McGuire, C. V., & Winton, W. (1979). Effects of household sex composition on the salience of one's gender in the spontaneous self-concept. *Journal of Experimental Social Psychology,* **15,** 77–90.

McGuire, W. J., & Padawer-Singer, A. (1978). Trait salience in the spontaneous self-concept. *Journal of Personality and Social Psychology,* **33,** 743–754.

McKelvie, S. J. (1995). Bias in the estimated frequency of names. *Perceptual and Motor Skills,* **81,** 1331–1338.

McKelvie, S. J. (1997). The availability heuristic: Effects of fame and gender on the estimated frequency of male and female names. *Journal of Social Psychology,* **137,** 63–78.

McKenna, F. P., & Myers, L. B. (1997). Illusory self-assessments—Can they be reduced? *British Journal of Psychology,* **88,** 39–51.

McKenna, K. Y. A., & Bargh, J. A. (1998). Coming out in the age of the Internet: Identity demarginalization through virtual group participation. *Journal of Personality and Social Psychology,* **75,** 681–694.

McKenna, K. Y. A., & Bargh, J. A. (2000). Plan 9 from cyberspace: The implications of the Internet for personality and social psychology. *Personality and Social Psychology Review,* **4,** 57–75.

McKenna, K. Y. A., Green, A. S., & Gleason, M. E. J. (2002). What's the big attraction? Relationship formation on the Internet. *Journal of Social Issues,* **58,** 9–31.

McNeel, S. P. (1980). *Tripling up: Perceptions and effect of dormitory crowding.* Paper presented at the American Psychological Association convention.

McNeill, B. W., & Stoltenberg, C. D. (1988). A test of the elaboration likelihood model for therapy. *Cognitive Therapy and Research,* **12,** 69–79.

McPherson, M., Smith-Lovin, L., & Cook, J. M. (2001). Birds of a feature: Homophily in social networks. *Annual Review of Sociology,* **27,** 415–444.

Meehl, P. E. (1954). *Clinical vs. statistical prediction: A theoretical analysis and a review of evidence.* Minneapolis: University of Minnesota Press.

Meehl, P. E. (1986). Causes and effects of my disturbing little book. *Journal of Personality Assessment,* **50,** 370–375.

Mehl, M. R., & Pennebaker, J. W. (2003). The sounds of social life: A psychometric analysis of students' daily social environments and natural conversations. *Journal of Personality and Social Psychology,* **84,** 857–870.

Meissner, C. A., & Brigham, J. C. (2001). Thirty years of investigating the own-race bias in memory for faces: A meta-analytic review. *Psychology, Public Policy, & Law,* **7,** 3–35.

Merari, A. (2002). Explaining suicidal terrorism: Theories versus empirical evidence. Invited address to the American Psychological Association.

Messé, L. A., & Sivacek, J. M. (1979). Predictions of others' responses in a mixed-motive game: Self-justification or false consensus? *Journal of Personality and Social Psychology,* **37,** 602–607.

Messick, D. M., & Sentis, K. P. (1979). Fairness and preference. *Journal of Experimental Social Psychology,* **15,** 418–434.

Metalsky, G. I., Joiner, T. E., Jr., Hardin, T. S., & Abramson, L. Y. (1993). Depressive reactions to failure in a naturalistic setting: A test of the hopelessness and self-esteem theories of depression. *Journal of Abnormal Psychology,* **102,** 101–109.

Michaels, J. W., Blommel, J. M., Brocato, R. M., Linkous, R. A., & Rowe, J. S. (1982). Social facilitation and inhibition in a natural setting. *Replications in Social Psychology,* **2,** 21–24.

Mikula, G. (1984). Justice and fairness in interpersonal relations: Thoughts and suggestions. In H. Taijfel (Ed.), *The social dimension: European developments in social psychology* (Vol. 1). Cambridge: Cambridge University Press.

Mikulincer, M., Florian, V., & Hirschberger, G. (2003). The existential function of close relationships: Introducing death into the science of love. *Personality and Social Psychology Review,* **7,** 20–40.

MILGRAM, A. (2000). My personal view of Stanley Milgram. In T. Blass (Ed.), *Obedience to authority: Current perspectives on the Milgram paradigm.* Mahwah, NJ: Erlbaum.

MILGRAM, S. (1961, December). Nationality and conformity. *Scientific American,* pp. 45–51.

MILGRAM, S. (1965). Some conditions of obedience and disobedience to authority. *Human Relations,* **18,** 57–76.

MILGRAM, S. (1974). *Obedience to authority.* New York: Harper and Row.

MILLAR, M. G., & TESSER, A. (1992). The role of beliefs and feelings in guiding behavior: The mismatch model. In L. Martin & A. Tesser (Eds.), *The construction of social judgment.* Hillsdale NJ: Erlbaum.

MILLER, A. G. (1986). *The obedience experiments: A case study of controversy in social science.* New York: Praeger.

MILLER, A. G. (2004). What can the Milgram obedience experiments tell us about the Holocaust? Generalizing from the social psychological laboratory. In A. G. Miller (Ed.), *The social psychology of good and evil.* New York: Guilford.

MILLER, A. G., ASHTON, W., & MISHAL, M. (1990). Beliefs concerning the features of constrained behavior: A basis for the fundamental attribution error. *Journal of Personality and Social Psychology,* **59,** 635–650.

MILLER, D. T., DOWNS, J. S., & PRENTICE, D. A. (1998). Minimal conditions for the creation of a unit relationship: The social bond between birthdaymates. *European Journal of Social Psychology,* **28,** 475.

MILLER, G., TYBUR, J. M., & JORDAN, B. D. (2007). Ovulatory cycle effects on tip earnings by lap dancers: Economic evidence for human estrus? *Evolution and Human Behavior,* **28,** 375–381.

MILLER, J. B. (1986). *Toward a new psychology of women,* 2nd ed. Boston, MA: Beacon Press.

MILLER, J. G. (1984). Culture and the development of everyday social explanation. *Journal of Personality and Social Psychology,* **46,** 961–978.

MILLER, K. I., & MONGE, P. R. (1986). Participation, satisfaction, and productivity: A meta-analytic review. *Academy of Management Journal,* **29,** 727–753.

MILLER, L. C. (1990). Intimacy and liking: Mutual influence and the role of unique relationships. *Journal of Personality and Social Psychology,* **59,** 50–60.

MILLER, L. C., BERG, J. H., & ARCHER, R. L. (1983). Openers: Individuals who elicit intimate self-disclosure. *Journal of Personality and Social Psychology,* **44,** 1234–1244.

MILLER, N., & MARKS, G. (1982). Assumed similarity between self and other: Effect of expectation of future interaction with that other. *Social Psychology Quarterly,* **45,** 100–105.

MILLER, N., PEDERSEN, W. C., EARLEYWINE, M., & POLLOCK, V. E. (2003). A theoretical model of triggered displaced aggression. *Personality and Social Psychology Review,* **7,** 75–97.

MILLER, N. E. (1941). The frustration-aggression hypothesis. *Psychological Review,* **48,** 337–342.

MILLER, P. A., & EISENBERG, N. (1988). The relation of empathy to aggressive and externalizing/antisocial behavior. *Psychological Bulletin,* **103,** 324–344.

MILLER, R. L., BRICKMAN, P., & BOLEN, D. (1975). Attribution versus persuasion as a means for modifying behavior. *Journal of Personality and Social Psychology,* **31,** 430–441.

MILLER, R. S. (1997). Inattentive and contented: Relationship commitment and attention to alternatives. *Journal of Personality and Social Psychology,* **73,** 758–766.

MILLER, R. S., & SCHLENKER, B. R. (1985). Egotism in group members: Public and private attributions of responsibility for group performance. *Social Psychology Quarterly,* **48,** 85–89.

MILLETT, K. (1975, January). The shame is over. *Ms.,* pp. 26–29.

MIRELS, H. L., & MCPEEK, R. W. (1977). Self-advocacy and self-esteem. *Journal of Consulting and Clinical Psychology,* **45,** 1132–1138.

MITA, T. H., DERMER, M., & KNIGHT, J. (1977). Reversed facial images and the mere-exposure hypothesis. *Journal of Personality and Social Psychology,* **35,** 597–601.

MITCHELL, T. R., & THOMPSON, L. (1994). A theory of temporal adjustments of the evaluation of events: Rosy prospection and rosy retrospection. In C. Stubbart, J. Porac, & J. Meindl (Eds.), *Advances in managerial cognition and organizational information processing.* Greenwich, CT: JAI Press.

MITCHELL, T. R., THOMPSON, L., PETERSON, E., & CRONK, R. (1997). Temporal adjustments in the evaluation of events: The "rosy view." *Journal of Experimental Social Psychology,* **33,** 421–448.

MOGHADDAM, F. M. (2005). The staircase to terrorism: A psychological exploration. *American Psychologist,* **60,** 161–169.

MONIN, B., & NORTON, M. I. (2003). Perceptions of a fluid consensus: Uniqueness bias, false consensus, false polarization, and pluralistic ignorance in a water conservation crisis. *Personality and Social Psychology,* **29,** 559–567.

MONTOYA, R. M. (2008). I'm hot, so I'd say you're not: The influence of objective physical attractiveness on mate selection. *Personality and Social Psychology Bulletin,* **34,** 1315–1331.

MONTOYA, R. M., & HORTON, R. S. (2004). On the importance of cognitive evaluation as a determinant of interpersonal attraction. *Journal of Personality and Social Psychology,* **86,** 696–712.

MOODY, K. (1980). *Growing up on television: The TV effect.* New York: Times Books.

MOONS, W. G., & MACKIE, D. M. (2007). Thinking straight while seeing red: The influence of anger on information processing. *Personality and Social Psychology Bulletin,* **33,** 706–720.

MOORE, D. A., & SMALL, D. A. (2007). Error and bias in comparative judgment: On being both better and worse than we think we are. *Journal of Personality and Social Psychology,* **92,** 972–989.

MOORE, D. L., & BARON, R. S. (1983). Social facilitation: A physiological analysis. In J. T. Cacioppo & R. Petty (Eds.), *Social psychophysiology.* New York: Guilford.

MOORE, D. W. (2003, March 18). Public approves of Bush ultimatum by more than 2-to-1 margin. Gallup News Service (www.gallup.com).

MOR, N., & WINQUIST, J. (2002). Self-focused attention and negative affect: A meta-analysis. *Psychological Bulletin,* **128,** 638–662.

MORLING, B., & LAMOREAUX, M. (2008). Measuring culture outside the head: A meta-analysis of individualism-collectivism in cultural products. *Personality and Social Psychology Bulletin,* **12,** 199–221.

MORRISON, D. M. (1989). Predicting contraceptive efficacy: A discriminant analysis of three groups of adolescent women. *Journal of Applied Social Psychology,* 19, 1431–1452.

MOSCOVICI, S. (1985). Social influence and conformity. In G. Lindzey & E. Aronson (Eds.), *The handbook of social psychology,* 3rd edition. Hillsdale, NJ: Erlbaum.

MOSCOVICI, S., & ZAVALLONI, M. (1969). The group as a polarizer of attitudes. *Journal of Personality and Social Psychology,* **12,** 124–135.

MOTHERHOOD PROJECT. (2001, May 2). Watch out for children: A mothers' statement to advertisers. Institute for American Values (www.watchoutforchildren.org).

MOYER, K. E. (1976). *The psychobiology of aggression.* New York: Harper & Row.

MOYER, K. E. (1983). The physiology of motivation: Aggression as a model. In C. J. Scheier & A. M. Rogers (Eds.), *G. Stanley Hall Lecture Series* (Vol. 3). Washington, DC: American Psychological Association.

MUELLER, C. W., DONNERSTEIN, E., & HALLAM, J. (1983). Violent films and prosocial behavior. *Personality and Social Psychology Bulletin,* **9,** 83–89.

MULLEN, B. (1986a). Atrocity as a function of lynch mob composition: A self-attention perspective. *Personality and Social Psychology Bulletin,* **12,** 187–197.

MULLEN, B. (1986b). Stuttering, audience size, and the other-total ratio: A self-attention perspective. *Journal of Applied Social Psychology,* **16,** 139–149.

MULLEN, B., & BAUMEISTER, R. F. (1987). Group effects on self-attention and performance: Social loafing, social facilitation, and social impairment. In C. Hendrick (Ed.), *Group processes and intergroup relations: Review of personality and social psychology* (Vol. 9). Newbury Park, CA: Sage.

MULLEN, B., BROWN, R., & SMITH, C. (1992). Ingroup bias as a function of salience, relevance, and status: An integration. *European Journal of Social Psychology,* **22,** 103–122.

MULLEN, B., BRYANT, B., & DRISKELL, J. E. (1997). Presence of others and arousal: An integration. *Group Dynamics: Theory, Research, and Practice,* **1,** 52–64.

MULLEN, B., & COPPER, C. (1994). The relation between group cohesiveness and performance: An integration. *Psychological Bulletin,* **115,** 210–227.

MULLEN, B., COPPER, C., & DRISKELL, J. E. (1990). Jaywalking as a function of model behavior. *Personality and Social Psychology Bulletin,* **16,** 320–330.

MULLEN, B., & GOETHALS, G. R. (1990). Social projection, actual consensus and valence. *British Journal of Social Psychology,* **29,** 279–282.

MULLEN, B., & RIORDAN, C. A. (1988). Self-serving attributions for performance in naturalistic settings: A meta-analytic review. *Journal of Applied Social Psychology,* **18,** 3–22.

MULLER, S., & JOHNSON, B. T. (1990). Fear and persuasion: A linear relationship? Paper presented to the Eastern Psychological Association convention.

MULLIN, C. R., & LINZ, D. (1995). Desensitization and resensitization to violence against women: Effects of exposure to sexually violent films on judgments of domestic violence victims. *Journal of Personality and Social Psychology,* **69,** 449–459.

MURPHY, C. (1990, June). New findings: Hold on to your hat. *The Atlantic,* pp. 22–23.

MURPHY, C. M., & O'FARRELL, T. J. (1996). Marital violence among alcoholics. *Current Directions in Psychological Science,* **5,** 183–187.

MURRAY, S. L., GELLAVIA, G. M., ROSE, P., & GRIFFIN, D. W. (2003). Once hurt, twice hurtful: How perceived regard regulates daily marital interactions. *Journal of Personality and Social Psychology,* **84,** 126–147.

Murray, S. L., Holmes, J. G., Gellavia, G., Griffin, D. W., & Dolderman, D. (2002). Kindred spirits? The benefits of egocentrism in close relationships. *Journal of Personality and Social Psychology,* **82,** 563–581.

Murray, S. L., Holmes, J. G., & Griffin, D. W. (1996a). The benefits of positive illusions: Idealization and the construction of satisfaction in close relationships. *Journal of Personality and Social Psychology,* **70,** 79–98.

Murray, S. L., Holmes, J. G., & Griffin, D. W. (1996b). The self-fulfilling nature of positive illusions in romantic relationships: Love is not blind, but prescient. *Journal of Personality and Social Psychology,* **71,** 1155–1180.

Murray, S. L., Holmes, J. G., & Griffin, D. W. (2000). Self-esteem and the quest for felt security: How perceived regard regulates attachment processes. *Journal of Personality and Social Psychology,* **78,** 478–498.

Murray, S. L., Holmes, J. G., MacDonald, G., & Ellsworth, P. C. (1998). Through the looking glass darkly? When self-doubts turn into relationship insecurities. *Journal of Personality and Social Psychology,* **75,** 1459–1480.

Murstein, B. L. (1986). *Paths to marriage.* Newbury Park, CA: Sage.

Muson, G. (1978, March). Teenage violence and the telly. *Psychology Today,* pp. 50–54.

Myers, D. G. (1978). Polarizing effects of social comparison. *Journal of Experimental Social Psychology,* **14,** 554–563.

Myers, D. G. (2000). *The American paradox: Spiritual hunger in an age of plenty.* New Haven, CT: Yale University Press.

Myers, D. G. (2001, December). Do we fear the right things? *American Psychological Society Observer,* p. 3.

Myers, D. G. (2010). *Psychology,* 9th edition. New York: Worth Publishers.

Myers, D. G., & Bishop, G. D. (1970). Discussion effects on racial attitudes. *Science,* **169,** 778–789.

Myers, J. E., Madathil, J., & Tingle, L. R. (2005). Marriage satisfaction and wellness in India and the United States: A preliminary comparison of arranged marriages and marriages of choice. *Journal of Counseling and Development,* **83,** 183–190.

Myers, N. (2000). Sustainable consumption: The meta-problem. In B. Heap & J. Kent (Eds.), *Towards sustainable consumption: A European perspective.* London: The Royal Society.

Nadler, A., Goldberg, M., & Jaffe, Y. (1982). Effect of self-differentiation and anonymity in group on deindividuation. *Journal of Personality and Social Psychology,* **42,** 1127–1136.

Nagar, D., & Pandey, J. (1987). Affect and performance on cognitive task as a function of crowding and noise. *Journal of Applied Social Psychology,* **17,** 147–157.

Nail, P. R., MacDonald, G., & Levy, D. A. (2000). Proposal of a four-dimensional model of social response. *Psychological Bulletin,* **126,** 454–470.

National Center for Health Statistics. (1991). Family structure and children's health: United States, 1988 (by Deborah A. Dawson). *Vital and Health Statistics,* Series 10, No. 178, CHHS Publication No. PHS 91–1506.

National Research Council. (2002). *Youth, pornography, and the Internet.* Washington, DC: National Academy Press.

National Safety Council. (2008). Transportation mode comparisons, from *Injury Facts* (via correspondence with Kevin T. Fearn, Research & Statistical Services Department).

National Television Violence Study. (1997). Thousand Oaks, CA: Sage.

Needles, D. J., & Abramson, L. Y. (1990). Positive life events, attributional style, and hopefulness: Testing a model of recovery from depression. *Journal of Abnormal Psychology,* **99,** 156–165.

Neff, L. A., & Karney, B. R. (2005). To know you is to love you: The implications of global adoration and specific accuracy for marital relationships. *Journal of Personality and Social Psychology,* **88,** 480–497.

Neidorf, S., & Morin, R. (2007, May 23). Four in ten Americans have close friends or relatives who are gay. Pew Research Center Publications (pewresearch.org).

Neimeyer, G. J., MacNair, R., Metzler, A. E., & Courchaine, K. (1991). Changing personal beliefs: Effects of forewarning, argument quality, prior bias, and personal exploration. *Journal of Social and Clinical Psychology,* **10,** 1–20.

Nelson, L. D., & Morrison, E. L. (2005). The symptoms of resource scarcity: Judgments of food and finances influence preferences for potential partners. *Psychological Science,* **16,** 167–173.

Nelson, L. J., & Miller, D. T. (1995). The distinctiveness effect in social categorization: You are what makes you unusual. *Psychological Science,* **6,** 246.

Nemeth, C. (1979). The role of an active minority in intergroup relations. In W. G. Austin & S. Worchel (Eds.), *The social psychology of intergroup relations.* Monterey, CA: Brooks/Cole.

Nemeth, C., & Chiles, C. (1988). Modelling courage: The role of dissent in fostering independence. *European Journal of Social Psychology,* **18,** 275–280.

Nemeth, C., & Wachtler, J. (1974). Creating the perceptions of consistency and confidence: A necessary condition for minority influence. *Sociometry,* **37,** 529–540.

Nemeth, C. J. (1997). Managing innovation: When less is more. *California Management Review,* **40,** 59–74.

Nemeth, C. J. (1999). Behind the scenes. In D. G. Myers, *Social psychology,* 6th edition. New York: McGraw-Hill.

Nemeth, C. J., Brown, K., & Rogers, J. (2001). Devil's advocate versus authentic dissent: Stimulating quantity and quality. *European Journal of Social Psychology,* **31,** 1–13.

Nemeth, C. J., Connell, J. B., Rogers, J. D., & Brown, K. S. (2001). Improving decision making by means of dissent. *Journal of Applied Social Psychology,* **31,** 48–58.

New York Times. (2002, May 26). Fighting to live as the towers died (www.nytimes.com).

Newcomb, T. M. (1961). *The acquaintance process.* New York: Holt, Rinehart & Winston.

Newell, B., & Lagnado, D. (2003). Think-tanks, or think *tanks. The Psychologist,* **16,** 176.

Newell, B. R., Wong, K. Y., Cheung, J. C. H., & Rakow, T. (2008, August 23). Think, blink, or sleep on it? The impact of modes of thought on complex decision making. *Quarterly Journal of Experimental Psychology* (DOI: 10.1080/17470210802215202).

Newman, H. M., & Langer, E. J. (1981). Post-divorce adaptation and the attribution of responsibility. *Sex Roles,* **7,** 223–231.

Newman, L. S. (1993). How individualists interpret behavior: Idiocentrism and spontaneous trait inference. *Social Cognition,* **11,** 243–269.

Newport, F. (2007, May 11). The age factor: Older Americans most negative about Iraq war (www.galluppoll.com).

Newport, F., Moore, D. W., Jones, J. M., & Saad, L. (2003, March 21). Special release: American opinion on the war. *Gallup Poll Tuesday Briefing* (www.gallup.com/poll/tb/goverpubli/s0030325.asp).

Nias, D. K. B. (1979). Marital choice: Matching or complementation? In M. Cook & G. Wilson (Eds.), *Love and attraction.* Oxford: Pergamon.

Nichols, J. (2003, February 9). Man overdoses online as chatters watch him die. *Grand Rapids Press,* p. A20.

Nicholson, C. (2007, January). Framing science: Advances in theory and technology are fueling a new era in the science of persuasion. *APS Observer* (www.psychologicalscience.org).

Nie, N. H., & Erbring, L. (2000, February 17). Internet and society: A preliminary report. Stanford, CA: Stanford Institute for the Quantitative Study of Society.

Niedermeier, K. E., Kerr, N. L., & Messe, L. A. (1999). Jurors' use of naked statistical evidence: Exploring bases and implications of the Wells effect. *Journal of Personality and Social Psychology,* **76,** 533–542.

Nielsen. (2008a, May). *Nielsen's three screen report.* The Nielsen Company (www.nielsen.com).

Nielsen. (2008b, February 14). Nielsen reports DVR playback is adding to TV viewing levels. The Nielsen Company (www.nielsen.com).

Niemi, R. G., Mueller, J., & Smith, T. W. (1989). *Trends in public opinion: A compendium of survey data.* New York: Greenwood Press.

Nisbett, R. E. (1990). Evolutionary psychology, biology, and cultural evolution. *Motivation and emotion,* **14,** 255–263.

Nisbett, R. E. (1993). Violence and U.S. regional culture. *American Psychologist,* **48,** 441–449.

Nix, G., Watson, C., Pyszczynski, T., & Greenberg, J. (1995). Reducing depressive affect through external focus of attention. *Journal of Social and Clinical Psychology,* **14,** 36–52.

Nolan, S. A., Flynn, C., & Garber, J. (2003). Prospective relations between rejection and depression in young adolescents. *Journal of Personality and Social Psychology,* **85,** 745–755.

Nolen-Hoeksema, S. (2003). *Women who think too much: How to break free of overthinking and reclaim your life.* New York: Holt.

Noller, P., & Fitzpatrick, M. A. (1990). Marital communication in the eighties. *Journal of Marriage and Family,* **52,** 832–843.

Noor, M., Brown, R., Gonzalez, R., Manzi, J., & Lewis, C. A. (2008). On positive psychological outcomes: What helps groups with a history of conflict to forgive and reconcile with each other? *Personality and Social Psychology Bulletin,* **34,** 819–832.

NORC. (National Opinion Research Center) (1996). General social survey. National Opinion Research Center, University of Chicago (courtesy Tom W. Smith).

NOREM, J. K. (2000). Defensive pessimism, optimism, and pessimism. In E. C. Chang (Ed.), *Optimism and pessimism*. Washington, DC: APA Books.

NOREM, J. K., & CANTOR, N. (1986). Defensive pessimism: Harnessing anxiety as motivation. *Journal of Personality and Social Psychology*, **51**, 1208–1217.

NORENZAYAN, A., & HEINE, S. J. (2005). Psychological universals: What are they and how can we know? *Psychological Bulletin*, **131**, 763–784.

NORTH, A. C., HARGREAVES, D. J., & MCKENDRICK, J. (1997). In-store music affects product choice. *Nature*, **390**, 132.

NOSEK, B. A. (2007). Implicit-explicit relations. *Current Directions in Psychological Science*, **16**, 65–69.

NOSEK, B. A., SMYTH, F. L., HANSEN, J. J., DEVOS, T., LINDNER, N. M., RANGANATH, K. A., SMITH, C. T., OLSON, K. R., CHUGH, D., GREENWALD, A. G., & BANAJI, M. R. (2007). Pervasiveness and correlates of implicit attitudes and stereotypes. *European Review of Social Psychology*, **18**, 36–88.

NOTARIUS, C., & MARKMAN, H. J. (1993). *We can work it out*. New York: Putnam.

NURMI, J-E., & SALMELA-ARO, K. (1997). Social strategies and loneliness: A prospective study. *Personality and Individual Differences*, **23**, 205–215.

NURMI, J-E., TOIVONEN, S., SALMELA-ARO, K., & ERONEN, S. (1996). Optimistic, approach-oriented, and avoidance strategies in social situations: Three studies on loneliness and peer relationships. *European Journal of Personality*, **10**, 201–219.

NUTTIN, J. M., JR. (1987). Affective consequences of mere ownership: The name letter effect in twelve European languages. *European Journal of Social Psychology*, **17**, 318–402.

O'DEA, T. F. (1968). Sects and cults. In D. L. Sills (Ed.), *International encyclopedia of the social sciences* (Vol. 14). New York: Macmillan.

O'HEGARTY, M., PEDERSON, L. L., YENOKYAN, G., NELSON, D., & WORTLEY, P. (2007). Young adults' perceptions of cigarette warning labels in the United States and Canada. *Preventing Chronic Disease: Public Health Research, Practice, and Policy*, **30**, 467–473.

O'LEARY, K. D., CHRISTIAN, J. L., & MENDELL, N. R. (1994). A closer look at the link between marital discord and depressive symptomatology. *Journal of Social and Clinical Psychology*, **13**, 33–41.

OATEN, M., & CHENG, K. (2006b). Longitudinal gains in self-regulation from regular physical exercise. *British Journal of Health Psychology*, **11**, 717–733.

ODDONE-PAOLUCCI, E., GENUIS, M., & VIOLATO, C. (2000). A meta-analysis of the published research on the effects of pornography. In C. Violata (Ed.), *The changing family and child development*. Aldershot, England: Ashgate Publishing.

OHBUCHI, K., & KAMBARA, T. (1985). Attacker's intent and awareness of outcome, impression management, and retaliation. *Journal of Experimental Social Psychology*, **21**, 321–330.

OISHI, S., ROTHMAN, A. J., SNYDER, M., SU, J., ZEHM, K., HERTEL, A. W., GONZALES, M. H., & SHERMAN, G. D. (2007). The socioecological model of procommunity action: The benefits of residential stability. *Journal of Personality and Social Psychology*, **93**, 831–844.

OLSON, I. R., & MARSHUETZ, C. (2005). Facial attractiveness is appraised in a glance. *Emotion*, **5**, 498–502.

OLSON, J. M., ROESE, N. J., & ZANNA, M. P. (1996). Expectancies. In E. T. Higgins & A. W. Kruglanski (Eds.), *Social psychology: Handbook of basic principles* (pp. 211–238). New York: Guilford.

OLSON, J. M., & ZANNA, M. P. (1981, NOVEMBER).?Promoting physical activity: A social psychological perspective. Report prepared for the Ministry of Culture and Recreation, Sports and Fitness Branch, 77 Bloor St. West, 8th Floor, Toronto, Ontario M7A 2R9.

OLSON, K. R., DUNHAM, Y., DWECK, C. S., SPELKE, E. S., & BANAJI, M. R. (2008). Judgments of the lucky across development and culture. *Journal of Personality and Social Psychology*, **94**, 757–776.

OLWEUS, D. (1979). Stability of aggressive reaction patterns in males: A review. *Psychological Bulletin*, **86**, 852–875.

OLWEUS, D., MATTSSON, A., SCHALLING, D., & LOW, H. (1988). Circulating testosterone levels and aggression in adolescent males: A causal analysis. *Psychosomatic Medicine*, **50**, 261–272.

ORBELL, J. M., VAN DE KRAGT, A. J. C., & DAWES, R. M. (1988). Explaining discussion-induced cooperation. *Journal of Personality and Social Psychology*, **54**, 811–819.

ORENSTEIN, P. (2003, July 6). Where have all the Lisas gone? *New York Times* (www.nytimes.com).

ORIVE, R. (1984). Group similarity, public self-awareness, and opinion extremity: A social projection explanation of deindividuation effects. *Journal of Personality and Social Psychology*, **47**, 727–737.

ORNSTEIN, R. (1991). *The evolution of consciousness: Of Darwin, Freud, and cranial fire: The origins of the way we think*. New York: Prentice-Hall.

OSBORNE, J. W. (1995). Academics, self-esteem, and race: A look at the underlying assumptions of the disidentification hypothesis. *Personality and Social Psychology Bulletin*, **21**, 449–455.

OSGOOD, C. E. (1962). *An alternative to war or surrender*. Urbana, IL: University of Illinois Press.

Osgood, C. E. (1980). GRIT: A strategy for survival in mankind's nuclear age? Paper presented at the Pugwash Conference on New Directions in Disarmament, Racine, WI.

Oskamp, S. (1991). Curbside recycling: Knowledge, attitudes, and behavior. Paper presented at the Society for Experimental Social Psychology meeting, Columbus, OH.

Osofsky, M. J., Bandura, A., & Zimbardo, P. G. (2005). The role of moral disengagement in the execution process. *Law and Human Behavior,* **29,** 371–393.

Osterhouse, R. A., & Brock, T. C. (1970). Distraction increases yielding to propaganda by inhibiting counterarguing. *Journal of Personality and Social Psychology,* **15,** 344–358.

Ostrom, T. M., & Sedikides, C. (1992). Out-group homogeneity effects in natural and minimal groups. *Psychological Bulletin,* **112,** 536–552.

Oyserman, D., Coon, H. M., & Kemmelmeier, M. (2002). Rethinking individualism and collectivism: Evaluation of theoretical assumptions and meta-analyses. *Psychological Bulletin,* **128,** 3–72.

Oyserman, D., Kemmelmeier, M., & Coon, H. M. (2002). Cultural psychology, a new look: Reply to Bond (2002), Fiske (2002), Kitayama (2002), and Miller (2002). *Psychological Bulletin,* **128,** 110–117.

Ozer, E. M., & Bandura, A. (1990). Mechanisms governing empowerment effects: A self-efficacy analysis. *Journal of Personality and Social Psychology,* **58,** 472–486.

Packer, D. J. (2008). Identifying systematic disobedience in Milgram's obedience experiments: A meta-analytic review. *Perspectives on Psychological Science,* **3**(4), 301–304.

Padgett, V. R. (1989). Predicting organizational violence: An application of 11 powerful principles of obedience. Paper presented at the American Psychological Association convention.

Page, S. E. (2007). *The difference: How the power of diversity creates better groups, firms, schools, and societies.* Princeton, NJ: Princeton University Press.

Page-Gould, E., Mendoza-Denton, R., & Tropp, L. R. (2008). With a little help from my cross-group friend: Reducing anxiety in intergroup contexts through cross-group friendship. *Journal of Personality and Social Psychology,* **95,** 1080–1094.

Pallak, S. R., Murroni, E., & Koch, J. (1983). Communicator attractiveness and expertise, emotional versus rational appeals, and persuasion: A heuristic versus systematic processing interpretation. *Social Cognition,* **2,** 122–141.

Palmer, D. L. (1996). Determinants of Canadian attitudes toward immigration: More than just racism? *Canadian Journal of Behavioural Science,* **28,** 180–192.

Palmer, E. L., & Dorr, A. (Eds.) (1980). *Children and the faces of television: Teaching, violence, selling.* New York: Academic Press.

Pandey, J., Sinha, Y., Prakash, A., & Tripathi, R. C. (1982). Right-left political ideologies and attribution of the causes of poverty. *European Journal of Social Psychology,* **12,** 327–331.

Paolini, S., Hewstone, M., Cairns, E., & Voci, A. (2004). Effects of direct and indirect cross-group friendships on judgments of Catholics and Protestants in Northern Ireland: The mediating role of an anxiety-reduction mechanism. *Personality and Social Psychology Bulletin,* **30,** 770–786.

Papastamou, S., & Mugny, G. (1990). Synchronic consistency and psychologization in minority influence. *European Journal of Social Psychology,* **20,** 85–98.

Pape, R. A. (2003, September 22). Dying to kill us. *New York Times* (www.nytimes.com).

Parashar, U. D., Gibson, C. J., Bresse, J. S., & Glass, R. I. (2006). Rotavirus and severe childhood diarrhea. *Emerging Infectious Diseases,* **12,** 304–306.

Park, B., & Rothbart, M. (1982). Perception of out-group homogeneity and levels of social categorization: Memory for the subordinate attributes of in-group and out-group members. *Journal of Personality and Social Psychology,* **42,** 1051–1068.

Parke, R. D., Berkowitz, L., Leyens, J. P., West, S. G., & Sebastian, J. (1977). Some effects of violent and nonviolent movies on the behavior of juvenile delinquents. In L. Berkowitz (Ed.), *Advances in experimental social psychology* (Vol. 10). New York: Academic Press.

Pascarella, E. T., & Terenzini, P. T. (1991). *How college affects students: Findings and insights from twenty years of research.* San Francisco: Jossey-Bass.

Patrick, H., Knee, C. R., Canevello, A., Lonsbary, C. (2007). The role of need fulfillment in relationship functioning and well-being: A self-determination theory perspective. *Journal of Personality and Social Psychology,* **92,** 434–457.

Patterson, D. (1996). *When learned men murder.* Bloomington, IN: Phi Delta Kappan.

Patterson, G. R., Chamberlain, P., & Reid, J. B. (1982). A comparative evaluation of parent training procedures. *Behavior Therapy,* **13,** 638–650.

Patterson, G. R., Littman, R. A., & Bricker, W. (1967). Assertive behavior in children: A step toward a theory of aggression. *Monographs of the Society of Research in Child Development* (Serial No. 113), **32,** 5.

Patterson, T. E. (1980). The role of the mass media in presidential campaigns: The lessons of the 1976 election. *Items,* **34,** 25–30. Social Science Research Council, 605 Third Avenue, New York, NY 10016.

Payne, B. K. (2001). Prejudice and perception: The role of automatic and controlled processes in misperceiving a weapon. *Journal of Personality and Social Psychology,* **81,** 181–192.

Payne, B. K. (2006). Weapon bias: Split-second decisions and unintended stereotyping. *Current Directions in Psychological Science,* **15,** 287–291.

Pedersen, A., & Walker, I. (1997). Prejudice against Australian Aborigines: Old-fashioned and modern forms. *European Journal of Social Psychology,* **27,** 561–587.

Pedersen, W. C., Gonzales, C., & Miller, N. (2000). The moderating effect of trivial triggering provocation on displaced aggression. *Journal of Personality and Social Psychology,* **78,** 913–927.

Pegalis, L. J., Shaffer, D. R., Bazzini, D. G., & Greenier, K. (1994). On the ability to elicit self-disclosure: Are there gender-based and contextual limitations on the opener effect? *Personality and Social Psychology Bulletin,* **20,** 412–420.

Pelham, B. W., Mirenberg, M. C., & Jones, J. T. (2002). Why Susie sells seashells by the seashore. Implicit egotism and major life decisions. *Journal of Personality and Social Psychology,* **82,** 469–487. (p. 388)

Pennebaker, J. W., & Lay, T. C. (2002). Language use and personality during crises: Analyses of Mayor Rudolph Giuliani's press conferences. *Journal of Research in Personality,* **36,** 271–282.

Penton-Voak, I. S., Jones, B. C., Little, A. C., Baker, S., Tiddeman, B., Burt, D. M., & Perrett, D. I. (2001). Symmetry, sexual dimorphism in facial proportions and male facial attractiveness. *Proceedings of the Royal Society of London,* **268,** 1–7.

People. (2003, September 1) Nipped, tucked, talking, *People,* pp. 102–111.

Peplau, L. A., & Fingerhut, A. W. (2007). The close relationships of lesbians and gay men. *Annual Review of Psychology,* **58,** 405–424.

Peplau, L. A., & Gordon, S. L. (1985). Women and men in love: Gender differences in close heterosexual relationships. In V. E. O'Leary, R. K. Unger, & B. S. Wallston (Eds.), *Women, gender, and social psychology.* Hillsdale, NJ: Erlbaum.

Pereira, J. (2003, January 10). Just how far does First Amendment protection go? *Wall Street Journal,* pp. B1, B3.

Perls, F. S. (1973, July). *Ego, hunger and aggression: The beginning of Gestalt therapy* Random House, 1969. Cited by Berkowitz in The case for bottling up rage. *Psychology Today,* pp. 24–30.

Persico, N., Postlewaite, A., & Silverman, D. (2004). The effect of adolescent experience on labor market outcomes: The case of height. *Journal of Political Economy,* **112,** 1019–1053.

Persky, S., & Blascovich, J. (2005). Consequences of playing violent video games in immersive virtual environments, In A. Axelsson & Ralph Schroeder (Eds.), *Work and Play in Shared Virtual Environments.* New York: Springer.

Pessin, J. (1933). The comparative effects of social and mechanical stimulation on memorizing. *American Journal of Psychology,* **45,** 263–270.

Pessin, J., & Husband, R. W. (1933). Effects of social stimulation on human maze learning. *Journal of Abnormal and Social Psychology,* **28,** 148–154.

Peters, E., Romer, D., Slovic, P., Jamieson, K. H., Whasfield, L., Mertz, C. K., & Carpenter, S. M. (2007). The impact and acceptability of Canadian-style cigarette warning labels among U.S. smokers and nonsmokers. *Nicotine and Tobacco Research,* **9,** 473–481.

Peterson, C., Schwartz, S. M., & Seligman, M. E. P. (1981). Self-blame and depression symptoms. *Journal of Personality and Social Psychology,* **41,** 253–259.

Peterson, C., & Steen, T. A. (2002). Optimistic explanatory style. In C. R. Snyder & S. J. Lopez (Eds.), *Handbook of positive psychology.* London: Oxford University Press.

Pettigrew, T. F. (1958). Personality and socio-cultural factors in intergroup attitudes: A cross-national comparison. *Journal of Conflict Resolution,* **2,** 29–42.

Pettigrew, T. F. (1969). Racially separate or together? *Journal of Social Issues,* **2,** 43–69.

Pettigrew, T. F. (1986). The intergroup contact hypothesis reconsidered. In M. Hewstone & R. Brown (Eds.), *Contact and conflict in intergroup encounters.* Oxford: Blackwell.

Pettigrew, T. F. (1988). Advancing racial justice: Past lessons for future use. Paper for the University of Alabama conference "Opening Doors: An appraisal of Race Relations in America."

Pettigrew, T. F. (1997). Generalized intergroup contact effects on prejudice. *Personality and Social Psychology Bulletin,* **23,** 173–185.

Pettigrew, T. F. (2003). Peoples under threat: Americans, Arabs, and Israelis. *Peace and Conflict,* **9,** 69–90.

PETTIGREW, T. F. (2004). Intergroup contact: Theory, research, and new perspectives. In J. A. Banks & C. A. McGee Banks (Eds.), *Handbook of research on multicultural education.* San Francisco: Jossey-Bass.

PETTIGREW, T. F. (2006). A two-level approach to anti-immigrant prejudice and discrimination. In R. Mahalingam (Ed.), *Cultural psychology of immigrants.* Mahwah, NJ: Erlbaum.

PETTIGREW, T. F., CHRIST, O., WAGNER, U., MEERTENS, R. W., VAN DICK, R., & ZICK, A. (2008). Relative deprivation and intergroup prejudice. *Journal of Social Issues,* **64,** 385–401.

PETTIGREW, T. F., CHRIST, O., WAGNER, U., & STELLMACHER, J. (2007). Direct and indirect intergroup contact effects on prejudice: A normative interpretation. *International Journal of Intercultural Relations,* **31,** 411–425.

PETTIGREW, T. F., JACKSON, J. S., BRIKA, J. B., LEMAINE, G., MEERTENS, R. W., WAGNER, U., & ZICK, A. (1998). Outgroup prejudice in western Europe. *European Review of Social Psychology,* **8,** 241–273.

PETTIGREW, T. F., & MEERTENS, R. W. (1995). Subtle and blatant prejudice in western Europe. *European Journal of Social Psychology,* **25,** 57–76.

PETTIGREW, T. F., & TROPP, L. R. (2000). Does intergroup contact reduce prejudice: Recent meta-analytic findings. In S. Oskamp (Ed.), *Reducing prejudice and discrimination* (pp. 93–114). Mahwah, NJ: Erlbaum.

PETTIGREW, T. F., & TROPP, L. R. (2006). A meta-analytic test of intergroup contact theory. *Journal of Personality and Social Psychology,* **90,** 751–783.

PETTIGREW, T. F., & TROPP, L. R. (2008). How does intergroup contact reduce prejudice? Meta-analytic tests of three mediators. *European Journal of Social Psychology,* **38,** 922–934.

PETTIGREW, T. F., WAGNER, U., & CHRIST, O. (2008). Who opposes immigration? Comparing German with North American findings. *DuBois Review,* **4,** 19–40.

PETTY, R. E., & BRINOL, P. (2008). Persuasion: From single to multiple to metacognitive processes. *Perspectives on Psychological Science,* **3,** 137–147.

PETTY, R. E., & CACIOPPO, J. T. (1986). *Communication and persuasion: Central and peripheral routes to attitude change.* New York: Springer-Verlag.

PETTY, R. E., CACIOPPO, J. T., & GOLDMAN, R. (1981). Personal involvement as a determinant of argument-based persuasion. *Journal of Personality and Social Psychology,* **41,** 847–855.

PETTY, R. E., CACIOPPO, J. T., STRATHMAN, A. J., PRIESTER, J. R., BROCK, T. C., & GREEN, M. C. (2005). To think or not to think. In T. C. Brock & M. C. Greene (Eds.), *Persuasion: Psychological insights and perspectives,* 2nd ed. Thousand Oaks, Calif.: Sage.

PETTY, R. E., SCHUMANN, D. W., RICHMAN, S. A., & STRATHMAN, A. J. (1993). Positive mood and persuasion: Different roles for affect under high and low elaboration conditions. *Journal of Personality and Social Psychology,* **64,** 5–20.

PEW RESEARCH CENTER. (2000, May 10). Tracking online life: How women use the Internet to cultivate relationships with family and friends. Washington, DC: Pew Internet and American Life Project.

PEW RESEARCH CENTER. (2003). Views of a changing world 2003. The Pew Global Attitudes Project. Washington, DC: Pew Research Center for the People and the Press (people-press.org/reports/pdf/185.pdf).

PEW RESEARCH CENTER. (2006, February 13). Not looking for love: Romance in America. Pew Internet and American Life Project (pewresearch.org).

PEW RESEARCH CENTER. (2006, March 30). America's immigration quandary. Pew Research Center (www.people-press.org).

PEW RESEARCH CENTER. (2006, July 12). Little consensus on global warming: Partisanship drives opinion. Pew Research Center (people-press.org).

PEW RESEARCH CENTER (2007a, May 22). *Muslim Americans: Middle class and mostly mainstream* (www.pewresearch.org).

PEW RESEARCH CENTER. (2007b, JULY 18). Modern marriage: "I like hugs. I like kisses. But what I really love is help with the dishes." Pew Research Center (pewresearch.org).

PEW RESEARCH CENTER. (2008, September 17). Unfavorable views of both Jews and Muslims increase in Europe. Pew Research Center (www.pewresearch.org).

PHILLIPS, D. L. (2003, September 20). Listening to the wrong Iraqi. *New York Times* (www.nytimes.com).

PINCUS, J. H. (2001). *Base instincts: What makes killers kill?* New York: Norton.

PINKER, S. (1997). *How the mind works.* New York: Norton.

PINKER, S. (2002). *The blank slate.* New York: Viking.

PINKER, S. (2008). *The sexual paradox: Men, women, and the real gender gap.* New York: Scribner.

PIPHER, M. (2002). *The middle of everywhere: The world's refugees come to our town.* Harcourt.

Plaks, J. E., & Higgins, E. T. (2000). Pragmatic use of stereotyping in teamwork: Social loafing and compensation as a function of inferred partner-situation fit. *Journal of Personality and Social Psychology,* **79,** 962–974.

Platz, S. J., & Hosch, H. M. (1988). Cross-racial/ethnic eyewitness identification: A field study. *Journal of Applied Social Psychology,* **18,** 972–984.

Pliner, P., Hart, H., Kohl, J., & Saari, D. (1974). Compliance without pressure: Some further data on the foot-in-the-door technique. *Journal of Experimental Social Psychology,* **10,** 17–22.

Polk, M., & Schuster, A. M. H. (2005). *The looting of the Iraq museum, Baghdad: The lost legacy of ancient Mesopotamia.* New York: Harry N. Abrams.

Poniewozik, J. (2003, November 24). All the news that fits your reality. *Time,* p. 90.

Popenoe, D. (2002). The top ten myths of divorce. Unpublished manuscript, National Marriage Project, Rutgers University.

Post, J. M. (2005). The new face of terrorism: Socio-cultural foundations of contemporary terrorism. *Behavioral Sciences and the Law,* **23,** 451–465.

Postmes, T., & Spears, R. (1998). Deindividuation and antinormative behavior: A meta-analysis. *Psychological Bulletin,* **123,** 238–259.

Potter, T., Corneille, O., Ruys, K. I., & Rhodes, G. (2006). She's just another pretty face: A multidimensional scaling approach to face attractiveness and variability. *Psychonomic Bulletin & Review,* **14,** 368–372.

Pratkanis, A. R., Greenwald, A. G., Leippe, M. R., & Baumgardner, M. H. (1988). In search of reliable persuasion effects: III. The sleeper effect is dead. Long live the sleeper effect. *Journal of Personality and Social Psychology,* **54,** 203–218.

Pratto, F. (1996). Sexual politics: The gender gap in the bedroom, the cupboard, and the cabinet. In D. M. Buss & N. M. Malamuth (Eds.), *Sex, power, conflict: Evolutionary and feminist perspectives.* New York: Oxford University Press.

Pratto, F., Stallworth, L. M., & Sidanius, J. (1997). The gender gap: Differences in political attitudes and social dominance orientation. *British Journal of Social Psychology,* **36,** 49–68.

Prentice, D. A., & Carranza, E. (2002). What women and men should be, shouldn't be, are allowed to be, and don't have to be: The contents of prescriptive gender stereotypes. *Psychology of Women Quarterly,* **26,** 269–281.

Prentice-Dunn, S., & Rogers, R. W. (1980). Effects of deindividuating situational cues and aggressive models on subjective deindividuation and aggression. *Journal of Personality and Social Psychology,* **39,** 104–113.

Prentice-Dunn, S., & Rogers, R. W. (1989). Deindividuation and the self-regulation of behavior. In P. B. Paulus (Ed.), *Psychology of group influence,* 2nd edition. Hillsdale, NJ: Erlbaum.

Presson, P. K., & Benassi, V. A. (1996). Illusion of control: A meta-analytic review. *Journal of Social Behavior and Personality,* **11,** 493–510.

Price, G. H., Dabbs, J. M., Jr., Clower, B. J., & Resin, R. P. (1974). At first glance—Or, is physical attractiveness more than skin deep? Paper presented at the Eastern Psychological Association convention. Cited by K. L. Dion & K. K. Dion (1979). Personality and behavioral correlates of romantic love. In M. Cook & G. Wilson (Eds.), *Love and attraction.* Oxford: Pergamon.

Pritchard, I. L. (1998). The effects of rap music on aggressive attitudes toward women. Master's thesis, Humboldt State University.

Prohaska, V. (1994). "I know I'll get an A": Confident overestimation of final course grades. *Teaching of Psychology,* **21,** 141–143.

Pronin, E., Kruger, J., Savitsky, K., & Ross, L. (2001). You don't know me, but I know you: The illusion of asymmetric insight. *Journal of Personality and Social Psychology,* **81,** 639–656.

Pronin, E., Lin, D. Y., & Ross, L. (2002). The bias blind spot: Perceptions of bias in self versus others. *Personality and Social Psychology Bulletin,* **28,** 369–381.

Pronin, E., & Ross, L. (2006). Temporal differences in trait self-ascription: When the self is seen as an other. *Journal of Personality and Social Psychology,* **90,** 197–209.

Pruitt, D. G. (1986). Achieving integrative agreements in negotiation. In R. K. White (Ed.), *Psychology and the prevention of nuclear war.* New York: New York University Press.

Pruitt, D. G. (1998). Social conflict. In D. Gilbert, S. T. Fiske, & G. Lindzey (Eds.), *Handbook of social psychology,* 4th edition. New York: McGraw-Hill.

Pruitt, D. G., & Kimmel, M. J. (1977). Twenty years of experimental gaming: Critique, synthesis, and suggestions for the future. *Annual Review of Psychology,* **28,** 363–392.

Pruitt, D. G., & Lewis, S. A. (1975). Development of integrative solutions in bilateral negotiation. *Journal of Personality and Social Psychology,* **31,** 621–633.

Pruitt, D. G., & Lewis, S. A. (1977). The psychology of integrative bargaining. In D. Druckman (Ed.), *Negotiations: A social-psychological analysis.* New York: Halsted.

Pruitt, D. G., & Rubin, J. Z. (1986). *Social conflict.* San Francisco: Random House.

Pryor, J. H., Hurtado, S., Saenz, V. B., Lindholm, J. A., Korn, W. S., & Mahoney, K. M. (2005). *The American freshman: National norms for Fall 2005.* Los Angeles: Higher Education Research Institute, UCLA.

Pryor, J. H., Hurtado, S., Sharkness, J., & Korn, W. S. (2007). *The American freshman: National norms for Fall 2007.* Los Angeles: Higher Education Research Institute, UCLA.

Psychology of Women Quarterly, 11, 173–194.

PTC. (2007, January 10). *Dying to entertain: Violence on prime time broadcast TV, 1998 to 2006.* Parents Television Council (www.parentstv.org).

Public Opinion. (1984, August/September). *Vanity Fair,* p. 22.

Purvis, J. A., Dabbs, J. M., Jr., & Hopper, C. H. (1984). The "opener": Skilled user of facial expression and speech pattern. *Personality and Social Psychology Bulletin,* **10,** 61–66.

Putnam, R. (2000). *Bowling alone.* New York: Simon & Schuster.

Putnam, R. (2006, July 3). You gotta have friends: A study finds that Americans are getting lonelier. *Time,* p. 36.

Pyszczynski, T., Abdollahi, A., Solomon, S., Greenberg, J., Cohen, F., & Weise, D. (2006). Mortality salience, martyrdom, and military might: The great Satan versus the axis of evil. *Personality and Social Psychology Bulletin,* **32,** 525–537.

Pyszczynski, T., Hamilton, J. C., Greenberg, J., & Becker, S. E. (1991). Self-awareness and psychological dysfunction. In C. R. Snyder & D. O. Forsyth (Eds.), *Handbook of social and clinical psychology: The health perspective.* New York: Pergamon.

Qirko, H. N. (2004). "Fictive kin" and suicide terrorism. *Science,* **304,** 49–50.

Quartz, S. R., & Sejnowski, T. J. (2002). *Liars, lovers, and heroes: What the new brain science reveals about how we become who we are.* New York: Morrow.

Raine, A. (2005). The interaction of biological and social measures in the explanation of antisocial and violent behavior. In D. M. Stoff & E. J. Susman (Eds.), *Developmental psychobiology of aggression.* New York: Cambridge University Press.

Raine, A. (2008). From genes to brain to antisocial behavior. *Current Directions in Psychological Science,* **17,** 323–328.

Raine, A., Lencz, T., Bihrle, S., LaCasse, L., & Colletti, P. (2000). Reduced prefrontal gray matter volume and reduced autonomic activity in antisocial personality disorder. *Archives of General Psychiatry,* **57,** 119–127.

Raine, A., Stoddard, J., Bihrle, S., & Buchsbaum, M. (1998). Prefrontal glucose deficits in murderers lacking psychosocial deprivation. *Neuropsychiatry, Neuropsychology, & Behavioral Neurology,* **11,** 1–7.

Rajecki, D. W., Bledsoe, S. B., & Rasmussen, J. L. (1991). Successful personal ads: Gender differences and similarities in offers, stipulations, and outcomes. *Basic and Applied Social Psychology,* **12,** 457–469.

Ramirez, J. M., Bonniot-Cabanac, M-C., & Cabanac, M. (2005). Can aggression provide pleasure? *European Psychologist,* **10,** 136–145.

Rank, S. G., & Jacobson, C. K. (1977). Hospital nurses' compliance with medication overdose orders: A failure to replicate. *Journal of Health and Social Behavior,* **18,** 188–193.

Rapoport, A. (1960). *Fights, games, and debates.* Ann Arbor: University of Michigan Press.

Ray, D. G., Mackie, D. M., Rydell, R. J., & Smith, E. R. (2008). Changing categorization of self can change emotions about outgroups. *Journal of Experimental Social Psychology,* **44,** 1210–1213.

Reed, D. (1989, November 25). Video collection documents Christian resistance to Hitler. Associated Press release in *Grand Rapids Press,* pp. B4, B5.

Regan, D. T., & Cheng, J. B. (1973). Distraction and attitude change: A resolution. *Journal of Experimental Social Psychology,* **9,** 138–147.

Reicher, S., Spears, R., & Postmes, T. (1995). A social identity model of deindividuation phenomena. In W. Storebe & M. Hewstone (Eds.), *European review of social psychology* (Vol. 6). Chichester, England: Wiley.

Reifman, A. S., Larrick, R. P., & Fein, S. (1991). Temper and temperature on the diamond: The heat-aggression relationship in major league baseball. *Personality and Social Psychology Bulletin,* **17,** 580–585.

Reiner, W. G., & Gearhart, J. P. (2004). Discordant sexual identity in some genetic males with cloacal exstrophy assigned to female sex at birth. *New England Journal of Medicine,* **350,** 333–341.

REIS, H. T., & ARON, A. (2008). Love: Why is it, why does it matter, and how does it operate? *Perspectives on Psychological Science,* **3,** 80–86.

REIS, H. T., NEZLEK, J., & WHEELER, L. (1980). Physical attractiveness in social interaction. *Journal of Personality and Social Psychology,* **38,** 604–617.

REIS, H. T., & SHAVER, P. (1988). Intimacy as an interpersonal process. In S. Duck (Ed.), *Handbook of personal relationships: Theory, relationships and interventions.* Chichester, England: Wiley.

REIS, H. T., WHEELER, L., SPIEGEL, N., KERNIS, M. H., NEZLEK, J., & PERRI, M. (1982). Physical attractiveness in social interaction: II. Why does appearance affect social experience? *Journal of Personality and Social Psychology,* **43,** 979–996.

RENAUD, H., & ESTESS, F. (1961). Life history interviews with one hundred normal American males: "Pathogenecity" of childhood. *American Journal of Orthopsychiatry,* **31,** 786–802.

RENNER, M. (1999). *Ending violent conflict.* Worldwatch Paper 146, Worldwatch Institute.

RESSLER, R. K., BURGESS, A. W., & DOUGLAS, J. E. (1988). *Sexual homicide patterns.* Boston: Lexington Books.

REVKIN, A. C. (2008, December 16). A cooler year on a warming planet. *New York Times* blog (www.nytimes.com).

REYNOLDS, J., STEWART, M., MACDONALD, R., & SISCHO, L. (2006). Have adolescents become too ambitious? High school seniors' educational and occupational plans, 1976 to 2000. *Social Problems,* **53,** 186–206.

RHODES, G. (2006). The evolutionary psychology of facial beauty. *Annual Review of Psychology,* **57,** 199–226.

RHODES, G., SUMICH, A., & BYATT, G. (1999). Are average facial configurations attractive only because of their symmetry? *Psychological Science,* **10,** 52–58.

RHODEWALT, F., & AGUSTSDOTTIR, S. (1986). Effects of self-presentation on the phenomenal self. *Journal of Personality and Social Psychology,* **50,** 47–55.

RHOLES, W. S., NEWMAN, L. S., & RUBLE, D. N. (1990). Understanding self and other: Developmental and motivational aspects of perceiving persons in terms of invariant dispositions. In E. T. Higgins & R. M. Sorrentino (Eds.), *Handbook of motivation and cognition: Foundations of social behavior* (Vol. 2). New York: Guilford.

RICE, B. (1985, September). Performance review: The job nobody likes. *Psychology Today,* pp. 30–36.

RICHARD, F. D., BOND, C. F., JR., & STOKES-ZOOTA, J. J. (2003). One hundred years of social psychology quantitatively described. *Review of General Psychology,* **7,** 331–363.

RICHARDS, Z., & HEWSTONE, M. (2001). Subtyping and subgrouping: Processes for the prevention and promotion of stereotype change. *Personality and Social Psychology Review,* **5,** 52–73.

RICHARDSON, B. B. (2005, Spring–Summer). A conversation with Judith Lichtman, a.k.a. "the 101st Senator." ABA/YLD Women in the Profession Committee newsletter.

RICHARDSON, D. S. (2005). The myth of female passivity: Thirty years of revelations about female aggression. *Psychology of Women Quarterly,* **29,** 238–247.

RICHARDSON, J. D., HUDDY, W. P., & MORGAN, S. M. (2008). The hostile media effect, biased assimilation, and perceptions of a presidential debate. *Journal of Applied Social Psychology,* **38,** 1255–1270.

RICHARDSON, L. F. (1960). Generalized foreign policy. *British Journal of Psychology Monographs Supplements,* **23.** Cited by A. Rapoport in *Fights, games, and debates* (p. 15). Ann Arbor: University of Michigan Press.

RICHTEL, M. (2007, June 2). For pornographers, Internet's virtues turn to vices. *New York Times* (www.nytimes.com).

RIEK, B. M., MANIA, E. W., & GAERTNER, S. L. (2006). Intergroup threat and outgroup attitudes: A meta-analytic review. *Personality and Social Psychology Review,* **10,** 336–353.

RIORDAN, C. A. (1980). Effects of admission of influence on attributions and attraction. Paper presented at the American Psychological Association convention.

RISEN, J. L., GILOVICH, T., & DUNNING, D. (2007). One-shot illusory correlations and stereotype formation. *Personality and Social Psychology Bulletin,* **33,** 1492–1502.

ROBBERSON, M. R., & ROGERS, R. W. (1988). Beyond fear appeals: Negative and positive persuasive appeals to health and self-esteem. *Journal of Applied Social Psychology,* **18,** 277–287.

ROBERTSON, I. (1987). *Sociology.* New York: Worth Publishers.

ROBINS, R. W., & BEER, J. S. (2001). Positive illusions about the self: Short-term benefits and long-term costs. *Journal of Personality and Social Psychology,* **80,** 340–352.

ROBINSON, J. (2002, October 8). What percentage of the population is gay? *Gallup Tuesday Briefing* (www.gallup.com).

Robinson, M. D., & Ryff, C. D. (1999). The role of self-deception in perceptions of past, present, and future happiness. *Personality and Social Psychology Bulletin,* **25,** 595–606.

Robinson, M. S., & Alloy, L. B. (2003). Negative cognitive styles and stress-reactive rumination interact to predict depression: A prospective study. *Cognitive Therapy and Research,* **27,** 275–291.

Robinson, T. N., Wilde, M. L., Navracruz, L. C., Haydel, F., & Varady, A. (2001). Effects of reducing children's television and video game use on aggressive behavior. *Archives of Pediatric and Adolescent Medicine,* **155,** 17–23.

Rochat, F. (1993). How did they resist authority? Protecting refugees in Le Chambon during World War II. Paper presented at the American Psychological Association convention.

Rochat, F., & Modigliani, A. (1995). The ordinary quality of resistance: From Milgram's laboratory to the village of Le Chambon. *Journal of Social Issues,* **51,** 195–210.

Roehling, M. V., Roehling, P. V., & Odland, I. M. (2008). Investigating the validity of stereotypes about overweight employees. *Group and Organization Management,* **23,** 392–424.

Roehling, P. V., Roehling, M. V., Vandlen, J. D., Blazek, J., & Guy, W. C. (2009). Weight discrimination and the glass ceiling effect among top U.S. male and female CEOs. *Equal Opportunities International,* **28,** 179–196.

Rogers, C. R. (1980). *A way of being.* Boston: Houghton Mifflin.

Rogers, R. W., & Mewborn, C. R. (1976). Fear appeals and attitude change: Effects of a threat's noxiousness, probability of occurrence, and the efficacy of coping responses. *Journal of Personality and Social Psychology,* **34,** 54–61.

Rogers, R. W., & Prentice-Dunn, S. (1981). Deindividuation and anger-mediated interracial aggression: Unmasking regressive racism. *Journal of Personality and Social Psychology,* **41,** 63–73.

Rohter, L. (2004, December 19). U.S. waters down global commitment to curb greenhouse gases. *New York Times* (www.nytimes.com).

Rokeach, M., & Mezei, L. (1966). Race and shared beliefs as factors in social choice. *Science,* **151,** 167–172.

Roney, J. R. (2003). Effects of visual exposure to the opposite sex: Cognitive aspects of mate attraction in human males. *Personality and Social Psychology Bulletin,* **29,** 393–404.

Rook, K. S. (1984). Promoting social bonding: Strategies for helping the lonely and socially isolated. *American Psychologist,* **39,** 1389–1407.

Rooth, D-O. (2007). Implicit discrimination in hiring: Real-world evidence. IZA Discussion Paper No. 2764, University of Kalmar, Institute for the Study of Labor (IZA).

Rose, A. J., & Rudolph, K. D. (2006). A review of sex differences in peer relationship processes: Potential trade-offs for the emotional and behavioral development of girls and boys. *Psychological Bulletin,* **132,** 98–131.

Rosenhan, D. L. (1973). On being sane in insane places. *Science,* **179,** 250–258.

Rosenthal, R. (1985). From unconscious experimenter bias to teacher expectancy effects. In J. B. Dusek, V. C. Hall, & W. J. Meyer (Eds.), *Teacher expectancies.* Hillsdale, NJ: Erlbaum.

Rosenthal, R. (1991). Teacher expectancy effects: A brief update 25 years after the Pygmalion experiment. *Journal of Research in Education,* **1,** 3–12.

Rosenthal, R. (2002). Covert communication in classrooms, clinics, courtrooms, and cubicles. *American Psychologist,* **57,** 839–849.

Rosenthal, R. (2003). Covert communication in laboratories, classrooms, and the truly real world. *Current Directions in Psychological Science,* **12,** 151–154.

Rosenthal, R. (2006). Applying psychological research on interpersonal expectations and covert communication in classrooms, clinics, corporations, and courtrooms. In S. I. Donaldson, D. E. Berger, & K. Pezdek (Eds.), *Applied psychology: New frontiers and rewarding careers.* Mahwah, NJ: Erlbaum.

Rosenthal, R. (2008). Introduction, methods, results, discussion: The story of a career. In R. Levin, A. Rodriques, & L. Zelezny (Eds.), *Journeys in social psychology: Looking back to inspire the future.* New York: Psychology Press.

Rosenzweig, M. R. (1972). Cognitive dissonance. *American Psychologist,* **27,** 769.

Ross, L. (1977). The intuitive psychologist and his shortcomings: Distortions in the attribution process. In L. Berkowitz (Ed.), *Advances in experimental social psychology* (Vol. 10). New York: Academic Press.

Ross, L. (1981). The "intuitive scientist" formulation and its developmental implications. In J. H. Havell & L. Ross (Eds.), *Social cognitive development: Frontiers and possible futures.* Cambridge, England: Cambridge University Press.

Ross, L. (1988). Situationist perspectives on the obedience experiments. Review of A. G. Miller's *The obedience experiments. Contemporary Psychology,* **33,** 101–104.

Ross, L., Amabile, T. M., & Steinmetz, J. L. (1977). Social roles, social control, and biases in social-perception processes. *Journal of Personality and Social Psychology,* **35,** 485–494.

Ross, L., & Ward, A. (1995). Psychological barriers to dispute resolution. In M. P. Zanna (Ed.), *Advances in experimental social psychology* (Vol. 27). San Diego: Academic Press.

Ross, M., McFarland, C., & Fletcher, G. J. O. (1981). The effect of attitude on the recall of personal histories. *Journal of Personality and Social Psychology,* **40,** 627–634.

Ross, M., & Newby-Clark, I. R. (1998). Construing the past and future. *Social Cognition,* **16,** 133–150.

Ross, M., & Sicoly, F. (1979). Egocentric biases in availability and attribution. *Journal of Personality and Social Psychology,* **37,** 322–336.

Rossi, A. S., & Rossi, P. H. (1990). *Of human bonding: Parent-child relations across the life course.* Hawthorne, NY: Aldine de Gruyter.

Roszell, P., Kennedy, D., & Grabb, E. (1990). Physical attractiveness and income attainment among Canadians. *Journal of Psychology,* **123,** 547–559.

Rothbart, M., & Birrell, P. (1977). Attitude and perception of faces. *Journal of Research Personality,* **11,** 209–215.

Rothbart, M., & Taylor, M. (1992). Social categories and social reality. In G. R. Semin & K. Fielder (Eds.), *Language, interaction and social cognition.* London: Sage.

Rothblum, E. D. (2007). Same-sex couples in legalized relationships: I do, or do I? Unpublished manuscript, Women's Studies Department, San Diego State University.

Rotter, J. (1973). Internal-external locus of control scale. In J. P. Robinson & R. P. Shaver (Eds.), *Measures of social psychological attitudes.* Ann Arbor: Institute for Social Research.

Rotton, J., & Frey, J. (1985). Air pollution, weather, and violent crimes: Concomitant time-series analysis of archival data. *Journal of Personality and Social Psychology,* **49,** 1207–1220.

Ruback, R. B., Carr, T. S., & Hoper, C. H. (1986). Perceived control in prison: Its relation to reported crowding, stress, and symptoms. *Journal of Applied Social Psychology,* **16,** 375–386.

Rubin, A. (2003, April 16). War fans young Arabs' anger. *Los Angeles Times* (www.latimes.com).

Rubin, J. Z. (1986). Can we negotiate with terrorists: Some answers from psychology. Paper presented at the American Psychological Association convention.

Rubin, L. B. (1985). *Just friends: The role of friendship in our lives.* New York: Harper & Row.

Rubin, Z. (1973). *Liking and loving: An invitation to social psychology.* New York: Holt, Rinehart & Winston.

Ruiter, R. A. C., Abraham, C., & Kok, G. (2001). Scary warnings and rational precautions: A review of the psychology of fear appeals. *Psychology and Health,* **16,** 613–630.

Ruiter, S., & De Graaf, N. D. (2006). National context, religiosity, and volunteering: Results from 53 countries. *American Sociological Review,* **71,** 191–210.

Rule, B. G., Taylor, B. R., & Dobbs, A. R. (1987). Priming effects of heat on aggressive thoughts. *Social Cognition,* **5,** 131–143.

Rusbult, C. E., Johnson, D. J., & Morrow, G. D. (1986). Impact of couple patterns of problem solving on distress and nondistress in dating relationships. *Journal of Personality and Social Psychology,* **50,** 744–753.

Rusbult, C. E., Martz, J. M., & Agnew, C. R. (1998). The investment model scale: Measuring commitment level, satisfaction level, quality of alternatives, and investment size. *Personal Relationships,* **5,** 357–391.

Rusbult, C. E., Morrow, G. D., & Johnson, D. J. (1987). Self-esteem and problem-solving behaviour in close relationships. *British Journal of Social Psychology,* **26,** 293–303.

Russell, B. (1930/1980). *The conquest of happiness.* London: Unwin Paperbacks.

Russell, G. W. (1983). Psychological issues in sports aggression. In J. H. Goldstein (Ed.), *Sports violence.* New York: Springer-Verlag.

Ryan, R. (1999, February 2). Quoted by A. Kohn, In pursuit of affluence, at a high price. *New York Times* (www.nytimes.com).

Saad, L. (2002, November 21). Most smokers wish they could quit. Gallup News Service (www.gallup.com/poll/releases/pr021121.asp).

Saad, L. (2003, April 22). Giving global warming the cold shoulder. The Gallup Organization (www.gallup.com).

Saad, L. (2006, August 10). Anti-Muslim sentiments fairly commonplace. Gallup News Service (poll.gallup.com).

Saad, L. (2007, March 12). To Americans, the risks of global warming are not imminent: A majority worries about climate changes, but thinks problems are a decade or more away. Gallup Poll (www.galluppoll.com).

Sabini, J., & Silver, M. (1982). *Moralities of everyday life.* New York: Oxford University Press.

Sacerdote, B., & Marmaros, D. (2005). How do friendships form? NBER Working Paper No. 11530 (www.nber.org/papers/W11530).

Sachs, J. D. (2006, July). Ecology and political upheaval. *Scientific American,* **291,** 37.

Sack, K., & Elder, J. (2000, July 11). Poll finds optimistic outlook but enduring racial division. *New York Times* (www.nytimes.com).

Sacks, C. H., & Bugental, D. P. (1987). Attributions as moderators of affective and behavioral responses to social failure. *Journal of Personality and Social Psychology,* **53,** 939–947.

Safer, M. A., Bonanno, G. A., & Field, N. P. (2001). It was never that bad: Biased recall of grief and long-term adjustment to the death of a spouse. *Memory,* **9,** 195–204.

Sagarin, B. J., Rhoads, K. v. L., & Cialdini, R. B. (1998). Deceiver's distrust: Denigration as a consequence of undiscovered deception. *Personality and Social Psychology Bulletin,* **24,** 1167–1176.

Saks, M. J. (1974). Ignorance of science is no excuse. *Trial,* **10**(6), 18–20.

Sales, S. M. (1972). Economic threat as a determinant of conversion rates in authoritarian and nonauthoritarian churches. *Journal of Personality and Social Psychology,* **23,** 420–428.

Sales, S. M. (1973). Threat as a factor in authoritarianism: An analysis of archival data. *Journal of Personality & Social Psychology,* **28,** 44–57.

Salganik, M. J., Dodds, P. S., & Watts, D. J. (2006). Experimental study of inequality and unpredictability in an artificial cultural market. *Science,* **311,** 854–856.

Salmela-Aro, K., & Nurmi, J-E. (2007). Self-esteem during university studies predicts career characteristics 10 years later. *Journal of Vocational Behavior,* **70,** 463–477.

Sanbonmatsu, D. M., Akimoto, S. A., & Gibson, B. D. (1994). Stereotype-based blocking in social explanation. *Personality and Social Psychology Bulletin,* **20,** 71–81.

Sande, G. N., Goethals, G. R., & Radloff, C. E. (1988). Perceiving one's own traits and others': The multifaceted self. *Journal of Personality and Social Psychology,* **54,** 13–20.

Sanders, G. S. (1981a). Driven by distraction: An integrative review of social facilitation and theory and research. *Journal of Experimental Social Psychology,* **17,** 227–251.

Sanders, G. S. (1981b). Toward a comprehensive account of social facilitation: Distraction/conflict does not mean theoretical conflict. *Journal of Experimental Social Psychology,* **17,** 262–265.

Sanders, G. S., Baron, R. S., & Moore, D. L. (1978). Distraction and social comparison as mediators of social facilitation effects. *Journal of Experimental Social Psychology,* **14,** 291–303.

Sanislow, C. A., III, Perkins, D. V., & Balogh, D. W. (1989). Mood induction, interpersonal perceptions, and rejection in the roommates of depressed, nondepressed-disturbed, and normal college students. *Journal of Social and Clinical Psychology,* **8,** 345–358.

Sanitioso, R., Kunda, Z., & Fong, G. T. (1990). Motivated recruitment of autobiographical memories. *Journal of Personality and Social Psychology,* **59,** 229–241.

Sapadin, L. A. (1988). Friendship and gender: Perspectives of professional men and women. *Journal of Social and Personal Relationships,* **5,** 387–403.

Sarnoff, I., & Sarnoff, S. (1989). *Love-centered marriage in a self-centered world.* New York: Schocken Books.

Sassenberg, K., Moskowitz, G. B., Jacoby, J., & Hansen, N. (2007). The carry-over effect of competition: The impact of competition on prejudice towards uninvolved outgroups. *Journal of Experimental Social Psychology,* **43,** 529–538.

Sato, K. (1987). Distribution of the cost of maintaining common resources. *Journal of Experimental Social Psychology,* **23,** 19–31.

Saucier, D. A., & Miller, C. T. (2003). The persuasiveness of racial arguments as a subtle measure of racism. *Personality and Social Psychology Bulletin,* **29,** 1303–1315.

Savitsky, K., Epley, N., & Gilovich, T. (2001). Do others judge us as harshly as we think? Overestimating the impact of our failures, shortcomings, and mishaps. *Journal of Personality and Social Psychology,* **81,** 44–56.

Savitsky, K., Van Voven, L., Epley, N., & Wright, W. M. (2005). The unpacking effect in allocations of responsibility for group tasks. *Journal of Experimental Social Psychology,* **41,** 447–457.

Sax, L. J., Lindholm, J. A., Astin, A. W., Korn, W. S., & Mahoney, K. M. (2002). *The American freshman: National norms for Fall, 2002.* Los Angeles: Cooperative Institutional Research Program, UCLA.

Schachter, S., & Singer, J. E. (1962). Cognitive, social and physiological determinants of emotional state. *Psychological Review,* **69,** 379–399.

Schafer, R. B., & Keith, P. M. (1980). Equity and depression among married couples. *Social Psychology Quarterly,* **43,** 430–435.

Schaffner, P. E., Wandersman, A., & Stang, D. (1981). Candidate name exposure and voting: Two field studies. *Basic and Applied Social Psychology,* **2,** 195–203.

Schein, E. H. (1956). The Chinese indoctrination program for prisoners of war: A study of attempted brainwashing. *Psychiatry,* **19,** 149–172.

Schiffenbauer, A., & Schiavo, R. S. (1976). Physical distance and attraction: An intensification effect. *Journal of Experimental Social Psychology,* **12,** 274–282.

Schimel, J., Arndt, J., Pyszczynski, T., & Greenberg, J. (2001). Being accepted for who we are: Evidence that social validation of the intrinsic self reduces general defensiveness. *Journal of Personality and Social Psychology,* **80,** 35–52.

Schimel, J., Pyszczynski, T., Greenberg, J., O'Mahen, H., & Arndt, J. (2000). Running from the shadow: Psychological distancing from others to deny characteristics people fear in themselves. *Journal of Personality & Social Psychology,* **78,** 446–462.

Schimel, J., Simon, L., Greenberg, J., Pyszczynski, T., Solomon, S., & Waxmonsky, J. (1999). Stereotypes and terror management: Evidence that mortality salience enhances stereotypic thinking and preferences. *Journal of Personality and Social Psychology,* **77,** 905–926.

Schimmack, U., Oishi, S., & Diener, E. (2005). Individualism: A valid and important dimension of cultural differences between nations. *Personality and Social Psychology Review,* **9,** 17–31.

Schkade, D. A., & Kahneman, D. (1998). Does living in California make people happy? A focusing illusion in judgments of life satisfaction. *Psychological Science,* **9,** 340–346.

Schkade, D. A., & Sunstein, C. R. (2003, June 11). Judging by where you sit. *New York Times* (www.nytimes.com).

Schkade, D., Sunstein, C. R., & Hastie, R. (2007) What happened on deliberation day? *California Law Review,* **95,** 915–940.

Schlenker, B. R. (1976). Egocentric perceptions in cooperative groups: A conceptualization and research review. Final Report, Office of Naval Research Grant NR 170–797.

Schlenker, B. R., & Leary, M. R. (1982). Social anxiety and self-presentation: A conceptualization and model. *Psychological Bulletin,* **92,** 641–669.

Schlenker, B. R., & Leary, M. R. (1985). Social anxiety and communication about the self. *Journal of Language and Social Psychology,* **4,** 171–192.

Schlenker, B. R., & Miller, R. S. (1977a). Group cohesiveness as a determinant of egocentric perceptions in cooperative groups. *Human Relations,* **30,** 1039–1055.

Schlenker, B. R., & Miller, R. S. (1977b). Egocentrism in groups: Self-serving biases or logical information processing? *Journal of Personality and Social Psychology,* **35,** 755–764.

Schlesinger, A. M., Jr. (1965). *A thousand days.* Boston: Houghton Mifflin. Cited by I. L. Janis (1972) in *Victims of groupthink.* Boston: Houghton Mifflin.

Schlesinger, A., Jr. (1949). The statistical soldier. *Partisan Review,* **16,** 852–856.

Schlesinger, A., Jr. (1991, July 8). The cult of ethnicity, good and bad. *Time,* p. 21.

Schmid, R. E. (2008, July 8). Pet owners prefer McCain over Obama. Associated Press (news.yahoo.com).

Schmitt, D. P. (2003). Universal sex differences in the desire for sexual variety; tests from 52 nations, 6 continents, and 13 islands. *Journal of Personality and Social Psychology,* **85,** 85–104.

Schmitt, D. P. (2005). Sociosexuality from Argentina to Zimbabwe: A 48-nation study of sex, culture, and strategies of human mating. *Behavioral and Brain Sciences,* **28,** 247–311.

Schmitt, D. P. (2007). Sexual strategies across sexual orientations: How personality traits and culture relate to sociosexuality among gays, lesbians, bisexuals, and heterosexuals. *Journal of Psychology and Human Sexuality,* **18,** 183–214.

Schmitt, D. P., & Allik, J. (2005). Simultaneous administration of the Rosenberg Self-Esteem Scale in 53 nations: Exploring the universal and culture-specific features of global self-esteem. *Journal of Personality and Social Psychology,* **89,** 623–642.

Schofield, J. (1982). *Black and white in school: Trust, tension, or tolerance?* New York: Praeger.

Schofield, J. W. (1986). Causes and consequences of the colorblind perspective. In J. F. Dovidio & S. L. Gaertner (Eds.), *Prejudice, discrimination, and racism.* Orlando, FL: Academic Press.

Schor, J. B. (1998). *The overworked American.* New York: Basic Books.

Schulz, J. W., & Pruitt, D. G. (1978). The effects of mutual concern on joint welfare. *Journal of Experimental Social Psychology,* **14,** 480–492.

Schuman, H., & Scott, J. (1989). Generations and collective memories. *American Sociological Review,* **54,** 359–381.

Schwartz, B. (2000). Self-determination: The tyranny of freedom. *American Psychologist,* **55,** 79–88.

Schwartz, B. (2004). *The tyranny of choice.* New York: Ecco/HarperCollins.

Schwartz, S. H., & Gottlieb, A. (1981). Participants' post-experimental reactions and the ethics of bystander research. *Journal of Experimental Social Psychology,* **17,** 396–407.

Schwartz, S. H., & Rubel, T. (2005). Sex differences in value priorities: Cross-cultural and multimethod studies. *Journal of Personality and Social Psychology,* **89,** 1010–1028.

Schwarz, N., & Clore, G. L. (1983). Mood, misattribution, and judgments of well-being: Informative and directive functions of affective states. *Journal of Personality and Social Psychology,* **45,** 513–523.

Schweinle, W., Ickes, W. and Bernstein, I. (2002). Empathic inaccuracy in husband to wife aggression: The overattribution bias. *Personal Relationships,* **9,** 141–158.

Scott, J. P., & Marston, M. V. (1953). Nonadaptive behavior resulting from a series of defeats in fighting mice. *Journal of Abnormal and Social Psychology,* **48,** 417–428.

Sears, D. O. (1979). Life stage effects upon attitude change, especially among the elderly. Manuscript prepared for Workshop on the Elderly of the Future, Committee on Aging, National Research Council, Annapolis, MD, May 3–5.

Sears, D. O. (1986). College sophomores in the laboratory: Influences of a narrow data base on social psychology's view of human nature. *Journal of Personality and Social Psychology,* **51,** 515–530.

Sedikides, C. (1993). Assessment, enhancement, and verification determinants of the self-evaluation process. *Journal of Personality and Social Psychology,* **65,** 317–338.

Segal, H. A. (1954). Initial psychiatric findings of recently repatriated prisoners of war. *American Journal of Psychiatry,* **61,** 358–363.

Segall, M. H., Dasen, P. R., Berry, J. W., & Poortinga, Y. H. (1990). *Human behavior in global perspective: An introduction to cross-cultural psychology.* New York: Pergamon.

Segerstrom, S. C. (2001). Optimism and attentional bias for negative and positive stimuli. *Personality and Social Psychology Bulletin,* **27,** 1334–1343.

Seligman, M. (1994). *What you can change and what you can't.* New York: Knopf.

Seligman, M. E. P. (1975). *Helplessness: On depression, development and death.* San Francisco: W. H. Freeman.

Seligman, M. E. P. (1991). *Learned optimism.* New York: Knopf.

Seligman, M. E. P. (1992). Power and powerlessness: Comments on "Cognates of personal control." *Applied & Preventive Psychology,* **1,** 119–120.

Seligman, M. E. P. (1998). The prediction and prevention of depression. In D. K. Routh & R. J. DeRubeis (Eds.), *The science of clinical psychology: Accomplishments and future directions.* Washington, DC: American Psychological Association.

Seligman, M. E. P. (2002). *Authentic happiness: Using the new positive psychology to realize your potential for lasting fulfillment.* New York: Free Press.

Sengupta, S. (2001, October 10). Sept. 11 attack narrows the racial divide. *New York Times* (www.nytimes.com).

Sengupta, S. (2003, May 27). Congo war toll soars as U.N. pleads for aid. *New York Times* (www.nytimes.com).

Sentyrz, S. M., & Bushman, B. J. (1998). Mirror, mirror, on the wall, who's the thinnest one of all? Effects of self-awareness on consumption of fatty, reduced-fat, and fat-free products. *Journal of Applied Psychology,* **83,** 944–949.

Seta, C. E., & Seta, J. J. (1992). Increments and decrements in mean arterial pressure levels as a function of audience composition: An averaging and summation analysis. *Personality and Social Psychology Bulletin,* **18,** 173–181.

Seta, J. J. (1982). The impact of comparison processes on coactors' task performance. *Journal of Personality and Social Psychology,* **42,** 281–291.

Shaffer, D. R., Pegalis, L. J., & Bazzini, D. G. (1996). When boy meets girls (revisited): Gender, gender-role orientation, and prospect of future interaction as determinants of self-disclosure among same- and opposite-sex acquaintances. *Personality and Social Psychology Bulletin,* **22,** 495–506.

Sheese, B. E., & Graziano, W. G. (2005). Deciding to defect: The effects of video-game violence on cooperative behavior. *Psychological Science,* **16,** 354–357.

Sheldon, K. M., Elliot, A. J., Youngmee, K., & Kasser, T. (2001). What is satisfying about satisfying events? Testing 10 candidate psychological needs. *Journal of Personality and Social Psychology,* **80,** 325–339.

Sheldon, K. M., Ryan, R. M., Deci, E. L., & Kasser, T. (2004). The independent effects of goal contents and motives on well-being: It's both what you pursue and why you pursue it. *Personality and Social Psychology Bulletin,* **30,** 475–486.

Sheldon, K. M., & Niemiec, C. P. (2006). It's not just the amount that counts: Balanced need satisfaction also affects well-being. *Journal of Personality and Social Psychology,* **91,** 331–341.

Shelton, J. N., & Richeson, J. A. (2005). Intergroup contact and pluralistic ignorance. *Journal of Personality and Social Psychology,* **88,** 91–107.

Shepperd, J. A. (2003). Interpreting comparative risk judgments: Are people personally optimistic or interpersonally pessimistic? Unpublished manuscript, University of Florida.

Shepperd, J. A., Grace, J., Cole, L. J., & Klein, C. (2005). Anxiety and outcome predictions. *Personality and Social Psychology Bulletin,* **31,** 267–275.

Shepperd, J. A., & Wright, R. A. (1989). Individual contributions to a collective effort: An incentive analysis. *Personality and Social Psychology Bulletin,* **15,** 141–149.

Shergill, S. S., Bays, P. M., Frith, C. D., & Wolpert, D. M. (2003). Two eyes for an eye: The neuroscience of force escalation. *Science,* **301,** 187.

Sherif, M. (1966). *In common predicament: Social psychology of intergroup conflict and cooperation.* Boston: Houghton Mifflin.

Sherman, D. K., Nelson, L. D., & Ross, L. D. (2003). Naive realism and affirmative action: Adversaries are more similar than they think. *Basic and Applied Social Psychology,* **25,** 275–289.

Sherman, J. W. (1996). Development and mental representation of stereotypes. *Journal of Personality and Social Psychology,* **70,** 1126–1141.

Sherman, J. W., Kruschke, J. K., Sherman, S. J., Percy, E. J., Petrocelli, J. V., & Conrey, F. R. (2009). Attentional processes in stereotype formation: A common model for category accentuation and illusory correlation. *Journal of Personality and Social Psychology,* **96,** 305–323.

Sherman, J. W., Lee, A. Y., Bessenoff, G. R., & Frost, L. A. (1998). Stereotype efficiency reconsidered: Encoding flexibility under cognitive load. *Journal of Personality and Social Psychology,* **75,** 589–606.

Sherman, S. J., Cialdini, R. B., Schwartzman, D. F., & Reynolds, K. D. (1985). Imagining can heighten or lower the perceived likelihood of contracting a disease: The mediating effect of ease of imagery. *Personality and Social Psychology Bulletin,* **11,** 118–127.

Shipman, P. (2003). We are all Africans. *American Scientist,* **91,** 496–499.

Shook, N. J., & Fazio, R. H. (2008). Interracial roommate relationships: An experimental field test of the contact hypothesis. *Psychological Science,* **19,** 717–723.

Short, J. F., Jr. (Ed.) (1969). *Gang delinquency and delinquent subcultures.* New York: Harper & Row.

Shostak, M. (1981). *Nisa: The life and words of a !Kung woman.* Cambridge, MA: Harvard University Press.

Showers, C., & Ruben, C. (1987). Distinguishing pessimism from depression: Negative expectations and positive coping mechanisms. Paper presented at the American Psychological Association convention.

Shriver, E. R., Young, S. G., Hugenberg, K., Bernstein, M. J., & Lanter, J. R. (2008, February). Class, race, and the face: Social context modulates the cross-race effect in face recognition. *Personality and Social Psychology Bulletin,* **34,** 260–274.

Sidanius, J., & Pratto, F. (1999). *Social dominance: An intergroup theory of social hierarchy and oppression.* New York: Cambridge University Press.

Sidanius, J., Pratto, F., & Bobo, L. (1994). Social dominance orientation and the political psychology of gender: A case of invariance? *Journal of Personality and Social Psychology,* **67,** 998–1011.

Sidanius, J., Van Laar, C., Levin, S., & Sinclair, S. (2004). Ethnic enclaves and the dynamics of social identity on the college campus: The good, the bad, and the ugly. *Journal of Personality and Social Psychology,* **87,** 96–110.

Sigall, H. (1970). Effects of competence and consensual validation on a communicator's liking for the audience. *Journal of Personality and Social Psychology,* **16,** 252–258.

Silke, A. (2003). Deindividuation, anonymity, and violence: Findings from Northern Ireland. *Journal of Social Psychology,* **143,** 493–499.

Silver, M., & Geller, D. (1978). On the irrelevance of evil: The organization and individual action. *Journal of Social Issues,* **34,** 125–136.

Silver, N. (2009, May 9). Bush may haunt Republicans for generations (www.fivethirtyeight.com).

Simmons, W. W. (2000, December). When it comes to having children, Americans still prefer boys. *The Gallup Poll Monthly,* pp. 63–64.

Simonton, D. K. (1994). *Greatness: Who makes history and why.* New York: Guilford.

Simpson, J. A. (1987). The dissolution of romantic relationships: Factors involved in relationship stability and emotional distress. *Journal of Personality and Social Psychology,* **53,** 683–692.

Simpson, J. A., Campbell, B., & Berscheid, E. (1986). The association between romantic love and marriage: Kephart (1967) twice revisited. *Personality and Social Psychology Bulletin,* **12,** 363–372.

Simpson, J. A., Gangestad, S. W., & Lerma, M. (1990). Perception of physical attractiveness: Mechanisms involved in the maintenance of romantic relationships. *Journal of Personality and Social Psychology,* **59,** 1192–1201.

Sinclair, S., Dunn, E., & Lowery, B. S. (2004). The relationship between parental racial attitudes and children's implicit prejudice. Journal of Experimental Social Psychology, **41,** 283–289.

Singer, M. (1979). Cults and cult members. Address to the American Psychological Association convention.

Singer, T., Seymour, B., O'Doherty, J. P., Stephan, K. E., Dolan, R. J., & Frith, C. D. (2006). Empathic neural responses are modulated by the perceived fairness of others. *Nature,* **439,** 466–469.

Skaalvik, E. M., & Hagtvet, K. A. (1990). Academic achievement and self-concept: An analysis of causal predominance in a developmental perpsective. *Journal of Personality and Social Psychology,* **58,** 292–307.

Skitka, L. J. (1999). Ideological and attributional boundaries on public compassion: Reactions to individuals and communities affected by a natural disaster. *Personality and Social Psychology Bulletin,* **25,** 793–808.

Skitka, L. J., Bauman, C. W., & Mullen, E. (2004). Political tolerance and coming to psychological closure following the September 11, 2001, terrorist attacks: An integrative approach. *Personality and Social Psychology Bulletin,* **30,** 743–756.

Slatcher, R. B., & Pennebaker, J. W. (2006). How do I love thee? Let me count the words: The social effects of expressive writing. *Psychological Science,* **17,** 660–664.

Slavin, R. E. (1990, December/January). Research on cooperative learning: Consensus and controversy. *Educational Leadership,* pp. 52–54.

Slotter, E. B., & Gardner, W. L. (2009). Where do you end and I begin? Evidence for anticipatory, motivated self-other integration between relationship partners. *Journal of Personality and Social Psychology,* **96,** 1137–1151.

Slovic, P. (1972). From Shakespeare to Simon: Speculations—and some evidence—about man's ability to process information. *Oregon Research Institute Research Bulletin,* **12**(2).

Slovic, P., & Fischhoff, B. (1977). On the psychology of experimental surprises. *Journal of Experimental Psychology: Human Perception and Performance,* **3,** 455–551.

Smedley, J. W., & Bayton, J. A. (1978). Evaluative race-class stereotypes by race and perceived class of subjects. *Journal of Personality and Social Psychology,* **3,** 530–535.

Smelser, N. J., & Mitchell, F. (Eds.) (2002). *Terrorism: Perspectives from the behavioral and social sciences.* Washington, DC: National Research Council, National Academies Press.

Smith, A. (1976). *The wealth of nations.* Book 1. Chicago: University of Chicago Press. (Originally published, 1776.)

Smith, D. E., Gier, J. A., & Willis, F. N. (1982). Interpersonal touch and compliance with a marketing request. *Basic and Applied Social Psychology,* **3,** 35–38.

Smith, H. (1976) *The Russians.* New York: Balantine Books. Cited by B. Latané, K. Williams, and S. Harkins in "Many hands make light the work." *Journal of Personality and Social Psychology,* 1979, **37,** 822–832.

Smith, H. J., & Tyler, T. R. (1997). Choosing the right pond: The impact of group membership on self-esteem and group-oriented behavior. *Journal of Experimental Social Psychology,* **33,** 146–170.

Smith, H. W. (1981). Territorial spacing on a beach revisited: A cross-national exploration. *Social Psychology Quarterly,* **44,** 132–137.

Smith, P. B., & Tayeb, M. (1989). Organizational structure and processes. In M. Bond (Ed.), *The cross-cultural challenge to social psychology.* Newbury Park, CA: Sage.

Smith, R. H., Turner, T. J., Garonzik, R., Leach, C. W., Urch-Druskat, V., & Weston, C. M. (1996). Envy and Schadenfreude. *Personality and Social Psychology Bulletin,* **22,** 158–168.

Smith, T. W. (1998, December). *American sexual behavior: Trends, socio-demographic differences, and risk behavior.* National Opinion Research Center GSS Topical Report No. 25.

Smoreda, Z., & Licoppe, C. (2000). Gender-specific use of the domestic telephone. *Social Psychology Quarterly,* **63,** 238–252.

Snodgrass, M. A. (1987). The relationships of differential loneliness, intimacy, and characterological attributional style to duration of loneliness. *Journal of Social Behavior and Personality,* **2,** 173–186.

Snyder, C. R. (1978). The "illusion" of uniqueness. *Journal of Humanistic Psychology,* **18,** 33–41.

Snyder, C. R. (1980). The uniqueness mystique. *Psychology Today,* March, pp. 86–90.

Snyder, C. R., & Fromkin, H. L. (1980). *Uniqueness: The human pursuit of difference.* New York: Plenum.

Snyder, C. R., & Higgins, R. L. (1988). Excuses: Their effective role in the negotiation of reality. *Psychological Bulletin,* **104,** 23–35.

Snyder, C. R., & Smith, T. W. (1986). On being "shy like a fox": A self-handicapping analysis. In W. H. Jones et al. (Eds.), *Shyness: Perspectives on research and treatment.* New York: Plenum.

SNYDER, M. (1981). Seek, and ye shall find: Testing hypotheses about other people. In E. T. Higgins, C. P. Herman, & M. P. Zanna (Eds.), *Social cognition: The Ontario symposium on personality and social psychology.* Hillsdale, NJ: Erlbaum.

SNYDER, M. (1983). The influence of individuals on situations: Implications for understanding the links between personality and social behavior. *Journal of Personality,* **51,** 497–516.

SNYDER, M. (1984). When belief creates reality. In L. Berkowitz (Ed.), *Advances in Experimental Social Psychology* (Vol. 18). New York: Academic Press.

SNYDER, M., CAMPBELL, B., & PRESTON, E. (1982). Testing hypotheses about human nature: Assessing the accuracy of social stereotypes. *Social Cognition,* **1,** 256–272.

SNYDER, M., & ICKES, W. (1985). Personality and social behavior. In G. Lindzey & E. Aronson (Eds.), *Handbook of social psychology,* 3rd edition. New York: Random House.

SNYDER, M., TANKE, E. D., & BERSCHEID, E. (1977). Social perception and interpersonal behavior: On the self-fulfilling nature of social stereotypes. *Journal of Personality and Social Psychology,* **35,** 656–666.

SOLBERG, E. C., DIENER, E., & ROBINSON, M. D. (2003). Why are materialists less satisfied? In T. Kasser & A. D. Kanner (Eds.), *Psychology and consumer culture: The struggle for a good life in a materialistic world.* Washington, DC: APA Books.

SOLOMON, S., GREENBERG, J., & PYSZCZYNSKI, T. (2000). Pride and prejudice: Fear of death and social behavior. *Current Directions in Psychological Science,* **9,** 200–203.

SOMMER, R. (1969). *Personal space.* Englewood Cliffs, NJ: Prentice-Hall.

SPARRELL, J. A., & SHRAUGER, J. S. (1984). Self-confidence and optimism in self-prediction. Paper presented at the American Psychological Association convention.

SPECTOR, P. E. (1986). Perceived control by employees: A meta-analysis of studies concerning autonomy and participation at work. *Human Relations,* **39,** 1005–1016.

SPEER, A. (1971). *Inside the Third Reich: Memoirs.* (P. Winston & C. Winston, trans.). New York: Avon Books.

SPENCER, S. J., STEELE, C. M., & QUINN, D. M. (1999). Stereotype threat and women's math performance. *Journal of Experimental Social Psychology,* **3,** 4–28.

SPETH, J. G. (2008). Foreword. In A. A. Leiserowitz & L. O. Fernandez, *Toward a new consciousness: Values to sustain human and natural communities.* New Haven: Yale School of Forestry & Environmental Studies.

SPIEGEL, H. W. (1971). *The growth of economic thought.* Durham, NC: Duke University Press.

SPITZBERG, B. H., & HURT, H. T. (1987). The relationship of interpersonal competence and skills to reported loneliness across time. *Journal of Social Behavior and Personality,* **2,** 157–172.

SPIVAK, J. (1979, June 6). *Wall Street Journal.*

SPORER, S. L., TRINKL, B., & GUBEROVA, E. (2007). Matching faces. Differences in processing speed of out-group faces by different ethnic groups. *Journal of Cross-Cultural Psychology,* **38,** 398–412.

SPRECHER, S. (1987). The effects of self-disclosure given and received on affection for an intimate partner and stability of the relationship. *Journal of Personality and Social Psychology,* **4,** 115–127.

SPRECHER, S., ARON, A., HATFIELD, E., CORTESE, A., POTAPOVA, E., & LEVITSKAYA, A. (1994). Love: American style, Russian style, and Japanese style. *Personal Relationships,* **1,** 349–369.

SPRECHER, S., SULLIVAN, Q., & HATFIELD, E. (1994). Mate selection preferences: Gender differences examined in a national sample. *Journal of Personality and Social Psychology,* **66,** 1074–1080.

SPRECHER, S., & TORO-MORN, M. (2002). A study of men and women from different sides of Earth to determine if men are from Mars and women are from Venus in their beliefs about love and romantic relationships. *Sex Roles,* **46,** 131–147.

SRIVASTAVA, S., MCGONIGAL, K. M., RICHARDS, J. M., BUTLER, E. A., & GROSS, J. J. (2006). Optimism in close relationships: How seeing things in a positive light makes them so. *Journal of Personality and Social Psychology,* **91,** 143–153.

STALDER, D. R. (2008). Revisiting the issue of safety in numbers: The likelihood of receiving help from a group. *Social Influence,* **3,** 24–33.

STANGOR, C., JONAS, K., STROEBE, W., & HEWSTONE, M. (1996). Influence of student exchange on national stereotypes, attitudes and perceived group variability. *European Journal of Social Psychology,* **26,** 663–675.

STANGOR, C., LYNCH, L., DUAN, C., & GLASS, B. (1992). Categorization of individuals on the basis of multiple social features. *Journal of Personality and Social Psychology,* **62,** 207–218.

STANGOR, C., & MCMILLAN, D. (1992). Memory for expectancy-congruent and expectancy-incongruent information: A review of the social and social developmental literatures. *Psychological Bulletin,* **111,** 42–61.

STANOVICH, K. E., & WEST, R. F. (2008). On the relative independence of thinking biases and cognitive ability. *Journal of Personality and Social Psychology,* **94,** 672–695.

Stark, E., Kim, A., Miller, C., & Borgida, E. (2008). Effects of including a graphic warning label in advertisements for reduced-exposure products: Implications for persuasion and policy. *Journal of Applied Social Psychology,* **38,** 281–293.

Stark, R., & Bainbridge, W. S. (1980). Networks of faith: Interpersonal bonds and recruitment of cults and sects. *American Journal of Sociology,* **85,** 1376–1395.

Stasser, G. (1991). Pooling of unshared information during group discussion. In S. Worchel, W. Wood, & J. Simpson (Eds.), *Group process and productivity.* Beverly Hills, CA: Sage.

Statistics Canada. (2008). *Victims and persons accused of homicide, by age and sex.* (Table 253–003).

Staub, E. (1989). *The roots of evil: The origins of genocide and other group violence.* Cambridge: Cambridge University Press.

Staub, E. (1997a). Blind versus constructive patriotism: Moving from embeddedness in the group to critical loyalty and action. In D. Bar-Tal & E. Staub (Eds.), *Patriotism in the lives of individuals and nations.* Chicago: Nelson-Hall.

Staub, E. (1997b). *Halting and preventing collective violence: The role of bystanders.* Background paper for symposium organized by the Friends of Raoul Wallenberg, Stockholm, June 13–16.

Staub, E. (1999). The origins and prevention of genocide, mass killing, and other collective violence. *Peace and Conflict,* **5,** 303–336.

Staub, E. (2003). *The psychology of good and evil: Why children, adults, and groups help and harm others.* New York: Cambridge University Press.

Staub, E. (2005a). The origins and evolution of hate, with notes on prevention. In R. J. Sternberg (Ed.), *The psychology of hate.* Washington, DC: American Psychological Association.

Staub, E. (2005b). The roots of goodness: The fulfillment of basic human needs and the development of caring, helping and nonaggression, inclusive caring, moral courage, active bystandership, and altruism born of suffering. In G. Carlo & C. P. Edwards (Eds.), *Moral motivation through the life span: Theory, research, applications. Nebraska Symposium on Motivation* (Vol. 51). Lincoln, NE: University of Nebraska Press.

Staub, E., & Pearlman, L. A. (2005a). Advancing healing and reconciliation. In L. Barbanel & R. Sternberg (Eds), *Psychological interventions in times of crisis* (pp. 213–243). New York: Springer.

Staub, E., & Pearlman, L. A. (2005b). Psychological recovery and reconciliation after the genocide in Rwanda and in other post-conflict settings. In R. Sternberg & L. Barbanel (Eds.), *Psychological interventions in times of crisis.* New York: Springer.

Staub, E., & Pearlman, L. A. (2009). Reducing intergroup prejudice and conflict: A commentary. *Journal of Personality and Social Psychology,* **96,** 588–593.

Steele, C. M. (1997). A threat in the air: How stereotypes shape intellectual identity and performance. *American Psychologist,* **52,** 613–629.

Steele, C. M., & Aronson, J. (1995). Stereotype threat and the intellectual test performance of African Americans. *Journal of Personality and Social Psychology,* **69,** 797–811.

Steele, C. M., Spencer, S. J., & Aronson, J. (2002). Contending with group image: The psychology of stereotype and social identity threat. In M. P. Zanna (Ed.), *Advances in experimental social psychology,* **34,** 379–440. San Diego: Academic Press.

Stein, A. H., & Friedrich, L. K. (1972). Television content and young children's behavior. In J. P. Murray, E. A. Rubinstein, & G. A. Comstock (Eds.), *Television and social learning.* Washington, DC: Government Printing Office.

Stein, D. D., Hardyck, J. A., & Smith, M. B. (1965). Race and belief: An open and shut case. *Journal of Personality and Social Psychology,* **1,** 281–289.

Steinhauer, J., & Holson, L. M. (2008, September 20). Text messages fly, danger lurks. *New York Times* (www.nytimes.com).

Stelter, B. (2008, November 25). Web suicide viewed live and reaction spur a debate. *New York Times* (www.nytimes.com).

Stephan, W. G. (1987). The contact hypothesis in intergroup relations. In C. Hendrick (Ed.), *Group processes and intergroup relations.* Newbury Park, CA: Sage.

Stephan, W. G. (1988). School desegregation: Short-term and long-term effects. Paper presented at the national conference "Opening Doors: An Appraisal of Race Relations in America," University of Alabama.

Stephan, W. G., Berscheid, E., & Walster, E. (1971). Sexual arousal and heterosexual perception. *Journal of Personality and Social Psychology,* **20,** 93–101.

Sternberg, R. J. (1988). Triangulating love. In R. J. Sternberg & M. L. Barnes (Eds.), *The psychology of love.* New Haven, CT: Yale University Press.

Sternberg, R. J. (1998). *Cupid's arrow: The course of love through time.* New York: Cambridge University Press.

Sternberg, R. J. (2003). A duplex theory of hate and its development and its application to terrorism, massacres, and genocide. *Review of General Psychology,* **7,** 299–328.

Stillinger, C., Epelbaum, M., Keltner, D., & Ross, L. (1991). The "reactive devaluation" barrier to conflict resolution. Unpublished manuscript, Stanford University.

St. Lawrence, J. S., & Joyner, D. J. (1991). The effects of sexually violent rock music on males' acceptance of violence against women. *Psychology of Women Quarterly,* **15,** 49–63.

Stockdale, J. E. (1978). Crowding: Determinants and effects. In L. Berkowitz (Ed.), *Advances in experimental social psychology* (Vol. 11). New York: Academic Press.

Stone, A. A., Hedges, S. M., Neale, J. M., & Satin, M. S. (1985). Prospective and cross-sectional mood reports offer no evidence of a "blue Monday" phenomenon. *Journal of Personality and Social Psychology,* **49,** 129–134.

Stone, J. (2000, November 6). Quoted by Sharon Begley, The stereotype trap. *Newsweek.*

Stone, J., Lynch, C. I., Sjomeling, M., & Darley, J. M. (1999). Stereotype threat effects on Black and White athletic performance. *Journal of Personality and Social Psychology,* **77,** 1213–1227.

Stoner, J. A. F. (1961). A comparison of individual and group decisions involving risk. Unpublished master's thesis, Massachusetts Institute of Technology, 1961. Cited by D. G. Marquis in Individual responsibility and group decisions involving risk, *Industrial Management Review,* **3,** 8–23.

Storms, M. D., & Thomas, G. C. (1977). Reactions to physical closeness. *Journal of Personality and Social Psychology,* **35,** 412–418.

Stouffer, S. A., Suchman, E. A., DeVinney, L. C., Star, S. A., & Williams, R. M., Jr. (1949). *The American soldier. Adjustment during army life* (Vol. 1.). Princeton, NJ: Princeton University Press.

Strack, F., & Deutsch, R. (2004). Reflective and impulsive determinants of social behavior. *Personality and Social Psychology Review,* **8**(3), 220–247.

Strack, S., & Coyne, J. C. (1983). Social confirmation of dysphoria: Shared and private reactions to depression. *Journal of Personality and Social Psychology,* **44,** 798–806.

Straus, M. A., & Gelles, R. J. (1980). *Behind closed doors: Violence in the American family.* New York: Anchor/Doubleday.

Stroebe, W., Insko, C. A., Thompson, V. D., & Layton, B. D. (1971). Effects of physical attractiveness, attitude similarity, and sex on various aspects of interpersonal attraction. *Journal of Personality and Social Psychology,* **18,** 79–91.

Stroessner, S. J., Hamilton, D. L., & Lepore, L. (1990). Intergroup categorization and intragroup differentiation: Ingroup-outgroup differences. Paper presented at the American Psychological Association convention.

Strong, S. R. (1968). Counseling: An interpersonal influence process. *Journal of Counseling Psychology,* **17,** 81–87.

Strong, S. R. (1978). Social psychological approach to psychotherapy research. In S. L. Garfield & A. E. Bergin (Eds.), *Handbook of psychotherapy and behavior change,* 2nd edition. New York: Wiley.

Strong, S. R., Welsh, J. A., Corcoran, J. L., & Hoyt, W. T. (1992). Social psychology and counseling psychology: The history, products, and promise of an interface. *Journal of Personality and Social Psychology,* **39,** 139–157.

Sullivan, A. (1999, September 26). What's so bad about hate? *New York Times Magazine* (www.nytimes.com).

Suls, J., & Tesch, F. (1978). Students' preferences for information about their test performance: A social comparison study, *Journal of Applied Social Psychology,* **8,** 189–197.

Suls, J., Wan, C. K., & Sanders, G. S. (1988). False consensus and false uniqueness in estimating the prevalence of health-protective behaviors. *Journal of Applied Social Psychology,* **18,** 66–79.

Summers, G., & Feldman, N. S. (1984). Blaming the victim versus blaming the perpetrator: An attributional analysis of spouse abuse. *Journal of Social and Clinical Psychology,* **2,** 339–347.

Sun, C., Bridges, A., Wosnitzer, R., Scharrer, E., & Liberman, R. (2008). A comparison of male and female directors in popular pornography: What happens when women are at the helm? *Psychology of Women Quarterly,* **32,** 312–325.

Sunstein, C. R. (2001). *Republic.com.* Princeton: Princeton University Press.

Sunstein, C. R. (2007a). Group polarization and 12 angry men. *Negotiation Journal,* **23,** 443–447.

Sunstein, C. R. (2007b). On the divergent American reactions to terrorism and climate change. *Columbia Law Review,* **107,** 503–557.

Svenson, O. (1981). Are we all less risky and more skillful than our fellow drivers? *Acta Psychologica,* **47,** 143–148.

SWAMI, V., CHAN, F., WONG, V., FURNHAM, A., & TOVÉE, M. J. (2008). Weight-based discrimination in occupational hiring and helping behavior. *Journal of Applied Social Psychology,* **38,** 968–981.

SWANN, W. B., JR. (1996). *Self-traps: The elusive quest for higher self-esteem.* New York: Freeman.

SWANN, W. B., JR. (1997). The trouble with change: Self-verification and allegiance to the self. *Psychological Science,* **8,** 177–180.

SWANN, W. B., JR., & GILL, M. J. (1997). Confidence and accuracy in person perception: Do we know what we think we know about our relationship partners? *Journal of Personality and Social Psychology,* **73,** 747–757.

SWANN, W. B., JR., GÓMEZ, Á., SEYLE, D. C., MORALES, J. F., & HUICI, C. (2009). Identity fusion: The interplay of personal and social identities in extreme group behavior. *Journal of Personality and Social Psychology,* **96,** 995–1011.

SWANN, W. B., JR., & PREDMORE, S. C. (1985). Intimates as agents of social support: Sources of consolation or despair? *Journal of Personality and Social Psychology,* **49,** 1609–1617.

SWANN, W. B., JR., RENTFROW, P. J., & GOSLING, S. D. (2003). The precarious couple effect: Verbally inhibited men + critical, disinhibited women = bad chemistry. *Journal of Personality and Social Psychology,* **85,** 1095–1106.

SWANN, W. B., JR., SELLERS, J. G., & MCCLARTY, K. L. (2006). Tempting today, troubling tomorrow: The roots of the precarious couple effect. *Personality and Social Psychology Bulletin,* **32,** 93–103.

SWEENEY, J. (1973). An experimental investigation of the free rider problem. *Social Science Research,* **2,** 277–292.

SWEENEY, P. D., ANDERSON, K., & BAILEY, S. (1986). Attributional style in depression: A meta-analytic review. *Journal of Personality and Social Psychology,* **50,** 947–991.

SWETS, J. A., DAWES, R. M., & MONAHAN, J. (2000). Psychological science can improve diagnostic decisions. *Psychological Science in the Public Interest,* **1,** 1–26.

SWIM, J. K. (1994). Perceived versus meta-analytic effect sizes: An assessment of the accuracy of gender stereotypes. *Journal of Personality and Social Psychology,* **66,** 21–36.

SWIM, J. K., COHEN, L. L., & HYERS, L. L. (1998). Experiencing everyday prejudice and discrimination. In J. K. Swim & C. Stangor (Eds.), *Prejudice: The target's perspective.* San Diego: Academic Press.

SWIM, J. K., & HYERS, L. L. (1999). Excuse me—What did you just say?!: Women's public and private reactions to sexist remarks. *Journal of Experimental Social Psychology,* **35,** 68–88.

SWINDLE, R., JR., HELLER, K., BESCOSOLIDO, B., & KIKUZAWA, S. (2000). Responses to nervous breakdowns in America over a 40-year period: Mental health policy implications. *American Psychologist,* **55,** 740–749.

SYMONS, D. (1979). *The evolution of human sexuality.* New York: Oxford University Press.

TAFARODI, R. W., LO, C., YAMAGUCHI, S., LEE, W. W-S., & KATSURA, H. (2004). The inner self in three countries. *Journal of Cross-Cultural Psychology,* **35,** 97–117.

TAJFEL, H. (1970, November). Experiments in intergroup discrimination. *Scientific American,* pp. 96–102.

TAJFEL, H. (1981). *Human groups and social categories: Studies in social psychology.* London: Cambridge University Press.

TAJFEL, H. (1982). Social psychology of intergroup relations. *Annual Review of Psychology,* **33,** 1–39.

TAJFEL, H., & BILLIG, M. (1974). Familiarity and categorization in intergroup behavior. *Journal of Experimental Social Psychology,* **10,** 159–170.

TAMRES, L. K., JANICKI, D., & HELGESON, V. S. (2002). Sex differences in coping behavior: A meta-analytic review and an examination of relative coping. *Personality and Social Psychology Review,* **6,** 2–30.

TANNEN, D. (1990). *You just don't understand: Women and men in conversation.* New York: Morrow.

TARMANN, A. (2002, May/June). Out of the closet and onto the Census long form. *Population Today,* **30,** 1, 6.

TAVRIS, C., & ARONSON, E. (2007). *Mistakes were made (but not by me): Why we justify foolish beliefs, bad decisions, and hurtful acts.* New York: Harcourt.

TAYLOR, D. M., & DORIA, J. R. (1981). Self-serving and group-serving bias in attribution. *Journal of Social Psychology,* **113,** 201–211.

TAYLOR, S. E. (1981). A categorization approach to stereotyping. In D. L. Hamilton (Ed.), *Cognitive processes in stereotyping and intergroup behavior.* Hillsdale, NJ: Erlbaum.

TAYLOR, S. E. (1989). *Positive illusions: Creative self-deception and the healthy mind.* New York: Basic Books.

TAYLOR, S. E. (2002). The tending instinct: How nurturing is essential to who we are and how we live. New York: Times Books.

TAYLOR, S. E., CROCKER, J., FISKE, S. T., SPRINZEN, M., & WINKLER, J. D. (1979). The generalizability of salience effects. *Journal of Personality and Social Psychology,* **37,** 357–368.

Taylor, S. E., & Fiske, S. T. (1978). Salience, attention, and attribution: Top of the head phenomena. In L. Berkowitz (Ed.), *Advances in experimental social psychology* (Vol. 11). New York: Academic Press.

Taylor, S. E., Fiske, S. T., Etcoff, N. L., & Ruderman, A. J. (1978). Categorical and contextual bases of person memory and stereotyping. *Journal of Personality and Social Psychology,* **36,** 778–793.

Taylor, S. E., Lerner, J. S., Sherman, D. K., Sage, R. M., & McDowell, N. K. (2003a). Are self-enhancing cognitions associated with healthy or unhealthy biological profiles? *Journal of Personality and Social Psychology* **85,** 605–615.

Taylor, S. E., Lerner, J. S., Sherman, D. K., Sage, R. M., & McDowell, N. K. (2003b). Portrait of the self-enhancer: Well adjusted and well liked or maladjusted and friendless? *Journal of Personality and Social Psychology,* **84,** 165–176.

Taylor, S. P., & Chermack, S. T. (1993). Alcohol, drugs and human physical aggression. *Journal of Studies on Alcohol,* Supplement No. 11, 78–88.

Teger, A. I. (1980). *Too much invested to quit.* New York: Pergamon.

Teigen, K. H. (1986). Old truths or fresh insights? A study of students' evaluations of proverbs. *British Journal of Social Psychology,* **25,** 43–50.

Telch, M. J., Killen, J. D., McAlister, A. L., Perry, C. L., & Maccoby, N. (1981). Long-term follow-up of a pilot project on smoking prevention with adolescents. Paper presented at the American Psychological Association convention.

Tesser, A. (1988). Toward a self-evaluation maintenance model of social behavior. In L. Berkowitz (Ed.), *Advances in experimental social psychology* (Vol. 21). San Diego, CA: Academic Press.

Tesser, A., Millar, M., & Moore, J. (1988). Some affective consequences of social comparison and reflection processes: The pain and pleasure of being close. *Journal of Personality and Social Psychology,* **54,** 49–61.

Tesser, A., Rosen, S., & Conlee, M. C. (1972). News valence and available recipient as determinants of news transmission. *Sociometry,* **35,** 619–628.

Testa, M. (2002). The impact of men's alcohol consumption on perpetration of sexual aggression. *Clinical Psychology Review,* **22,** 1239–1263.

Tetlock, P. E. (1983). Accountability and complexity of thought. *Journal of Personality and Social Psychology,* **45,** 74–83.

Tetlock, P. E. (1985). Integrative complexity of American and Soviet foreign policy rhetoric: A time-series analysis. *Journal of Personality and Social Psychology,* **49,** 1565–1585.

Tetlock, P. E. (1998). Close-call counterfactuals and belief-system defenses: I was not almost wrong but I was almost right. *Journal of Personality and Social Psychology,* **75,** 639–652.

Tetlock, P. E. (1999). Theory-driven reasoning about plausible pasts and probable futures in world politics: Are we prisoners of our preconceptions? *American Journal of Political Science,* **43,** 335–366.

Tetlock, P. E. (2005). *Expert political judgment: How good is it? How can we know?* Princeton, NJ: Princeton University Press.

Thomas, K. W., & Pondy, L. R. (1977). Toward an "intent" model of conflict management among principal parties. *Human Relations,* **30,** 1089–1102.

Thompson, L. (1990a). An examination of naive and experienced negotiators. *Journal of Personality and Social Psychology,* **59,** 82–90.

Thompson, L. (1990b). The influence of experience on negotiation performance. *Journal of Experimental Social Psychology,* **26,** 528–544.

Thompson, L. (1998). *The mind and heart of the negotiator.* Upper Saddle River, NJ: Prentice-Hall.

Thompson, L., & Hrebec, D. (1996). Lose-lose agreements in interdependent decision making. *Psychological Bulletin,* **120,** 396–409.

Thompson, L., Valley, K. L., & Kramer, R. M. (1995). The bittersweet feeling of success: An examination of social perception in negotiation. *Journal of Experimental Social Psychology,* **31,** 467–492.

Thompson, L. L., & Crocker, J. (1985). Prejudice following threat to the self-concept. Effects of performance expectations and attributions. Unpublished manuscript, Northwestern University.

Thompson, S. C., Armstrong, W., & Thomas, C. (1998). Illusions of control, underestimations, and accuracy: A control heuristic explanation. *Psychological Bulletin,* **123,** 143–161.

Thomson, R., & Murachver, T. (2001). Predicting gender from electronic discourse. *British Journal of Social Psychology,* **40,** 193–208 (and personal correspondence from T. Murachver, May 23, 2002).

Thornton, B., & Maurice, J. (1997). Physique contrast effect: Adverse impact of idealized body images for women. *Sex Roles,* **37,** 433–439.

Tideman, S. (2003, undated). Announcement of Operationalizing Gross National Happiness conference, February 18–20, 2004. Distributed via the Internet.

TIERNEY, J. (2008, January 29). Hitting it off, thanks to algorithms of love. *New York Times* (www.nytimes.com).

TIME. (1992, March 30). The not so merry wife of Windsor, pp. 38–39.

TIMKO, C., & MOOS, R. H. (1989). Choice, control, and adaptation among elderly residents of sheltered care settings. *Journal of Applied Social Psychology,* **19,** 636–655.

TIMMERMAN, T. A. (2007). "It was a thought pitch": Personal, situational, and target influences on hit-by-pitch events across time. *Journal of Applied Psychology,* **92,** 876–884.

TODOROV, A., MANDISODZA, A. N., GOREN, A., & HALL, C. C. (2005). Inferences of competence from faces predict election outcomes. *Science,* **308,** 1623–1626.

TOMORROW, T. (2003, April 30). Passive tense verbs deployed before large audience; stories remain unclear (www240.pair.com/tomtom/pages/ja/ja_fr.html).

TORMALA, Z. L., BRINOL, P., & PETTY, R. E. (2006). When credibility attacks: The reverse impact of source credibility on persuasion. *Journal of Experimental Social Psychology,* **42,** 684–691.

TRAIL, T. E., SHELTON, J. N., & WEST, T. V. (2009). Interracial roommate relationships: Negotiating daily interactions. *Personality and Social Psychology Bulletin,* **35,** 671–684.

TRAMPE, D., STAPEL, D. A., & SIERO, F. W. (2007). On models and vases: Body dissatisfaction and proneness to social comparison effects. *Journal of Personality and Social Psychology,* **92,** 106–118.

TRAUB, J. (2007, May 20). Al Gore has big plans. *New York Times* (www.nytimes.com).

TRAUTWEIN, UL, & LÜDTKE, O. (2006). Self-esteem, academic self-concept, and achievement: How the learning environment moderates the dynamics of self-concept. *Journal of Personality and Social Psychology,* **90,** 334–349.

TRAVIS, L. E. (1925). The effect of a small audience upon eye-hand coordination. *Journal of Abnormal and Social Psychology,* **20,** 142–146.

TRAWALTER, S., TODD, A. R., BAIRD, A. A., & RICHESON, J. A. (2008). Attending to threat: Race-based patterns of selective attention. *Journal of Experimental Social Psychology,* **44,** 1322–1327.

TREWIN, D. (2001). *Australian social trends 2001.* Canberra: Australian Bureau of Statistics.

TRIANDIS, H. C. (1981). Some dimensions of intercultural variation and their implications for interpersonal behavior. Paper presented at the American Psychological Association convention.

TRIANDIS, H. C. (1982). Incongruence between intentions and behavior: A review. Paper presented at the American Psychological Association convention.

TRIANDIS, H. C. (1994). *Culture and social behavior.* New York: McGraw-Hill.

TRIANDIS, H. C. (2000). Culture and conflict. *International Journal of Psychology,* **55,** 145–152.

TRIANDIS, H. C., BONTEMPO, R., VILLAREAL, M. J., ASAI, M., & LUCCA, N. (1988). Individualism and collectivism: Cross-cultural perspectives on self-ingroup relationships. *Journal of Personality and Social Psychology,* **54,** 323–338.

TRIPLETT, N. (1898). The dynamogenic factors in pacemaking and competition. *American Journal of Psychology,* **9,** 507–533.

TROLIER, T. K., & HAMILTON, D. L. (1986). Variables influencing judgments of correlational relations. *Journal of Personality and Social Psychology,* **50,** 879–888.

TROPP, L. R., & PETTIGREW, T. F. (2005a). Differential relationships between intergroup contact and affective and cognitive dimensions of prejudice. *Personality and Social Psychology Bulletin,* **31,** 1145–1158.

TROPP, L. R., & PETTIGREW, T. F. (2005b). Relationships between intergroup contact and prejudice among minority and majority status groups. *Psychological Science,* **16,** 951–957.

TROST, M. R., MAASS, A., & KENRICK, D. T. (1992). Minority influence: Personal relevance biases cognitive processes and reverses private acceptance. *Journal of Experimental Social Psychology,* **28,** 234–254.

TRZESNIEWSKI, K. H., DONNELLAN, M. B., MOFFITT, T. E., ROBINS, R. W., POULTON, R., & CASPI, A. (2006). Low self-esteem during adolescence predicts poor health, criminal behavior, and limited economic prospects during adulthood. *Developmental Psychology,* **42,** 381–390.

TSANG, J-A. (2002). Moral rationalization and the integration of situational factors and psychological processes in immoral behavior. *Review of General Psychology,* **6,** 25–50.

TURNER, C. W., HESSE, B. W., & PETERSON-LEWIS, S. (1986). Naturalistic studies of the long-term effects of television violence. *Journal of Social Issues,* **42**(3), 51–74.

TURNER, J. C. (1981). The experimental social psychology of intergroup behaviour. In J. Turner & H. Giles (Eds.), *Intergroup behavior.* Oxford, England: Blackwell.

TURNER, J. C., & HASLAM, S. A. (2001). Social identity, organizations, and leadership. In M. E. Turner (Ed.), *Groups at work: Theory and research.* Mahwah, NJ: Erlbaum.

TURNER, J. C., & REYNOLDS, K. J. (2004). The social identity perspective in intergroup relations: Theories, themes, and controversies. In M. B. Brewer & M. Hewstone (Eds.), *Self and social identity.* Malden, MA: Blackwell.

Turner, M. E., & Pratkanis, A. R. (1994). Social identity maintenance prescriptions for preventing groupthink: Reducing identity protection and enhancing intellectual conflict. *International Journal of Conflict Management,* **5,** 254–270.

Turner, M. E., Pratkanis, A. R., Probasco, P., & Leve, C. (1992). Threat cohesion and group effectiveness: Testing a social identity maintenance perspective on groupthink. *Journal of Personality and Social Psychology,* **63,** 781–796.

Turner, N., Barling, J., & Zacharatos, A. (2002). Positive psychology at work. In C. R. Snyder & S. J. Lopez (Eds.), *The handbook of positive psychology.* New York: Oxford University Press.

Turner, R. N., Hewstone, M., & Voci, A. (2007). Reducing explicit and implicit outgroup prejudice via direct and extended contact: The mediating role of self-disclosure and intergroup anxiety. *Journal of Personality and Social Psychology,* **93,** 369–388.

Turner, R. N., Hewstone, M., Voci, A., Paolini, S., & Christ, O. (2007). Reducing prejudice via direct and extended cross-group friendship. *European Review of Social Psychology,* **18,** 212–255.

Turner, R. N., Hewstone, M., Voci, A., & Vonofakou, C. (2008). A test of the extended intergroup contact hypothesis: The mediating role of intergroup anxiety, perceived ingroup and outgroup norms, and inclusion of the outgroup in the self. *Journal of Personality and Social Psychology,* **95,** 843–860.

TV Guide (1977, January 26), pp. 5–10. (p. 364)

Tversky, A., & Kahneman, D. (1973). Availability: A heuristic for judging frequency and probability. *Cognitive Psychology,* **5,** 207–232.

Tverksy, A., & Kahneman, D. (1974). Judgment under uncertainty: Heuristics and biases. *Science,* **185,** 1123–1131.

Twenge, J. M. (2006). *Generation me: Why today's young Americans are more confident, assertive, entitled—and more miserable than ever before.* New York: Free Press.

Twenge, J. M., Baumeister, R. F., Tice, D. M., & Stucke, T. S. (2001). If you can't join them, beat them: Effects of social exclusion on aggressive behavior. *Journal of Personality and Social Psychology,* **81,** 1058–1069.

Twenge, J. M., & Campbell, W. K. (2008). Increases in positive self-views among high school students: Birth cohort changes in anticipated performance, self-satisfaction, self-liking, and self-competence. *Psychological Science,* **19,** 1082–1086.

Twenge, J. M., & Campbell, W. K. (2009). The Narcissism Epidemic: Living in the Age of Entitlement

Twenge, J. M., Catanese, K. R., & Baumeister, R. F. (2002). Social exclusion causes self-defeating behavior. Journal of Personality and Social Psychology, **83,** 606–615.

Twenge, J. M., Catanese, K. R., & Baumeister, R. F. (2003). Social exclusion and the deconstructed state: Time perception, meaninglessness, lethargy, lack of emotion, and self-awareness. *Journal of Personality and Social Psychology,* **85,** 409–423.

Twenge, J. M., Konrath, S., Foster, J. D., Campbell, W. K., & Bushman, B. J. (2008). Egos inflating over time: A cross-temporal meta-analysis of the Narcissistic Personality Inventory. *Journal of Personality,* **76,** 875–901.

Twenge, J. M., Zhang, L., Catanese, K. R., Dolan-Pascoe, B., Lyche, L. F., & Baumeister, R. F. (2007). Replenishing connectedness: Reminders of social activity reduce aggression after social exclusion. *British Journal of Social Psychology,* **46,** 205–224.

Tzeng, M. (1992). The effects of socioeconomic heterogamy and changes on marital dissolution for first marriages. *Journal of Marriage and the Family,* **54,** 609–619.

United Nations (UN). (1991). *The world's women, 1970–1990: Trends and statistics.* New York: United Nations.

United Nations (UN). (2006). *Ending violence against women: From words to action.* Study of the Secretary-General. New York: United Nations (www.un.org).

Unkelbach, C., Forgas, J. P., & Denson, T. F. (2008). The turban effect: The influence of Muslim headgear and induced affect on aggressive responses in the shooter bias paradigm. *Journal of Experimental Social Psychology,* **44,** 1409–1413.

USGS. (2006). United States energy and world energy production and consumption statistics. U.S. Geological Survey (energy.cr.usgs.gov/energy/stats_ctry/Stat1.html#ConsumptionUvsW).

Vaillant, G. E. (1977). *Adaptation to life.* Boston: Little, Brown.

Valcour, M. (2007). Work-based resources as moderators of the relationship between work hours and satisfaction with work-family balance. *Journal of Applied Psychology,* **92,** 1512–1523.

Vallone, R. P., Griffin, D. W., Lin, S., & Ross, L. (1990). Overconfident prediction of future actions and outcomes by self and others. *Journal of Personality and Social Psychology,* **58,** 582–592.

VALLONE, R. P., ROSS, L., & LEPPER, M. R. (1985). The hostile media phenomenon: Biased perception and perceptions of media bias in coverage of the "Beirut Massacre." *Journal of Personality and Social Psychology,* **49,** 577–585.

VAN BOVEN, L., & LOEWENSTEIN, G. (2003). Social projection of transient drive states. *Personality and Social Psychology Bulletin,* **29,** 1159–1168.

VAN DIJK, W. W., FINKENAUER, C., & POLLMANN, M. (2008). The misprediction of emotions in track athletics: Is experience the teacher of all things? *Basic and Applied Social Psychology,* **30,** 369–376.

VAN KNIPPENBERG, D., & WILKE, H. (1992). Prototypicality of arguments and conformity to ingroup norms. *European Journal of Social Psychology,* **22,** 141–155.

VAN LAAR, C., LEVIN, S., SINCLAIR, S., & SIDANIUS, J. (2005). The effect of university roommate contact on ethnic attitudes and behavior. *Journal of Experimental Social Psychology,* **41,** 329–345.

VAN VUGT, M., DE CREMER, D., & JANSSEN, D. P. (2007). Gender differences in cooperation and competition. *Psychological Science,* **18,** 19–23.

VAN VUGT, M., & SPISAK, B. R. (2008). Sex differences in the emergence of leadership during competitions within and between groups. *Psychological Science,* **19,** 854–858.

VAN VUGT, M., VAN LANGE, P. A. M., & MEERTENS, R. M. (1996). Commuting by car or public transportation? A social dilemma analysis of travel mode judgements. *European Journal of Social Psychology,* **26,** 373–395.

VAN YPEREN, N. W., & BUUNK, B. P. (1990). A longitudinal study of equity and satisfaction in intimate relationships. *European Journal of Social Psychology,* **20,** 287–309.

VANDELLO, J. A., & COHEN, D. (1999). Patterns of individualism and collectivism across the United States. *Journal of Personality and Social Psychology,* **77,** 279–292.

VANDELLO, J. A., COHEN, D., & RANSOM, S. (2008). U.S. southern and northern differences in perceptions of norms about aggression: Mechanisms for the perpetuation of a culture of honor. *Journal of Cross-Cultural Psychology,* **39,** 162–177.

VANDERSLICE, V. J., RICE, R. W., & JULIAN, J. W. (1987). The effects of participation in decision-making on worker satisfaction and productivity: An organizational simulation. *Journal of Applied Social Psychology,* **17,** 158–170.

VASQUEZ, E. A., DENSON, T. F., PEDERSEN, W. C., STENSTROM, D. M., & MILLER, N. (2005). The moderating effect of trigger intensity on triggered displaced aggression. *Journal of Experimental Social Psychology,* **41,** 61–67.

VAZIRE, S., & MEHL, M. R. (2008). Knowing me, knowing you: The accuracy and unique predictive validity of self-ratings and other-ratings of daily behavior. *Journal of Personality and Social Psychology,* **95,** 1202–1216.

VEGA, V., & MALAMUTH, N. M. (2007). Predicting sexual aggression: The role of pornography in the context of general and specific risk factors. *Aggressive Behavior,* **33,** 104–117.

VERKUYTEN, M., & YILDIZ, A. A. (2007). National (dis)identification and ethnic and religious identity: A study among Turkish-Dutch Muslims. *Personality and Social Psychology,* **33,** 1448–1462.

VESCIO, T. K., GERVAIS, S. J., SNYDER, M., & HOOVER, A. (2005). Power and the creation of patronizing environments: The stereotype-based behaviors of the powerful and their effects on female performance in masculine domains. Journal of Personality and Social Psychology, **88,** 658–672.

VEYSEY, B. M., & MESSNER, S. F. (1999). Further testing of social disorganization theory: An elaboration of Sampson and Groves's "Community structure and crime." *Journal of Research in Crime and Delinquency,* **36,** 156–174.

VIKEN, R. J., TREAT, T. A., BLOOM, S. L., & MCFALL, R. M. (2005). Illusory correlation for body type and happiness: Covariation bias and its relationship to eating disorder symptoms. *International Journal of Eating Disorders,* **38,** 65–72.

VISSER, P. S., & KROSNICK, J. A. (1998). Development of attitude strength over the life cycle: Surge and decline. *Journal of Personality and Social Psychology,* 75, 1389–1410.

VISSER, P. S., & MIRABILE, R. R. (2004). Attitudes in the social context: The impact of social network composition on individual-level attitude strength. *Journal of Personality and Social Psychology,* **87,** 779–795.

VITELLI, R. (1988). The crisis issue assessed: An empirical analysis. *Basic and Applied Social Psychology,* **9,** 301–309.

VOHS, K. D., BAUMEISTER, R. F., SCHMEICHEL, B. J., TWENGE, J. M., NELSON, N. M., & TICE, D. M. (2008). Making choices impairs subsequent self-control: A limited-resource account of decision making, self-regulation, and active initiative. *Journal of Personality and Social Psychology,* **94,** 883–898.

VON HIPPEL, W., BRENER, L., & VON HIPPEL, C. (2008). Implicit prejudice toward injecting drug users predicts intentions to change jobs among drug and alcohol nurses. *Psychological Science,* **19,** 7–12.

Vonofakou, C., Hewstone, M., & Voci, A. (2007). Contact with out-group friends as a predictor of meta-attitudinal strength and accessibility of attitudes toward gay men. *Journal of Personality and Social Psychology,* **92,** 804–820.

Vorauer, J. D. (2001). The other side of the story: Transparency estimation in social interaction. In G. Moskowitz (Ed.), *Cognitive social psychology: The Princeton symposium on the legacy and future of social cognition.* Mahwah, NJ: Erlbaum.

Vorauer, J. D. (2005). Miscommunications surrounding efforts to reach out across group boundaries. *Personality and Social Psychology Bulletin,* **31,** 1653–1664.

Vorauer, J. D., & Ratner, R. K. (1996). Who's going to make the first move? Pluralistic ignorance as an impediment to relationship formation. *Journal of Social and Personal Relationships,* **13,** 483–506.

Vorauer, J. D., & Ross, M. (1999). Self-awareness and feeling transparent: Failing to suppress one's self. *Journal of Experimental Social Psychology,* **35,** 415–440.

Wagner, R. V. (2006). Terrorism: A peace psychological analysis. Journal of Social Issues, **62,** 155–171.

Wagner, U., Christ, O., & Pettigrew, T. F. (2008). Prejudice and group-related behavior in Germany. *Journal of Social Issues,* **64,** 403–416.

Wagstaff, G. F. (1983). Attitudes to poverty, the Protestant ethic, and political affiliation: A preliminary investigation. *Social Behavior and Personality,* **11,** 45–47.

Wald, M. L. (2008, July 27). Flight's first fatal trip. *New York Times* (www.nytimes.com).

Walker, P. M., & Hewstone, M. (2008). The influence of social factors and implicit racial bias on a generalized own-race effect. *Applied Cognitive Psychology,* **22,** 441–453.

Wallace, C. P. (2000, May 8). Germany's glass ceiling. *Time,* p. B8.

Wallace, D. S., Paulson, R. M., Lord, C. G., & Bond, C. F., Jr. (2005). Which behaviors do attitudes predict? Meta-analyzing the effects of social pressure and perceived difficulty. *Review of General Psychology,* **9,** 214–227.

Wallace, M. *New York Times,* November 25, 1969.

Waller, J. (2002). *Becoming evil: How ordinary people commit genocide and mass killing.* New York: Oxford University press.

Walster (Hatfield), E. (1965). The effect of self-esteem on romantic liking. *Journal of Experimental Social Psychology,* **1,** 184–197.

Walster (Hatfield), E., Aronson, V., Abrahams, D., & Rottman, L. (1966). Importance of physical attractiveness in dating behavior. *Journal of Personality and Social Psychology,* **4,** 508–516.

Walster (Hatfield), E., Walster, C. W., & Berscheid, E. (1978). *Equity: Theory and research.* Boston: Allyn & Bacon.

Ward, W. C., & Jenkins, H. M. (1965). The display of information and the judgment of contingency. *Canadian Journal of Psychology,* **19,** 231–241.

Warren, N. C. (2005, March 4). Personal correspondence from founder of eHarmony.com.

Wason, P. C. (1960). On the failure to eliminate hypotheses in a conceptual task. *Quarterly Journal of Experimental Psychology,* **12,** 129–140.

Watkins, D., Akande, A., & Fleming, J. (1998). Cultural dimensions, gender, and the nature of self-concept: A fourteen-country study. *International Journal of Psychology,* **33,** 17–31.

Watkins, D., Cheng, C., Mpofu, E., Olowu, S., Singh-Sengupta, S., & Regmi, M. (2003). Gender differences in self-construal: How generalizable are Western findings? *Journal of Social Psychology,* **143,** 501–519.

Watkins, E. R. (2008). Constructive and unconstructive repetitive thought. *Psychological Bulletin,* **134,** 163–206.

Watson, D. (1982, November). The actor and the observer: How are their perceptions of causality divergent? *Psychological Bulletin,* **92,** 682–700.

Watson, R. I., Jr. (1973). Investigation into deindividuation using a cross-cultural survey technique. *Journal of Personality and Social Psychology,* **25,** 342–345.

Watt, S. E., & Badger, A. J. (2009). Effects of social belonging on homesickness: An application of the belongingness hypothesis. *Personality and Social Psychology Bulletin,* **35,** 516–530.

Weber, B., & Hertel, G. (2007). Motivation gains of inferior group members: A meta-analytical review. *Journal of Personality and Social Psychology,* **93,** 973–993.

Wegner, D. M., & Erber, R. (1992). The hyperaccessibility of suppressed thoughts. *Journal of Personality and Social Psychology,* **63,** 903–912.

Wehr, P. (1979). *Conflict regulation.* Boulder, CO: Westview.

Weiner, B. (1981). The emotional consequences of causal ascriptions. Unpublished manuscript, UCLA.

Weinstein, N. D. (1980). Unrealistic optimism about future life events. *Journal of Personality and Social Psychology,* **39,** 806–820.

Weinstein, N. D. (1982). Unrealistic optimism about susceptibility to health problems. *Journal of Behavioral Medicine,* **5,** 441–460.

Weiss, J., & Brown, P. (1976). Self-insight error in the explanation of mood. Unpublished manuscript, Harvard University.

Wener, R., Frazier, W., & Farbstein, J. (1987, June). Building better jails. *Psychology Today,* pp. 40–49.

White, G. L. (1980). Physical attractiveness and courtship progress. *Journal of Personality and Social Psychology,* **39,** 660–668.

White, G. L., & Kight, T. D. (1984). Misattribution of arousal and attraction: Effects of salience of explanations for arousal. *Journal of Experimental Social Psychology,* **20,** 55–64.

White, J. W., & Kowalski, R. M. (1994). Deconstructing the myth of the nonaggressive woman. *Psychology of Women Quarterly,* **18,** 487–508.

White, L., & Edwards, J. (1990). Emptying the nest and parental well-being: An analysis of national panel data. *American Sociological Review,* **55,** 235–242.

White, M. (2000). *Historical atlas of the twentieth century* (users.erols.com/mwhite28/warstat8.htm).

White, P. A., & Younger, D. P. (1988). Differences in the ascription of transient internal states to self and other. *Journal of Experimental Social Psychology,* 24, 292–309.

White, R. K. (1996). Why the Serbs fought: Motives and misperceptions. *Peace and Conflict: Journal of Peace Psychology,* **2,** 109–128.

White, R. K. (1998). American acts of force: Results and misperceptions. *Peace and Conflict,* **4,** 93–128.

Whitman, D. (1996, December 16). I'm OK, you're not. *U.S. News and World Report,* p. 24.

Whitman, D. (1998). *The optimism gap: The I'm OK—They're not syndrome and the myth of American decline.* New York: Walker.

Whitman, R. M., Kramer, M., & Baldridge, B. (1963). Which dream does the patient tell? *Archives of General Psychology,* **8,** 277–282.

Wicker, A. W. (1971). An examination of the "other variables" explanation of attitude-behavior inconsistency. *Journal of Personality and Social Psychology,* **19,** 18–30.

Widom, C. S. (1989). Does violence beget violence? A critical examination of the literature. *Psychological Bulletin,* **106,** 3–28.

Wiegman, O. (1985). Two politicians in a realistic experiment: Attraction, discrepancy, intensity of delivery, and attitude change. *Journal of Applied Social Psychology,* **15,** 673–686.

Wieselquist, J., Rusbult, C. E., Foster, C. A., & Agnew, C. R. (1999). Commitment, pro-relationship behavior, and trust in close relationships. *Journal of Personality and Social Psychology,* **77,** 942–966.

Wike, R., & Grim, B. J. (2007, October 30). Widespread negativity: Muslims distrust Westerners more than vice versa. Pew Research Center (pewresearch.org).

Wilder, D. A. (1978). Perceiving persons as a group: Effect on attributions of causality and beliefs. *Social Psychology,* **41,** 13–23.

Wilder, D. A. (1981). Perceiving persons as a group: Categorization and intergroup relations. In D. L. Hamilton (Ed.). *Cognitive processes in stereotyping and intergroup behavior.* Hillsdale, NJ: Erlbaum.

Wilder, D. A. (1990). Some determinants of the persuasive power of in-groups and out-groups: Organization of information and attribution of independence. *Journal of Personality and Social Psychology,* **59,** 1202–1213.

Wilder, D. A., & Shapiro, P. N. (1984). Role of out-group cues in determining social identity. *Journal of Personality and Social Psychology,* **47,** 342–348.

Wilder, D. A., & Shapiro, P. N. (1989). Role of competition-induced anxiety in limiting the beneficial impact of positive behavior by out-group members. *Journal of Personality and Social Psychology,* **56,** 60–69.

Wildschut, T., Insko, C. A., & Pinter, B. (2007). Interindividual-intergroup discontinuity as a joint function of acting as a group and interacting with a group. *European Journal of Social Psychology,* **37,** 390–399.

Wildschut, T., Pinter, B., Vevea, J. L., Insko, C. A., & Schopler, J. (2003). Beyond the group mind: A quantitative review of the interindividual-intergroup discontinuity effect. *Psychological Bulletin,* **129,** 698–722.

Wilkowski, B. M., & Robinson, M. D. (2008). The cognitive basis of trait anger and reactive aggression: An integrative analysis. *Personality and Social Psychology Bulletin,* **12,** 3–21.

Williams, E. F., & Gilovich, T. (2008). Do people really believe they are above average? *Journal of Experimental Social Psychology,* **44,** 1121–1128.

Williams, J. E., & Best, D. L. (1990). *Measuring sex stereotypes: A multination study.* Newbury Park, CA: Sage.

Williams, J. E., Satterwhite, R. C., & Best, D. L. (1999). Pancultural gender stereotypes revisited: The Five Factor model. *Sex Roles,* **40,** 513–525.

Williams, J. E., Satterwhite, R. C., & Best, D. L. (2000). Five-factor gender stereotypes in 27 countries. Paper presented at the XV Congress of the International Association for Cross-Cultural Psychology, Pultusk, Poland.

Williams, K. D. (2002). *Ostracism: The power of silence.* New York: Guilford.

Williams, K. D. (2007). Ostracism. *Annual Review of Psychology,* **58,** 425–452.

Williams, K. D., Cheung, C. K. T., & Choi, W. (2000). Cyberostracism: Effects of being ignored over the Internet. *Journal of Personality and Social Psychology,* **79,** 748–762.

Williams, K. D., & Karau, S. J. (1991). Social loafing and social compensation: The effects of expectations of coworker performance. *Journal of Personality and Social Psychology,* **61,** 570–581.

Williams, K. D., Nida, S. A., Baca, L. D., & Latané, B. (1989). Social loafing and swimming: Effects of identifiability on individual and relay performance of intercollegiate swimmers. *Basic and Applied Social Psychology,* **10,** 73–81.

Williams, M. J., & Eberhardt, J. L. (2008). Biological conceptions of race and the motivation to cross racial boundaries. *Journal of Personality and Social Psychology,* **94,** 1033–1047.

Williams, T. M. (Ed.) (1986). *The impact of television: A natural experiment in three communities.* Orlando, FL: Academic Press.

Willis, F. N., & Hamm, H. K. (1980). The use of interpersonal touch in securing compliance. *Journal of Nonverbal Behavior,* **5,** 49–55.

Wilson, A. E., & Ross, M. (2001). From chump to champ: People's appraisals of their earlier and present selves. *Journal of Personality and Social Psychology,* **80,** 572–584.

Wilson, R. S., & Matheny, A. P., Jr. (1986). Behavior-genetics research in infant temperament: The Louisville twin study. In R. Plomin & J. Dunn (Eds.), *The study of temperament: Changes, continuities, and challenges.* Hillsdale, NJ: Erlbaum.

Wilson, S. J., & Lipsey, M. W. (2005). The effectiveness of school-based violence prevention programs for reducing disruptive and aggressive behavior. Revised Report for the National Institute of Justice School Violence Prevention Research Planning Meeting, May 2005.

Wilson, T. D. (1985). Strangers to ourselves: The origins and accuracy of beliefs about one's own mental states. In J. H. Harvey & G. Weary (Eds.), *Attribution in contemporary psychology.* New York: Academic Press.

Wilson, T. D. (2002). *Strangers to ourselves: Discovering the adaptive unconscious.* Cambridge: Harvard University Press.

Wilson, T. D., & Bar-Anan, Y. (2008). The unseen mind. *Science,* **321,** 1046–1047.

Wilson, T. D., Dunn, D. S., Kraft, D., & Lisle, D. J. (1989). Introspection, attitude change, and attitude-behavior consistency: The disruptive effects of explaining why we feel the way we do. In L. Berkowitz (Ed.), *Advances in experimental social psychology* (Vol. 22). San Diego: Academic Press.

Wilson, T. D., & Gilbert, D. T. (2003). Affective forecasting. *Advances in Experimental Social Psychology,* **35,** 346–413.

Wilson, T. D., & Gilbert, D. T. (2005). Affective forecasting: Knowing what to want. *Current Directions in Psychological Science,* **14,** 131–134.

Wilson, T. D., Laser, P. S., & Stone, J. I. (1982). Judging the predictors of one's mood: Accuracy and the use of shared theories. *Journal of Experimental Social Psychology,* **18,** 537–556.

Wilson, T. D., Lindsey, S., & Schooler, T. Y. (2000). A model of dual attitudes. *Psychological Review,* **107,** 101–126.

Winch, R. F. (1958). *Mate selection: A study of complementary needs.* New York: Harper & Row.

Wines, M. (2005, September 23). Crime in South Africa grows more vicious. *New York Times* (www.nytimes.com).

Winquist, J. R., & Larson, J. R., Jr. (2004). Sources of the discontinuity effect: Playing against a group versus being in a group. *Journal of Experimental Social Psychology,* **40,** 675–682.

Winter, F. W. (1973). A laboratory experiment of individual attitude response to advertising exposure. *Journal of Marketing Research,* **10,** 130–140.

Wisman, A., & Koole, S. L. (2003). Hiding in the crowd: Can mortality salience promote affiliation with others who oppose one's worldviews? *Journal of Personality and Social Psychology,* **84,** 511–526.

Wittenberg, M. T., & Reis, H. T. (1986). Loneliness, social skills, and social perception. *Personality and Social Psychology Bulletin,* **12,** 121–130.

Wittenbrink, B. (2007). Measuring attitudes through priming. In B. Wittenbrink & N. Schwarz (Eds.), *Implicit measures of attitudes.* New York: Guilford.

Wittenbrink, B., Judd, C. M., & Park, B. (1997). Evidence for racial prejudice at the implicit level and its relationship with questionnaire measures. *Journal of Personality and Social Psychology,* **72,** 262–274.

Wixon, D. R., & Laird, J. D. (1976). Awareness and attitude change in the forced-compliance paradigm: The importance of when. *Journal of Personality and Social Psychology,* **34,** 376–384.

Wohl, M. J. A., & Enzle, M. E. (2002). The deployment of personal luck: Sympathetic magic and illusory control in games of pure chance. *Personality and Social Psychology Bulletin,* **28,** 1388–1397.

Wolak, J., Mitchell, K., & Finkelhor, D. (2007). Unwanted and wanted exposure to online pornography in a national sample of youth Internet users. *Pediatrics,* **119,** 247–257.

Wolf, S. (1987). Majority and minority influence: A social impact analysis. In M. P. Zanna, J. M. Olson, & C. P. Herman (Eds.), *Social influence: The Ontario symposium on personality and social psychology,* Vol. 5. Hillsdale, NJ: Erlbaum.

Wolf, S., & Latané, B. (1985). Conformity, innovation and the psycho-social law. In S. Moscovici, G. Mugny, & E. Van Avermaet (Eds.), *Perspectives on minority influence.* Cambridge: Cambridge University Press.

Wood, J. V., Heimpel, S. A., & Michela, J. L. (2003). Savoring versus dampening: Self-esteem differences in regulating positive affect. *Journal of Personality and Social Psychology,* **85,** 566–580.

Wood, W., & Eagly, A. H. (2007). Social structural origins of sex differences in human mating. In S. W. Gangestad & J. A. Simpson (Eds.), *The evolution of mind: Fundamental questions and controversies.* New York: Guilford.

Woodberry, R. D., & Smith, C. S. (1998). Fundamentalism et al: Conservative Protestants in America. *Annual Review of Sociology,* **24,** 25–56.

Woodzicka, J. A., & LaFrance, M. (2001). Real versus imagined gender harassment. *Journal of Social Issues,* **57**(1), 15–30.

Worchel, S., & Brown, E. H. (1984). The role of plausibility in influencing environmental attributions. *Journal of Experimental Social Psychology,* **20,** 86–96.

Worchel, S., Rothgerber, H., Day, E. A., Hart, D., & Butemeyer, J. (1998). Social identity and individual productivity within groups. *British Journal of Social Psychology,* **37,** 389–413.

Word, C. O., Zanna, M. P., & Cooper, J. (1974). The nonverbal mediation of self-fulfilling prophecies in interracial interaction. *Journal of Experimental Social Psychology,* **10,** 109–120.

Worringham, C. J., & Messick, D. M. (1983). Social facilitation of running: An unobtrusive study. *Journal of Social Psychology,* **121,** 23–29.

Wright, D. B., Boyd, C. E., & Tredoux, C. G. (2001). A field study of own-race bias in South Africa and England. *Psychology, Public Policy, & Law,* **7,** 119–133.

Wright, R. (1998, February 2). Politics made me do it. *Time,* p. 34.

Wright, R. (2003, June 29). Quoted by Thomas L. Friedman, "Is Google God?" *New York Times* (www.nytime.com).

Wright, R. (2003, September 11). Two years later, a thousand years ago. *New York Times* (www.nytimes.com).

Wright, S. C., Aron, A., McLaughlin-Volpe, T., & Ropp, S. A. (1997). The extended contact effect: Knowledge of cross-group friendships and prejudice. *Journal of Personality and Social Psychology,* **73,** 73–90.

Wrosch, C., & Miller, G. E. (2009). Depressive symptoms can be useful: Self-regulatory and emotional benefits of dysphoric mood in adolescence. Unpublished manuscript.

Wylie, R. C. (1979). *The self-concept (Vol. 2): Theory and research on selected topics.* Lincoln, NE: University of Nebraska Press.

Yang, S., Markoczy, L., & Qi, M. (2007). Unrealistic optimism in consumer credit card adoption. *Journal of Economic Psychology,* **28,** 170–185.

Ybarra, O. (1999). Misanthropic person memory when the need to self-enhance is absent. *Personality and Social Psychology Bulletin,* **25,** 261–269.

Yelsma, P., & Athappilly, K. (1988). Marriage satisfaction and communication practices: Comparisons among Indian and American couples. *Journal of Comparative Family Studies,* **19,** 37–54.

Young, W. R. (1977, February) There's a girl on the tracks! *Reader's Digest,* pp. 91–95.

Yovetich, N. A., & Rusbult, C. E. (1994). Accommodative behavior in close relationships: Exploring transformation of motivation. *Journal of Experimental Social Psychology,* **30,** 138–164.

Yukl, G. (1974). Effects of the opponent's initial offer, concession magnitude, and concession frequency on bargaining behavior. *Journal of Personality and Social Psychology,* **30,** 323–335.